भारत विभाजन
और
पाकिस्तान के षड्यंत्र

भारत विभाजन
और
पाकिस्तान के षड्यंत्र

बलबीर दत्त

प्रभात
प्रकाशन

प्रकाशक

प्रभात प्रकाशन प्रा. लि.

4/19 आसफ अली रोड, नई दिल्ली–110002

फोन : 011–23289777 • हेल्पलाइन नं. : 7827007777

इ–मेल : prabhatbooks@gmail.com ❖ वेब ठिकाना : www.prabhatbooks.com

संस्करण

2025

मूल्य

नौ सौ रुपए

मुद्रक

आर–टेक ऑफसेट प्रिंटर्स, दिल्ली

BHARAT VIBHAJAN AUR PAKISTAN KE SHADYANTRA
by Shri Balbir Dutt

Published by **PRABHAT PRAKASHAN PVT. LTD.**
4/19 Asaf Ali Road, New Delhi-110002

ISBN 978-93-5521-468-3

₹ 900.00

अपने ढंग की पहली पुस्तक

पहले 14 अगस्त सिर्फ एक तारीख थी। अचानक यह दिन एक टीस, त्रासदी, विभीषिका की याद और उससे मिलनेवाले सबक का प्रतीक बन गया है। कारण स्पष्ट है। ज्यादा दिन नहीं हुए, बात 2021 की है। लालकिले की प्राचीर से प्रधानमंत्री नरेंद्र मोदी ने घोषणा की कि "मेरे प्यारे देशवासियो! अब से हर वर्ष 14 अगस्त को 'विभाजन विभीषिका स्मृति दिवस' के रूप में याद किया जाएगा। जो लोग विभाजन के समय अमानवीय हालात से गुजरे, जिन्होंने अत्याचार सहे, जिन्हें सम्मान के साथ अंतिम संस्कार तक नसीब नहीं हुआ, उन लोगों का हमारी स्मृतियों में जीवित रहना भी उतना ही जरूरी है। आजादी के 75वें स्वतंत्रता दिवस पर विभाजन विभीषिका स्मृति दिवस का तय होना, ऐसे लोगों को हर भारतवासी की तरफ से आदरपूर्वक श्रद्धांजलि है।"

यह एक बात है। दूसरी यह कि उसी दिन भारत विभाजन की घोषणा से पाकिस्तान अस्तित्व में आया। यह पुस्तक 'भारत विभाजन और पाकिस्तान के षड्यंत्र' अपने ढंग की संभवत: पहली और अकेली है। भारत विभाजन पर इन 75 सालों में करीब-करीब हर साल कोई नई पुस्तक आ जाती है। ज्यादातर पुस्तकें यह बताने के लिए लिखी गई हैं कि भारत विभाजन के कारण क्या थे? अनेक कारण खोजे गए हैं और यह सिलसिला रुका नहीं है। रुके भी तो कैसे? क्योंकि पूरे तथ्य और घटनाक्रम जो दिखते हैं, वे सतह पर हैं, लेकिन बहुत कुछ बातें इतिहास की अँधेरी गुफा में दबी पड़ी हैं। जो कभी कुछ किसी के हाथ लगता है तो वह एक नई पुस्तक से बताने का प्रयास करता है। इस क्रम में यह पुस्तक कहाँ अपना स्थान बनाती है, इसे इसके पाठक तो निर्धारित करेंगे ही, पर मुझे लगता है कि यह पुस्तक सब पर भारी पड़ेगी। मैंने इसे पूरा पढ़ा है। इस आधार पर कह सकता हूँ कि इस पुस्तक के हर अध्याय की सामग्री से पाठक अनुभव करेगा कि इसके तथ्य और कथ्य अपने शीर्षक को हर दृष्टि से सार्थक करते हैं।

षड्यंत्र से बने देश की षड्यंत्रकारिता

जो लोग इसे भारत विभाजन की कहानी जानने के लिए पढ़ेंगे, वे अवश्य उन तथ्यों से परिचित हो सकेंगे, जो मूल कारण पर रोशनी डालते हैं। यहाँ यह स्पष्ट करना चाहिए कि इस पुस्तक की रचना भारत विभाजन को समझाने के लिए नहीं हुई है। फिर सवाल उठता है कि इसका प्रधान विषय क्या है? पुस्तक के शीर्षक से यह स्पष्ट है। संदर्भ तो भारत विभाजन है, लेकिन इस पुस्तक का फोकस उन षड्यंत्रों पर है, जिससे पाकिस्तान बना और फिर अपनी जन्म-कुंडली

को खोलते हुए पाकिस्तान स्वयं जिन षड्यंत्रों को रचने लगा। कोई देश नवजात हो या पुराना, वह पड़ोसी के विरुद्ध षड्यंत्र क्यों रचता है ? यह प्रश्न पुस्तक के पन्नों से उभरता है और उन्हीं पन्नों पर उसका उत्तर भी मिल जाता है। वह यह कि पाकिस्तान अपनी मनोग्रंथियों, मनोरोगों, आत्महीनता और अपनी पहचान के खोखलेपन के कारण ऐसा करता है।

इस पुस्तक में शुरू से आखिर तक पाकिस्तानी षड्यंत्रों के स्पष्ट उदाहरण दिए गए हैं। इस बारे में पूरी पुस्तक लिखने का प्रयास यह पहला ही है। लेकिन ऐसा भी नहीं है कि इस विषय पर अब तक कुछ न लिखा गया हो। छिटपुट लेख बहुत छपे हैं। उन लेखों के अलावा समय-समय पर भारत सरकार ने भी अपनी एजेंसियों से प्रामाणिक तथ्य और उसके प्रमाण जुटाए, जिससे दुनिया के देशों को बताया जा सका कि पाकिस्तान आतंकवाद को बढ़ावा देनेवाला एक देश है। प्रधानमंत्री नरेंद्र मोदी ने इसे एक मुद्दा ही बनाया हुआ है। पहले के प्रधानमंत्री इस पर स्वयं नहीं बोलते थे, लेकिन सरकार के प्रवक्ता अवश्य कोई प्रसंग आने पर अपनी बात कहते थे। खासकर जब पंजाब और फिर जम्मू-कश्मीर में आतंकवाद की आग पाकिस्तान भड़का रहा था, तब उसके प्रामाणिक तथ्य पुनः खोजे गए। उसे सरकार ने विश्व मंच पर प्रस्तुत भी किया। यह 1991-1996 के दौरान हुआ। उसी दौरान ये तथ्य सामने आए कि 'गुलाम कश्मीर' में पाकिस्तान की आई.एस. आई. एजेंसी 85 आतंकवादी शिविर भारतीय सीमा से जुड़े क्षेत्रों में चला रही है। भले ही पाकिस्तान का रवैया न बदला हो, पर इतना जरूर हुआ कि उसके चेहरे से नकाब उतर गया। पाकिस्तान यह नहीं कह सकता कि वह एक सभ्य देश है। वहाँ लोकतंत्र है। लोगों के पैसे पर सरकारी एजेंसियाँ भारत के खिलाफ षड्यंत्र रचती हैं, इसे दुनिया जानने लगी है। दूसरी तरफ पाकिस्तान भी अपने रचे जाल में फँसता जा रहा है।

राष्ट्रीय पहचान से वंचित एक अस्वाभाविक देश

इसमें मूल प्रश्न क्या है ? यह पुस्तक उसे ही चिह्नित करती है। कोई देश कैसे बनता है ? अगर उसका जन्म षड्यंत्र की कोख से हुआ है तो उसका व्यक्तित्व भी कंस जैसा होगा। वह कृष्ण तो हो नहीं सकता। पाकिस्तान का निर्माण बनावटी है; सहज, स्वाभाविक और प्रकृति प्रदत्त तो बिल्कुल नहीं है। इसे पाकिस्तान के निर्माता भी समझ गए थे। पाकिस्तान के शासक अपने देश के गहरे आंतरिक द्वंद्व को अनुभव करते हैं, फिर भी वे यह स्वीकार करने का साहस नहीं जुटा पा रहे हैं कि इतिहास को सुधारें। नया इतिहास रचें। यह पुस्तक इस पक्ष को बिना स्पर्श किए, पर अनबोले ढंग से सामने लाने का एक प्रयास भी है। लेकिन मूल प्रश्न जो है, उसे यह पुस्तक बहुत ढंग से प्रस्तुत कर सकी है। वह यह है कि पाकिस्तान की कोई राष्ट्रीय पहचान है ही नहीं।

राष्ट्रीय पहचान का संबंध इतिहास से गहरे जुड़ा होता है। पाकिस्तान आज तक यह तय नहीं कर पाया है कि उसका इतिहास अगर है तो वह क्या है ? अभी तक तो पाकिस्तान उस हर बात का विरोधी है, जिसका संबंध उसके इतिहास से है और वह इतिहास जो उसे भारत से जोड़ता है। यही उसका सबसे बड़ा द्वंद्व है। एक बार पाकिस्तान ने पुरातत्त्ववेत्ता सर मार्टीमेर ह्वीलर को 'पाकिस्तान के पाँच हजार वर्ष' का एक इतिहास ग्रंथ लिखने के लिए नियुक्त किया। लेकिन कोई नहीं जानता कि वह ग्रंथ पूरा हुआ या नहीं। सच यह है कि वह कार्य शुरू ही नहीं हुआ, क्योंकि उससे पाकिस्तान की बुनियाद ही हिल जाती। इसीलिए पाकिस्तान स्वयं को भारत के विरोध में

परिभाषित करता है। ऐसे पाकिस्तान को समझने के लिए इस पुस्तक में एक प्रामाणिक दृष्टिकोण हर पन्ने पर उपलब्ध है।

यह पुस्तक पाँच खंडों में है। इसके 80 अध्याय हैं। पहला खंड 55 अध्यायों का है, जिसमें पहला अध्याय ही बताता है कि 'पाकिस्तान साम्राज्यवादी ताकतों के महाषड्यंत्र की उपज है।' यह अब एक प्रामाणिक और ऐतिहासिक तथ्य है। इस बारे में अनेक पुस्तकें भी आई हैं। जैसे नरेंद्र सिंह सरीला की पुस्तक है, जो 'भारत विभाजन की असली कहानी' बताती है। यह पुस्तक गहरे शोध से लिखी गई है। नरेंद्र सिंह सरीला लॉर्ड माउंट बेटन के ए.डी.सी. थे। उन्होंने प्राइमरी सोर्स पर अपनी पुस्तक लिखी है। ऐसी और भी पुस्तकें हैं। इस पुस्तक के 54 अध्यायों में क्रमवार वे कहानियाँ हैं, जिन्हें पढ़कर जाना जा सकता है कि कैसे पाकिस्तान के शासक सोचते हैं, काम करते हैं और उनकी दिशा-दृष्टि क्या होती है। खंड दो में 10 अध्याय हैं। खंड तीन में सात अध्याय हैं। खंड चार में पाँच अध्याय हैं और खंड पाँच में तीन अध्याय हैं। इस प्रकार यह पुस्तक वृहदाकार है।

कुछ अल्पज्ञात चौंकानेवाले तथ्य

यह मजेदार पुस्तक है। छात्र जानते हैं कि पाकिस्तान को जिन्ना ने बनवाया। इसके पहले अध्याय में एक शीर्षक है—'जिन्ना ने टाइपराइटर से हासिल किया पाकिस्तान'। यह शीर्षक अपने आप में पूरी कहानी जानने के लिए उत्सुकता पैदा करता है। पाठक को चौंकाता भी है। एक अनजान और अकल्पनीय इतिहास से सीधा सामना कराता है। अनुभवी और वयोवृद्ध पत्रकार बलबीर दत्त ने पाठक को उस कालखंड की यात्रा कराते हुए बताया है कि दरअसल पाकिस्तान की योजना अंग्रेजों की थी। उसे रूप-रंग दिया तब के वाइसराय लॉर्ड लिनलिथगो ने। लेकिन जैसा अंग्रेजों का तरीका था, वे खुद सामने नहीं आते थे, किसी को अपना उपकरण बनाते थे। वह उपकरण उस समय जफरुल्ला खान बने। उसकी पूरी कहानी इस अध्याय में आ गई है। इसे अगर एक गोल घेरे के चित्र से समझना हो तो शुरुआत होती है 1906 से। जब उस समय के वाइसराय की योजना में मुस्लिम लीग बनी, तो पाकिस्तान बनने से गोल घेरा पूरा हुआ।

इस पुस्तक को मैंने मजेदार इसलिए बताया है, क्योंकि इसके अध्यायों में रोचकता है। इसकी शैली पाठक को एक ऐसी कहानी का आनंद देती है, जिसमें रहस्य और रोमांच तो है ही, इसके अलावा कुछ रोचक प्रसंग भी हैं। जैसे लता मंगेशकर और नूरजहाँ के प्रसंग का अध्याय एक उदाहरण है। यह खंड तीन में है। पुस्तक का 68वाँ अध्याय है। पूरी पुस्तक में पाकिस्तान की उन करतूतों का ब्योरा है, जो छोटी-छोटी खबरों में गुम हो जाता है। उसे जोड़कर जो कहानी बनती है, वह इस पुस्तक में पढ़ी जा सकती है। लेखक ने अपनी प्रस्तावना में एक शब्दचित्र बनाया है। उसे पढ़कर भी पुस्तक का सार-संक्षेप समझा जा सकता है। प्रस्तावना में एक उप शीर्षक है—'भारत का पिंड छूटा, अच्छा हुआ'। इसमें बलबीर दत्तजी लिखते हैं—"यह एक विचित्र तथ्य है कि पाकिस्तान भारत के मामले में एक तरह के भय की मनोग्रंथि का शिकार है।"

"पाकिस्तान के लोग तो वैसे ही हैं, जैसे भारत के। उनके सोचने में ज्यादा फर्क नहीं है। एक नागरिक के रूप में वे सुखी जीवन जीना चाहते हैं। लेकिन पाकिस्तान की सत्ता शुरू से ही जिनके हाथों में आई, वे गहरे भय के शिकार हैं। राजनीतिक जमात और पाकिस्तान की सेना ही वहाँ की सत्ता को अपने-अपने ढंग से चला रहे हैं। वे ऐसा माहौल बनाए हुए हैं कि भारतीय

नेताओं ने मन से देश का विभाजन स्वीकार नहीं किया। इसलिए वे पाकिस्तान को टिकने नहीं देंगे और भारत को फिर से 'अखंड भारत' बनाने के प्रयास करेंगे।" इस आशंका का लेखक ने एक जगह उत्तर भी दिया है कि भारत पाकिस्तान का झंझट क्यों मोल लेना चाहेगा? यह भी एक पक्ष है, क्योंकि एक समय था, जब अखंड भारत और भारत-पाक महासंघ जैसी अवधारणाओं पर भारत में राजनीतिक सक्रियता थी, लेकिन जो बात इस पुस्तक के लेखक ने निष्कर्ष रूप में बताई है, वह ही इस समय का यथार्थ है। इसे लेखक के शब्दों में पढ़ें—"अब तो भारत के लोगों में पाकिस्तान के साथ किसी प्रकार का राज्यसंघ या महासंघ बनाने की दिलचस्पी भी बहुत घट गई है। पाकिस्तान की कट्टर मजहबपरस्ती, आतंकवाद, अनुशासनहीन सेना, दयनीय आर्थिक स्थिति, दकियानूसी सोच और षड्यंत्रकारी राजनीतिक संस्कृति का अभिशाप भारत क्यों मोल लेना चाहेगा?"

पाकिस्तान में क्यों नहीं लहलहाया लोकतंत्र का पौधा

भारत में लोकतंत्र की निरंतरता बनी हुई है। सिर्फ एक छोटा सा अपवाद है। लोकतंत्र है सिर्फ चार अक्षरों का। इन चार अक्षरों में भारत की आजादी के बाद की एक यात्रा समाई हुई है। वह यात्रा एक नए पड़ाव पर है। उस पड़ाव पर जो मंथन हो रहा है और जिससे अमृत तत्त्व निकल रहा है, वह यह है कि भारत की राष्ट्रीय एकता, भाईचारा और समृद्धि के लिए नवाचार प्राथमिकता में है। कभी समय आएगा, जब पाकिस्तान खुद अपने भविष्य के बारे में सोचेगा। यही वजह है कि ऊपर जो उद्धरण दिया गया है, वह निष्कर्ष रूप में उसे बलबीर दत्त ने प्रस्तुत किया है। हालाँकि यह केंद्रीय विषय नहीं है, लेकिन इस बात की उपेक्षा भी नहीं की जा सकती। भारत और पाकिस्तान की तुलना के कई मापदंड हैं। उनमें से एक लोकतंत्र है। यह अवश्य पूछा जाना चाहिए कि पाकिस्तान में लोकतंत्र का पौधा क्यों वृक्ष नहीं बन सका? इस प्रश्न में ही वह कहानी है, जो इस पुस्तक का केंद्रीय विषय है।

लेखक ने बताया है—"इस पुस्तक में भारत को लक्ष्य करके रचे गए षड्यंत्रों का ब्योरा दिया गया है। इन ब्योरों को पढ़ने से यह बात समझ में आती है कि पाकिस्तान जो षड्यंत्र रचता रहा है और वह सिलसिला जारी भी है, लेकिन उससे जितना भारत का नुकसान वह करना चाहता है, उससे ज्यादा वह अपना नुकसान कर बैठा है। वह अपने षड्यंत्रों के जाल में गहरे उलझ गया है। कोई नहीं जानता कि वह उससे मुक्त हो पाएगा या वह उसके लिए खुदा का फंदा बनेगा।" हाल की अनेक घटनाएँ यही बता रही हैं। उन घटनाओं को देखने-समझने की जरूरत है। लेकिन यह पुस्तक उस कहानी से पाठक को परिचित करा रही है, जिसका संबंध भारत के अतीत और पाकिस्तान के अस्तित्व में आने के बाद उसके द्वारा रचे गए षड्यंत्रों के सिलसिले से है।

कौन रचता है षड्यंत्र और उसके सूत्रधार कौन हैं, कैसे उसे अंजाम दिया जाता है, यह बताते हुए पुस्तक में उस काल को भी रेखांकित किया गया है, जो अंग्रेजी षड्यंत्र का हिस्सा है। जैसे यह कि मुसलिम लीग ब्रिटिश सरकारों के इशारों पर चल रही थी। इसका अध्याय है तीसरा, जिसमें यह अंश बहुत खास है और इससे अंग्रेजी षड्यंत्र की पुष्टि होती है। अंग्रेजों ने मुसलमानों को प्रोत्साहित किया कि वे यह आवाज उठाएँ कि "वे अल्पसंख्यक हैं और बहुसंख्यक हिंदुओं की 'ज्यादतियों' से बच पाने के लिए उन्हें विशेष संरक्षण की आवश्यकता है।" मुसलमानों के शिष्टमंडल के नेता

के रूप में आगा खान को चुना गया, जो 48वें शिया इमाम थे। उनके दादा ने सिंध के अमीरों के विरुद्ध अंग्रेजों के दमनचक्र का समर्थन किया था।

अंग्रेजों ने उनकी सेवाओं से प्रसन्न होकर उन्हें 'हिज हाइनेस' की पदवी प्रदान की थी और पेंशन भी दी थी। उनके पोते तत्कालीन आगा खान ने उसी 'महान् पंरपरा' का पालन किया। ऐसे महानुभाव को मुसलमानों के सर्वोच्च प्रतिनिधि का रुतबा प्रदान किया गया। आगा खान की अगुआई में मुसलमानों के एक प्रतिनिधिमंडल ने 1 अक्तूबर, 1906 को शिमला में तत्कालीन वायसराय लॉर्ड मिंटो से भेंट की। याद करना चाहिए कि इसके बाद ही उसी साल 'मुसलिम लीग' बनी। उसके बाद की कहानी इतिहास है। इस तरह की सूचनाओं की पुस्तक में भरमार है। जैसे यह कि दूसरे विश्वयुद्ध में अंग्रेजों ने एक खुफिया एजेंसी बनाई थी। उसका नाम था, 'फोर्स वन-थ्री-सिक्स'। उस एजेंसी ने एक दुर्योजना तैयार की कि भारत को जब अंग्रेज छोड़ेंगे तो कैसी तबाही मचानी है। इस आधार पर इतिहास को देखने का हमारा नजरिया बदल जाता है।

अंग्रेजों की कूट योजना : तबाही मचाओ और भागो

सत्ता हस्तांतरण की घोषणा के बाद और आजादी से पहले के कुछ महीनों में जो दंगे सीधी काररवाई के निर्णय से कराए गए, वे क्या उसी एजेंसी की करतूत थी? क्या उससे ही मुसलिम लीग और जिन्ना संचालित हो रहे थे? ये प्रश्न पैदा होते हैं। यह प्रश्न भी है कि क्या बंगाल के मुख्यमंत्री सुहरावर्दी भी उसी एजेंसी से नियंत्रित और संचालित हो रहे थे? इन प्रश्नों का उत्तर उन तबाही की कहानियों में है, जिसे नोआखाली का भयानक दंगा कहते हैं। जिसे सुनने के बाद पंडित मदनमोहन मालवीय के जीवन का अंत ही हो गया था।

उस एजेंसी में एक भारतीय भी था। जिसका नाम है—धमेंद्र गौड़। उन्होंने यह रहस्योद्घाटन किया कि "पाकिस्तान के जनक मुहम्मद अली जिन्ना तथा 'मुस्लिम लीग' के अन्य नेता अंग्रेजों की इस गुप्तचर संस्था से संबद्ध थे।" वही जिन्ना पाकिस्तान के जनक बनाए गए। उस पाकिस्तान पर एक रोचक पुस्तक के.के. अजीज की है। उस पुस्तक के हवाले से लेखक ने बताया है कि "विवादों में जनमे देश का जन्मदिन भी विवाद में है।" वैसे यह पुस्तक खासतौर से यह बताती है कि पाकिस्तानी स्कूलों में भारत-विरोधी झूठे इतिहास को पढ़ाया जाता है। उसके प्रामाणिक उदाहरण इसमें दिए गए हैं।

इस पुस्तक में एक अध्याय इस कहानी पर केंद्रित है कि हिंदू-सिखों के मुकम्मल सफाए का महाषड्यंत्र कैसे कामयाब हुआ। गुप्तचर अधिकारी रहे धमेंद्र गौड़ ने अपनी पुस्तक में इसे सविस्तार बताया है। इस कहानी से गुजरना उस दौर के इतिहास का साक्षी होना है, जो भयानक तो था ही, हर तरह से अमानवीय भी था। इन दिनों प्रो. इस्तियाक अहमद की पुस्तक भी अनेक रहस्योद्घाटन का आधार बनी हुई है। बलबीर दत्तजी ने भी उनकी पुस्तक का हवाला दिया है। इसी तरह मशहूर जी.डी. खोसला की पुस्तक का भी लेखक ने आधार लिया है। जिन्हें यह जानना हो कि पाकिस्तान ने कश्मीर पर 1947 में हमला क्यों किया और कौन थे सूत्रधार, तो उन्हें पुस्तक का 16वाँ अध्याय पढ़ना चाहिए। हर अध्याय के बारे में लिखा जा सकता है, लेकिन वह दोहराव होगा। यहाँ यह कहना काफी है कि जो कहानी 16वें अध्याय में शुरू होती है, उसका संबंध जम्मू-कश्मीर पर हमले की साजिश से है। इसी तरह एक अध्याय बलूचिस्तान की कहानी

कहता है। वह कश्मीर से मिलती-जुलती है। इसी तरह भारत के हर उस व्यक्ति को उस अध्याय में गहरी रुचि इसलिए होगी, क्योंकि इसका संबंध हैदराबाद से है। हम जानते हैं कि हैदराबाद में सरदार पटेल को आखिरकार सैनिक काररवाई करनी पड़ी, तब जाकर उसका विलय हुआ।

यह पुस्तक पाकिस्तान के अस्तित्व से प्रारंभ कर जो-जो तथ्य अपने अध्यायों में समेटे हुए है। यह पुस्तक पिछले 75 साल में घटित षड्यंत्रकारी घटनाओं का विवरण रोचक ढंग से देती है। अध्याय छोटे हैं, लेकिन सुबोध हैं। उसे पढ़ते हुए अनुभव होता है कि उस इतिहास को हम जान और समझ पा रहे हैं, जो छोटी-बड़ी घटनाओं में दिखता है। फिर उसको आमतौर पर भुला दिया जाता है। यह पुस्तक उसे एक श्रृंखला में पिरोती है, जिससे यह जाना जा सकता है कि शुरुआत होती है 1947 से और वह सिलसिला रुकता नहीं है। हाँ, यह अवश्य हुआ है कि पाकिस्तान से भी यह आवाज उठने लगी है कि भारत के विरुद्ध षड्यंत्र से कुछ हासिल नहीं होगा। भले ही यह आवाज अभी नक्कारखाने में तूती की लगती हो, लेकिन क्या यह कम संतोष की बात नहीं है कि पाकिस्तान अपने मंसूबे और करतूतों को छिपा नहीं पा रहा है।

आतंकी हमलों से भारत को मर्माहत करने की कारस्तानी

इसे जानने-समझने में हर देशभक्त नागरिक की रुचि जितनी पहले थी, उससे बढ़ी है। इसका कारण पाकिस्तान की करतूतें हैं। उनमें से दो घटनाओं का विवरण और विश्लेषण इस पुस्तक के अध्याय 46 और 48 में आ गया है। 46वें में पाकिस्तानी साजिश से संसद् पर 2001 में किए गए हमले का वर्णन है। उसकी पूरी कहानी है, जिसमें पाकिस्तान का मंसूबा पूरा नहीं हुआ। इसलिए सात-आठ साल की तैयारी से 26 नवंबर, 2008 में पाकिस्तान ने आतंकी हमले का षड्यंत्र इस उम्मीद से रचा कि उसे कोई दोषी नहीं ठहरा सकेगा, क्योंकि कोई सबूत मिलेगा नहीं। लेकिन हुआ ठीक इसके विपरीत। एक आतंकी जीवित ही पकड़ लिया गया। पाकिस्तान के चेहरे पर कालिख पुत गई। उसकी साजिश के तिनके-तिनके को बड़े ढंग से जोड़कर लेखक ने साबित कर दिया है कि वह 'फौजी-जिहादी गठजोड़ का नतीजा' था। इसे पढ़कर कोई भी उस गहरे जख्म का दर्द अनुभव कर सकता है, जो भारत के मर्म पर पाकिस्तान ने पैदा किया। पिछले दिनों उस घटना को देखने का एक नया दृष्टिकोण प्रधानमंत्री नरेंद्र मोदी ने देशवासियों को बताया। जिसकी गूँज दुनिया में भी सुनाई पड़ी। वह यह कि 26 नवंबर का हमला वास्तव में भारत के गणराज्य पर था, क्योंकि यह दिन भारत के लिए एक ऐतिहासिक दिन है। जिस दिन भारत का संविधान बना। एक हजार साल का इतिहास करवट ले रहा था। नया इतिहास रचने और अपना स्वर्णिम भविष्य बनाने की यात्रा पर चलने का देश संकल्प कर रहा था। उस हमले की गंभीरता को प्रधानमंत्री नरेंद्र मोदी की सरकार ने न केवल भारत के लिए बल्कि पूरी दुनिया के लिए चुनौती के रूप में समझा है और पूरी दुनिया को समझाने का प्रयास चल ही रहा है। उसी क्रम में बहुत महत्त्वपूर्ण कदम है वह सम्मेलन, जो पिछले दिनों दिल्ली में हुआ। उस सम्मेलन का शीर्षक ही है—'नो मनी फॉर टेरर फंडिंग'। इसमें इस बार 92 देशों के मंत्री या सरकार के प्रतिनिधि शामिल हुए। खास बात यह कि पाकिस्तान को इसमें बुलाया भी नहीं गया। स्पष्ट है कि पाकिस्तान एक आतंकवादी देश है, यह जो भारत कहता था, उसे दुनिया के 92 देश मानने लगे हैं।

जिन्ना से इमरान तक के कथन

इस पुस्तक में ढेरों ऐसी कहानियाँ हैं, जो यह बताने के लिए काफी हैं कि पाकिस्तान का अंतर्द्वंद्व क्या है? जैसे पाकिस्तान के बनते ही जिन्ना को खयाल आया कि कोई राष्ट्रगीत अपना होना चाहिए। यह काम कौन कर सकता है? ऐसे व्यक्ति की खोज शुरू हुई, उसे खोजा गया। वे थे जगन्नाथ 'आजाद'। वे बड़े शायर थे। उन्होंने पाँच दिनों में उर्दू में एक गीत बनाया। उसे जिन्ना ने सुना। वह पसंद आया उन्हें, लेकिन उस गीत के लेखक को पाकिस्तान सहन नहीं कर सका। उसे लाहौर छोड़कर दिल्ली आना पड़ा। ऐसे ही एक रोचक किस्से का संबंध लता मंगेशकर और नूरजहाँ से है। इस किस्से से पाकिस्तानी कट्टरपन सामने आता है। एक अध्याय पाकिस्तान के राजनीतिक चुटकुले पर है। ऐसे ही उन बयानों का प्रासंगिक अंश इस पुस्तक में संकलित किया गया है, जो समय-समय पर दिए गए हैं और इस पुस्तक में प्रासंगिक हैं। इन बयानों में जिन्ना से इमरान खान तक वे सभी नाम हैं, जो मायने रखते हैं। आखिरी अध्याय रोचक और विचित्र प्रसंग के कुछ खास उदाहरणों का है। जिनकी भी इस विषय में दिलचस्पी होगी, उनके लिए यह पुस्तक एक संदर्भ-कोश का काम करेगी। इसे शुरू से अंत तक पढ़ते हुए जो बात बार-बार ऊँचे स्वर में अक्षरों-वाक्यों से सुनाई पड़ती है और मन में एक लकीर बनाती है, वह यह कि यह पुस्तक वर्षों के गहन व सतत अध्ययन-अध्यवसाय से बनी है। किसी भी लेखक, विशेषकर पत्रकार को इस पुस्तक से एक ऐसी पगडंडी मिलेगी, जो उसे पुस्तक लेखन के राजमार्ग पर पहुँचा सकेगी।

—रामबहादुर राय

प्रस्तावना

एक भारत-विद्वेषी मुल्क का दिशाहीन सफर

भारत की स्वाधीनता की 75वीं वर्षगाँठ अर्थात् अमृत महोत्सव के ऐतिहासिक अवसर के साथ हमारे देश ने एक नए युग में प्रवेश किया है। यह हमारे लिए व्रत-स्मरण का पर्व है, लेकिन इसके साथ ही हम विभाजन के दर्द को नहीं भूल सकते। स्वतंत्रता दिवस के एक दिन पहले, यानी 14 अगस्त को हर वर्ष देश में 'विभाजन विभीषिका स्मृति दिवस' मनाने का जो निर्णय किया गया है, वह सर्वथा उपयुक्त है। देश के बँटवारे के समय नफरत और हिंसा की वजह से लाखों देशवासियों को विस्थापित होना पड़ा था और अपनी जान तक गँवानी पड़ी थी। इस विकरालता के दौर से सरहद के दोनों ओर के क्षेत्रों को गुजरना पड़ा था। दरअसल, भारत विभाजन भारत की आजादी से भी बड़ी घटना है। भारत को तो देर-सबेर आजाद होना ही था।

जहाँ तक 'विभाजन विभीषिका स्मृति दिवस' की बात है, इसे भेदभाव, वैमनस्य और दुर्भावना के जहर को खत्म कर एकता, सामाजिक सद्भाव और मानवीय संवेदनशीलता को मजबूत करने के लिए प्रेरणास्रोत के तौर पर मनाया जाना चाहिए।

भारत आजाद नहीं होता, पाकिस्तान नहीं बनता

इतिहास बताता है कि ऐसे राष्ट्र, जो अपने हालिया अतीत को याद नहीं रखते, उनके यहाँ उसी त्रासदी की पुनरावृत्ति का खतरा पैदा हो जाता है। अतीत के भीतर से ही वर्तमान की तलाश की जा सकती है।

हमें यह याद रखना होगा कि यदि भारत आजाद नहीं होता तो पाकिस्तान नहीं बनता। वास्तव में, पाकिस्तान अंग्रेजों द्वारा मुहम्मद अली जिन्ना को मुफ्त में दिया गया एक तोहफा था, जो उन्होंने भारत से अपना बोरिया-बिस्तर समेटते समय जिन्ना को इनायत फरमा दिया था। कूटनीति के परम गुरु अंग्रेजों ने अपने राजनीतिक व रणनीतिक स्वार्थों की पूर्ति के लिए इस कूटचाल को अमली जामा पहनाया था। अंग्रेजों को जहाँ भी अपना उपनिवेश छोड़ने के लिए मजबूर किया गया, वहाँ उन्होंने कुछ-न-कुछ कारस्तानी की या देश को बाँट दिया।

चूँकि पाकिस्तान को सब कुछ सहज ही मिल गया था, इसलिए उसके आकाओं को कोई दर्द नहीं था। कहा भी है—'माले मुफ्त दिले बेरहम।' पाकिस्तान की माँग करनेवालों ने किसी देश (ब्रिटेन) से संघर्ष नहीं किया, बल्कि हमेशा ब्रिटिश शासकों की खुशामद ही की।

मुसलिम लीग ने एक स्ट्रेटजी के अंतर्गत मजहब के नाम पर भारत से अलग होने के लिए खून-खराबा किया, दंगे-फसादों का सहारा लिया। तुष्टीकरण की नीति अपनाने वाले हमारे अमन

पसंद नेताओं ने देश-विभाजन की माँग स्वीकार कर ली। यही वजह थी कि पाकिस्तान की माँग पूरी हो जाने पर मुसलिम लीगियों ने नारा लगाया—

'हँस के लिया है पाकिस्तान, लड़ के लेंगे हिंदुस्तान'

भारत को दारुल इसलाम बनाने का ख्वाब

मुसलिम लीगियों का कहना था कि पाकिस्तान तो एक पड़ाव है। हमारी असली मंजिल है—दिल्ली के लाल किले पर परचमे इसलाम फहराना। भारत को दारुल इसलाम बनाना। वे बीते दिनों के इसलाम के कथित गौरव के गीत गा रहे थे। वे जमीनी हकीकत को नजरअंदाज कर घड़ी की सूइयों को पीछे घुमाने का प्रयास कर रहे थे। उनके लिए प्रगति का रास्ता था—'पीछे मुड़।'

पाकिस्तान के राजनीतिक इतिहासकार अकबर अहमद ने 'लुक बैक' या पीछे मुड़-मुड़कर देखते रहने के इस नजरिए का अपने ढंग से विश्लेषण किया है। अकबर ने लिखा है—

The Muslims looked to the past, the British and Hindus looked to the future. Muslims wished to regain the lost glory, the British wished to preserve and consolidate their rule, and the Hindus waited for the day when they would be in command once again of their land.

(मुसलमान बीते जमाने की ओर देखते थे, अंग्रेज और हिंदू भविष्य की ओर देखते थे। मुसलमान खोए हुए गौरव को दोबारा प्राप्त करना चाहते थे। अंग्रेज अपने शासन को बनाए रखना और उसे मजबूती प्रदान करना चाहते थे और हिंदू उस दिन के इंतजार में थे, जब वे एक बार फिर अपनी धरती के अधिकारी होंगे।)

बहुत-से लोग अकबर अहमद के विश्लेषण से सहमत नहीं भी हो सकते हैं, लेकिन बीसवीं सदी के प्रथमार्द्ध और पाकिस्तान बन जाने के कुछ अरसा बाद तक कट्टरपंथी मुसलिम राजनीति बीते जमाने की ओर देखते रहने के नजरिए में ही तर-ब-तर रही। 'लड़ के लेंगे हिंदुस्तान' की जहनियत समाप्त नहीं हुई है।

कश्मीर पर हमला, पूर्वी बंगाल में कत्लेआम

देश विभाजन की माँग स्वीकार करनेवाले हमारे स्वतंत्रता सेनानी राष्ट्रवादी नेताओं की सोच गलत सिद्ध हुई। उन्होंने सोचा था कि बँटवारा मान लेने से रोजमर्रा का झगड़ा-झंझट समाप्त हो जाएगा, लेकिन इसका नतीजा उलटा ही निकला। पाकिस्तान ने अपनी पैदाइश के साथ ही पश्चिमी पाकिस्तान से हिंदू-सिखों के नस्ली सफाए की मुहिम शुरू कर दी, जिसकी भारत में तीखी प्रतिक्रिया हुई। सरहद के दोनों ओर भीषण रक्तपात हुआ। मानवता को शर्मसार करनेवाली घटनाएँ घटीं।

आजादी के अभी दो महीने ही गुजरे थे कि पाकिस्तान की फौज की सरपरस्ती में मुसलिम-बहुल कश्मीर की देशी रियासत पर फ्रंटियर प्रांत के खूँखार हथियारबंद कबाइलियों को धावा बोलकर कब्जा करने और लूट-मार करने के लिए भेज दिया गया। उन्होंने वहाँ जो कहर ढहाया, उसने दरिंदगी की सारी हदें पार कर दीं। महाराजा के अनुरोध पर भारत ने हस्तक्षेप किया, फिर भी करीब एक तिहाई कश्मीर पर पाकिस्तान आज भी बिना किसी कानूनी या नैतिक अधिकार के कब्जा जमाकर बैठा हुआ है। मुहम्मद अली जिन्ना ने 1947 की ईद कश्मीर की राजधानी श्रीनगर

में मनाने का हसीन सपना देखा था, लेकिन उनका सपना ढेर हो गया।

14 अगस्त, 1947 को नफरत और खूंरेजी से उत्पन्न हुआ यह मुल्क उसी नफरत और खून-खराबे का शिकार हो गया है, जिसमें उसका जन्म हुआ था। 1971 में तत्कालीन पूर्वी पाकिस्तान (पूर्वी बंगाल) में पाकिस्तानी फौज द्वारा मचाए गए कत्लेआम के बाद पाकिस्तान दो-फाड़ हो गया। इस उथल-पुथल ने जिन्ना के दो कौमीयत के सिद्धांत को ध्वस्त कर दिया और सिद्ध कर दिया कि मजहब की गोंद से किसी मुल्क को जोड़कर नहीं रखा जा सकता। यह बात विभाजन के पैरोकारों को बहुत बाद में समझ में आई।

गुलाम मुर्तजा सैयद

'जिए सिंध' आंदोलन के प्रवर्तक और सिंध असेंबली में पाकिस्तान निर्माण का प्रस्ताव लानेवाले मुसलिम लीगी मुख्यमंत्री गुलाम मुर्तजा सैयद ने बाद में 1973 में प्रकाशित अपनी पुस्तक में गलती स्वीकार की। उन्होंने दिल्ली में कहा, "मैं इस नतीजे पर पहुँचा हूँ कि 1947 में देश का बँटवारा एक बहुत बड़ी गलती थी। जिन्ना ने इसलाम का नाम लेकर हमें धोखा दिया। इसलाम एक मजहब है, लेकिन हम यह नहीं मानते कि मुसलमान कोई कौम है। कौमें मजहब से नहीं बल्कि भौगोलिक, ऐतिहासिक, सांस्कृतिक परिस्थितियों से, भावनात्मक कारक तत्त्वों से बनती हैं। महान देशों का इतिहास होता है। क्या पाकिस्तान का इतिहास वास्तव में वह नहीं है जो भारत का है? क्या हम इसे नकार सकते हैं?"

मुहाजिर कौम कहाँ से आई?

पाकिस्तान की मिसाल से यह समझ लेना चाहिए कि केवल धर्म के आधार पर कोई देश नहीं बन सकता। इसके लिए और भी बहुत कुछ चाहिए। धर्म के आधार पर यदि कोई देश बन भी जाए तो वह टिक नहीं सकता। यदि धर्म ही आधार होता तो दुनिया के सब मुसलमानों का एक ही देश होता। इराक और ईरान भी एक ही देश होते और आपस में लड़ते-झगड़ते नहीं।

शिकागो यूनिवर्सिटी में अमेरिकी विदेश नीति अध्ययन केंद्र के डाइरेक्टर हैंस जे. मॉरगोंथन ने अपनी पुस्तक 'द न्यू रिपब्लिक' (The New Republic) में लिखा है—

Pakistan is not a nation and hardly a state. It has no justification, ethnic origin, language, civilization or the consciousness of those who make up its population. They have no interest in common except one fear of HINDU DOMINATION. It is to that fear and nothing else that Pakistan poses its existence and thus for survival as an independent state.

(पाकिस्तान कोई कौम नहीं है, यह बमुश्किल ही कोई मुल्क है। इसकी आबादी के नस्ली मूल, भाषा, सभ्यता या संचेतना के आधार पर इसके अस्तित्व का कोई औचित्य नहीं है। हिंदू दबदबे के खौफ के अलावा इनका कोई साझा हित नहीं है। सिर्फ और सिर्फ इस खौफ के कारण पाकिस्तान अपना वजूद और इस प्रकार एक आजाद मुल्क होने का दिखावा करता है।)

भारत को काटकर पाकिस्तान बन तो गया, लेकिन उसका औचित्य सिद्ध करने का काम आज तक नहीं हो पाया। इस मुल्क का संविधान तीन बार बना। फिर भी यह देखा गया कि संविधान

का पालन जरूरी नहीं है। पाकिस्तान के बारे में खुद मुहम्मद अली जिन्ना की कोई स्पष्ट अवधारणा नहीं थी। वे परस्पर विरोधी बयान देते रहते थे, जगह और मौके के अनुसार विचार बदलते रहते थे। कैसा होगा पाकिस्तान और उसमें कैसी होगी इसलाम की हैसियत, इस बारे में मुसलिम लीग ने कभी कोई 'होम वर्क' नहीं किया। 'इसलाम खतरे में', 'ले के रहेंगे पाकिस्तान' और 'लड़ के लेंगे हिंदुस्तान' की नारेबाजी करनेवालों से बौद्धिक दूरदर्शिता की उम्मीद भी नहीं की जा सकती थी।

जिन्ना चले थे भारतीय उपमहाद्वीप के मुसलमानों को एकजुट करने, लेकिन न वे खुद और न ही उनके उत्तराधिकारी पाकिस्तान के हिस्से के मुसलमानों को ही एकजुट रख सके। वे इसलाम के अलग-अलग फिरकों और उनकी इलाकाई कौमीयत को भी एकजुट नहीं कर सके। जिन्ना का 'हिंदू-मुसलिम दो कौम' का सिद्धांत तत्कालीन पश्चिमी पाकिस्तान में 'पाँच कौम' का सिद्धांत में तबदील हो गया—पंजाबी, सिंधी, बलूच और पख्तून। इन चार के अलावा एक नई कौम आई 'मुहाजिर।' बाकी चारों कौमें कहने लगीं—"यह मुहाजिर कौम कहाँ से आई?" उत्तर भारत के लाखों उर्दू भाषी मुसलमान जो बँटवारे के समय पाकिस्तान जाकर वहाँ बस गए थे, आज भी 'मुहाजिर' यानी शरणार्थी कहलाते हैं। वे आज तक वहाँ घुल-मिल नहीं पाए। उन्हें 'बाहरी' माना जाता है। उन्हें हिकारत से 'हिंदुस्तादे' कहा जाता है। मुहाजिरों और सिंधियों के बीच वर्षों चले भीषण दंगों में दोनों तरफ के हजारों लोग मारे जा चुके हैं। बेनजीर भुट्टो ने सार्वजनिक तौर पर कहा था कि मुहाजिरों का और हमारा खून अलग है। गौरतलब है कि मुहाजिर लोग अपने लिए 'मुहाजिरिस्तान' की माँग कर चुके हैं।

95 प्रतिशत भारत-विद्वेष पर आधारित

पाकिस्तान में इलाकाई कौमीयत का नामोनिशान मिटा देने के लिए 1955 में पश्चिमी पाकिस्तान के चारों प्रांतों—पंजाब, सिंध, बलूचिस्तान और फ्रंटियर (वर्तमान खैबर पख्तूनख्वा)—को मिलाकर एक प्रांत कर दिया गया था, लेकिन बाद में सरकार को अपना निर्णय बदलना पड़ा, क्योंकि चारों प्रांत इसलाम के नाम पर अपनी इलाकाई कौमीयत मिटाने के पक्ष में नहीं थे। उधर, तत्कालीन पूर्वी पाकिस्तान (पूर्वी बंगाल) की अपनी एक अलग ही कौमीयत थी, इसलिए वहाँ यह समस्या पैदा नहीं हुई, लेकिन इसलाम उन्हें पश्चिम पाकिस्तान के साथ जोड़कर नहीं रख सका।

पाकिस्तान का भारत-विद्वेष जन्मजात है। भारत के प्रति स्थायी वैर-नीति पाकिस्तान की पूरी पीढ़ी को इतना तंगदिल बना चुकी है कि वहाँ कथित प्रबुद्ध वर्ग भी भारतीयों की बहुलतावादी समाज की अवधारणा में विश्वास नहीं करता है।

खालिद अहमद

पाकिस्तान के जाने-माने राजनीतिक चिंतक खालिद अहमद ने इस स्थिति पर अफसोस जाहिर करते हुए लिखा है—

Pakistani nationalism comprises 95 percent India hatred. They call it Islam because that is how we learn to differentiate between ourselves and India.

(पाकिस्तानी राष्ट्रवाद में समाविष्ट है 95 प्रतिशत भारत-द्वेष। इसे वे कहते हैं इसलाम, क्योंकि इसी से हम भारत और अपने बीच फर्क को पहचान पाते हैं।)

पाकिस्तान के स्कूलों और मदरसों में विकृत इतिहास पढ़ाया जाता है। कई पुस्तकों में यहाँ तक लिखा है कि हिंदुस्तान में मुगलों के आने से पहले यहाँ के बाशिंदे जाहिल और असभ्य थे। अब इस तरह की जहरीली सामग्री खारिज करने की दिशा में कुछ प्रयास आरंभ किए गए है, लेकिन पाकिस्तान की दो पीढ़ियों के दिमाग में जहर भर देने के बाद इसका क्या और कितना असर होगा, कहना कठिन है।

इसलाम के नाम पर बना दुनिया का यह पहला इसलामी देश, जो स्वयं को 'ममलकत-ए-खुदादाद' (ईश्वर का विशेष वरदान) कहता है, आज दुनिया का सबसे असहिष्णु इसलामी राष्ट्र बन गया है और इसकी गणना दुनिया के सबसे खतरनाक देशों में होने लगी है।

जो मोदी का यार है, गद्दार है, गद्दार है

आज पाकिस्तान की सियासी हालत यह है कि वहाँ किसी भी सरकार का वजूद हिंदुओं और हिंदुस्तान के विरुद्ध नफरत के एजेंडे के बगैर कायम नहीं रह सकता। इसके लिए यह भी जरूरी है कि 'कश्मीर बनेगा पाकिस्तान' जैसे नारों की रट भी लगाए रखी जाए। जब भी भारत और पाकिस्तान के बीच रिश्तों को सुधारने का प्रयास होता है, भारत-विरोधी तत्त्व उसमें पलीता लगा देते हैं। नवाज शरीफ को इसकी सजा दो बार भुगतनी पड़ी है। पाकिस्तान में 2018 के आम चुनाव में पाकिस्तानी फौज द्वारा प्रायोजित प्रधानमंत्री पद के उम्मीदवार इमरान खान की हर चुनाव सभा में नारा बुलंद किया जाता था—'जो मोदी का यार है, गद्दार है गद्दार है।' वहाँ मौजूद भीड़ समवेत स्वर में चटकारे लेकर इस नारे को दोहराने का लुत्फ उठाती थी। इमरान खान की चुनाव सभाओं में उपस्थित रहनेवालों को इस नारे का इतना चस्का लग गया था कि इसके बगैर उन्हें सभा नीरस लगती थी—यह नारा पूर्व प्रधानमंत्री नवाज शरीफ के प्रति लक्षित था, जिन्हें पाकिस्तान की फौज और न्यायपालिका की मिलीभगत से अपदस्थ कर दिया गया था। प्रश्न है—क्या किसी सभ्य (पाकिस्तान की भाषा में तहजीबयाफ्ता) मुल्क की किसी बड़ी राजनीतिक पार्टी का प्रधानमंत्री पद का आकांक्षी प्रमुख नेता पड़ोसी देश और अपने ही देश के पूर्व प्रधानमंत्री के प्रति इतनी अभद्रता का प्रदर्शन कर सकता है? हाँ, कर सकता है, पाकिस्तान ने यह करके दिखा दिया।

चुनाव सभाओं में पूर्व क्रिकेटर इमरान खान का एक और नारा था—'बल्ला घुमाओ, भारत भगाओ।' इस पर खूब तालियाँ बजती थीं, लेकिन पाकिस्तान की अटूट राजनीतिक परंपरा के अनुसार इमरान खान को अपना कार्यकाल पूरा होने से पहले ही भगा दिया गया। उन्हें इस बात का मलाल रह गया कि अमेरिका के राष्ट्रपति जो बाइडेन ने बार-बार की गुजारिश के बावजूद, उनसे टेलीफोन पर बात तक नहीं की जबकि उन्हीं बाइडेन ने पाकिस्तानी 'गद्दार' के यार मोदी से टेलीफोन पर कई बार बातें कीं और मुलाकात भी की। इमरान ने अपने कार्यकाल के अंतिम दौर में एक बड़ी गलती यह की कि सेनाध्यक्ष जनरल बाजवा से अपने संबंध बिगाड़ लिये। तब जनरल बाजवा ने ऐसा बल्ला घुमाया कि इमरान खान को कुरसी छोड़कर भाग जाना पड़ा।

क्यों हो रही है यह दुर्गति

प्रश्न है कि आज पाकिस्तान की यह हालत क्यों हो गई है? भारत-विद्वेष का चूर्ण तो पाकिस्तान में 'चना जोर गरम' की तरह धड़ल्ले से बिक जाता है, लेकिन क्या इस तरह की खुली

नफरतबाजी से कोई देश निहाल हो सकता है? पाकिस्तान कंगाल होने के कगार पर पहुँच गया है, लेकिन उसके हुक्मरान बात-बात पर भारत को नीचा दिखाने से बाज नहीं आ रहे। अंतरराष्ट्रीय जगत् में पाकिस्तान की साख बहुत गिर चुकी है। आतंकवाद के कारण विदेशों में पाकिस्तानियों को शक की निगाह से देखा जाता है। विश्व में होनेवाली कई आतंकी घटनाओं के तार किसी-न-किसी रूप में पाकिस्तान से जुड़े पाए जाते हैं। पाकिस्तान की माली हालत बेहद खराब हो चुकी है। बड़े पूँजी-निवेशक पाकिस्तान में पूँजी नहीं लगाना चाहते। आतंकी फंडिंग पर निगाह रखनेवाली अंतरराष्ट्रीय संस्था एफ.ए.टी.एफ. (फाइनेंशल एक्शन टास्क फोर्स) ने जून 2018 से चार वर्ष तक पाकिस्तान को 'ग्रे लिस्ट' में डाल रखा था, जिस कारण पाकिस्तान अंतरराष्ट्रीय मुद्रा कोष, विश्व बैंक और यूरोपीय यूनियन जैसी संस्थाओं से कोई वित्तीय सहायता नहीं ले पा रहा था। पाकिस्तान में उद्योग-धंधों की हालत बहुत गई-बीती है, लेकिन आतंकियों को 'एक्सपोर्ट' करने का उद्योग जारी है। पाकिस्तान में कई अंतरराष्ट्रीय आयोजन नहीं हो पा रहे हैं। इनमें 'सार्क' देशों का शिखर सम्मेलन भी शामिल है।

इतिहास बताता है कि जब किसी देश का शासन बेलगाम और कमजोर या निरंकुश होता है तो वह किसी बाहरी या पड़ोसी देश को परम शत्रु के रूप में चित्रित करके उसे अपनी सारी मुसीबतों और दुःख-दर्दों की वजह साबित करने की कोशिश करता है। पाकिस्तान में शुरू से यही होता आ रहा है। इस हथकंडे द्वारा अपनी अंदरूनी नाकामी से अवाम का ध्यान बँटाया जा सकता है।

पाकिस्तान भारत से अपनी एक अलग पहचान बनाना चाहता है, लेकिन उसे यह सूझ नहीं रहा है कि इसके लिए उसे करना क्या होगा? पाकिस्तान के पास कोई सच्ची राष्ट्रीय पहचान नहीं है, राष्ट्रीय इतिहास नहीं है। इसलिए वह स्वयं को भारत के विरोध के रूप में परिभाषित करता है। आजादी से पहले हिंदुओं और मुसलमानों के बीच जो साझा चीजें थीं, वह उनसे मुँह मोड़ लेना चाहता है। वह भारतीय उपमहाद्वीप की समस्त सांस्कृतिक विरासत और परंपराओं को नष्ट करना चाहता है।

पाकिस्तान इस उपमहाद्वीप से जुड़ाव की अपनी सारी निशानियाँ मिटाने के काम में लगा है, क्योंकि कई लोगों को लगता है कि यह जुड़ाव ही जहर है और अलगाव ही अमृत है। उन्होंने प्राचीन भारतीय इतिहास को भी खारिज कर दिया है।

भारत से बेवजह भय की मनोग्रंथि

पाकिस्तान के कट्टरपंथी सऊदी अरब में अपनी जड़ें खोज रहे हैं, जबकि पाकिस्तान के विवेकशील लोग यह मानते हैं कि पाकिस्तान की सांस्कृतिक जड़ें इसी उपमहाद्वीप में हैं। सिंधु घाटी सभ्यता तथा हड़प्पा और मोहन-जोदड़ो की सांस्कृतिक सभ्यताएँ भारत और पाकिस्तान को कभी अलग नहीं कर सकतीं। पाकिस्तान की लोककला और सांस्कृतिक गतिविधियों में प्रकारांतर से भारतीय संस्कृति का ही स्वरूप बसा हुआ है।

भारत और पाकिस्तान के प्रधानमंत्रियों का एक-दूसरे के देश में आना-जाना बहुत कम होता रहा है। 1960 में पहली बार प्रधानमंत्री जवाहरलाल नेहरू सिंधु जल-संधि पर हस्ताक्षर करने के लिए पाकिस्तान गए थे। तब वहाँ जनरल अयूब खान का शासन था। उसके करीब तीन दशक

बाद राजीव गांधी 1989 में पाकिस्तान पहुँचे। उस समय बेनजीर भुट्टो पाकिस्तान की प्रधानमंत्री थीं। इस अवसर पर राजधानी इसलामाबाद में आयोजित रात्रि भोज में अपने उद्‍गार व्यक्त करते हुए प्रधानमंत्री राजीव गांधी ने दोनों देशों की महान् संस्कृति और सभ्यता का उल्लेख किया और कहा, "जिस तरह अजमेर शरीफ और ताजमहल को आपसे अलग नहीं किया जा सकता उसी तरह तक्षशिला और ननकाना साहिब को हमसे अलग नहीं किया जा सकता। इनके 5,000 या शायद पिछले 8,000 साल पुरानी संस्कृति के इतिहास ने हमें जोड़ रखा है।"

भारत का पिंड छूटा, अच्छा हुआ

यह एक विचित्र तथ्य है कि पाकिस्तान भारत के मामले में एक तरह के भय की मनोग्रंथि का शिकार है। वहाँ अनेक लोगों को लगता है कि भारतीय नेताओं ने मन से देश का विभाजन स्वीकार नहीं किया। इसलिए वे पाकिस्तान को टिकने नहीं देंगे और भारत को फिर से 'अखंड भारत' बनाने के प्रयास करेंगे। ऐसा वहाँ निरंतर प्रचारित किया जाता है। यह बात सही है कि भारतीय नेताओं ने देश विभाजन मन से नहीं माना था, मजबूरी में माना था, लेकिन मान लेने के बाद अब भारतीयों की इसमें कोई दिलचस्पी नहीं है कि पाकिस्तान को येन-केन-प्रकारेण भारत में मिला लिया जाए। अब तो भारत के लोगों में पाकिस्तान के साथ किसी प्रकार का राज्यसंघ या महासंघ बनाने की दिलचस्पी भी बहुत घट गई है। पाकिस्तान की कट्टर मजहबपरस्ती, आतंकवाद, अनुशासनहीन सेना, दयनीय आर्थिक स्थिति, दकियानूसी सोच और षड्यंत्रकारी राजनीतिक संस्कृति का अभिशाप भारत क्यों मोल लेना चाहेगा?

पाकिस्तानी कलमकार इरफान हुसैन ने पाकिस्तान में इसलामी कट्टरवादिता और हिंसक मनोवृत्ति पर अफसोस जाहिर करते हुए 'डॉन' (DAWN) के 11 दिसंबर, 2008 के अंक में लिखा—

Many Indians have written to me, saying that they are glad India was partitioned in 1947. So it has now fewer Muslims to deal with.

(अनेक भारतीयों ने अपने विचार व्यक्त करते हुए मुझे लिखा है कि उन्हें इस बात की खुशी है कि 1947 में भारत का विभाजन हो गया था। इस प्रकार अब उन्हें संख्या में पहले से कम पड़ जानेवाले मुसलमानों से ही वास्ता पड़ता है।)

पाकिस्तान बनाने की जरूरत क्या थी?

जब भारत का संविधान बन रहा था तब पाकिस्तान में उसे बहुत असहज ढंग से निहारा जा रहा था। भारतीय नेता यदि जिन्ना के हिंदू-मुसलिम दो कौम के सिद्धांत पर भारत को हिंदू राष्ट्र घोषित कर देते, तब पाकिस्तान के पैरवीकारों को बड़ी प्रसन्नता होती, लेकिन ऐसा कुछ हुआ नहीं। एक धर्मनिरपेक्ष भारत पाकिस्तान के लिए बड़ी चुनौती है। सवाल यह है कि यदि भारत में या 'हिंदू भारत' में करोड़ों मुसलमान सुख-शांति से रहते हुए अपना जीवन बसर कर सकते हैं तो फिर पाकिस्तान बनाने का औचित्य ही क्या रह जाता है?

इसीलिए जब भारत में मुसलमानों से संबंधित कोई छोटी-मोटी घटना भी घट जाती है तो दो कौमी नजरिए के चैंपियन अखाड़े में उतर जाते हैं और कहने लगते हैं—"देखा न, हमने कहा था

न कि कायदे आजम की सोच ठीक थी। इसीलिए तो पाकिस्तान बनाना पड़ा!"

पाकिस्तान आज तक यह परिभाषित नहीं कर पाया है कि सच्चा मुसलमान किसको कहते हैं? सुन्नी मुसलमान, जो बहुसंख्यक हैं, शियाओं, अहमदियों और सूफियों को मुसलमान ही नहीं मानते। उन पर हमले होते रहते हैं। उनका जीना हराम कर दिया गया है। गैर-सुन्नी मुसलमानों की मसजिदों और जलसों पर हमले होते रहते हैं। मजेदार बात यह कि मुहम्मद अली जिन्ना खुद शिया थे। पाकिस्तान में सुन्नी मुसलमानों की संख्या 85 प्रतिशत है। अब यह माँग होने लगी है कि पाकिस्तान को सुन्नी राज्य घोषित कर दिया जाए। आज भारत में पाकिस्तान या बांग्लादेश से ज्यादा मुसलमान रहते हैं। दुनिया में इंडोनेशिया के बाद सर्वाधिक मुसलिम भारत में रहते हैं। 14 अगस्त, 2005 को पाकिस्तान के स्वतंत्रता दिवस पर वहाँ के प्रमुख उर्दू दैनिक 'जंग' ने यह सवाल उठाया था कि जिन्ना ने जिस उद्देश्य से पाकिस्तान का निर्माण किया था, क्या वह उद्देश्य पूरा हुआ? उस वक्त भी इस सवाल का जो जवाब था, आज भी वही है। उद्देश्य पूरा नहीं हुआ। ऐसी अवस्था में पलट सवाल यह है कि फिर पाकिस्तान बनाने की जरूरत क्या थी?

पाकिस्तान पर भारत का भूतोन्माद

अनेक विदेशी विद्वानों ने पाकिस्तान की दु:स्थिति और उसके मूल कारणों पर बहुत कुछ लिखा है। खुद पाकिस्तान के विद्वानों और पाकिस्तानी मूल के विद्वानों ने भी ऐसा ही लिखा है। उदाहरणार्थ, लंदन में रह रही पाकिस्तानी मूल की स्कॉलर डॉ. फरजाना शेख ने अपनी पुस्तक 'पाकिस्तान की सार्थकता' (Making Sense of Pakistan) में लिखा है—

There is no hope for Pakistan unless it sorts out its identity crisis which is the root cause of the country being such a disaster. Indeed, in order to make sense of Pakistan, it is important to make sense of its identity crisis... Everything is wrong with Pakistan, its distorted economic and social development, its obsession with India, the sectarian divisions that have blighted relations amongst its variores communities, its proneress to military dictatorship and the use of extremism first directed at its 'enemies' and now devouring its own creators, is a direct or indirect result of its confused sense of itself.

(यदि पाकिस्तान अपनी पहचान के संकट को हल नहीं करता तो उसका कोई भविष्य नहीं है। यही इस देश की ऐसी तबाही का मूल कारण है। दरअसल, पाकिस्तान को सकारथ बनाने के लिए यह आवश्यक है कि इसकी पहचान के संकट को समझा जाए। ...पाकिस्तान की हर बात गलत है। इसका विकृत आर्थिक और सामाजिक विकास, हर वक्त जहन में भारत छाया रहना, फिरकावाराना फूट, जिसने इसके विभिन्न समुदायों के बीच रिश्तों को बिगाड़ रखा है, फौजी तानाशाही के प्रति झुकाव, उग्रवाद का इस्तेमाल पहले अपने 'शत्रुओं' के विरुद्ध और अब यही इसके सृजनकर्ताओं को निगल रहा है। यह सब इसकी अपने बारे में उलझनपूर्ण समझ का परिणाम है।)

'तालिबानी इसलाम' ने किया बेड़ा गर्क

पाकिस्तान में आज भी बड़ी संख्या में ओसामा बिन लादेन के मुरीद मौजूद हैं। पाकिस्तान

में जबसे 'तालिबानी इसलाम' ने जोर पकड़ा है, तब से 'हिंदू भारत' के विरुद्ध उन्माद बढ़ा है। भारत-पाकिस्तान के बीच किसी बात पर तनाव पैदा होते ही बम की धमकी दी जाती है—'भारत ने अगर सरहद की खिलाफवर्जी की तो बम मार देंगे।' कई जिम्मेदार माने जानेवाले शख्स, कई सियासतदान और मंत्री इस तरह की बात ऐसे करते हैं, मानो एटम बम बच्चों का कोई खिलौना हो, जिसे कभी भी पटाखे की तरह फोड़ दिया जा सकता है। पाकिस्तान को अपने परमाणु बम पर बड़ा गुमान है। ओसामा बिन लादेन ने इसे आलमे इसलाम के लिए 'इसलामी बम' कहा था।

ज्ञातव्य है कि दुनिया के सात घोषित परमाणु बम संपन्न देशों में सिर्फ पाकिस्तान ही एक ऐसा देश है, जिस पर परमाणु तकनीक चुराने और चोरी से बेचने का आरोप है। विशेषज्ञों के अनुसार, अगर पाकिस्तान ने मायूसी में, हार की संभावना या जिहादियों के दबाव में भारत पर बम चला ही दिया तो भारत में तबाही मचेगी ही, लेकिन उसके बाद दुनिया के नक्शे से पाकिस्तान का नामोनिशान मिट जाएगा। ऐसी दशा में दुनिया उम्मीद करती है कि पाकिस्तान 'बम-बम' का खेल नहीं खेलेगा और 'आत्मघाती मानव बम' की तरह परमाणु बम का प्रयोग नहीं करेगा।

यह बात सही है कि पाकिस्तान आज खुद भी आतंकवाद का शिकार है, लेकिन तथ्य यह है कि आतंकवादियों के लिए दर्जनों ट्रेनिंग कैंप चलानेवाला पाकिस्तान अपनी ही करतूतों के कारण आज इसलामिक जिहाद के संकट में पड़ा है। आतंकवाद के खात्मे के लिए पाकिस्तान को 'अच्छे आतंकी'और 'बुरे आतंकी' का खेल बंद करना होगा। अब पाकिस्तान के आम लोग भी इस खेल से तंग आ चुके हैं। वे नहीं चाहते कि भारत और पाकिस्तान के बीच कोई जंग हो। वे दोनों देशो के बीच अमन चाहते हैं, लेकिन उनकी यह बदनसीबी है कि उनके खुदगर्ज रहनुमा उनके मजहबी जुनून को भड़का कर अपना स्वार्थ सिद्ध करते रहते हैं। पाकिस्तान की वर्तमान स्थिति के लिए बहाने खोजते रहने और 'विदेशी हाथ' होने का दोषारोपण करते रहने का कोई औचित्य नहीं है। अब पाकिस्तानी अवाम के समझदार तबकों को अपना दमखम दिखाना होगा।

'पाकिस्तान खुद अपना बदतरीन दुश्मन'

लारेंस जिरिंग ने अपनी चर्चित पुस्तक 'पाकिस्तान : राजनीतिक हालात की अनबूझ पहेली' (Pakistan : the Enigma of Political Development) में लिखा है—

It is Pakistanis who have proven to be their worst enemies. Their inability to coalesce as a nation is mirrored in the failure of the country's leadership to transcend personal rivalry, internecine conflict or professional pride.

(पाकिस्तानियों ने साबित कर दिया है कि वे खुद अपने बदतरीन दुश्मन हैं। एक राष्ट्र के रूप में मेल-मिलाप में उनकी असमर्थता देश के नेतृत्व की व्यक्तिगत प्रतिद्वंद्विता, परस्पर सांघातिक संघर्ष या पेशेवर अहंकार से परे होने में उनकी विफलता को प्रतिबिंबित करती है।)

पाकिस्तानी अवाम को किस तरह वरगला दिया जाता है, यह इससे जाहिर होता है कि पाकिस्तान में आज भी ऐसे लोगों की कमी नहीं है, जो यह मानते हैं कि मुंबई और पठानकोट आतंकी हमले खुद भारत की खुफिया एजेंसियों ने पाकिस्तान को बदनाम करने के लिए कराए थे। पाकिस्तान में कोई भी हादसा हो जाता है तो उसमें सबसे पहले भारत का नाम लिया जाता है।

विचारधारा में मौजूद कन्फ्यूजन

अफसोस की बात यह है कि पाकिस्तान में केंद्रीय स्तर पर व्यवस्थित रूप से कोई सियासी सत्ता तंत्र नहीं है। कभी-कभी यह जानना मुश्किल हो जाता है कि पाकिस्तान में फैसले कौन करता है? वहाँ फौज के साथ बड़े जागीरदार-उद्योगपतिनौकरशाह और मुल्ला ब्रिगेड हावी है। सबके अपने-अपने स्वार्थ हैं, जो एक-दूसरे से टकराते रहते हैं। हालाँकि पाकिस्तानी फौज को 'वीटो पॉवर' हासिल है। भारत के प्रति विद्वेष के कारण विदेशी शक्तियों—अमेरिका, ब्रिटेन और चीन आदि पर निर्भरता की वजह से पाकिस्तान की खुदमुख्तारी समाप्तप्राय: है। इस संदर्भ में मजेदार बात यह है कि अमेरिका ने पाकिस्तान को अरबों-खरबों डॉलर की आर्थिक व सैनिक मदद प्रदान की, लेकिन पाकिस्तान अमेरिका के साथ दोहरा खेल खेलता रहा और जब अमेरिका ने मदद रोक दी, तब पाकिस्तानी सियासतदानों ने उसे 'दगाबाज दोस्त' करार दे दिया। दुनिया जानती है कि इस दगाबाज दोस्त के बगैर पाकिस्तान की दुकान नहीं चल सकती। पाकिस्तान को अमेरिका का मिजाज दुरुस्त रखना ही होगा।

पाकिस्तान की कोई सुस्पष्ट विचारधारा और चिंतनधारा नहीं होने के कारण कोई सुस्पष्ट विदेश नीति भी नहीं है। 'कन्फ्यूजन' उसके मूल में है। मसलन, कम्युनिस्ट चीन के साथ उसके प्रगाढ़ संबंध। इसके मूल में भारत-विद्वेष है। इसीलिए पाकिस्तान ने कश्मीर पर अपने कब्जे का कुछ इलाका चीन को बख्श दिया है। लोगों के मन में यह सवाल पैदा होता है कि कैसी है चीन और पाकिस्तान की यह जिगरी दोस्ती? कौन-सा सिद्धांत है, कौन-सी विचारधारा है, जो इन दोनों को घी-शक्कर बनाए हुए है। एक कम्युनिस्ट देश है—नास्तिक। दूसरी ओर पाकिस्तान का मतलब क्या, 'ला इल्लाह इल्लिल्लाह' का उद्घोष करनेवाला पाकिस्तान। 'हुकूमते इलाही' बनाने में स्वयं को कामयाब बतानेवाले पाकिस्तान को चीन के मुसलिम-बहुल शिनजियांग प्रांत में मुसलमानों का घोर उत्पीड़न, धार्मिक आजादी छीन लेना, मसजिदें ढहा देना और मुसलमानों का नरसंहार नजर नहीं आता। इसलाम के इस अलमबरदार को चीन के खिलाफ चीं-चपड़ करने की हिम्मत नहीं पड़ती। पाकिस्तान और चीन की गहरी दोस्ती का रहस्य एक ही है कि वे दोनों अपनी महत्त्वाकांक्षाओं की पूर्ति में भारत को मुख्य बाधक समझते हैं। छल-कपट और विश्वासघात दोनों की फितरत में हैं।

षड्यंत्र-रचना शास्त्र का विकास

पाकिस्तान खुद साम्राज्यवादी ताकतों—ब्रिटिश सियासतदानों और नौकरशाहों के एक बड़े वर्ग के एक महाषड्यंत्र की उपज है, इसलिए षड्यंत्र से वजूद में आए इस देश में षड्यंत्र-रचनाशास्त्र का अच्छा-खासा विकास हुआ है। एक तरफ जहाँ खुद पाकिस्तानी राजनीतिक विश्लेषक और अमेरिका में पाकिस्तान के पूर्व राजदूत हुसैन हक्कानी ने लिखा है कि साजिशबाजी पाकिस्तान की स्थायी खुराक है, वहीं 'न्यूयॉर्क टाइम्स' (New York Times) की रिपोर्टर सैबरीना टेवर नाइज ने लिखा है—Conspiracy is a national sport in Pakistan. (षड्यंत्रकारिता पाकिस्तान का राष्ट्रीय खेल है)

भारत में आजकल पाकिस्तान के बारे में चर्चा तो बहुत होती है, लेकिन ज्यादातर चर्चा उसके

बदतरीन पहलुओं पर ही होती है। खेद की बात है कि उसके बारे में बुरी खबरें अकसर सही होती हैं। पाकिस्तान में आज कोई भी आजाद खयाल शख्स महफूज नहीं है, फिर भी पाकिस्तान की वर्तमान अवांछनीय स्थिति के बावजूद पाकिस्तान की सिविल सोसाइटी में ऐसे लोगों की कमी नहीं है, जो यह समझते हैं कि पाकिस्तान गलत दिशा में जा रहा है और उसे भारत जैसे विशाल पड़ोसी देश के साथ संबंध मधुर बनाए रखने की आवश्यकता है। हमारी कूटनीति जिहादी और कट्टरपंथी तत्त्वों को अलग करने की होनी चाहिए।

कश्मीर और दोस्ती-दुश्मनी के दौर

दोनों देशों के बीच कश्मीर समस्या ही मैत्री संबंधों की दीवार है। कश्मीर को लेकर पाकिस्तान ने जो तबाही मचाई है, उससे भारत से ज्यादा पाकिस्तान का ही नुकसान हुआ है और हो रहा है। दोनों देशों के बीच अंदर-ही-अंदर कई बार यह बात चली है कि जम्मू-कश्मीर में वास्तविक नियंत्रण रेखा को यदि स्थायी सीमा रेखा नहीं भी मान लिया जाए तो इस विवाद को फिलहाल ठंडे बस्ते में डाल दिया जा सकता है। इसका समाधान अगली पीढ़ी पर छोड़ दिया जाए। पं. जवाहरलाल नेहरू का कहना था कि जितनी समानता इन दो देशों के बीच है, उतनी दुनिया के अन्य किन्हीं भी दो देशों की बीच नहीं है। दोनों की भौगोलिक, ऐतिहासिक और सांस्कृतिक स्थिति एक-सी है। उनकी अर्थव्यवस्थाएँ भी एक-दूसरे की पूरक हैं। उनकी ऐतिहासिक पृष्ठभूमि व परंपराएँ हजारों वर्षों की हैं। दोनों के बीच सद्भावपूर्ण संबंध होने से न केवल आर्थिक, बल्कि राजनीतिक धरातल पर भी मजबूती आएगी। एक समय ऐसा आ सकता है, जब सरहदें बेमानी हो जाएँ, लेकिन इसे भावुक कल्पना कहकर खारिज करनेवालों की कमी नहीं है।

ओ··· यह तो इनकी एक परिपाटी है!

'हिंदुस्तान टाइम्स' में सुरेंद्र का व्यंग्य चित्र

पाकिस्तान के गैर जिम्मेदाराना चाल-चलन के कारण अब कश्मीर पर पाकिस्तान की बात कोई सुननेवाला नहीं है। जमीनी हकीकत यह है कि भारत और पाकिस्तान, दोनों दोस्ती-दुश्मनी के दौर से गुजरते रहे हैं, हालाँकि दुश्मनी का दौर अब ज्यादा लंबा होता जा रहा है। दोनों देशों के बीच जब हालात तनावपूर्ण होते हैं, तब अंतरराष्ट्रीय सीमा और जम्मू-कश्मीर में नियंत्रण रेखा पर दोनों देशों के सुरक्षा बल एक-दूसरे को शक की निगाह से देखते हैं। दोनों पक्षों के बीच गोलाबारी और जवाबी गोलाबारी होती है और फिर जब हालात सामान्य या अनुकूल होते हैं, तब वे एक-दूसरे के पर्व-त्योहार पर मिठाइयों का आदान-प्रदान भी करते हैं।

खट्टी-मीठी सच्चाइयाँ

पाकिस्तान के साथ हमारा कोई विद्वेष नहीं है। धार्मिक आधार पर कोई वैमनस्य नहीं होना चाहिए। पाकिस्तान के लोग भारत जैसे ही हैं। व्यक्तिगत संबंधों में वे शालीन, खुशमिजाज

और मेहमाननबाज हैं। मेहनती हैं, लेकिन उनके देश पर ठप्पा लग चुका है—'खतरनाक', 'अविश्वसनीय', 'आतंक की नर्सरी', 'अस्थिर', 'झगड़ालू' और 'असहनशील।' इससे पाकिस्तान कैसे बाहर निकलेगा, यह उन्हें देखना है।

पाकिस्तान में भारत के विरुद्ध माहौल बनाने और भारत-विरोधी गतिविधियों व आतंकी घटनाओं को अंजाम देने में पाकिस्तान के कुछ लोग निश्चित रूप से शामिल हैं, लेकिन पूरे देश के लोगों को इससे नहीं जोड़ा जा सकता।

इस पुस्तक में बहुत महत्त्वपूर्ण मुद्दे उठाए गए हैं। इन मुद्दों ने पाकिस्तान को एक खास शक्ल में ढाला है और भारत को विपरीत रूप से प्रभावित किया है। यह एक सच्चाई है और जो सच्चाई है, उसे कहने में कोई हिचक नहीं होनी चाहिए। वक्त का तकाजा है कि पाकिस्तान के कर्णधार पूरी स्थिति पर विचार करें। आत्ममंथन करें। अपनी गलतियों को सुधारने का प्रयास करें। यदि उन्होंने ऐसा नहीं किया तो भविष्य में इसके बहुत गंभीर परिणाम हो सकते हैं।

इस पुस्तक में कतिपय अंग्रेजी पत्र-पत्रिकाओं और पुस्तकों के अवतरणांश ज्यों-के-त्यों दे दिए गए हैं, इससे पाठक मूल आलेख की शब्दावली का भी रसास्वादन कर सकते हैं। हर भाषा की प्रकृति अलग होती है, अपना लालित्य और बोध होता है। हमारे देश में आज के दौर में ज्यादातर पढ़े-लिखे लोग द्विभाषी हैं। आमतौर पर हिंदी के पाठक अंग्रेजी की भी जानकारी रखते हैं। अनुवाद में पूर्ण सतर्कता बरती गई है, फिर भी हो सकता है असावधानीवश या गलतफहमीवश कोई त्रुटि रह गई हो। हिंदी अनुवाद शब्दानुवाद और भावानुवाद का मिश्रण है, इसलिए पढ़ते समय अंग्रेजी की मौलिक अभिव्यक्ति को ही सटीक माना जाए।

इस पुस्तक में कहीं-कहीं किसी बात या तथ्य की पुनरुक्ति या पुनरावृत्ति प्रतीत होगी। इसे प्रासंगिक आवश्यकता ही माना जाए। आमतौर पर बहुत-से पाठक इस तरह की पुस्तकें क्रमबद्ध या धारावाहिक ढंग से नहीं पढ़ते। वे अपनी पसंद के किसी अध्याय को पहले पढ़ लेना चाहते हैं। इसलिए यदि प्रत्येक अध्याय अपने आप में यथासंभव स्वतंत्र हो तो पाठकों को संबद्ध जानकारी के साथ कोई बात पूरी तरह समझने में सहूलियत रहती है।

और अंत में···पाकिस्तान में दो तरह के षड्यंत्र होते रहे हैं—अंदरूनी और बाहरी। इस पुस्तक में भारत को लक्ष्य करके रचे गए षड्यंत्रों का ब्योरा दिया गया है। अगली पुस्तक में पाकिस्तान के अंदरूनी षड्यंत्रों और एक के बाद एक उपस्थित होनेवाले संकटों का विवरण दिया गया है। इन षड्यंत्रों में से कई ऐसे हैं, जिनसे भारत भी अप्रभावित नहीं रहा है।

—बलबीर दत्त

अनुक्रम

खंड-2

खंड-3

खंड-4

खंड-5

खंड-1

1

पाकिस्तान : साम्राज्यवादी ताकतों के महाषड्यंत्र की उपज

पाकिस्तान किसने बनाया? क्या मुहम्मद अली जिन्ना ने पाकिस्तान बनाया? वास्तविकता यह है कि पाकिस्तान के असली संस्थापक कुटिल अंग्रेज शासक थे और जिन्ना हर तरह से उनके एक हस्तक या एजेंट के रूप में थे। गांधीजी ने 17 जून, 1947 को दिल्ली में अपनी सायंकालीन प्रार्थना सभा में कहा था—"पाकिस्तान जिन्ना ने नहीं बनाया है। हमें ख्वाब में भी खयाल नहीं था कि जिन्ना पाकिस्तान बना पाएगा। अंग्रेजों की मार्फत उसने पाकिस्तान हासिल कर लिया।"

पाकिस्तान किसने बनाया

क्या मुहम्मद अली जिन्ना ने पाकिस्तान बनाया?

मुहम्मद अली जिन्ना यही दावा करते थे कि पाकिस्तान उन्होंने बनाया। उन्होंने भारतीय उपमहाद्वीप के मुसलमानों को कहा कि देखो, मैंने तुम्हारे लिए अलग 'होमलैंड' बनवा दिया। बहुतेरे मुसलमानों ने जिन्ना को इसलाम के नाम पर दुनिया में एक नया मुल्क बना लेने की मुबारक दी, लेकिन जानकार लोग जानते हैं कि यह पूरा खेल किसने खेला।

पाकिस्तान के ख्वाब : गांधी बनाम जिन्ना

गांधीजी

वास्तविकता यह है कि पाकिस्तान के असली संस्थापक कुटिल अंग्रेज शासक थे और जिन्ना हर तरह से उनके एक हस्तक या एजेंट के रूप में थे।

गांधीजी ने 17 जून, 1947 को दिल्ली में अपनी सायंकालीन प्रार्थना सभा में कहा था—"पाकिस्तान जिन्ना ने नहीं बनाया है। हमें ख्वाब में भी खयाल नहीं था कि जिन्ना पाकिस्तान बना पाएगा। अंग्रेजों की मार्फत उसने पाकिस्तान हासिल कर लिया।"

गांधीजी को ख्वाब में भी खयाल नहीं था कि जिन्ना

पाकिस्तान हासिल कर पाएगा, लेकिन जिन्ना ने भी ख्वाब में भी यह नहीं सोचा था कि आखिर उन्हें पाकिस्तान मिल ही जाएगा। पाकिस्तान के स्थापना समारोह के लिए जिन्ना 7 अगस्त, 1947 को दिल्ली से कराची पहुँचे। जिन्ना जब अपने विमान से उतरे, तब उनका चेहरा भावशून्य था। कमजोर स्वास्थ्य के कारण गवर्नमेंट हाउस (गवर्नर जनरल आवास) की सीढ़ियों पर चढ़ते समय उनकी साँस फूलने लगी। ऊपर पहुँचते ही उन्होंने अपने ए.डी.सी. सैयद एहसान की ओर मुड़कर देखा और भर्राई हुई आवाज में धीरे-से कहा, "क्या तुम जानते हो, मैंने कभी यह उम्मीद नहीं की थी कि मैं अपनी जिंदगी में पाकिस्तान देख सकूँगा।" इसका उल्लेख कॉलिन्स और लापियर ने भी अपनी बहुचर्चित पुस्तक 'स्वाधीनता आई आधी रात' (Freedom at midnight) में किया है।

जिन्ना ने टाइपराइटर से हासिल किया पाकिस्तान!

जिन्ना ने यह दावा किया था कि उन्होंने आजादी हासिल करने के कांग्रेस के प्रस्तावों को नामंजूर करने के पत्र लिखने के लिए अपने स्टेनो टाइपिस्ट और टाइपराइटर को इस्तेमाल कर पाकिस्तान हासिल कर लिया। वाह! क्या बात है!

इतने वर्षों बाद वह स्टेनो टाइपिस्ट कहाँ है, है भी या नहीं है, पता नहीं, लेकिन खोजबीन करने पर टाइपराइटर का शायद कहीं पता लग जाए। इसलाम में किसी हस्ती या शै की इबादत या मूर्तिपूजा की इजाजत नहीं है, लेकिन अगर उस टाइपराइटर का पता लग जाए तो उसे पाकिस्तानियों द्वारा बड़े आदरपूर्वक प्रदर्शित करना चाहिए कि देखिए यह मशीन, इसका दीदार कीजिए, इसने इसलाम के नाम पर एक नया मुल्क बना दिया। यह जरूर किसी गैबी ताकत या दिव्य शक्ति का कमाल है।

कहते हैं, वकील तीन तरह के होते है—1. कानून को जाननेवाले। 2. हाकिम को जाननेवाले और 3. कानून और हाकिम, दोनों को जाननेवाले। पहले वर्ग के वकील अपनी काबिलीयत और कानूनी दाँवपेंच के बल पर मुकदमा जीतने का प्रयास करते हैं। दूसरे वर्ग के वकील हाकिम से नेटवर्किंग और तिकड़मबाजी के बल पर अपने मुवक्किल का काम करा देने का प्रयास करते हैं। तीसरे वर्ग के वकील कानून के अच्छे जानकार तो होते हैं, लेकिन वे आश्वस्त रहते हैं कि इंसाफ के तराजू पर हाकिम की डंडी उन्हीं की ओर झुकेगी। अंतिम फैसला कुछ घट-बढ़ के साथ उन्हीं के हक में होगा। पाकिस्तान के प्रकरण में जिन्ना को, जो एक काबिल बैरिस्टर थे, तीसरे वर्ग में माना जा सकता है।

ज्यादा कानूनची होने के कारण उन्हें लगता था कि व्यावहारिक समस्याओं को भी कानूनी चालबाजी से हल किया जा सकता है। उन्हें न तो कोई जमीनी सच्चाइयों की जानकारी थी और न ही कोई प्रशासनिक अनुभव था। जिन्ना के टाइपराइटर संबंधी कथन से स्पष्ट है कि बिना किसी संघर्ष के उन्हें पाकिस्तान तश्तरी पर परोसा हुआ मिल गया।

मुहम्मद अली जिन्ना

लॉर्ड माउंटबेटन ने जिन्ना के बारे में 17 अप्रैल, 1947 को अपनी व्यक्तिगत रिपोर्ट में लिखा—

Jinnah is a psychopathic case; in fact until I

had met him I would not have thought it possible that a person with such a complete lack of administrative knowledge or sense of responsibility could achieve or hold.. so powerful a position.

(जिन्ना मनोविकृति से ग्रस्त शख्स हैं। दरअसल, जब तक मेरी उनसे मुलाकात नहीं हुई थी, मैंने यह सोचा नहीं था कि यह संभव है कि एक ऐसा शख्स जिसे पूर्णतया कोई प्रशासनिक ज्ञान या दायित्वबोध नहीं है, इतनी शक्तिशाली हैसियत हासिल कर सकता है और उसे बनाए रख सकता है।)

जिन्ना एक प्रतिभाशाली वकील थे, लेकिन इतिहास, राजनीति और शासन-प्रशासन से अनभिज्ञ थे। उन्हें इतिहास में अपना नाम दर्ज कराने की सनक सवार थी।

वायसरॉय ने बनवाया था बँटवारे का फॉर्मूला

'सरहदी गांधी' खान अब्दुल गफ्फार खान के पुत्र वली खान ने 1982 में लाहौर के एक साप्ताहिक को दिए गए इंटरव्यू में बताया था कि 1947 में भारतीय उपमहाद्वीप के बँटवारे का फॉर्मूला वायसरॉय लॉर्ड लिनलिथगो की कौंसिल के एक सदस्य सर जफरुल्ला खान ने बनाया था, जो बाद में पाकिस्तान के विदेश मंत्री बने।

इंडिया ऑफिस लाइब्रेरी, लंदन में महीनों शोध कार्य करनेवाले वली खान ने बताया कि यह फॉर्मूला 12 मार्च, 1940 को, यानी लाहौर में मुसलिम लीग द्वारा पाकिस्तान की माँग करनेवाला प्रस्ताव लाने के 11 दिन पहले मुहम्मद अली जिन्ना को पेश किया गया था।

वली खान के इंटरव्यू से पाकिस्तान में हंगामा मच गया और उन पर आरोप लगाया गया कि वह इतिहास को तोड़-मरोड़कर कायदे आजम मुहम्मद अली जिन्ना की भूमिका का महत्त्व घटाने का प्रयास कर रहे हैं, लेकिन वली खान अपनी बात पर कायम रहे।

अंग्रेजों को पाँव जमाने की जिन्ना की पेशकश

सत्ता हस्तांतरण काल के सीनियर सिविल सर्वेंट वी.पी. मेनन ने अपनी पुस्तक 'भारत को सत्ता हस्तांतरण' (The Transfer of Power to India) में लिखा है—

When he met the Viceroy in mid-March 1940, Jinnah essentially offered Pakistan to the British as a permanent foothold in the subcontinent a Muslim area run by Muslims in collaboration with Great Britain.

(मार्च 1940 के मध्य में जब जिन्ना वायसरॉय से मिले, उन्होंने बुनियादी तौर पर ब्रिटेन के सहयोग से इस उपमहाद्वीप में मुसलमानों द्वारा शासित क्षेत्र में स्थायी तौर पर एक ठौर-ठिकाना देने की पेशकश की।)

अर्थात् द्वितीय विश्वयुद्ध शुरू होने और प्रांतों के कांग्रेस मंत्रिमंडलों द्वारा इस्तीफा देने के तुरंत बाद अंग्रेजों और मुसलिम लीग में खिचड़ी पकनी शुरू हो गई थी।

अनिश्चितकाल तक राज करने का इरादा

जिन्ना को वस्तुत: ब्रिटिश साम्राज्यवादी तंत्र के भारत और हिंदू-विरोधी तत्त्व ही प्रोत्साहन प्रदान कर रहे थे। अंग्रेजों की पालिसी शुरू से ही 'फूट डालो और राज करो' (Divide and

Rule) रही थी। अपनी कुटिल चालों से दो सदियों से भारत पर राज करते आ रहे अंग्रेज यह सोचते थे कि वे अपनी कूटनीति से भारत पर कई सदियों तक राज करते रहेंगे। भारत की लूट से ब्रिटेन का जो आर्थिक विकास हुआ और ब्रिटिश सरकार ने भारतीयों पर जुल्मो-सितम ढहाए, उसकी एक लंबी दास्तान है, जो इस अध्याय का विषय नहीं है।

अंग्रेजों ने 1911 में देश की राजधानी कलकत्ता से हटाकर दिल्ली ले आने का फैसला किया, उसे अमली जामा पहनाने में उन्हें करीब बीस वर्ष लग गए। उन्होंने पुरानी दिल्ली के दक्षिण-पूर्व में भव्य सरकारी इमारतों का निर्माण करते हुए साम्राज्यवादी ठाठ-बाट और शानो-शौकत का परिचय दिया। नई राजधानी 1931 में बनकर तैयार हो गई, लेकिन इसके मात्र 16 वर्ष बाद 1947 में अंग्रेजों को यहाँ से अपना बोरिया-बिस्तर समेटना पड़ा, जिसकी उन्होंने ख्वाब में भी कल्पना नहीं की थी। यदि उन्हें यह पता होता कि वे भारत में बस कुछ वर्ष के ही 'मेहमान' हैं तो बिल्कुल नई और भव्य राजधानी बनाने के लिए इतना तरद्दुद नहीं करते। द्वितीय विश्वयुद्ध ने सब कुछ बदल दिया।

सितंबर 1932 में ब्रिटिश कंजर्वेटिव पार्टी के नेता विंस्टन चर्चिल, जो बाद में ब्रिटेन के प्रधानमंत्री बने, ने ब्रिटिश संसद् की भारतीय संवैधानिक सुधारों से संबंधित संयुक्त समिति के लिए तैयार अपने नोट में लिखा था कि किसी भी सूरत में भारत में अनिश्चितकाल तक ब्रिटिश शासन कायम रहना चाहिए।

विंस्टन चर्चिल

अंग्रेज मुगलों से अधिक शिक्षित, नीति निपुण और कुटिल होने के साथ बहुत आगे की सोच रखनेवाले थे। इसीलिए 7,000 किमी. दूर लंदन में बैठकर वे भारत पर राज करते रहे। अंग्रेजी राज के आखिरी दौर में मात्र 3 लाख अंग्रेज-सिविलियन, सैनिक व अन्य-भारत में रहकर 40 करोड़ भारतवासियों पर पूरे रौब-दाब के साथ भारतीयों को दोयम दरजे का नागरिक बनाकर अपनी हुकूमत चला रहे थे। साम, दाम, दंड, भेद की नीति का आश्रय ले रहे थे। उनका सबसे बड़ा हथियार था—भारतीयों के बीच फूट के बीज उगाते रहना। वे अग्रसोची थे। उन्होंने बहुत आगे के प्लान बना रखे थे। उनका प्लान यह था कि जब भी कभी भारत छोड़ने की नौबत आए तो भविष्य की भौगोलिक-राजनीतिक-सामरिक चुनौतियों को ध्यान में रखते हुए अपने हितों के संवर्धन के लिए कोई कोर-कसर बाकी नहीं रखी जाए।

वर्तमान पाकिस्तानी क्षेत्र का भू-राजनीतिक महत्त्व

भू-राजनीतिक तौर पर भारत का उत्तर-पश्चिमी भाग सबसे महत्त्वपूर्ण था, खासकर कश्मीर का हिस्सा जहाँ चीन, अफगानिस्तान और सोवियत रूस की सीमा लगती थी। अंग्रेजों की चिंता यह थी कि आजादी के बाद रूस भारत के रास्ते हिंद महासागर तक पहुँच सकता है। भारत के बँटवारे के बाद ब्रिटेन सामरिक महत्त्व के इस हिस्से को अपने प्रभाव क्षेत्र में रखना चाहता था, ताकि जरूरत पड़ने पर वह इस क्षेत्र का सामरिक उपयोग कर सके। अंग्रेजों को मालूम था कि कांग्रेस इसके लिए किसी भी सूरत में तैयार नहीं होगी और इस निमित्त ब्रिटिश शासन की

मुकम्मल वफादार मुसलिम लीग पर भरोसा किया जा सकता था, जिसने सन् 1942 के 'भारत छोड़ो आंदोलन' का न केवल विरोध किया था, बल्कि ब्रिटिश हुकूमत को हर तरह का सहयोग-समर्थन दिया था।

आंग्ल-अमेरिकी ब्लॉक की लोलुप दृष्टि

अमेरिका भी अपनी सैन्य गतिविधियों-आवश्यकताओं के लिए सुरक्षित स्थान चाहता था। द्वितीय विश्वयुद्ध के बाद शीतयुद्ध शुरू होते ही अमेरिका को अपनी सामरिक व्यूहनीतियों की समीक्षा करने की जरूरत महसूस हुई। अमेरिका के राष्ट्रपति आइजनहोवर ने कहा कि उनके देश की सुरक्षा की गारंटी दक्षिण एशिया में सैन्य अड्डों की स्थापना के बिना नहीं दी जा सकती। आइजनहोवर की यह धारणा थी कि चूँकि भारत इस मामले में सहयोग का इच्छुक नहीं है, इसलिए यह अमेरिका का अनिवार्य दायित्व है कि यदि संभव हो तो भारत की मौन स्वीकृति से पाकिस्तान में सैन्य अड्डे स्थापित करे और जरूरत पड़े तो इसके लिए भारत की शत्रुता भी मोल ली जा सकती है और यही अमेरिका ने किया। अमेरिका ने सोवियत रूस पर शिकंजा कसने की दृष्टि से इस क्षेत्र को सर्वोपयुक्त क्षेत्र माना।

अंग्रेजों ने 1885 में यह योजना बना ली थी कि किसी भी तरह जम्मू-कश्मीर के दुर्गम व सुरक्षित क्षेत्रों, गिलगित व बाल्टिस्तान पर कब्जा करना है। इसी को ध्यान में रखकर अंग्रेजों ने इस अति संवेदनशील क्षेत्र को 'गिलगित एजेंसी' का नाम देकर 1889 में अपने कब्जे में ले लिया। महाराजा कश्मीर ने सामरिक दृष्टि से यह अति महत्त्वपूर्ण क्षेत्र अंग्रेजों को लीज पर दिया था। वर्ष 1947 में ब्रिटिश शासन समाप्त होने के साथ ही गिलगित पुनः जम्मू-कश्मीर राज्य में मिल सकता था। अक्तूबर 1947 में कश्मीर पर पाकिस्तानी सेना की रहनुमाई में कबाइली हमले के बाद ब्रिटिश हुक्मरानों ने एक साजिश के तहत इस क्षेत्र पर पाकिस्तान का कब्जा करा दिया। इसका विवरण इस पुस्तक में एक अलग अध्याय में दिया गया है। यहाँ इसका उल्लेख एक उदाहरण के तौर पर किया गया है। यह प्रदर्शित करता है कि 200 वर्षों में भी अंग्रेजों की साम्राज्य-पिपासा शांत नहीं हुई। 1947 में जब भारत स्वाधीन हो गया, तब भारत-विद्वेषी चर्चिल ने भविष्यवाणी की कि यह देश ज्यादा अरसा तक टिक नहीं पाएगा, इसमें फूट पड़ जाएगी और यह बिखर जाएगा। अंग्रेजों की हिमाकत देखिए कि लॉर्ड माउंटबेटन ने पं. जवाहरलाल नेहरू को स्वतंत्र भारत के राष्ट्रीय झंडे का एक नमूना पेश किया, जिसमें झंडे के ऊपर बाएँ कोने में ब्रिटिश ध्वज यूनियन जैक प्रदर्शित था। पं. नेहरू ने इसका कोई जवाब नहीं दिया और नमूना चुपचाप अपने पास रखा लिया। बाद में कश्मीर समस्या को उलझाने में लॉर्ड माउंटबेटन का बड़ा योगदान रहा।

पाकिस्तान का पोषण : अग्रसोची योजना

साम्राज्यवादी ताकतों ने पाकिस्तान के भौगोलिक-राजनीतिक-सामरिक महत्त्व के कारण अपनी स्वार्थपूर्ति के लिए उसका पालन-पोषण किया। 1980 के दशक में अफगानिस्तान में सोवियत रूस के सैनिक हस्तक्षेप को समाप्त कराने के लिए अमेरिका ने पाकिस्तान से मिलकर जिहादी तालिबान तैयार किए। इस मुहिम के लिए पाकिस्तान की धरती काम आई। फिर 2001 में वर्ल्ड ट्रेड सेंटर पर अलकायदा के हमले के जवाब में अमेरिका ने अफगानिस्तान में तालिबान

की कमर तोड़ने के लिए पाकिस्तान को भरपूर सैन्य व आर्थिक मदद देकर उसकी धरती का उपयोग किया। हालाँकि अफगानिस्तान का मामला आज तक सुलझ नहीं पाया।

अगर भारत का विभाजन नहीं हुआ होता यानी पाकिस्तान का निर्माण नहीं हुआ होता तो क्या स्वतंत्र भारत की सरकार आंग्ल-अमेरिकी गुट को किसी अन्य देश पर हमले के लिए अपनी धरती का सैन्य उपयोग करने देती? कतई नहीं। इसीलिए साम्राज्यवादी ताकतों ने पाकिस्तान बनाया ताकि वक्त जरूरत पर काम आए।

□

2

पाकिस्तान की माँग का प्रस्ताव वायसरॉय ने तैयार कराया था

पख्तून नेता वली खान ने गहन रिसर्च के बाद इस बात का खुलासा किया है कि जिन्ना और वायसरॉय लॉर्ड लिनलिथगो इस बात पर सहमत हो गए थे कि मुसलिम लीग पाकिस्तान की माँग रखे। वायसरॉय ने 22 मार्च, 1940 को सेक्रेटरी ऑफ स्टेट को खबर दी, "मेरी हिदायतों के मुताबिक जफरुल्ला खान ने इस मजमून पर एक मेमोरेंडम तैयार किया। दो डोमीनियन स्टेट्स (भारत और पाकिस्तान) का। मैंने इसका शुक्रिया अदा किया कि उसने अपना वायदा निभाया।"

अंग्रेजों को इस बात का एहसास था कि उन्हें एक न एक दिन भारत छोड़कर जाना होगा, लेकिन वे 'अखंड भारत' छोड़कर नहीं जाना चाहते थे। 'अखंड भारत' का अर्थ था—एशिया में एक ऐसे देश का उदय, जो जल्द ही एक विश्व शक्ति बन जाता। यह ब्रिटेन के साम्राज्यवादी हितों के विरुद्ध तो था ही, उसे अपने व्यापारिक-व्यावसायिक हितों का भी संरक्षण करना था। अंग्रेज लोग भारत में व्यापार-व्यवसाय के लिए ही आए थे और अपनी कूटचालों, साम, दाम, दंड, भेद नीति द्वारा यहाँ के मालिक बन बैठे। गौरांग महाप्रभुओं की ऐसी कौम से यह उम्मीद करना व्यर्थ था कि वे शराफत से भारत को सही-सलामत छोड़कर चले जाएँगे।

चर्चिल ने 1934 में की पाकिस्तान की भविष्यवाणी

भारत के स्वाधीनता आंदोलन और विश्व की बदलती हुई परिस्थितियों के कारण भारत धीरे-धीरे अंग्रेजों के हाथ से फिसलने लगा था। द्वितीय विश्वयुद्ध से कुछ पहले ही परिस्थितियाँ नया मोड़ लेने लगी थीं। 1935 में ब्रिटिश सरकार को प्रांतों में स्वायत्तता के लिए कुछ नए अधिकार देने पड़े, जिसके लिए गवर्नमेंट ऑफ इंडिया एक्ट 1935 बनाया गया।

दिलचस्प बात यह कि इससे कोई साल भर पहले ब्रिटिश कंजरवेटिव पार्टी के कट्टर भारत-विरोधी नेता विंस्टन चर्चिल ने 23 फरवरी, 1934 को ही एक भारतीय नेता डॉ. एम.आर. जयकर को कहा था कि स्वतंत्रता प्राप्ति के बाद भारत को अपने पड़ोसियों से युद्ध लड़ना पड़ेगा। यह पूछे जाने पर कि भारत का पड़ोसी कौन होगा, चर्चिल ने जवाब देने से इनकार कर दिया, लेकिन

भविष्यवाणी की कि क्लीमेंट एटली के प्रधानमंत्रित्व काल में भारत स्वतंत्र हो जाएगा। 28 फरवरी, 1955 को पुणे में पुणे विश्वविद्यालय के तत्कालीन कुलपति डॉ. एम.आर. जयकर ने इस घटना का उल्लेख करते हुए बताया कि उन्होंने इसका जिक्र मुहम्मद अली जिन्ना और जफरुल्ला खान से किया था। डॉ. जयकर ने कहा कि ताज्जुब की बात है कि चर्चिल की भविष्यवाणी सत्य सिद्ध हुई और भारत का पड़ोसी कोई अन्य देश नहीं 'पाकिस्तान' हुआ, जिसे मुहम्मद अली जिन्ना के जरिए अस्तित्व में लाया गया।

जिन्ना ने शुक्रिया अदा किया वायसरॉय का

खान अब्दुल गफ्फार खान के पुत्र पख्तून नेता वली खान ने भारत-विभाजन संबंधी अपनी पुस्तक 'भारत-विभाजन की अनकही कहानी' में लिखा है—'जब मुसलिम लीग ने अंग्रेजी सियासत का मददगार बनना कबूल किया, तो अंग्रेज सरकार ने बदले में सारे मुसलमानों को मुसलिम लीग के झंडे के नीचे लाने के लिए कमर कस ली।

5 अक्तूबर, 1939 को वायसरॉय ने लिखा था—"उस (जिन्ना) ने बड़े तहेदिल से मेरा शुक्रिया अदा किया कि उनकी पार्टी को इकट्ठा रखने में मैंने उनकी सच्चे दिल से मदद की है।"

वली खान लिखते हैं—"पार्टी तो जिन्ना की थी, मगर इसे इकट्ठा बनाए रखने की जिम्मेवारी वायसरॉय निभा रहा था। इसी वायसरॉय ने यह भी कहा था कि जिन्ना साहब को अंग्रेजी हुकूमत द्वारा मुसलमानों पर ज्यादतियों के खिलाफ हजारों सख्त शिकायतें थीं। मुझे इल्म है कि कोई ज्यादती नहीं हुई है। वाकया यह है कि मैंने उससे कहा कि शायद यह खयाल मुसलिम लीग के अपने मतांध रवैये का नतीजा हो सकता है। इस पर जिन्ना साहब ने जवाब दिया था कि एक ज्यादती तो फ्रंटियर प्रांत की सरकार की यह थी कि उसने हुक्मनामा निकालकर हिंदी को सभी सरकारी स्कूलों में लाजिमी कर दिया था।" वली साहब कहते हैं कि जिन्ना के इस बयान में एक जर्रा भी सच्चाई नहीं थी। उसे अपनी शिकायत का सबूत देने के लिए सिर खुजलाना पड़ा और आखिर उसने जो मिसाल दी, वो तो सिर्फ काबिले मखौल ही थी। हुआ यह था कि फ्रंटियर प्रांत में 'लाजिमी जुबान' जरूर ऐलान की गई थी, मगर वो 'पश्तो' थी। शायद जिन्ना साहब, जो असली हिंदुस्तान से कतई नावाकिफ थे, 'पश्तो' और 'हिंदी' का फर्क भी नहीं समझ सकते थे।

अंग्रेजों और मुहम्मद अली जिन्ना की मिलीभगत के बारे में और गहराई में जाने से प्याज के छिलकों की तरह नए-नए तथ्य उभरकर सामने आते हैं। 1939 में द्वितीय विश्वयुद्ध छिड़ने पर कांग्रेस ने ब्रिटिश सरकार से कहा कि वह जर्मनी के विरुद्ध लड़ाई के उद्देश्य स्पष्ट करे और युद्ध के उपरांत स्वराज्य देने का आश्वासन दे, तभी कांग्रेस युद्ध में ब्रिटेन का साथ देगी। ब्रिटिश सरकार द्वारा ऐसा कोई आश्वासन नहीं देने पर सभी प्रांतों के कांग्रेस मंत्रिमंडलों ने इस्तीफा दे दिया। इससे अंग्रेज चिढ़ गए। उन्होंने खुलकर मुसलिम लीग को प्रोत्साहित करना आरंभ किया, क्योंकि जिन्ना के नेतृत्व में मुसलिम लीग का आजादी के आंदोलन से तो कोई वास्ता था नहीं।

बताइए अब हमें क्या करना है

यह कोई संयोग की बात नहीं थी कि इसी दौर में मार्च 1940 में मुसलिम लीग ने लाहौर में अपने अधिवेशन में मुसलमानों के लिए 'होमलैंड' की माँग की। अंग्रेजों ने मुसलिम लीग को,

जिसका प्रभाव उस समय काफी सीमित था, कांग्रेस के बराबर स्तर की राष्ट्रीय पार्टी का दर्जा देना आरंभ किया। इसी प्रकार मुहम्मद अली जिन्ना को भी गांधीजी के बराबर के स्तर के राष्ट्रीय नेता का महत्त्व देना आरंभ किया। अंग्रेजों के इरादे इसी हरकत से स्पष्ट होने लगे थे।

वली खान ने भारत विभाजन संबंधी अपनी पुस्तक में लिखा है कि अंग्रेजों को सिर्फ इतने से ही तसल्ली नहीं थी कि मुसलिम लीग कांग्रेस की हर बात के जवाब में 'न' कहती जाए। वे चाहते थे कि वे अपनी कुछ सीधी माँगें भी रखें। जिन्ना साहब 20 जनवरी, 1940 को वायसरॉय से मिले तो इस जुमले से शुरुआत की कि बताइए, अब 'हमे' क्या करना है। 'हमें' से उनका मतलब था 'हम मुसलिम लीगवालों को।' वायसरॉय लॉर्ड लिनलिथगो एक बार तो दिल में झुंझलाए कि एक हिंदुस्तानी पार्टी की जुर्रत कि अपने आका अंग्रेजों से 'मशविरा' माँगे, मगर यह वायसरॉय नाउम्मीद होनेवाला नहीं था। जिन्ना की हिम्मत तोड़ने का खतरा उठाकर भी वायसरॉय ने साफ-साफ कहा कि 'ऐसी पार्टी को ब्रिटेन में कोई हिमायती नहीं मिल सकता, जिसकी सारी पॉलिसी सिर्फ 'न' कहने तक सीमित हो।'

जफरुल्ला खान की चिंता

जिन्ना और वायसरॉय इस पर हमराय बने कि 'पॉजिटिव पॉलिसी' तो सिर्फ यही हो सकती है कि लीग पाकिस्तान की माँग रखे। वायसरॉय ने 22 मार्च, 1940 को सेक्रेटरी ऑफ स्टेट (ब्रिटिश सरकार में भारतीय मामलों के मंत्री) को खबर दी कि 'मेरी हिदायतों के मुताबिक जफरुल्ला खान ने इस मजमून पर एक मेमोरेंडम तैयार किया है—दो डोमीनियन स्टेट्स (भारत और पाकिस्तान) का। मैंने उसे और साफ करने के लिए कहा है और उसका शुक्रिया अदा किया है कि उसने इसका वायदा निभाया, मगर वह इसके वास्ते बड़ा फिक्रमंद था कि किसी को कानोंकान खबर न हो कि मसविदा उसने तैयार किया है।

बात दरअसल यह है कि जफरुल्ला खान कादियानी था। कादियानी मुसलमानों का एक बगावती फिरका है, जिसे 19वीं सदी में पंजाब में अंग्रेजों ने तरजीह देकर अपना समर्थक बनाया था। ये दो डोमीनियन वाला मसला मुसलिम लीग की बैठक में मंजूर हो गया और 23 मार्च, 1940 को मुसलिम लीग के लाहौर सेशन में 'पाकिस्तान रिजॉल्यूशन' के नाम से पास कर दिया गया।

लॉर्ड लिनलिथगो

इस तरह स्पष्ट है कि जिन्ना न केवल अंग्रेजों के हाथ में खेल रहे थे, बल्कि उनकी कठपुतली बने हुए थे। मई 1940 में जब 100 से ऊपर आजाद मुसलमान (जिनका मुसलिम लीग से कोई ताल्लुक नहीं था) वायसरॉय लॉर्ड लिनलिथगो से मिले और एक मुनासिब लाइन अख्तियार की, तो वायसरॉय ने उनको मानने से इनकार कर दिया। उसने सेक्रेटरी ऑफ स्टेट को 14 मार्च, 1940 को लिखा—"मैं कुछ रोज पहले दिल्ली में हुई मुसलमानों की एक कॉन्फ्रेंस को कोई अहमियत नहीं देता। वैसे वह अच्छी तरह ऑर्गेनाइज की गई थी और ब्रिटिश प्रेस ने उसे खूब उछाला भी है, हम दोनों यह भी समझते हैं कि मुसलिम लीग के बाहर भी मुसलमानों का एक

बाअसर तबका है, मगर मुझे यकीन है कि मुसलमानों की माँग रखने की जिम्मेवारी जिन्ना ही सही तरीके से निभाएगा।"

वायसरॉय से झड़प

अंग्रेजों ने अपनी ही शर्तों पर जिन्ना को मुसलमानों का 'एकमात्र नुमाइंदा' मानने का फैसला कर लिया था। सिंध के मुख्यमंत्री और वायसरॉय की डिफेंस काउंसिल के मेंबर अल्लाह बख्श खुसरो की सदारत में नेशनलिस्ट मुसलिम फिर से 1941 में दिल्ली में मिले। उन्होंने कुछ प्रपोजल दिए और जवाहरलाल नेहरू तथा मौलाना अब्दुल कलाम आजाद की रिहाई की माँग की, मगर वायसरॉय ने उससे बात करने से इनकार कर दिया। 11 अक्तूबर, 1941 को वायसरॉय ने इस मामले में हुई झड़प का हवाला इन लफ्जों में दिया—"उसने मुझसे पूछा कि आपका जवाब मुझे कब मिलेगा? मैंने कहा, आपको कोई जवाब नहीं मिलेगा। आप मेरे सलाहकार नहीं हैं, सिंध के वजीरे आला हैं। मेरा कोई इरादा नहीं है कि मैं आपको बताऊँ कि मैं अपने मामलों को किस तरह निबटाऊँगा और मेरा खयाल है कि यह बात अपकी समझ में आ सकती है। उसने कहा कि आप बड़े साफगो हैं और मुझे भी मजबूरन साफगो होना पड़ रहा है। यह मेरी भी जिम्मेवारी है और इस मामले का ताल्लुक मेरे साथ भी गहरा है।"

वली खान ने समीक्षा की है—"यह अजीबोगरीब बात है कि वायसरॉय ने अपनी डिफेंस काउंसिल के एक मेंबर को अपनी पेशकशों का फैसला देने से इनकार कर दिया था। दूसरी तरफ, वह सारे कौमी और सियासी मामलों पर मुसलिम लीग के लोगों से जाती तौर पर सलाह-मशविरा करता रहा। एक कौमी नेता से उसका बातचीत का तरीका भी बड़ा नागवार था। अंग्रेज यह बात सभी मुसलमानों को साफ करने का कोई भी मौका नहीं छोड़ना चाहते थे कि जब तक वे जिन्ना को सलाम नहीं बजाएँगे, अंग्रेज उनको कोई अहमियत नहीं देगा।"

इस सारी पोजीशन को देखकर जिन्ना अपने आपको उससे भी बड़ा समझने लगे, जितना बड़ा रूप अंग्रेजों ने उनको दिया था। जिन्ना ने हिंदू-बहुल प्रांतों में मुसलिम लीगी मिनिस्टर नियुक्त करने की माँग भी रखी, जिसकी वजह से उन्हें कुछ देर के लिए अंग्रेजों की नाराजगी भी बर्दाश्त करनी पड़ी। वायसरॉय ने 10 जुलाई, 1940 को लिखा—"मुझे उम्मीद है कि जिन्ना इस बेबुनियाद लंबी-चौड़ी माँग के लिए जिद नहीं करेंगे, मगर वे अगर ऐसा करते हैं, तो मेरा खयाल बनता है कि हमें सोचना पड़ेगा कि मुसलमानों को इकट्ठा रखने के लिए हम जो जद्दोजेहद कर रहे हैं, उसे कितना चलाएँ और कितना किनारा करें?"

गांधी और जिन्ना यदि एक ही नाव पर सवार रहते तो अंग्रेजों की सारी कूट चालें और फूट चालें फेल हो जातीं। इसके लिए यह आवश्यक था उनके इशारे पर चलनेवाला नेता, यानी जिन्ना, जो गांधी का बिल्कुल उलट हो।

जिन्ना को भी मिलवाइए

जैसाकि पहले बताया गया है, जिन्ना को अंग्रेजों का अनुग्रह और पूर्ण समर्थन प्राप्त था। अंग्रेजों ने अपने संकीर्ण राजनीतिक उद्देश्यों की सिद्धि और कांग्रेस को मजा चखाने के लिए भारतीय राजनीति में जिन्ना को और आगे बढ़ाने तथा उन्हें मुसलमानों का एकमात्र नुमाइंदा जताने

के लिए हर तरह के हथकंडे अपनाए।

द्वितीय विश्वयुद्ध के दौरान जनवरी 1940 में चीनी सत्ता के सर्वोच्च नेता च्यांग काई शेक ब्रिटिश सरकार और कांग्रेस पार्टी के मतभेदों को दूर करने के लिए भारत आए। वायसरॉय ने सेक्रेटरी ऑफ स्टेट को 26 जनवरी, 1942 के दिन लिखा—"मैं उम्मीद करता हूँ कि दो अन्य नेताओं के साथ जिन्ना से भी उनको मिलवाने का महत्त्व आप समझ गए होंगे। उनका मूड हो या न हो, मैं चाहूँगा कि जिन्ना को उनसे मिलवाया जाए।"

इस तरह अंग्रेज लोग कांग्रेस, मुसलिम लीग तथा गांधी-जिन्ना बराबरी को सरकारी स्तर के साथ निभाने के लिए कमर कसे हुए थे। जिन्ना ने लाहौर में पाकिस्तान का समर्थन करनेवाली एक सभा में बड़ी प्रसन्नता के साथ अपने साथियों से कहा, "अब तक वायसरॉय समझता था कि गांधी ही सब कुछ है, मगर अब उसका स्वर बदला है। लड़ाई शुरू होने के बाद वह मुझे भी गांधी के बराबर दर्जा देने लगा है। मुझे ताज्जुब हुआ कि किस तरह मेरा प्रमोशन करके मुझे गांधी के बराबर में ला खड़ा किया गया है।"

गांधी की पैनी दृष्टि

गांधीजी ब्रिटिश दाँव को ताड़ गए थे। इसलिए उन्होंने 29 अप्रैल, 1943 को जिन्ना को एक पत्र लिखा, जिसमें कहा कि अंग्रेज चाहें तो सत्ता आपको सौंप दें। हम यह भी मानने को तैयार हैं, मगर अंग्रेजों का सत्ता छोड़ने का कोई इरादा नहीं, चाहे वह फिर गांधी के अधीन हो या जिन्ना के। जिन्ना ने कहा था कि मुझे लिखे हुए पत्र को अंग्रेज बिल्कुल नहीं रोक सकते, मगर अंग्रेजों ने सचमुच वही किया और वह भी चर्चिल के व्यक्तिगत आदेश पर। जिन्ना ने न केवल यह अपमान सह लिया, बल्कि उन्होंने ब्रिटिश सरकार का यह कहकर समर्थन किया कि जब तक गांधी 'भारत छोड़ो आंदोलन' नहीं छोड़ देते, उनसे पत्र-व्यवहार का फायदा ही क्या है। 1 जून, 1943 को वायसरॉय ने जिन्ना की इस प्रतिक्रिया को एक बड़ी 'अभिनिंदनीय प्रगति' बताया।

दरअसल बात यह थी कि अंग्रेज आसानी से भारत छोड़ने को तैयार नहीं थे। वे आजाद भारत को बता देना चाहते थे कि अंग्रेजों से बिगाड़ करके आजादी हासिल करने का अंजाम क्या होता है ?

□

3

ब्रिटिश सरकार के इशारे पर चल रही थी मुसलिम लीग

यह भलीभाँति जाहिर हो चुका है कि 'पाकिस्तान' नामक फिल्म के प्रोड्यूसर-डायरेक्टर कुटिल अंग्रेज थे। जिन्ना तो उनके इशारे पर चलने वाले मात्र एक एक्टर थे। यह भी रहस्योद्घाटन हो चुका है कि परदे के पीछे ब्रिटिश सरकार किस प्रकार डोरियाँ खींच रही थी और किस प्रकार मुसलमानों के कुछ अहंकारी और नादान लीडर कठपुतली की भूमिका अदा कर रहे थे। यह एक सर्वविदित तथ्य है कि भारत में सांप्रदायिकता का जन्म और प्रारंभिक पोषण ब्रिटिश उपनिवेशवाद के तत्त्वावधान में हुआ। 1857 के विद्रोह में हिंदुओं और मुसलमानों ने जो एकजुटता प्रदर्शित की थी, उससे अंग्रेजों को बड़ा खतरा महसूस हुआ। अंग्रेजों ने भले ही इस झटके को झेल लिया और बगावत को कुचल दिया, लेकिन उन्हें यह बात भलीभाँति समझ में आ गई कि वे हथियारों के बल पर इस बहुविविधपूर्ण देश पर सदा ही राज नहीं कर सकते। अतः उन्होंने 'फूट डालो और राज करो' की अपनी अनुभूत चाल का जाल फैलाना शुरू किया।

उल्लेखनीय बात यह है कि भारतीय उपमहाद्वीप में मुसलमानों के लिए अलग राज्य की विचारधारा के जनक जिन्ना नहीं सर सैयद अहमद खान थे, जिनके बोए हुए बीज को कवि-चिंतक इकबाल ने सींचा और चौधरी रहमत अली ने पुष्पित-पल्लवित किया। इस बीच अंग्रेजों ने 1905 में बंगाल का विभाजन कर दिया, जिसकी कोई प्रशासनिक अनिवार्यता नहीं थी। अंग्रेज हिंदुओं और मुसलमानों को एक-दूसरे के विरुद्ध खड़ा होते देखना चाहते थे। 'बंग भंग' नाम से मशहूर अंग्रेजों की इस चाल के खिलाफ बंगाल में भयंकर आंदोलन छिड़ जाने से अंग्रेजों को अंततः यह विभाजन वापस लेना पड़ा। ऐसा प्रतीत होता है कि यह 1947 में पूर्वी बंगाल और पश्चिमी बंगाल के रूप में बंगाल के विभाजन की पूर्व पीठिका थी। मुसलिम लीग ने इस आंदोलन का विरोध किया था। बंगाल के तत्कालीन लेफ्टि. गवर्नर फुलर ने मुसलमानों को बहकाया कि यह विभाजन उनके हक में है, क्योंकि बंगाल का बँटवारा इस प्रकार किया गया था कि पूर्वी बंगाल मुख्यतः एक मुसलिम इकाई बन जाए और मुसलमानों में अलगाव की भावना फैले।

रेम्से मेक्डोनाल्ड ने किया पर्दाफाश

आगा खान

अंग्रेजों ने मुसलमानों को प्रोत्साहित किया कि वे यह आवाज उठाएँ कि वे अल्पसंख्यक हैं और बहुसंख्यक हिंदुओं की 'ज्यादतियों' से बच पाने के लिए उन्हें विशेष संरक्षण की आवश्यकता है। मुसलमानों के शिष्टमंडल के नेता के रूप में आगा खान को चुना गया, जो 48वें शिया इमाम थे। उनके दादा ने सिंध के अमीरों के विरुद्ध अंग्रेजों के दमनचक्र का समर्थन किया था। अंग्रेजों ने उनकी सेवाओं से प्रसन्न होकर उन्हें 'हिज हाइनेस' (His Highness) की पदवी प्रदान की थी और पेंशन भी दी थी। उनके पोते तत्कालीन आगा खान ने उसी 'महान परंपरा' का पालन किया। ऐसे महानुभाव को मुसलमानों के सर्वोच्च प्रतिनिधि का रुतबा प्रदान किया गया। आगा खान की अगुवाई में मुसलमानों के एक प्रतिनिधिमंडल ने 1 अक्तूबर, 1906 को शिमला में तत्कालीन वायसरॉय लॉर्ड मिंटो से भेंट की और मुसलमानों की राजनीतिक महत्ता और साम्राज्य रक्षा हेतु किए गए योगदान के लिए अन्य बातों के अतिरिक्त पृथक् निर्वाचन व्यवस्था की माँग की, जिसे 1916 में कांग्रेस ने भी स्वीकार कर लिया। हालाँकि बाद में कांग्रेस को अपनी गलती का एहसास हुआ, लेकिन इस गलती को सुधारा नहीं जा सकता था। इस प्रकार सांप्रदायिक राजनीति का सूत्रपात हुआ, जिससे अंत में भारत का विभाजन हो गया और जिसके साथ-साथ बेशुमार लोगों की जानें गईं। उन्हीं दिनों यह बात काफी चर्चित थी कि आगा खान द्वारा पेश किए गए निवेदन-पत्र और वायसरॉय के उत्तर, दोनों का मसविदा वायसरॉय के सचिवालय में तैयार किया गया था। यह बात खुल्लमखुल्ला कही भी गई, मगर इसका खंडन कभी नहीं किया गया।

ब्रिटिश लेबर पार्टी के नेता रेम्से मैकडोनाल्ड, जो बाद में ब्रिटेन के प्रधानमंत्री बने, ने आगा खान के शिष्टमंडल की कड़ी आलोचना की।

रेम्से मैकडोनाल्ड

उन्होंने कहा, "मुसलिम नेताओं को कतिपय एंग्लो-इंडियन अधिकारियों ने प्रेरित किया। इन अधिकारियों ने शिमला और लंदन में जोड़-तोड़ की और मुसलमानों को विशेष सुविधाएँ प्रदान करके जान-बूझकर द्वेषवश हिंदुओं और मुसलमानों के बीच फूट के बीज बोए।"

रेम्से मैकडोनाल्ड ने भारत संबंधी अपनी पुस्तक 'भारतीय जागृति' (Awakening of India) में आगे लिखा—"मुसलिम समुदाय के कुछ दूरदर्शी लोग यह अनुभव करने लगे हैं कि उन्होंने भूल की है कि वे एंग्लो-इंडियन अधिकारियों के संकेतों पर नाचने का तैयार हो गए हैं, जबकि कुछ अन्य लोगों को जो इस घटनाक्रम के पक्ष में अब भी हैं, यह आभास होता जा रहा है कि आगे संकट है और यदि उन्होंने इतनी अधिक माँग न की होती तो उन्हें और अधिक सुरक्षा मिल सकती थी। उनमें से कुछ के मन में उन विशेषाधिकारों को बचाने का लोभ पैदा किया जा सकता है, जो उन्हें पूर्वी बंगाल और पंजाब में दिए गए हैं, जहाँ वास्तव में उनका बहुमत है।"

'हिज हाइनेस' आगा खान के बारे में यहाँ बता देना आवश्यक है कि अंग्रेजों की फरमाबरदारी और खैरख्वाही के कई काम उन्होंने बाद के वर्षों में भी कई मौकों पर किए। जिस समय अंग्रेजी राज का अंत हुआ, उन्होंने भारत की नागरिकता त्याग दी और पेरिस में जाकर रहने लगे। हालाँकि पाकिस्तान बनने के बाद भी उनके सहधर्मी इसी महादेश में रहे।

ब्रिटिश सरकार को कोई-न-कोई मुसलिम नेता मिल ही जाता था, जो उनके उद्देश्यों की सिद्धि में सहायक होता था। मुसलमानों के लिए पृथक् निर्वाचन क्षेत्र की स्थापना की माँग करनेवाले शिष्टमंडल के नेता आगा खान को अपनी ब्रिटिश-भक्ति पर गर्व था। अपने संस्मरणों में उन्होंने लिखा—"अप्रैल 1926 में महामहिम ने मुझे एक बड़े ही महत्त्वपूर्ण सम्मान से विभूषित किया। उन्होंने मुझे ग्यारह तोपों की सलामी और बॉम्बे प्रेसिडेंसी के प्रथम श्रेणी के नरेश के दरजे का अनुग्रह प्रदान किया।"

स्वामीभक्ति की खरीद

11 तोपों की सलामी का रुतबा अता फरमाकर और पेंशन देकर अंग्रेजों ने एक महत्त्वपूर्ण मुसलिम नेता को अपने पक्ष में कर लिया। अंग्रेज इन चालों में माहिर थे। इसी प्रकार 'फूट डालो और राज करो' की नीति को उन्होंने अपना ध्येय-वाक्य बना लिया। मुसलिम समुदाय में अलगाव के बीज बोनेवाले लॉर्ड मिंटो ने मुसलमानों को रिझाने के लिए कहा कि मुसलमान एक विजयी और शासन करनेवाली कौम की संतति है। कांग्रेस ने इस पर सख्त आपत्ति की और कहा कि सच्चाई यह है कि भारत के अधिकांश मुसलमान धर्म-परिवर्तन किए हुए हिंदू हैं। इनके पुरखे हिंदू थे। वे उन तुर्कों, फारसवासियों, पठानों और मुगलों की संतान नहीं हैं, जिन्होंने कभी इस देश पर राज किया। ऐसे लोगों की संख्या बहुत कम है।

लंदन के दैनिक 'द टाइम्स' (The Times) ने अपने संपादकीय में बताया कि आगा खान इस सम्मान के कितने पात्र थे। ब्रिटिश अखबार एक-दो अपवादस्वरूप मामलों को छोड़कर, अपनी साम्राज्यवादी सरकार का खुला समर्थन करते थे। यही हाल भारत से प्रकाशित होनेवाले ब्रिटिश स्वामित्व के अखबारों का था। इनमें कोई एक दर्जन अंग्रेजी के दैनिक अखबार थे। एक अखबार तो गांधीजी के आंदोलन की खिल्ली उड़ाया करता था और आंदोलन संबंधी समाचारों को अल्प महत्त्व देते हुए उन्हें एक कोने में छापता था, जिसका उसने शीर्ष नाम रखा था 'Cranks' Corner', अर्थात् 'सनकी लोगों का कोना।'

मुसलिम लीग का खुला समर्थन

ये अखबार अकसर कांग्रेस का विरोध और मुसलिम लीग का समर्थन करते थे। मुसलमानों के अलगाव की जड़ें सींचनेवाली और मुसलमानों के लिए अलग होमलैंड (पाकिस्तान) की नींव रखनेवाली सांप्रदायिक निर्वाचन व्यवस्था का इन अखबारों ने खुलकर समर्थन किया। आगा खान के शिष्टमंडल की बुद्धि की प्रशंसा में लंदन के 'द टाइम्स' (The Times) तथा अन्य पत्रों में प्रकाशित लेखों का संदर्भ देते हुए मौलवी तुफैल अहमद ने लिखा—"इन लेखों से पता चलता है कि किस प्रकार अंग्रेजी पत्र-जगत् भारत को एक राष्ट्र मानने को तैयार नहीं था, उन्हें इस भाव से धक्का लगता था, उनमें ईर्ष्या थी। भारत को खंड-खंड होते देखकर वे खिल उठे। वे यह देखकर

गर्व से फूले नहीं समाते कि उन्होंने भारतीयों को संप्रदाय के नाम पर एक-दूसरे से भिड़ा दिया और भारतीय सदा के लिए एक-दूसरे के खून के प्यासे हो गए।"

कलकत्ता के राष्ट्रवादी दैनिक 'अमृत बाजार पत्रिका' (Amrita Bazar Patrika) ने तीखा व्यंग्य करते हुए लिखा—"भारतीय मुसलिम शिष्टमंडल निहित स्वार्थों वाले कतिपय अधिकारियों द्वारा रचा गया केवल एक व्यंग्य था। इसका स्वरूप अखिल भारतीय अथवा अखिल मुसलिम तो क्या, शिष्टमंडल भी नहीं था।"

पाकिस्तान बनने की भविष्यवाणी

मार्च 1940 में मुहम्मद अली जिन्ना के नेतृत्व में मुसलिम लीग द्वारा मुसलमानों के लिए अलग होमलैंड की माँग पर इन अखबारों की बाँछें खिल गईं। मसलन दिसंबर 1940 में लंदन के 'संडे ऑब्जर्वर' (Sunday Observer) ने लिखा—

We see signs which show that Mr. Jinnah will ultimately win the game. Mr. Jinnah has said: 'We are determined to fight for Paksitan. Make no mistake about it..' Things are working as they should do in the right direction. And Mr.Jinnah is leading. We wish him all success.

(हम ऐसे लक्षण देख रहे हैं, जो बताते हैं कि जिन्ना अंततः यह खेल जीत जाएँगे। मिस्टर जिन्ना ने कहा है—"हम पाकिस्तान के लिए संघर्ष करने को संकल्पबद्ध हैं। किसी को भ्रम में नहीं रहना चाहिए। सब कुछ उसी प्रकार हो रहा है, जैसे होना चाहिए। प्रगति सही दिशा की ओर है। मिस्टर जिन्ना आगे बढ़ रहे हैं। हम उनकी पूर्ण सफलता की कामना करते हैं।")

लगता है, इस अखबार का संपादक कोई ज्योतिषी रहा होगा, जिसको पहले से यानी सात वर्ष पहले ही मालूम था कि क्या होनेवाला है और होकर रहेगा। जिन्ना जीत जाएँगे, यानी पाकिस्तान बन जाएगा। संपादक की सहानुभूति किस तरफ थी, इसका खुलासा करने में भी उसने कोई संकोच नहीं किया।

संपादक ने अंग्रेजी के जिस 'गेम' शब्द का प्रयोग किया, उसे उपर्युक्त संदर्भ में हिंदी में 'खेल' के बजाय 'छल-योजन' कहना अधिक उपयुक्त होगा, क्योंकि इस खेल की चाभी ब्रिटिश साम्राज्यशाही के कुटिल अंग्रेज अधिकारियों के हाथ में थी। ये उसी नस्ल के अधिकारी थे, जिन्होंने व्यापारियों के भेस में मुगल नवाबों के दरबार में सार्वजनिक तौर पर उनके पाँव चूमे और बाद में उनके साथ विश्वासघात किया। ईस्ट इंडिया कंपनी भारत में कारोबार करनेवाली व्यापारिक कंपनी के बजाय भारत की मालिक बन बैठी। विश्व इतिहास में कुटिलता में अंग्रेजों का कोई सानी नहीं।

यह अब भलीभाँति प्रमाणित हो चुका है कि भारत विभाजन की योजना अंग्रेजों और उनके चचेरे भाइयों अमेरिकियों के दिमाग की उपज थी और उन्होंने ही इसे कार्य रूप दिया, ताकि वे अपने साम्राज्यवादी हितों की रक्षा कर सकें। अब इसके दस्तावेजी प्रमाण उपलब्ध हैं कि सत्ता हस्तांतरण के लिए हो रही बातचीत के दौर में मुहम्मद अली जिन्ना और ब्रिटेन के भारत-विरोधी पूर्व प्रधानमंत्री विंस्टन चर्चिल के बीच गुप्त पत्राचार हो रहा था।

चर्चिल द्वारा अंतर्ध्वंस

ब्रिटेन की लेबर सरकार के प्रधानमंत्री क्लीमेंट एटली भारत के बँटवारे के लिए अनिच्छापूर्ण

राजी हो गए। हाउस ऑफ लॉर्ड्स में चर्चिल की कंजरवेटिव पार्टी का बहुमत था और केवल हाउस ऑफ कॉमंस में भारतीय स्वतंत्रता का विधेयक पारित होने से काम नहीं चल सकता था। कंजरवेटिव पार्टी भारत की स्वाधीनता को वर्षों अटकाए रख सकती थी।

चर्चिल ने अपने प्रधानमंत्रित्व काल में भारत और ब्रिटिश-शासित अन्य देशों की स्वाधीनता की माँग को मंजूर करने के आग्रह के संदर्भ में कहा था—

I am not going to preside over the liquidation of the British Empire.

(मैं ब्रिटिश साम्राज्य के खात्मे का प्रभारी नहीं होना चाहूँगा।) द्वितीय विश्वयुद्ध की विकट परिस्थिति में ब्रिटिश सरकार को मजबूर होकर भारतीय नेताओं से समझौता करने के उद्देश्य से स्टैफर्ड क्रिप्स के नेतृत्व में एक मिशन भारत भेजना पड़ा। कांग्रेस का विचार था कि यह मिशन असफल नहीं होगा, लेकिन कांग्रेस ने चर्चिल की तोड़-फोड़ कर सकने की शक्ति को कम करके आँका था। चर्चिल किसी भी हालत में भारतीय नेताओं को सत्ता हस्तांतरित करना तो अलग, कुछ उत्तरदायित्वपूर्ण अधिकार देने के पक्ष में भी नहीं थे।

युद्ध कैबिनेट की ओर से चर्चिल ने क्रिप्स को लिखा—"हम यह महसूस करते हैं कि कांग्रेस के साथ समझौते की अपनी स्वाभाविक इच्छा के कारण आप ऐसा स्टैंड ले सकते हैं, जो आपके सक्रिय होने से पहले कैबिनेट की किसी भी मंजूरी से अलग हो···निश्चय ही इस बात की सहमति हुई थी कि समझौते की वार्ताएँ नहीं होंगी, बल्कि आप यथासंभव मामूली बातों पर सहमति प्राप्त करने की कोशिश करेंगे।" क्रिप्स प्रस्ताव में युद्ध समाप्त होने पर स्वराज्य के विषय में मात्र एक धुँधला आश्वासन दिया गया था। कांग्रेस ने इसे नामंजूर कर दिया। मिशन विफल हो गया। ब्रिटेन के भारत संबंधी मामलों के मंत्री एमरी जिन्ना का समर्थन प्राप्त करने के प्रति सुनिश्चित थे। उन्होंने वायसरॉय लॉर्ड लिनलिथगो को लिखा भी था। जहाँ उन्होंने क्रिप्स योजना को इतिहास की बीती बात माना, वहीं उन्होंने यह भी कहा, "मैं समझता हूँ कि मुसलिम लीग आधिकारिक तौर पर अभी भी असहयोगी रहेगी, लेकिन पाकिस्तान की संभावना को लेकर हमने जो सुनिश्चत रियायत दी है, उसके मद्देनजर संभवत: वह व्यवहार में अधिक सहयोगी सिद्ध होगी।"

अगस्त 1942 में कांग्रेस ने 'भारत छोड़ो' आंदोलन का आह्वान किया और ब्रिटिश सत्ता ने आंदोलन को कुचलने के लिए पूरी ताकत झोंक दी। जिन्ना ने इस आंदोलन को ब्रिटेन को ब्लैकमेल करने की संज्ञा दी और खुलकर ब्रिटेन का साथ दिया। गांधीजी के आंदोलन के मुकाबले जिन्ना ने ब्रिटिश सत्ता को मुसलिम सैनिकों की पूरी राजभक्ति (Complete loyalty to the British of the Muslim troops) का वचन दिया। सेना में उस समय मुसलिम सैनिकों की संख्या मुसलिम आबादी के अनुपात से काफी अधिक, करीब 40 प्रतिशत थी। पता नहीं जिन्ना ने किस बलबूते फिरंगी सरकार के प्रति मुसलिम सैनिकों की वफादारी का वादा किया, लेकिन यह तो स्पष्ट है कि उन्होंने ब्रिटेन के हित में अनुशासनबद्ध संस्था में सांप्रदायिकता का विष घोलने का प्रयास किया।

अंग्रेज अधिकारियों की कुटिलता

मुहम्मद अली जिन्ना जब भी कुछ नरम पड़ते थे, कुटिल अंग्रेज अधिकारी उन्हें उकसा देते थे। इस प्रसंग में सबसे महत्त्वपूर्ण वह घटना है, जिसने इतिहास के ठीक होते रुख को मोड़ दिया। 1945 में शिमला सम्मेलन के बाद की इस घटना का उल्लेख प्रख्यात पत्रकार दुर्गादास, जो बराबर

घटनाओं की उथल-पुथल के बीचो-बीच रहे, ने अपनी पुस्तक 'भारत-कर्जन से नेहरू और उनके पश्चात्' (India-From Curzon to Nehru and After) में किया है।

दुर्गादास लिखते हैं—"वायसरॉय की एक्जीक्यूटिव काउंसिल में हिंदू प्रतिनिधित्व के जातीय आधार की समस्या हल हो गई थी और यह तय हो गया था कि केंद्रीय मंत्रिमंडल में 14 भारतीय काउंसिलर होंगे। पाँच कांग्रेस के, पाँच मुसलिम लीग के और चार वायसरॉय द्वारा नामजद किए हुए सदस्य, जिनमें एक सिख, दो हरिजन और पंजाब की यूनियनिस्ट पार्टी के नेता सर खिजर हयात खान।"

सम्मेलन में कांग्रेस ने प्रस्तावित किया कि उसके प्रतिनिधियों में दो हिंदू, एक मुसलमान, एक ईसाई और एक पारसी होंगे। लीग को कांग्रेस की बराबरी का स्थान दे दिया गया था और इस विभाजन पर जिन्ना को प्रसन्न होना चाहिए था। यही नहीं, इस बात से कि 14 में से सात सदस्य मुसलमान होनेवाले थे, इस प्रस्ताव को जिन्ना का पूर्ण समर्थन प्राप्त होना चाहिए था। लीग की कार्यकारिणी ने वेवेल योजना को स्वीकार कर लिया और कांग्रेस कार्यकारिणी ने वायसरॉय के अनुमोदन के लिए अपने प्रतिनिधियों के नामों की सूची तैयार करने का काम शुरू कर दिया।"

लेकिन जब 11 जुलाई को वेवेल ने यह घोषणा की कि जिन्ना के साथ उनकी निजी वार्ताएँ असफल रहीं तो उन लोगों को जबरदस्त आश्चर्य और निराशा हुई, जिन्होंने इस बात की आशा की थी कि इस योजना से राजनीतिक गतिरोध का अंत हो जाएगा। तीन दिन बाद सारे संसार को यह ज्ञात हुआ कि सम्मेलन इस कारण असफल हुआ था कि जिन्ना ने यह आग्रह किया था कि मुसलमान सदस्यों को केवल लीग ही नामजद करे। यह एक ऐसी शर्त थी, जिसको कांग्रेस किसी भी हालत में स्वीकार नहीं करती, क्योंकि ऐसा करने से यह सिद्ध हो जाता कि वह केवल हिंदू जाति और अन्य छोटे-छोटे अल्पसंख्यक वर्गों की प्रतिनिधि थी और जिन्ना के उस दावे की पुष्टि होती कि केवल लीग ही मुसलमानों की एकमात्र प्रतिनिधि थी।

'क्या मैं मूर्ख हूँ...?'

ऐसा क्यों हुआ कि विजय के क्षण में, जब लीग को कांग्रेस के बराबर का स्थान मिल सका था, जिन्ना ने लीग को सत्ता के प्रवेश-द्वार से पीछे खींच लिया? ऊपर से देखने में लगता है कि यह जिन्ना का मात्र निरर्थक दुराग्रह था, लेकिन उसका असली उद्देश्य केवल कुछ ही अंदरूनी लोगों को मालूम था। वायसरॉय के प्रस्तावों पर अपना अंतिम निर्णय वह संवाददाताओं को अपने होटल के लाउंज में बतानेवाले थे, लेकिन इसके कुछ क्षण पहले उन्हें शिमला के उन अंग्रेज अधिकारियों से एक संदेश मिला था, जो लंदन में कट्टरपंथियों के प्रतिनिधि थे। जिन्ना से कहा गया था कि यदि वे इन वार्ताओं को विफल कर देंगे, तो पाकिस्तान उन्हें पुरस्कार के रूप में दे दिया जाएगा।

दुर्गादास आगे लिखते हैं—"संवाददाताओं के साथ अपनी मुलाकात खत्म करके जिन्ना लिफ्ट से ऊपर जा ही रहे थे कि मैं उनके साथ हो लिया। मैंने उनसे पूछा कि आपकी इच्छानुसार लीग को कांग्रेस के बराबर का स्थान दिलवाने के बाद भी उन्होंने वेवेल योजना को क्यों रद्द कर दिया? उनके उत्तर से मैं एक क्षण के लिए चकरा गया। जिन्ना ने कहा, "क्या मैं मूर्ख हूँ कि यह स्वीकार कर लूँ, जबकि पाकिस्तान मुझे तोहफे के रूप में मिल रहा है?" काफी छानबीन करने के बाद मुझे उच्च सरकारी तथा राजनीतिक सूत्रों से ज्ञात हुआ कि वायसरॉय की एक्जीक्यूटिव काउंसिल के एक

सदस्य ने लीग के एक संपर्क व्यक्ति के द्वारा जिन्ना को यह निर्णायक संदेश भेजा था।"

फ्रंटियर गांधी खान अब्दुल गफ्फार खान के सुपुत्र पख्तून नेता वली खान ने लंदन में इंडिया ऑफिस अभिलेखागार और अन्य स्रोतों से एकत्र की गई जानकारी के आधार पर लिखी पुस्तक 'भारत विभाजन की अनकही कहानी' (The Untold Story of India's Partition) में यह सिद्ध करने का प्रयत्न किया है कि भारत का विभाजन हमारे देश को दुर्बल बनाने का एक साम्राज्यवादी षड्यंत्र था। उन्होंने अपनी पुस्तक में इस षड्यंत्र पर पड़े परदे को चीरकर रख दिया है।

सिकंदर को रोको

अंग्रेजों ने पहले आगा खान को इस्तेमाल किया। उस समय जिन्ना कांग्रेस में थे। जब अंग्रेजों को लगा कि जिन्ना बेहतर मीडियम साबित हो सकते हैं तो उन्होंने जिन्ना को प्रमोट किया, लेकिन बीच में एक दौर में जब उन्हें लगा कि जिन्ना अपने को कुछ ज्यादा ही समझने लगे हैं तो अंग्रेजों ने इस पर अपनी नाराजगी का इजहार किया। जैसे ही यह खबर लगी कि अंग्रेज जिन्ना से नाखुश हैं, अनेक मुसलिम नेता अपनी सेवाएँ हाजिर करने लगे। वली खान के अनुसार, वायसरॉय लॉर्ड लिनलिथगो ने निजाम हैदराबाद के वजीरे आजम अकबर हैदरी द्वारा ऐसे ही सेवा-समर्पण के बारे में अपने 29 अगस्त, 1940 के पत्र में लिखा—"आपको यह जानकर मजा आएगा कि चंद रोज पहले यूँ ही बातों-बातों में हैदरी बोला कि अगर जिन्ना और उसकी मुसलिम लीग से कुछ परेशानी हो, तो कम-से-कम मुसलमानों का एक बड़ा ऊँचे पैमाने का लीडर जरूर है, जो मुल्क को ऐसी हर मुसीबत से निकाल सकता है।"

वायसरॉय ने लिखा कि मैंने शुक्रिया किया और अर्ज किया कि निजाम की रहनुमाई हैदराबाद के हैदरियों के लिए ही ज्यादा अच्छी है। वली खान का कहना है कि ये तो मुहब्बत की नोक-झोंक थी, जो सियासत में चलती ही है।

अपने 1 मार्च, 1941 के पत्र में सेक्रेटरी ऑफ स्टेट (ब्रिटिश सरकार में भारतीय मामलों के मंत्री) को वायसरॉय ने लिखा—"सिकंदर हयात खान का कहना है कि पाकिस्तान के मामले पर उनके और मुसलिम लीग वर्किंग कमेटी के बीच मतभेद हैं। उसने कमेटी से इस्तीफा देने की पेशकश की। मैंने गवर्नर सर हेनरी क्रेक को लिखा कि सिकंदर को रोको। मुसलिम लीग में फूट पड़ने का यह वक्त ठीक नहीं है। मैं समझता हूँ कि मुसलिम लीग को एक ठोस राजनीतिक पार्टी बनाए रखना जरूरी है, चाहे उसकी गतिविधियाँ कितनी ही थका देनेवाली क्यों न हों।"

वायसरॉय ने आगे लिखा—"यह इस वक्त बहुत जरूरी है, जब गांधी अपने सत्याग्रह अभियान के दूसरे चरण में प्रवेश कर रहे हैं। ऐसे मौके पर मुसलमानों के बीच मतभेद, खासतौर पर पाकिस्तान जैसे महत्त्वपूर्ण सवाल पर, युद्ध विरोधी कांग्रेस पार्टी की बहुत हिम्मत बढ़ानेवाला साबित होगा। कांग्रेस के सत्याग्रह की वजह से इसकी पोजीशन बहुत खराब हो जाएगी।"

घटना-क्रम की तत्कालीन जानकारी के अलावा इस पत्राचार से बिल्कुल स्पष्ट है कि परदे के पीछे ब्रिटिश सरकार किस प्रकार डोरियाँ खींच रही थी और किस प्रकार मुसलमानों के कुछ अहंकारी और नादान लीडर कठपुतली की भूमिका अदा कर रहे थे?

□

4

कलकत्ता का 'डाइरेक्ट एक्शन डे' : मुसलिम लीग का जिहादी हमला

मुहम्मद अली जिन्ना को वर्ष 1946 के मध्यवर्ती दौर में ऐसा लगने लगा था कि पाकिस्तान हासिल करने का उनका ख्वाब शायद निकट भविष्य में पूरा नहीं हो पाएगा। ऐसे अवसर पर कांग्रेस-विरोधी ब्रिटिश अफसरों के गिरोह ने जिन्ना को कहा कि दंगे-फसाद नहीं कराओगे तो पाकिस्तान कैसे पाओगे? जिन्ना ने इस सलाह का अक्षरशः पालन किया। बंगाल में, जहाँ मुसलिम लीग की हुकूमत थी, 16 अगस्त जुमे के दिन 'डाइरेक्ट एक्शन डे' घोषित कर छुट्टी का ऐलान कर दिया गया। यह 'डाइरेक्ट एक्शन' सत्ताधारी अंग्रेजों के खिलाफ नहीं, हिंदुओं के खिलाफ था। मुसलिम लीग के गुंडों ने कलकत्ता में हिंदुओं का कत्लेआम करते हुए नादिरशाह की याद ताजा करा दी। इसके बाद देश भर में दंगे फैल गए, जिनमें हिंदू-मुसलिम दोनों बड़ी संख्या में मारे गए। 'सिविल वार' की स्थिति उत्पन्न हो गई। यही तो जिन्ना और उनके मक्कार सहयोगी अंग्रेज चाहते थे। शांतिकामी कांग्रेस ने मुसलिम लीग की हिंसा से त्रस्त होकर देश का विभाजन स्वीकार कर लिया।

पाकिस्तान-समर्थक कुटिल अंग्रेज अफसरों ने जिन्ना को कहा कि दंगे-फसाद नहीं कराओगे तो पाकिस्तान कैसे पाओगे? जिन्ना ने इसका अक्षरशः पालन किया। मुहम्मद अली जिन्ना के नेतृत्व में मुसलिम लीग काउंसिल की बैठक 28 जुलाई, 1946 को बंबई में हुई, जिसमें 16 अगस्त, 1946 को जुमे के दिन डाइरेक्ट एक्शन डे (सीधी काररवाई दिवस) मनाने का निर्णय किया गया। वस्तुतः यह पाकिस्तान की माँग के आंदोलन को सड़कों पर ले आने का आह्वान था। एक चतुर राजनीतिज्ञ के तौर पर जिन्ना चाहते थे और जानते थे कि डाइरेक्ट एक्शन से दंगे-फसाद, कत्ल और भयंकर खूंरेजी होगी और इससे कांग्रेस पाकिस्तान की माँग मानने को मजबूर हो जाएगी।

संवैधानिक उपायों को अलविदा!

'डाइरेक्ट एक्शन डे' के बाद कलकत्ता, बिहार और पूर्वी बंगाल में दंगों की आग फैल गई।

सांप्रदायिक दंगों के भयंकर दुष्परिणाम सामने आए। जिन्ना का स्वास्थ्य तेजी से गिर रहा था। उन्हें अपने जीवनकाल में ही पाकिस्तान का निर्माण कर लेना था। इसलिए जो भी करना था, बहुत तेज रफ्तार से करना था। 1946 में मुसलिम लीग के डाइरेक्ट एक्शन ने देश के बँटवारे का माहौल तैयार कर दिया। जिन्ना जानते थे कि यह रणनीति कारगर होगी।

मुहम्मद अली जिन्ना ने 27 जुलाई, 1946 को कैबिनेट मिशन की योजना नामंजूर करते हुए 'मुसलिम लीग' की कार्यसमिति की बैठक में घोषणा की—

'Now we bid goodbye to constitutional methods. We have exhausted all reasons. Today we have also forged a pistol and we are in a position to use it.'

(अब हम संवैधानिक उपायों को विदा कहते हैं। हम सब दलीलें चुक गए हैं। आज हमने एक पिस्तौल बना डाली है और उसे इस्तेमाल करने की स्थिति में हैं।)

हसन शाहिद सुहरावर्दी

इससे पूर्व 'डाइरेक्ट एक्शन डे' के कत्लेआम के सूत्रधार बंगाल की मुसलिम लीग सरकार के मुख्यमंत्री हसन शाहिद सुहरावर्दी ने अंग्रेजों के अखबार कलकत्ता के 'द स्टेट्समैन' (The Statesman) में छद्म नाम से एक लेख में अपने विचार व्यक्त करते हुए लिखा—

'Bloodshed and disorder are not unnecessary evil in themselves if resorted to for a noble cause.'

(रक्तपात और उपद्रव का सहारा यदि किसी अच्छे मकसद के लिए लिया जाए तो यह अपने आप में कोई गैरजरूरी बुराई नहीं है।)

मौलाना आजाद की पीड़ा

मौलाना आजाद ने अपनी आत्मकथा 'भारत की आजादी' (India Wins Freedom) में लिखा है—"16 अगस्त, 1946 हिंदुस्तान के इतिहास में बड़े कलंक का दिन है। उस दिन अदृष्टपूर्व सामूहिक हिंसा ने महान नगर कलकत्ता को खून-खराबे, हत्या और दहशत की बाढ़ में डुबो दिया। ऐसी घटनाएँ घटीं, जिनकी अब तक के इतिहास में कोई मिसाल न थी। सैकड़ों जाने गईं, हजारों आदमी घायल हुए और करोड़ों रुपए की संपत्ति नष्ट हो गईं। लीग ने जुलूस निकाले, जिनमें लूटपाट और आग लगाने की हरकतें हुईं।"

डाइरेक्ट एक्शन डे पर हिंसाचार का एक दृश्य

द्वितीय विश्वयुद्ध के दौरान अंग्रेजों की अत्यंत गुप्त सैनिक गुप्तचर संस्था 'फोर्स वन-थ्री-सिक्स' (Force 136) ने जो दिल दहला देनेवाली अमानवीय करतूतें कीं, उनमें अंग्रेजों के भारत से

विदा होते समय देश को तबाह करने की दुर्योजना भी शामिल थी। इस अत्यंत विनाशकारी योजना का नाम था—'हटने के उपरांत के कार्यक्रमों की योजना' (Post Quit Plan)। भारतीय गुप्तचर विभाग की राजनीतिक शाखाओं में पाँच वर्ष तक अपने जौहर दिखाने के बाद 1943 में 'फोर्स वन-थ्री-सिक्स' में नियुक्त किए जानेवाले प्रथम भारतीय गुप्तचर धर्मेंद्र गौड़ ने यह रहस्योद्घाटन किया कि पाकिस्तान के जनक मुहम्मद अली जिन्ना तथा मुसलिम लीग के अन्य नेता अंग्रेजों की इस गुप्तचर संस्था से संबद्ध थे। धर्मेंद्र गौड़ ने प्रमाणों तथा निजी अनुभवों पर आधारित अपनी शोध पुस्तक 'फोर्स वन-थ्री-सिक्स' में लिखा है—"उधर 16 अगस्त, 1946 को मुसलिम लीग ने 'डाइरेक्ट एक्शन डे' की घोषणा की और इधर 'फोर्स वन-थ्री-सिक्स' के एजेंट समस्त बंगाल की धरती को रक्तरंजित करने के लिए कलकत्ता, नोआखाली, बारीसाल, चटगांव, ढाका, खुलना, नारायणगंज, तिपरा (कोमिल्ला), फरीदपुर, राजशाही आदि स्थानों में फैल गए। उन्होंने दूसरे संप्रदाय के लोगों को खोज-खोजकर कसाइयों की तरह संहार किया। जो भी घर, मकान, झोपड़े, अट्टालिकाएँ, सामान आदि सामने पड़ते गए, उन्हें निस्संकोच आग के हवाले करते गए। धन-दौलत की लूटपाट तो चरम सीमा पर पहुँच गई।" अनुमानत: 5,000-7,000 लोग मारे गए, 15,000-20,000 लोग घायल हुए। करीब 1,00,000 लोग बेघर हो गए। इसके अलावा करीब 1,10,000 लोग कलकत्ता से पलायन कर गए।

सभी थानों में मुसलिम थानेदार

उस समय बंगाल के मुख्यमंत्री हसन सुहरावर्दी के आदेशानुसार 'डाइरेक्ट एक्शन डे' पर बंगाल के सभी सरकारी दफ्तर बंद करा दिए गए थे। उनके द्वारा किए गए कत्लेआम के गुप्त आदेश का अक्षरश: पालन हो रहा है या नहीं, यह देखने के लिए वह चार दिनों तक लगातार लाल बाजार पुलिस हेडक्वाटर्स, कलकत्ता में विराजमान रहे। इससे एक सप्ताह पहले ही उन्होंने कलकत्ता, हावड़ा, डमडम, बैरकपुर स्थित सभी पुलिस थानों के हिंदू स्टेशन अफसरों के तबादले का आदेश दे दिया था, जिनकी संख्या 52 थी। इनके स्थान पर 51 मुसलिम अफसर तैनात किए गए और 52वाँ एक ईसाई था।

योजनाबद्ध ढंग से अचानक की गई मार-काट और लूटपाट के विरुद्ध बदले की कारवाई के तौर पर जब हुगली नदी के दोनों किनारों पर स्थित कारखानों में काम करनेवाले हजारों बिहारी मजदूर हथियारों के साथ निकल आए तो स्थिति गंभीर हो गई। इनका साथ कलकत्ता के सिखों ने भी दिया, जिनमें अधिकतर टैक्सी ड्राइवर थे। हिंदुओं से ज्यादा बड़ी संख्या में मुसलमान मारे गए। मारे गए सभी हजारों नागरिक बेकसूर लोग थे। दंगों की शृंखलाबद्ध प्रतिक्रिया में ये दंगे बाद में बंबई, नोआखाली, बिहार, फ्रंटियर प्रांत, पश्चिमी पंजाब, पूर्वी पंजाब, यू.पी., दिल्ली और कराची में फैल गए। 'डाइरेक्ट एक्शन डे' के भयंकर हादसे ने

डाइरेक्ट एक्शन डे पर उपद्रवियों की भीड़

भारतीय इतिहास का रुख ही मोड़ दिया। कांग्रेस ने 'मुसलिम लीग' की हिंसा से त्रस्त होकर देश का विभाजन स्वीकार कर लिया।

गांधीजी की प्रतिक्रिया

'डाइरेक्ट एक्शन डे' के माध्यम से सड़कों पर हिंसाचार कायदे-कानूनों की धज्जियाँ उड़ाने के समान था। पाकिस्तानी इतिहासकार एस. अकबर अहमद ने अपनी पुस्तक 'पाकिस्तान और इसलामी पहचान' (Pakistan and Islamic Identity)—(ऑक्सफोर्ड यूनिवर्सिटी प्रेस, कराची) में लिखा है—

Jinnah violated his own principles of upholding the laws.

(जिन्ना ने कानून का पालन करने के अपने ही उसूलों का उल्लंघन किया।) शायद जिन्ना को हिंसक रणनीति अपनाने का सबसे अधिक बल 1945-46 के चुनाव नतीजों से मिला था। सांप्रदायिक चुनाव पद्धति के अंतर्गत मुसलिम लीग ने मुसलमानों के 86.6 प्रतिशत वोट प्राप्त कर लिए और मुसलमानों की केंद्रीय असेंबली के चुनाव में सभी सीटों पर कब्जा कर लिया। ज्यादातर धर्मनिरपेक्ष मुसलमानों यानी राष्ट्रवादी अथवा कांग्रेसी मुसलमानों की जमानतें जब्त हो गईं।

जिन्ना को ब्रिटिश शासन के कांग्रेस-विरोधी कपटी अंग्रेज अफसरों का पूरा सहयोग-समर्थन प्राप्त था। वे भारत से अपना बोरिया-बिस्तर समेटते समय 1942 के 'अंग्रेजो भारत छोड़ो' आंदोलन के लिए 'हिंदू कांग्रेस' और उसके समर्थकों को सबक सिखाना चाहते थे।

□

5

नेहरू की अंतरिम सरकार में शामिल लीग की तोड़-फोड़ की साजिश कामयाब

ब्रिटिश सरकार आजादी से पहले भारत में बनाई जानेवाली अंतरिम सरकार में मुसलिम लीग को भी शामिल करना चाहती थी, लेकिन मुसलिम लीग के नेता मुहम्मद अली जिन्ना ने ऐसी शर्तें रख दीं, जो कांग्रेस को मान्य नहीं थीं, जैसे एक शर्त यह थी कि कैबिनेट में सभी मुसलिम मंत्री सिर्फ मुसलिम लीग पार्टी के होंगे। कांग्रेस ने तुष्टीकरण की नीति अपनाते हुए इसे भी मान लिया। बाद के घटना-क्रम से यह साबित हो गया कि मुसलिम लीग केंद्रीय सरकार में प्रवेश कर अंदर से तोड़-फोड़ करने के इरादे से उसमे शामिल हुई थी। कांग्रेस नेताओं को पूरा यकीन हो गया कि मुसलिम लीग के साथ उनका निभना नामुमकिन है और अंततः तंग आकर कांग्रेस ने विभाजन स्वीकार कर लिया।

शायद बहुत कम लोगों को इस बात की जानकारी होगी कि कांग्रेस नेताओं द्वारा देश विभाजन की माँग स्वीकार कर लेने के पीछे एक अत्यंत महत्त्वपूर्ण वजह थी, मुसलिम लीग द्वारा अंतरिम सरकार में शामिल होने से इनकार करने के कुछ अरसा बाद अंतर्ध्वंस के इरादे से सरकार में शामिल होकर अंदर से तोड़-फोड़ आरंभ कर देना।

जिन्ना द्वारा सिविल वार का आगाज

लॉर्ड वेवेल ने 12 अगस्त, 1946 को पं. जवाहरलाल को अंतरिम सरकार गठित करने का न्योता दिया था। यह वस्तुतः वायसरॉय की एग्जीक्यूटिव कौंसिल थी, जिसके अध्यक्ष खुद वायसरॉय थे और पं. नेहरू उपाध्यक्ष थे। सर्वसाधारण की भाषा में कौंसिल को 'कैबिनेट' और इसके उपाध्यक्ष को 'प्रधानमंत्री' कहा जाने लगा। इससे राष्ट्रवादियों को स्वाधीनता आंदोलन की सफलता का रोमांच होने लगा। इस मंत्रिमंडल में शामिल थे—पं. नेहरू, सरदार पटेल, राजेंद्र प्रसाद, राजगोपालाचारी, आसफ अली, शरतचंद्र बोस, जॉन मथाई, बलदेव सिंह, शफाअत अहमद खान, जगजीवन राम, अली जहीर और सी.एच. भाभा। अध्यक्ष के रूप में वायसरॉय और कमांडर-इन-चीफ क्लाड आचिनलेक को मिलाकर कुल चौदह सदस्य थे। पं. नेहरू ने अपने

मंत्रिमंडल में मुसलिम लीग को पाँच मंत्री पद देने की पेशकश की थी, जिसे मुहम्मद अली जिन्ना ने ठुकरा दिया था। जिन्ना की मुख्य माँगें थीं—कैबिनेट में नेहरू के बराबर रुतबा, महत्त्वपूर्ण मंत्रालयों का बराबर-बराबर बँटवारा और भविष्य में कैबिनेट की नियुक्तियों में निषेधाधिकार (वीटो पॉवर)। इसके साथ यह माँग भी की गई कि मंत्रिमंडल में केवल मुसलिम लीग का कोई सदस्य ही मुसलिम समुदाय का प्रतिनिधित्व करेगा। जिन्ना यह भी वायदा करने को तैयार नहीं थे कि उनकी पार्टी देश-विभाजन की माँग छोड़कर एकीकृत भारत के लिए प्रस्तावित संविधान सभा में हिस्सा लेगी।

नेहरू द्वारा ये माँगें अस्वीकार करने के बाद जिन्ना ने अपने उद्देश्य की पूर्ति के लिए बिना किसी लाग-लपेट के असंवैधानिक उपाय अपनाने का ऐलान कर दिया और अपने संघर्ष को सड़कों पर ले आए। बंगाल में मुसलिम लीग की सरकार थी, जिसने 16 अगस्त, 1946 को 'डाइरेक्ट एक्शन डे' (सीधी कारवाई दिवस) पर मुसलिम लीग के गुंडों को दंगे-फसाद की 'सीधी कारवाई' करने की छूट दे दी। दंगों में कई हजार लोग मारे गए (इसका विवरण इसी पुस्तक में 'कलकत्ता का डाइरेक्ट एक्शन डे-मुसलिम लीग का जिहादी हमला' शीर्षक अध्याय में पढ़ें)। यह जिन्ना द्वारा अपनी बात मनवाने के लिए प्रकारांतर से सिविल वार का आह्वान था।

मुसलिम लीग-परस्त वायसरॉय की कारस्तानी

लॉर्ड वेवेल

इस बीच ब्रिटिश प्रधानमंत्री क्लीमेंट एटली ने लॉर्ड वेवेल को बिना मुसलिम लीग की शिरकत के पं. नेहरू के नेतृत्व में अंतरिम सरकार गठित करने का निर्देश दे दिया। कलकत्ता नरसंहार के बाद कांग्रेस ने सरकार में भाग लेने का फैसला करने में देरी नहीं की। सरकार गठित हो जाने के बाद मुसलिम लीग के हमदर्द लॉर्ड वेवेल ने मुसलिम लीग को सरकार में शामिल करने के प्रयास शुरू कर दिए और नेहरूजी के शब्दों में, उन्हें बार-बार के अनुरोध से परेशान करना शुरू कर दिया। सरदार पटेल के अधीन विभागीय सचिव रहे वी.पी. मेनन के शब्दों में यह प्रसंग इस प्रकार है—"जब वेवेल ने मुसलिम लीग को मंत्रिमंडल में सम्मिलित करने के लिए नेहरू से राय ली तो नेहरू ने उत्तर दिया—"यदि आप जिन्ना से मिलना चाहते ही हैं तो मैं आपको कैसे रोक सकता हूँ?" बोलचाल के अंग्रेजी ढंग के अनुसार इसका अर्थ यह था कि नेहरू इस मुलाकात के विरुद्ध थे, लेकिन वेवेल ने नेहरू के इस उत्तर का राजनयिक अर्थ लगाया, जिसका मतलब यह था कि यदि वेवेल ने जिन्ना से सीधे बात की, तो नेहरू इस पर आपत्ति खड़ी करके इस्तीफा नहीं देंगे। वेवेल ने जिन्ना से सीधे बात करने का कदम उठाया और इस प्रकार नेहरू ने लीग के नेता को उसकी औकात बता देने का अवसर गँवा दिया।"

इस प्रकरण का जिक्र करते हुए वरिष्ठ पत्रकार दुर्गादास ने अपनी बहुचर्चित पुस्तक 'भारत-कर्जन से नेहरू और उसके पश्चात्' (India from Curzon to Nehru and After) में लिखा है—"यदि नेहरू प्रधानमंत्री की हैसियत से वायसरॉय के इस कदम का खुलकर विरोध करते तो

लंदन में लेबर सरकार होने के कारण घटनाएँ कुछ दूसरा ही रूप ले सकती थीं। रिवाज-विरुद्ध कार्य को स्वीकृत कर देने के कारण जिन्ना को अपनी रणनीतिक चतुराई काम में लाने की पूरी छूट मिल गई और बदले में एक भी बात स्वीकार किए बगैर जिन्ना ने वायसरॉय से सारी मनचाही रियायतें प्राप्त कर लीं।"

इस प्रकार कांग्रेस ने तुष्टीकरण की दिशा में एक और कदम उठाया और अपने पाँच मंत्रियों को हटाकर मुसलिम लीग के पाँच मंत्रियों को ले लिया। नए मंत्रिमंडल में जितने मुसलिम मंत्री थे, सब मुसलिम लीगी थे। जिन्ना ने नेहरू मंत्रिमंडल से राष्ट्रवादी मुसलमानों को निकलवा कर दिखला दिया कि कांग्रेस को कैसे झुकाया जा सकता है।

The Times of India

INDIA'S NEW COALITION GOVERNMENT

FIVE SEATS ALLOTTED TO MUSLIM LEAGUE

Another Scheduled Caste Member Nominated

MR. SARAT BOSE SIR S. A. KHAN & SYED ALI ZAHEER RESIGN

DELEGATION TO UNO

PARIS PEACE TALKS CONCLUDE

Responsibility Now Rests With Foreign Ministers

NEW CONGRESS PRESIDENT

STRONG STEPS TO RESTORE ORDER IN NOAKHALI

Trouble In Tipperah District

अंतरिम सरकार में मुसलिम लीग को शामिल किए जाने पर 'टाइम्स ऑफ इंडिया' का मुख्य समाचार

मुसलिम लीग ने दिखावे के लिए बंगाल के गैर-मुसलिम जोगेंद्रनाथ मंडल, जो दलित जाति से थे, को अपने कोटे से मंत्रिमंडल में शामिल करवाया। जोगेंद्रनाथ मंडल पाकिस्तान बनने पर वहाँ की केंद्रीय सरकार में भी मंत्री बनाए गए, लेकिन जिन्ना की मृत्यु के बाद वे वापस भारत आ गए। कारण था—अल्पसंख्यकों के साथ जोरदार भेदभाव और उनका उत्पीड़न। नेहरू के मंत्रिमंडल में मुसलिम लीग के हिस्से के अन्य मंत्री थे—लियाकत अली खान, इब्राहीम इस्माइल चुंद्रीगर, गजनफ्फर अली खान और अब्दुर-रब-निशतर।

लियाकत अली के बजट ने मचा दिया बवाल

मुसलिम लीग ने सबसे पहले सर्वाधिक महत्त्वपूर्ण मंत्रालय, गृहमंत्रालय की माँग की, जो सरदार पटेल के पास था। कांग्रेस इसके लिए राजी नहीं हुई। दूसरा महत्त्वपूर्ण मंत्रालय वित्त मंत्रालय था। पहले तो मुसलिम लीग ने इसे लेने से इनकार कर दिया, लेकिन जब सेंट्रल सेक्रेटेरिएट में पदस्थापित कई सीनियर मुसलिम अफसरों ने लीगी नेताओं को समझाया कि वित्त मंत्रालय भी निहायत महत्त्वपूर्ण मंत्रालय है, आप इसे स्वीकार कर लीजिए, फिर देखिए हम क्या गुल खिलाते हैं। ये गुल उन्होंने खिलाकर दिखा भी दिया, जब लियाकत अली खान को वित्त मंत्रालय सौंप दिया गया।

इस प्रकरण का जिक्र करते हुए वरिष्ठ पत्रकार दुर्गादास ने लिखा है—"मार्च 1947 के बजट के द्वारा लियाकत अली को यह अवसर मिला कि कांग्रेस के प्रति अपने सारे विरोध को व्यक्त करे। प्रस्तावित टैक्सों द्वारा उन्होंने तूफान खड़ा कर दिया और इससे भी ज्यादा आपत्ति उनके इस प्रस्ताव पर हुई कि 150 बड़े पूँजीपतियों द्वारा कथित टैक्स गोलमाल की जाँच करने के लिए एक कमीशन

नियुक्त किया जाए। लियाकत अली के अनुसार यह एक 'समाजवादी बजट' था, लेकिन उनका असली मकसद साफ जाहिर था। इन प्रस्तावों के द्वारा हिंदू उद्योगपतियों पर प्रहार करने का प्रयत्न किया जा रहा था, क्योंकि वे कांग्रेस के सबसे शक्तिशाली समर्थक थे। इस रणनीति द्वारा दबे रूप से देश के विभाजन की योजना को भी आगे बढ़ाया जा रहा था।"

विचित्र बात यह कि मुसलिम लीग के मंत्री अपना अलग ग्रुप बनाकर बैठक किया करते थे। मंत्रिमंडल के कुछ सदस्यों की राय थी कि इन प्रस्तावों को अस्वीकार कर दिया जाए, लेकिन ऐसा करने के लिए समय बीत चुका था। इसके अतिरिक्त वायसरॉय अंतिम समय में जल्दबाजी में संशोधन करने के पक्ष में नहीं थे। उन्होंने नेहरू से कहा कि वह लियाकत अली को जैसा वह चाहें करने दें। वायसरॉय ने कहा कि सुधार और संशोधन करने के लिए बाद में काफी अवसर मिलेंगे।

दुर्गादास ने लिखा है—"सत्य तो यह है कि अंतरिम सरकार के दोनों पक्षों के बीच जो गहरे मतभेद थे, वे पहले ही प्रकट रूप ले चुके थे। दोनों पक्ष दल-बंद रूप से वोटिंग करते थे। लियाकत अली अंदर-ही-अंदर सरकार को नष्ट करने के विचार से हमेशा अवरोध पैदा करते थे। इससे भी ज्यादा बुरी बात यह थी कि लॉर्ड वेवेल, जिन्होंने अपना शासन बड़े अच्छे ढंग से शुरू किया था, अब मुसलिम लीग की तरफ झुकने लगे थे और अधिकतर लीग-समर्थक अफसरों की सलाह पर काम करते थे। कांग्रेस के लिए यह असहनीय होता जा रहा था और दबे रूप से ब्रिटेन की सरकार को यह बात कहला दी गई थी कि वेवेल को वापस बुला लिया जाए। पटेल तथा अन्य लोगों का विचार था कि लॉर्ड वेवेल के अवांछित हस्तक्षेप के बावजूद नेहरू को जिन्ना से लिखित आश्वासनों की माँग करनी चाहिए थी, ताकि जिन्ना को विघ्न पैदा करने के लिए कोई गुंजाइश नहीं रहती।"

कांग्रेस धमकी देती तो नक्शा बदल जाता

वायसरॉय के रिफॉर्म्स कमिश्नर एच.वी. हडसन ने अपनी पुस्तक 'एक बड़ी तकसीम : ब्रिटेन-भारत-पाकिस्तान' (The Great Divide : Britain-India-Pakistan) में लिखा है—

Had they (The Congress leaders) threatened to resign rather than take in the Muslim League until it had accepted the Constituent Assembly they would have forced the viceroy either to abandon his negotiations with Mr. Jinnah or to substitute the Muslim League for the Congress in office or to return to a nominated quasi-official government.

(यदि कांग्रेस के नेताओं ने मुसलिम लीग के छल-कपट में फँसने के बजाय यह धमकी दे दी होती कि अगर मुसलिम लीग संविधान सभा को स्वीकार नहीं करती है तो वे इस्तीफा दे देंगे तो वायसरॉय जिन्ना से समझौता-वार्ता चलाना छोड़ देते या कांग्रेस की जगह मुसलिम लीग को सत्तारूढ़ करने या फिर नामजद अर्धशासकीय सरकार पर वापस लौटने को मजबूर हो जाते।)

कांग्रेस नेता खेल रहे थे वायसरॉय के हाथ में

दिसंबर 1947 में जब आचार्य कृपलानी ने कांग्रेस के अध्यक्ष पद से इस्तीफा दिया, तब उन्होंने कांग्रेस कार्यकारिणी को बताया कि कांग्रेस ने बहुत देर से यह महसूस किया कि उसके नेता वायसरॉय के हाथों में खेलते रहे और उन्होंने मुसलिम लीग से सहयोग की पर्याप्त एवं स्पष्ट गारंटी लिए बिना उसे अंतरिम सरकार में शामिल करना मान लिया। आचार्य कृपलानी

ने लिखा—"हमारे सामने और विकल्प भी था कि हम अंतरिम सरकार से बाहर आ जाते और ब्रिटिश सरकार तथा मुसलिम लीग के गठबंधन के विरुद्ध राष्ट्र को अंतिम अहिंसात्मक लड़ाई लड़ने के लिए तैयार करते। गांधीजी भी चाहते थे कि हम ऐसा ही करें, लेकिन कांग्रेसी नेता सत्ता के तुरंत एवं शांतिपूर्ण हस्तांतरण के लिए इतने लालायित थे कि उन्होंने पहले विकल्प अर्थात् देश विभाजन की योजना को चुना।"

अंतरिम सरकार में मुसलिम लीगी वित्त मंत्री लियाकत अली खान ने अपने वित्त सेक्रेटरी मुहम्मद अली की सहायता से जान-बूझकर जो उद्योगपति-विरोधी और हिंदू-विरोधी बजट तैयार करने का मसखरापन किया था, उससे सरदार पटेल बहुत क्षुब्ध हो गए थे। बजट से बुरी तरह प्रभावित कई लोगों ने सरदार पटेल का ध्यान इस ओर आकर्षित किया था। पटेल को पूरा यकीन हो गया था कि मुसलिम लीग के साथ कांग्रेस का निभना नामुमकिन है और अंततः तंग आकर उन्होंने विभाजन स्वीकार कर लिया।

□

6

फ्रंटियर में ब्रिटिश-लीगी साजिश : जानलेवा हमले में नेहरू बाल-बाल बचे

अक्तूबर 1946 में जब पं. जवाहरलाल नेहरू अंतरिम सरकार में प्रधानमंत्री थे, तब सरहदी गांधी खान अब्दुल गफ्फार खान के अनुरोध पर वे फ्रंटियर प्रांत के पठानों, विशेषत: कबाइलियों से मिलने प्रांत के दौरे पर रवाना हुए। हालाँकि प्रांत का मुसलिम लीग-परस्त ब्रिटिश गवर्नर नहीं चाहता था कि नेहरू वहाँ आएँ। गवर्नर और मुसलिम लीग ने मिलकर षड्यंत्र रचा कि नेहरू के विरुद्ध हिंसक प्रदर्शन किए जाएँ और किसी भी सभा में उन्हें बोलने नहीं दिया जाए। दो-तीन जगह उन पर हमले भी किए गए। मलाकंद में संगीन हमले में नेहरू बाल-बाल बच गए।

फ्रंटियर प्रांत के पठान (पख्तून) आजादी-पसंद होते हैं। इन्हें खूँखार, हिंसाप्रिय और लड़ाकू माना जाता है, किंतु ऐसा होते हुए भी इनमें नैतिकता के कुछ विशिष्ट मानदंड भी हैं। महात्मा गांधी और सरहदी गांधी के प्रभाव से बड़ी संख्या में पख्तूनों ने जंग-ए-आजादी में सहयोग प्रदान किया। हालाँकि इनके कई कबीलों में आंतरिक संघर्ष, मार-काट और रंजिश की भावनाएँ परंपरागत रूप से चलती रही हैं। इनके कई कबीले विशेषत: अफरीदी, महसूद, वजीरी और कजाक स्वभाव से बगावती, झगड़ालू और लड़ाकू होते हैं।

इनके कबीलों का सरदार बड़ा ही प्रभावशाली माना जाता है। इन कबीलों के सरदारों की एक सभा होती है, जिसे 'जिरगा' कहते हैं। ये किसी बाहरी अथॉरिटी को नहीं मानते। इनके कबीलों के मुखिया और मुल्ला-मौलवी इसलाम और जिहाद की आड़ में इन्हें आसानी से उकसा सकते हैं, भड़का सकते हैं। सन् 1947 में यही हुआ।

मुसलिम लीग ने इन्हीं के माध्यम से यह प्रचारित किया कि इसलाम खतरे में है। अंग्रेजों के जाने के बाद हिंदुओं का राज हो जाएगा। इसलिए अब इसके खिलाफ उठ खड़ा होने का वक्त आ गया है। एक बार मजहबी उन्माद भड़का देने के बाद मुसलिम लीग का काम आसान हो गया।

सितंबर 1946 में पं. जवाहरलाल नेहरू के नेतृत्व में देश में अंतरिम सरकार का गठन किया गया, जिसमें बाद में कुछ सौदेबाजी के बाद मुसलिम लीग भी शामिल हो गई। खान अब्दुल गफ्फार खान ने पं. नेहरू को कहा कि सीमा प्रांत के कबाइलियों पर करोड़ों रुपया खर्च होता है, लेकिन

वास्तव में यह रुपया खुद अंग्रेज, कबीलों के सरदार, मलिक और नौकर-चाकर खा जाते हैं। सीमा प्रांत और उसके निवासी इस सहायता से सर्वथा वंचित रह जाते हैं। अब जबकि अधिकार हमारे हाथ में आ गया है, बेहतर यह होगा कि आप यह इलाका स्वयं अपनी आँखों से देख लें। उन लोगों से मिल लें। वे लोग बड़े बेबस और आक्रांत हैं। उनका इलाका अधिकांश पहाड़ ही पहाड़ है और यदि थोड़ा-सा उपकार भी इन पर हो जाए और इनके गुजारे के लिए कोई साधन पैदा हो जाए तो इसका प्रभाव इन लोगों पर बहुत अच्छा होगा। यह गड़बड़ जो कभी-कभार वहाँ हो जाती है, उसका भी अंत हो जाएगा।

गवर्नर व मुसलिम लीग ने रचा षड्यंत्र

खान अब्दुल गफ्फार खान ने अपनी आत्मकथा में इस प्रसंग का उल्लेख करते हुए लिखा है कि जवाहरलाल को मैंने इस बात पर राजी कर लिया और उन्होंने मुझे वचन दे दिया कि वह सीमा प्रांत में आएँगे और अवश्य उन लोगों और उस इलाके को देखेंगे तथा जितना कुछ भी उनसे हो सकेगा, वह उन लोगों के लिए करेंगे, लेकिन जिस समय जवाहरलाल नेहरू ने सीमा प्रांत जाने का इरादा कर लिया, तब वायसरॉय लॉर्ड वेवेल ने इसका विरोध किया और उन्हें कबाइली इलाके में जाने से मना किया। पं. नेहरू ने वायसरॉय से कहा कि उन्होंने इस इलाके में जाने का वचन दे रखा है, इसलिए वह अवश्य जाना चाहते हैं। वायसरॉय समझ गए कि नेहरू टलनेवाले व्यक्ति नहीं हैं। उन्होंने नेहरू के इरादे का विरोध करने का विचार त्याग दिया, लेकिन उनके पीछे सीमा प्रांत के गवर्नर सर ओल्फ कैरो को लगा दिया। कैरो मुसलिम लीग का समर्थक था। वह पं. नेहरू से मिलने के लिए दिल्ली पहुँचा और उनके पास तीन दिन ठहरा, लेकिन उसने भी नेहरूजी के कबाइली क्षेत्र में जाने की सहमति प्रकट नहीं की।

इसके बाद की स्थिति का उल्लेख करते हुए खान अब्दुल गफ्फार खान ने लिखा है कि दिल्ली से वापस आकर गवर्नर ने ब्रिटिश प्रशासन के सभी पॉलिटिकल एजेंटों को हमारे विरुद्ध बुरी तरह भड़का दिया। जब पं. नेहरू सीमा प्रांत में पहुँचे तो हमने कबाइली इलाके का भ्रमण आरंभ कर दिया। हमे मालूम हो गया कि हमारे लिए कितनी कठिनाइयाँ पैदा की गई हैं और वे सब कठिनाइयाँ, जो हमारे मार्ग में उपस्थित थीं, सब गवर्नर की पैदा की हुई थीं।

घातक हथियार लेकर पहुँचे प्रदर्शनकारी

पं. नेहरू 16 अक्तूबर से 22 अक्तूबर तक फ्रंटियर प्रांत की छह दिन की यात्रा पर नई दिल्ली से रवाना हुए थे। जैसे ही उनका विमान पेशावर एयरपोर्ट पर पहुँचा, माहौल में एक अजीब तरह का तनाव महसूस किया गया। नेहरू ने देखा कि रन-वे के किनारे कतारों में खड़ी भीड़ में कुछ हलचल हो रही है। यह भीड़ उनका अभिवादन नहीं कर रही थी। उसका रुख मैत्रीपूर्ण नहीं लग रहा था। उसके तुरंत बाद मुसलिम लीग की घिनौनी पॉलिटिक्स और साजिशी हरकतों का खुलासा हो गया। अखबारों में इस घटनाक्रम पर समाचार छपे। बंबई के ब्रिटिश स्वामित्व के अंग्रेजी दैनिक 'द टाइम्स ऑफ इंडिया' (The Times of India) ने अगले दिन 17 अक्तूबर, 1946 के अंक में समाचार दिया—

The protesters were waving spears and steel-tipped lances, as well as black Muslim League flags. Bullets whistled passed as the aircraft came in for a landing. Nehru had to sneak into town using side roads to avoid the scrum. It was an ignoble entrance for India's defacto Prime Minister.

(प्रदर्शनकारी हाथ में बरछे और नोकदार स्टीलवाले बल्लम के अलावा काले मुसलिम लीगी झंडे लहरा रहे थे। जैसे ही विमान जमीन पर उतरने लगा, गोलियाँ सामने से सनसनाती हुई गुजरीं। नेहरू को उच्छृंखल भीड़ से बचते हुए मुख्य सड़क से हटकर बगल के सड़क मार्गों से निकल जाना पड़ा। यह भारत के तथ्यत: प्रधानमंत्री के लिए वहाँ लज्जाजनक ढंग से पदार्पण था।) नेहरू को कभी ऐसी भीड़ का सामना नहीं करना पड़ा था, जो उन पर फिदा न हो। मुसलिम लीग ने दो माह पूर्व कलकत्ता में 'डाइरेक्ट एक्शन डे' पर हिंदुस्तान में मुसलमानों पर खतरे की आड़ में जो जिहादी कत्लेआम किया था, यह उसी का जहरीला असर था। दहशतगर्दी का मंजर पेश करनेवाले इसलाम के इन जिहादी जंगबाजों को 'तालिबान के पुरखे' कहा जा सकता है। शायद नेहरू और गफ्फार खान को यह लगा कि चूँकि कुछ ही अरसा पहले फ्रंटियर प्रांत में विधानसभा के चुनाव में कांग्रेस की भारी बहुमत से जीत हुई थी और यह चुनाव हिंदुस्तान-पाकिस्तान के सवाल पर ही हुआ था, इसलिए माहौल कांग्रेस के ही अनुकूल होगा। उनको यह मालूम नहीं था कि किस प्रकार मुसलिम लीग ने गुपचुप ढंग से कठमुल्लाओं और ब्रिटिश अफसरों के सहयोग से अनपढ़, जाहिल और लड़ाकू कबाइलियों में मजहबपरस्ती का जहर घोल दिया है।

नहीं चाहिए हिंदुओं की सरकार

नेहरू-गफ्फार खान के यात्री दल ने बिना किसी ताम-झाम के अपना दौरा वजीरिस्तान से शुरू किया। मीरानशाह में जिरगा बैठ गया। वहाँ मौजूद दाढ़ियों वाले करीब 400 जईफ कबाइली नेहरू द्वारा कुछ बोलना शुरू करते ही विरोध प्रदर्शन में उठ खड़े हुए। नेहरू ने यह समझाने की कोशिश की कि आपके प्रति मुहब्बत के कारण मैं फ्रंटियर में आया हूँ। इस पर कबाइलियों ने कहा कि यदि उन्हें हिंदुस्तान की सियासत पर कोई चर्चा करनी होगी तो जिन्ना के साथ करेंगे। साथ ही, उन्होंने कहा कि 'हम हिंदुओं की सरकार नहीं चाहते।' नेहरू-गफ्फार खान का यात्री दल जब मीरानशाह से रमजक और उसके बाद वाना पहुँचा तो वहाँ भी केवल यही कुछ हुआ। गफ्फार खान ने अपनी आत्मकथा में इसका उल्लेख करते हुए लिखा है—"जब हम लोग वहाँ से वापस दोबारा मीरानशाह आए, तो उन सब पॉलिटिकल एजेंटों से, जिनके साथ रेजिडेंट भी मौजूद था, जवाहरलाल नेहरू ने पूछा कि यह तो करोड़ों रुपया इस इलाके पर खर्च हो रहा है। इस रुपए से आप लोगों ने इन लोगों के लिए क्या-क्या किया है ? पॉलिटिकल एजेंटों के पास इस बात का कोई जवाब नहीं था। उसके बाद हम लोग वहाँ से टोंक चले गए और टोंक से जंडाला गए। इस स्थान पर पॉलिटिकल एजेंट हिंदू था, जिसका नाम

गफ्फार खान पंडित जवाहरलाल नेहरू के साथ फ्रंटियर प्रांत के अंतवर्ती क्षेत्र के दौर पर

शिवसरन लाल था। यहाँ कबाइलियों ने हमारा भव्य स्वागत किया। रास्ते में जगह-जगह कबाइली हमारे स्वागत के लिए खड़े थे। इस स्थान से चलकर हम लोग पेशावर वापस आ गए।"

काफिले पर पत्थरों की वर्षा

गफ्फार खान के इस वृत्तांत को गौर से पढ़ा जाए। उन्होंने अपने वृत्तांत में विशेष रूप से इस बात का उल्लेख किया है कि जंडाला का पॉलिटिकल एजेंट हिंदू था। यहाँ उनका जोरदार स्वागत भी हुआ। इसी क्रम में उन्होंने यह भी लिखा है कि वहाँ कबाइली हमारे पास दुंबे (एक प्रकार का भेड़ा) ले आए और हमारे तथा उनके बीच जितनी बातें हुईं, उन्होंने सब बातों का समर्थन किया और सहमति भी प्रकट की।

आगे जाकर स्थिति फिर बदल जाती है। गफ्फार खान आगे के विवरण में बताते हैं कि दूसरे दिन वे खैबर चले गए। इस स्थान का पॉलिटिकल एजेंट मुसलमान था। उसका नाम था साहबजादा खुर्शीद। जब पहले-पहल नेहरू-गफ्फार खान का यात्री दल जमरूद पहुँचा तो देखा कि सड़क से थोड़े फासले पर कुछ अफरीदी बैठे हुए थे। उन्होंने हाथों में जूतियाँ ली हुई थीं और उन जूतियों को इनके काफिले की ओर हिला रहे थे यानी अनादर प्रदर्शित कर रहे थे। इसके बाद ये लोग तोरखम तक चले गए (यह अब पाकिस्तान-अफगानिस्तान सरहद है)। तोरखम में जब तक चाय पीने के बाद ये लोग लंडी कोतल पहुँचे, तो देखा, कुछ लोग सड़क के किनारे बैठे हुए हैं। वे इनके काफिले पर पत्थर बरसाने लगे।

नेहरू-गफ्फार खान के काफिले का अगले दिन का दौरा मलाकंद एजेंसी के लिए था। इन्हें सूचना मिली कि पॉलिटिकल एजेंट पेशावर गया हुआ है और उसने गवर्नर से भेंट की है। यह शख्स अंग्रेजों का एक बहुत बड़ा दुष्ट एजेंट था। शेख महबूब अली नामक इस शख्स के बारे में गफ्फार खान की क्या धारणा थी, यह इससे जाहिर होता है कि गफ्फार खान ने उसके बारे में लिखा कि 'उस पर कमीनापन खत्म था।' इस शख्स के हाथों पख्तूनों ने बड़े कष्ट उठाए। यह वह शख्स था, जो काबुल में अंग्रेज दूत डेविड हेम्फरी की चाकरी में इसलिए नाम पैदा कर चुका था कि अफगानिस्तान में अमानुल्लाह की सरकार का तख्ता उलटने और बच्चा सक्का को सत्तारूढ़ करने में कार्यशील रहा। नेहरू-गफ्फार खान के काफिले के साथ जो अप्रिय घटनाएँ घटीं, वे इसी शख्स के कारण हुईं। इन घटनाओं में एक घटना मलाकंद की है। महबूब अली एक षड्यंत्रकारी और दगाबाज व्यक्ति था। उसने काफिले में साथ चल रहे गप्फार खान के बड़े भाई डॉ. खान साहब को विश्वास दिलाया कि सुरक्षा की पुख्ता व्यवस्था है।

डॉ. खान साहब

डॉ. खान साहब को पिस्तौल निकालनी पड़ी

मलाकंद में शेख आगे-आगे जा रहा था और ये लोग उसके पीछे रवाना हुए। किले में पहुँचने के बाद महबूब अली रफूचक्कर हो गया। जब ये लोग किले से बाहर निकले, तब इन पर पत्थरों की बारिश आरंभ हो गई। कबाइलियों ने सड़क पर एक लॉरी खड़ी कर रखी थी और सड़क बंद कर दी थी। काफिले पर पत्थर बरसने

आरंभ हो गए। एक पत्थर गफ्फार खान की पीठ में लगा। वे कुछ बेहोश हो गए। उनके साथ एक जमादार कार में आगे बैठा हुआ था। वह पत्थरों से बचने के लिए सीट पर झुक गया। उसके पास पिस्तौल थी, जिस पर डॉ. खान साहब की नजर जा पड़ी। डॉक्टर साहब ने तुरंत पिस्तौल उसके केस से बाहर खींच ली और कार से अपना हाथ बाहर निकाला और जो लोग पत्थर मार रहे थे, उन्हें आवाज दी कि वे हट जाएँ और बाज आएँ अन्यथा गोली चलाई जाएगी। लोगों ने पिस्तौल देखी, तो हटकर दूर चले गए। सड़क पर आगे लॉरी खड़ी थी। डॉक्टर साहब ने फिर वही पिस्तौल लॉरी के ड्राइवर को दिखाई और कहा, "रास्ता छोड़ दो, नहीं तो अभी जहन्नुम भेज देता हूँ।" ड्राइवर फौरन लॉरी लेकर रास्ते से हट गया। इस प्रकार काफिले के लोग विपत्ति से बच गए। इस पर किले के बाहर पत्थर मारे गए और अंग्रेज अफसर इन्हें पिटते देख रहे थे और कुछ नहीं कर रहे थे, जबकि काफिले में केंद्र सरकार के प्रधानमंत्री जवाहरलाल नेहरू थे, जिनके हाथों में कबाइलियों की बागडोर भी थी। उनके अलावा सूबे के मुख्यमंत्री डॉ. खान साहब भी साथ में थे। जब काफिले के लोग मलाकंद के पहाड़ से नीचे उतरे तो वहीं ठहर गए, क्योंकि उनकी कार के शीशे टूट चुके थे और वे घायल हो चुके थे। वे सब कार से उतर पड़े। इतने में क्या देखा गया कि इनकी गारद इनके सामने आ गई। मरदान का अंग्रेज डिप्टी कमिश्नर, जिसका नाम कर्टिस था, वह इनकी गारद का इंचार्ज था और उसे सरकार ने इनकी सिक्योरिटी के लिए नियुक्त किया था। वह इनके पास आया और डॉक्टर साहब के सामने कुछ बहाने बनाते हुए क्षमा याचना करने लगा, जबकि वह और शेख महबूब अली आपस में सलाह-मशविरों से यह सब कुछ कर रहे थे।

गफ्फार खाँ ने अंग्रेजों को कहा—नहीं चाहिए आपकी सिक्योरिटी

गारद की पूरी व्यवस्था के साथ काफिले के लोग मलाकंद से नीचे उतरे और दरगई पहुँच गए। रास्ते में वहाँ भी लोग खड़े थे और इन पर पत्थर बरसाए। एक पत्थर, जो एक व्यक्ति ने जवाहरलाल नेहरू की ओर फेंका था, उसे गफ्फार खान ने अपने हाथ पर झेल लिया। जवाहरलाल नेहरू बच गए, लेकिन गफ्फार खान का हाथ टूट गया। वहीं एक व्यक्ति ने मैले की एक हँड़िया उठा रख थी। उसने वह हँड़िया कार पर दे मारी। गफ्फार खान और जवाहरलाल, दोनों बच गए, लेकिन डॉ. खान साहब मैले से लथपथ हो गए। सब लोग बड़ी मुसीबत से पेशावर पहुँचे। अगले दिन गफ्फार खान के खुदाई खिदमतगार वालंटियरों की संस्था के सेंटर में एक जलसा था। वहाँ ऐसा इंतजाम किया गया था कि सरकारी अफसरों के षड्यंत्र के बावजूद किसी फसादी टोले को इतनी हिम्मत नहीं हुई कि वह इनके जलसे के पास भी फटकता।

अगले दिन गफ्फार खान को सूचना मिली कि बहुत-से अंग्रेज डॉ. खान साहब के बँगले में एकत्र हुए हैं और उन्हें बताया कि वे सेना की व्यवस्था कर रहे हैं। डॉ. खान साहब ने यह जानकारी गफ्फार खान को दी, जिन्होंने कहा कि हमें सेना की कोई जरूरत नहीं है। डॉक्टर साहब ने कहा, "जाने दीजिए, कोई हर्ज नहीं। उन्हें इंतजाम करने दीजिए।" इस पर गफ्फार खान ने डॉक्टर साहब को कह दिया कि मैं इन्हें हरगिज-हरगिज आने नहीं दूँगा। गफ्फार खान खुद बाहर निकले और अंग्रेजों से कह दिया कि आप तशरीफ ले जाइए। जब हमें सिक्योरिटी की जरूरत थी, तब आप गायब थे। आज हमें आपकी जरूरत नहीं है। हमने अपना इंतजाम खुद कर लिया है।

गफ्फार खान ने अपनी आत्मकथा में लिखा है, "अंग्रेजों ने मुल्ला गौरी से मिलकर हमारे

गफ्फार खान

विरुद्ध षड्यंत्र कर रखा था। षड्यंत्र यह था कि पेशावर से 14 मील के फासले पर जहाँ चारसद्दा की पक्की सड़क निकलती है, हम पर हमला कर दिया जाए, लेकिन हमने पूरा इंतजाम कर रखा था। मुसलिम लीग का इरादा तो फसाद करना था, लेकिन उनकी हिम्मत नहीं पड़ी। हमने पेशावर से अपने केंद्र सरदरयाब तक सड़क के दोनों किनारों पर खुदाई खिदमतगारों को लाल वर्दियों से सज्जित करके खड़ा कर रखा था और गाँवों के लोग भी, जिन्हें मलाकंद की घटना की खबर मिल चुकी थी, अपने हथियार लेकर पहुँचे थे। वे लोग सुर्खपोशों के पीछे खड़े हुए थे, क्योंकि खुदाई खिदमतगार तो हिंसा कार्य नहीं करते और हथियार अपने पास नहीं रखते थे, लेकिन आम पठानों पर तो यह पाबंदी नहीं थी। उन्हें हमसे हमदर्दी थी, वे हमारे हमदर्द थे। वे लोग सुर्खपोश नहीं थे। वे कहते थे कि यदि कोई हिंसा करेगा तो वे हिंसा का जवाब हिंसा से देंगे।"

मुसलिम लीग के कुछ लोग फसाद करने के इरादे से इस सेंटर में आए भी थे, लेकिन उन लोगों ने इन शस्त्र-सज्जित ग्रामीणों को देखा, तो भाग गए। सेंटर में बहुत बड़ी संख्या में लोग आए थे। खुदाई खिदमतगारों ने जलसे का इंतजाम बहुत ही अच्छा किया था। खुदाई खिदमतगारों की ओर से नेहरू को एक अभिनंदन पत्र दिया गया। नेहरू और गफ्फार खान के भाषण के बाद नेहरू पेशावर होते हुए दिल्ली लौट गए।

22 अक्तूबर को दिल्ली लौटकर नेहरू ने लॉर्ड वेवेल को बताया कि उन्हें जो अनुभव हुआ है, उससे भविष्य में मुसलिम लीग के प्रति आश्वस्त नहीं हुआ जा सकता।

बाद में मलाकंद में नेहरू पर हमले से संबंधित एक फोटो अमेरिकी पत्रिका 'लाइफ' (Life) में छपा, जिससे साफ जाहिर हुआ कि नेहरू खुशकिस्मत थे कि उनकी जान बच गई। मौके पर मौजूद हिंसक भीड़ उन्हें मौत के घाट उतार सकती थी।

आग से खेल रहे थे लीगी नेता

प्रश्न है कि फ्रंटियर प्रांत का मुसलिम लीग-परस्त गवर्नर नेहरू को फ्रंटियर प्रांत में वजीरिस्तान व अन्यत्र जाने से रोकना क्यों चाहता था? जानकार लोगों का कहना था कि यह सुरक्षा कारणों से नहीं था, बल्कि गवर्नर को यह लगता था कि नेहरू के दौरे से मुसलिम लीग को नुकसान हो सकता है। मुसलिम लीग की भी यही सोच थी। बंद दिमाग लोग दूसरों का भी दिमाग बंद ही रहने देना चाहते हैं। मुसलिम लीग को डर था कि नेहरू अपनी असरदार और जज्बाती वक्तृत्व कला और मेल-जोल से कबाइलियों को प्रभावित कर सकते हैं। उनका मन बदल सकते हैं। इसलिए यही रणनीति अपनाई गई कि नेहरू को सुना ही नहीं जाए, बोलने ही नहीं दिया जाए। वह अगर अपना दौरा बीच में ही छोड़कर चले जाते हैं तो यह और भी अच्छा है। यदि उनको कोई चोट पहुँचती हैं तो कोई परवाह नहीं। मुसलिम लीग को मालूम था कि नेहरू को कुछ हो भी गया तो उसमें मुसलिम लीग का हाथ होने का कोई सबूत नहीं मिलेगा। स्पष्ट है कि मुसलिम लीग के लीडर आग से खेल रहे थे।

□

7

'आदिवासी पाकिस्तान' बनाने की ब्रिटिश-लीगी साजिश नाकाम

ब्रिटिश-मुसलिम लीग गठजोड़ की गिद्ध दृष्टि छोटानागपुर-संथालपरगना क्षेत्र पर लगी हुई थी, जिसकी सीमाएँ मुसलिम लीग द्वारा परिकल्पित पाकिस्तान के अंतर्गत अखंड बंगाल प्रांत से मिलती थीं और जो अपनी विपुल प्राकृतिक व खनिज संपदा के कारण विकास और प्रयोग की संभावनाओं से लबरेज था। यहाँ सांप्रदायिक भावनाएँ उभारने के लिए आदिवासियों में छद्म ढंग से यह प्रचारित करने का प्रयास किया गया कि वे हिंदू नहीं हैं, इसलिए वे देश की आजादी व बँटवारे के समय अपने लिए 'होमलैंड' या 'आदिवासी पाकिस्तान' की माँग करें। उद्देश्य था, इस क्षेत्र को साथ मिलाकर एक परिसंघ बना लेने का और बाद में इसे आत्मसात् कर लेने का। इस उद्देश्य की सिद्धि के लिए अलग झारखंड राज्य की माँग करनेवाले 'झारखंड पार्टी' के सुप्रीमो जयपाल सिंह को प्रलोभित किया गया, जो उनके झाँसे में आ गए, लेकिन 16 अगस्त, 1946 को कलकत्ता में 'डाइरेक्ट एक्शन डे' के कत्लेआम से जयपाल सिंह का मुसलिम लीग से मोहभंग हो गया और वे अलग हो गए।

मुहम्मद अली जिन्ना की मुसलिम लीग ने पाकिस्तान की जो मूल योजना बनाई थी, उसमें देश के कतिपय अन्य भागों के अलावा पूरा पंजाब और पूरा बंगाल शामिल था। 1946 आते-आते जिन्ना को यह यकीन हो गया कि ब्रिटिश सरकार के ढके-छिपे समर्थन व सहयोग से देश के बँटवारे की नौबत आ सकती है और पाकिस्तान का ख्वाब हकीकत में बदल सकता है। इसलिए उनकी महत्त्वाकांक्षाएँ भी बढ़ गईं।

पूरा बंगाल व पूरा पंजाब पाकिस्तान में

उन्होंने उत्तर-पूर्व में असम के मुसलिम-बहुल आबादी वाले इलाके को पाकिस्तान में मिलाने की माँग की और निजाम हैदराबाद को अपनी रियासत भारत में विलीन न करके आजाद रहने तथा उसे 'उस्मानिस्तान' (शाही उस्मान खानदान, नवाब मीर उस्मान अली खान बहादुर के नाम पर) नाम देने का सुझाव दिया। इस तरह भारत के बीचोबीच एक सहायक पाकिस्तान बन जाता।

पूरे पंजाब और पूरे बंगाल प्रांत को यदि पाकिस्तान में शामिल कर लिया जाता तो पाकिस्तान

की सीमा पश्चिम में दिल्ली, मेरठ और सहारनपुर को छूती और पूर्व में बिहार के अन्य जिलों के अलावा छोटानागपुर-संथाल परगना क्षेत्र को छूती। इसमें छोटानागपुर का प्रमुख नगर राँची और जमशेदपुर का औद्योगिक नगर भी आ जाता।

अखंड पंजाब और अखंड बंगाल की कुल आबादी की गणना के हिसाब से दोनों प्रांतों में मुसलमानों की आबादी अधिक थी, जबकि पंजाब के पूर्वी जिलों और बंगाल के पश्चिमी जिलों में हिंदुओं की आबादी अधिक थी। अंततः इसी आधार पर बँटवारा हुआ। पूरा बंगाल पाकिस्तान में शामिल होने से पाकिस्तान को कलकत्ता का महत्त्वपूर्ण बंदरगाह नगर मिल जाता और पृष्ठ प्रदेश (हिंटरलैंड) के तौर पर पूरे बंगाल के चावल और पटसन के उपजाऊ इलाकों के साथ यदि छोटानागपुर-संथाल परगना के खनिज संपदा वाले क्षेत्र को मिला लिया जाता तो पूर्वी पाकिस्तान मालामाल हो जाता।

छोटानागपुर-संथालपरगना या झारखंड क्षेत्र को सांप्रदायिक आबादी के आधार पर पूर्वी पाकिस्तान में शामिल करना संभव नहीं था, इसलिए योजना यह बनाई गई कि आदिवासियों को भड़काया जाए और उनके बीच येन-केन-प्रकारेण यह प्रचारित किया जाए कि वे हिंदू नहीं हैं, इसलिए वे हिंदुस्तान में शामिल नहीं होंगे, 'आदिवासिस्तान' नाम से अपना अलग राज्य बनाएँगे। स्कीम यह थी कि इसे पाकिस्तान के साथ एक परिसंघ के रूप में जोड़ा जाए, बाद में इसे हड़प लिया जाए। उस समय का घटना-क्रम इसकी पुष्टि करता है। इसके अलावा खुफिया विभाग और आर्मी इंटेलिजेंस की रिपोर्टों से भी इसकी तस्दीक होती है।

आदिवासियों को भड़काने का गहरा षड्यंत्र

ब्रिटिश-मुसलिम लीग मोर्चे ने छोटानागपुर-संथालपरगना के आदिवासियों को भड़काने के लिए एक गहरा षड्यंत्र रचा। 'फूट डालो और राज करो', 'हिंदू कांग्रेस को सबक सिखाओ' और भारत से बोरिया-बिस्तर समेटते समय 'विखंडित भारत छोड़कर जाओ।' यह धूर्त अंग्रेजों की पॉलिसी थी, जिसमें मुसलिम लीग, जिसका आजादी के आंदोलन या धर्मनिरपेक्षता से कोई वास्ता नहीं था, आँख मूँदकर अंग्रेजों का साथ दे रही थी। ब्रिटिश-लीग मोर्चे की गिद्ध दृष्टि छोटानागपुर-संथालपरगना क्षेत्र पर लगी हुई थी, जिसकी सीमाएँ मुसलिम लीग द्वारा परिकल्पित पाकिस्तान के अंतर्गत अखंड बंगाल प्रांत से मिलती थीं और जो अपनी विपुल प्राकृतिक एवं खनिज संपदा के कारण विकास और प्रयोग की संभावनाओं से लबरेज था। यहाँ सांप्रदायिक भावनाएँ उभारने के लिए आदिवासियों में छद्म ढंग से यह प्रचारित करने का प्रयास किया गया कि वे हिंदू नहीं हैं, इसलिए वे देश की आजादी या बँटवारे के समय अपने लिये 'होमलैंड' या 'आदिवासिस्तान' की माँग करें। वस्तुतः यह मुसलिम लीग का 'आदिवासी पाकिस्तान' था, उसने इसे ऐसी संज्ञा भी दी। बाद में उसे पूर्वी पाकिस्तान में मिला ही लिया जाता।

इस साजिश में झारखंड पार्टी के सुप्रीमो जयपाल सिंह के नेतृत्व में आदिवासी सभा को अपना हथियार बनाने से बढ़िया कोई अन्य उपाय नहीं था। उन दिनों आदिवासी सभा मुसलिम लीग की तरह 'हिज मैजेस्टी' की सरकार को समर्थन और कांग्रेस तथा आजादी के आंदोलन का विरोध कर रही थी। इस कारण इसमें फूट भी पड़ गई और 'सनातन आदिवासी सभा' नाम से एक अलग संगठन भी बन गया। मुसलिम लीग ने फ्रंटियर प्रांत की तरह छोटानागपुर-संथालपरगना में भी

अच्छा-खासा पैसा खर्च करने की व्यवस्था की।

आदिवासी सभा और मुसलिम लीग के बीच सीधी साँठ-गाँठ का पहला खुलासा उस समय हुआ, जब मार्च 1941 में कलकत्ता नगर निगम के मुसलिम लीगी पार्षद रगीब एहसान ने बिहार मुसलिम लीग के नेता जाफर इमाम को पत्र लिखा, जो खुफिया विभाग के हाथ में पड़ गया और उसने पत्र को बीच में रोक कर पढ़ लिया। अंग्रेजी में लिखा पत्र इस प्रकार था—

The All India Adivasi conference will be held at Ranchi on 8th, 9th and 10th March, 1941. They are inviting Muslim League to attend the conference. They will demand their own Adivasi Pakistan. Is it not time to form alliance with this ancient non-Aryan people? Please go and attend and address this conference on behalf of the league and the students with your band of workers and show your sympathy with their aspirations.

(अखिल भारतीय आदिवासी सम्मेलन 8, 9 और 10 मार्च, 1941 को राँची में होगा। वे सम्मेलन में उपस्थित रहने के लिए मुसलिम लीग को आमंत्रित कर रहे हैं। वे अपने स्वतंत्र आदिवासी पाकिस्तान की माँग करेंगे। क्या इन पुराने अनार्य लोगों के साथ गठजोड़ करने का यह माकूल मौका नहीं है ? कृपया आप वहाँ जाइए और सम्मेलन में लीग की ओर से छात्रों और अपने कार्यकर्ताओं के दल के साथ हाजिर रहिए तथा उनकी आकांक्षाओं-अभिलाषाओं के प्रति अपनी हमदर्दी का इजहार करिए।)

जिन्ना की हिदायत पर आदिवासियों में दुष्प्रचार

यह काररवाई बंबई में बैठे मुहम्मद अली जिन्ना की हिदायत पर हो रही थी, जिसकी बाद में उनकी पार्टी ने उन्हें रिपोर्ट भी दी।

आदिवासियों, विशेषतः संथाल आदिवासियों और हिंदुओं के बीच विष की बेल बोने का मकसद छोटानागपुर-संथालपरगना अथवा झारखंड अलग प्रांत की माँग को प्रोत्साहित करना मात्र नहीं था, बल्कि इस क्षेत्र को पाकिस्तान के तर्ज पर 'आदिवासिस्तान' नाम देकर भारत से अलग करते हुए पूरे बंगाल को मिलाकर परिकल्पित बृहत् पाकिस्तान (बंगे-इसलाम) के साथ मिला देना था। मुसलिम लीग ने इस निमित्त हर तरह के झूठ और फरेब का सहारा लेते हुए उकसाऊ-भड़काऊ गतिविधियों की योजना तैयार की।

इस प्रकरण में एक और चिट्ठी इसका खुलासा करती है। यह चिट्ठी बंगाल मुसलिम लीग के नेता रगीब एहसान ने बाँकुड़ा के लीगी नेता मौलवी उमर को लिखी थी। यहाँ प्रस्तुत है चिट्ठी का हिंदी रूपांतर—

शेख उमर अली,
मर्चेंट एवं जमीनदार,
बाँकुड़ा
3.10.1942

मेरे अजीज मौलवी उमर साहब,

मुझे उम्मीद है, आपने और आपकी लीग ने मर्दुमशुमारी के वक्त जो महान् सेवा की, वह आपको याद होगी। आपने हमारे आग्रह पर 9 मार्च, 1941 को कलकत्ता में

टाउन हॉल की सभा में शिरकत करने के लिए बहुत-से संथाली कार्यकर्ताओं को लाने में बड़ी तकलीफें उठाईं और कुरबानियाँ दीं। हमें बंगाल और बिहार के संथालों में कार्य यात्रा करने और उनके बीच प्रचार करवाने के लिए संथाली भाषा बोलनेवाले संथाली चाहिए।

हमारा मकसद यह है कि मुसलमानों के साथ जुड़कर और उनके सहयोग से संथालों के अलगाव, एकता, आजादी और कल्याण के लिए काम किया जाए। आप जानते हैं कि कांग्रेस महासभा के हिंदू, हिंदू राज स्थापित करने और मुसलमानों का पूरी तरह से सफाया करने के उद्देश्य से हुकूमत के खिलाफ कांग्रेस की लड़ाई लड़ने के लिए संथालों को गुमराह कर रहे हैं। वे संथाल आदिवासियों की मदद से हथियारबंद हो रहे हैं। वे कांग्रेस महासभा के फायदे के लिए उन्हें मुसलमानों के खिलाफ नाजायज ढंग से इस्तेमाल भी करना चाह रहे हैं।

अब हमें उनकी कुटिल हरकतों का विरोध करते हुए उन्हें निष्प्रभावी कर देना होगा। हमें संथालों के बीच मुसलिम लीग समर्थक और मुसलिम समर्थक प्रौपेगैंडा करना होगा, लेकिन हम इसे तब तक कारगर ढंग से नहीं कर सकते, जब तक हम एक या दो ऐसे निष्ठवान, योग्य और कर्मठ संथाली कार्यकर्ता और प्रौपेगैंडाकर्मी प्राप्त नहीं कर लें, जो हमारे साथ काम करने को तैयार हों। उन्हें तीन काम करने होंगे—

1. उन्हें यह प्रचार करना होगा कि संथालों को कांग्रेस का बहिष्कार अनिवार्य रूप से करना ही होगा और उसकी गतिविधियों से अलग रहना होगा।
2. उन्हें यह प्रचार करना होगा कि संथाल हिंदू नहीं हैं, बल्कि एक अलग कौम हैं और इस देश के मूल शासक और मालिक हैं, जिन्हें विदेशी आर्यों ने बरबाद किया और गुलाम बनाया।
3. उन्हें यह प्रचार करना होगा कि संथालों और आदिवासियों को अपनी आजादी और अधिकार प्राप्त करने के लिए मुसलमानों और मुसलिम लीग के साथ मिल जाना चाहिए और एकजुट हो जाना चाहिए, क्योंकि दोनों गोमांस खाते हैं और अल्पसंख्यक होने के कारण हिंदू आधिपत्य के विरोधी हैं। दोनों को छोटानागपुर-संथालपरगना के अलगाव और आजादी की माँग करनी चाहिए, जैसा कि पाकिस्तान की माँग की गई है।

संक्षेप में, उन्हें प्रत्येक संथाल के यहाँ पाकिस्तान और आदिवासिस्तान का पैगाम पहुँचाना होगा। हम उन्हें मासिक वेतन देने को तैयार हैं। उन्हें मुसलिम लीग के नेता के निर्देश के तहत काम करना होगा।

कृपया ऐसे एक-दो संथालियों को खोज निकालिए, जो इस काम को अंजाम दे सकें। हमें फौरन इसकी सूचना दें।

आपका इसलाम के नाम पर,

—रगीब एहसान

अगस्त 1942 और अगस्त 1944 के बीच देश-दुनिया की स्थिति काफी बदल चुकी थी। द्वितीय विश्वयुद्ध के उस दौर में अंग्रेजों को यह महसूस होने लगा था कि ब्रिटिश साम्राज्य की 'सोने की चिड़िया' यानी भारत हाथ से निकल जानेवाला है। कांग्रेस के आंदोलन की प्रतिक्रिया में और हताशा में अंग्रेज शासक मुसलिम लीग का साथ देने लगे थे।

स्पेशल ब्रांच पुलिस की रिपोर्ट

मुसलिम लीग को ऐसा लगने लगा था कि अंग्रेज भारत को अखंड छोड़कर नहीं जाएँगे। पाकिस्तान की माँग को अंग्रेजों की शह प्राप्त थी। इसके सबूत उसी समय मिलने लगे थे। यहाँ प्रस्तुत है छोटानागपुर-संथालपरगना के संदर्भ में मुसलिम लीग के खेल को ब्रिटिश समर्थन का एक साक्ष्य। अगस्त 1944 में कलकत्ता की स्पेशल ब्रांच ने एक गुप्त रिपोर्ट भेजी, जो इस प्रकार थी—

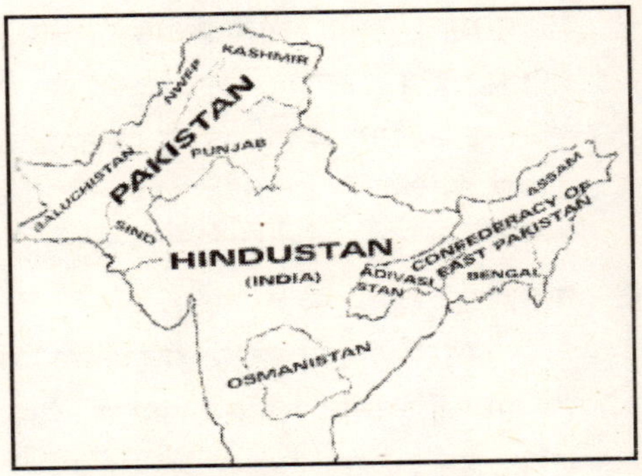

'आदिवासिस्तान' मुसलिम लीग के मंसूबो की हवाई उड़ान

MUSLIM AFFAIRS 22.8.44
242 Muslim League
It was reported that on 15.8.44 a letter (copy produced) was sent by Raghib Ahsan to the Hon. Sir Khawaja Nazimuddin, Mr. H.S. Suhrawardy and other members of the Bengal Provincial Muslim league in which he had made the suggestion that there should be a confederacy of Bange-Islam (East Pakistan and Adibasistan). In the later area he would include Chhota Nagpur, the Santhal Parganas and neighbouring areas inhabited by the Adibasis and other aboriginal Tribes.

(मुसलिम मामलात—22.8.44
242 मुसलिम लीग
रिपोर्ट है कि 15.8.44 को रगीब एहसान ने माननीय सर ख्वाजा नाजिमुद्दीन, श्री एच.एस. सुहरावर्दी और बंगाल प्रांतीय मुसलिम लीग के अन्य सदस्यों को एक चिट्ठी (प्रतिलिपि प्रस्तुत) लिखी, जिसमें उन्होंने सुझाव दिया कि बंगे इसलाम (पूर्वी पाकिस्तान और आदिवासिस्तान) का एक परिसंघ बनाया जाए। आदिवासिस्तान में छोटानागपुर-संथालपरगना और आसपास के आदिवासी आबादी वाले क्षेत्र शामिल हों।)

जिन्ना को भेजी गई रिपोर्ट

चिट्ठी में आगे कहा गया कि इस प्रकार आदिवासियों के बीच शांतिपूर्ण ढंग से इसलाम और इसलामी संस्कृति का प्रवेश कराया जा सकता है। जाहिर है, इसका उद्देश्य था कि मुसलिम

प्रभुत्व के क्षेत्र का जितना विस्तार हो सके, उतना विस्तार किया जाए। इस योजना को बनानेवालों का अनुमान यह था कि यह परिसंघ मुसलिम बहुसंख्यक क्षेत्र होगा, जिसमें मुसलमानों की आबादी 52 प्रतिशत होगी, जो मुसलिम समुदाय का दबदबा बनाने में समर्थ होगी।

रिपोर्ट के अनुसार, रगीब एहसान ने इस चिट्ठी में यह भी जोड़ा—

It should be realized that Pakistan depends on the agreement of the British, the rulers of India, and that they will hotly favour Adivasistan-Pakistan confederacy because it will give scope to Christian Mission's in Chhota Nagpur.

(यह भलीभाँति समझ लेना चाहिए कि पाकिस्तान का निर्माण अंगरेजों की रजामंदी पर निर्भर करता है, जोकि भारत के शासक हैं। वे आदिवासिस्तान-पाकिस्तान परिसंघ का बड़े जोश-खरोश के साथ समर्थन करेंगे, क्योंकि इससे छोटानागपुर में ईसाई मिशनरियों को खुली छूट मिल जाएगी।)

स्पेशल ब्रांच पुलिस की रिपोर्ट के अनुसार, बंगाल प्रांतीय मुसलिम लीग द्वारा 16 अगस्त, 1944 को मुहम्मद अली जिन्ना को बंबई में विशेष दूत के माध्यम से जो कागजात भेजे गए, उनमें निम्नलिखित कागजात शामिल थे—

1. पाकिस्तान योजना पर बंगाल प्रांतीय मुसलिम लीग की कार्यसमिति की काररवाई और विचारों की संक्षिप्त रिपोर्ट।
2. पूर्वी पाकिस्तान की तीन वैकल्पिक योजनाओं पर व्याख्यात्मक प्रस्तावना।
3. पूर्वी पाकिस्तान का रूप-आकार।
4. बंगे-इसलाम (पूर्वी पाकिस्तान) के निर्माण के लिए बुनियादी सोच-विचार। इन कागजात में पूर्वी पाकिस्तान के आकार-प्रकार पर विस्तार से चर्चा की गई।

30, 31 दिसंबर, 1945 और 1 जनवरी, 1946 को रांची में 'झारखंड-छोटानागपुर-पाकिस्तान' कॉन्फ्रेंस का आयोजन किया गया, जिसे बंगाल और बिहार के मुसलिम लीगी नेताओं—हसन शाहिद सुहरावर्दी, लतीफुर रहमान और अन्यों ने संबोधित किया। नेताओं ने मोमिनों, आदिवासियों और हरिजनों की दयनीय स्थिति के लिए कांग्रेस शासन को दोषी ठहराया जबकि उल्लेखनीय बात यह थी कि 1935 के गवर्नमेंट ऑफ इंडिया एक्ट के अंतर्गत 1937 में प्रांतीय विधानसभाओं के चुनाव में विजय के बाद बिहार में कांग्रेस की जो सरकार बनी थी, उसने 1939 में विश्वयुद्ध छिड़ते ही इस्तीफा दे दिया था। उसके बाद पाँच-छह वर्ष बीत चुके थे और पूरा प्रशासन ब्रिटिश लाटसाहब के तहत चल रहा था।

जयपाल सिंह का मोहभंग

खुफिया विभाग की रिपोर्टों के अनुसार, बंगाल मुसलिम लीग ने, जिसकी योजना छोटानागपुर को पूर्वी पाकिस्तान के साथ मिलाने की थी, जयपाल सिंह को भारी आर्थिक सहयोग प्रदान किया। जयपाल सिंह 16 अगस्त, 1946 को मुसलिम लीग के 'डाइरेक्ट एक्शन डे' के दिन कलकत्ता में मौजूद थे। आक्टरलॉनी स्मारक के निकट आयोजित सभा में वे भी वक्ताओं में शामिल थे। उन्होंने आदिवासी-मुसलिम एकता का आह्वान करते हुए एक उत्तेजक भाषण दिया।

लेकिन 'डाइरेक्ट एक्शन डे' के नरसंहार से जयपाल सिंह का मुसलिम लीग से मोहभंग हो

गया। इस नरसंहार में कई हजार लोग मारे गए। जयपाल सिंह को मुसलिम लीग के असली इरादों का एहसास हुआ। मुसलिम लीग के गुप्त इरादों को भाँप नहीं पाना जयपाल सिंह के जीवन की एक बड़ी असफलता थी और उनके राजनीतिक विवेक पर एक प्रश्नचिह्न था, लेकिन जयपाल सिंह को यह श्रेय जाता है कि उन्होंने मुसलिम लीग के खतरनाक इरादों और हरकतों का पता लगते ही उससे संबंध तोड़ लिए। खुफिया विभाग की रिपोर्ट में बताया गया है कि जयपाल सिंह सदमे की स्थिति में थे। उन्होंने आर्मी इंटेलिजेंस को बताया कि कलकत्ता के दंगे मुसलिम लीग की करतूत थे। उन्होंने अपने बयान में उस दिन की घटनाओं का जिक्र करते हुए बताया कि मीटिंग में शिरकत करनेवाले लोग तलवारों और अन्य हथियारों से लैस थे। मीटिंग में हथियार भी बाँटे गए।

आदिवासियों को हथियारों की पेशकश

जयपाल सिंह ने बताया कि बंगाल की मुसलिम लीग सरकार के मुख्यमंत्री सुहरावर्दी ने उनसे यह वादा हासिल करने का प्रयास किया था कि दंगे बाकी जगहों में फैल जाने की स्थिति में उन्हें आदिवासियों का सहयोग प्राप्त होगा। जयपाल सिंह ने बताया कि उनका इरादा मुसलिम लीग से राजनीतिक समर्थन प्राप्त करना और अपने आंदोलन के लिए कुछ फंड हासिल करना था। वह किसी भी सूरत में आदिवासियों को दंगे-फसाद में उलझाना नहीं चाहते थे।

सितंबर 1946 में जयपाल सिंह ने फिर उसी आर्मी इंटेलिजेंस अफसर को सूचित किया कि राँची के कुछ मुसलिम लीगी उनके पास आए और उनसे कहा कि मुसलिम लीग के लिए हथियार बनाने के वास्ते कुछ आदिवासी लोहारों की व्यवस्था करें। जयपाल सिंह ने इन लीगियों को टाल दिया।

□

8

फ्रंटियर प्रांत को पाकिस्तान में मिलाने के लिए 'खेल के नियम' बदले गए

भू-राजनीतिक व सामरिक महत्त्व के फ्रंटियर प्रांत में 93 प्रतिशत मुसलिम आबादी के बावजूद वहाँ 1946 के असेंबली चुनाव में कांग्रेस पार्टी की पुरजोर जीत और लोकप्रिय पख्तून नेता खान अब्दुल गफ्फार खान (सरहदी गांधी) के बड़े भाई डॉ. खान साहब की रहनुमाई में लोकप्रिय सरकार की स्थापना से यह संदेश जा रहा था कि मुहम्मद अली जिन्ना मुसलमानों के एकमात्र नेता नहीं हैं।

बँटवारे की तजवीज पर बंगाल, पंजाब और सिंध की असेंबलियों से उनकी राय माँगी गई, लेकिन फ्रंटियर में असेंबली की राय के बजाय परवर्ती उद्देश्यों से वहाँ रायशुमारी (रेफरेंडम) कराई गई। अंग्रेज अफसरों और मुसलिम लीग की मिलीभगत से वहाँ मुल्लाओं की मदद से पैसा पानी की तरह बहाया गया और दंगे-फसाद कराए गए।

पाकिस्तान के चार प्रांतों में उत्तर-पश्चिम सीमांत प्रांत या सरहदी सूबा, जिसे 'फ्रंटियर' के रूप में जाना जाता रहा है, पाकिस्तान का सबसे छोटा सूबा है, लेकिन इसका जबरदस्त भू-राजनीतिक महत्त्व है। अब वहाँ के पख्तूनों की भावनाओं को शांत करने के लिए इसका नाम बदलकर 'खैबर पख्तूख्वा' कर दिया गया है। इसी प्रांत के पूर्व में भारत का जम्मू-कश्मीर राज्य है। सिंध नदी पाकिस्तान के हिस्से के पंजाब प्रांत के साथ इसकी प्राकृतिक सीमा बनाती है। दक्षिण में पाकिस्तान का सबसे बड़ा प्रांत बलूचिस्तान है, जबकि पश्चिम में पहाड़ों की श्रृंखला अफगानिस्तान के साथ इसकी अंतरराष्ट्रीय सीमा निर्धारित करती है।

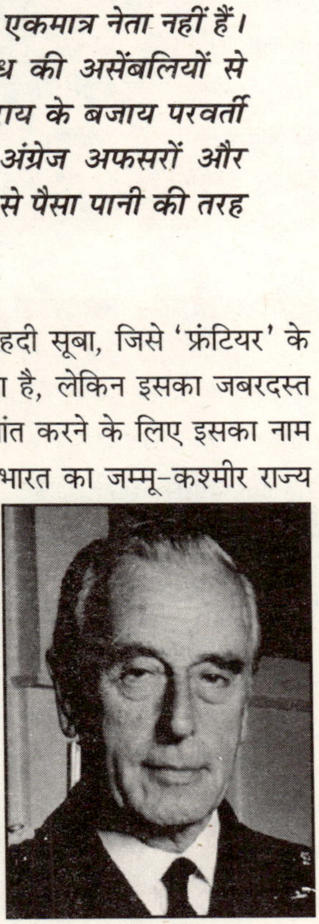
लॉर्ड माउंटबेटन

लॉर्ड माउंटबेटन का फितूर

देश विभाजन से पहले मुसलिम-बहुल प्रांत होते हुए भी वहाँ कांग्रेस की वजारत थी, जिसके मुख्यमंत्री लोकप्रिय पख्तून नेता खान अब्दुल गफ्फार खान, जो 'सरहदी गांधी' नाम से मशहूर थे, के बड़े भाई डॉ. खान साहब थे। वहाँ प्रांतीय हुकूमत कांग्रेस के

हाथ में होना, ब्रिटिश अफसरों और मुसलिम लीग के नेताओं को बहुत नागवार लग रहा था क्योंकि वहाँ उनकी दाल नहीं गल रही थी। इस प्रांत ने मुहम्मद अली जिन्ना को मुसलमानों का एकमात्र नेता होने का दावा झुठला दिया था।

यदि अन्य प्रांतों की तरह फ्रंटियर प्रांत की असेंबली को भी प्रस्ताव पारित कर भारत या पाकिस्तान किसी एक के साथ जुड़ने के संबंध में अपनी राय जाहिर करने को कहा जाता तो निश्चित तौर पर प्रांतीय असेंबली भारत के साथ ही जुड़ने का विचार व्यक्त करती। उस हालत में ब्रिटिश हितों के सामरिक संरक्षण के लिए बनाया गया पूरा प्लॉट धराशायी हो जाता। इसकी तोड़ के लिए एक नायाब तरकीब खोज निकाली गई।

लॉर्ड माउंटबेटन ने जनमत-संग्रह (रायशुमारी) कराने का फॉर्मूला पेश कर दिया। इसका अर्थ था—फिर से चुनाव कराना, जबकि साल भर पहले ही प्रांतीय असेंबली की सीटों के लिए चुनाव हो चुके थे। मुसलिम लीग ने स्वयं को मुसलमानों की एकमात्र प्रतिनिधि पार्टी बताते हुए उनके लिए अलग होमलैंड यानी पाकिस्तान की माँग के मुद्दे पर चुनाव लड़ा था। पूरे देश में केवल बंगाल और सिंध में ही मुसलिम लीग अपनी सरकार बना पाई थी। यहाँ तक कि पंजाब में भी उसे बहुमत प्राप्त नहीं हुआ था। वहाँ यूनियनिस्ट पार्टी के नेतृत्व में मिली-जुली सरकार थी, जिसमें मुसलिम लीग शामिल नहीं थी। फ्रंटियर प्रांत में भी कांग्रेस ने पूर्ण बहुमत के आधार पर अपनी सरकार बनाई थी।

पख्तून नेता खान अब्दुल गफ्फार खान ने माँग की कि फ्रंटियर के पख्तूनों को हिंदुस्तान या पाकिस्तान के अलावा ऐतिहासिक व सांस्कृतिक कारणों से पख्तूनिस्तान का विकल्प भी दिया जाए। वैसे भी ब्रिटिश सरकार ने देशी राजे-रजवाड़ों को हिंदुस्तान या पाकिस्तान में से किसी को चुनने के अलावा आजाद रहने का तीसरा विकल्प भी दिया था।

कुटिल ब्रिटिश अफसरों व लीग की मिलीभगत

कांग्रेस का कहना था कि जनमत-संग्रह की बात कहाँ से आ गई? पार्टी के अध्यक्ष के तौर पर पं. जवाहरलाल नेहरू ने लॉर्ड माउंटबेटन की तजवीज का पुरजोर विरोध किया, लेकिन माउंटबेटन ने नहीं माना। नेहरू आगबबूला हो गए, लेकिन कुछ कर नहीं पाए। उल्लेखनीय बात यह कि कांग्रेस पार्टी ने फिर चुनाव कराने को मुद्दा नहीं बनाया, जबकि मुहम्मद अली जिन्ना बिल्कुल बेतुके लगनेवाले कई छोटे-बड़े मामलों को मुद्दा बनाकर, जिद पकड़कर कुछ-न-कुछ मनवा ही लेते थे।

खान अब्दुल गफ्फार खान की माँग को खारिज कर दिया गया। उन्होंने कांग्रेस के अपने समर्थकों को जनमत-संग्रह का बायकॉट करने को कह दिया। इससे मुसलिम लीग की राह और आसान हो गई। खेलकूद की भाषा में कहा जाए तो उसे 'वॉक ओवर' मिल गया।

बाद के घटनाक्रम से यह पता लगा कि ब्रिटिश सरकार के कुटिल अफसरों और मुसलिम लीग ने मिलकर फ्रंटियर प्रांत को किसी भी कीमत पर पाकिस्तान में मिलाने की साजिश की रचना बहुत पहले ही शुरू कर दी थी। उन्होंने इसके लिए पूरा 'होमवर्क' कर लिया था। मुसलिम लीग ने विभिन्न प्रांतों में 'इसलाम खतरे में' का जो नारा लगाया था, वही फ्रंटियर में भी लगाया, जहाँ मुसलमानों की आबादी सर्वाधिक 93 प्रतिशत थी! वहाँ इसलाम रंचमात्र भी खतरे में नहीं था।

मुसलिम लीग ने पूरे प्रांत में जहाँ सांप्रदायिक स्थिति सामान्य थी, सांप्रदायिकता का जबरदस्त जहर घोल दिया। उसके पास यही एकमात्र हथियार था। उसने मुसलमानों को बहकाने-बरगलाने के साथ अफवाहों का बाजार गरम करते हुए गुंडों के गिरोहों को लगा दिया, जिन्होंने हिंदुओं व सिखों की नाक में दम कर दिया। मार-काट, लूटमार, महिलाओं के शीलहरण की वारदातों को अंजाम दिया। बहुत-से हिंदू अपने घर छोड़कर चले गए। उनकी वोटिंग की तो बात ही खत्म हो गई।

गहरी साजिश का भंडाफोड़

खान अब्दुल गफ्फार खान के पुत्र वली खान ने वर्षों के रिसर्च कार्य के बाद अपनी बहुचर्चित पुस्तक 'तथ्य सत्य हैं—भारत विभाजन की अनकही कहानी' (Facts are Facts—The Untold Story of India's Partition) में अंग्रेजों और मुसलिम लीगियों की मिलीभगत से बनी साजिशों का काफी विस्तार से भंडाफोड़ किया है। 1989 में वसुधा स्तंभ सेवा, नई दिल्ली ने इस पुस्तक के महत्त्वपूर्ण अंशों को एक पुस्तिका के रूप में प्रकाशित किया, जिससे इसकी काफी चर्चा हो गई।

वली खान

वली खान ने बताया कि द्वितीय विश्वयुद्ध के समय ही अंग्रेज मुसलिम लीग से मिलकर सोवियत रूस की नाजुक कमर के चारों तरफ कम्युनिस्ट-विरोधी इसलामी घेरा जमाने की योजना बना रहे थे। (इसे 1980 के दशक में अफगानिस्तान में सोवियत रूस के हस्तक्षेप को समाप्त करने के लिए एंग्लो-अमेरिकन ब्लॉक द्वारा इसलाम के नाम पर छेड़े गए जिहाद का अग्रदूत कहा जा सकता है।)

विश्वयुद्ध के दौरान सन् '42 में कांग्रेस द्वारा छेड़े गए उग्र आंदोलन के कारण अंग्रेज कांग्रेस से बुरी तरह चिढ़ गए थे जबकि मुसलिम लीग ने अंग्रेजों का खुलकर साथ दिया था और उनके हाथ में खेलना शुरू कर दिया था। कूटनीति के चतुर खिलाड़ी अंग्रेज जानते थे कि द्वितीय विश्वयुद्ध की समाप्ति के बाद उन्हें भारत छोड़ना पड़ सकता है, इसलिए उन्होंने दूरदर्शिता से काम लेते हुए सामरिक महत्त्व के फ्रंटियर प्रांत में अड्डे जमाने की 'एडवांस बुकिंग' शुरू कर दी थी। सरहदी सूबे में येन-केन-प्रकारेण मुसलिम लीग की वजारत बनाने का षड्यंत्र रचा गया, क्योंकि वहाँ मुसलिम लीग की हुकूमत नहीं होने से इस प्रांत को पाकिस्तान में मिलाना संभव नहीं था। इसके लिए आधार तैयार करने में 'खान बहादुरों' के माध्यम से मुल्लाओं का समर्थन खरीदना जरूरी था। इस काम के लिए खान बहादुर कुली खान को, जो 1937 के चुनावों में कांग्रेस समर्थक खुदाई खिदमतगारों द्वारा हरा दिए गए थे, मुख्य ब्रिटिश एजेंट बनाया गया।

फ्रंटियर प्रांत के कुटिल अंग्रेज गवर्नर कनिंघम ने लिखा कि कुली खान का 'मुल्ला संपर्क अधिकारी' के रूप में प्रयोग किया जा रहा है। उसे खुफिया तौर पर कबाइलियों के मुल्लाओं और उन दूसरे लोगों के बीच काम करना था, जो अभी तक अंग्रेजों और मुसलिम लीग को खुल्लमखुल्ला समर्थन देने को तैयार नहीं थे।

मजहब-ए-इसलाम के नाम पर

कनिंघम का अभिलेख है कि उसने जमायत-उल-उलेमा-ए-सरहद के लीडरों को वजीरिस्तान जाकर 'इपी के फकीर' को यह मनवाने के लिए तैयार कर लिया है कि जब अंग्रेज लोग जर्मनों व इटैलियनों से जंग कर रहे हैं, तो फकीर उन्हें तंग न करें क्योंकि अब वे काफिरों के साथ लड़ रहे हैं। एक तरह से उनका जंग लड़ना भी एक जिहाद ही था, इसलिए 'इपी के फकीर' को अब अंग्रेजों के खिलाफ अपना जिहाद बंद कर देना चाहिए।

अंग्रेज लोगों की यह कूटनीति बड़ी गोपनीयता के साथ चल रही थी। उनके दुश्मनों को कानोकान खबर न थी कि इस तरह के दस्तावेज और खत आ-जा रहे हैं। कनिंघम खुश था कि 'इपी के फकीर' के सहायक मुहम्मद को लिखे हुए खत में दोस्ती का सुर था। यह साफ हो गया कि फकीर और उसके साथियों को जरा भी खबर नहीं थी कि मुल्ला लोग और उनके सहयोगी अंदर-ही-अंदर अंग्रेजों से मिलकर उनका हुक्म बजा रहे हैं।

छोटे-छोटे मुल्ला तो स्थानीय खानों के हवाले कर दिए गए। उनसे जरा ऊँचे दर्जे के मुल्ला डिप्टी कमिश्नरों को अपनी रिपोर्ट देते थे। सबसे आला दर्जे के लोगों का सीधा ताल्लुक गवर्नर कनिंघम के साथ था। वह लिखता है—"मैं छोटे मुल्लाओं के साथ सीधे संपर्क में नहीं हूँ। मैंने अपना काम विभिन्न एजेंटों के माध्यम से किया है, जिनसे मेरे सारे संबंध मौखिक ही रहे हैं, लिखित रूप में कागज पर कम-से-कम हैं।...मैंने शेरपाओं गाँव के मुल्ला गुलाम हैदर को कहा है कि वह हर मुल्ला से अलग-अलग मिले, उन्हें मजहबे-इसलाम की खिदमत बजा लाने के लिए तैयार करे, उसका वजीफा 45 रुपए दे, यह बताएँ कि फिर चार महीने बाद मुलाकात होगी, तब उसे अफसरान को देने के लिए अपनी उस दिन तक की काररवाइयों की एक रिपोर्ट देनी होगी।

अंग्रेजों ने सामरिक महत्त्व के मुसलिम-बहुल फ्रंटियर प्रांत में कांग्रेस हुकूमत का तख्ता पलटने की दुर्योजना इसलिए बनाई थी, क्योंकि उससे मुहम्मद अली जिन्ना और उनकी मुसलिम लीग की किरकिरी हो रही थी और धर्मनिरपेक्षता को बढ़ावा मिल रहा था। मुहम्मद अली जिन्ना की मुसलिम लीग और उसके आका अंग्रेज यह कैसे बर्दाश्त कर सकते थे कि फ्रंटियर में खान अब्दुल गफ्फार खान और डॉ. खान साहब जैसे गांधीवादी और राष्ट्रवादी मुसलमान वहाँ के मुसलमानों की रहनुमाई करें और वहाँ मुसलिम लीग के बजाय कांग्रेस की हुकूमत हो। फ्रंटियर के कुटिल अंग्रेज गवर्नर कनिंघम, जिसे इस साजिश के सरअंजाम का जिम्मा सौंपा गया था, अगली फिक्र यह थी कि मौलवियों को खुश करने के लिए रुपया भेजने के बाद, उस रुपए का क्या उपयोग हो रहा है? उसने यह पता लगाने का इंतजाम किया कि ये बिकाऊ मौलवी कांग्रेस-विरोधी प्रौपेगैंडा में जोरशोर से लगे हुए हैं कि नहीं? उसने लिखा कि अलग-अलग मसजिदों में कई जासूस भेजे गए कि वे देखें और वापस आकर रिपोर्ट दें कि मुल्ला अपने भत्ते के मुताबिक काम कर रहे हैं या अपनी खिदमत से जी चुरा रहे हैं? मुल्ला जी-तोड़ कोशिश कर रहे थे। स्वात के बड़े वजीर हजरत अली का काम खासतौर पर तसल्लीबख्श था। कनिंघम ने लिखा, "जमायत-उल-उलेमा-ए सरहद ने फ्रंटियर प्रांत के कोहाट जिले का दौरा जून 1942 में किया, पेशावर और मरदान का जुलाई में और धुरी राष्ट्रों—जर्मनी, इटली और जापान के खिलाफ इसलामी थीम और कांग्रेस के खिलाफ पाकिस्तान की स्कीम पर डटकर प्रौपेगैंडा किया। जुलाई-अगस्त 1942 में पेशावर और मरदान में कांग्रेस के खिलाफ जबरदस्त प्रचार हुआ।"

कंधा लीग का, बंदूक अंग्रेज की

अंग्रेजों ने अब राष्ट्रीय मुसलमानों के परिवारों में घुसपैठ करने का फैसला किया। वली खान लिखते है—"ब्रिटिश पॉलिसी थी कि उन खानदानों से दोस्ती करें, जिनके मुखिया जंगे आजादी में जुटे थे। अंग्रेजों के खिलाफ जिहाद करनेवाली दो सबसे ज्यादा अहम शख्सियतें थीं—'इपी के फकीर' और मुल्ला पवांदा। एक और खास अहम कड़ी थी—मोहमांड के हाजी साहब तुरगजई। अंग्रेज इन तीन शख्सों के साथ ताल्लुक जोड़ने के ख्वाहिशमंद थे और मुल्क के इन बहादुर जांनिसारों के बेटों को मुल्ला पवांदा के बेटे फजलदीन और हाजी तुरगजई के बेटे पादशा गुल को अपने साथ मिलाने में कामयाबी उनकी सबसे बड़ी जीत थी। अगर किसी को इन हालात का ही जायजा लेना हो तो कहना पड़ेगा कि शायद ही इन जिलों और कबीलों में कोई बाअसर शख्स हो, जिसकी कीमत लगाकर अंग्रेजों ने उसे खरीद न लिया हो। हाजी साहब तुरगजई और मुल्ला पवांदा के बाद 'इपी के फकीर' ही ऐसे शख्स थे, जिन्हें कोई खरीद नहीं पाया था। सेक्रेटरी ऑफ स्टेट ने वायसरॉय को लिखा था कि 'इपी के फकीर' से भी ऐसा सौदा कर लो, मगर वायसरॉय ने जवाब दिया था, "वह सिर्फ कभी न झुकने वाला ही नहीं, किसी दाम पर भी बिकाऊ नहीं है। इस तूफानी फकीर से मुझे कौन राहत दे सकता है?"

वली खान बड़े व्यंग्य के साथ लिखते हैं—"अंग्रेज ने इसलाम की बड़ी खिदमत की है कि ऐसे सभी मुल्लाओं के नाम और पते रिकार्ड में छोड़ गए हैं।" इसी तरह बड़े पैमाने पर रिश्वतें देकर जिन्ना और अंग्रेज उस सूबे में लीग की मिनिस्ट्री बनाने में कमर कस के जुट गए जहाँ लोगों ने लीग के एक भी एम.एल.ए. को कामयाब करके नहीं भेजा था।

□

9

मीर जाफर वंशज इस्कंदर मिर्जा ने निभाई कुल परंपरा

फ्रंटियर प्रांत अंग्रेजों का सिरदर्द था। वहाँ एक भी मुसलिम लीगी एम.एल.ए. नहीं था। अंग्रेजों ने फ्रंटियर प्रांत में हर देशभक्त मुसलमान को खरीदने के लिए बोली लगाई। उन्होंने मुल्लाओं को खरीदा और उनके रेट निर्धारित किए। एक करोड़ रुपए खर्च करके दंगे भड़काने की योजना तैयार की गई। खान अब्दुल गफ्फार खान के पुत्र वली खान का कहना था कि अंग्रेजों ने इसलाम की बड़ी खिदमत की है कि सभी बिकाऊ मुल्लाओं के नाम-पते रिकार्ड में छोड़ गए हैं। इस्कंदर मिर्जा को खिदमतों की एवज में बाद में पाकिस्तान का प्रेसिडेंट बनाया गया।

1943 में इस्कंदर मिर्जा पेशावर का डिप्टी कमिश्नर था। यह वही शख्स था, जो बाद में 1955 में तिकड़मबाजी, छलयोजन और साजिशबाजी से पाकिस्तान का कार्यवाहक गवर्नर-जनरल और फिर राष्ट्रपति बन गया और जिसका तख़्ता अयूब खान ने पलट दिया।

यहाँ यह बता देना भी आवश्यक है कि इस्कंदर मिर्जा 1757 में प्लासी के युद्ध में अंग्रेजों के साथ षड्यंत्र रचकर बंगाल का नवाब बनने के लालच में नवाब सिराजुद्दौला के साथ गद्दारी करनेवाले सिपहसालार मीर जाफर का वंशज था। मिर्जा ने गद्दारी की वंश परंपरा को बखूबी निभाया।

इस्कंदर मिर्जा

1943 में इस्कंदर मिर्जा को नवाब भोपाल ने शेर के शिकार पर न्योता दिया। शिकार का बहाना खत्म हुआ तो उनकी मुलाकात मुहम्मद अली जिन्ना से कराई गई। इस्कंदर मिर्जा अपनी कहानी में कहते हैं—"पहले तो जिन्ना साहब ने पूछा कि तुम मुसलमान हो न? मैंने जवाब दिया कि जनाब हजरत पैगंबर के जमाने से। तो उन्होंने सवाल किया कि आप मुझे मुसलमानों का लीडर मानते हैं? मैंने कहा, "जी हाँ।" तो उन्होंने याद दिलाया कि मुल्क के एक भी सूबे में मुसलिम लीग अपनी सरकार बनाने में कामयाब नहीं हुई है। फिर उन्होंने कहा, "अगर आप कोशिश करें तो सरहदी सूबे

में मुसलिम लीग की हुकूमत बन सकती है।" मैंने अर्ज किया कि जनाब, मैं तो सिर्फ एक डिप्टी कमिश्नर हूँ। यह काम तो गवर्नर के अलावा कोई नहीं कर सकता। आगे इस्कंदर मिर्जा ने बताया कि सूबे में मुसलिम लीग का नामोनिशान नहीं है। उनका लीडर सरदार औरंगजेब खान बड़ा गिरा हुआ आदमी है। इस पर जिन्ना ने मिर्जा को कहा कि औरंगजेब की अच्छाइयाँ-बुराइयाँ छोड़ो, मुसलिम लीग का जमाती ढाँचा कैसा है, इसका खयाल छोड़कर, यह जरूरी है कि उसकी सरकार बननी चाहिए। जिन्ना ने कहा, "मुसलिम होने के नाते यह आपका आला फर्ज है।"

ब्रिटिश हुकूमत और इसलाम की दुहाई

इस्कंदर मिर्जा ने लिखा है—"बाद में जब फ्रंटियर के गवर्नर जॉर्ज कनिंघम अपने काबुल के दौरे से वापस आए तो मुझे बुलाया। जैसे ही मैं बैठा, कनिंघम ने बोलना शुरू किया कि सरहदी सूबे में नई सरकार बनाने के लिए मुझ पर बेइंतिहा दबाव पड़ रहा है। उन्होंने बताया कि "ब्रिटिश हुकूमत यह साबित करना चाहती है कि फ्रंटियर प्रांत कांग्रेस के साथ नहीं है।" ये वे दिन थे जब 'भारत छोड़ो' आंदोलन की वजह से असेंबली के कई मेंबर बगैर मुकदमा जेल में डाल दिए गए थे। गवर्नर के लिए मैदान साफ था। उसने औरंगजेब को सरकार बनाने के लिए बुलाया। इस पर इस्कंदर मिर्जा ने लिखा कि मुझे औरंगजेब पर कोई यकीन नहीं है। सिर्फ एक ही आदमी भरोसे के काबिल था—वह था पेशावर का सरदार अब्दुर रब निश्तर। उन दिनों वह मुसलिम लीग के सख्त खिलाफ और कांग्रेस के काफी नजदीक था। इस्कंदर मिर्जा ने लिखा कि निश्तर का झुकाव जिन्ना साहब की तरफ भी नहीं है। मैंने खुद निश्तर को महावत खान मसजिद में जिन्ना को कोसते हुए सुना है, मगर इस्कंदर मिर्जा ने निश्तर को बुलाया और इसलाम के नाम पर उससे अपील की। बहुत जोर देने पर वह तहरीके आजादी से अलग हो गया और मुसलिम लीग में शामिल हो गया। इस तरह वह औरंगजेब कैबिनेट का मिनिस्टर बना। इस्कंदर मिर्जा ने लिखा "वह औरंगजेब जो मेरे पाँव के पास रेंगा करता था, मेरी ही कोशिशों से अब आला-वजीर बन गया।"

ऐसी ही खिदमतों के लिए तो आखिर इस्कंदर मिर्जा भी पाकिस्तान का प्रेसिडेंट बन गया।

इसी औरंगजेब खान के बारे में गवर्नर कनिंघम ने लिखा है—"औरंगजेब बड़ा हुक्मबरदार है और जो कुछ मैं चाहता हूँ, उसे पूरा करने को हमेशा तैयार रहता है। वह तो यह भी भूल जाता है कि मिनिस्टर का काम गवर्नर को मशविरा देना है। उसकी तकरीबन हर फाइल पर एक ही नोट होता है—मैं जनाबे गवर्नर साहेब से इनके मुतल्लिक राय माँगता हूँ।" (कनिंघम की डायरी, 19 जुलाई, 1943)।

मुसलिम लीग की बोगस मिनिस्ट्री

फ्रंटियर प्रांत के कुटिल अंग्रेज गवर्नर जॉर्ज कनिंघम द्वारा जबरन सत्ता पर बैठाए गए औरंगजेब खान और उसके साथियों को पता था कि ताकत का असली मुकाम कहाँ है?

एक ऐसी असेंबली में से, जहाँ मुसलिम लीग का एक भी मेंबर नहीं था, लीगी मिनिस्ट्री बना देना अंग्रेजों और उनके डिप्टी कमिश्नरों का ही करिश्मा हो सकता था। जल्द ही कनिंघम की लीगी मिनिस्ट्री कनिंघम के ही लफ्जों में 'कीचड़ का ढेर' बनकर रह गई, मगर गवर्नर का कोई इरादा इस बोगस मिनिस्ट्री को बरखास्त करने का नहीं था।

मुसलिम लीग की इस बोगस मिनिस्ट्री को जिंदा बचाए रखने के लिए गवर्नर हरचंद कोशिश किए जा रहा था। इसलिए उसने 1944 का बजट सत्र नहीं बुलाया। उसका कहना था कि असेंबली के लिए कोई काम नहीं है। कांग्रेस पार्लियामेंटरी पार्टी के सेक्रेटरी ने 20 दस्तखतों के साथ मेमोरेंडम भेजा कि औरंगजेब और उसकी कैबिनेट के खिलाफ 'अविश्वास प्रस्ताव' पर बहस करने के लिए असेंबली का अधिवेशन बुलाया जाना चाहिए, लेकिन गवर्नर ने इस माँग को नामंजूर कर दिया। इस मुसलिम लीग मिनिस्ट्री ने कभी असेंबली का सामना नहीं किया।

इस दौरान 1946 में असेंबली के नए चुनाव हो गए। मुहम्मद अली जिन्ना के नेतृत्व में मुसलिम लीग तब तक पूरे देश में सांप्रदायिकता का जहर फैला चुकी थी और मुसलमानों के बीच इस आशय का प्रचार करने में काफी कामयाब रही थी कि मुसलमानों के सारे मर्जों का एक ही इलाज है—पाकिस्तान। 1946 के चुनावों में 50 सीटों में से कांग्रेस पार्टी को 33 और मुसलिम लीग को 17 सीटें मिलीं। खान अब्दुल गफ्फार खान के बड़े भाई डॉ. खान साहब के नेतृत्व में कांग्रेस की मिनिस्ट्री बन तो गई, लेकिन यह अंग्रेजों की आँखों में खटकती रही। नया गवर्नर मिस्टर ओल्फ, कनिंघम के मुकाबले कुछ अधिक ही खराब था।

सूबे को मुसलिम लीग के हवाले करने के लिए ओल्फ बेतहाशा बेताब था। अंग्रेजों और मुसलिम लीग की साँठ-गाँठ का अब तक कोई नतीजा नहीं निकला था। न तो चुनाव में मुसलिम लीग को कामयाबी मिली, जिससे वह मिनिस्ट्री बना पाती और न ही फिरकवाराना दंगे पाँव जमा पाए थे। इसलिए जिन्ना ने एक खौफनाक जाल रचाया।

भीषण दंगे कराने की साजिश

ब्रिटिश सरकार के अफसरों की मिलीभगत से मुहम्मद अली जिन्ना द्वारा फ्रंटियर प्रांत में दंगे कराने की एक खौफनाक योजना बनाई गई। उस समय वे इतने हताश थे कि उन्हें लग रहा था कि उन्हें पाकिस्तान नहीं मिल रहा।

इस्कंदर मिर्जा को फ्रंटियर से तबादला करके दिल्ली लाया गया, जहाँ वह रक्षा मंत्रालय में संयुक्त सचिव बना दिया गया। उसने लिखा कि फरवरी 1947 में मुझे जिन्ना ने टेलीफोन करके एक मीटिंग में बुलाया और पहला सवाल यह पूछा कि क्या तुम मुझे हिंदुस्तानी मुसलमानों का लीडर मानते हो? क्या तुम मेरा हुक्म मानोगे? इस्कंदर मिर्जा को 'हाँ' के अलावा कोई जवाब नहीं बन पड़ा। जिन्ना ने मिर्जा को फिर कहा कि मुझे डर है कि मुझे पाकिस्तान नहीं मिल रहा है, जब तक कि कोई खास ही हादसा न हो जाए और इसके लिए सबसे अच्छी जगह है सरहदी सूबा और उसके आसपास का इलाका। जिन्ना की राय थी कि अंग्रेजों को दिखा देना चाहिए कि मुल्क कांग्रेस के हाथों में सौंपने के उनके फैसले का एहसास करके मुसलमान गुस्से में उबल रहे हैं। जिन्ना ने समझाया कि अगर समझौते से पाकिस्तान न मिल सका तो लड़कर इसे लूँगा। इस्कंदर मिर्जा ने लिखा कि जिन्ना ने मुझे नौकरी देकर कबाइली इलाके में जाकर जिहाद छेड़ने के लिए कहा।

इस्कंदर मिर्जा लिखता है—"जिन्ना ने बड़े जोरों से कहा कि अगर तुम दिलोजान से कोशिश करो तो यह हो सकता है।" इससे सिद्ध होता है कि जिन्ना का सीधा ताल्लुक ब्रिटिश सरकार के अफसरों से बना हुआ था और उन्हें मालूम था कि कबाइली इलाके में कैसी मुसीबतें खड़ी की

जा सकती हैं। इससे यह भी पता चलता है कि अंग्रेज अफसर कैसी चतुराई के साथ 'जिहाद' का नाटक रचा सकते थे। इस्कंदर मिर्जा ने मसले के सभी पहलुओं पर गौर से खयाल किया और लिखा—"यह सिर्फ बस्तियों के सरहद वाले इलाके में हमले की शक्ल में हो सकता था, मगर मैंने कायदे-आजम के नक्शे जंग पर अमल करने का फैसला कर लिया। मैं वह बदनाम आदमी शुमार नहीं होना चाहता था, जो मैदाने जंग से ठीक मौके पर खिसक जाए। अगर इफरात के साथ रुपया मिले तो मुझे यकीन था कि वजीरिस्तान, तिराह और मोहमंड इलाकों में मैं काफी बदअमनी खड़ी कर सकता था। मैंने रुपयों का अंदाजा एक करोड़ रुपए बता दिया।"

वोट हिंदुस्तान-पाकिस्तान बनाम गीता-कुरान

इस्कंदर मिर्जा ने दरखास्त की कि उसके दिल्ली से गायब होने की कोई माकूल वजह ढूँढ़ ली जाए। जिन्ना पहले से ही पेशनगोई करके इन शर्तों के लिए तैयार बैठे थे। उनके पास छिपाने का रास्ता और रुपया, दोनों तैयार था। छिपाव था—कलात के खान के यहाँ खिदमत का बुलावा और रुपए का इंतजाम था भोपाल के नवाब के हवाले। इस्कंदर मिर्जा उसी दिन नवाब भोपाल से मिले। जिन्होंने उनसे 20,000 रुपए तुरंत व्यक्तिगत खर्च के लिए दे दिए। जिन्ना ने इस्कंदर मिर्जा को यह भी तसल्ली दी कि अगर तुम मारे गए तो तुम्हारे बाल-बच्चों और रिश्तेदारों की परवरिश सही तरीके से होगी।

इस्कंदर मिर्जा ने अपना काम तुरंत शुरू कर दिया। उसने कुछ वफादार दोस्तों को डेरा इसमाइल खान और पेशावर से और कुछ कबाइली इलाके से भी इकट्ठा किया। कई बार के मशविरों के बाद एक प्लान बनाया गया। उसके मुताबिक वजीरिस्तान, तिराह और मोहमंड के अपने मददगार लोगों से ताल्लुकात कायम करना था। मुसलिम लीग ने ब्रिटिश अफसरों के सहयोग से सांप्रदायिकता की भावना को उभाड़ने में कोई कोर-कसर बाकी नहीं छोड़ी थी। 'नारा-ए-तकबीर, अल्लाह हो अकबर' और 'पाकिस्तान का मतलब क्या, ला इलाहा इल लिल्लाह' जैसे नारे लगाकर जिहादी माहौल पैदा कर दिया गया। यह प्रचारित किया गया कि हमें हिंदुओं यानी काफिरों के अधीन नहीं रहना है। वोटरों को कहा गया कि लड़ाई हिंदुस्तान-पाकिस्तान की नहीं 'गीता' और 'कुरान' की है। 'कुरान' को वोट दोगे या 'गीता' को? कौन मुसलमान कहेगा कि वह 'गीता' को वोट देगा?

खुदाई खिदमतगारों को बदनाम करने की साजिश

वली खान के अनुसार, खुदाई खिदमतगारों का पहला एतराज यह था कि जब दोनों सियासी पार्टियों कांग्रेस और मुसलिम लीग ने बँटवारे को मान लिया, तो कांग्रेस की वर्किंग कमेटी में खान अब्दुल गफ्फार खान की मौजूदगी की वजह से वे अपनी मंजूरी अपने नुमाइंदे की तरफ से दे चुके थे। फिर सरहदी सूबा पाकिस्तान का हिस्सा मान लेने के बाद रेफरैंडम की जरूरत कहाँ थी? ये तो बेजाब्ता भाग-दौड़ थी जिसका नतीजा हो सकता था टकराव ऐसे माहौल में, जो बारूदखाने की तरह खतरनाक था।

मगर मुसलिम लीग और अंग्रेजों को रेफरैंडम में पोशीदा दिलचस्पी थी। पहला मकसद यह साबित करना कि बँटवारा सरहदी सूबे की ख्वाहिश और जद्दोजेहद की वजह से हुआ और इस

कुरबानी के दौरान खुदाई खिदमतगार इसलामी हुकूमत कायम होने की खिलाफत कर रहे थे। चुनांचे रेफरैंडम ही एक रास्ता था।

सरहदी सूबे को और सूबों से अलग तरीके के साथ बरता गया। जब बँटवारे की तजवीज बंगाल और पंजाब की असेंबलियों के सामने रखी गई तो उन्होंने उसकी तस्दीक की। सिंध असेंबली के साथ भी यही किया गया। सवाल खड़ा होता है कि सरहदी सूबे की असेंबली के सामने तजवीज क्यों नहीं आई? उसकी वजह साफ थी, अगर खुदाई खिदमतगार इस तजवीज के हक में फैसला देते, तो फैसले की मुबारकबाद को यह मंजूर नहीं था।

मुसलिम लीग को पता था कि खुदाई खिदमतगार रेफरैंडम में हिस्सा नहीं लेंगे और वो पाकिस्तान के हक में जाएगा। मकसद यह था कि नतीजा यह साबित करे कि सरहदी सूबे के लोगों को खुदाई खिदमतगारों पर भरोसा नहीं है। यह फिर सरहदी सूबे की सियासी जिंदगी में एक उलट-फेर का मौका बन जाएगा। रेफरैंडम के नतीजे का हवाला देकर मुसलिम लीग 'वोट ऑफ नो कॉनफीडेंस' की माँग करेगी। सरकार को जनता के फैसले के आगे सिर झुकाकर इस्तीफा देना पड़ेगा। अगर सरकार इस्तीफा न दे, तो गवर्नर जनरल को उसे बरखास्त करने का हक होगा। सरहदी सूबे की सरकार खुदाई खिदमतगारों से छीन कर तश्तरी में लीग के पेशे-नजर कर दी जाएगी।

लीग ने पठानों को बेबकूफ बनाया

वली खान आगे कहते हैं कि खुदाई खिदमतगारों के लीडर उस वक्त भरोसा करते थे कि पाकिस्तान बन जाने के बाद लीग को बदअमनी लाने की कोई जरूरत नहीं होगी, अगर उन्हें इसके खिलाफ एहसास होता तो उनको मुकाबला करने से रोकनेवाला कोई नहीं था। सच तो यह है कि मैंने खुद उनके सामने मुकाबले की एक तजवीज रखी थी। खुदाई खिदमतगार तो पख्तूनिस्तान चाहते थे, मगर अंग्रेज उन्हें यह फैसला करने का हक देने को तैयार नहीं था। इसलिए इस पशोपेश में से निकलने का रास्ता था—असेंबली में पख्तूनिस्तान का रिजोल्यूशन पास करना। इसका समर्थन भारत की संविधान सभा भी करती, जहाँ कांग्रेस का बहुमत था, अगर वोटिंग से किनारा करने के बजाय रेफरैंडम में खुदाई खिदमतगार भारत के लिए वोट देते, तो उन्हें मुकम्मल आजादी भी हासिल हो जाती और कांग्रेस सरकार से हिफाजत का वायदा भी मिल जाता। हमें अपने लोगों को बताना चाहिए था कि अगर हमें पख्तूनिस्तान चाहिए, तो हमें भारत के हक में वोट डालना चाहिए। जब मैं पीछे मुड़कर देखता हूँ तो लगता है कि हमें उस वक्त नजर आते इनसानी जज्बात और मुसलिम लीग के लीडरान की पुरजोश इसलामी हिमायत ने बेवकूफ बना दिया था।

खुदाई खिदमतगारों ने रेफरैंडम का बायकॉट किया। कुल 5,72,799 लोगों में से 2,92,118 ने अपना वोट डाला और 2,89,244 (यानी 50.5 प्रतिशत) पाकिस्तान के हक में थे, मगर यह जबरदस्त जाली वोटिंग का नतीजा था—बोगस वोट हमारे खास-खास लीडरान के नाम से भी डाले गए। दो दिलचस्प मिसालें हैं। एक मुझे इस्कंदर मिर्जा ने सुनाई थी, जो उन्होंने हजारा जिले के डिप्टी कमिश्नर से सुनी थी। मुख्तलिफ पोलिंग स्टेशनों के दौरे के बाद जब गिलवा पहुँचे और दरियाफ्त किया कि पोलिंग कैसा चल रहा है तो स्टाफ ने बड़े फख्र के

साथ कहा कि इस पहाड़ी इलाके में कुल वोट 200 हैं और सारे 200 वोट पड़ चुके हैं। उसने चिल्लाकर कहा कि अगर किसी ने बूथ पर कब्जे का आरोप लगाया तो उसका कोई जवाब नहीं होगा। एक दूसरी घटना का जिक्र मुझसे 1970 के चुनावों में किया गया जब नेशनल पीपुल्स पार्टी ने सरकार बनाई थी। मुसलिम लीग की एक महिला एम.एल.ए .ने मुझे बताया कि उसने रेफरैंडम में इक्यावन वोट डाले थे। इतने निरर्थक, धांधलीपूर्ण और गर्हित चुनाव की मिसाल खोजना मुश्किल है।

□

10

ब्रिटिश फौज और जिन्ना का अंडमान को हथियाने का मंसूबा ध्वस्त

1947 में देश की आजादी के समय ब्रिटिश सैन्य अधिकारियों ने पुरजोर प्रयास किया था कि गहन सामरिक महत्त्व के अंडमान और निकोबार द्वीप समूह को ब्रिटेन अपने पास ही रखे। इस बीच मुहम्मद अली जिन्ना भी टपक गए। उन्होंने इन द्वीपों पर अपना दावा ठोक दिया और ब्रिटिश संसद् में भारत-विद्वेषी नेता विंस्टन चर्चिल से भी गुहार की, लेकिन ब्रिटिश सरकार ने बिना विलंब किए इन द्वीपों को भारत को सौंप देने का निर्णय घोषित कर दिया, क्योंकि लॉर्ड माउंटबेटन के शब्दों में ऐसा नहीं करने से देश विभाजन से आहत भारत के सभी क्षेत्रों के लोग भड़क उठते और ब्रिटेन के साथ भारत के संबंध बिगड़ जाते।

बंगाल की खाड़ी में बसे हुए अंडमान और निकोबार द्वीपसमूह का जबरदस्त सामरिक महत्त्व है। यह द्वीप समूह भारत की मुख्य भूमि से 1,200 किमी. दूर है। इस द्वीप समूह का सबसे दक्षिणी हिस्सा इंडोनेशिया के सुमात्रा द्वीप से मात्र 150 किमी. दूर है। इसी तरह इसका सबसे उत्तरी हिस्सा बर्मा (म्यांमार) के नियंत्रण वाले कोको द्वीप से सिर्फ 50 किमी. की दूरी पर है। भौगोलिक रूप से इस अनुकूल स्थिति के कारण इस द्वीप समूह से खाड़ी और मलक्का जल डमरू मध्य के बीच जहाजरानी मार्ग पर निगाह रखी जा सकती है।

ब्रिटिश प्रधानमंत्री एटली का निर्णय

1947 में देश की आजादी के समय ब्रिटिश सैन्य अधिकारियों ने पुरजोर प्रयास किया था कि यह द्वीपसमूह ब्रिटिश अधिकार क्षेत्र में ही रह जाए। लॉर्ड माउंटबेटन के ए.डी.सी. (परिसहायक) रह चुके नरेंद्र सिंह सरीला ने अपनी पुस्तक 'भारत विभाजन की अनकही कहानी' (The Untold Story of India's Partition) में लिखा है कि 8 सितंबर, 1946 को, जब भारत में अंतरिम सरकार की स्थापना हो चुकी थी, ब्रिटिश सेना के तीनों अंगों के मुखियाओं ने हिज मैजेस्टी की सरकार को 'ब्रिटिश कॉमनवेल्थ के लिए भारत का सामरिक महत्त्व' (The Strategic Value of India to the British Commonwealth) शीर्षक से एक रिपोर्ट विचारार्थ प्रस्तुत की

थी। इस रिपोर्ट में बुनियादी तौर पर इस बात पर जोर दिया गया था कि भारत की मानव शक्ति और भूक्षेत्र ब्रिटिश कॉमनवेल्थ की प्रतिरक्षा के लिए अपरिहार्य हैं। इसमें अन्य बातों के अतिरिक्त अंडमान-निकोबार द्वीपसमूह के बारे में लिखा गया था—

Britain should not give up Andaman and Nicobar Islands which should be developed as an outpost to Burma and Malay.

(ब्रिटेन को अंडमान और निकोबार द्वीप समूह को छोड़ नहीं देना चाहिए। इन्हें बर्मा और मलय की सीमा-चौकियों के तौर पर विकसित किया जाना चाहिए।) ज्ञातव्य है कि उस समय तक बर्मा और मलय ब्रिटिश अधिकार क्षेत्र में थे।

भारत द्वारा विभाजन की योजना स्वीकार कर लिए जाने के तुरंत बाद ब्रिटिश सरकार ने अंडमान और निकोबार द्वीपसमूह भारत को सौंप देने का निर्णय कर लिया था, हालाँकि ब्रिटिश सेना प्रमुखों ने माँग की थी इस द्वीपसमूह को ब्रिटिश सरकार अपने अधिकार में ही रहने दे, ताकि हिंद महासागर में समुद्री मार्गों की रक्षा के लिए इन द्वीपों को अड्डों के तौर पर इस्तेमाल किया जा सके। इसके साथ ही पाकिस्तान ने इस द्वीपसमूह पर यह कहते हुए अपना दावा ठोक दिया था कि ये द्वीप पाकिस्तान के पूर्वी और पश्चिमी हिस्सों को समुद्री रास्ते से आपस में जोड़ने की कड़ी की भूमिका निभाएँगे। चूँकि ब्रिटिश कॉमनवेल्थ में भारत एक डोमिनियन (स्वतंत्र उपनिवेश) बननेवाला था, ब्रिटिश प्रधानमंत्री एटली ने वायसरॉय की सलाह पर इन द्वीपों को काटकर अलग कर देना और भारत से विवाद मोल लेना उचित नहीं समझा। इन द्वीपों को भारत के सुपुर्द कर देना ब्रिटिश सरकार का सद्भावना-प्रदर्शन था, जिसका मकसद दक्षिण-पूर्व एशिया में सामरिक उद्देश्यों के मामले में आपसी सहयोग की भावना व्यक्त करना और भारत को कॉमनवेल्थ से जुड़ने के लिए प्रोत्साहित करना था।

मुहम्मद अली जिन्ना भी टपक पड़े

पाकिस्तानी मामलों के जानकार वरिष्ठ पत्रकार जमनादास अख्तर ने अपने साप्ताहिक कॉलम (अगस्त 1996) में अंडमान-निकोबार द्वीपसमूह पर कब्जा करने के मुहम्मद अली जिन्ना के प्रयास का पाकिस्तानी सूत्रों और अखबारों के हवाले से उल्लेख करते हुए बताया कि जिन्ना इसके लिए कितने बेताब थे। कराची के उर्दू दैनिक 'जंग' में पाकिस्तान के एक पूर्व राजनयिक कुतुबुद्दीन ने इंडिया ऑफिस, लंदन की कुछ गुप्त फाइलों का अध्ययन करके दावा किया कि जिन्ना 1947 में भारत के विभाजन की तैयारियों के दिनों में इस बात के लिए दौड़-धूप कर रहे थे कि बंगाल की खाड़ी में स्थित अंडमान और निकोबार द्वीपसमूह को पाकिस्तान के हवाले किया जाए। कुतबुद्दीन के अनुसार, भारत संबंधी ब्रिटेन के मंत्री ने 12 जून, 1947 को सूचना दी कि एक दिन पहले मंत्रिमंडल की बैठक में रक्षा मंत्रालय के प्रतिनिधि ने सेनापतियों के इस विचार की हिमायत की कि ये द्वीप कॉमनवेल्थ की संयुक्त रक्षा प्रणाली में महत्त्वपूर्ण जगह रखते हैं और इनमें सुमद्री और वायुसेना के अड्डे और सुविधाएँ ब्रिटेन की सेना के लिए बहुत आवश्यक हैं। इसलिए हमें इनसे वंचित न रखा जाए, लेकिन इनके साथ ही यह भी बताया गया कि मंत्रिमंडल की कमेटी इस खतरे से भी भलीभाँति परिचित थी कि इन द्वीपों को ब्रिटेन के अधीन रखना स्वतंत्र भारत की सरकार से ब्रिटेन के संबंधों को खराब कर सकता है।

ब्रिटेन के भारतीय मामलों के मंत्री लॉर्ड लिस्टोवेल के पत्र में मंत्रिमंडल की कमेटी की कारवाई का हवाला देते हुए यह भी लिखा है कि भारत की स्वतंत्रता के लिए जो विधेयक संसद् की स्वीकृति के लिए भेजा जा रहा है, उसकी धारा 2 (ए) के अंतर्गत ये द्वीप भारत की नई सरकार के अधीन तुरंत ही स्वतंत्र भारत के अंग बन जाएँगे। जिन्ना को इसका पता लग गया। इसलिए मुसलिम लीग ने माँग की कि इन द्वीपों में पाकिस्तान को भी हिस्सा दिया जाए क्योंकि ये द्वीप संयुक्त भारत की संपत्ति हैं। ब्रिटेन की कमेटी का विचार था कि यदि संभव हो तो इन द्वीपों के भविष्य के बारे में दोनों प्रस्तावित देशों से वार्तालाप किया जाए।

भारत-विद्वेषी चर्चिल से जिन्ना की गुहार

लॉर्ड माउंटबेटन, जिन्होंने 24 मार्च, 1947 को लॉर्ड वेवेल के बाद वायसरॉय का पदभार ग्रहण किया था, मई के अंतिम सप्ताह लंदन गए और प्रधानमंत्री एटली और उनके मंत्रिमंडल से भारत के विभाजन और भारत व पाकिस्तान के दो स्वतंत्र देशों के रूप में गठन के प्लान की स्वीकृति लेकर तुरंत दिल्ली लौट आए थे, जहाँ 3 जून 1947 को पं. नेहरू, मुहम्मद अली जिन्ना और सरदार बलदेव सिंह ने इस प्लान को स्वीकार करने की ऑल इंडिया रेडियो पर घोषणा कर दी। माउंटबेटन ने प्रधानमंत्री एटली को पं. नेहरू के इस दृष्टिकोण से सूचित कर दिया कि अंडमान और निकोबार को भारत में ही रखा जाए।

जिन्ना ने 5 जुलाई, 1947 को नई दिल्ली में वायसरॉय से मुलाकात की और इस बात पर प्रोटेस्ट किया कि भारत की स्वतंत्रता के विधेयक का जो समाचार प्रकाशित हुआ है, उससे लगता है कि ये द्वीप स्वतंत्र भारत को दिए जाएँगे। जिन्ना ने ब्रिटेन के प्रधानमंत्री और विपक्ष के नेता विंस्टन चर्चिल को एक तार भेजा, जिसमें लिखा था कि 'सरकारी विधेयक की धारा-2 से मालूम होता है कि अंडमान और निकोबार भारत के हवाले कर दिए जाएँगे। हमसे पहले बातचीत में कभी इस मामले का जिक्र नहीं हुआ। कोई संधि भी नहीं हुई। इन द्वीपों को भारत के हवाले कर देना हमारे लिए चिंताजनक होगा। इतिहास और भूगोल की रोशनी में ये द्वीप कभी भारत के अंग नहीं बने। ये ब्रिटेन के एंपायर में शामिल थे। इन पर भारत में ब्रिटेन की सरकार का नियंत्रण था। इन द्वीपों में रहनेवाले लोगों का मजहब, संस्कृति और भाषा के लिहाज से भी भारत से कोई संबंध नहीं। इन द्वीपों पर पाकिस्तान का दावा बहुत मजबूत है। पश्चिमी और पूर्वी पाकिस्तान में समुद्री यातायात के लिए यह द्वीप पाकिस्तान के लिए महत्त्व रखते हैं। जहाजों के लिए ईंधन हासिल करने के लिए हमें इनकी आवश्यकता है। भारत ऐसा कोई दावा पेश नहीं कर सकता कि इन्हें भारत के हवाले कर दिया जाए। इसलिए इन द्वीपों को विधेयक से अलग कर दिया जाए।'

ब्रिटेन की सरकार ने जिन्ना की माँग रद्द कर दी और 15 अगस्त, 1947 के दिन ये द्वीप स्वतंत्र भारत के हवाले कर दिए गए। जिन्ना को मायूसी का सामना करना पड़ा। बहुत कम लोग जानते हैं कि जिन्ना और भारत-विद्वेषी चर्चिल अपना पत्राचार गुप्त रखने के लिए दो बोगस महिलाओं के नाम से आपस में संपर्क किए हुए थे। इस बात की पुष्टि ब्रिटिश समाचार-पत्र कर चुके हैं। जिन्ना को उम्मीद थी कि चर्चिल उनकी मदद करेगा। जिन्ना ने ब्रिटेन को सैनिक अड्डे देने का आश्वासन दिया हुआ था। ज्ञातव्य है कि कुछ दिन बाद एक अंग्रेज सैनिक अफसर मेजर ब्राउन ने गिलगित में बगावत कर चालबाजी से उस इलाके को पाकिस्तान के हवाले कर दिया

था, जहाँ पाकिस्तान ने आज चीन को अड्डे दे रखे हैं, परंतु चर्चिल जिन्ना को अंडमान निकोबार न दिला सके।

जिन्ना ने कहा—आधा अंडमान ही दे दो

पेशे से वकील जिन्ना ने अपना पक्ष एक वकील की तरह पेश किया। एक ऐसे वकील की तरह, जो विरोधी पक्षकार के मजबूत आधार को नजरअंदाज करते हुए अपनी बात को इस ढंग से पेश करता है कि वह पहली नजर में आकर्षक और दमदार लगती है, लेकिन उसमें अधिक सत्त्व नहीं होता। वकील अपनी याचिका के अंत में प्राथमिकता के आधार पर कुछ राहतों की माँग करता है, अगर यह नहीं तो वो राहत दी जाए। जिन्ना की दलीलों में अधिक दम नहीं था। उन्हें खारिज कर दिया गया। ब्रिटिश मंत्रिमंडल ने अपने सैन्य अधिकारियों के आवश्यकता-आधारित अनुरोध को भी स्वीकार नहीं किया। पूरी बात का सारांश और निष्कर्ष ब्रिटिश कैबिनेट की बैठक के कार्यवृत्त-विवरण के इस वाक्य में समा गया—

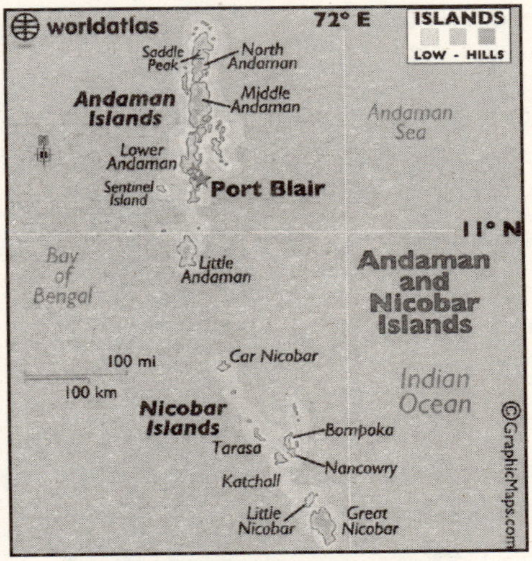

अंडमान-निकोबार द्वीप समूह का मानचित्र

The claim by Pandit Nehru is that Hindustan will automatically succeed to the position of India as an international entity'''and Pakistan is merely a seceding minority.

(पं. नेहरू का दावा यह है कि हिंदुस्तान की स्थिति स्वतः एक अंतरराष्ट्रीय स्वतंत्र अस्तित्व वाली हस्ती के रूप में होगी और पाकिस्तान तो संबंध-विच्छेद करनेवाला मात्र एक अल्पांश है।)

विचित्र बात यह है कि जिंन्ना ने जब देखा कि अंडमान-निकोबार पाकिस्तान को मिलनेवाला नहीं है तो उन्होंने माँग की कि पाकिस्तान को अंडमान-निकोबार का आधा क्षेत्र दे दिया जाए! उनसे किसी ने यह पूछने की जरूरत नहीं समझी कि किस आधार पर आधा? क्या पाकिस्तान को आधा हिंदुस्तान मिला था?

यहाँ यह बता देना आवश्यक है कि अंडमान-निकोबार द्वीप समूह, जिसका क्षेत्रफल भारत के कुल क्षेत्रफल का 0.27 प्रतिशत है और आबादी उस समय की जनगणनानुसार मात्र 30 हजार थी, मुसलिम आबादी वाला क्षेत्र भी नहीं था। यह करीब 300 छोटे-बड़े और बहुत छोटे द्वीपों का समूह है। इस द्वीप समूह की आबादी अब काफी बढ़ चुकी है। 2011 की जनगणना के अनुसार इसकी आबादी 3.80 लाख है। कल्पना कीजिए, यदि इन द्वीपों के बँटवारे की जिन्ना की माँग मान ली जाती तो रेडक्लिफ जैसे बाउंडरी कमीशन को कितनी माथापच्ची करनी पड़ती।

पूर्वी व पश्चिमी पाकिस्तान के बीच 1,600 किमी. के गलियारे की माँग!

जिन्ना और उनके समर्थकों को किसी समय यह उम्मीद ही नहीं थी कि पाकिस्तान की माँग अंततः मान ली जाएगी। पाकिस्तान की माँग मान लिए जाने पर उनका हौसला बढ़ गया। इसलिए अंडमान-निकोबार पर भी उनकी गिद्ध दृष्टि पड़ गई, जिसकी पहले कभी कोई बात ही नहीं हुई थी। जिन्ना को लगा कि ब्रिटिश शासन में मौजूद भारत-विद्वेषी और मुसलिम लीग परस्त तत्त्व अड़ंगा लगाने में उसकी मदद करेंगे, लेकिन उनके सबसे बड़े हिमायती विंस्टन चर्चिल भी कुछ नहीं कर पाए। ब्रिटिश सैन्य अधिकारियों का सुझाव राजनीतिक हितों के बजाय सामरिक हितों से प्रेरित था, लेकिन वे भी निर्णायक भूमिका अदा करने की स्थिति में नहीं थे। इस बीच जिन्ना ने एक नया तराना छेड़ दिया। कोई भी माँग कर देने और उस पर अड़ जाने से कुछ-न-कुछ मिल जाने के कारण उन्हें लगा कि चलो, इस खेल में एक और पासा फेंका जाए। जिन्ना ने माँग कर दी कि पूर्वी पाकिस्तान और पश्चिमी पाकिस्तान के बीच संपर्क के लिए पाकिस्तान को भारत से होते हुए 1,600 किमी. लंबा गलियारा दिया जाए। यह माँग इतनी अनर्गल थी कि किसी ने इस पर विचार करने की जरूरत नहीं समझी और मामला रफा-दफा हो गया।

अब फिर अंडमान की बात की जाए। इस विवाद के मुद्दे पर ऑस्ट्रेलिया ने यह जानना चाहा कि क्या ब्रिटेन अंडमान को अपने पास रखना चाहेगा, क्योंकि ऑस्ट्रेलिया की गहरी चिंताएँ इससे जुड़ी हुई हैं। अगर ब्रिटेन इस द्वीप समूह को पूरी तरह अपने पास नहीं रख सकता तो नौसैनिक और हवाई सुविधाओं के लिए दीर्घकालीन लीज पर इसे ले लिया जाए। इस समुद्री क्षेत्र के आसपास के क्षेत्रों, विशेषतः बर्मा को भी ध्यान में रखा जाए, लेकिन ब्रिटिश सरकार ने सब तरह की माँगों को खारिज कर दिया।

हिंसक विरोध भड़क उठने की माउंटबेटन की चेतावनी

ब्रिटेन ने भारत छोड़ते समय जो भी गलत-सही या विवादस्पद निर्णय किए हों, उनमें अंडमान-निकोबार को बिना शर्त भारत के पास ही रहने देने का निर्णय भारत के हितों को मजबूती प्रदान करनेवाला बहुत ही महत्त्वपूर्ण निर्णय था, भले ही यह निर्णय अनिच्छापूर्वक और विवशतापूर्वक किया गया हो। अंग्रेजों को यह लगा कि देश विभाजन से नाराज और क्षुब्ध भारत के लोग अंडमान-निकोबार से वंचित होना किसी भी सूरत में स्वीकार नहीं करेंगे और इससे पूरा खेल बिगड़ सकता है। अंग्रेज जाति बड़ी चतुर और कूटनीति-कुशल रही है, इसलिए उसने तदनुरूप ही निर्णय किया।

इस प्रकरण में सरकारी रिकार्ड के अनुसार लॉर्ड माउंटबेटन का कहना था—

There could be no question of raising this controversial subject at the present delicate stage of our political negotiations.It was a matter on which Indians felt deeply. Any attempt by his Majesty's Government to separate the islands from India would probably provoke violent opposition from all parts of India.

(राजनीतिक समाधान वार्ता के वर्तमान नाजुक दौर में इस विवादास्पद विषय को उठाने का कोई सवाल ही पैदा नहीं होता। यह ऐसा विषय है, जिस पर भारत के लोगों की भावनाएँ गहरे रूप से जुड़ी हुई हैं। हिज मैजेस्टी की सरकार द्वारा इन द्वीपों को भारत से अलग करने के किसी भी

प्रयास से भारत के सभी क्षेत्रों से हिंसक विरोध भड़क उठने की संभावना है।)

जहाँ तक लक्षद्वीप द्वीपसमूह (क्षेत्रफल मात्र 32 वर्ग किमी.) की बात है, यह पाया गया कि ये द्वीप मद्रास प्रेसिडेंसी का हिस्सा थे, जिन्हें 15 अगस्त, 1947 को भारत का अंग बन जाना था, लेकिन ये द्वीप सुरक्षित नहीं थे। भारत में ब्रिटिश राज के अंतिम दिनों में अंतरिम सरकार के गृहमंत्री सरदार पटेल ने भारतीय नौसेना के एक फ्रिगेट (जलपोत) को वहाँ लंगर डालने के लिए भेज दिया था, ताकि 15 अगस्त, 1947 को वह वहाँ मौजूद रहे। भारतीय नौसेना के जलपोत के वहाँ पहुँचने के तुरंत बाद वहाँ एक पाकिस्तानी जलपोत देखा गया। जिन्ना ने इस शत-प्रतिशत मुसलिम आबादी (जो कुछ हजार ही थी) के द्वीप को भारत से छीन लेने का प्लान बनाने में कोई देरी नहीं की थी, लेकिन यह देखकर कि भारतीय जलपोत वहाँ पहले से ही मौजूद है, पाकिस्तानी जलपोत ने फौरन वहाँ से वापस रवाना हो जाना ही उचित समझा।

सुभाष बोस ने फहराया था राष्ट्रीय ध्वज

अंडमान-निकोबार द्वीप समूह का भारतीय इतिहास, विशेषत: स्वाधीनता आंदोलन के इतिहास, से काफी गहरा संबंध रहा है। 1857 में विद्रोह में शामिल बहुत-से बंदियों के लिए भारत की जेलों में स्थान नहीं था और अंग्रेज उन्हें भारत के लोगों की निगाह से दूर ही रखना चाहते थे इसलिए उन्हें अंडमान भेज दिया गया। 1858 और 1860 के बीच 2,000 से 4,000 विद्रोही सिपाहियों को अंडमान भेजा गया। ब्रिटिश सरकार ने उन पर भीषण अत्याचार किए। उनमें से अनेक की बड़ी दर्दनाक हालत में मौत हो गई। कइयों को फाँसी दे दी गई। अंडमान जेल में यातनाएँ भोगने वालों में महान् क्रांतिकारी विनायक दामोदर सावरकर भी थे, जिन्होंने 1857 की क्रांति का इतिहास लिखा था। अंग्रेजों के शासन काल में यहाँ आजीवन कारावास या लंबी सजा वाले कैदियों को रखा जाता था। अंडमान को 'काला पानी' के नाम से जाना जाता था।

दूसरे विश्वयुद्ध में 1942-45 में जापान ने इन द्वीपों पर कब्जा कर लिया और यह द्वीपसमूह आजाद हिंद फौज को सौंप दिया। 30 दिसंबर, 1943 को नेताजी सुभाषचंद्र बोस ने अंडमान की राजधानी पोर्ट ब्लेयर में राष्ट्रीय ध्वज फहरा दिया। यह ब्रिटिश शासनकाल में पहला ऐसा अवसर था। नेताजी ने अंडमान-निकोबार द्वीपों का नाम 'स्वराज' और 'शहीद' रख दिया था।

आजादी के बाद इस द्वीपसमूह में कुछ विकास कार्य हुआ और इसकी सामरिक महता को संज्ञान में लिया गया। अंडमान-निकोबार की सामरिक स्थिति का महत्त्व 1971 के भारत-पाकिस्तान युद्ध के समय में दिखा, जब भारतीय नौसेना ने इसका इस्तेमाल तत्कालीन पूर्वी पाकिस्तान के जहाजों और नौसैनिक ठिकानों को ध्वस्त करने में किया। उसके बाद के दौर में यहाँ नौसेना और वायुसेना के अड्डों को और मजबूत बनाया गया। इसके बाद भाजपा के नेतृत्व की एन.डी.ए. सरकार ने क्षेत्रीय नौसैनिक ताकत बनने की दिशा में अंडमान-निकोबार पर विशेष ध्यान देना शुरू किया है।

भारतीय नौसेना का चीन को संदेश

लद्दाख में चीन के साथ हिंसक झड़प के बाद भारत ने अंडमान-निकोबार में सैन्य शक्ति बढ़ाने की योजना के अंतर्गत अतिरिक्त युद्धपोत, एयर क्राफ्ट, मिसाइल प्लेटफॉर्म आदि में वृद्धि

के प्लान को जल्दी पूरा करने की काररवाई आरंभ की है। 5,000 करोड़ रुपए के इंफ्रास्ट्रक्चर डेवलपमेंट प्लान पर तेजी से काम हो रहा है।

समुद्र में चीन की दादागीरी से निपटने के लिए 'क्वाड' समूह के भारत समेत चार देशों (भारत, जापान, अमेरिका और ऑस्ट्रेलिया) की नौसेनाओं ने 'मालाबार नौसैन्य अभ्यास' की श्रृंखला से चीन को यह बता दिया है कि ये देश समुद्र संबंधी अंतरराष्ट्रीय नियमों की रक्षा करने के लिए संकल्पबद्ध हैं। भारतीय नौसेना ने चीन को सामरिक संदेश देने की कोशिश की है कि वह केवल हिंद महासागर तक ही खुद को सीमित नहीं रखना चाहती, बल्कि दक्षिण चीन सरकार के पार प्रशांत सागर तक पहुँचने की भी उसकी क्षमता है। भारत के रणनीतिक महत्त्व के कारण अब इस क्षेत्र को हिंद-प्रशांत (Indo-Pacific) नाम दे दिया गया है। चीन सभी अंतरराष्ट्रीय नियमों का उल्लंघन करते हुए इस समुद्री क्षेत्र में विभिन्न राष्ट्रों को दबाने का प्रयास कर रहा है। उसने हिंद महासागर में भी विभिन्न उपायों से घुसपैठ शुरू कर दी है।

ऐसी अवस्था में अंडमान और निकोबार द्वीपसमूह के अलावा लक्षद्वीप द्वीप समूह का महत्त्व भी बहुत बढ़ गया है। ये द्वीप आनेवाले दिनों में भारत के लिए बहुत बड़ी परिसंपत्ति साबित होनेवाले हैं। इसीलिए भारत सरकार ने प्रतिरक्षा के अलावा इन द्वीपों के चतुर्दिक विकास की दिशा में कार्यारंभ कर दिया है।

कल्पना कीजिए, यदि ये द्वीप पाकिस्तान को मिल गए होते तो आज क्या स्थिति होती ? वहाँ पर चीन के हवाई और नौसैनिक अड्डे स्थापित हो गए होते।

□

11

लो! बन गया पाकिस्तान : आखिर किसके लिए?

पाकिस्तान की आजादी पर वहाँ के मशहूर शायर फैज अहमद 'फैज' ने लिखा कि यह वह सुबह नहीं जिसका इंतजार था। उस सुबह को रात के जहरीले डंक ने डस लिया और उजाले में उस दाग के निशान थे। मुसलिम लीग ने इस उपमहाद्वीप के मुसलमानों को पाकिस्तान के रूप में जो हसीन सपने दिखाए थे, वे सपने बस सपने ही रह गए। यह मुल्क धार्मिक राजनीति की प्रेत छाया से ग्रस्त हो गया।

पाकिस्तान बनते ही यह सवाल उठा कि पाकिस्तान किसलिए, किसके लिए बनाया गया और इससे किसको फायदा हुआ? पाकिस्तान बनने से आम पाकिस्तानी नागरिक यानी पाकिस्तानी अवाम को कोई फायदा नहीं हुआ, केवल निहित स्वार्थी तत्त्वों को फायदा हुआ और आज वे ही पाकिस्तान पर हावी हैं। एक प्रसिद्ध पाकिस्तानी लेखिका ने 'टाइम्स ऑफ इंडिया' को दिए गए इंटरव्यू में कहा कि पाकिस्तान में आज 1 प्रतिशत लोग 99 प्रतिशत पर राज कर रहे हैं।

ये दाग-दाग उजाला ये शवगुजीदा सहर
वो इंतजार था, जिसका ये वो सहर तो नहीं
ये वो सहर तो नहीं जिसकी आरजू लेकर
चले थे यार कि मिल जाएगी कहीं-न-कहीं
(शवगुजीदा=रात की डसी हुई, सहर=सुबह)

सुबह-ए-आजादी (अगस्त 1947) पर लिखी गई पाकिस्तान के मशहूर शायर फैज अहमद 'फैज' की इस बहुचर्चित नज्म का यह शे'र अगस्त 1947 से लेकर अब तक प्रत्येक संवेदनशील व्यक्ति के मन पर उभरता आ रहा है। यह शे'र वैसे तो इस पूरे उपमहाद्वीप के लिए औचित्यपूर्ण कहा जा सकता है, लेकिन बुनियादी तौर पर यह पाकिस्तान के एक शायर द्वारा पाकिस्तान को ध्यान में रखकर ही लिखा गया था, क्योंकि इस उपमहाद्वीप के मुसलमानों के एक बड़े वर्ग ने यह समझ रखा था कि भारत महादेश में उन्हें अपने लिए एक अलग घर या वतन, जिसे उन्होंने Home land की संज्ञा दी थी, मिल जाने से, जैसा कि उन्हें सब्जबाग दिखाए गए

थे, उनके बहुत-से मसले हल हो जाएँगे। बस फिर 'मौजां ही मौजां।' लेकिन जल्द ही उनका मोह भंग हो गया। जिस उद्देश्य की पूर्ति के लिए पाकिस्तान अस्तित्व में आया, क्या उसकी पूर्ति हुई ?

दिल्ली और कराची : कितना अंतर?

14 अगस्त, 1947 को पाकिस्तान बन गया। इससे कुछ दिन पहले तक पाकिस्तान में बहुत लोगों को यह यकीन नहीं था कि पाकिस्तान बन ही जाएगा। खुद मुहम्मद अली जिन्ना को भी यह यकीन नहीं था। यह तो कुटिल ब्रिटिश साम्राज्यवादियों की नजरे-इनायत थी, जिन्होंने मुहम्मद अली जिन्ना को तश्तरी पर परोसकर पाकिस्तान अता फरमा दिया। पाकिस्तान के यौम-ए-आजादी (स्वाधीनता दिवस) के मौके पर आम लोगों में वह जोशो-खरोश नहीं था, जो विभाजन की वेदना के बावजूद भारत में देखा गया था।

इस पर टिप्पणी करते हुए अमेरिका की प्रसिद्ध साप्ताहिक पत्रिका 'टाइम' (TIME) ने अपने 25 अगस्त, 1947 के अंक में लिखा—

The people of Karachi did not welcome Pakistan with the wild enthusiam that swept the new dominion of India. After all, Pakistan was the creation of one clever man, Jinnah, the difference between a slick political trick and a mass movement between Karachi and New Delhi.

(कराची के लोगों ने पाकिस्तान का उस तरह से स्वागत नहीं किया, जिस तरह का स्वागत भारत के नए स्वतंत्र उपनिवेश में उमड़ते हुए जबरदस्त जोश-खरोश के साथ किया गया। आखिरकार पाकिस्तान एक चतुर व्यक्ति जिन्ना की उपज था। कराची और नई दिल्ली के बीच जो अंतर था, वह एक चालाक सियासी चालबाजी और जनआंदोलन के बीच की विषमता के रूप में प्रकट था।

अंग्रेजों के थालीचट्टे बन गए सुलतान

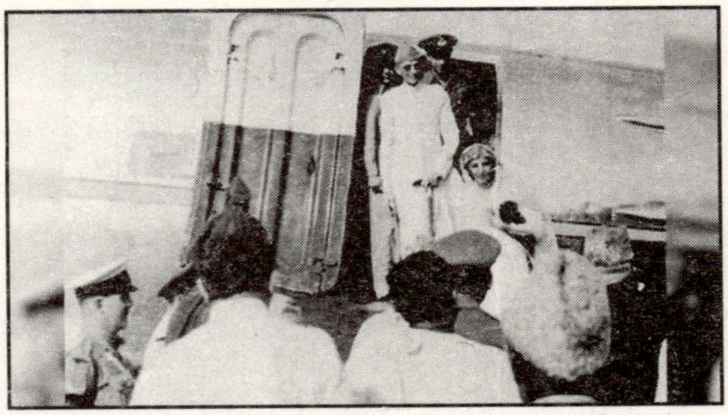

मुहम्मद अली जिन्ना 7 अगस्त, 1947 को दिल्ली से कराची पहुँचने पर हवाई जहाज से उतरते हुए

जिन्ना को इस बात का मलाल था कि उन्हें 'एक लंगड़ा-लूला, कटा-फटा और कीड़ों का कुतरा हुआ' (A maimed, mutiliated and moth-eaten Pakistan) पाकिस्तान मिला। उन्होंने पूरा का पूरा पंजाब और पूरा का पूरा बंगाल, असम के कुछ हिस्से व देश के कुछ अन्य क्षेत्र भी माँगे थे। उनका खयाल था कि अंग्रेज जब मेहरबान हुए हैं तो फिर क्यों न अपनी बात पूरी तरह मनवा ली जाए? जिन्ना की भूख बढ़ चुकी थी। वह थाली में कुछ जरूरत से ज्यादा ही पकवान डलवा लेना चाहते थे। कल्पना कीजिए, यदि जिन्ना की माँग पूरी तरह मान ली गई होती तो क्या होता? तब दिल्ली के अति नजदीक अविभाजित पंजाब के गुड़गाँव के

अतिरिक्त कुरुक्षेत्र, अंबाला, शिमला आदि पाकिस्तान में होते। उधर पूर्व में कलकत्ता के बंदरगाह नगर के अतिरिक्त दीघा, आसनसोल व दार्जिलिंग भी पाकिस्तान में होते।

'कटा-फटा' पाकिस्तान मिलने से निराश होकर मुसलिम लीगियों ने कहा कि कोई बात नहीं, जो कुछ हमने हासिल कर लिया है, वह भी कम नहीं। हमारी असली मंजिल तो दिल्ली की सल्तनत है। लाल किले पर परचम-ए-इसलाम फहराना है। दिलचस्प बात यह है कि ये कट्टरपंथी तत्त्व आधा पाकिस्तान गँवा चुकने के बावजूद आज भी मध्ययुग के हसीन सपने देख रहे हैं। वस्तुतः यह मुल्क मजहबी राजनीति की प्रेतछाया से ग्रस्त हो गया है, जिसने बहुत कुछ अकारथ कर दिया है।

पाकिस्तान बनते ही यह सवाल उठा कि पाकिस्तान किसके लिए बनाया गया ? इस पर लोगों की अलग-अलग राय थी, अलग-अलग नजरिए थे। यह स्थिति आज भी कायम है। मुख्य बात यह है कि पाकिस्तान बनने से पाकिस्तान के आम आदमी या अवाम को क्या फायदा हुआ ? दरअसल, नया मुल्क बनने से सबसे ज्यादा फायदा हुआ पाकिस्तान के बड़े सरमायादारों, वढेरों, जमींदारों, फौजी घरानों, कट्टरपंथी मुल्ला-मौलवियों, सियासी लीडरों और अन्य विभिन्न स्वार्थी तत्त्वों को। सरहदी गांधी खान अब्दुल गफ्फार खान ने 1965 में काबुल में एक इंटरव्यू में कहा था, "आज जो लोग पाकिस्तान की सरकार में सत्ताधारी हैं और जिनके हाथों में सियाह या सफेद है, वे कौन लोग हैं ? वे सब वही लोग हैं, जिनके पुरखे अंग्रेजों के खिदमतगार थे। आप बेशक देख लीजिए, उनमें से एक भी शख्स ऐसा नहीं है, जिसने उस कौम और मुल्क की खिदमत न की हो। ये अंग्रेजों के थालीचट्टे थे।"

एक प्रसिद्ध पाकिस्तानी लेखिका फाराह नाज इस्पाहानी ने 'टाइम्स ऑफ इंडिया' (Times of India) को एक इंटरव्यू (जुलाई 2008) में कहा था कि पाकिस्तान में 1 प्रतिशत लोग 99 प्रतिशत पर राज कर रहे हैं।

पाकिस्तान निर्माण के सिलसिले में यह बात याद रखने की है कि सरहदी सूबे में जिन्ना की मुसलिम लीग का कोई प्रभाव नहीं था। पंजाब में भी मुसलिम लीग का अधिक प्रभाव नहीं था। यहाँ कभी मुसलिम लीग की वजारत नहीं बन पाई थी। मुहम्मद अली जिन्ना के सर्वाधिक समर्थक आज के यूपी और बिहार में थे।

तिजारती कारोबार पर किसका कब्जा

पाकिस्तानी मामलों के जानकार भारतीय पत्रकार फिरोज अशरफ ने, जो अकसर पाकिस्तान जाते-आते रहे, इस विषय पर अध्ययन के बाद अपने एक लेख (15 अगस्त, 2007) में लिखा—"पाकिस्तान बनने का एक और फायदा हुआ गुजराती, मेमन, कच्छी, बोहरे और खोजा मुसलमानों को।" मुसलिम समाज की ये जातियाँ-उपजातियाँ बुनियादी तौर पर व्यापारी हैं। इनमें से कुछ लोगों ने छोटा-मोटा उद्योग भी स्थापित किया,

14 अगस्त, 1947 को पाकिस्तान के स्थापना दिवस पर लॉर्ड माउंटबेटन और मुहम्मद अली जिन्ना तनावपूर्ण माहौल में खुली गाड़ी में कराची की सड़कों से गुजरते हुए

जैसे ढाका में आदमजी जूट मिल। यही वर्ग मुसलिम लीग को फाइनेंस करता था। बाकी मुसलमानों के पास धन कहाँ था, जो पाकिस्तान की माँग को लेकर आंदोलन चलाते? यहाँ-वहाँ यूपी और बिहार के कुछ जागीरदार-जमींदार थे, लेकिन पार्टी चलाने के लिए जितने भारी-भरकम फंड की जरूरत होती है, उतना फंड उनके पास नहीं था। गुजराती मुसलिम व्यापारी तबके इस सच्चाई को जानते थे कि वे एक अखंड विशाल स्वतंत्र भारत में हिंदू उद्योगपतियों और व्यापारियों के सामने नहीं टिक पाएँगे। पाकिस्तान के रूप में एक नए मुल्क का उद्योग और व्यापार उनके हाथों में होगा। वही हुआ भी। पाकिस्तान बनते ही वहाँ का सारा तिजारती कारोबार और उद्योग-धंधा गुजराती मेमनों, कच्छियों, बोहरों और खोजों के हाथ में आ गया। परदे के पीछे का यह एक बेहद मालदार तबका है। इस तबके ने जरूरत के मुताबिक अपने फायदे को ध्यान में रखकर हर किसी का साथ दिया, यहाँ तक कि फौज का भी।

"पाकिस्तान बनने से यूपी, बिहार और हिंदुस्तान के दूसरे इलाकों के पढ़े-लिखे बेरोजगार नौजवानों को भी बेहद फायदा हुआ। उनके अलावा, ऐसे लोगो की भी चाँदी हुई जो यहाँ छोटे-मोटे सरकारी ओहदे पर थे या स्कूल मास्टर, मुंशी, गुमाश्ता, वकील वगैरह थे। एक नए मुल्क में उन्हें न सिर्फ नौकरी मिल गई, बल्कि ऊँचे ओहदे भी उन्होंने हथिया लिये। भारत से पाकिस्तान गए कई मैट्रिक पास लोगों ने खुद को ग्रेजुएट, पोस्ट ग्रेजुएट, मास्टर्स डिग्री होल्डर बताकर नौकरियाँ झाँस ली। बैंकों, रेलवे कस्टम, कॉलेजों—हर तरह की सरकारी सेवाओं में लाखों लोगों ने नौकरियाँ हासिल कीं।"

किस बात का जश्न मनाएँ

उस नए मुल्क में कई तरह के पद खाली थे, जिन्हें भरा जाना ही था। भारत के नौकरी बाजार के मुकाबले में वहाँ मुकाबले आसान थे बल्कि मुकाबला था ही नहीं, क्योंकि जिस इलाके में पाकिस्तान बना था, वहाँ पढ़े-लिखे मुसलिम लोगों की संख्या बहुत कम थी—सिवाय पाकिस्तानी पंजाब के कुछ इलाकों के। मुसलिम लीग के गुंडों द्वारा आरंभ की गई मार-काट के कारणों लाखों की संख्या में पढ़े-लिखे हिंदू-सिख उन इलाकों, विशेषत: पंजाब से पलायन कर गए। इसलिए बहुत बड़ी संख्या में उनकी जगहें खाली हो गईं।

पाकिस्तान बनने का बड़ा फायदा पंजाब और सिंध के जमींदारों को भी हुआ। यह लॉबी इतनी ताकतवर थी और है कि पिछले साढ़े सात दशकों में पाकिस्तान में कृषि सुधार, जमींदारी उन्मूलन, बँधुआ मजदूर, खेत जोतनेवालों को खेती लायक जमीनें देने आदि के प्रोग्राम का कहीं अता-पता नहीं मिलता है। इसी प्रकार सूबा सरहद (अब खैबर-पख्तूनख्वा) के कई कबीलाई सरदारों को भी पाकिस्तान बनने से बहुत फायदा हुआ। अंग्रेजी राज के मुकाबले नई हुकूमत में उनका दबदबा और भी बढ़ गया। अंग्रेजों के समय कबीलाई इलाकों में अंग्रेजी कानून बमुश्किल ही कुछ चलता था, लेकिन पाकिस्तानी हुकूमत में तो वे और भी 'आजाद' हो गए।

हिंदुओं को भगाओ, लूट मचाओ

पश्चिमी पंजाब मूल के एक भारतीय पत्रकार ने अस्सी के दशक के मध्य में पाकिस्तान की अपनी यात्रा के संस्मरण लिखे थे। ये दिल्ली की एक अंग्रेजी पत्रिका 'सूर्या इंडिया' (Surya

India) के अगस्त 1985 के अंक में प्रकाशित हुए। उसमें उसने एक जगह लिखा कि लाहौर में एक पाकिस्तानी मित्र, जो स्कूल के दिनों में उसका सहपाठी था, ने बताया—

After you left, we captured your business by and by and made good in life.

(आप लोगों के जाने के कुछ अरसा बाद हमारे लोगों ने आप के कारोबार पर कब्जा कर लिया और जिंदगी में अपनी एक हैसियत बना ली।)

'जिन्ना' (Jinnah) पुस्तक के पाकिस्तानी मूल के लेखक इश्तियाक अहमद ने लिखा है कि न केवल भारत से आनेवाले मुसलिम शरणार्थियों ने, बल्कि स्थानीय लोगों ने भी पाकिस्तान से निकल भागनेवाले हिंदुओं और सिखों के मकानों और जमीन-जायदादों पर गैर-कानूनी ढंग से कब्जा कर लिया। यह अफवाह उड़ गई कि पाकिस्तान छोड़कर जाने से पहले उन्होंने सोना और जेवर जमीन में गाड़ दिया और बाद में उन्हें आकर ले जाएँगे या अमन-चैन बहाल हो जाने पर वापस आ सकते हैं। इसका नतीजा यह हुआ कि लोगों ने सोने-चाँदी की खोज में हजारों परित्यक्त मकानों को खोद डाला।

इश्तियाक अहमद ने आगे लिखा है—

I can add from my growing-up years in Lahore that it was common knowledge that in all the posh and upscale localities the civil servants and their relatives were the first to grab the houses of the Hindus and Sikhs. On the other hand the Muslims of eastern Punjab were mostly poor.

(मैं उस समय लाहौर में जवानी की दहलीज की ओर बढ़ रहा था और अपनी ओर से यह जोड़ सकता हूँ कि यह आम जानकारी का विषय था कि सभी उच्चवर्गीय और वैभवशाली इलाकों में सरकारी कर्मचारी और उनके रिश्तेदार हिंदुओं और सिखों के मकानों को हथियाने में अग्रणी थे।...दूसरी और पूर्वी पंजाब के मुसलमान ज्यादातर गरीब थे।)

सच निकली याह्या खान की भविष्यवाणी

पाकिस्तान निर्णाण के औचित्य पर पाकिस्तानी लेखक शुजा नवाज ने पाकिस्तान की फौज पर अपनी पुस्तक 'खिंचती तलवारें : पाकिस्तान, इसकी फौज और अंदरूनी लड़ाइयाँ (Crossed Swords : Pakistan, its Army, and the Wars within) में लिखा है—

Major Agha Mohammad Yahya Khan (later President of Pakistan, General Yahya Khan) said in June 1947 at the 'break-up' party at the Staff College in Quetta to Colonel S.D. Verma, the chief instructor—'Sir! What are we celebrating, we would have been a strong and powerful nation. Now we will be fighting one another.'

(मेजर आगा मुहम्मद याह्या खान (बाद में पाकिस्तान के राष्ट्रपति जनरल याह्या खान) ने जून 1947 में स्टाफ कॉलेज क्वेटा में 'विसर्जन पार्टी' में मुख्य प्रशिक्षक कर्नल एस.डी. वर्मा को कहा, "सर! हम लोग किस बात का जश्न मना रहे हैं? हम लोग एक मजबूत और शक्तिशाली राष्ट्र हो सकते थे। अब हम एक-दूसरे के खिलाफ लड़ रहे होंगे।")

'जिन्ना' (Jinnah) पुस्तक के लेखक इश्तियाक अहमद ने मेजर याह्या के कथन पर टिप्पणी

करते हुए लिखा है—Yahya Khan's foresight proved prophetic (याह्या खान की दूरदृष्टि भविष्यबोधक साबित हुई।)

एक तरफ जहाँ आजादी का जश्न मनाया जा रहा था, वहीं सरहद के दोनों ओर लाखों की संख्या में शरणार्थियों के काफिले आ-जा रहे थे। वस्तुत: यह आजादी की लहर नहीं, प्रलय का आगमन था।

विवादों में जन्मे देश का जन्मदिन भी विवाद में

विवादों में जन्मे देश पाकिस्तान का जन्मदिन भी शुरू में ही विवादग्रस्त हो गया। 'इतिहास की हत्या' (Murder of History) नाम की अपनी पुस्तक में पाकिस्तानी इतिहासकार के.के. अजीज लिखते हैं—"धारणा यही है और आजादी के सरकारी समारोहों ने इसे मजबूत ही किया है, कि पाकिस्तान 14 अगस्त को आजाद हुआ, लेकिन यह सच नहीं है। जो भारतीय स्वाधीनता विधेयक (Indian Independence Bill) 4 जुलाई को ब्रिटिश संसद् में पेश हुआ था और जिसने 15 जुलाई को कानून की शक्ल अख्तियार कर ली थी, उसमें कहा गया था कि 14 अगस्त की आधी रात को भारत का बँटवारा होगा, जिससे भारत और पाकिस्तान नाम के दो देश वजूद में आ जाएँगे।"

अजीज आगे लिखते हैं—"इन दो नए देशों को सत्ता का हस्तांतरण अंतिम वायसरॉय लॉर्ड माउंटबेटन को करना था, जो भारत में ब्रिटिश साम्राज्य के एकमात्र प्रतिनिधि थे, लेकिन माउंटबेटन एक ही वक्त पर नई दिल्ली और कराची में मौजूद नहीं हो सकते थे न ही ऐसा हो सकता था कि वह 15 अगस्त को पहले भारत को सत्ता का हस्तांतरण करें और फिर कराची जाएँ, क्योंकि भारत को सत्ता हस्तांतरित करते ही कानून के मुताबिक उनकी भूमिका भारत के गवर्नर जनरल की हो जानी थी। इसलिए व्यावहारिक रास्ता यही था कि वह वायसरॉय रहते हुए 14 अगस्त को ही पाकिस्तान को सत्ता हस्तांरित कर दें और भारत के लिए यह काम अगले दिन हो, लेकिन इसका मतलब यह नहीं है कि पाकिस्तान को अपनी आजादी 14 अगस्त को मिली, क्योंकि इंडियन इंडिपेडेंस एक्ट में यह तारीख 15 अगस्त ही थी।"

आजादी का दिन 15 अगस्त, मनाते हैं 14 को!

पाकिस्तान के पूर्व प्रधानमंत्री चौधरी मुहम्मद अली ने भी लिखा है कि 15 अगस्त को मुहम्मद अली जिन्ना पाकिस्तान के गवर्नर जनरल बने, कैबिनेट ने शपथ ली, चाँद-सितारे वाला झंडा फहराया गया और दुनिया के नक्शे पर पाकिस्तान वजूद में आया।

खुद मुहम्मद अली जिन्ना ने 15 अगस्त, 1947 को 'पाकिस्तान ब्रॉडकास्टिंग सर्विस' की शुरुआत करते हुए देश के नाम यह संदेश जारी किया था—"ढेर सारी खुशियों के साथ मैं आपको बधाइयाँ देता हूँ। 15 अगस्त स्वतंत्र और पूर्ण सत्ता संपन्न राष्ट्र पाकिस्तान का जन्मदिन है," 1948 में पाकिस्तान ने जो पहला डाक टिकट जारी किया, उसमें आजादी की तारीख 15 अगस्त, 1947 ही दर्ज है।

लेकिन आज रेडियो पाकिस्तान 15 अगस्त की बधाई वाला जिन्ना का संदेश 14 अगस्त को प्रसारित करता है। दरअसल, 1948 में जश्ने आजादी की इस तारीख को 14 अगस्त कर दिया

गया था। ऐसा क्यों हुआ, इसकी पड़ताल करने पर अलग-अलग बातें सामने आती हैं। कई रिपोर्टों में कहा गया है कि उस साल 14 अगस्त को रमजान का 27वाँ दिन यानी शब-ए-कद्र पड़ रहा था। मान्यता है कि इसी रात धार्मिक ग्रंथ 'कुरआन' मुकम्मल हुआ था। इसके बाद पाकिस्तान का स्वतंत्रता दिवस 14 अगस्त को ही मनाया जाने लगा। यह भी कहा जाता है कि 14 अगस्त को वायसरॉय के सत्ता हस्तांतरित करने के बाद ही कराची में पाकिस्तानी झंडा फहरा दिया गया था और इसलिए बाद में पाकिस्तान के स्वतंत्रता दिवस की तारीख 14 अगस्त ही कर दी गई।

हालाँकि भारत और पाकिस्तान में एक वर्ग है, जिसका मानना है कि पाकिस्तान ने अपने स्वतंत्रता दिवस की तारीख 14 अगस्त इसलिए की कि उसे भारत से अलग दिखना था। कुछ तो इसके तार राष्ट्रवाद से जोड़ते हुए यह भी कहते हैं कि पाकिस्तान के कर्ता-धर्ता यह दिखाना चाहते थे कि उनका देश भारत से एक दिन पहले आजाद हुआ है। दुनिया का शायद यह एक ही देश है, जो अपने स्थापना दिवस या आजादी के दिन के बारे में वर्षों से कन्फ्यूजन में पड़ा हुआ है।

फिर नहीं बनाएँगे पाकिस्तान!

पाकिस्तान के मशहूर व्यंग्यकार, कवि इब्ने इंशा ने अपनी मशहूर किताब 'उर्दू की आखिरी किताब' में पाकिस्तान के बारे में लिखा—

"ईरान में कौन रहता है?"

"ईरानी।"

"इंग्लैंड मे?"

"अंग्रेज।"

"यह कौन-सा मुल्क है?"

"पाकिस्तान।"

"इसमें पाकिस्तानी कौम रहती होगी?"

"जी नहीं, इसमें सिंधी कौम, पंजाबी कौम, बंगाली कौम और बलोच व पठान कौम है।"

"लेकिन सिंधी, पंजाबी, बंगाली और पठान तो हिंदुस्तान में भी हैं। तो फिर यह अलग मुल्क क्यों बनाया?"

"गलती हुई। माफ कीजिए। आगे नहीं बनाएँगे!"

□

12

जिन्ना की 'ऐतिहासिक स्पीच' : एक ऐतिहासिक पाखंड

पाकिस्तान के संस्थापक मुहम्मद अली जिन्ना द्वारा 11 अगस्त, 1947 को पाकिस्तान की संविधान सभा में दी गई स्पीच में सभी धर्म-समुदायों के लोगों को बराबरी का दर्जा देने और धर्म को मात्र एक निजी आस्था का मामला बताने की जो बात कही गई थी, वह पूर्णतया शब्दाडंबर साबित हुई। लेकिन कई कथित उदारवादी बुद्धिजीवी इस स्पीच के जाल में फँस जाते रहे हैं। जिन्ना की यह स्पीच अपने ढंग की पहली और आखिरी स्पीच थी। खुद जिन्ना और उनके उत्तराधिकारियों ने इस स्पीच को गत्तालखाते में डाल दिया, बल्कि इसके बाद की जिन्ना की कई स्पीचों में उन्होंने यह स्पष्ट कर दिया कि पाकिस्तान एक इसलामी रियासत बनेगा।

सर्वधर्म समभाव का आभास देनेवाली जिन्ना की इस स्पीच के बाद ही पाकिस्तानी पंजाब से हिंदू-सिखों के नस्ली सफाए के अभियान ने जोर पकड़ा और मुसलिम-बहुल रियासत होने की आड़ में जिन्ना के निर्देश पर जम्मू-कश्मीर को हड़पने के लिए वहशियाना हमला किया गया।

मुहम्मद अली जिन्ना द्वारा 11 अगस्त, 1947 को यानी पाकिस्तान के वजूद में आने के तीन दिन पहले, पाकिस्तान की संविधान सभा में दी गई भूली-बिसरी स्पीच पिछले कुछ वर्षों से बहुत चर्चित होने लगी है। हालाँकि आज के दिन इसे बौद्धिक विलास का एक विषय कहना अधिक उपयुक्त होगा। विचित्र बात यह है कि भारत के बुद्धिजीवियों और राजनीतिज्ञों का एक वर्ग इस स्पीच पर फिदा है। बिना इस मामले की तह में गए उथली जानकारी के आधार पर अपने को इतिहास का परमज्ञाता समझ बैठने का कोई औचित्य नहीं है। कई 'अति बुद्धिजीवियों' ने जिन्ना को परम सेक्युलर और उदार नेता घोषित करते हुए कतिपय भारतीय नेताओं को ही खलनायक बता दिया है। वे जिन्ना की इस स्पीच को आधार बना कर जिन्ना की 'धर्मनिरपेक्ष छवि' का ढोल पीटते रहते हैं।

स्पीच के प्रासंगिक अंश

पहले अंग्रेजी में दी गई जिन्ना की उस 'ऐतिहासिक स्पीच' के प्रासंगिक अंश पढ़ लिए जाएँ, जो इस प्रकार हैं—

You are free, to go to your temples, you are free to go to your mosques or any other place of worship in this state of Pakistan. You may belong to any religion or caste or creed; that has nothing to do with the business of the state··· We are starting with this fundamental principle that we are all citizens, and equal citizens of one state··· Now, I think we should keep that in front of us as our ideal and you will find that in course of time Hindus would cease to be Hindus and Muslims would cease to be Muslims not in the religious sense, because that is the personal faith of each individual, but in the political sense as citizens of the state.

(आप स्वतंत्र हैं। आप इस पाकिस्तान राज्य में अपने मंदिरों में जाने को स्वतंत्र हैं। आप अपनी मसजिदों या किसी भी उपासना-स्थल में जाने को स्वतंत्र हैं। आप किसी धर्म, जाति या पंथ के अनुयायी हों, उससे हुकूमत को कोई लेना-देना नहीं होगा···हम इस बुनियादी सिद्धांत से आरंभ कर रहे हैं कि हम सब नागरिक हैं और एक राज्यसत्ता के समान स्तर के नागरिक हैं।···अब मैं समझता हूँ कि हमें अपने सामने इसे अपने एक आदर्श के रूप में रखना चाहिए और आप पाएँगे कि समय बीतते-बीतते न कोई हिंदू होगा, न कोई मुसलमान होगा। मतलब, धार्मिक दृष्टि से नहीं, क्योंकि वह प्रत्येक व्यक्ति की निजी आस्था का मामला है, लेकिन राजनीतिक दृष्टिकोण से सब देश के नागरिक के रूप में होंगे।)

स्पीच नष्ट होने से बची

सचमुच एक महान स्पीच! एक ऐतिहासिक स्पीच! लेकिन लुत्फ की बात यह है कि पाकिस्तान में इस स्पीच को कभी कोई महत्त्व नहीं दिया गया। जिन्ना के जीवनकाल में रेडियो पाकिस्तान से उक्त स्पीच का कभी प्रसारण नहीं किया गया। ताकतवर नौकरशाहों और सियासतदानों ने आदेश दिया कि इसे प्रसारित नहीं करना है। आज तक इसका प्रसारण नहीं किया गया। आज तक उक्त स्पीच के टेप का कोई अता-पता नहीं, हालाँकि स्पीच की स्क्रिप्ट ढूँढ़ निकाली गई है। पाकिस्तान के आईन में इस स्पीच की भावना का कोई नामोनिशान नहीं है। पाकिस्तान का पहला संविधान 1956 में लागू हुआ, दूसरा 1962 में और तीसरा 1973 में। इन तीनों संविधानों का या उनकी प्रस्तावनाओं का जिन्ना की उक्त स्पीच से कोई सरोकार नहीं। तब वह स्पीच किस काम की? पाकिस्तान एक इसलामी गणतंत्र है—'इसलामी जम्हूरिया-ए-पाकिस्तान।' वहाँ के बचे-

खुचे अल्पसंख्यक वहाँ के दूसरे नहीं, तीसरे दर्जे के नागरिक हैं। पाकिस्तानी सत्ता-प्रतिष्ठान ने जिन्ना की स्पीच के उक्त अंश को सख्त नापसंद किया और उस पर सेंसर लगा दिया! जिन्ना के अखबार 'डॉन' (DAWN) के संपादक अल्ताफ हुसैन को काफी दौड़-धूप करने के बाद पाकिस्तानी अधिकारियों ने बिना काट-छाँट के पूरी स्पीच छापने की इजाजत दी। पाकिस्तान के दूसरे अखबारों ने स्पीच के इन अंशों को छापने की कोई जरूरत नहीं समझी। पाकिस्तान के एक प्रधानमंत्री जुल्फिकार अली भुट्टो, जिन्हें बाद में फौजी शासन ने फाँसी पर लटका दिया था, का कहना था कि सूचना मंत्री जनरल शेरअली की हिदायत पर इस स्पीच को जला देने या आईनसाज असेंबली के रिकॉर्ड से हटा देने की कोशिश की गई। गनीमत है कि यह स्पीच पाकिस्तान की संविधान सभा के अभिलेखागार में सुरक्षित बची रह गई।

जिन्ना की यह स्पीच 23 मार्च, 1940 को लाहौर में मुसलिम लीग के अधिवेशन में 'हिंदू-मुसलिम दो कौम' के सिद्धांत का प्रतिपादन करते हुए मुसलमानों के लिए अलग 'होमलैंड' की माँग और उसके बाद सात साल की अवधि में दिए गए जहरीले भाषणों से मेल नहीं खाती। 16 अगस्त, 1946 को कलकत्ता में 'डाइरेक्ट एक्शन डे' के जिहादी कत्लेआम से पहले दिए गए जिन्ना के भड़कीले भाषण समकालीन समाचार-पत्रों में आज भी पढ़े जा सकते हैं।

जिन्ना की कथनी बनाम करनी

चलिए, यह मान लिया जाए कि पाकिस्तान बनते ही जिन्ना के दिल-दिमाग में क्रांतिकारी परिवर्तन हो गया, लेकिन प्रश्न यह है कि क्या जिन्ना की कथनी ओर करनी कभी एक रही? दुनिया में कई ऐसे भी तानाशाह हुए हैं, जिन्होंने लोकतांत्रिक मूल्यों को ताक पर रख दिया, लेकिन उनके कई ऐसे भाषण भी मौजूद हैं, जिनमें उन्होंने लोकतंत्र के कसीदे पढ़े। तो क्या उन्हें लोकतंत्र का चैंपियन मान लिया जाए?

किसी व्यक्ति के चरित्र, व्यक्तित्व और कृतित्व पर समग्रता से विचार करने की आवश्यकता होती है। खंडित दृष्टि को 'अनैतिहासिक दृष्टिकोण' कहा जाएगा। जिन्ना का यह अकेला भाषण, जिसे पाकिस्तान में कोई महत्त्व नहीं दिया गया, यहाँ तक कि उसे रिकार्ड से हटाने का भी प्रयास किया गया, क्या जिन्ना का समग्र जीवन दर्शन था? जिन्ना भिन्न मौकों पर भिन्न भाषा बोलते रहे, ताकि अपने कबीलों को एक साथ रख सकें।

पाकिस्तानी मूल के स्वीडिश लेखक इश्तियाक अहमद ने जिन्ना पर अपनी चर्चित पुस्तक में लिखा है कि 11 अगस्त, 1947 की जिन्ना की स्पीच उनकी एकमात्र ऐसी स्पीच है, जिसमें धर्मनिरपेक्ष राज्यसत्ता के आदर्श या प्रतिमान का आभास होता है, लेकिन यह स्पीच खुद जिन्ना और उनके नजदीकी सहयोगियों द्वारा ही किनारे कर दी गई।

पाकिस्तान के सर्वप्रमुख प्रांत पंजाब से हिंदू-सिखों के नस्ली सफाए के अभियान ने जिन्ना की इस स्पीच के बाद ही जोर पकड़ा। वैसे मुसलिम लीग ने अपनी मुहिम मार्च 1947 में यानी पाकिस्तान बनने से पहले ही पश्चिमी पंजाब में हिंदू-सिखों के नरसंहार के रूप में शुरू कर दी थी। धर्मनिरपेक्षता का गुणगान करनेवाली इस 'ऐतिहासिक स्पीच' के बाद ही जिन्ना के निर्देश पर मुसलिम-बहुल आबादी की आड़ में जम्मू-कश्मीर रियासत को हड़पने के लिए नृशंस हमला किया गया। इस कबाइली हमले में कत्लेआम, लूटपाट और महिलाओं का शीलहरण किया गया। जिन्ना

का कहना था कि उन्हें कुतरा हुआ पाकिस्तान मिला। जिन्ना की हुकूमत ने इस वहशी हमले द्वारा 'कुतरा हुआ जम्मू-कश्मीर' प्राप्त कर लिया। पंजाब के हिंदू-सिखों के नस्ली सफाए के अभियान और जम्मू-कश्मीर पर वहशी हमले को यकीनन धर्मनिरपेक्ष कारनामे नहीं कहा जा सकता।

जिन्ना की स्पीच का असली मकसद

'जिन्ना' के लेखक इश्तियाक अहमद ने इस बात की ओर ध्यान दिलाया है कि जिन्ना ने 11 अगस्त को धर्मनिरपेक्षवादी भाषण विदेशी मेहमानों की उपस्थिति में दिया था। यह भाषण पाकिस्तानी पंजाब में हिंदू-सिखों पर शुरू हो चुके जबरदस्त हमलों की प्रतिक्रिया में हिंदुस्तानी पंजाब में मुसलमानों पर हो रहे हमलों के कारण वहाँ से मुसलमानों के पलायन के मद्देनजर दिया गया था। जिन्ना को इस बात का डर था कि ऐसी स्थिति पैदा हो सकती है, जब भारत के अन्य हिस्सों के मुसलमान भी पाकिस्तान में शरण लेने के लिए वहाँ पहुँच जाएँ। भारत के 3.5 करोड़ मुसलमानों के पाकिस्तान में शरणार्थी के रूप में पहुँच जाने से पाकिस्तान धराशायी हो जाएगा। पाकिस्तान में मुसलिम लीग के गुंडों द्वारा किए जा रहे हिंदुओं और सिखों के कत्लेआम को रोकने के लिए जिन्ना ने कोई प्रयास नहीं किया। जिंदगी भर ड्राइंगरूम की पॉलिटिक्स करनेवाले जिन्ना ने कुछ अरसा बाद अमन बनाए रखने की एक अपील जारी करने की रस्म अदायगी जरूर कर दी, जबकि भारतीय नेताओं ने भारत से मुसलमानों के निष्क्रमण को रोकने के लिए तन-मन-धन से प्रयास किए। खुद प्रधानमंत्री जवाहरलाल नेहरू दिल्ली में कई-एक बार हिंदुओं की उत्तेजित भीड़ को मुसलमानों पर हमला करने से रोकने के लिए अपनी जान पर खेलकर भीड़ में कूद पड़े।

मौलाना आजाद की जज्बाती तकरीर

मौलाना आजाद ने इसी दौर में जामा मसजिद की सीढ़ियों से एक विशाल मुसलिम समुदाय को संबोधित करते हुए अपनी ऐतिहासिक जज्बाती तकरीर में उन्हें पाकिस्तान जाने से रोकने के लिए समझाया-बुझाया था। मौलाना ने कहा, "आप मादरे वतन छोड़कर जा रहे हैं। आपने सोचा है कि इसका अंजाम क्या होगा? आपके इस तरह फरार होते रहने से हिंदुस्तान में बसनेवाले मुसलमान कमजोर हो जाएँगे और एक वक्त ऐसा भी आ सकता है, जब पाकिस्तान के इलाकाई बाशिंदे अपनी-अपनी जुदागाना हैसियतों का दावा लेकर उठ खड़े हों—बंगाली, पंजाबी, सिंधी, बलूची और पठान खुद को मुस्तकिल (चिरस्थायी) कौमें करार देने लगें। क्या उस वक्त आपकी पोजीशन पाकिस्तान में बिन-बुलाए मेहमान की तरह नाजुक और बेकसाना (निस्सहाय) नहीं रह जाएगी? हिंदू आपका मजहबी मुखालिफ तो हो सकता है—कौमी और वतनी मुखालिफ नहीं है। आप इस सूरते हाल से निपट सकते हैं, लेकिन पाकिस्तान में आपको किसी वक्त भी कौमी और वतनी मुखालफत का सामना करना पड़ा जाएगा, जिसके आगे आप बिल्कुल बेबस हो जाएँगे।"

मौलाना की इस स्पीच का काफी असर हुआ और बहुत-से मुसलमानों ने पाकिस्तान जाने का विचार त्याग दिया। जो पाकिस्तान चले गए और वहाँ 'मुहाजिर' कहलाए। उनमें ज्यादातर की बड़ी दुर्दशा हुई, जिसकी पेशीनगोई मौलाना ने की थी। अब ये लोग वापस लौटने की स्थिति में भी नहीं रह गए थे।

15 अगस्त, 1947 को आजादी के दिन महात्मा गांधी दिल्ली में नहीं कलकत्ता में थे। कलकत्ता में आम चर्चा थी कि 16 अगस्त, 1946 के 'डाइरेक्ट एक्शन डे' पर मुसलिम लीग की प्रांतीय हुकूमत के तहत हिंदुओं का जो कत्लेआम हुआ था, उसका बदला 16 अगस्त, 1947 को मुसलमानों के रक्तस्नान से लिया जाएगा। गांधीजी ने मुसलमानों की हिफाजत के लिए अपने प्राणों की बाजी लगा दी। हिंदुओं और मुसलमानों, दोनों ने उनका कहना मान लिया और कलकत्ता एक दूसरी खूँरेजी से बच गया। जिन्ना न तो 'डाइरेक्ट एक्शन डे' के हिंसाचार के बाद दंगा पीड़ितों के बीच कलकत्ता गए, न ही बिहार में गए, जहाँ कुछ ही दिन बाद जवाबी कारवाई में बड़ी संख्या में मुसलमान मारे गए। गांधीजी पूर्वी बंगाल में नोआखाली भी गए, जहाँ बड़ी संख्या में हिंदू मारे गए थे। गांधीजी शांति स्थापित करने के लिए बिहार में भी जगह-जगह गए। खान अब्दुल गफ्फार खान ने भी बिहार का दौरा किया। जिन्ना 23 फरवरी को कराची में बिहार के मुसलिम शरणार्थियों के कैंप में तो गए, लेकिन उन्होंने बिहार का दौरा करने की जरूरत नहीं समझी।

मुहम्मद अली जिन्ना आजादी के पहले या उसके बाद कभी किसी दंगा-प्रभावित या दंगा-आशंकित स्थान का दौरा करने नहीं गए। जिन्ना सिंतबर-अक्तूबर में लाहौर गए, जहाँ उनका मुख्य उद्देश्य कश्मीर पर कब्जा करने के पाकिस्तान के अभियान के बारे में विचार-विमर्श करना था। 4 सितंबर, 1947 को लाहौर में मुसलिम रिफ्यूजी कैंप में 'पाकिस्तान मुर्दाबाद-मुर्दाबाद' के नारे लगे। इसका उल्लेख पाकिस्तानी पंजाब के गवर्नर सर फ्रांसिस मुडी ने मुहम्मद अली जिन्ना को 5 सितंबर, 1947 को लिखे अपने सरकारी पत्र में भी किया है। 'पाकिस्तान टाइम्स' (Pakistan Times) के 7 नवंबर, 1947 के अंक में प्रकाशित समाचार के अनुसार, जिन्ना पहली बार 6 नवंबर, 1947 को लाहौर के वाल्टन रिफ्यूजी कैंप गए, जहाँ हजारों की संख्या में भारत से आए मुसलिम शरणार्थी बड़ी दयनीय अवस्था में अपने दिन काट रहे थे। यहाँ उन्होंने अपनी आदत के अनुसार दंगों के लिए पूरी तरह भारत को दोषी ठहराया। 'जिन्ना' पुस्तक के लेखक इश्तियाक अहमद के अनुसार, उनके एक अत्यंत नजदीकी और विश्वसनीय मित्र ने उन्हें बताया कि वह स्पेशल फोर्स में था और उसने जिन्ना की सुरक्षा का दायित्व निभाया था। कैंप में उत्तेजित मुसलिम शरणार्थियों ने जोर-से चिल्लाते हुए जिन्ना को गलियाँ बकीं और मुल्क की तकसीम के कारण उनके परिवारों के तबाह हो जाने के लिए जिन्ना को बद्दुआएँ दीं। लाहौर में तो एक बार जिन्ना की जान को गंभीर खतरा उत्पन्न हो गया था।

इधर भारत में यदि यहाँ के नेता मुसलमानों का पलायन रोकने का प्रयास नहीं करते या पाकिस्तान की सत्ताधारी पार्टी की तरह आचरण करते तो पाकिस्तान की तरह हिंदुस्तान भी अल्पसंख्यकों यानी मुसलमानों से बहुत हद तक खाली हो जाता।

क्या अहमियत है जिन्ना की स्पीच की

'जिन्ना की ऐतिहासिक स्पीच' के शैदाइयों से पूछा जा सकता है कि उस स्पीच की क्या अहमियत है, जिसे खुद जिन्ना और उनके उत्तराधिकारियों ने गत्तालखाते में डाल दिया। उस स्पीच के बाद जिन्ना ने सर्वधर्म समभाव का आभास देनेवाली कोई स्पीच नहीं दी। इस तरह की यह उनकी पहली और आखिरी स्पीच थी। पाकिस्तान के आम लोगों ने भी कभी उक्त स्पीच को महत्त्व नहीं दिया बल्कि कट्टरपंथियों ने यह कहते हुए उसका मजाक उड़ाया कि अगर न कोई हिंदू है,

न मुसलमान है और सब बराबर हैं, धर्म केवल निजी मामला है और यदि धर्म-समुदाय से मुल्क को कोई मतलब नहीं तो फिर पाकिस्तान बनाने की जरूरत ही क्या थी? इस पूरे खेल को घोर अवसरवादी और विरोधाभासी राजनीति कहा जाएगा। तथ्य यह है कि जिन्ना ने अपनी उक्त स्पीच के बाद कई जगहों पर भाषण देते हुए स्पष्ट किया था कि पाकिस्तान एक इसलामी राज्य बनेगा और उसका संविधान और कायदे-कानून 'कुरान' और 'सुन्ना' पर आधारित होंगे।

पाकिस्तान बनने के बावजूद बहुत जल्द ही यह जाहिर हो गया था कि धार्मिक समुदायों के साथ समान नागरिक के तौर पर बर्ताव नहीं किया जाएगा। इसका पहला बड़ा संकेत तब मिला, जब प्रधानमंत्री लियाकत अली खान ने संविधान सभा में उद्देश्य प्रस्ताव पेश करते हुए मुसलिम राष्ट्र-राज्य की बात कही। पाकिस्तानी संविधान की प्रस्तावना में धर्मनिरपेक्षता का कोई तत्त्व नहीं है।

वैसे यह एक अच्छी बात है कि जिन्ना की जिस स्पीच की वर्षों कोई चर्चा नहीं होती थी, मानो यह स्पीच कभी दी ही नहीं गई हो, आजकल चर्चा में आती रहती है। पाकिस्तान के उदारवादी काफी सदाशयता के साथ जिन्ना की 11 अगस्त, 1947 की स्पीच का उल्लेख करते हैं और चाहते हैं कि जिन्ना के उक्त भाषण को संविधान का हिस्सा बनाते हुए उसे कानून व नीतियों के निर्माण में मार्गदर्शक माना जाए, लेकिन क्या यह संभव है? क्या पाकिस्तान के नक्कारखाने में तूती की आवाज सुनी जाएगी? वस्तुत: 11 अगस्त का जिन्ना का भाषण पाकिस्तान की विफलता दिखानेवाला दस्तावेज है। वहाँ के उदारवादी इससे सबक ले सकते हैं कि मजहब के आधार पर जो देश बनेगा, वह कट्टर और सर्वसमावेशी लोकतंत्रवादी व उदारवादी नहीं होगा। दकियानूसी विचारों से किसी आधुनिक राष्ट्र-राज्य की स्थापना नहीं की जा सकती।

□

13

भारतीय मुसलिम अफसरों को पाकी खुफिया पैगाम– 'वहीं जमे रहो, लीग का काम करो'

देश के बँटवारे के समय हिंदू-मुसलिम आबादी की अदला-बदली की माँग करनेवाली मुसलिम लीग ने जिस प्रकार पलटी मारी, उससे उसके असली इरादों की कलई उतर गई। इतना ही नहीं, पाकिस्तान सरकार ने विभाजन के तुरंत बाद भारत में सरकारी सेवा में ऊँचे पदों पर कार्यरत कतिपय भरोसेमंद मुसलिम अफसरों को खुफिया हिदायत दी कि वे वहीं जमे रहें और मुसलिम लीग का अधूरा कार्य पूरा करें।

देश के विभाजन के समय हिंदू-मुसलिम आबादी की अदला-बदली की माँग करनेवाली मुसलिम लीग ने किस प्रकार पलटी मारी और भारत छोड़कर पाकिस्तान आनेवाले मुसलमानों के बारे में अपने रुख में परिवर्तन किया, इसका दस्तावेजी विवरण प्रो. दरबारा सिंह की पुस्तक 'पंजाब की त्रासदी' (The Punjab Tragedy) में दिया गया है, जो इस प्रकार है।

सिर्फ पूर्वी पंजाब के मुसलिम पाकिस्तान आएँ

18 सितंबर, 1947 : दैनिक 'हिंदुस्तान टाइम्स' (Hindustan Times) के कानपुर संवाददाता ने एक महत्त्वपूर्ण खुफिया जानकारी का खुलासा किया। उसने अपने समाचार में बताया कि पाकिस्तान सरकार ने भारत के विभिन्न प्रांतों में ऊँचे पदों को धारण करनेवाले कतिपय भरोसेमंद मुसलिम अफसरों को निर्देश दिया कि वर्तमान चिंताजनक हालात के बावजूद वे अपने सरकारी पद व हैसियत को छोड़ें नहीं। जहाँ पर हैं वहीं रहें और मुसलिम लीग का अधूरा काम पूरा करें। इसकी सख्त जरूरत है। उन्हें ध्यान दिलाया गया कि वित्तीय तौर पर भी वे मुसलिम कौम का बेहतर ढंग से हित साधन करेंगे, यदि वे वहीं रह जाएँ और अन्य बेरोजगार मुसलमानों को पाकिस्तान के बजाय भारत में रोजगार प्राप्त करने में मदद करें। वर्तमान नाजुक दौर में उनका सामूहिक रूप से भारत से पलायन पाकिस्तान के अपर्याप्त साधन स्रोतों को चोट पहुँचाएगा और उसकी सभी योजनाओं को गड़बड़ा देगा।

भारतीय मुसलिम अफसरों को पाकी खुफिया पैगाम—'वहीं जमे रहो, लीग का काम करो'95

7 अक्तूबर, 1947 : सिंध के गवर्नर गुलाम हुसैन हिदायतुल्ला ने कराची में एक सभा को संबोधित करते हुए कहा, "मुझे जिन्ना साहब ने कहा है कि आपको यह पैगाम दे दें कि वे आबादी की अदला-बदली नहीं चाहते।" यह कुछ अजीब-सी बात थी, क्योंकि जिन्ना ने बिहार की घटनाओं के समय से 'हिंदू-मुसलिम दो कौम' के सिद्धांत की रट लगा रखी थी और पाकिस्तान को एकल कौम वाली राज्यसत्ता बनाने के लिए हिंदुओं और सिखों के कत्ल को प्रोत्साहित करना शुरू कर दिया था, लेकिन अब उन्होंने अपना मन बदल लिया। गुलाम हुसैन को यह भी बताना चाहिए था कि जिन्ना ने अपना मन क्यों बदला?

8 अक्तूबर, 1947 : पाकिस्तान के प्रधानमंत्री लियाकत अली खान ने भारत सरकार को सूचित किया कि पाकिस्तान सरकार पूर्वी पंजाब और वहाँ की देशी रियासतों पटियाला, जींद, फरीदकोट और नाभा को छोड़कर भारत के किसी अन्य प्रांत या देशी रियासत के किसी शरणार्थी को लेने के लिए तैयार नहीं है।

लाहौर की एक मीटिंग में, जिसमें भारत की ओर से के.सी. नियोगी और एन. गोपालास्वामी आयंगर मौजूद थे, लियाकत अली खान ने अनुरोध किया कि भारत अब और मुसलमानों को पाकिस्तान नहीं भेजे। भारतीय प्रतिनिधियों ने अपनी सरकार की पॉलिसी को दोहराते हुए कहा कि हम उन मुसलमानों को जो भारत छोड़कर चले जाने को आतुर हैं, उनकी मर्जी के खिलाफ रोकेंगे नहीं। वे अपनी पसंद तय करने के लिए आजाद हैं। भारतीय प्रतिनिधियों ने पाकिस्तानी प्रधानमंत्री को सिंध, बलूचिस्तान और फ्रंटियर प्रांत छोड़ रहे हिंदुओं की याद दिलाई। इसलिए भारत से मुसलमानों के पलायन को एक छोटे प्रांत पूर्वी पंजाब तक सीमित रखना तब तक संभव नहीं है, जब तक पाकिस्तान अपने यहाँ सिंध और फ्रंटियर प्रांत के गैर-मुसलिमों को रोके रखने में कामयाब नहीं होता।

दिल्ली व यूपी के मुसलमान पाकिस्तान नहीं आएँ

9 अक्तूबर, 1947 : लियाकत अली खान ने एक बयान में लाहौर में 8 अक्तूबर को संयुक्त बैठक में अपनाए गए रुख को तबदील करते हुए कहा, "मैंने यह स्पष्ट कर दिया है कि पाकिस्तान किसी मुसलिम को पाकिस्तान में आकर बस जाने के लिए शरण देने में इनकार नहीं करेगा, लेकिन भारत में पूर्वी पंजाब के अलावा किसी अन्य स्थान से अपना घर-द्वार छोड़कर आनेवालों को कोई सहूलियत प्रदान नहीं करेगा। मैंने इस बात पर जोर दिया है कि भारत सरकार बार-बार किए गए अपने वायदे के मुताबिक सभी मुसलिम नागरिकों को पूर्ण सुरक्षा प्रदान करे और अगर वह ईमानदारी से ऐसा करेगी तो दिल्ली और यूपी से मुसलमानों के निकल आने का कोई सवाल ही पैदा नहीं होगा।"

13 अक्तूबर, 1947 : पं. जवाहरलाल नेहरू ने फिर दोहराया कि भारत सरकार का ऐसा कोई इरादा नहीं है कि वह यूपी या दिल्ली के किसी एक भी मुसलमान को, जो भारत से जाना नहीं चाहता है, यहाँ से रुखसत कर दे, लेकिन यह सुविधा उनको दी जाएगी और दी जा रही है, जो यहाँ से जाना चाहते हैं।

13 अक्तूबर,1947 : लियाकत अली खान ने एक बार फिर भारत सरकार पर इलजाम लगाया और इस बार नए अंदाज में कि पूर्वी पंजाब से भी मुसलमानों का पाकिस्तान में बसने के

मकसद से निकलना वांछनीय नहीं है। उन्होंने एक बयान में कहा, "भारत सरकार और पूर्वी पंजाब सरकार ने अपने आश्वासन की पूर्ति नहीं की है, बल्कि इसके विपरीत सरकारी पॉलिसी के तौर पर यह फैसला किया है कि पूर्वी पंजाब के हर हिस्से से मुसलमानों, अगर उनमें से कुछ वहाँ बने रहना भी चाहते हैं, को रवाना कर दिया जाए। वास्तव में एक-दूसरे पर अपने दायित्व से हटने के आरोप उछालते रहने के बजाय हमने संयुक्त राष्ट्र संघ (यू.एन.ओ.) के तटस्थ पर्यवेक्षकों की सेवाएँ लेने का प्रस्ताव किया था, लेकिन सरदार पटेल और उनकी सरकार ने इसे ठुकरा दिया।"

इस प्रकार भारत उपमहाद्वीप के मुसलमानों के झंडाबरदार मुसलिम लीगी नेताओं ने पलटियाँ मारते हुए अपने वास्तविक चरित्र को प्रकट कर दिया।

□

14

हिंदू-सिखों के मुकम्मल नस्ली सफाए का महाषड्यंत्र कामयाब

आजादी से ठीक पहले दंगों के माध्यम से अराजकता फैलाकर पाकिस्तान की माँग मनवाने में मुसलिम लीग को कांग्रेस विरोधी ब्रिटिश अफसरों का सहयोग प्राप्त हुआ। इन अफसरों ने दंगों पर काबू पाने के लिए समय रहते सेना की सहायता नहीं ली। पाकिस्तान की माँग मान लिए जाने पर मुसलिम लीग ने पाकिस्तान के मुख्य राजक्षेत्र पंजाब से हिंदू-सिखों के मुकम्मल सफाए का जो महाषड्यंत्र रचा था, वह पूरी तरह कामयाब रहा। पूर्वी पंजाब के मुसलमानों को पश्चिमी पंजाब में उनके सहधर्मियों द्वारा हिंदुओं पर किए गए जुल्मो सितम की कीमत चुकानी पड़ी।

पाकिस्तान में हिंदुओं की आबादी जो करीब 23 प्रतिशत थी, अब 2 प्रतिशत से भी कम रह गई है, जबकि भारत में मुसलमानों की आबादी 9 प्रतिशत से बढ़कर 15 प्रतिशत से अधिक हो गई है।

कांग्रेस के सन् 1942 के 'भारत छोड़ो' आंदोलन से खार खाए हुए लीग परस्त ब्रिटिश अफसरों की रणनीति थी—भारत को टुकड़ों में बाँटों और रुखसत हो जाओ (Divide and Quit)। उन्होंने द्वितीय विश्वयुद्ध में अंग्रेजों के बेहद पसंदीदा मददगार और स्वाधीनता व कांग्रेस के कट्टर विरोधी मुसलिम लीग नेता मुहम्मद अली जिन्ना को साफ शब्दों में कह दिया था कि दंगे-फसाद नहीं कराओगे तो भारत-विभाजन कैसे कराओगे, पाकिस्तान कैसे पाओगे? अनुमान-जन्य और परिस्थिति-जन्य साक्ष्यों के अलावा कतिपय प्रत्यक्ष साक्ष्य तो उस समय भी थोड़ा-थोड़ा करके मिल रहे थे, लेकिन ठोस सबूत तो कुछ अरसा बाद मिलने आरंभ हुए, जिससे पूरे षड्यंत्र का पर्दाफाश हो गया। इस अध्याय में आगे इसका उल्लेख किया गया है।

डूबते ब्रिटिश साम्राज्य के वफादार

डूबते ब्रिटिश साम्राज्य के अटूट स्वामीभक्त ब्रिटिश अफसरों ने कांग्रेस को सबक सिखाने के लिए मुहम्मद अली जिन्ना को अपने हस्तक के रूप में इस्तेमाल किया, जिसके लिए जिन्ना 'एवर-रेडी' (सदा तत्पर) थे। ऐसे कई अफसर भारत में विभिन्न कार्यक्षेत्रों में तो मौजूद थे ही।

इंग्लैंड में बैठकर वे 'रिमोट कंट्रोल' से भी अपनी कारस्तानियाँ कर रहे थे। यहाँ दृष्टांत के लिए एक बानगी प्रस्तुत है।

30 वर्ष तक ब्रिटिश सरकार और भारत सरकार के गुप्तचर अधिकारी रहे धर्मेंद्र गौड़ ने अपनी सनसनीखेज पुस्तक 'फोर्स वन-थ्री सिक्स' (Force One-Three Six) के एक अध्याय 'मुसलिम लीग से साँठ-गाँठ' में लिखा है कि सन् 1944-45 में किस प्रकार 'फोर्स वन-थ्री सिक्स' की ओर से एक दर्जन से अधिक बार उन्हें मुहम्मद अली जिन्ना के सुरक्षित हाथों में पहुँचाई जानेवाली डाक देकर उनके निवास स्थान पर भेजा गया था। ये खुफिया पत्र दो लिफाफों में रखे जाते थे। अंदर के लिफाफे पर 'परम गोपनीय और व्यक्तिगत' (Top Secret and Personal) तथा ऊपर बाईं ओर 'सुरक्षित हाथों द्वारा' (By Safe Hand) लिखा रहता था। दोनों लिफाफों पर विभिन्न अवसरों के अनुसार लाल, हरे, नीले, पीले और काले रंगों की लाख की छड़ियों से मोहरें लगाई जाती थी। यह तो स्पष्ट है कि अंग्रेजों की अत्यंत खुफिया सैनिक गुप्तचर संस्था के सर्वोच्च अधिकारी मुहम्मद अली जिन्ना को कोई प्रेम-पत्र नहीं भेजा करते थे। धर्मेंद्र गौड़ ने लिखा है कि उस समय उन्हें खुद मालूम नहीं था कि इन पत्रों में क्या है, लेकिन बाद के घटनाक्रम के कारण इन पत्रों के भेजनेवालों और पानेवालों के कार्यकलापों और चरित्र के कारण यह सहज समझा जा सकता है कि इनका स्वरूप षड्यंत्रकारी था।

धर्मेंद्र गौड़ ने इसी पुस्तक के एक अध्याय 'पोस्ट क्विट प्लान' (Post Quit Plan) में एक जगह लिखा है कि अंग्रेज आसानी से भारत छोड़ने के लिए तैयार नहीं थे। वे आजाद भारत को बता देना चाहते थे कि अंग्रेज से बिगाड़ करके आजादी हासिल करने का अंजाम क्या होता है?

अंग्रेज अपने साम्राज्य को कयामत तक कायम रखने के लिए अपने तरकश से जहरीले तीर छोड़ते ही रहते थे। उर्दू में एक शे'र है—*'निशाने पे लग जाए उसी को तीर कहते हैं।'* ब्रिटिश अफसरों द्वारा प्रायोजित और पोषित विभाजन का जहरीला तीर बिल्कुल निशाने पर जाकर लगा और भारत का विभाजन हो गया। कांग्रेस द्वारा देश विभाजन की माँग स्वीकार करने का मुख्य कारण था—रोज-रोज के दंगे-फसादों से निजात पाना और देश को 'सिविल वार' की बरबादी से बचाना।

लीग ने पंजाब में पहुँचाई दंगों की आग

मुहम्मद अली जिन्ना ने पहला तीर, जिसे 'जिहादी तीर' कहना अधिक उपयुक्त होगा, 16 अगस्त, 1946 को जुम्मे के दिन छोड़ा। बंगाल की 'मुसलिम लीग' की प्रांतीय सरकार की सरपरस्ती में एक गहरे षड्यंत्र के अंतर्गत उस दिन 'डाइरेक्ट एक्शन डे' पर (यह डाइरेक्ट एक्शन अंग्रेजों के खिलाफ नहीं, हिंदुओं के खिलाफ था।) हिंदुओं पर हमले करते हुए कत्लेआम मचा दिया गया (इसी पुस्तक में पढ़ें—कलकत्ता में डाइरेक्ट

चल उड़ जा रे पंछी अब यह देश हुआ बेगाना

एक्शन डे-मुसलिम लीग का जश्ने-कत्ल)। चार दिन तक सेना को नहीं बुलाया गया। इस हिंसाचार की तीखी प्रतिक्रिया हुई। अब मुसलमानों पर शामत आ गई, क्योंकि कलकत्ता में हिंदुओं की आबादी अधिक थी। शांति की अपीलें होने लगीं। 'डाइरेक्ट एक्शन डे' के दंगों का 'डाइरेक्ट रिएक्शन' हुआ यानी दंगे का जवाब दंगे में। फिर उस दंगे की जवाबी प्रतिक्रिया हुई। इस प्रकार दंगों की एक प्रतिक्रिया श्रृंखला चल पड़ी। भारत-विद्वेषी ब्रिटिश अफसर और मुसलिम लीग के नेता यही तो चाहते थे। उन्हें अपने उद्देश्य में बड़ी कामयाबी मिली, लेकिन मंजिल फिर भी दूर थी। इतनी 'कामयाबी' से पाकिस्तान नहीं बन सकता था।

यहाँ ऐतिहासिक परिप्रेक्ष्य बताते हुए इस बात की ओर ध्यान दिलाना आवश्यक है कि मुसलिम लीग की परिकल्पना के पाकिस्तान के सर्वाधिक महत्त्वपूर्ण प्रांत पंजाब में मार्च 1947 के आरंभ तक दंगों की आग नहीं पहुँच पाई थी। वहाँ यह आग कुछ देर से पहुँची। पंजाब में आग लगाए बिना पाकिस्तान नहीं मिल सकता था। इस प्रसंग में काबिले गौर बात यह है कि पंजाब में मुसलिम लीग का कोई विशेष प्रभाव नहीं था, लेकिन 1946 में मुसलिम लीग द्वारा भड़काए गए घोर सांप्रदायिक उन्माद के कारण उसे पहली बार चुनाव में बड़ी सफलता मिली। इसके बावजूद वह अपने बलबूते सरकार नहीं बना पाई। पंजाब में यूनियनिस्ट पार्टी के मलिक खिजर हयात खान टिवाणा के नेतृत्व में संयुक्त सरकार थी, जिसमें कांग्रेस भी शामिल थी। इस सरकार में मुसलिम, सिख व हिंदू शामिल थे।

खिजर हयात खान

मुसलिम लीग ने वहाँ सांप्रदायिक जहर फैलाने के साथ सरकार को गिराने का षड्यंत्र रचना आरंभ किया, जिसके परिणामस्वरूप 2 मार्च, 1947 को खिजर हयात खान ने इस्तीफा दे दिया। मुसलिम लीग का विचार था कि सबसे बड़ी पार्टी होने के कारण वह वैकल्पिक सरकार बना लेगी, लेकिन कई दाँवपेंच खेलने के बावजूद वह सरकार नहीं बना सकी। पंजाब में वैकल्पिक सरकार बनाने के प्रयास में विफल हो जाने से मुसलिम लीग की मायूसी रोष में तब्दील हो गई। माहौल गरमाना शुरू हुआ।

3 मार्च को अकाली दल के नेता मास्टर तारासिंह और अकाली विधायकों ने लाहौर में असेंबली के बाहर प्रदर्शन किया। मास्टर तारासिंह ने अपनी तलवार भाँजते हुए 'पाकिस्तान मुर्दाबाद' का नारा लगाया। अगले दिन लाहौर और अमृतसर में दंगे आरंभ हो गए। पंजाब के गवर्नर इवान जेन्किंस ने गवर्नमेंट ऑफ इंडिया एक्ट 1935 की धारा 93 के अंतर्गत गवर्नर का शासन लागू कर दिया, जो 14 अगस्त को पाकिस्तान के अस्तित्व में आने तक लागू रहा।

भीषण दंगों के लिए रावलपिंडी का चयन

मुसलिम लीग ने अविभाजित पंजाब में दंगों का कहर ढहाने के लिए और पूरे देश को दहलाने के लिए यानी दंगों की आग भड़काने के लिए बड़े सुनियोजित ढंग से पश्चिमी पंजाब के संवेदनशील रावलपिंडी क्षेत्र को चुना, जहाँ मुसलमानों की आबादी का अनुपात लाहौर-अमृतसर क्षेत्र के मुकाबले काफी अधिक था।

इवान जेन्किंस

पंजाब में गवर्नर का रूल लागू होते ही मुसलिम लीग को लगा कि पंजाब में कलकत्ता के 'डाइरेक्ट एक्शन डे' की पुनरावृत्ति तो नहीं की जा सकती, लेकिन दंगों की आग भड़काकर पाकिस्तान की माँग मनवाने के खतरनाक खेल का दूसरा अंक, जो पहले अंक से भी अधिक भयावह हो, पेश किया जा सकता है। 'डाइरेक्ट एक्शन डे' बंगाल में मुसलिम लीग की प्रांतीय सरकार की सरपरस्ती में खेला गया था। पंजाब में ब्रिटिश सरकार की सुनियोजित निष्क्रियता और मुसलिम लीग-परस्त ब्रिटिश अफसरों की सरपरस्ती के कारण वही खेल उतने ही बल्कि अधिक कारगर ढंग से खेला जा सकता था, खासकर ग्रामीण क्षेत्रों में कोहराम मचाया जा सकता था और वही किया गया। इस महा षड्यंत्र ने कलकत्ता के भीषण नरसंहार, जिसे The Great Calcutta Killing की संज्ञा दी गई थी, को भी मात कर दिया। ब्रिटिश सरकार की सोची-समझी निष्क्रियता और मुसलिम लीग के हिमायती ब्रिटिश अफसरों के पृष्ठ पोषण का प्रामाणिक उल्लेख इस अध्याय में आगे किया गया है।

मुसलिम लीग का यह सोचा-समझा दूसरा खूनी खेल 'डाइरेक्ट एक्शन डे' की तरह दो-चार दिन का मैच नहीं था। प्रश्न है—क्या पंजाब में गवर्नर रूल लागू होना एक सिग्नल था—दंगे आरंभ करने का?

कुछ लोगों का कहना था कि पंजाब में यदि किसी-न-किसी प्रकार मुसलिम लीग की सरकार बन गई होती तो स्थिति और भयंकर हो सकती थी, लेकिन दंगों के घटनाक्रम ने यह साबित कर दिया कि इस पूर्वधारणा में ज्यादा दम नहीं था क्योंकि मुसलिम लीग की सरकार को गवर्नर रूल में मिलनेवाली सहूलियतों से अधिक सहूलियतें नहीं मिलतीं। सरकार की बागडोर कांग्रेस से बैर रखनेवाले मुसलिम लीग-समर्थक ब्रिटिश अफसरों के हाथ में थी। बाकी कसर पंजाब पुलिस में बहुत बड़ी संख्या में मौजूद मुसलिम कर्मचारियों-अधिकारियों ने पूरी कर दी। इनको करना कुछ नहीं था, बस हाथ पर हाथ धरे बैठे रहना था। वही इन्होंने किया, लेकिन जहाँ मौका मिला, वहाँ खुराफात करने से भी बाज नहीं आए। फिर मुसलिम लीग द्वारा गठित सशस्त्र संगठन मुसलिम नेशनल गार्ड ने अपना अलग उत्पाती रूप प्रदर्शित किया।

हमलावर आते थे ढोल बजाते हुए

गवर्नर रूल लागू होते ही 5 मार्च को रावलपिंडी में दंगे शुरू हो गए। खास रावलपिंडी नगर व छावनी क्षेत्र में हिंदू-सिखों की आबादी थोड़ी-सी अधिक थी। दोनों तरफ से पिस्तौलों, बंदूकों-राइफलों का प्रयोग किया गया। यह भिड़ंत बराबरी पर छूटी, लेकिन ग्रामीण क्षेत्रों में मुसलमानों की संख्या अत्यधिक थी। हालाँकि कई गाँव ऐसे थे, जहाँ सिखों-हिंदुओं की आबादी काफी थी, लेकिन ज्यादातर जगहों में ये गाँव मुसलिम-बहुल आबादी वाले गाँवों से घिरे हुए थे।

रावलपिंडी शहर में नाकामयाब होने के बाद अगले दिन दंगाइयों ने गाँवों का रुख किया। रावलपिंडी क्षेत्र में जिन 128 गाँवों पर हमला किया गया, उनमें कई हजार हिंदू-सिख कत्ल कर

दिए गए। बच्चों, बूढ़ों, औरतों को भी नहीं बख्शा गया। महिलाओं के शीलहरण और बलात्कार की कई लोमहर्षक घटनाएँ हुई।

7 मार्च को जुम्मे का दिन था। जुम्मे के दिन मसजिदों में वैसे भी मुसलिम धर्मावलंबी बड़ी संख्या में एकत्र होते हैं, लेकिन इस बार भाँति-भाँति की भड़काऊ अफवाहें उड़ाकर उन्हें जमा होने के लिए कहा गया। इस दिन को बड़े हमले के लिए अधिक उपयुक्त माना गया। इसके बाद शुरू हो गया खूनी खेल।

इस खूनी खेल का एक वीभत्स पहलू यह था कि हमलावर बाकायदा ढोल बजाते हुए और 'नारा-ए-तकबीर अल्लाह हो अकबर' के गगनभेदी नारे लगाते हुए निकलते थे, लेकिन सरकारी अमले को न तो ये नजर आते थे, न ही उन्हें कुछ सुनाई देता था। हमलावरों के हाथों में तलवार, भाले, छुरे, बंदूक आदि हथियार होते थे। उन्हें किसी प्रकार के जुर्म लूटपाट, मार-काट, अपहरण, बलात्कार, आगजनी से परहेज नहीं था। सिख समुदाय विशेष रूप से उनके कोप का भाजन बना। कई जगह गुरुद्वारों में आग लगा दी गई और उनके अंदर मौजूद लोग आग में झुलसकर मर गए। कई जगह सिखों और हिंदुओं ने हथियारबंद हमलावरों की भीड़ का मुकाबला भी किया, लेकिन भीड़ के संख्या बल और उसके पास हथियारों की बहुतायत के कारण उसे खदेड़ देना संभव नहीं था।

पीड़ोन्मादी दंगाइयों के सरगनाओं को भीड़ एकत्र करने और फिर उसके लिए हथियार जुटाने में कोई दिक्कत पेश नहीं आई। हथियारों के जखीरे पहले से ही मौजूद थे। दंगाइयों को इकट्ठा करने के लिए अन्य जगहों या शहरों में मुसलमानों का उत्पीड़न किए जाने और हिंदू-सिखों के हथियारबंद जत्थों द्वारा इस क्षेत्र के मुसलिम गाँवों पर हमले की तैयारी करने की झूठी अफवाहों के साथ कुरान शरीफ की बेहुरिमती (अपमान) की भड़काऊ अफवाहें भीड़ को उकसाने के लिए पर्याप्त थीं। ऐसा प्रतीत हुआ मानो मसजिदों में अफवाहों की फैक्टरियाँ खुल गई हों।

पूरी तैयारी के साथ उत्तेजित हुजूम काफिले बनाकर चल पड़े अपनी 'मंजिले मकसूद' की ओर। इन दंगों में मध्ययुगीन बर्बरता और द्वितीय विश्वयुद्ध के फौजी हथियारों का इस्तेमाल हुआ। ब्रिटिश शासनकाल में रावलपिंडी क्षेत्र में बड़ी संख्या में लोग फौज में भरती होते थे। रिटायर्ड मुसलिम फौजियों के पास अपने अलग हथियार थे।

12 मार्च, 1947 को रावलपिंडी जिले के थोहा खालसा गाँव में करीब 93 सिख-हिंदू महिलाओं ने अपनी इज्जत-आबरू की रक्षा के लिए एक बड़े कुएँ में कूदकर अपनी जान दे दी। सरकारी रिपोर्ट में इस गाँव में मृतकों की संख्या 175 बताई गई और जबरन धर्मांतरित किए गए लोगों की संख्या 85 बताई गई। इसके अलावा नजदीक के कई अन्य गाँवों (बाघर, बेलहर, हथला, पिंजोरा, खंडोल) में भी बड़े पैमाने पर बलात् धर्म-परिवर्तन कराया गया।

गांधी, नेहरू, पटेल से फरियाद करो

मार्च 1947 में रावलपिंडी क्षेत्र में दंगों का विवरण देते हुए इंडियन सिविल सर्विस (आई. सी.एस.) के एक ब्रिटिश अफसर पेंडेरल मून ने अपनी पुस्तक 'फूट डालो और रुखसत हो जाओ' (Divide and Quit) में खुले शब्दों में ब्रिटिश सरकार की करतूतों की पोल खोल दी। मून ने लिखा—

जाएँ तो जाएँ कहाँ

In Rawalpindi and Attock districts many villages and small towns were raided by armed gangs of Muslims with heavy loss of life and property, and it was more than a week before large-scale use of troops began to effect an improvement. The Sikhs were especial targets of attack, their houses and their beards alike set on fire. Many were killed, many fled and refuges began to flock into Rawalpindi for temporary shelter.

(रावलपिंडी और अटक जिले के बहुत-से गाँवों और छोटे कस्बों में मुसलमानों के हथियारबंद गिरोहों ने हमले किए, जिनमें बड़ी संख्या में जान-माल की क्षति हुई। बड़े पैमाने पर सेना का इस्तेमाल शुरू कर स्थिति में कुछ सुधार लाने में एक सप्ताह से अधिक का समय लग गया। सिखों को इन हमलों का विशेष निशाना बनाया गया। उनके मकानों की तरह दाढ़ियों में भी आग लगा दी गई। बहुतेरे मार डाले गए, बहुत-से निकल भागे और रावलपिंडी में जमा होने लगे।)

पेंडेरल मून ने अपनी पुस्तक के इसी अध्याय में एक जगह आगे लिखा है कि इस आरोप में काफी सच्चाई पाई गई कि दंगों पर नियंत्रण पाने और हिंदुओं को सुरक्षा प्रदान करने के मामले में सेना के ब्रिटिश अफसरों ने बेरुखी और संवेदनहीनता प्रदर्शित की।

मून ने लिखा—

Of several British officers the story was told that when appealed to by panic-stricken Hindus for help and protection, they referred the petitioners to Gandhi, Nehru and Patel.

(कई ब्रिटिश अफसरों के बारे में यह किस्सा बताया जाता है कि जब दहशतजदा हिंदुओं द्वारा मदद और हिफाजत की गुहार की जाती थी, तब फरियाद करनेवालों को गांधी, नेहरू और पटेल से मदद माँगने को कहा जाता था।)

दंगों के बारे में एक कर्तव्यनिष्ठ और ईमानदार ब्रिटिश अधिकारी की बेबाक टिप्पणी से जाहिर है कि कई ब्रिटिश अफसर कितने विद्वेषग्रस्त, संवेदनहीन और अमानुषिक हो चुके थे।

दंगों का सर्वाधिक भीषण रूप रावलपिंडी जिले में देखा गया। क्या यह एक महज संयोग था कि दंगों के समय रावलपिंडी के डिवीजनल कमिश्नर, डी.आई.जी. पुलिस, डिप्टी कमिश्नर और पुलिस सुपरिंटेंडेंट—सब के सब अंग्रेज थे?

फौज के हेडक्वार्टर के नजदीक कत्लो गारत

पाकिस्तानी मूल (लाहौर) के स्वीडिश नागरिक और स्टॉकहॉम यूनिवर्सिटी में पॉलिटिकल साइंस के पूर्व प्रोफेसर तथा वर्तमान में गवर्नमेंट कॉलेज यूनिवर्सिटी लाहौर के विजिटिंग प्रो. इश्तियाक अहमद ने अपनी बहुचर्चित पुस्तक 'जिन्ना' (Jinnah) में रावलपिंडी क्षेत्र के दंगों के बारे में लिखा है—

प्रो. इश्तियाक अहमद

It is to be noted that on the evening of 6 March, Muslim mobs abandonoed the ding-dong battle with Hindus and Sikhs in Rawalpindi city and in their thousands began to raid Sikh-Hindu villages in rural areas including those of the adjacent villages in Campbellpur (Attock) and Jhelum districts. The Sikhs and Hindus put some resistance, but the Muslim mobs were too big''' It is my conclusion that anywhere between 5,000-7,000 Sikhs could have died in those horrendores attacks. The killing spree continued for a week from 6-13 March. The Villages were only an hour or so away from Rawalpindi city, but no police or military troops were sent to restore order.

(यह नोट करने लायक बात है कि 6 मार्च की शाम को मुसलमानों के हुजूम ने रावलपिंडी नगर में हिंदुओं और सिखों के साथ खींचातानी की लड़ाई का परित्याग कर दिया। हुजूम ने हजारों की संख्या में रावलपिंडी के ग्रामीण क्षेत्रों में और पड़ोसी कैंपबलपुर (अटक) और झेलम जिलों में सिख-हिंदू गाँवों पर धावा बोल दिया। सिखों और हिंदुओं ने कुछ प्रतिरोध किया, लेकिन मुसलिम हुजूम का संख्या बल बहुत अधिक था। मेरा निष्कर्ष यह है कि इन भीषण हमलों में कोई 5,000-7,000 के बीच सिख मारे गए होंगे। मार-काट की तफरीह 6-13 मार्च से एक सप्ताह तक चलती रही। दंगाग्रस्त गाँव रावलपिंडी शहर से कोई एक घंटा भर या करीब उतनी ही दूरी पर थे, लेकिन अमन-चैन बहाल करने के लिए कोई पुलिस बल या सैन्य बल नहीं भेजे गए।)

जहाँ बेदर्द हाकिम हो, वहाँ फरियाद क्या करना

इस घटनावली पर मैं यहाँ कुछ प्रत्यक्ष निजी जानकारी जोड़ना चाहूँगा। रावलपिंडी के गाँवों में जो भयंकर नरसंहार शुरू हुआ और करीब एक सप्ताह तक बेरोक-टोक चलता रहा, उसे रोकने के लिए कोई भी उपाय नहीं करने से षड्यंत्र का रहस्य उसी समय खुल गया था। ब्रिटिश सरकार की लोई उतर चुकी थी, लेकिन इसकी परवाह किसे थी?

रावलपिंडी नगर के आसपास का ग्रामीण क्षेत्र कोई ऐसा क्षेत्र नहीं था, जो फ्रंटियर या बलूचिस्तान जैसे किसी प्रांत के दूरदराज के भू-भाग में पड़ता था, जहाँ सूचना के अभाव या विलंब के कारण इस तरह की विसंगति उत्पन्न होने का कोई बहाना बन सकता था। रावलपिंडी छावनी में फौज भरी हुई थी, जिसे जरूरत पड़ने पर पूरे पश्चिमोत्तर भारत में भेजने की सुविधा उपलब्ध थी। अंग्रेजों ने रूसी सीमा और मध्य एशिया मार्ग की निकटता के भू-रणनीतिक महत्त्व के कारण घबराकर 1851 में ही रावलपिंडी को ब्रिटिश आर्मी की स्थायी छावनी बना दिया था। इसके साथ ही लाहौर से रावलपिंडी होते हुए भारत की पश्चिमी सरहद तक रेल लाइन बिछा दी थी। ब्रिटिश शासन काल में रावलपिंडी में दक्षिण एशिया की सबसे बड़ी फौजी छावनी थी। इसे नॉर्दर्न कमांड का हेडक्वार्टर बना दिया गया था। अब यह पाकिस्तान आर्मी का हेडक्वार्टर है।

रावलपिंडी में जब दंगे छिड़े तब देर शाम एकाएक पूरे शहर में 'नारा-ए-तकबीर अल्लाह हो अकबर', 'हर हर महादेव', 'जो बोले सो निहाल सत श्री अकाल' के गगनभेदी नारे गूँजने लगे। उसके बाद शहर के बाहरी अंचलों यानी ग्रामीण क्षेत्रों में सब तरफ धू-धूकर आग की गगनचुंबी लपटें उठती हुई नजर आने लगीं। स्पष्ट था कि गाँवों में आग लगा दी गई थी। रावलपिंडी में दो-मंजिले, तिमंजिले घरों की छतों से यह नजारा साफ दिखाई दे रहा था। प्रत्येक शाम को नारेबाजी और आसमान से उठती अग्नि ज्वाला की विनाशलीला कोई एक सप्ताह तक चली। यह मानने का कोई आधार ही नहीं था कि फौज के हेडक्वार्टर या आला सिविल अफसरों के ठिकानों से कुछ नजर नहीं आ रहा था या कुछ सुनाई नहीं दे रहा था।

रावलपिंडी के दंगों को नियंत्रित करने के लिए सेना की मदद नहीं लिए जाने का मुद्दा ब्रिटिश पार्लियामेंट में भी उठा, लेकिन गोलमटोल जवाब देकर उसे निपटा दिया गया।

इस पुस्तक के इस अध्याय में पाकिस्तान बनने के कुछ पहले और पाकिस्तान बनने के बाद पंजाब में दंगों की विभीषिका का पूरा विवरण देना संभव नहीं है, क्योंकि यह पुस्तक का मुख्य विषय नहीं है। यहाँ पंजाब में दंगों से संबंधित घटनाओं का विवरण नहीं, उसका एक अंश मात्र दिया गया है, जिसमें रावलपिंडी क्षेत्र को उसके विशिष्ट महत्त्व और स्थिति की गंभीरता के व्यापक आयाम के कारण फोकस किया गया है। रावलपिंडी क्षेत्र में जो हुआ, वह एक फिल्मी ट्रेलर की तरह था। असली खूनी खेल तो अभी बाकी था, जो पाकिस्तान बन जाने पर खेला गया। मुसलिम लीग के नेताओं और उनके गुरगों ने खुलेआम यह धमकी देनी शुरू कर दी थी कि अगर हिंदू-सिख पाकिस्तान खाली नहीं करते तो उनका वजूद मिटा दिया जाएगा।

दंगों की आग सुलगाई किसने?

पाकिस्तान बनते ही दंगों का दूसरा दौर शुरू हो गया। यह पहले दौर से कई गुना ज्यादा भयानक था। पाकिस्तान के अख्तियार वाले इलाकों में 'वही कातिल, वही मुखबिर, वही मुंसिफ' वाली स्थिति थी। अब दंगे भड़काकर दोनों समुदायों को आपस में लड़ाने की जरूरत नहीं रह गई थी। अब यह एकतरफा खेल बन चुका था। सरकार की सरपरस्ती में मुसलिम लीग के गुंडों ने हिंदू-सिखों के खून की नदियाँ बहाते हुए उनके नस्ली सफाए की मुहिम चला दी।

दूसरे दौर में लाहौर, सियालकोट, शेखूपुरा, गुजरांवाला, गुजरात, लायलपुर, मिंटगुमरी, मुल्तान, झंग और मुजफ्फरगढ़ को सर्वाधिक आघात झेलने पड़े। बहावलपुर रियासत में भी हिंदुओं व सिखों को लूटपाट और मारधाड़ का सामना करना पड़ा। पहले दौर में रावलपिंडी क्षेत्र में सबसे ज्यादा कहर ढहाया गया, लेकिन दूसरे दौर में वहाँ कहर ढहाने के लायक कुछ अधिक बच नहीं रह गया था, क्योंकि मार्च की खूनी तबाही के बाद वहाँ के हिंदू-सिखों ने गाँव के गाँव खाली कर दिए थे।

दूसरे दौर की सबसे शर्मनाक बात यह रही कि जगह-जगह पाकिस्तान की पुलिस और फौज ने बेधड़क होकर न सिर्फ हमलावरों का साथ दिया, बल्कि शरीक-ए-जुर्म का रोल भी अदा किया। इन सिरफिरों ने यह नहीं सोचा कि हर क्रिया की प्रतिक्रिया भी होती है। सहिष्णुता की भी कोई सीमा होती है। पाकिस्तानी पंजाब में मचाई गई नादिरशाही की प्रतिक्रिया हिंदुस्तानी पंजाब में जवाबी नादिरशाही के रूप में हुई। जो अमानवीय व पाशविक सलूक पश्चिमी पंजाब में हिंदुओं और सिखों

के साथ हुआ, वही बदले की कारवाई में पूर्वी पंजाब में मुसलमानों के साथ हुआ। दोनों पंजाब में जो कुछ हुआ, उसने मानवता को शर्मसार कर दिया। पंजाब के दोनों हिस्सों के दंगों के विस्तार में जाने के बजाय यहाँ उसका सार-तत्त्व दे देना ही उपयुक्त होगा, लेकिन बुनियादी प्रश्न यह है कि आग सुलगाई किसने?

मुसलमानों ने की दंगों की पहल

मुहम्मद अली जिन्ना के बहुत नजदीकी और पाकिस्तान सरकार के महत्त्वपूर्ण पदों पर आसीन रह चुके अधिकारी हमीलदुल हक चौधरी ने अपनी पुस्तक 'संस्मरण' (Memoirs) में स्पष्ट शब्दों में स्वीकार किया है कि दंगों के लिए पहल मुसलमानों ने की थी। उन्होंने यह भी लिखा है कि कलकत्ता में अभूतपूर्व नरसंहार 16 अगस्त, 1946 को जिन्ना के 'डाइरेक्ट एक्शन डे' पर हुआ था। संयोग की बात यह है कि जब जिन्ना से सवाल पूछा गया कि क्या 'डाइरेक्ट एक्शन' हिंसक होगा तो उन्होंने इसका सीधा जवाब देने के बजाय कहा, "मैं नैतिकता पर चर्चा नहीं करना चाहूँगा।" असल में जिन्ना को नैतिकता से कोई वास्ता नहीं रह गया था, इसलिए उस पर चर्चा क्या करते? जिन्ना ने साफ ऐलान कर दिया था कि अब वह संवैधानिक उपायों को अलविदा कह रहे हैं। इसलिए अब वे जुबान से नहीं हथियारों से बात करेंगे।

पश्चिमी पंजाब से हिंदुओं और सिखों के नस्ली सफाए का जो महाषड्यंत्र रचा गया था, वह पूरी तरह पलटा खा गया। मुसलिम लीगी नेताओं का यह दृढ़ मत था कि खौफ पैदा करने से हिंदू पलायन कर जाएँगे। साजिशकर्ताओं ने यह गलतफहमी पाल रखी थी कि 'अहिंसा परमो धर्मः' और शांति का पाठ करनेवाले हिंदू आमतौर पर सहनशील होने के साथ कायर होते हैं, लेकिन यह आकलन करते समय साजिशकर्ताओं से एक बड़ी गलती यह हुई कि उन्होंने जज्बाती सिंखों से भी पंगा ले लिया। मतांध मुसलिम साजिशकर्ताओं ने सारी हदें पार कर दीं और अपने ही सहधर्मियों के लिए मुसीबतें खड़ी कर दीं।

ज्ञातव्य है कि पश्चिमी पंजाब की बंजर भूमि, विशेषकर लायलपुर (फैसलाबाद)-मिंटगुमरी क्षेत्र को नहरें बिछ जाने के बाद उपजाऊ और हरा-भरा बनाने में सिखों ने असाधारण प्रयास किए थे। उन्होंने अपने खून-पसीने से इसका नक्शा ही बदल दिय था। ब्रिटिश शासनकाल में यहाँ नहरों का जाल बिछ जाने से बारिश बहुत कम होने पर भी खेतीबारी में कोई रुकावट नहीं आती थी। यह क्षेत्र 'पंजाब का अन्न भंडार' कहलाता था।

सिखों से पंगा पड़ा महँगा

यहाँ के लाखों सिख किसानों को अपनी जमीन-जायदाद से बेदखल करने के लिए लूटमार के नित्य नए-नए हथकंडे अपनाए जाने लगे। स्थिति यहाँ तक पहुँच गई कि खुद एक आधिकारिक रिपोर्ट में यह माना गया कि लायलपुर जिले के एक गाँव चक नंबर 58 में 23 अगस्त, 1947 को लूटपाट और 800 महिलाओं के अपहरण के अलावा करीब 4,000 सिखों की, जिनमें कई हिंदू भी थे, हत्या कर दी गई। बताया गया कि हथियारबंद हमलावरों के हुजूम में पाकिस्तानी पुलिस व फौज भी शामिल थी। इस इलाके को आबाद कर उसे सरसब्ज बनानेवाले सिखों ने कभी यह सोचा नहीं था कि उन्हें अपमान का इतना कड़वा घूँट पीते हुए वहाँ से हट जाना पड़ेगा।

करीब 4,00,000 सिखों को लायलपुर इलाके से जबरन हटाया गया। उसी समय जानकार लोगों ने यह आशंका व्यक्त कर दी थी कि अब 'महासंग्राम' होगा, भयंकर रक्तपात होगा। प्रतिशोध की आग में जल रहे सिखों से पूर्वी पंजाब के मुसलमानों को बचाना संभव नहीं होगा। यह स्पष्ट हो गया कि मुसलमानों को अब पूर्वी पंजाब हर हालत में छोड़ना ही होगा, जैसे हिंदू-सिखों को पश्चिमी पंजाब छोड़ना पड़ा। सिखों को एक लाभ यह था कि उन्हें पूर्वी पंजाब की खुशहाल सिख रियासतों—पटियाला, नाभा, जींद, फरीदकोट और कपूरथला आदि का भी काफी सहयोग और सहारा उपलब्ध था। ये रियासतें उन्हें अपने यहाँ बसाने के लिए भी आतुर थीं। यहाँ यह उल्लेख करना उपयुक्त होगा कि पूर्वी पंजाब में मलेर कोटला की छोटी मुसलिम रियासत को बख्श दिया गया। वहाँ बड़ी संख्या में मुसलिम रह रहे थे, लेकिन वहाँ के नवाबों ने सैकड़ों वर्षों से हिंदू-सिखों और मुसलिमों के बीच सौहार्दपूर्ण माहौल बना रखा था। भीषण दंगों में भी यह रियासत निरापद रह गई। इस रियासत ने यह साबित कर दिया कि हिंदू-सिख व मुसलिम—सब मेल-मिलाप से रह सकते हैं और आज भी रह रहे हैं।

जिन्ना साहब ने कभी सोचा नहीं था!

जी.डी. (गोपालदास) खोसला

देश विभाजन के खूनी इतिहास पर पंजाब हाईकोर्ट के पूर्व चीफ जस्टिस और सिद्धहस्त लेखक जी.डी. (गोपालदास) खोसला ने 1949 में प्रकाशित अपनी बहुचर्चित पुस्तक Stern Reckoning, यानी 'विकराल ब्योरा' में दोनों पंजाब की स्थिति पर विस्तृत व प्रामाणिक विवरण दिया है। जस्टिस खोसला इंडियन सिविल सर्विस के ज्युडिशल डिवीजन से संबद्ध रहे और 'गांधी मर्डर केस' की सुनवाई करनेवाली हाईकोर्ट की बेंच में भी शामिल थे। उन्होंने अपनी पुस्तक के अंतिम चरण में सरहद के दोनों ओर के पंजाब की स्थिति के बारे में अपनी सारगर्भित टिप्पणी में सार-संक्षेप के रूप में बहुत कुछ कह दिया है। ये तीन वाक्य हैं—

What happened in West Punjab was re-enacted in East Punjab on an equally large scale and with equal ferocity. The same barbarities, inhuman murders, savage outrages, atrocities against women and children were witnessed. It must, however, be remembered that the attack on the Muslims were by way of retaliation and began only after several months of a determined and sustained effort to drive the non-Muslims out of West Punjab.

(पश्चिमी पंजाब में जो कुछ हुआ, उसे पूर्वी पंजाब में उतने ही बड़े पैमाने पर उतनी ही हिंसा से दोहराया गया। उसी तरह की बर्बरता, अमानुषिक हत्याएँ, वहशियाना जुल्म, महिलाओं व बच्चों के विरुद्ध नृशंसता देखी गई, लेकिन इसे अवश्य याद रखना चाहिए कि मुसलमानों पर हमले बदले के तौर पर किए गए थे और वे तब शुरू हुए जब पश्चिम पंजाब से गैर-मुसलिमों को भगाने के लिए कई महीनों से किए जा रहे संकल्पबद्ध प्रयास लगातार जारी रहे।)

जिन्ना और मुसलिम लीग के नेताओं ने कभी यह सोचा नहीं था कि हिंदू भी उन्मादी मुसलमानों

को उन्हीं की भाषा में जवाब दे सकते हैं। वर्ष 1996 में लाहौर से प्रकाशित पुस्तक 'कायदे आजम जिन्ना की तकरीरें, बयान और पैगाम' (Speeches, Statements and Messages of the Quaid-e-Azam) के अनुसार 14-15 दिसंबर, 1947 को कराची में 'ऑल इंडिया मुसलिम लीग कौंसिल' (उस समय इस कौंसिल का विभाजन नहीं हुआ था) को संबोधित करते हुए जिन्ना ने अन्य बातों के अतिरिक्त कहा—

I never thought the Hindus would resort not only to killing and destroying life and property, but to organised group barbarities. It was intended to give a blow to Pakistan.

(मैंने कभी यह सोचा ही नहीं था कि हिंदू न केवल जानलेवा हरकतों पर उतर आएँगे, बल्कि जान-माल की तबाही करने के साथ गिरोहबंद होकर संगठित बर्बरता भी करेंगे।)

अजीब बात यह है कि जिन्ना ने कभी यह सोचा नहीं था कि हिंदू या हिंदू-सिख भी मुसलिम लीग के खतरनाक खेल का उसी के भाषा में जवाब दे सकते हैं। जिन्ना में इतना विवेक तो होना चाहिए था कि जब कोई खूनी खेल खेला जाता है तो यह संभव नहीं होता कि वह एकतरफा फुटबाल मैच की तरह हो जाए। ड्राइंगरूम में बैठकर अंग्रेजों की शह पर पॉलिटिकल शतरंजबाजी करनेवाले जिन्ना ने कभी हिंदुओं की नब्ज को पहचाना नहीं। उन्हें इसकी जरूरत भी नहीं लगी। यदि यह कहा जाए तो गलत नहीं होगा कि जिन्ना साहब तो हिंदू समाज क्या मुसलिम समाज और उसकी जहनीयत को भी ठीक से नहीं जानते थे, क्योंकि वह अपनी ही एक अलग दुनिया में रहते थे। जिन्ना तो शायद यह भी नहीं जानते थे कि जिस जिन्न को उन्होंने बोतल से बाहर निकाला है, उसे वापस बोतल में रसीद करना संभव नहीं है।

सरदार पटेल की चेतावनी

आजादी से पूर्व ही मुसलिम लीग के नेताओं द्वारा खेले जा रहे कुटिल खेल और उसके नेताओं के प्रति ब्रिटिश हमदर्दी का ब्योरा देते हुए अंतरिम सरकार के गृहमंत्री सरदार पटेल ने कैबिनेट मिशन के मुखिया सर स्टैफर्ड क्रिप्स को इन शब्दों में चेतावनी दी थी—

सरदार पटेल

Violence is a game at which both (the Congress and Muslim League) can play and the mild Hindu also, when driven to desperation can retaliate as a fanatic Muslim.

(हिंसा एक ऐसा खेल है, जिसे कांग्रेस और मुसलिम लीग, दोनों खेल सकते हैं और नरम स्वभावी हिंदू भी निराशोन्मत्त हो जाने पर एक मतांध मुसलमान की तरह बदले पर उतारू हो सकता है।)

सरदार पटेल ने 15 दिसंबर, 1946 को लिखे गए पत्र में इस प्रसंग का उल्लेख करते हुए जो आशंका व्यक्त की थी, बाद में सही साबित हुई।

मुसलिम लीग का काम मुकम्मल

जो भी हो, मुसलिम लीग तो अपना काम मुकम्मल कर चुकी थी। पाकिस्तान का सर्वोत्तम प्रांत पश्चिमी पंजाब हिंदू-सिखों से लगभग खाली हो चुका था। फ्रंटियर और बलूचिस्तान में हिंदू-सिखों की आबादी पहले ही बहुत अत्यल्प थी। सिंध में उनकी कुछ आबादी थी, लेकिन सिंध का मामला कुछ अलग तरह का था। वहाँ मुसलिम लीग की दाल ज्यादा नहीं गली। सिंधी मुसलमानों के एक बहुत बड़े वर्ग ने पाकिस्तान बन जाने के बाद मुसलिम लीगी प्रशासन की करतूतों के विरुद्ध 'जिए सिंध' आंदोलन चलाते हुए अलग सिंधु देश की माँग भी कर दी थी।

देश विभाजन के बाद वर्तमान पाकिस्तान क्षेत्र में हिंदुओं की आबादी, जो करीब 23 प्रतिशत थी, घटकर 2 प्रतिशत से भी कम रह गई है, जबकि भारत में मुसलमानों की आबादी 9 प्रतिशत से बढ़कर 15 प्रतिशत से अधिक हो गई है। पाकिस्तान में केवल छोटे-मोटे काम करनेवाले कतिपय निम्न व पिछड़ी जातियों के हिंदू रह गए। ये वे लोग थे, जिनकी आर्थिक दशा मुसलमानों से कमतर थी। इनमें बड़ी संख्या उन लोगों की थी, जो नगरपालिकाओं, दफ्तरों और घरों में सफाई का काम करते थे। इन्हें पाकिस्तान में जबरन रोक लिया गया, क्योंकि काफिर होने के बावजूद पाकिस्तान को इनकी जरूरत थी। जरूरत भी तो आखिर कोई शै है। इन्हें कानूनी तौर पर रोकने के लिए आवश्यक सेवा देखभाल अधिनियम (Essential Services Maintenance Act) में प्रावधान लगा दिया गया। इन्हें हिकारत से पंजाबी में 'चूहड़ा' कहा जाता है। इनमें से कई ईसाई बन गए, क्योंकि हिंदू के मुकाबले ईसाई धर्मावलंबी होने में अधिक खैरियत थी। वैसे यह संतोष की बात है कि इनमें से कई अब ड्राइवर, टेक्नीशियन, चपरासी, माली, बढ़ई आदि भी हो गए हैं। अब ऊँची जाति के चंद हिंदू काफी बेहतर स्थिति में या सफेदपोश पेशों में भी हैं।

पूर्वी पंजाब को छोड़कर यूपी, बिहार व अन्य जगहों से पाकिस्तान जानेवाले अधिकतर मुसलमानो ने स्वेच्छापूर्वक या अपनी लीग-परस्ती के कारण पाकिस्तान जाने का निर्णय किया था। वे नए इसलामी मुल्क में अपने लिए नए मौके 'मौका ही मौका' ढूँढ़ने और ममलकत-ए-खुदादाद पाकिस्तान को जन्नत बनाने में अपना योग देने के लिए पाकिस्तान के लिए चल पड़े थे।

पाकिस्तान ने एक गहरी सोची-समझी साजिश के तहत पाकिस्तान की मुख्य भूमि से हिंदू-सिखों के सफाए का काम अंततः मुकम्मल कर ही लिया। इसी का उल्लेख करते हुए भारत के तत्कालीन विदेश मंत्री मुहम्मद करीम भाई छागला ने यू.एन. जनरल असेंबली में कहा था—Pakistan solved the minority problem by ethnic cleansing, अर्थात् पाकिस्तान ने नस्ली सफाए से अल्पसंख्यकों की समस्या को हल कर लिया।

ऐसा समझा जाता है कि देश-विभाजन के समय करीब 5 लाख से 10 लाख लोग मारे गए। यह संख्या 15 से 20 लाख भी हो सकती है। अनेक विद्वानों ने 10 लाख की संख्या को सही मान लेना उचित ठहराया है, हालाँकि इस पर कोई गहन या व्यापक रिसर्च कार्य नहीं हुआ है। करीब 1 करोड़ 20 लाख से 1 करोड़ 40 लाख लोगों को अपने घर-द्वार छोड़ने पड़े। ऐसे विस्थापितों की संख्या 1 करोड़ 50 लाख से लेकर 1 करोड़ 60 लाख तक हो सकती है। जलते घरों, उजड़ते गाँवों और भटकते शरणार्थियों के दृश्य हृदय विदारक थे। मरनेवाले हिंदू हों

या मुसलमान, इनसान थे। निर्दोष बच्चों, औरतों और वृद्धजनों को भी अपमानित होने के साथ अपनी जान से हाथ धोना पड़ा। यह कहीं देखने-सुनने में नहीं आया कि दंगों में कुछ गुंडे भी मारे गए हों।

...और अंत में

ब्रिटिश जाति के कुटिल अफसरों का यह कमाल था कि दो सदियों तक सत्ता-सुख भोगते रहने के बाद भी अपने हितों को सुरक्षित रखते हुए उन्होंने जाते-जाते लाखों हिंदू-मुसलमानों को आपस में लड़वा-मरवा दिया, लेकिन किसी भी अंग्रेज को एक खरोंच तक नहीं आई!

□

15

सन् '47 से हो रहा है हिंदू महिलाओं का अपहरण-शीलहरण-धर्मांतरण

देश विभाजन के समय पंजाब की सरहद के दोनों ओर दरिंदगी और खूनखराबे के दौर में महिलाओं के अपहरण और उनके साथ दुष्कर्म की मानवता को शर्मसार कर देनेवाली घटनाएँ हुईं। इन महिलाओं की बरामदगी के लिए भारत और पाकिस्तान की सरकारों ने सैन्य निष्क्रमण संगठन बनाया और सामाजिक कार्यकर्ताओं का भी सहयोग लिया।

भारत ने पूर्वी पंजाब में 28,000 मुसलिम महिलाओं और बच्चों को बरामद किया जबकि पाकिस्तान ने पश्चिमी पंजाब में मात्र 9,000 हिंदू महिलाओं व बच्चों को बरामद किया। करीब 30,000 अपहृत हिंदू महिलाओं व बच्चों को पाकिस्तान में जबरन रोक दिया गया। अपहृत महिलाओं और बच्चों के बारे में पाकिस्तान द्वारा भारत को दी गई सूची के अनुसार अधिकतम महिलाओं व बच्चों को बरामद कर लिया गया, जबकि भारत द्वारा दी गई सूची के अनुसार पाकिस्तान बड़ी संख्या में अपहृत महिलाओं और बच्चों को वापस करने में विफल रहा। बाद में पता चला कि करीब 2,000 अपहृत हिंदू महिलाएँ पाकिस्तान की फौज के कब्जे में हैं।

देश विभाजन के समय पंजाब की सरहद के दोनों ओर दरिंदगी और खूनखराबे के दौर में युवा महिलाओं का अपहरण और उनके साथ दुष्कर्म की घटनाएँ मानवीय संबंधों के इतिहास में एक घिनौना अध्याय हैं।

देश विभाजन के खूनी इतिहास में इन घटनाओं के कई लोमहर्षक विवरण प्रकाशित हो चुके हैं। दोनों दिशाओं में पलायन करनेवालों में सबसे असुरक्षित स्थिति रेलगाड़ियों से और सड़क मार्ग से काफिलों के रूप में पलायन कर रहे लोगों की थी, जिनमें बड़ी संख्या में बच्चे, बूढ़े और महिलाएँ शामिल थीं। मानवता को शर्मसार कर देनेवाली इन घटनाओं से लगता था कि उस समय इनसानियत मर गई थी। समाज के कई वर्गों में नैतिक ताना-बाना पूरी तरह टूट चुका थ। हिंसा-प्रतिहिंसा और पाश्विकता की सभी हदें पार हो गई थीं। यह सिलसिला कई हफ्तों तक जारी रहा।

दोनों देशों में अपहृत महिलाओं और बच्चों की बरामदगी एक विकट समस्या थी। प्रभावित

क्षेत्रों का संयुक्त दौरा करने के बाद दोनों देशों के प्रधानमंत्रियों ने 3 सितंबर, 1947 को एक संयुक्त घोषणा में कहा, "दोनों देशों की केंद्रीय सरकारें और पश्चिमी व पूर्वी पंजाब की सरकारें यह स्पष्ट कर दें कि बलात्‌ धर्मांतरण और विवाहों को मान्यता नहीं दी जाएगी। जिन महिलाओं और बच्चों का अपहरण किया गया है, उन्हें उनके परिवारों को अनिवार्य रूप से लौटाना होगा और सरकारें व उनके संबद्ध अधिकारी इन महिलाओं और बच्चों को खोज निकालने और उनका उद्धार करने का हर संभव प्रयास करें।" इसके साथ ही गांधीजी ने भी एक वक्तव्य दिया कि मैं उम्मीद करता हूँ कि पाकिस्तान सरकार अपहृत महिलाओं के उद्धार का प्रयास करेगी और मैं भारत सरकार से भी यह उम्मीद करता हूँ कि वह हिंदुओं व सिखों द्वारा अपहृत मुसलिम महिलाओं के बारे में भी ऐसा ही करेगी।

अपहृत महिलाओं व बच्चों की बरामदगी

सैन्य निष्क्रमण संगठन (Military Evacuation Organisation) और स्थानीय निकायों ने बड़ी संख्या में अपहृत महिलाओं और बच्चों को बरामद किया और उन्हें उनके अपने-अपने देश में अपने परिवारों और रिश्तेदारों से फिर से मिलाने की व्यवस्था की। इस अभियान में तेजी लाने के लिए 6 दिसंबर, 1947 को लाहौर में एक विचार गोष्ठी आयोजित की गई। इससे बरामदगी की प्रक्रिया में कुछ तेजी आई। दोनों देशों में खोजी दल और सामाजिक कार्यकर्ता संयुक्त रूप से कार्य करने लगे। अपहृत महिलाओं को अपने रिश्तेदारों से फिर से मिलाने का व्यवस्था की गई।

यहाँ इस अभियान की एक-दो झलकियाँ देना उपयुक्त होगा, जिनका उल्लेख जस्टिस जी.डी. खोसला ने अपनी पुस्तक 'देश विभाजन का खूनी इतिहास' में किया है। पाकिस्तान में एक अपहृत हिंदू युवती, जिसकी शादी जबरन सुलतान नाम के एक मुसलमान से कर दी गई थी, ने बताया, "जब सुलतान भारतीय सेना के आने के बारे में सुनता, वह मुझे बाहर ले जाता और किसी गड्ढे में छिपा देता और ऊपर से उसे ढक देता। इस प्रकार उसने सेना को कई बार चकमा दिया। एक बार सेना अचानक वहाँ पहुँची तो सुलतान मुझे घर में बंद कर ताला लगाकर बाहर चला गया। भारतीय सैनिकों ने बुलंद आवाज में ऐलान किया कि अगर कोई हिंदू महिला आस-पास में हो तो बाहर आ जाए। मैंने एक खिड़की से बाहर झाँककर देखा और सैनिकों को देखकर डर गई, लेकिन उनके आश्वासन पर मुझे यकीन हो गया। मुझे उस खिड़की के रास्ते घर से बाहर निकाला गया और लाहौर ले आया गया।" कई ऐसे विरले उदाहरण भी हैं, जब अपहृत महिलाओं के साथ हमदर्दी का बरताव किया गया। एक मुसलमान स्वेच्छा से एक हिंदू महिला को, जिसको उसने अपनी पत्नी बना लिया था, उसके रिशतेदारों को सौंपने के लिए भारतीय सेना के कैंप में ले आया था।

लेकिन खेद की बात है कि पाकिस्तान ने अपहृत महिलाओं व बच्चों की बरामदगी के अभियान की गति धीमी कर दी। भारत ने पूर्वी पंजाब में 28,000 मुसलिम महिलाओं और बच्चों को बरामद किया, जबकि पाकिस्तान ने पश्चिमी पंजाब में मात्र 9,000 हिंदू महिलाओं व बच्चों को बरामद किया। करीब 30,000 अपहृत हिंदू महिलाओं व बच्चों को पाकिस्तान में जबरन रोक दिया गया।

भारत व पाकिस्तान के सामाजिक दृष्टिकोण में अंतर

पाकिस्तान अपहृत महिलाओं को क्यों वापस नहीं करना चाह रहा था, इसे सहज समझा जा सकता है। बाद में इस बात की पुष्टि हुई कि 2,000 अपहृत महिलाएँ पाकिस्तानी फौज के कब्जे में हैं। अपहृत महिलाओं की बरामदगी का अभियान 1947 से 1956 तक चला। भारत ने इस अभियान को पूरी गंभीरता से अंजाम दिया। अपहृत महिलाओं के बारे में पाकिस्तान द्वारा दी गई सूची के अनुसार अधिकतम महिलाओं को बरामद कर लिया गया, लेकिन भारत द्वारा दी गई सूची के अनुसार पाकिस्तान अपहृत महिलाओं को वापस करने में नाकामयाब रहा। यह वास्तव में दोनों देशों के सामाजिक दृष्टिकोण में अंतर का मामला है, जिस कारण पाकिस्तान ने परस्पर आदान-प्रदान की भावना का परिचय नहीं दिया। यह दोनों देशों के बीच किए गए समझौते का उल्लंघन था।

the pioneer
RANCHI | TUESDAY | DECEMBER 29, 2020

Each year 1,000 Pak girls forcibly converted to Islam

Karachi: Neha loved the hymns that filled her church with music. But she lost the chance to sing them last year when, at the age of 14, she was forcibly converted from Christianity to Islam and married to a 45-year-old man with children twice her age.

She tells her story in a voice so low it occasionally fades away. She all but disappears as she wraps a blue scarf tightly around her face and head. Neha's husband is in jail now facing charges of rape for the

The US State Department this month declared Pakistan "a country of particular concern" for violations of religious freedoms — a designation the Pakistani government rejects. The declaration was based in part on an appraisal by the US Commission on International Religious Freedom that underage girls in the minority Hindu, Christian, and Sikh communities were "kidnapped for forced conversion to Islam... forcibly married and subjected to rape."

While most of the con-

ing web that involves Islamic clerics who solemnise the marriages, magistrates who legalise the unions and corrupt local police who aid the culprits by refusing to investigate or sabotaging investigations, say child protection activists.

One activist, Jibran Nasir, called the network a "mafia" that preys on non-Muslim girls because they are the most vulnerable and the easiest targets "for older men with pedophilia urges." The goal is to secure virginal brides rather

हिंदू लड़कियों के अपहरण-धर्मांतरण की अखबारों में चर्चा

भारत की आजादी की स्वर्ण जयंती (1997) के अवसर पर 'इंडियन एसोसिएशन ऑफ वुमेंस स्टडीज' ने बड़ौदा में एक तीन-दिवसीय राष्ट्रीय सेमिनार का आयोजन किया। इसमें तीसरे और अंतिम दिन देश विभाजन की दु:खद कहानी की चर्चा के सिलसिले में विभाजनकाल में महिलाओं के अपहरण पर दो रिसर्च स्कॉलरों—जसोधरा बागची और ऋतु मेनन ने अपना अध्ययन प्रस्तुत किया। अंग्रेजी दैनिक 'द हिंदू' (The Hindu) ने इसकी जो रिपोर्टिंग (31 अगस्त, 1997) की, उसके कुछ अंश इस प्रकार हैं—

It has become increasingly clear that Pakistan has become an abductor.India would not stoop down to duplicity as was made clear in other questions like Kashmir and the sharing of canal waters. The Nehru government was single-mindedly concerned with a welfare state based on secularism : the traditional Hindu chivalry would not hold Muslim women as hostages.This explains the disparity in number of recoverd women. Besides innumberable boys below the age of 16 who had been abducted by Pakistan and converted, had no place to come back.

(यह सिलसिलेवार ढंग से स्पष्ट हो गया है कि पाकिस्तान एक अपहरणकर्ता (देश) बन चुका है। भारत छल-कपट के लिए नीचता पर नहीं उतर सकता, जैसाकि कश्मीर और नहरी पानी विवाद जैसे सवालों पर पाकिस्तान ने जाहिर कर दिया। नेहरू सरकार की एकनिष्ठ चिंता थी धर्मनिरपेक्षता पर आधारित जनकल्याणकारी राज्य : भारत की परंपपरागत हिंदू उदारता मुसलिम महिलाओं को बंधक बनाना नहीं चाहेगी। अपहृत महिलाओं की बरामदगी की संख्या में असमानता होने का यही कारण है। इसके अलावा 16 वर्ष से कम उम्र के उन अनगिनत

लड़कों की वापसी की कोई गुंजाइश नहीं थी, जिन्हें पाकिस्तान ने अगवा कर लिया था और उनका धर्म बदल दिया था।)

पाकिस्तान की पुरानी फितरत का असर

यहाँ पर पाकिस्तान की एक और कारस्तानी का उल्लेख कर देना भी उपयुक्त होगा, जो उसके द्वारा अक्तूबर-नवंबर 1947 में कश्मीर में भेजे गए कबाइली हमलावरों से संबंधित है। ब्रायन क्लाउली ने ऑक्सफोर्ड यूनिवर्सिटी प्रेस द्वारा प्रकाशित अपनी पुस्तक A History of the Pakistan Army: Wars and Insurrections (पाकिस्तानी फौज का इतिहास : युद्ध और बगावतें) में लिखा है—

The tribesmen had not only indulged in looting and plundering but had also abducted women who were then sold in the brothels of Pakistan. Even catholic nuns in a monastry were raped.

(कबाइली न सिर्फ लूटपाट और लूटमार में मग्न हो गए, बल्कि उन्होंने महिलाओं का अपहरण भी किया, जिन्हें बाद में पाकिस्तान के वेश्यालयों में बेच दिया गया। एक कैथोलिक मठ की मठवासिनों के साथ भी बलात्कार किए गए।)

पाकिस्तान एक अपहरणकर्ता देश बन गया है, यह कथन पाकिस्तान की फितरत को सही ढंग से व्यक्त करता है, क्योंकि पाकिस्तान ने अपनी शुरुआत से ही अल्पसंख्यक हिंदू-सिखों के साथ भेदभाव, महिलाओं के अपहरण, शीलहरण और धर्मांतरण का जो सिलसिला शुरू किया, वह आज तक चलता आ रहा है। ऐसा प्रतीत होता है कि पाकिस्तान के मजहबी कट्टरपंथी इस बात पर आमादा हैं कि वहाँ के बचे-खुचे हिंदू भी वहाँ से चले जाएँ या इसलाम में धर्मांतरित हो जाएँ। पाकिस्तान के मदरसों और स्कूलों में हिंदुओं और हिंदुस्तान के विरुद्ध जो नफरत फैलाई जाती है, उसी का यह परिणाम है कि मजहबी उग्रवादियों और अवांछनीय तत्त्वों की कारस्तानियाँ बढ़ती जा रही हैं।

2018 में पाकिस्तान के नए प्रधानमंत्री इमरान खान ने 'नया पाकिस्तान' का लक्ष्य घोषित करते समय अल्पसंख्यकों के हितों का ध्यान रखने का दावा किया था, लेकिन उनके कार्यकाल में हालात और बिगड़ते चले गए और बिगड़ते ही चले जा रहे हैं।

हिंदू लड़कियों को उनके घरों से अपहृत कर जबरन धर्म-परिवर्तन कर किसी मुसलिम युवा या अधेड़ के पल्ले बाँध देने की घटनाएँ बढ़ती जा रही हैं। वॉयस ऑफ अमेरिका की एक रिपोर्ट के मुताबिक मुहम्मद अयूब खान नामक एक कट्टरपंथी मौलवी सिंध प्रांत में सैकड़ों हिंदू लड़कियों का जबरन धर्म बदलवा चुका है। पाकिस्तान हिंदू पंचायत के महासचिव रवि दवानी का कहना है कि यह सब एक सोची-समझी साजिश के तहत किया जा रहा है।

इसलामाबाद से ए.एन.आई. न्यूज एजेंसी द्वारा जारी एक समाचार (19 नवंबर, 2021) के अनुसार पाकिस्तान में अल्पसंख्यक समुदायों को प्रताड़ित किया जाना आम बात है। ताजा आँकड़ों के मुताबिक, हर साल करीब एक हजार हिंदू महिलाओं को बलपूर्वक इसलाम कबूल करवा दिया जाता है। 'ग्रीक सिटी टाइम्स' के मानवाधिकार कार्यकर्ता आशिकनाज खोखर के अनुसार पाकिस्तान में सार्वजनिक स्थानों से धार्मिक अल्पसंख्यकों की नाबालिग लड़कियों को

अगवा करके इसलाम कबूल करवाया जाता है। उन्होंने बताया कि पाकिस्तान सरकार इस मुद्दे को गंभीरता से नहीं ले रही है। पाकिस्तान संसद् ने भी बलपूर्वक मतांतरण करवाने पर कोई भी बिल पारित करने से इनकार कर दिया है।

क्रिमिनल तत्त्वों के साथ मुल्लाओं की साँठ-गाँठ

पाकिस्तान के मानवाधिकार आयोग की अध्यक्ष (2011-2017) रह चुकी जोहरा यूसुफ ने लिखा है—

हिंदू लड़कियों के धर्मपरिवर्तन के विरूद्ध पाकिस्तान में हिंदुओं का प्रदर्शन

Hindus concentrated mostly in Sindh carry the burden of historical prejudice as well as association with India. According to their representatives the greatest issue of concern to the community is that of forced conversions : according to their estimates, about a 1000 Hindus are converted to Islam every year and a majority among them are young women. In lost cases the girls are abducted, forcibly converted to Islam and them married to Muslim men.

(हिंदू, जो ज्यादातर सिंध में संकेंद्रित हैं, ऐतिहासिक पूर्वग्रह और भारत के साथ संबंध का बोझ ढो रहे हैं। उनके प्रतिनिधियों के अनुसार, उनकी बिरादरी की सबसे बड़ी चिंता है जबरन धर्मपरिवर्तन। अनुमान है कि करीब 1,000 हिंदुओं को हर वर्ष इसलाम में धर्मांतरित किया जाता है और इनमें ज्यादा संख्या युवा महिलाओं की होती है। अधिकतम मामलों में लड़कियों को अगवाकर जबरन इसलाम में धर्मांतरित किया जाता है और उसके बाद मुसलिम मर्दों से उनकी शादी कर दी जाती है।

इस मामले पर टिप्पणी करते हुए 'पाकिस्तान टाइम्स' (Pakistan Times) के सलाहकार संपादक खालिद अहमद ने लिखा (अप्रैल 2019)—

Concentrated in Sindh and a miniscule part of the country's total population Hindus have been under pressure from the 'conversion crazy' clerics who gang up with criminals to provide brides for good-for-nothing Muslim boys whom no Muslim girl would mary.

(सिंध में केंद्रित देश की कुल जनसंख्या का अत्यंत छोटा भाग है, वहाँ के हिंदू, जो 'धर्मांतरण-उन्मादी' मुल्लाओं के दबाव में रहे हैं। ये मुल्ला क्रिमिनल तत्त्वों के साथ मिलकर ऐसे नाकारा मुसलिम लड़कों को दुल्हन उपलब्ध करा देते हैं, जिनके साथ कोई मुसलिम लड़की शादी नहीं करना चाहेगी।)

हालात किस कदर बिगड़ते जा रहे हैं, यह इससे जाहिर होता है कि पाकिस्तान के अंग्रेजी दैनिक 'एक्सप्रेस ट्रिब्यून' (Express Tribune) ने आज से एक दशक पहले जो लिखा था, जो चिंता व्यक्ति की थी, उसमें कोई सुधार नहीं हुआ है। अखबार ने अपने 12 अगस्त, 2012 के अंक में अल्पसंख्यकों की स्थिति पर रोशनी डालते हुए अन्य बातों के अतिरिक्त लिखा था—"हिंदुओं को अगवाकर उन्हें मजहब बदलने को मजबूर किया जा रहा है। अल्पसंख्यक वर्ग की लड़कियों के साथ बदसलूकियाँ भी बढ़ गई हैं। शिया और अहमदी समुदाय पर लगातार हमले हो रहे हैं। नतीजतन, अल्पसंख्यक समाज के लोग पाकिस्तान से भाग रहे हैं। जाहिर है, हम उनका भरोसा जीतने में नाकामयाब रहे हैं।"

लाख टके का सवाल यह है कि भरोसा जीतने के लिए 'इसलामी जम्हूरिया-ए-पाकिस्तान' की हुकूमत क्या कर रही है? असलियत यह है कि जिस तरह विभाजन के समय बड़ी संख्या में हिंदू लड़कियों और युवा महिलाओं का अपहरण किया गया और उनकी बरामदगी के लिए पाकिस्तान सरकार ने सख्त कदम नहीं उठाए और ढुलमुल रवैया अपनाया, वह एक नजीर बन गया। अपहरण और धर्मांतरण की शिकायत करने पर पुलिस उनका संज्ञान ही नहीं लेना चाहती और मामला अदालत में पहुँचने पर वहाँ भी आमतौर पर कोई राहत नहीं मिलती। केवल कुछ छिटपुट मामलों में, जो किन्हीं कारणों से चर्चा में आ जाते हैं या प्रभावशाली व्यक्तियों का दबाव पड़ता है, तब कुछ काररवाई होती है। मानवाधिकारों की अवहेलना करनेवाले देशों की रैंकिंग में पाकिस्तान शीर्ष पर है, लेकिन इससे उसकी सेहत पर कोई असर पड़ रहा प्रतीत नहीं होता।

□

16

‘ऑपरेशन गुलबर्ग’ : कश्मीर पर हमले की पाकिस्तान की कूट योजना

पाकिस्तान ने कश्मीर पर कब्जा करने के लिए दो योजनाएँ बनाई थीं। पहली योजना यह थी कि कश्मीर के मुसलमानों को बड़ी मात्रा में हथियार सप्लाई किए जाएँ और उन्हें महाराजा का तख्ता पलटने के लिए उकसाया जाए। दूसरी योजना यह थी कि सरहदी सूबे के खूँखार कबाइली सरदारों को धन व हथियार देकर पाकिस्तानी फौज की सरपरस्ती में कश्मीर पर चढ़ाई करने के लिए भेजा जाए और कश्मीर को पाकिस्तान में मिला लिया जाए। काफी विचार-विमर्श के बाद दूसरी योजना को तरजीह दी गई।

अगस्त 1947 में पाकिस्तान के निर्माण के बाद क्षय रोग के मरीज मुहम्मद अली जिन्ना ने दो सप्ताह के विश्राम के लिए सितंबर के मध्य में कश्मीर जाने की ख्वाहिश जाहिर की। जिन्ना की बीमारी की सार्वजनिक तौर पर किसी को कोई जानकारी नहीं थी। इसे पूरी तरह छिपाकर रखा गया था।

लियाकत अली व अकबर खान के दिमाग की उपज

जिन्ना ने अपने अंग्रेज सेक्रेटरी कर्नल विलियम बर्नी को कश्मीर भेजा, लेकिन बर्नी ने लौटकर बताया कि महाराजा हरिसिंह एक सैलानी के रूप में जिन्ना को कश्मीर की सरजमीं पर पाँव रखने की इजाजत देने को तैयार नहीं हैं। पाकिस्तान के संस्थापक और ‘कायदे आजम’ कहलाने वाले जिन्ना ने इसे अपनी गहरी तौहीन माना। वह तिलमिला उठे। उन्होंने महाराजा के इरादों को भाँपने के लिए अपने खुफियों को कश्मीर भेजा, जिन्होंने आकर बताया कि महाराजा हरिसिंह अपनी रियासत को पाकिस्तान में मिलाने के मूड में नहीं हैं।

जिन्ना ने अपने प्रधानमंत्री लियाकत अली खान को कहा कि कश्मीर को किसी भी कीमत पर पाकिस्तान में शामिल किया जाए। लियाकत अली खान ने तो पहले ही इसकी तैयारी शुरू कर दी थी। इस साजिश में उनके साथ थे सैंडहर्स्ट सैनिक स्कूल में ट्रेनिंग प्राप्त और षड्यंत्र-प्रिय फौजी अफसर मेजर जनरल अकबर खान। अकबर खान ने पहले ही उत्तर-पश्चिम सरहदी सूबे के मुख्यमंत्री अब्दुल कयूम खान को इस कूट योजना में शामिल कर रखा था।

कश्मीर के दुर्भाग्यों में एक था, उसका शासक महाराजा हरिसिंह। यदि वह सूझ-बूझ वाला शासक होता और प्रजा के हितों पर उचित ध्यान देता तो अनेक समस्याएँ पैदा ही नहीं होतीं। कश्मीर समस्या महाराजा हरिसिंह की पैदा की हुई थी, जो भारत से अंग्रेज राज की समाप्ति के बाद स्वतंत्र कश्मीर के सपने देख रहा था।

The Sunday News of India

AFRIDI BANDS "INVADE" KASHMIR

Accusation Against Frontier Province

DASARA AMITY IN PAKISTAN

Ministers Address Hindus

C.P. Refugees To Return

PREMIER BACK FROM BHOPAL

"Reds" Close In On Kirin

Nationalists Sore Pressed

FOREST FIRES DEVASTATE MAINE

Russia & Turkey Accuse Each Other Of Aggressive Intentions

MARSHALL AID

DENA BANK

कश्मीर में कबाइली गिरोहों के हमले का समाचार सुर्खियों में

महाराजा के निर्णय से पाकिस्तान समझ गया कि पाकिस्तान में कश्मीर के विलय की संभावनाएँ बहुत कम ही नहीं, बल्कि समाप्त प्राय: हैं। पाकिस्तान की उम्मीदों पर पानी फिर गया। उसे यकीन था कि मुसलिम-बहुल रियासत होने के कारण कश्मीर का विलय पाकिस्तान में होगा। महाराजा इसके लिए राजी हो जाएगा। पाकिस्तान ने महाराजा के साथ यथास्थिति बनाए रखने के लिए 'यथास्थिति समझौता' (Standstill Agreement) पर हस्ताक्षर किए थे, लेकिन पाकिस्तान ने इस समझौते का उल्लंघन किया और कश्मीर पर आर्थिक व अन्य दबाव डालने शुरू कर दिए। उसने रेल व सड़क मार्ग से रावलपिंडी से होकर कश्मीर में प्रवेश करनेवाले सप्लाई वाहनों का मार्ग बंद कर दिया, जोकि सप्लाई का मुख्य चैनल था। आवश्यक वस्तुओं—खाद्यान्न, पेट्रोल, नमक और चीनी आदि की सप्लाई अचानक काट दी। जब इन दबावों का कोई असर नहीं हुआ, तब उसने पाकिस्तानी सीमा की ओर से सरहदी सूबे के खूँखार कबाइलियों की घुसपैठ और हमले की योजना बनाई।

दो विकल्प : तख्ता पलट या हमला

जैसा कि बाद के घटनाक्रम से मालूम हुआ, पाकिस्तान ने कश्मीर पर कब्जा करने के लिए दो योजनाएँ बनाई थीं। पहली योजना यह थी कि पाकिस्तान की ओर से कश्मीर के मुसलमानों को बड़ी मात्रा में धन और हथियार दिए जाएँ तथा उन्हें महाराजा का तख्ता पलटने के लिए उकसाया जाए। दूसरी योजना यह थी कि सरहदी सूबे के कबाइली सरदारों को धन और हथियार देकर उन्हें चुपचाप कश्मीर पर चढ़ाई करने के लिए भेजा जाए। इससे महाराजा का पतन हो जाएगा और कश्मीर को पाकिस्तान में मिला लिया जाएगा।

पाकिस्तान के संस्थापक गवर्नर जनरल मुहम्मद अली जिन्ना कश्मीर को किसी भी कीमत पर पाकिस्तान में शामिल करने की योजना को कार्यान्वित करने की हरी झंडी अपने वजीरे आजम लियाकत अली खान को दे ही चुके थे। लियाकत अली खान ने यह निष्कर्ष निकालते हुए कि पहली योजना लंबा समय ले सकती है, दूसरी योजना को तरजीह दी। कबाइली हमलावरों के पीछे पाकिस्तानी फौज का समर्थन और ताकत आवश्यक मानते हुए उसी अनुरूप तैयारी की गई।

चूँकि सत्ता का हस्तांतरण हुए कुछ ही दिन बीते थे और पाकिस्तानी सेना के सर्वोच्च अधिकारी अभी भी अंग्रेज ही थे, इसलिए उनके आदेश-निर्देश के लिए छलयोजन किया गया। पाकिस्तान का प्रधान सेनापति जनरल सर फ्रैंक मैसरवी अंग्रेज था और कानूनी दृष्टि से वह दोनों देशों के सर्वोच्च सेनाध्यक्ष फील्ड मार्शल आचिनलेक के अधीन था। पाकिस्तानी प्रधानमंत्री लियाकत अली खान ने मैसरवी को बुलाकर यह प्रलोभन दिया कि पाकिस्तान सरकार ब्रिटेन से हथियार खरीदना चाहती है, इस काम के लिए वह उसे लंदन भी भेजना चाहती है, लेकिन इससे पहले वह यह चाहती है कि कबाइलियों द्वारा कश्मीर पर हमला और उनके पीछे पाकिस्तानी फौज के समर्थन की योजना को वह अपनी मंजूरी दे दे।

लेफ्टिनेंट जनरल मैसरवी ने बिना ठीक से सोचे-समझे इस योजना पर, जिसे 'ऑपरेशन गुलबर्ग' की संज्ञा दी गई, दस्तखत कर दिए। इसमें उसकी साम्राज्यवादी मानसिकता का असर भी रहा होगा। जनरल मैसरवी हथियारों की खरीद के लिए लंदन चला गया। इस बीच यह योजना गुप्त तरीके से पाकिस्तानी फौज के संबंधित अफसरों को भेज दी गई।

महाराजा हरिसिंह

महाराजा हरिसिंह ने अपने इर्द-गिर्द जीहुजूरिये और चापलूस इकट्ठे कर रखे थे, जो उन्हें न तो उपयुक्त सलाह देते थे और न वस्तुस्थिति की जानकारी होने देते थे। यदि महाराजा ने 15 अगस्त या उससे पहले अन्य देशी रियासतों की तरह भारत के साथ शामिल होने की घोषणा कर दी होती तो कश्मीर की भयंकर समस्या ही उत्पन्न न होती।

रामचंद्र काक के बाद 15 अक्तूबर, 1947 को मेहरचंद महाजन जम्मू-कश्मीर के प्रधानमंत्री बने। मेहरचंद महाजन की शिक्षा-दीक्षा लाहौर में हुई थी। वह हाई कोर्ट में वकालत करते रहे और फिर जज भी बने। जिस समय उन्होंने जम्मू-कश्मीर के प्रधानमंत्री का पद सँभाला, उस समय उनकी अवस्था 58 वर्ष थी। आर्य समाज से संबद्ध श्री महाजन देश के प्रति समर्पणशील व्यक्ति और एक सफल प्रशासक माने जाते थे। बाद में वह भारतीय सुप्रीम कोर्ट के जज व चीफ जस्टिस भी बने।

रावलपिंडी व अन्य छावनी नगरों में तैयारियाँ

जिस समय श्री महाजन जम्मू-कश्मीर के प्रधानमंत्री के रूप में श्रीनगर पहुँचे, उस समय स्थिति बहुत विकट हो चुकी थी। कश्मीर का प्रशासन लगभग ठप्प हो चुका था। सेना विद्रोहियों से जूझ रही थी। पुलिस बल बहुत कम था और गुप्तचर विभाग नहीं होने के बराबर था।

17 अक्तूबर को मेहरचंद महाजन महाराजा को लेकर जम्मू रवाना हो गए, क्योंकि वहाँ से चिंताजनक समाचार आ रहे थे कि पाकिस्तानी सीमावर्ती इलाकों में घुसने का प्रोग्राम बना रहे हैं। बताया गया कि महाराजा ने लोगों में विश्वास पैदा करने के लिए जम्मू की सारी सीमा का स्वयं मुआयना करने का फैसला किया।

पाकिस्तानी छावनियों से मदद

उधर उत्तर-पश्चिम सरहदी सूबे के एबटाबाद नगर और पंजाब के रावलपिंडी व बन्नू छावनी-नगरों में पाकिस्तानी हमले की तैयारियाँ दृष्टिगोचर हो रही थीं। इन क्षेत्रों, विशेषत: बन्नू से आनेवाले हिंदू विस्थापितों को इसकी कुछ जानकारी मिल चुकी थी। बन्नू, कोहाट, वाना, पेशावर, थाल और नौशेरा की छावनियों से कबाइलियों के लश्करों को हथियार, गोला-बारूद और कपड़ों आदि की सप्लाई सैनिक भंडारों से दी जाने लगी थी। कागजों में यह दिखाया गया कि यह सामग्री नियमित पाकिस्तानी फौजी यूनिटों को जारी की गई। पाकिस्तान के कई नियमित सैनिक व सैन्य अधिकारी, जिनमें मेजर जनरल अकबर खान और पाकिस्तानी सेना के कुछ अनुभवी अफसर भी शामिल थे, सादे लिबास में कबाइलियों के साथ थे।

ट्रकों पर सवार हथियारबंद हमलावर

इस बीच यह योजना गुप्त तरीकों से संबंधित फौजी अफसरों को भेज दी गई। अफसोस की बात यह है कि इस योजना की जानकारी बन्नू फ्रंटियर ब्रिगेड के मेजर ओंकार सिंह कलकट को मिल जाने के बावजूद भारत को उसका कोई लाभ नहीं हुआ। मेजर कलकट बन्नू से भागकर अंबाला पहुँचे। अगले दिन उन्होंने दिल्ली में ब्रिगेडियर कुलवंत सिंह, मिलिटरी ऑपरेशंस के डायरेक्टर थापर और रक्षामंत्री सरदार बलदेव सिंह से मुलाकात कर उन्हें यह जानकारी दी। उन्होंने बताया कि पाकिस्तानी हमला 22 अक्तूबर को शुरू होगा, जिसमें तीन दिन बाकी थे, लेकिन सरदार बलदेव सिंह ने इसे गंभीरता से नहीं लिया। यदि वह इसे गंभीरता से लेते और गैर जिम्मेदाराना व्यवहार नहीं करते तो इन तीन दिनों में आसानी से हमले का प्रतिकार किया जा सकता था। बाद में नेहरूजी को यह ज्ञात हुआ तो उन्होंने सरदार बलदेव सिंह को बहुत डाँटा-फटकारा, लेकिन तब तक स्थिति हाथ से बाहर निकल चुकी थी। इसका एक परिणाम यह हुआ कि सरदार बलदेव सिंह को रक्षामंत्री पद से हटाया तो नहीं गया, लेकिन उप-प्रधानमंत्री व गृहमंत्री सरदार बल्लभ भाई पटेल अनौपचारिक तौर पर रक्षा मंत्रालय के कामकाज की भी देखभाल करने लगे।

□

17

अमेरिकी एजेंट से इसलाम कबूलवाया, फिर कश्मीर फतह के लिए किया रवाना

कश्मीर पर हमले में एक अति महत्त्वाकांक्षी और दुस्साहसी षड्यंत्रकारी अमेरिकी एजेंट रसैल हेट की भी बड़ी भूमिका थी। हमले से पहले उससे रावलपिंडी की जामा मसजिद में इसलाम कबूल करवाया गया। उसने अपनी पत्नी को चिट्ठी लिखी—"मुझे पूरी उम्मीद है कि मैं हिंदुस्तान की दूसरी सबसे बड़ी रियासत का पहला गोरा 'राजा' बनूँगा। रियासत कश्मीर का हिंदू राजा अपनी राजधानी से भाग गया है। मेरी कमान में हजारों कबाइली लड़ाके फतह पर फतह पाते हुए श्रीनगर की ओर बढ़ रहे हैं।" इस षड्यंत्र का भंडाफोड़ एक अमेरिकी पत्रकार एलेन ड्रेप्स ने किया।

कश्मीर पर हमला करने की साजिश में कुछ ब्रिटिश नागरिक भी शमिल थे। बाद के घटनाक्रम से मालूम हुआ कि पाकिस्तान में उस समय पदस्थापित कतिपय ब्रिटिश फौजी अधिकारियों को भी इस साजिश की जानकारी थी। कुछ षड्यंत्रकारी अंग्रेज अफसरों की पाकिस्तान से मिलीभगत के ही कारण कश्मीर के बाद गिलगित का भी पतन हुआ और वह भी पाकिस्तान के अधिकार में चला गया। इसका विवरण इसी पुस्तक में एक अलग अध्याय में दिया गया है।

कश्मीर पर हमला करनेवाले हमलावरों के साथ कुछ अमेरिकी तत्व भी थे। कई ब्रिटिश अधिकारी इस कार्यक्रम को पहले से ही जानते थे। हमले के बाद भी पाकिस्तान को ब्रिटेन व अमेरिका के कुछ भारत-विद्वेषी तत्त्वों का वरदहस्त प्राप्त रहा। संयुक्त राष्ट्र संघ में ब्रिटेन और अमेरिका ने कश्मीर की समस्या को सुलझाने के बजाय इसे अधिकाधिक उलझाने और खुले रूप से हमलावर का पक्ष लेने का काम कर अपना साम्राज्यवादी स्वरूप दिखाया। यह बात अलग है कि बाद के वर्षों में इन दोनों का रुख कतिपय व्यावहारिक कारणों से नरम पड़ा।

रावलपिंडी में अमेरिकी पत्रकार से भेंट

ब्रिटिश व अमेरिकी स्वार्थों और उनकी अंतर्लिप्तता का भंडाफोड़ एलेन ड्रेप्स नामक एक अमेरिकी पत्रकार ने बड़ी ईमानदारी से किया था। सन् 1957 में जब पाकिस्तान ने ब्रिटेन व अमेरिका की मिलीभगत से सुरक्षा परिषद् की बैठक में कश्मीर के मामले को उठाया, तब उक्त

अमेरिकी पत्रकार के संवादलेख की चर्चा हुई थी। उसके विवरण को बंबई के प्रसिद्ध हिंदी साप्ताहिक 'धर्मयुग' ने प्रकाशित किया था। उसका सारांश इस प्रकार है।

अगस्त 1947 में जब पाकिस्तान के गुमराह नेता अपने अमेरिकी सहयोगियों और हस्तक्षेपवादी अंग्रेजों की साजिश से कश्मीर पर आक्रमण की सोच रहे थे, रसैल हेट नामक एक 39 वर्षीय अमेरिकी जवान अनुभवी सर्वेयर (क्षेत्र-निरीक्षक) के रूप-भेष में अफगानिस्तान में घुस आया। वहाँ काबुल में वह अमेरिकी राज दूतावास में जाता रहा। उसकी हरकतें बतला रही थीं कि वह किसी भयंकर और विनाशकारी षड्यंत्र में शामिल है और शीघ्र ही किसी अमानुषिक कार्यक्रम का यमदूत बननेवाला है, फिर अचानक एक धीमी-धुँधली साँझ उसने अपना घोड़ा तैयार करवाया और खैबर की ओर चल पड़ा। रावलपिंडी आकर वह शहर में रहनेवाले एक अमेरिकी संवाददाता के साथ रहा। यहाँ से उसने षड्यंत्र के सदस्य अफरीदी कबाइलियों और पाकिस्तानी सैनिकों के संग आक्रमण में भाग लिया। बड़े आश्चर्य का विषय है कि प्रजातंत्र के दावेदार अमेरिका ने सारा का सारा कार्यकलाप जानते हुए भी, अपने एक नागरिक को उस विनाश का सूत्रधार बनने से नहीं रोका।

रसैल हेट के सामने अरबों को लड़वाने वाले बदनाम ब्रिटिश अफसर कर्नल लारेंस का उदाहरण था और जॉर्डन में अपना सिक्का चलाने के अभिलाषी गुलाब पाशा की सफलताओं का प्रलोभनपूर्ण आदर्श था।

जामा मसजिद में इसलाम कबूलवाया

रसैल हेट को उनसे प्रेरणा मिली। भारत विरोधी शक्तियों, सरकारों और विदेशी स्वार्थ मूर्तियों ने रसैल हेट का हाथ बँटाया और एक रात हेट पेशावर पहुँचा। पेशावर में वह उत्तर-पश्चिम सरहदी सूबे के तत्कालीन मुख्यमंत्री खान कयूम खान से मिला और भावी कार्य के निमित्त उन्हें अपनी सेवाएँ समर्पित कीं। उसने स्वयं प्रस्ताव रखा कि वह हमलावरों-आक्रमणकारी पाकिस्तानी नागरिकों, सैनिकों और कबाइलियों का अगुआ बने।

जामा मसजिद रावलपिंडी

कय्यूम खान ने कराची फोन किया—जिन्ना साहब और नवाब लियाकत अली खान को। इस वार्तालाप का प्रतिफल निकला कि रसैल हेट को 'ब्रिगेडियर' का पद देकर रावलपिंडी भेजा गया।

रावलपिंडी की सबसे बड़ी मसजिद जामा मसजिद में मौलाना इशाक मनसरवी के द्वारा रसैल हेट ने इसलाम कबूल किया और ईसा मसीह के ईमान को सलाम दिया। दरअसल, ऐसे लोगों का कोई ईमान नहीं होता। स्वार्थ ही उनका ईमान है और षड्यंत्र उनका भगवान्। धर्म परिवर्तन पर रसैल हेट

का नया नाम रखा गया—मियाँ सलीम खान और तभी 'इसलाम जिंदाबाद' के जंगी जिहादी नारों के बीच रसैल हेट उर्फ सलीम खान ने कसम खाई कि वह 40 लाख कश्मीरियों को हिंदू नेहरू के पंजे से मुक्त कराएगा।

खुर्शीद अनवर से तालमेल

रसैल हेट उर्फ सलीम खान ने उर्दू और अरबी के चंद जुमले रट लिए। एक एंग्लो इंडियन अफसर उसके लिए दुभाषिया नियुक्त हुआ।

अब 'मियाँ सलीम खान' 'अमेरिकी' के लड़ने की बारी आई। उसे खुर्शीद अनवर नामक पाकिस्तानी हमलावर अधिकारी को सहयोग देने का हुक्म दिया गया। खुर्शीद अनवर श्रीनगर की ओर बढ़ रहा था। यह वही लुटेरा था, जिसने स्वयं अपनी मर्जी से 'मेजर जनरल' की उपाधि धारण कर ली थी। आततायी खुर्शीद अनवर अभी श्रीनगर से बहुत दूर था। दोमेल और उड़ी के विध्वंस के पश्चात् वह कबाइलियों पर अपना नियंत्रण खो बैठा। कबाइली और पाकिस्तानी सैनिक बारामूला की लूट में लग गए इससे हस्तक्षेपकारी साम्राज्यवादियों के षड्यंत्र-स्वप्न अधूरे रह गए।

रसैल उर्फ सलीम का पत्नी को पत्र

इन्ही दिनों रसैल हेट उर्फ सलीम ने अपनी पत्नी को लिखा—

"भाग्य मेरी प्रतीक्षा कर रहा है। मुझे पूरी उम्मीद है कि मैं हिंदुस्तान की दूसरी सबसे बड़ी रियासत का पहला गोरा 'राजा' बनूँगा। चंद महीनों में तुम सफेद संगमरमर के राजमहलों में सिंहासन पर बैठोगी। इस रियासत से हिंदू राजा अपनी राजधानी से भाग चुका है और मेरी कमान में हजारों कबाइली लड़ाके फतह पर फतह पाते हुए शहर की ओर बढ़ रहे हैं।"

लेकिन सलीम खान 'अमेरिकी' की पत्नी वह पत्र न पा सकी और स्वप्न देखने से वंचित रह गई, क्योंकि लूट में मग्न कबाइलियों को श्रीनगर पहुँचने में विलंब हो गया और तब तक विजयवाहिनी भारतीय सेनाएँ वायुयानों द्वारा पहुँच गईं। सलीम खान ने अपनी बीवी को लिखा था कि यदि कबाइली इस लूट में न लग जाते, तो श्रीनगर हमारे हाथों में आ जाता।

घटना यूँ हुई कि चंद पाकिस्तानी डाकुओं ने सलीम खान का पत्र ले जानेवाले डाक हरकारे को लूट लिया और मार डाला। जिस स्थान पर यह हत्या हुई थी, उधर से कुछ दिनों बाद, एक ब्रिटिश अफसर गुजरा। उसने राह में बिखरी चिट्ठियाँ उठा लीं। रास्ता काटने के लिए, कौतूहलपूर्वक पत्रों को पढ़ने लगा। इन्हीं में था श्रीमती हेट के नाम भी एक पत्र।

इस बीच कोटली पर हमला हुआ। तब तक भारतीय सेनाएँ वहाँ न पहुँच सकी थीं और रियासत कश्मीर के जो इने-गिने सैनिक थे, उनमें से कई मुसलिम तो शत्रु से जा मिले और मुट्ठी भर हिंदू डोगरा सैनिक युद्धभूमि में जौहर दिखाते हुए शहीद हो गए। रसैल हेट बड़ी धूमधाम से कोटली में दाखिल हुआ। वह अपने स्वप्न मंडित सिर पर हरे रंग की पंजाबी पगड़ी पहने हुए था।

ब्रिटिश अफसरों द्वारा रसैल की हत्या का प्रयास

रसैल हेट (सलीम) कोटली की स्थानीय मसजिद में पहुँचा। वहाँ उसने पहला हुक्म हिंदुओं को लूटकर कत्ल करने का दिया और दूसरा हुक्म जम्मू पर तत्काल चढ़ाई कर देने का दिया।

दूसेर दिन, पाकिस्तानी सेना के एक आला अफसर ने ब्रिगेडियर रसैल हेट को कोटली-विजय के सम्मान में उपहार दिए और बढ़ा-चढ़ाकर उसे 'ब्रिगेडियर जनरल' बना दिया गया।

अब उसकी ब्रिगेड में पाकिस्तानी सेना के 500 पाक घुड़सवार, 1,500 खूनी कबाइली और सैकड़ों लुटेरे नागरिक थे। इस बीच पाक सेना के ब्रिटिश अफसरों के हाथ रसैल हेट की पत्नी के नाम लिखा पत्र पहुँच चुका था। अब उन्हें यह भी ज्ञात हुआ कि रसैल हेट कश्मीर में रहनेवाले ब्रिटिश नागरिकों और साम्यवादियों की सूची तैयार कर रहा है।

इधर ब्रिटिश स्वार्थों के समर्थक प्रहरी अंग्रेज अफसरों ने रसैल हेट का जीना मुश्किल कर दिया। एक दिन तो सिर्फ दो कदम के फासले से उस पर गोलियाँ चलाई गईं। साम्राज्य के दलाल में साहस कितना। रसैल हेट थर्रा गया।

भाग खड़ा हुआ शेख चिल्ली

अमेरिकी पत्रकार एलेन ड्रेप्स ने अपने देश अमेरिका के इस प्रपंच का भंडाफोड़ करते हुए रसैल हेट के बारे में एक जगह लिखा है—"श्रीनगर पर हमला करने और उस पर विजय पाकर राजमहलों में रहने की कल्पना ने रसैल हेट को इस प्रकार अभिभूत कर दिया था कि वह रात-दिन सपनों में खोया रहता। वह अपनी आँखों के सम्मुख उस दृश्य की कल्पना करता, ज़ब वह अपनी बीवी के साथ कश्मीरी झीलों में शाही ठाट-बाट से सैर करेगा।"

किंतु इस शेख चिल्ली को यह पता न था कि सूरमाओं की बलिदान भावना से सज्जित भारतीय सेनाएँ बहुत निकट आ गई हैं। जल्द ही उसके भाग्य का निपटारा हो गया। श्वेत महलों में रहने और नीलांगी झीलों में सैर करने के स्वप्न हवा हो गए। अब तो ब्रिगेडियर जनरल रसैल हेट के लिए अपने कायर प्राणों की रक्षा करना और कठिन हो गया और वह पलायन पथ पर अग्रसर हो गया।

□

18

पाकिस्तान ने कबूला : कश्मीर हमले में उसकी फौज थी शामिल

पाकिस्तान कश्मीर पर हमला करने के कई महीने बाद तक यह बहाना बनाता रहा कि हमले में उसका कोई हाथ नहीं है, वह बिल्कुल निर्दोष है। लेकिन राष्ट्रसंघ की टीम असलियत जानने के लिए जब पाकिस्तान पहुँची, तब उसे यह मानना पड़ा कि फ्रंटियर प्रांत के कबाइली पाकिस्तानी फौज की रहनुमाई में लड़ रहे थे। पाकिस्तान के झूठ का पर्दाफाश बाद में खुद पाकिस्तान के कई सूत्रों ने किया और यह भी बताया कि किस प्रकार पूरी साजिश पाकिस्तानी फौज द्वारा रची गई थी।

पाकिस्तान कश्मीर पर हमला करने के कई महीने बाद तक यह बहाना बनाता रहा कि हमले में उसका कोई हाथ नहीं है, वह बिल्कुल निर्दोष है। वह बार-बार इस बात को दोहराता रहा कि जम्मू-कश्मीर के हिंदू राजा के खिलाफ बगावत करनेवाली मुसलिम प्रजा का साथ देने के लिए फ्रंटियर प्रांत के कबाइलियों ने वहाँ प्रवेश किया था। अक्तूबर 1947 में कश्मीर पर छद्म हमला करने से लेकर जुलाई 1948 तक पाकिस्तान झूठ के झरने बहाता रहा, लेकिन जब भारत तथा पाकिस्तान संबंधी संयुक्त राष्ट्र-संघीय आयोग जुलाई 1948 में पाकिस्तान की तत्कालीन राजधानी कराची पहुँचा, तब पाकिस्तान को लगा कि इस झूठ को अधिक समय तक कायम नहीं रखा जा सकता।

सादे लिबास में पाक फौज

संयुक्त राष्ट्र में पाकिस्तान के प्रतिनिधि सर मुहम्मद जफरुल्ला खान ने आयोग के समक्ष कहा कि कश्मीर क्षेत्र में तीन रेगुलर पाकिस्तानी ब्रिगेड मई 1948 से युद्ध में लगे हुए थे। यह कबूलनामा भी पूरा सत्य नहीं था। वस्तुस्थिति यह थी कि पहले दिन से ही कबाइली पाकिस्तानी फौज की रहनुमाई में लड़ रहे थे। पाकिस्तानी फौजी खुद भी सादे लिबास में हमलावर कबाइलियों के साथ थे।

जफरुल्ला खान

पाकिस्तान के झूठ का पर्दाफाश बाद में खुद पाकिस्तान के कई सूत्रों ने किया और यह भी बताया कि किस प्रकार हमले की पूरी साजिश पाकिस्तानी फौज द्वारा रची गई थी और किस प्रकार उसने बिना किसी हिचक के कबाइलियों का साथ दिया था।

हमले के वर्षों बाद प्रकाशित कई पुस्तकों में पाकिस्तानी जनरलों ने सच्चाई को पूरी तरह स्वीकार किया। मेजर जनरल मुहम्मद अकबर खान ने, जिन्होंने जनरल तारिक के छद्म नाम से कश्मीर युद्ध में भाग लिया था, बड़े फख्र के साथ पाकिस्तानी हमले में शामिल होने का सविस्तार वर्णन किया। मेजर जनरल अकबर खान ने 'Raiders in Kashmir' (कश्मीर में हमलावर) शीर्षक पुस्तक में अपने संस्मरण लिखे तथा प्रतिरक्षा जर्नलों में उनका एक इंटरव्यू भी छपा। जनरल मुहम्मद मूसा, जो बाद में पाकिस्तान के कमांडर-इन-चीफ बने, के संस्मरण 'Jawan To General : The Recollections of A Pakistani Soldier' (जवान से जनरल : एक पाकिस्तानी फौजी के संस्मरण) में छपे थे। दोनों जनरलों के संस्मरणों से स्पष्ट हो जाता है कि पाकिस्तान ने कश्मीर पर हमले में कोई हाथ न होने के जो बयान दिए थे, वे पूर्णतः झूठे थे।

यहाँ प्रस्तुत है मेजर जनरल मुहम्मद अकबर खान द्वारा रिटायर्ड ब्रिगेडियर ए.आर. सिद्दीकी को दिए गए इंटरव्यू के कुछ अंश।

बगावत कराने के लिए राइफलों का इंतजाम

ब्रिगेडियर (रिटायर्ड) ए.आर. सिद्दीकी : क्या आप याद कर सकते हैं कि आपके कमान सँभालने के पहले कश्मीर पर फौजी काररवाई के शुरुआती दौर में क्या हुआ था?

मुहम्मद अकबर खान : बँटवारे के कुछ हफ्ता बाद वजीरे आजम लियाकत अली की ओर से मियाँ इफ्तखारुद्दीन ने मुझे कहा था कि मैं कश्मीर पर काररवाई के लिए एक प्लान तैयार करूँ। मुझे पता लगा कि फौज ने सिविल पुलिस की 4,000 राइफलें अपने कब्जे में ले ली थीं। अगर ये राइफलें कश्मीर के लोकल बाशिंदों को दे दी जातीं, तो सही जगहों पर बगावत कराई जा सकती थी।

मैंने इस बुनियाद पर एक प्लान लिखकर तैयार किया और इफ्तखारुद्दीन को दे दिया। मुझे लाहौर में लियाकत अली खान से मुलाकात के लिए बुलाया गया। वहाँ इस प्लान को मंजूर कर लिया गया, जिम्मेवारियाँ बाँट दी गईं और ऑर्डर दे दिए गए। इसकी जानकारी फौज को नहीं दी गई। सितंबर में 4,000 राइफलें अलग-अलग जगहों पर दे दी गईं। राइफलधारियों और महाराजा की फौजी टुकड़ियों के बीच गोलीबारी हुई। हिंदुस्तान के खिलाफ मुहिम तेज हो रही थी।

24 अक्तूबर को कबाइलियों के एक लश्कर ने मुजफ्फराबाद पर हमला किया और उस पर कामयाबी के साथ कब्जा कर लिया। अगले दिन वे आगे बढ़े और उड़ी पर कब्जा कर लिया। 26 अक्तूबर को उन्होंने बारामूला पर कब्जा कर लिया। 27 अक्तूबर को महाराजा भाग गया और अपनी रियासत को हिंदुस्तान में मिला दिया। उसी शाम को लियाकत अली ने लाहौर में एक बैठक की और मुझे भी बुला भेजा। मीटिंग इस बात पर विचार करने के लिए बुलाई गई थी कि हिंदुस्तान की मुमकिन दखलंदाजी का मुकाबला कैसे हो। मैंने तजवीज रखी कि जम्मू पर हमला किया जाए, क्योंकि वह बेहद अहमियत वाली जगह है, जहाँ से होकर हिंदुस्तानी फौज जम्मू जाएगी। यह तजवीज इसलिए मंजूर नहीं की गई, क्योंकि ऐसा करने से मुकम्मल जंग छिड़ जाने का डर था।

जिन्ना का हुक्म : जम्मू पर हमला करो

उस शाम को कायदे आजम भी लाहौर में थे और एलिन कैंपबेल की पुस्तक 'A Mission with Mountbatten' (माउंटबेटन के साथ एक मिशन) के मुताबिक दो दिन बाद मैं अपनी पहल पर श्रीनगर मोर्चे पर यह देखने के लिए गया कि कबाइलियों को कितनी कामयाबी मिल रही है। वे श्रीनगर से चौथे मील-पत्थर, जहाँ मशीनगन के साथ रोड-ब्लॉक किया हुआ था, रुके हुए थे। मैंने वहाँ पूरे हालात का जायज़ा लिया और यह पाया कि शहर पूरी तरह पानी से घिरा हुआ है, जिसने बाहर से दाखिल होने के रास्ते को रोका हुआ है। तो भी बख्तरबंद गाड़ी से रोड-ब्लॉक को हटाया जा सकता था। मैं जल्दी से रावलपिंडी वापस पहुँचा और फौरन मुझे पता लगा कि मसूद तीन बख्तरबंद गाड़ियों के साथ सादे कपड़ों में अपनी खिदमत देने के लिए तैयार है। मैंने कराची फोन किया और राजा गजनफ्फर अली (कश्मीर मामलों के वजीर) से इजाजत माँगी। इजाजत देने से इनकार कर दिया गया। कबाइलियों को कोई मदद नहीं पहुँची और वे मील-पत्थर पर रुके रहे।

एक हफ्ता बाद जब कबाइलियों ने लड़ाई के मुकाम को लड़ाई की पालिसी के लिए गलत पाया तो उन्होंने लड़ाई बंद कर दी और पीछे हटकर उड़ी चले गए और वहाँ से एबटाबाद लौट जाने की धमकी दी। इस बीच एक हिंदुस्तानी ब्रिगेड ने श्रीनगर से आगे बढ़कर बारामूला पर कब्जा कर लिया। इस हालत में मुझसे बड़ी संजीदगी से कहा गया कि मैं उड़ी जाऊँ और फिर से लड़ाई शुरू करूँ।

सिद्दीकी : कबाइली लश्करों का काम कितना अच्छा रहा? ऐसा यकीन किया जाता है कि जब वे श्रीनगर पहुँचने वाले थे, तब उन्होंने लूटपाट करना शुरू कर दिया था।

अकबर : यह मैदाने जंग छिपकर गोलाबारी करने और वार करके भागने के लिए सही था। वहाँ उनका कारनामा शानदार था। यह सच नहीं है कि जब वे श्रीनगर पहुँचनेवाले थे, उन्होंने लूटपाट शुरू कर दी थी।

गैर मुसलमानों को लूटो

उनका (कबाइलियों का) मेजर खुर्शीद अनवर से यह क़रार हुआ था कि गैर मुसलिमों को लूटेंगे। उनको मेहनताना तो मिलना नहीं था। खुर्शीद अनवर दूसरी आलमी जंग में इमरजेंसी कमिशंड ऑफिसर था। वह मुसलिम लीग में शामिल हो गया था और उसे लीग के नेशनल गार्ड्स का कमांडर बना दिया गया था। सितंबर 1947 में जब वजीरे आजम ने कश्मीर में जद्दोजहद की हलचल शुरू कराई थी, तब खुर्शीद अनवर 'नॉदर्न सेक्टर' का कमांडर मुकर्रर किया गया था। वह पेशावर चला गया था और अब्दुल कय्यूम खान की सीधी मदद से लश्कर तैयार किया था। ये लोग एबटाबाद में इकट्ठे हुए थे और उन्हीं के साथ 24 अक्तूबर को वह बारामूला पहुँचा था।

इसके दो हफ्ता बाद उसने कश्मीर मोर्चे को छोड़ दिया और लश्कर के साथ नवंबर के पहले हफ्ते में वहाँ से चला गया था। उसके जाने के बाद मैं वहाँ पहुँचा था और जहाँ से कबाइलियों ने लड़ाई बंद की थी, वहीं से मैंने लड़ाई फिर से शुरू की थी।

सिद्दीकी : आप कश्मीर फ्रंट पर कितने वक्त तक रहे थे और किस अहम काररवाई में आपने हिस्सा लिया था?

अकबर : मैं कश्मीर फ्रंट पर शुरू में छह महीने रहा था। फिर अपने ब्रिगेड की कमान सँभालने कोहाट चला गया था। इसके बाद अपने ब्रिगेड के साथ उड़ी गया था हिंदुस्तानी हमले का मुकाबला करने के लिए। वहाँ से दिसंबर 1948 में सीज फायर होने तक रहा था। हमने उड़ी का पुल जला दिया था। मैंने फौज की नौकरी से फारिग हुए फौजियों को राइफलों से लैस कर दिया था, जोकि हिंदुस्तानियों पर लगातार गोलीबारी कर रहे थे। एक पखवाड़े के बाद कबाइली फ्रंट पर आ गए थे और उन्होंने मेरी सारी शर्तें मान ली थीं। मेरी हिदायत पर उन्होंने हिंदुस्तानी फौज के एक पहरेदार दस्ते पर उड़ी और पुंछ के बीच में घात लगाकर हमला किया था और 36 गाड़ियाँ जला दी थीं। इसके बाद मैंने कबाइलियों को कहा कि वे उड़ी को घेर लें और घात लगाकर हिंदुस्तानियों पर गोलीबारी करते रहें, ताकि वे आगे नहीं बढ़े सकें।

हमने गैरिसन पर काबू पा लिया था और तहसील का कंट्रोल अपने हाथ में ले लिया था। हमने पुंछ को घेर कर श्रीनगर से अलग-थलग करने के लिए एक लश्कर भेजा था। हमने कोटली, मीरपुर, बेरी पट्टन और जम्मू व पुंछ के बीच सड़क के दोनों ओर के पूरे इलाकों पर कब्जा कर लिया था। मई 1948 में हिंदुस्तानी फौज के एक डिवीजन ने उड़ी फ्रंट पर हमला कर दिया।...छह महीनों में हमने चकोटी में हमले को रोक दिया था। अगस्त में मैंने जवाबी हमला किया था और पांडु पर कब्जा कर लिया था।

सिद्दीकी : क्या आप पाकिस्तान के बिल्कुल शुरुआती दौर के चोटी के सिविलियन और फौजी लीडरों के बारे में थोड़े में कुछ बताएँगे?

अकबर : लीडरशिप की जिम्मेदारी लियाकत अली खान पर आ पड़ी थी, जो कि वजीरे आजम के ओहदे पर थे। वे नरम मिजाज के शख्स थे और इतने अच्छे थे कि उनके साथ काम करने पर लुत्फ आता था। उनके कहने पर मैंने कश्मीर में जद्दोजेहद शुरू करने का एक प्लान बनाया था, जिसे उन्होंने मंजूर करके वहाँ एक तहरीक शुरू करवा दी थी। उसके बाद, जिसकी वजहें मेरी समझ से बाहर थीं, उन्होंने फौजी काररवाइयाँ करने में हिचकिचाहट दिखाना शुरू कर दिया था। इस तरह हमारी ओर से वक्त पर कदम नहीं उठाने से हमने कई अच्छे मौके खो दिए और उन्होंने उस वक्त सीज फायर मंजूर कर लिया, जब पुंछ से हटने के बाद सीज फायर मान लेना हमारे लिए नुक्सानदेह था।

जब 1947 में कश्मीर में तहरीके आजादी की शुरुआत हुई थी और फौजी काररवाइयों को मैं चला रहा था, तब एयर कमांडो जनजुआ ने मुझे हौसला बुलंद करनेवाला बढ़ावा दिया था और एयरफोर्स चीफ की इजाजत के बगैर एयरफोर्स के डिपुओं से कपड़े और गोला-बारूद दिया था

जनरल मूसा ने मँगाईं चार फौजी टुकड़ियाँ

अब पढ़िए पाकिस्तानी जनरल मूसा के संस्मरणों के कुछ अंश—

कश्मीर में पाकिस्तान की दस्तंदाजी के फौरन बाद एक सुबह कर्नल मुहम्मद अकबर खान, जो उस वक्त जनरल हेडक्वाटर्स के हथियारों और लड़ाई के साजो-सामान के डाइरेक्टर थे, लाहौर में मुझसे मिलने आए थे। उन्होंने मुझे कहा था कि कश्मीर में, कोहाला और झेलम दरिया पर एक और पुल की हिफाजत के लिए उन्हें ब्रेनगनों और उसी के साथ जानकार अमले की सख्त जरूरत है, ताकि हिंदुस्तानी एयरफोर्स के हवाई हमलों का मुकाबला किया जा सके। मैंने उन्हें ब्रेनगनें और

उसके साथ गैर-सरकारी तौर पर मशीन कार जल्द-से-जल्द भेजने के लिए कहा। ये पुल हमारे लिए निहायत जरूरी थे। एरिया कमांडर की इजाजत के बगैर मैंने लेफ्टिनेंट कर्नल खालिद खान को हिदायत दी थी कि चार फौजी टुकड़ियाँ रावलपिंडी भेज दें, जहाँ से उन्हें अपने निशाने की ओर जाना था। जाहिरी तौर पर कारकुन का यह अमला छुट्टी पर गया दिखाया जाना था, ताकि यूनिट से उनकी गैरहाजिरी की वजह बताई जा सके। खालिद जान हमारी पैदल फौज के चार बटालियनों में से एक का कमांडर था। शुरू में लेफ्टिनेंट कर्नल खालिद जान को हिचकिचाहट हुई थी। लीक से हटकर दिए गए ऐसे ऑर्डर के इंपैक्ट का असर खत्म होने पर अधिक वक्त बरबाद नहीं किया गया था। उसी रात बटालियन सूबेदार मेजर के साथ ब्रेनगनें और तोपची भी रावलपिंडी पहुँच गए थे।

कश्मीर में लड़ाई शुरू होने के पहले हिंदुस्तानी वेस्टर्न कमांड के उनके गुरदासपुर के ब्रिगेड को मैसेज हमारे सिग्नल ऑफिस के जरिए भेजे जाते थे, क्योंकि वेस्टर्न कमांडर रिफ्यूजियों के मामले में हमारी मदद से काम करता था। दोनों मुल्कों के सीनियर फौजी अफसरों की कॉन्फ्रेंस के आखिर में मैंने अपने साइफर (कूट लिखाई) अफसर लेफ्टिनेंट कैसर बेग को कहा कि वह खुफिया इबारत के सभी पैगामों की कूट लिखाई का मतलब लिख ले और अगर वे रूटीन, यानी रोजमर्रा के कामों से ताल्लुक रखते हैं तो उन्हें पाने वाले को भेज दिया जाए और दूसरे मामलों से ताल्लुक रखनेवाले पैगामों को वह रोक ले और जरूरी काररवाई के लिए मुझे दिखाए। मुझे डर था कि अगर हिंदुस्तान ने कश्मीर में दस्तंदाजी करने का फैसला किया तो उनकी फौजी टुकड़ियाँ, जो गुरदासपुर में थीं, वे सरहद के सबसे नजदीक होने की वजह से शायद वहाँ भेजी जाएँगी।

पकड़ाई में आया हिंदुस्तानी फौज का खुफिया मैसेज

"मैं आधी रात के कुछ पहले अपनी रिहायशगाह में आया। मैं मुश्किल से अभी बैठा ही था कि कैसर बेग ने दरवाजा खटखटाया। वह एक लंबे सिग्नल मैसेज के साथ आया था। वह मैसेज उसने मुझे दे दिया। उस मैसेज में जालंधर में तैनात वेस्टर्न कमांड को कश्मीर घाटी के लिए रवाना करने और फौजी काररवाई करने के बारे में हिदायते थीं कि एक बार में एक बटालियन हवाई जहाज से ले जाया जाए। श्रीनगर हवाई अड्डे को बचाने के लिए फर्स्ट रेजिमेंट का पहला बटालियन हवाई जहाजों से भेजा जाना था। मुझे बहुत ताज्जुब हो रहा था कि ऐसा अहम मैसेज लाहौर के रास्ते से क्यों भेजा गया था। हो सकता है कि भेजनेवाले ने इसके खुफिया पहलू की ओर ध्यान नहीं दिया हो या गलती से भेज दिया हो। दिमाग में इन खयालात के साथ मैं इस हैरानकुन सूरते हालात पर बातचीत करने ब्रिगेडियर नजीर अहमद के घर गया। वह खुश हुआ कि हमने मैसेज को बीच में पकड़ लिया था। हमने फैसला किया कि हम इस बाबत मिलिटरी ऑपरेशंस के डाइरेक्टर ब्रिगेडियर शेर खान को फोन पर इत्तला दे दें। नजीर अहमद के घर से मैंने पश्तो में उसके हिंदुस्तान की ओर से फौजी काररवाई करने के प्लान के मैसेज का खुलासा किया। ब्रिगेडियर नजीर ने सुझाव दिया कि हम कागजात कैबिनेट के सेक्रेटरी—जनरल चौधरी मुहम्मद अली (जो बाद में पाकिस्तान के वजीरे आजम बने) को दिखा दें। वह उस वक्त लाहौर में थे। हम उनके घर गए, लेकिन वह सोने चले गए थे। उनके नौकर ने उन्हें जगाने से साफ इनकार कर दिया। इसलिए हम एक मैसेज उनके नाम लिखकर आ गए। चौधरी मुहम्मद अली ने इसे कोई अहमियत नहीं दी, क्योंकि जहाँ तक मुझे पता है, उनकी ओर से कोई काररवाई नहीं की गई थी।

इसलिए हिंदुस्तानी वेस्टर्न कमांड ने जो ऑर्डर दिए थे, उन्हें पहुँचने में 24 घंटों की देरी हो गई थी। जब उन्हें शक हुआ या उन्हें पता लग गया कि ओरीजिनल मैसेज नहीं पहुँचा है तो उन्होंने मैसेज सीधे भेज दिया।"

वजूद में आते ही साजिशें शुरू

मेजर जनरल अकबर खान और मूसा खान के वृत्तांतों से यह स्पष्ट हो जाता है कि इनके व्योरे में आत्म प्रशंसा की कुछ मिलावट और अतिरंजना तो है ही, साथ ही कुछ गलतबयानियाँ भी हैं और जान-बूझकर इस पूरे प्रकरण के कई असुविधाजनक पहलुओं का जिक्र नहीं किया गया, फिर भी इन्हें मोटे तौर पर सही मानकर चला जाए।

इससे बिल्कुल साफतौर पर यह जाहिर हो जाता है कि पाकिस्तान के हुक्मरानों को किसी प्रकार के अंतरराष्ट्रीय कायदे-कानून से कोई मतलब नहीं था। अपने उद्देश्य की सिद्धि के लिए झूठ, फरेब, दगाबाजी से कोई गुरेज नहीं था। ताज्जुब इस बात पर भी होता है कि पाकिस्तान के शासन-संचालकों ने ये अवांछनीय हरकतें पाकिस्तान के वजूद में आते ही शुरू कर दी थीं, एक ऐसे समय में जबकि सरहद के दोनों ओर लाखों लोग अपने घरों से पलायन कर रहे थे। भारी अफरा-तफरी मची हुई थी, भारतीय नेता गांधी, नेहरू, पटेल और आजाद आदि अमन-चैन बनाए रखने के लिए दौड़-धूप कर रहे थे और शरणार्थियों की देखभाल के लिए सरकार ने अपनी पूरी मशीनरी को गतिशील कर दिया था। पाकिस्तानी हुक्मरानों को खुराफातें सूझ रही थी, जबकि वहाँ भी उथल-पुथल की स्थिति थी। भारत में जहाँ गृहमंत्री सरदार पटेल देशी राजे-रजवाड़ों को समझा-बुझाकर वैध तरीकों से उनकी रियासतें भारत के साथ मिलाने के लिए प्रयत्नशील थे, वहाँ दूसरी ओर पाकिस्तानी हुक्मरान देश की सबसे बड़ी रियासत कश्मीर को येन-केन-प्रकारेण हड़पने के लिए साजिशें रच रहे थे।

सरकार का काम लूटपाट कराना!

पूरे घटनाक्रम से जाहिर होता है कि जम्मू-कश्मीर पर छद्म हमले की साजिश रचने की तैयारी पाकिस्तान बनते ही शुरू कर दी गई थी। पूरी तैयारी एक-दो रोज में संभव नहीं थी। इसमें कई हफ्ते लगे।

अकबर खान के मुताबिक पाकिस्तानी फौज ने पुलिस से 4,000 राइफलें अपने कब्जे में ले लीं। प्रश्न है—ये राइफलें किस कानून के तहत ली गईं? फिर योजनाबद्ध तरीके से ये राइफलें कश्मीर में बगावत करने के लिए लोगों में बाँटी गई। बताया गया कि ये फौज से सेवानिवृत्त हुए मुसलिम फौजियों में बाँटी गई। यकीनन इसके लिए बाकायदा कोई फेहरिस्त तैयार की गई होगी। कब, किसने, कैसे यह फेहरिस्त बनाई? खैरात में बाँटी गई राइफलों का आखिर क्या हुआ? पाकिस्तान में पुलिस शस्त्रागार में इन्वेंटरी या स्टॉक रजिस्टर कैसे रखा जाता था?

यह पूरी स्थिति हेराफेरी और प्रशासनिक अराजकता की द्योतक थी और 'अँधेर नगरी चौपट राजा' की कहावत को चरितार्थ करनेवाली थी। क्या किसी सरकार के हुक्मरानों को यह अधिकार है कि पड़ोस के किसी स्वतंत्र राज्य या रियासत में सशस्त्र विद्रोह के लिए अपने सुरक्षाबलों के हथियार इफरात से बाँट दें? पाकिस्तान इतना बड़ा और खुशहाल या साधन संपन्न मुल्क तो था नहीं कि 4,000 राइफलें उसके लिए कोई नगण्य आइटम थीं।

मेहनताने की जगह लूट का माल

अकबर खान ने अपने अफसाने में बताया है कि हमलावरों को, जो जरायमपेशा जातियों के थे, गैर मुसलिमों को लूट लेने को कहा गया था। इन वजीरी और अफरीदी हमलावरों को बताया गया था कि उन्हें कोई मेहनताना नहीं मिलेगा। लूट का माल ही उनका मेहनताना होगा। इसके नतीजे में हुआ यह कि इन अनपढ़ व जाहिल हमलावरों ने आव देखा न ताव, बिना किसी भेदभाव के बाजारों में खुली व बंद दुकानों में लूटपाट शुरू कर दी। उनके पास वक्त नहीं था यह जानने के लिए कि कोई दुकान किसी मुसलिम की है या गैर–मुसलिम की।

आदेश की प्रतीक्षा में कबाइली हमलावर

इस प्रकार उन्होंने औरतों को भी लूटा। उन्हें बताया गया था कि कश्मीर बहुत खूबसूरत जगह है। वहाँ खूबसूरत चीजें मिलेंगी, खूबसूरत औरतें भी। हमलावरों ने अपहरण व दुष्कर्म की वारदातें कीं। किसी का कोई लिहाज नहीं किया। हमलावरों के श्रीनगर पहुँचने में देर होने की एक वजह यह भी थी कि हमलावरों का ज्यादा ध्यान अपनी मंजिले मकसूद पर पहुँचने के बजाय लूटपाट की ओर लग गया था। कई हमलावर तो लूट का 'माल' लेकर वहीं से वापस चल दिए यह बोलकर कि वे लौटकर आ रहे हैं। पाकिस्तान के सरहदी सूबे में वजीरिस्तान लड़ाकू जातियों का एक ऐसा इलाका है, जहाँ किसी हुकूमत का कोई कानून नहीं चलता, अंग्रेजों का भी नहीं चलता था। ज्यादातर हमलावर इसी इलाके के थे।

हमलावरों ने मुसलमानों को भी नहीं बख्शा!

पाकिस्तान ने कश्मीर में हिंदू राजा के खिलाफ मुसलमानों को उकसाने–भड़काने की हरचंद कोशिश की। इसका कुछ असर हुआ। रियासत के कामचलाऊ सुरक्षाबलों के कुछ मुसलिम सोल्जर हमलावरों से मिल गए, लेकिन पाकिस्तान को इसमें कोई खास कामयाबी नहीं मिली। मुसलिम नागरिकों ने भी हमलावरों का विरोध–प्रतिरोध किया। आखिर लुटेरों और हमलावरों को कौन पसंद करता?

क्या कोई सभ्य सरकार ऐसा करेगी?

एक अनुमान के अनुसार, कबाइली हमलावरों ने बारामूला में पाँच दिन में करीब 3,000 लोगों को कत्ल कर दिया। बारामूला में हिंदुओं के बाद मुसलमानों की शामत आई। हिंदुओं के मकान और दुकानें लूटने के बाद मुसलमानों के मकान लूटे गए। हमलावरों ने मुसलिम परिवारों की बहू–बेटियों को भी अपनी हवस का शिकार बनाया। वहाँ हमलावरों को बताया गया कि हिंदुओं के अलावा कुछ मुसलमान भी पाकिस्तान का विरोध करते हैं। उन्हें इस संबंध में मकबूल शेरवानी और नेशनल कॉन्फ्रेंस के कुछ कार्यकर्ताओं के बारे में जानकारी मिली। इस पर बहुत–से हिंदू युवकों,

मकबूल शेरवानी और नेशनल कॉन्फ्रेंस के कई अन्य कार्यकर्ताओं को पकड़ कर नगर के बड़े चौक में लाया गया। हिंदुओं को गोली से उड़ा दिया गया। बाकी को 'पाकिस्तान जिंदाबाद' का नारा लगाने को कहा गया। मकबूल शेरवानी को छोड़कर सभी लोगों ने जिंदाबाद का नारा लगाया, भले ही अनमने मन से। शेरवानी ने 'पाकिस्तान जिंदाबाद' का नारा लगाने से इनकार कर दिया और कहा कि मैं पाकिस्तान और पाकिस्तानी गुंडों व हमलावरों का मुखालिफ हूँ और रहूँगा।

"यह गद्दार है, काफिरों से मिला हुआ है।" कहकर उसे गोली से उड़ा दिया गया। मकबूल शेरवानी की शहादत की आज भी वहाँ बड़ी भावुकता से चर्चा की जाती है। यह वाकेआ हमलावरों के जुल्मो-सितम और वहशीपन की मात्र एक झलक है। उनके कहर और क्रूरता, बेरहमी और वहशीपन के किस्से बेशुमार हैं।

अजीबोगरीब बात यह है कि यह कत्लो-गारत और जुल्मो-सितम एक सरकार की शह पर हो रहे थे। क्या किसी सभ्य देश की सरकार ऐसा कर सकती है ? कोई छह महीने बाद पाकिस्तान ने हमले में अपनी शिरकत को कबूल किया यानी जब राष्ट्रसंघ (यू.एन.) ने चोरी पकड़ ली तब असलियत को माना। पाकिस्तान शुरू में कबाइलियों को आगे रखकर पीछे से उन्हें हर तरह की मदद, फौज के सिगनल विंग माध्यम से सूचनाओं की जानकारी व हिदायतें तथा साजो-सामान और रसद मुहैया करा रहा था। बाद में फौज खुद सामने आ गई।

राष्ट्रसंघ आयोग ने जनवरी 1948 के दो प्रस्तावों में जम्मू-कश्मीर के कुछ इलाकों में पाकिस्तान की मौजूदगी को अवैधानिक घोषित किया था। यह स्थिति आज भी बनी हुई है।

19

समझौता तोड़कर बलूचिस्तान पर हमला, फिर हड़प लिया

भारत की करीब 560 देशी रियासतें वर्ग 'ए' में पॉलिटिकल डिपार्टमेंट के अंतर्गत थीं, जबकि कलात (बलूचिस्तान) की हैसियत भूटान और सिक्किम की तरह थी। ये राज्य वर्ग 'बी' में विदेशी मामलों के डिपार्टमेंट के अंतर्गत थे। इसी कारण कलात के खान देशी राज्यों के चेंबर ऑफ प्रिसेस में शामिल नहीं हुए थे। जब देश के बँटवारे का निर्णय हुआ, तब कलात के खान मीर अहमद यार खान ने स्वतंत्र रहना उपयुक्त समझा।

पाकिस्तान का सबसे बड़ा प्रांत बलूचिस्तान पिछले कई वर्षों से पाकिस्तान सरकार के भेदभाव, नरसंहार और सुनियोजित हत्याओं का शिकार है, जिसका परिणाम यह हुआ है कि वहाँ रह-रहकर पाकिस्तान के विरुद्ध गुस्सा फूटता रहता है, उग्र प्रदर्शन होते रहते हैं और बगावत के स्वर गूँजते रहते हैं। पाकिस्तानी फौज के जुल्मो-सितम के कारण वहाँ कबाइली युवाओं के एक वर्ग ने हथियार उठा लिए हैं, शायद बहुत कम लोगों को इस बात की जानकारी है कि देश के बँटवारे के समय पाकिस्तान के मूल नक्शे में बलूचिस्तान शामिल नहीं था और यह पाकिस्तान के अन्य तीन प्रांतों—पंजाब, सिंध और खैबर पख्तूनख्वा की तरह उसका अंग नहीं था। बलूचिस्तान की स्थिति भारत की अन्य देशी रियासतों से भिन्न थी, क्योंकि अंग्रेजों के साथ 1876 की संधि के अनुसार देश के बँटवारे के समय कलात या बलूचिस्तान की स्थिति भारत के अन्य प्रांतों या देशी रियासतों के समान नहीं थी। बलूचिस्तान का बहुत बड़ा भाग कलात के अंतर्गत था। वर्ष 1839 और 1876 में अंग्रेजों ने कलात की स्वतंत्रता और संप्रभुता को मान्यता देते हुए वहाँ सेना तैनात करने के उद्देश्य से एक संधि कर रखी थी। अंग्रेजों ने लासबेला, खरान और मकराना की छोटी रियासतों को अलग करते हुए कलात को ब्रिटिश बलूचिस्तान की संज्ञा दी थी। तीनों छोटी रियासतों के जिरगों के सरदारों को भी अधिकार प्राप्त थे, जिन्हें कलात के खान ने नजरअंदाज कर दिया था।

भारत की करीब 560 देशी रियासतें वर्ग 'ए' में पॉलिटिकल डिपार्टमेंट के अंतर्गत थीं, जबकि कलात (बलूचिस्तान) की हैसियत भूटान और सिक्किम की तरह थी। ये राज्य वर्ग 'बी' में विदेशी मामलों के डिपार्टमेंट के अंतर्गत थे। इसी कारण कलात के खान देशी राज्यों के चेंबर ऑफ प्रिंसेस में शामिल नहीं हुए थे। जब देश के बँटवारे का निर्णय हुआ, तब कलात के खान मीर अहमद यार

खान ने स्वतंत्र रहना उपयुक्त समझा। एक जमाने में कलात को नेपाल के स्तर पर संप्रभुता संपन्न माना गया था, लेकिन वह अपने बड़े पड़ोसी भारत पर निर्भर था।

इससे पहले मार्च 1946 में खान ने भारत में आए ब्रिटिश कैबिनेट मिशन को एक ज्ञापन सौंपा था, जिसमें कहा गया था कि कलात 1876 से पूर्व की स्वतंत्रता को बनाए रखना चाहेगा। बलूचिस्तान की छोटी रियासतें, जो इसकी करदाता थीं, पहलेवाली स्थिति पर लौट आएँगी। देश के बँटवारे के बाद इन रियासतों की सरकारें ब्रिटेन के बजाय औपनिवेशिक भारत से सभी संधियाँ उत्तराधिकार में प्राप्त करेंगी।

मुसलमान हैं तो पाकिस्तान में क्यों शामिल हों?

14 अगस्त, 1947 को पाकिस्तान वजूद में आ गया। अगले दिन 15 अगस्त को कलात के खान ने कलात की आजादी की घोषणा कर दी, लेकिन इसके साथ ही पाकिस्तान से रक्षा, विदेशी मामलों और संचार के क्षेत्र में संबंध बनाने की पेशकश की। खान ने कलात असेंबली के ऊपरी और निचले सदन बना दिए। चुनाव करा दिए गए और 15 अगस्त, 1947 को असेंबली ने पाकिस्तान में शामिल नहीं होने का निर्णय किया। स्वंतत्र बलूचिस्तान को सही ठहराने वालों में गौस बख्श बिजेंजो भी थे, जो बाद में बलूचिस्तान के गवर्नर बने।

14 अगस्त, 1947 को असेंबली में अपनी स्पीच में उन्होंने कहा, "यदि केवल यही तथ्य कि हम मुसलमान हैं, पाकिस्तान में शामिल होने के लिए जरूरी है, तब अफगानिस्तान और ईरान को भी पाकिस्तान में मिलाया जाना चाहिए। हम पाकिस्तान के साथ संप्रभुता की समानता के आधार पर दोस्ती कर सकते हैं, लेकिन किसी भी सूरत में पाकिस्तान में मिल जाने के लिए तैयार नहीं हैं। हम पाकिस्तान के बिना जिंदा रह सकते हैं, लेकिन सवाल यह है कि हमारे बगैर पाकिस्तान की हैसियत क्या होगी?...यदि हमसे कोई जोर-जबरदस्ती की गई तो हर बलूच बाशिंदा अपनी कौमी आजादी की रक्षा के लिए अपनी जिंदगी कुरबान कर देगा।"

विदेश में पाकिस्तान के खिलाफ प्रदर्शन करते बलूचिस्तान के लोग

इसके बाद 4 जनवरी, 1948 को ऊपरी सदन (जिसके सदस्य विभिन्न कबीलों के सरदार थे) ने ऐलान किया, "यह सदन पाकिस्तान में विलयन के लिए राजी नहीं है, क्योंकि इससे बलूच कौम का वजूद खतरे में पड़ जाएगा।"

मुसलिम लीग ने बलूचिस्तान के आजाद वजूद को मान्यता दी। 11 अगस्त, 1947 को कलात के खान और मुहम्मद अली जिन्ना के बीच बैठक के बाद मुसलिम लीग ने एक विज्ञप्ति जारी की—

The Government of Pakistan recognizes Kalat as an independent sovereign state in treaty relationship with British Government with states different from that of Indian states.

(पाकिस्तान सरकार कलात को एक स्वतंत्र संप्रभुता संपन्न रियासत मानती है, जिसके ब्रिटेन के साथ सुलहनामा संबंध हैं और जिसका दर्जा भारत की अन्य रियासतों से भिन्न है।)

भौगोलिक रूप से बलूचिस्तान का इलाका ईरानी पठार के आखिरी व पूर्वी छोर पर स्थित है। इसकी 1,173 किमी. सरहद ईरान से लगती है और 837 किमी. अफगानिस्तान से। बलूचिस्तान पाकिस्तान का सबसे बड़ा प्रांत है—उसके कुल क्षेत्रफल का 44 प्रतिशत (3,47,190 वर्ग किलोमीटर), जबकि उसकी आबादी सबसे कम है। पाकिस्तान की कुल 21 करोड़ आबादी में बलूचिस्तान की आबादी मात्र 1 करोड़ 32 लाख है।

बलूचिस्तान में खनिजों के बड़े-बड़े भंडार हैं, जिनमें ताँबे व सोने के भंडार भी शामिल हैं। अन्य भंडार हैं—कोयला, क्रोमाइट, वेराइटस, सल्फर, मार्बल, आयरन और लाइम स्टोन।

कश्मीर नरेश की तरह खान कलात से भी धोखा

मुहम्मद अली जिन्ना हर कीमत पर कलात (बलूचिस्तान) का पाकिस्तान में विलय चाहते थे, लेकिन कलात के खान अपनी आजादी खोने को तैयार नहीं थे, हालाँकि एक समझौते के तहत वे रक्षा, विदेश और संचार मामलों से जुड़े निर्णय लेने का अधिकार पाकिस्तान को देने को तैयार हो गए थे, लेकिन जिन्ना को इससे संतोष नहीं हुआ। फरवरी 1948 में पाकिस्तान सरकार ने कलात के खान को एक चेतावनी-भरा पत्र लिखा। इसमें मुहम्मद अली जिन्ना ने लिखा कि मैं आपको सलाह देता हूँ कि बिना और देरी किए आप कलात का पाकिस्तान में विलय कर दें और इस संबंध में अपने अंतिम निर्णय से हमें अवगत कराएँ। इसके साथ ही जिन्ना 15 फरवरी, 1948 को बलूचिस्तान के दौरे पर वहाँ पहुँच गए और राजदरबार को संबोधित करते हुए कहा कि जब तक पाकिस्तान का संविधान नहीं बन जाता, उनके द्वारा नामित एडवाइजरी काउंसिल ही बलूचिस्तान की देख-रेख करेगी। यहाँ यह ध्यान में दिला देना प्रसंगानुकूल होगा कि जिन्ना का उसी साल 11 सितंबर को इंतकाल हो गया और जहाँ तक पाकिस्तान के संविधान की बात है, उसमें कई साल लग गए, जबकि भारत का काफी बृहत् संविधान नवंबर 1949 में तैयार होकर 26 जनवरी, 1950 को लागू भी हो गया। पाकिस्तान का संविधान (नंबर एक) इसके छह वर्ष बाद 1956 में तैयार हुआ। तो क्या आठ वर्ष तक बलूचिस्तान में जिन्ना द्वारा नामित एडवाइजरी काउंसिल वहाँ की देख-रेख करती रहती? कश्मीर के महाराजा और कलात के खान, दोनों ने पाकिस्तान से यथास्थिति बनाए रखने के लिए यथास्थिति समझौता कर रखा था, लेकिन जिन्ना ने महाराजा से धोखा करते हुए अक्तूबर 1947 में पाकिस्तानी फौज की रहनुमाई में फ्रंटियर के कबाइलियों को आगे रखते हुए हमला कर दिया और रियासत का एक तिहाई हिस्सा हड़प लिया। जिन्ना ने इसी प्रकार का धोखा कलात के खान से भी किया और कलात पर हमला कर खान को पाकिस्तान में शामिल होने के दस्तावेज पर दस्तखत करने के लिए मजबूर कर दिया। कश्मीर और बलूचिस्तान, दोनों के मामले में लगता है, जिन्ना काफी जल्दबाजी में थे। तपेदिक के आखिरी दौर से ग्रस्त जिन्ना को शायद इस बात का इमकान हो गया था कि उनके दिन अब इने-गिने ही रह गए हैं।

जिन्ना की फौज ने 27 मार्च, 1948 को बलूचिस्तान पर हमला कर दिया और 1 अप्रैल को कलात के खान को पाकिस्तान में शामिल होने के समझौते पर दस्तखत करने के लिए मजबूर कर दिया। पाकिस्तानी फौज ने मीर अहमद यार खान को जबरन अपना राज्य कलात छोड़ने पर मजबूर

कर दिया, लेकिन मीर अहमद के भाई प्रिंस अब्दुल करीम खान ने बगावत का झंडा बुलंद कर दिया और पाकिस्तान में विलयन को नामंजूर कर दिया।

पं. जवाहरलाल नेहरू अपनी स्वप्नशील आदर्शवादिता के कारण कश्मीर की तरह बलूचिस्तान के मामले में भी जिन्ना से मात खा गए। जिन्ना द्वारा लगातार डाले जा रहे नाजायज दबाव और कुत्सित इरादों की भनक मिलने से कलात के खान को डर हो गया था कि कलात उसके हाथ से छीन लिया जाएगा। खान ने पं. जवाहरलाल नेहरू से कलात को भारत के साथ मिला देने की पेशकश की, जिसे नेहरू ने ठुकरा दिया। दलील यह कि बलूचिस्तान मुसलिम-बहुल इलाका है, फिर उसकी सरहद भारत से नहीं मिलती। इस तरह यह एक प्रकार से हिंदू-मुसलिम दो कौमों के जिन्ना के सिद्धांत को मान्यता देने के बराबर था। तो क्या कांग्रेस ने इस देशघाती सिद्धांत को स्थायी मान्यता दे दी थी?

जहाँ तक सरहद की बात है तो क्या 1,600 किमी. दूर पूर्वी बंगाल (पूर्वी पाकिस्तान) की सरहद पश्चिमी पाकिस्तान से मिलती थी? क्या अमेरिका की मुख्य भूमि से 1,800 किमी. दूर उसके 49वें राज्य अलास्का की सरहद अमेरिका की मुख्य भूमि से मिलती है?

मात खा गए सारे नेता

कल्पना कीजिए, यदि बलूचिस्तान भारत का अंग होता तो पाकिस्तान की स्थिति क्या होती? हमने देश विभाजन के समय अंग्रेजों और मुसलिम लीग की चाल में फँसकर कांग्रेस की हुकूमत वाला फ्रंटियर प्रांत भी अपनी गलती या ढुलमुल रवैये से गँवा दिया। कश्मीर में भी हमने छल-फरेब का शिकार होकर रियासत का बड़ा हिस्सा अपनी गलती से गँवा दिया।

बलूचिस्तान के मामले में भारत कम-से-कम इतना तो कर ही सकता था कि वह बलूचिस्तान की आजादी और संप्रभुता यानी यथापूर्व स्थिति बनाए रखने के लिए अड़ जाता। इस बिंदु पर तो खान को बलूचिस्तान के लोगों का व्यापक समर्थन भी प्राप्त था और कानूनी व वैधानिक स्थिति भी उसके पक्ष में थी।

हमारे नेता अंग्रेजों की चालबाजियों को कभी नहीं समझ पाए और सत्य और अहिंसा के प्रयोग करते रह गए। अंग्रेज हुक्मरान यह जानते थे कि बलूचिस्तान के बगैर पाकिस्तान का कोई वजूद नहीं। ब्रिटिश सरकार ने अपने भू-राजनीतिक हितों की सुरक्षा के लिए एक योजनाबद्ध ढंग से बलूचिस्तान को पाकिस्तान से जोड़ा था। अंग्रेजों ने पहले से यह रणनीति तैयार कर ली थी कि पश्चिम में बलूचिस्तान और उत्तर में गिलगित-बाल्टिस्तान के भू-राजनीतिक व सामरिक महत्त्व के कारण इन इलाकों को भारत के हाथ में नहीं पड़ने देना है। एक स्वतंत्र, मजबूत और संकल्पशील भारत से इन

बलूचिस्तान में सैन्य काररवाई और नरसंहार रोकने के लिए जनप्रदर्शन

क्षेत्रों को अपने निहित स्वार्थों की पूर्ति के लिए इस्तेमाल करने का मौका नहीं मिलेगा, जबकि पाकिस्तान से यह काम करा लिया जा सकता है। सोवियत यूनियन और फिर अफगानिस्तान के विरुद्ध काररवाई में उन्हें यह दूरदर्शिता काम आई। गिलगित-बल्टिस्तान में आजादी के कोई दो माह बाद महाराजा की गिलगित स्काउट्स टुकड़ी के अंग्रेज कमांडर मेजर विलियम ब्राउन ने एक षड्यंत्र के तहत महाराजा द्वारा नियुक्त किए गए गवर्नर घनसारा सिंह के खिलाफ लोगों को उकसाकर उसके घर पर हमला करवा दिया और खुद ही सैनिक लाइन पर पाकिस्तान का झंडा फहरा दिया था। चालबाजी, छल-बल, दगाबाजी और फिर हमला—इसी फॉमूले को अपनाकर अंग्रेजों ने भारत पर कब्जा किया था और पाकिस्तान उसके साथ मिलकर और फिर अकेले भी उसी लीक पर चल रहा था।

बलूचिस्तान के साथ पाकिस्तान के धोखे

धोखा नंबर-1

आजादी से पूर्व मुहम्मद अली जिन्ना कैबिनेट मिशन (1946) के सामने कलात (बलूचिस्तान) के खान मीर अहमद यार खान के वकील के तौर पर पेश हुए थे। जिन्ना ने दलीलें देते हुए यह बताने की अथक कोशिश की थी कि कलात एक स्वतंत्र स्टेट है न कि भारतीय स्टेट। कलात का केस दूसरी रियासतों से बिल्कुल भिन्न है और 1876 के करार के अंतर्गत देश की आजादी के बाद कानूनी तौर पर उसका पूर्णरूपेण स्वतंत्र अस्तित्व होगा। जिन्ना भारत विभाजन के बाद पलट गए। उन्होंने 'यू टर्न' ले लिया। उन्होंने न केवल कलात के खान के साथ यथास्थिति जारी रखने के लिखित समझौते को तोड़ दिया बल्कि डराया-धमकाया, कलात पर हमला कर दिया और बंदूक की नोक पर खान से एग्रीमेंट पर दस्तखत करने को कहा।

धोखा नंबर-2

बलूचिस्तान को पाकिस्तान के साथ जबरन मिलाए जाने के विरोध में खान के छोटे भाई प्रिंस अब्दुल करीम खान ने बगावत का झंडा बुलंद करते हुए गुरिल्ला संघर्ष शुरू कर दिया था। बड़े भाई के समझाने के बाद वह कुछ शर्तों पर सरेंडर के लिए राजी हुआ। फौजी अफसरों ने कुरान शरीफ पर हाथ रखकर कसम खाई कि करीम खान को सही-सलामत बाहर निकल जाने दिया जाएगा और सरकारी तौर पर क्षमादान दे दिया जाएगा, लेकिन पाकिस्तानी फौज ने कुरान शरीफ पर हाथ रखकर दिए गए वचन को भी भंग कर विश्वासघात किया तथा करीम खान और उसके 102 साथियों को कलात जाते समय गिरफ्तार कर लिया। सबको कई वर्षों की लंबी जेल यात्रा भुगतनी पड़ी।

धोखा नंबर-3

1958 में बलूचिस्तान समेत पश्चिमी पाकिस्तान के चारों प्रांतों को मिलाकर एकल यूनिट में परविर्तित कर देने के विरोध में जहरी कबीले के 90 वर्षीय सरदार नौरोज खान के नेतृत्व में विद्रोह हो गया। अंततः उनकी माँग मान लेने के बाद विद्रोहियों की सलामती और आम माफी का ऐलान किया गया।

समझौते का पालन नहीं किया गया। एक बार फिर पाकिस्तानी फौज ने धोखा दिया। नौरोज को गिरफ्तार कर जेल में डाल दिया गया और उनके पाँच सहयोगियों को फाँसी पर लटका दिया गया।

धोखा नंबर-4

खनिज संपदा से संपन्न पतली आबादी वाले बलूचिस्तान के लोगों की माँग थी कि उनकी संस्कृति, परंपरा व अस्मिता की रक्षा की जाए, जनसांख्यिकी-परिवर्तन के प्रयास नहीं किए जाएँ और विकास में उन्हें भागीदार बनाया जाए, लेकिन पाकिस्तान सरकार ने पूरा ध्यान बलूचिस्तान के विदोहन और शोषण पर केंद्रित किया। बाहर से 10 लाख से अधिक लोगों को, जिसमें अधिक संख्या पंजाबी मुसलमानों की थी, वहाँ बसा दिया। यह क्रम जारी है।

धोखा नंबर-5

पाकिस्तानी फौज के जुल्मो-सितम के खिलाफ बलूच राष्ट्रवाद की अलख जगाने वाले बुगती कबीले के 80 वर्षीय वयोवृद्ध सरदार और संर्वाधिक लोकप्रिय नेता अकबर खान बुगती को अगस्त 2006 में पहाड़ियों में उनके गुप्त वास में घुसकर पाकिस्तानी फौज ने मिसाइल हमले में कत्ल कर दिया। उनके दो पोतों तथा कुछ और नेताओं की भी हत्या कर दी। इससे जनाक्रोश फूट पड़ा जो थमने का नाम नहीं ले रहा। पाकिस्तानी अखबारों ने फौज की इस काररवाई को बांग्लादेश के बाद फौज की दूसरी सबसे भारी भूल (Second biggest military blunder) की संज्ञा दी।

पाकिस्तान के धोखों की एक लंबी शृंखला है।

□

20

पाकिस्तान का कबूलनामा : हैदराबाद को भारत के विरुद्ध हथियार किए सप्लाई

देश की आजादी के समय हैदराबाद के निजाम (शासक) ने प्रयास किया कि उसकी 82,000 वर्गमील की हिंदू-बहुल रियासत का भारत में विलयन नहीं हो। निजाम ने मुहम्मद अली जिन्ना के उकसावे पर पाकिस्तान के साथ गठजोड़ शुरू कर दिया और हथियार खरीदने भी आरंभ कर दिए। निजाम के वित्त मंत्री ने लंदन के एक बैंक में निजाम की एक मोटी रकम पाकिस्तानी हाई कमिश्नर के खाते में स्थानांतरित करा दी। भारत में विलयन के लिए मजबूर हो जाने के बाद निजाम ने कहा कि धनराशि का स्थानांतरण उसकी गैर-जानकारी में हुआ। मामला अदालत में गया। पाकिस्तान ने दावा किया कि यह रकम हैदराबाद को भारत से अलग रखने में सहयोग देने के लिए उसे सप्लाई किए गए हथियारों के एवज में निजाम ने एक तोहफे के रूप में दी थी। 70 साल तक ब्रिटिश अदालत में चले मुकदमे के बाद पाकिस्तान का दावा खारिज हो गया।

देश की आजादी के समय हैदराबाद के मुसलिम बादशाह या निजाम ने प्रयास किया था कि उसकी 82,000 वर्गमील की रियासत का भारत में विलयन नहीं हो। उसने ब्रिटेन से पुरजोर अनुरोध किया था कि उसकी रियासत को एक स्वतंत्र डोमिनियान (उपनिवेश) का दर्जा दिया जाए।

वर्तमान मूल्य 3 अरब 8 करोड़ रुपए

हिंदू-बहुल इस रियासत के बादशाह ने भारत विभाजन के समय ही पाकिस्तान से मेलजोल बढ़ाना आरंभ कर दिया था। उसने भारत सरकार की अनुमति के बिना विदेश से हथियार मँगाने के समझौते किए। पाकिस्तान ने निजाम को बरगलाया कि वह अपनी रियासत को आजाद घोषित कर दे। पाकिस्तानी नेताओं के झाँसे में आकर निजाम के वित्तमंत्री नवाब मोइन नवाज जंग ने ब्रिटेन में पाकिस्तान के हाई कमिश्नर हबीब इब्राहीम रहीमतुल्ला के खाते में 10, 07, 940 पाउंड स्टर्लिंग स्थानांतरित करा दिए। उस समय भारतीय मुद्रा में यह रकम 8 करोड़ 87 लाख रुपए थी।

1948 में हैदराबाद का भारत में विलयन हो जाने के बाद निजाम ने रुपया वापस अपने खाते में स्थानांतरित करने के लिए बैंक को लिखा। उनका कहना था कि बिना उनकी अनुमति के गुपचुप ढंग से पाकिस्तानी हाई कमिश्नर के खाते में यह रकम डाल दी गई थी। बैंक ने इस मामले को विचाराधीन कर दिया। उसके बाद से ही इस रकम को पाने के लिए हैदराबाद के निजाम मीर उस्मान, उनके वंशजों और भारत सरकार ने कोशिश शुरू कर दी। इसी के तहत 1954 में निजाम ब्रिटिश अदालत में गए। तब पाकिस्तान की ओर से दलील दी गई कि हैदराबाद को भारत से अलग रखने में उसने निजाम की मदद की थी और निजाम को हथियार उपलब्ध कराए थे। उसी के एवज में पाकिस्तान के हाई कमिश्नर को उक्त रकम सौंपी गई थी।

लेकिन बैंक ने पाकिस्तान को रकम सौंपने के बजाय नोटिस भेजकर भारत सरकार और निजाम के दो वारिसों को स्थिति स्पष्ट करने को कहा। 70 साल से कुछ अधिक समय तक चले इस विवाद में आखिर ब्रिटिश अदालत ने पाकिस्तान के दावे को खारिज करते हुए भारत के पक्ष में फैसला सुनाया। वर्ष 2019 में यह रकम बढ़कर करीब 350 लाख पाउंड (करीब 308 करोड़ 40 लाख रुपए) हो गई। इस मुकदमे में निजाम के वंशज—प्रिंस मुकर्रम जाह और उनके छोटे भाई मुफ्फखम भारत सरकार के साथ थे। ब्रिटिश अदालत ने इस विवाद को सुलझाने में हुआ 65 प्रतिशत खर्च, करीब 26 करोड़ रुपए भी पाकिस्तान को अदा करने को कहा।

पाकिस्तान का खतरनाक खेल

मजेदार बात यह कि पाकिस्तान ने अपनी दलील में कहा कि उसके हाई कमिश्नर के खाते में डाली गई रकम निजाम की फौज के लिए खरीदे गए हथियारों की अदायगी रकम थी। हथियार इसलिए सप्लाई किए गए ताकि भारतीय सेना हैदराबाद पर बलपूर्वक कब्जा नहीं कर सके। बाद में पता चला कि कुछ हथियार कराची से वायुमार्ग द्वारा हैदराबाद भेजे गए थे। एक ऑस्ट्रेलियाई भाड़े का पायलट सिडनी कॉटन रात के समय उड़ान भरता था, ताकि भारतीय वायुसेना को पता नहीं लगे। इसका अर्थ यह हुआ कि पाकिस्तान ने अपनी पैदाइश के कुछ अरसा बाद से ही सैकड़ों मील दूर भारत की एक अंतर्वती रियासत को हथियारों की गुपचुप सप्लाई का खतरनाक खेल शुरू कर दिया था।

लंदन का इग्लैंड और वेल्स हाई कोर्ट जिसने फैसला सुनाया। इनसेट में तत्कालीन निजाम हैदराबाद मीर उस्मान अली खान

हिंदू-बहुल रियासत हैदराबाद का मुसलिम बादशाह उसी तरह की दुविधा का सामना कर रहा था, जिसका सामना मुसलिम-बहुल कश्मीर रियासत का हिंदू महाराजा कर रहा था। मुहम्मद अली जिन्ना जानते थे कि यह उम्मीद करना बेकार है कि निजाम पाकिस्तान में शामिल होने के तैयार हो जाएगा। हैदराबाद चारों तरफ से भारतीय भूक्षेत्र से घिरा हुआ था, लेकिन जिन्ना को उम्मीद थी कि

निजाम किसी-न-किसी तरह अपनी रियासत को आजाद रखने में कामयाब हो जाएगा। निजाम ने यह घोषणा कर दी कि 15 अगस्त, 1947 को हैदराबाद एक स्वतंत्र प्रभुसत्ता संपन्न राज्य का दर्जा हासिल कर लेगा। इसके साथ ही हैदराबाद ने चेकोस्लोवाकिया से 30 लाख पाउंड के हथियार लेने का समझौता भी कर लिया।

नहीं बन सका 'मध्यवर्ती पाकिस्तान'

निजाम चाहता था कि ब्रिटेन हैदराबाद के साथ स्वतंत्र राज्य का सलूक करे या फिर पुर्तगालियों से गोवा खरीदने में उसकी मदद करे, ताकि उसे समुद्री रास्ता मिल जाए। निजाम 'इतेहादुल मुसलमीन' संगठन के नेता कासिम रिजवी की सलाह पर काम किया करता था। रिजवी ने मुसलमानों से अपील की थी कि 'वे एक हाथ में कुरान और दूसरे में तलवार लेकर' सड़कों पर निकल आएँ। समाचार एजेंसी एसोसिएटेड प्रेस ऑफ इंडिया ने रिजवी की एक और तकरीर प्रसारित की जिसमें उसने कहा था, "वह दिन दूर नहीं, जब बंगाल की खाड़ी की लहरें, हमारे परमसत्ताधारी राज्य के पैर धोएँगी।" रिजवी का दुस्साहस इतना बढ़ा कि वह लाल किले पर हरा परचम फहराने का ख्वाब देखने लगा। पाकिस्तान का षड्यंत्र कामयाब हो जाता तो पूर्वी और पश्चिमी पाकिस्तान की तरह भारत के बिल्कुल मध्यवर्ती क्षेत्र में पाकिस्तान-परस्त राज्य उसमानिस्तान यानी एक प्रकार का मध्य पाकिस्तान कायम हो जाता।

भारत के तत्कालीन गृहमंत्री सरदार वल्लभभाई पटेल ने हैदराबाद के विरुद्ध 'ऑपरेशन पोलो' अभियान के तहत भारतीय सैन्य टुकड़ियों को भेजा, जिन्होंने चारों दिशाओं से हैदराबाद को घेर लिया। 13 सितंबर, 1948 को आरंभ की गई काररवाई 17 सितंबर को समाप्त हो गई जब भारतीय सेना हैदराबाद में प्रवेश कर गई और निजाम ने आत्मसमर्पण कर दिया।

□

21

हिंदू शायर का लिखा कौमी तराना जिन्ना के देहांत के बाद खारिज!

बहुत-से लोगों को यह जानकर ताज्जुब होगा कि मुहम्मद अल्ली जिन्ना के अनुरोध पर पाकिस्तान का कौमी तराना लाहौर के एक हिंदू शायर जगन्नाथ 'आजाद' ने लिखा था। जिन्ना इस तराने को सुनकर खुश हुए थे। वे चाहते थे कि दुनिया उन्हें जवाहरलाल नेहरू से भी बड़ा सेक्यूलर नेता समझे, लेकिन जिन्ना की मौत के बाद और पाकिस्तान की स्थापना के कोई 18 माह बाद यह कौमी तराना इसलिए बदल दिया गया, क्योंकि किसी 'काफिर' का लिखा तराना 'इसलामी मुल्क' पाकिस्तान का कौमी तराना नहीं हो सकता।

हर देश का एक अपना राष्ट्रगान होता है। रवींद्रनाथ ठाकुर द्वारा लिखित 'जन-गण-मन' हमारा राष्ट्रगान है और बंकिमचंद्र चटर्जी रचित 'वंदे मातरम्' हमारा राष्ट्रगीत है। सर्वप्रथम 27 दिसंबर, 1911 को भारतीय राष्ट्रीय कांग्रेस के कलकत्ता अधिवेशन में 'जन-गण-मन' गाया गया था। 'वंदे मातरम्' गीत जिसे 'जन-गण-मन' के समान दर्जा प्राप्त है, स्वतंत्रता संग्राम के दौरान जन-गण-मन का प्रेरणास्रोत था। भारत को आजादी मिलने पर कोई नया गीत लिखवाने की जरूरत नहीं पड़ी। प्रसंगवश यहाँ इस बात का उल्लेख किया जा सकता है कि 1971 में नए देश के रूप में अस्तित्व में आनेवाले बांग्लादेश को भी अपना राष्ट्रगान या राष्ट्रगीत लिखवाने की जरूरत नहीं पड़ी थी। उसने रवींद्रनाथ ठाकुर द्वारा रचित 'आमार सोनार बांग्ला' को राष्ट्रगान के रूप में अपना लिया।

हिंदू शायर की तलाश

मुसलिम लीग का किसी संघर्ष के दौर से संबंधित कोई इतिहास नहीं था, न उसने आजादी के आंदोलन में कोई भाग लिया। वस्तुस्थिति तो यह है कि स्वयं मुसलिम लीग को आखिर-आखिर तक यह यकीन नहीं था कि एक नए मुल्क के रूप में पाकिस्तान बन ही जाएगा।

अगस्त 1947 में जब मुहम्मद अली जिन्ना हिंदुस्तान से पाकिस्तान पहुँचे, तब उन्हें अचानक यह खयाल आया कि पाकिस्तान का कोई 'नेशनल एंथम' भी तो होना चाहिए। उन्होंने लाहौर रेडियो स्टेशन के अफसरों को बुलाया और उन्हें कहा कि 'नेशनल एंथम' तैयार करना होगा और इसे लिखवाने के लिए किसी हिंदू शायर को तलाश करो। मुहम्मद अली जिन्ना खुद तो उर्दू के

जगन्नाथ 'आजाद'

जानकार नहीं थे, लेकिन यह बात भलीभाँति जानते थे कि उर्दू की तरक्की और तामीर में पंजाब के हिंदुओं का भी अच्छा-खासा रोल रहा है। दरअसल, जिन्ना ऐसा इसलिए करना चाहते थे कि दुनिया उन्हें पं. जवाहरलाल नेहरू से भी बड़ा सेक्यूलर नेता समझे।

यह वाकया 8 अगस्त का है। जिन्ना ने कहा कि अब वक्त नहीं है, 24 घंटे के अंदर कौमी तराना तैयार हो जाना चाहिए। इस पर रेडियो स्टेशन के अफसरों के हाथ-पाँव फूल गए, लेकिन 'कायदे आजम' का हुक्म था, तो उसे कबूल करना ही था। किसी उम्दा हिंदू शायर की तलाश शुरू हो गई। पता लगा कि लाहौर में एक काबिल हिंदू शायर है जगन्नाथ 'आजाद'। उर्दू में कोई मुसलिम विद्वान् भी उनका मुकाबला नहीं कर सकता।

जगन्नाथ 'आजाद' ने पाकिस्तान का कौमी तराना लिखने का अनुरोध मान लिया। अच्छी बात यह थी कि उन्होंने यह पक्का इरादा कर रखा था कि देश के बँटवारे के बाद वे लाहौर में ही रहेंगे, हालाँकि बाद में उन्हें भी अन्य लाखों हिंदुओं व सिखों की तरह पाकिस्तान छोड़कर भारत आना पड़ा।

पूरा पाकिस्तान रोमांचित हो गया

जिन्ना का हुक्म था कि 14 अगस्त को पाकिस्तान के 'स्थापना दिवस' से पहले कौमी तराना हर हालत में तैयार हो जाना चाहिए। जिन्ना के मुसलिम सहयोगी और अफसर इस बात से नाखुश थे कि पाकिस्तान का कौमी तराना लिखने के लिए किसी हिंदू शायर को कहा गया है, लेकिन किसी की हिम्मत नहीं थी कि जिन्ना की बात का विरोध कर सके। जगन्नाथ 'आजाद' के पास सिर्फ पाँच दिनों का वक्त था। उनकी कलम चली। उन्होंने एक ऐसा तराना लिखा, जो पाकिस्तान का पहला कौमी तराना बननेवाला था। पाकिस्तान रेडियो ने इसे कंपोज किया। इसे जिन्ना को सुनाया गया। इसे सुनकर वे खुश हो गए, क्योंकि यह उनकी उम्मीदों पर कहीं ज्यादा खरा था। उनकी मंजूरी के बाद इसे कौमी तराना के रूप में पहले 14 अगस्त की आधी रात को रेडियो लाहौर से प्रसारित किया गया। इसे सुनकर पूरा पाकिस्तान रोमांचित हो गया था। फिर 15 अगस्त को भी प्रसारित किया गया। अगले 18 महीनों तक इसे पाकिस्तान के कौमी तराने का दर्जा हासिल रहा, हालाँकि बड़े मुसलिम नेताओं और मुसलिम शायरों को यह काफी चुभता था।

जगन्नाथ 'आजाद' को लाहौर के जर्रे-जर्रे से बेपनाह मोहब्बत थी। उन्होंने मन बनाया था कि किसी हालत में भारत नहीं जाएँगे। जिन्ना ने जब यह कहा कि पाकिस्तान में सभी धर्म के लोगों का स्वागत है तो उन्हें काफी राहत मिली थी। वे उन दिनों लाहौर की एक साहित्यिक पत्रिका में नौकरी करते थे। अगले कुछ दिनों में हालात बुरी तरह बिगड़ने लगे। मारकाट शुरू हो गई थी।

जगन्नाथ की बेटी पम्मी ने पिता को समर्पित वेबसाइट जगन्नाथ आजाद डॉट इंफो पर लिखा कि सितंबर 1947 आते ही एक-एक दिन काटना मुश्किल हो गया। किसी तरह कुछ मुसलिम मित्रों ने सुरक्षित रखने की कोशिश की, लेकिन बाद में उन्हीं मित्रों ने सलाह दी कि उन्हें भारत चले जाना चाहिए।

भरे मन से कहा अलविदा

जगन्नाथ ने भरे मन से उस जमीन को अलविदा कहा, जहाँ वे पैदा हुए थे। उन्होंने दिल्ली आकर लाला लाजपत राय भवन के पास बने शरणार्थी कैंप में शरण ली। फिर डेली 'मिलाप' में नौकरी कर ली। फिर कुछ समय बाद जोश मलीहाबादी ने दिल्ली का अपना बड़ा मकान उन्हें दे दिया, क्योंकि उन्हें सरकारी मकान अलॉट हो गया था। जोश मलीहाबादी बाद में पाकिस्तान चले गए थे, जहाँ उन्हें भारत-विभाजन विरोधी विचारों के कारण सत्ताधारियों ने काफी परेशान किया। 1948 में 'आजाद' सूचना प्रसारण मंत्रालय की उर्दू पत्रिकाओं में असिस्टेंट एडीटर हो गए। बाद में समय के साथ उन्हें काफी तरक्की भी मिली।

आजादी के बाद पाकिस्तान में हालात जिस तरह विस्फोटक हो रहे थे, उसकी वजह से जगन्नाथ 'आजाद' भारत आ गए थे। उन्होंने बहुत बाद में एक इंटरव्यू में बताया कि पाकिस्तान का नेशनल एंथम उन्होंने ही लिखा था।

जगन्नाथ 'आजाद' ने भारत आने के बाद शुरुआती सालों में शायद ही कभी किसी को यह बताया कि उन्होंने पाकिस्तान का पहला राष्ट्रगान लिखा था। उनके बड़े बेटे आदर्श 'आजाद' कहते हैं कि इसके पीछे कई वजहें थीं, हालाँकि उनके पाकिस्तानी मित्र बखूबी इसे जानते थे। बाद में 'आजाद' ने अपने एक इंटरव्यू में ही इसका खुलासा किया कि किन हालात में जिन्ना के कहने पर उन्होंने पाकिस्तान का राष्ट्रगान लिखा था।

जगन्नाथ का निधन वर्ष 2004 में हुआ। उन्होंने 70 से ज्यादा पुस्तकें लिखीं। उर्दू साहित्य पर खूब काम किया। कुछ सालों से पाकिस्तान मीडिया में खूब बहस होती रही है कि कौन-सा राष्ट्रगान बेहतर है। पाकिस्तान में अब भी यह बहस चलती है कि 'आजाद' का तराना नेशनल एंथम के तौर पर ज्यादा बेहतर रहता।

पाक गायकों ने गाया 'आजाद' का तराना

1990 और 2000 के दशक में जब पाकिस्तान में यह पता लगना शुरू हुआ कि उनके देश का पहला राष्ट्रगान जगन्नाथ 'आजाद' ने लिखा था तो कई गायकों ने इसे अपनी आवाज में गाया। फहीम मजहर और युवा गायक सनवर ने इसे अपने-अपने अंदाज में गाया, जो यू-ट्यूब पर है और पाकिस्तान में खूब लोकप्रिय है। इन दोनों को ही पाकिस्तान रेडियो ने भी प्रसारित किया।

पाकिस्तान का शायद ही कोई टी.वी. चैनल बचा हो, जिस पर जगन्नाथ 'आजाद' के कौमी तराने को लेकर बहस नहीं हुई हो। विषय हमेशा यही होता है कि 'आजाद' का तराना ज्यादा बेहतर या फिर हफीज जालंधरी का? प्रो. जगन्नाथ 'आजाद' बहुत मशहूर शायर थे। लिहाजा, उन्हें लगातार पाकिस्तान, बांग्लादेश, सऊदी अरब आदि देशों में बुलाया जाता था। कहा जा सकता है कि हर शायरी की महफिल में वे वाह-वाही लूट ले जाते थे। दिलचस्प बात यह है कि हफीज जालंधरी भारत के पंजाब प्रांत के जालंधर नगर के रहनेवाले थे, जो देश विभाजन के बाद पाकिस्तान चले गए। इस प्रकार पंजाब में हिंदू-मुसलिम आबादी की अदला-बदली के साथ शायरों की भी अदला-बदली हो गई।

यह भी अपने आप में एक बड़ी अजीबोगरीब बात थी कि जिस शायर ने नए मुल्क का कौमी

तराना लिखा था, उसे वह मुल्क छोड़ देना पड़ा, वह मुल्क उसके लिए बेगाना हो गया। बाद में तो वह गाना भी बेगाना हो गया। उस गाने को खारिज कर दिया गया। इसका अर्थ यह हुआ कि इसलामी मुल्क में किसी काफिर का लिखा हुआ कौमी तराना कबूल नहीं किया जा सकता, चाहे वह कितना ही उम्दा हो।

□

22

शरणार्थियों के संपत्ति-विवाद समझौते से पाकिस्तान मुकरा

देश विभाजन के समय पश्चिमी पाकिस्तान में सांप्रदायिक हिंसा ने भीषण जोर पकड़ा। सरकारी आँकड़ों के अनुसार करीब 47 लाख हिंदू-सिख शरणार्थियों को भारत में शरण लेनी पड़ी। दस लाख शरणार्थी अपने बलबूते भारत पहुँचे, जबकि बाकी शरणार्थियों को भारत सरकार सड़क मार्गों से पैदल काफिलों में, रेल और सड़क परिवहन तथा हवाई जहाजों व समुद्री जहाजों के जरिए भारत लाई। इनको आश्रय देने और राहत पहुँचाने के लिए बड़ी संख्या में शरणार्थी शिविर स्थापित किए गए।

भारत और पाकिस्तान की सरकारों के बीच एक समझौते के अंतर्गत यह तय हुआ कि भारत आनेवाले हिंदू-सिख शरणार्थियों और पाकिस्तान जानेवाले मुसलिम शरणार्थियों द्वारा छोड़ी गई संपत्ति का मूल्यांकन किया जाए। इस मूल्यांकन में यह पाया गया कि हिंदू-सिख शरणार्थियों द्वारा छोड़ी गई संपत्ति की कीमत मुसलिम शरणर्थियों द्वारा छोड़ी गई संपत्ति से काफी ज्यादा है। पाकिस्तान सरकार ने तय फारमूले के अनुसार इस अंतर की भरपाई करने के बजाय पहले कई प्रकार के बहाने बनाए, बाद में समझौते से साफ मुकर गई। प्रधानमंत्री पं. नेहरू ने पाकिस्तान के रवैये पर दुःख व्यक्त किया।

1946 में देश विभाजन से एक वर्ष पूर्व पश्चिमी पंजाब में सांप्रदायिक दंगों के कारण वहाँ से करीब एक लाख हिंदू-सिखों को अपना घर-द्वार छोड़ना पड़ा। वे पूर्वी पंजाब, पूर्वी पंजाब की देशी रियासतो और यूपी में शरणार्थी के तौर पर दाखिल हुए।

1947 में विभाजन के समय सांप्रदायिक हिंसा ने भीषण जोर पकड़ा और लाखों की संख्या में हिंदू-सिखों ने भारत में प्रवेश किया। वस्तुतः उन्हें पाकिस्तान से भागना पड़ा। भारत सरकार के आँकड़ों के अनुसार पश्चिमी पाकिस्तान के करीब 47 लाख हिंदू-सिख शरणार्थियों ने भारत में शरण ली। इनमें से करीब दस लाख लोग निजी व्यवस्था के बल पर भारत पहुँचे, जबकि बाकी लोगों को भारत लाने की व्यवस्था भारत सरकार ने की। कई जानकार विश्वसनीय सूत्रों के अनुसार, भारत पहुँचने वाले शरणार्थियों की कुल संख्या 55 से 60 लाख तक रही होगी।

पुनर्वास मंत्रालय की स्थापना

पाकिस्तान सरकार के साथ सलाह-मशविरे के बाद पश्चिमी पाकिस्तान से हिंदू-सिखों को निकालने की योजना तैयार की गई। सितंबर 1947 में पुनर्वास मंत्रालय की स्थापना की गई और सैन्य निष्क्रमण संगठन (Military Evacuation Organisation—संक्षिप्त नाम एम.ई.ओ.) को पाकिस्तान से शरणार्थियों को निकालने के लिए हर संभव उपाय करने को कहा गया। शरणार्थियों को सड़क मार्ग से पैदल काफिलों में, रेल और सड़क परिवहन तथा हवाई जहाजों व समुद्री जहाजों से लाया गया। एम.ई.ओ. द्वारा अपना कार्य आरंभ करने के पहले ही दस लाख शरणार्थी सरहद पार कर चुके थे। एम.ई.ओ. 1947 के अंत तक पश्चिमी पंजाब, सिंध और फ्रंटियर प्रांत से 30 लाख शरणार्थियों को निकाल चुका था।

इस कार्य के साथ ही अपहृत महिलाओं और जबरन धर्मांतरित-पीड़ितों को बरामद करने का कष्टसाध्य कार्य भी करने की आवश्यकता थी।

(इसका विवरण इस पुस्तक में एक अलग अध्याय—'सन् '47 से हो रहा है, हिंदू महिलाओं का अपहरण-शीलहरण-धर्मांतरण' में दिया गया है।)

शरणार्थियों का आगमन आरंभ होने के कुछ अरसा बाद इनके लिए 'विस्थापित जन' (Displaced Persons) या 'देशांतरित प्रवासी' (Migrants) शब्द इस्तेमाल किया जाने लगा। अंततः 'विस्थापित' शब्द को सरकारी मान्यता दी गई। इनकी जमीन-जायदाद को 'निष्क्रांत संपत्ति' (Evacuee Property) की संज्ञा दी गई।

पश्चिमी पाकिस्तान से शरणार्थियों का आना 1949 में बंद हुआ। सरकारी आँकड़ों के अनुसार, कुल 47 लाख शरणार्थियों में से पश्चिमी पंजाब से 30 लाख से अधिक, फ्रंटियर प्रांत से 2 लाख, बहावलपुर रियासत से 2 लाख और सिंध प्रांत से 12 लाख शरणार्थियों को भारत लाया गया।

राजनीतिक उथल-पुथल और शरणार्थियों के पलायन के आरंभिक दौर में यह समझा गया था कि शरणार्थियों का आगमन बड़ी संख्या में नहीं होगा और यह मात्र एक अल्पकालिक दौर सिद्ध होगा। बहुत-से लोगों को यह भी उम्मीद थी कि कुछ अरसा बाद स्थिति सामान्य हो जाएगी और अधिकतर लोग वापस लौट जाएँगे। आरंभ में सीमावर्ती गाँवों के ग्रामीणों ने शरणार्थियों की देखभाल का जिम्मा अपने हाथ में लिया, लेकिन जल्द ही यह स्पष्ट हो गया कि स्थिति बहुत तेजी से बिगड़ रही है और समस्या विकराल रूप धारण करती जा रही है। इससे निपटने के लिए सरकार को बड़े पैमाने पर अभियान चलाना पड़ा।

इस निमित्त भारत सरकार ने सभी सीमावर्ती प्रांतों में शरणार्थी कैंप स्थापित करने आरंभ किए, जहाँ उन्हें भोजन, आश्रय, वस्त्र और चिकित्सकीय सहायता पहुँचाने की व्यवस्था की गई। दिसंबर 1947 तक पंजाब, दिल्ली, राजस्थान, यूपी और बंबई प्रांत में 160 शरणार्थी कैंपों में 12 लाख शरणार्थी लाभान्वित हो रहे थे। दिल्ली पर इसका सर्वाधिक बोझ पड़ा। वहाँ 25 राहत कैंप स्थापित किए गए। कई राहत कैंप तो देश के उस समय के कई बड़े शहरों की आबादी से भी ज्यादा बड़े थे।

शरणार्थी कैंपों के अलावा धर्मशालाओं, सार्वजनिक भवनों, स्कूलों और लीज पर लिये गए या खरीद लिये गए मकानों और अल्पस्थायी अधिगृहीत भवनों में शरणार्थियों को टिकाया गया।

दोनों पक्षों की माली हालत में बड़ा अंतर

ये कैंप अनिश्चितकाल तक नहीं चलाए जा सकते थे, न ही शरणार्थी यह चाहते थे कि इन कैंपों में लंबे समय तक रह जाएँ। सरकार के लिए समस्या का समाधान एक विकट कार्य था। अधिकतम शरणार्थियों ने आत्मनिर्भर बनने के लिए निजी प्रयास आरंभ कर दिए, जिसमें उन्हें पर्याप्त सफलता मिली। सरकार ने बहुत-से मामलों में ऋण या अनुदान की व्यवस्था की, हालाँकि यह अपर्याप्त थी और यथासमय नहीं थी। अपनी जमीन-जायदाद छोड़कर आनेवाले शराणार्थियों के व्यवस्थित जीवन-बसर के लिए और बहुत कुछ करने की आवश्यकता थी।

पश्चिमी पाकिस्तान से भारत आनेवाले हिंदु-सिख शरणार्थियों और भारत से पाकिस्तान जानेवाले मुसलिम शरणार्थियों की जमीन-जायदाद का मूल्यांकन कर दोनों देशों के बीच संपत्ति का बँटवारा करने के लिए एक समझौता हुआ। इसमें यह तय हुआ कि जिस देश के शरणार्थियों की संपत्ति की कीमत ज्यादा होगी, उसका अंतर दूसरे देश की सरकार चुकाएगी, लेकिन जैसाकि अनुमान था, पश्चिमी पाकिस्तान से भारत आनेवाले हिंदू-सिख शरणार्थियों की संपत्ति की कीमत भारत से पाकिस्तान जानेवाले मुसलिम शरणार्थियों की संपत्ति की कीमत से काफी ज्यादा पाई गई। उसके बाद पाकिस्तान सरकार कई प्रकार की बहानेबाजियाँ करने लगी और अंततः समझौते से मुकर गई।

यह एक जगजाहिर तथ्य था कि सरहद के दोनों ओर के शरणार्थियों की माली हालत में काफी अंतर था। पश्चिमी पाकिस्तान से भारत आनेवाले हिंदू-सिख शरणार्थी भारत से पाकिस्तान जानेवाले मुसलिम शरणार्थियों की अपेक्षा आर्थिक तौर पर अधिक मजबूत थे।

इसका उल्लेख करते हुए भारत सरकार के पब्लिकेशंस डिवीजन द्वारा प्रकाशित पुस्तक 'पुनर्वास' (Rehabilitation) में पी.एन. लूथरा ने लिखा—

The refugees entering India were mostly from the land-owning business, trading and white collar classes. The outgoing refugees, on the other hand, were craftsmen, artisans, agricultural labourers etc. The former were property owners and had left worth Rs. 500 crores in West Pakistan as against Rs. 100 crores left behind by the Muslim evacuees from India. It was for this reason that Pakistan never agreed to the final settlement of the evacuee property claims which were approved in principle. The land left by refugees in West Pakistan was over 48 lakh acres as against 31 lakh acres left by the Muslim evacuees from India.

(भारत में दाखिल होनेवाले ज्यादातर शरणार्थी जमीनों के मालिक, व्यापारी और सफेदपोश वर्ग के थे। दूसरी ओर यहाँ से जानेवाले शरणार्थी कारीगर, दस्तकार, कृषि मजदूर आदि थे। भारत में आनेवाले शरणार्थी जमीन-जायदाद के मालिक थे और वे पश्चिम पाकिस्तान में 500 करोड़ रुपए की कीमत की संपत्ति छोड़कर आए थे, जबकि भारत से जानेवाले मुसलिम शरणार्थियों की संपत्ति की कीमत 100 करोड़ रुपए थी। यही कारण था कि पाकिस्तान निष्क्रांत संपत्ति के दावों के अंतिम निपटारे के लिए कभी राजी नहीं हुआ, जबकि इन्हें सिद्धांततः स्वीकार कर लिया गया था। पश्चिमी पाकिस्तान में हिंदू-सिख शरणार्थियों द्वारा छोड़ी गई जमीन 48 लाख एकड़ से ज्यादा थी, जबकि भारत से जानेवाले मुसलिम शरणार्थियों की जमीन 31 लाख एकड़ थी।)

भारतीय शरणार्थी सूत्रों के अनुसार उनके द्वारा छोड़ी गई जमीनें करीब 90 लाख एकड़ होंगी। बहुत-से लोग अफरा-तफरी में पाकिस्तान से पलायन करते समय अपनी जमीनों की मिलकियत के सबूत साथ नहीं ला सके, न ही बाद में सबूत जुटा सके।

पंजाबी मुसलमान हिंदू-सिखों के कर्जदार

पाकिस्तानी मूल के स्वीडिश राजनीतिक चिंतक इश्तियाक अहमद ने अपनी पुस्तक 'जिन्ना' में मार्च 1946 के रावलपिंडी के दंगों का उल्लेख करते हुए हिंदू-सिखों और मुसलमानों की आर्थिक हैसियत की तुलनात्मक विवेचना के प्रसंग में लिखा है—

Here in Rawalpindi Sikhs were the most prosperous community owning almost entirely the wholesale and retail sectors, as well as business and commercial enterprises. They were also moneylenders to whom the Muslims were heavily in debt, In fact Muslim Punjabis were in debt to money lenders all over the Punjab.

(यहाँ रावलपिंडी में सिखों की बिरादरी सर्वाधिक खुशहाल थी, जिसके पास लगभग पूरे थोक और खुदरा कारोबार के साथ व्यापारिक और वाणिज्यिक उद्यम भी थे। वे साहूकार भी थे और मुसलमान इनके भारी कर्जदार थे। असल में पूरे पंजाब में मुसलमान लोग हिंदुओं के कर्जदार थे।)

इश्तियाक अहमद ने मार्च 1947 के दंगों के बाद अगस्त 1947 में पाकिस्तान बनने के आरंभिक दौर में भीषण दंगों के संदर्भ में इसी प्रसंग को आगे बढ़ाते हुए लिखा है—

Hindus and Sikhs were far more advanced than Muslims all over undivided Punjab. Business, Commerce and Industry were in their hands. Muslim landlords as well as small farmers, poor peasants and tenant-cultivators were in debt to Hindu and Sikh moneylenders.

(पूरे अविभाजित पंजाब में हिंदू व सिख मुसलमानों से कहीं अधिक तरक्कीयाफ्ता थे। व्यापार, वाणिज्य और उद्योग उनके हाथों में थे। मुसलिम जमीन मालिक, छोटे किसान, गरीब खेतिहर और काश्तकार-कृषक हिंदू और सिख साहूकारों के कर्जदार थे।)

वस्तुतः हिंदू-सिखों का सफाया करने की मुहिम के पीछे एक मकसद उनसे लिए गए कर्जों से निजात पाना भी था। इसका संकेत इश्तियाक अहमद ने भी किया है।

पाकिस्तान ने किया तयशुदा फारमूले का उल्लंघन

साहित्य के 'नोबेल पुरस्कार' से सम्मानित भारतीय मूल के त्रिनिडाड निवासी वी.एस. (विद्याधर सूरजप्रसाद) नायपाल ने अपनी पुस्तक 'आस्था से परे' (Beyond Belief) की भूमिका में इस प्रसंग में लिखा है—'विभाजन के ही क्षण कुछ लोगों ने देखा कि नए राज्य पाकिस्तान से सिर्फ मजहबी आनंद ही नहीं मिल सकता, बल्कि यहाँ पैसा भी बनाया जा सकता है। पश्चिमी पाकिस्तान की सारी जमीन जो हिंदू और सिख आस्थाओं की पुरानी और नई भूमि थी, अंततः पूरी तरह से हिंदू और सिख जनसंख्या से साफ होनेवाली थी। वे सब जमीन छोड़कर हिंदुस्तान चले गए। कहा जाता है कि वे पूरे इलाके की 40 प्रतिशत संपदा के मालिक थे। जब वे सबकुछ छोड़कर गए तो वहाँ के अनेक मुसलमानों पर चढ़े कर्ज भी धुल गए और सारे पाकिस्तान

में गाँवों और छोटे-बड़े शहरों में अकूत संपत्ति को नए मालिकों की आवश्यकता पड़ी। रातोंरात लोग तंगहाल से मालदार हो गए और जो मालदार थे, उनका मालमत्ता कई गुना बढ़ गया। इस प्रकार इस नए मजहबी राज्य के शुरुआती लम्हें ही लूटपाट के पुराने जुनून से छू गए थे।'

भारत और पाकिस्तान में शरणार्थियों द्वारा छोड़ी गई संपत्ति इन देशों की सरकारों के अपने-अपने अधिकार क्षेत्र में चले जाने के साथ दोनो देशों के शरणार्थियों की संपत्ति का मूल्यांकन 1946 की कीमतों के अनुसार करने का निर्णय हुआ, लेकिन बाद में मार्केट रेट में उतार-चढ़ाव के विवाद को लेकर गतिरोध उत्पन्न हो गया। पाकिस्तान विवाद का अंतिम निपटारा करने में शुरू से ही आनाकानी कर रहा था, क्योंकि पाकिस्तान में हिंदू-सिखों द्वारा छोड़ी गई संपत्ति की कीमत भारत में मुसलमानों द्वारा छोड़ी गई संपत्ति से चार से पाँच गुना अधिक थी।

भारत में आजादी के बाद जमीनों और जायदादों की कीमतें तेजी से बढ़ने लगीं। इसके कई कारण थे। भारत सरकार द्वारा आरंभ किए गए विकास कार्यों के साथ शरणार्थियों को बसाने के लिए किए जा रहे भारी-भरकम खर्चों, राहत कार्यों और समाजोत्थान के बढ़ते खर्चों के कारण अचल संपत्ति (भूमि, भवन आदि) की कीमतों में उछाल आया। इससे भारत में मुसलमानों द्वारा छोड़ी गई संपत्ति की कीमतें अपने आप बढ़ने लगीं। पाकिस्तान ने 1946 की कीमतों को आधार मानने से इनकार कर दिया और 1954 की कीमतों को आधार बनाने की जिद की। भारत में पाँच-सात वर्ष में कीमतें पाँच गुना बढ़ गई थीं। पाकिस्तान की माँग मान लेने पर उसको दोहरा फायदा होता। एक तरफ जहाँ भारत में मुसलमानों द्वारा छोड़ी गई संपत्ति की उसे ज्यादा कीमत मिलती, वही दूसरी तरफ हिंदू-सिखों द्वारा पाकिस्तान में छोड़ी गई संपत्ति का मार्केट रेट घट जाने के कारण उसे कम कीमत चुकता करनी पड़ती। पाकिस्तान सरकार का कहना था कि उसके देश में अचल संपत्ति मार्केट 'डाउन' हो गई है।

पाकिस्तान ने हिंदू-सिखों द्वारा पाकिस्तान में छोड़ी गई संपत्ति को 1946 के मूल्यों के अनुसार 500 करोड़ रुपए के बजाय 1954 में गिरे हए मूल्य बताकर मात्र 200 करोड़ रुपए माना। दूसरी ओर, उसने भारत में मुसलमानों द्वारा छोड़ी गई संपत्ति को 1946 के मूल्यों के आधार पर 100 करोड़ रुपए मानने से इनकार कर दिया और कहा कि भारत में संपत्ति की बढ़े हुए मूल्यों के कारण अब मुसलमानों की संपत्ति की कीमत 500 करोड़ रुपए मानी जाए। पाकिस्तान ने उल्टे भारत पर ही 300 करोड़ रुपए का दावा ठोक दिया, जो स्वीकार नहीं किया जा सकता था।

ये आँकड़े मात्र शहरी अचल संपत्ति की कीमत के थे। इनमें कृषि भूमि व ग्रामीण परिसंपत्ति शामिल नहीं थी। पश्चिमी पाकिस्तान में हिंदू-सिखों द्वारा छोड़ी गई 48 लाख एकड़ कृषि भूमि, छह लाख से अधिक ग्रामीण क्षेत्र परिसंपत्तियाँ और 2,000 से अधिक धार्मिक व चेरिटेबल ट्रस्टों की संपत्तियाँ भी इस आकलन में शामिल नहीं थीं। इसके अलावा बैंक लॉकरों, सेफ डिपाजिट खातों आदि की परिसंपत्तियाँ भी शामिल नहीं थीं। इन सबको मिलाकर कुल कीमत 500 करोड़ रुपए से बढ़कर 2,000 करोड़ रुपए हो जाती।

यहाँ यह उल्लेख करना जरूरी प्रतीत होता है कि 500 करोड़ रुपए की राशि आज के दौर में सरसरी तौर पर कोई खास बड़ी राशि प्रतीत नहीं होती, लेकिन बात ऐसी नहीं है। बहुत-से लोगों को शायद यह जानकर आश्चर्य होगा कि आजादी से कुछ पहले भारतीय रुपए की कीमत अमेरिकी

डॉलर के बिल्कुल बराबर थी यानी आप एक्सचेंज में एक रुपया देकर एक डॉलर ले सकते थे। आज एक अमेरिकी डॉलर की कीमत उतार-चढ़ाव के साथ 80 रुपए से 82 रुपए के आसपास चल रही है।

पाकिस्तानी रवैये पर पं. नेहरू की टिप्पणी

पं. जवाहरलाल नेहरू

पाकिस्तान द्वारा निष्क्रांत संपत्ति संबंधी सभी समझौतों को अमल में नहीं लाने, नैतिक व कानूनी सीमाओं का उल्लंघन करने और विलंबकारी चालें चलने की प्रधानमंत्री पं. जवाहरलाल नेहरू ने तीखी आलोचना की। 1953 में मद्रास में भारतीय राष्ट्रीय कांग्रेस के 58वें वार्षिक अधिवेशन को संबोधित करते हुए अपने अध्यक्षीय भाषण में उन्होंने कहा—

There is a problem of Evacuee Property, which affects millions of people. It is distressing that even this problem has not been solved yet. It is eminently a problem, which can be dealt with dispassionately and even judicially. But all our proposals to this end have been rejected by Pakistan.

(एक समस्या है निष्क्रांत संपत्ति की, जो लाखों लोगों को प्रभावित करती है। यह दुःखद बात है कि यह समस्या भी अभी तक सुलझाई नहीं गई। यह एक बड़ी समस्या है जो निष्पक्षता से बल्कि न्यायिक ढंग से भी सुलझाई जा सकती है, लेकिन इस प्रयोजन से प्रस्तुत किए हमारे सभी प्रस्तावों को पाकिस्तान ने खारिज कर दिया है।)

एक कहावत है—'दिल बेईमान तो हुज्जत ढेर।' यह कहावत इस मामले में पाकिस्तान पर बिल्कुल फिट बैठती है।

□

23

नेहरू-लियाकत समझौता और पाकिस्तान की दगाबाजी

1950 में पूर्वी बंगाल (पूर्वी पाकिस्तान) में हिंदुओं और अन्य अल्पसंख्यकों का बड़े पैमाने पर उत्पीड़न और नरसंहार आरंभ हो जाने से उन्होंने भारत की ओर पलायन आरंभ कर दिया। भारत में और विशेषकर पश्चिम बंगाल में इसकी तीखी प्रतिक्रिया हुई। सांप्रदायिक माहौल बिगड़ने से विस्फोटक स्थिति उत्पन्न हो गई। उप-प्रधानमंत्री सरदार पटेल ने शरणार्थियों को बसाने के लिए पाकिस्तान से जमीन लेने की धमकी दी। इस पर पाकिस्तान के प्रधानमंत्री लियाकत अली खान दौड़े-दौड़े दिल्ली पहुँचे, जहाँ छह दिन की मशक्कत के बाद उन्होंने प्रधानमंत्री पं. नेहरू के साथ एक चार-सूत्री समझौते पर हस्ताक्षर किए।

इस समझौते को निरर्थक बताते हुए कैबिनेट के दो प्रमुख मंत्रियों—पश्चिम बंगाल के डॉ. श्यामाप्रसाद मुखर्जी और केसी नियोगी ने इस्तीफा दे दिया। उधर पाकिस्तान में कैबिनेट के एकमात्र हिंदू मंत्री दलित समुदाय के जोगेंद्रनाथ मंडल पूर्वी बंगाल में हिंदुओं पर अत्याचार के विरोध में पाकिस्तान छोड़कर भारत आ गए। डॉ. भीमराव आंबेडकर ने भी मंत्रिमंडल से इस्तीफा देते समय पूर्वी बंगाल में हिंदुओं की दुर्दशा का उल्लेख किया।

भारत ने समझौते का पूरी तरह पालन किया, जबकि पाकिस्तान ने उसकी धज्जियाँ उड़ा दीं।

मुसलिम लीग के नेताओं ने पश्चिमी पाकिस्तान के सर्वप्रमुख प्रांत पंजाब से हिंदू-सिखों के नस्ली सफाए की मुहिम में कामयाबी के बाद 1950 में पूर्वी पाकिस्तान (तत्कालीन पूर्वी बंगाल और अब बांग्लादेश) में उसी फॉर्मूले को अपनाने का अभियान आरंभ किया।

जिस प्रकार 1947-48 में पश्चिमी पंजाब में सत्तारूढ़ मुसलिम लीग ने हिंदुओं और सिखों के विरुद्ध मजहबी उन्माद भड़काया था और उसके बाद मुसलिम लीग के समर्थक गुंडों ने हिंदुओं पर हमले आरंभ कर दिए थे, ठीक उसी तकनीक पर पूर्वी बंगाल में अमल किया गया। करीब 50,000 अल्पसंख्यकों (जिनमें अधिकतर हिंदू और कुछ बौद्ध धर्मावलंबी थे) का कत्ल कर

दिया गया। बड़ी संख्या में महिलाओं का अपहरण और बलात्कार किया गया। जब कई लाख लुटे-पिटे हिंदुओं ने पश्चिमी बंगाल की ओर पलायन किया और अपनी व्यथा-कथा सुनाई, तब वहाँ रोष फैल गया।

लियाकत अली खान की दिल्ली दौड़

पूर्वी बंगाल में हिंदुओं के नर संहार की प्रतिक्रिया में 26 मार्च, 1950 को हावड़ा में मुसलिम-विरोधी दंगों ने गंभीर रूप धारण कर लिया। पश्चिमी बंगाल के कई मुसलमानों ने दंगे छिड़ने पर पूर्वी पाकिस्तान की ओर रुख किया। तब पाकिस्तान के प्रधानमंत्री लियाकत अली खान का माथा ठनका। उन्होंने 29 मार्च को कराची में घोषणा की कि वे 2 अप्रैल को दिल्ली जाएँगे और पं. नेहरू से मिलकर इस समस्या को हल करने का उपाय करेंगे।

लियाकत अली एक प्रतिनिधिमंडल के साथ हड़बड़ा कर दिल्ली पहुँच गए, जहाँ भारत और पाकिस्तान के अधिकारियों के बीच छह दिनों तक बातचीत हुई, जिसके बाद दोनों देशों के प्रधानमंत्रियों ने 8 अप्रैल, 1950 को एक समझौते पर हस्ताक्षर किए, जिसे 'नेहरू-लियाकत पैक्ट' या 'दिल्ली पैक्ट' की संज्ञा दी गई। दिल्ली के गवर्नमेंट हाउस (वर्तमान राष्ट्रपति भवन) में दोनों देशों के प्रधानमंत्रियों ने समझौते पर दस्तखत किए। इस समझौते के चार बिंदु थे—

(1) अल्पसंख्यकों को अपने मूल देश जाकर संपत्ति बेचने का अधिकार होगा और वहाँ की सरकार उन्हें सुरक्षा देगी।

(2) अपहरण की गई महिलाओं और लूटे गए सामान को वापस किया जाएगा।

(3) जबरन धर्म-परिवर्तन मान्य नहीं किया जाएगा।

(4) अल्पसंख्यकों को बराबरी का अधिकार दिया जाएगा।

नई दिल्ली में समझौते पर हस्ताक्षर करते पंडित नेहरू और लियाकत अली खान

इस समझौते की कहानी में यह जोड़ना भी आवश्यक है कि पूर्वी बंगाल से बड़ी संख्या में हिंदुओं की निकासी को देखकर तत्कालीन उपप्रधानमंत्री सरदार पटेल ने इन्हें बसाने के लिए पाकिस्तान से जमीन लेने की धमकी दी थी। लियाकत अली खान और पाकिस्तान के बाकी हुक्मरान सरदार पटेल की धमकी का अर्थ समझते थे। इसलिए वे दौड़े-दौड़े दिल्ली पहुँचे।

पाकिस्तान ने शुरू किया पासपोर्ट सिस्टम

लेकिन इस समझौते की स्याही सूखी भी नहीं थी कि पाकिस्तान फिर अपनी पुरानी हरकतों पर उतर आया। पूर्वी पाकिस्तान की मुसलिम लीग के नेतृत्व की सरकार ने समझौते की अवहेलना

करनी शुरू कर दी। उसने हिंदुओं की सुरक्षा की अपनी प्रतिबद्धता का घोर उल्लंघन करते हुए उन पर और अधिक कठोर पाबंदियाँ लगाना शुरू कर दिया। उसने भारत सरकार को विश्वास में लिये बिना पासपोर्ट सिस्टम चालू करने का ऐलान कर दिया। यह समझौते की मूल भावना के ही विरुद्ध था, क्योंकि इसमें दोनों देशों के बीच निर्बाध आवागमन की गारंटी दी गई थी। पासपोर्ट प्रथा शुरू करने की घोषणा होते ही पूर्वी बंगाल से हिंदुओं का अधिक बड़े पैमाने पर निष्क्रमण आरंभ हो गया, जिससे भारत के समक्ष नई चिंताएँ और समस्याएँ उत्पन्न हो गई।

भारत ने पासपोर्ट सिस्टम शुरू करने के पाकिस्तान के एकतरफा निर्णय पर आपत्ति दर्ज की और सितंबर 1952 से इसे शुरू करने का विचार स्थगित करने को कहा, लेकिन पाकिस्तान पर इसका कोई असर नहीं हुआ। हिंदुओं की हत्याओं, महिलाओं के अपहरण-बलात्कार, जबरन धर्म-परिवर्तन के अलावा डकैतियों, आगजनी और लूटपाट की घटनाओं के साथ पाकिस्तानी फौज द्वारा हिंदुओं को भारत का एजेंट बताते हुए उनके घरों की तलाशियों का अभियान छेड़ दिया गया, जो 1948 के 'दिल्ली समझौते' और 1950 के 'नेहरू-लियाकत समझौते' का घोर उल्लंघन था।

भारत में जब सरकारी पक्ष के लोग नेहरू-लियाकत समझौते की सफलता के तराने बड़े जोर-शोर से गा रहे थे, तब हमारे देश में ही इस समझौते को बेतुका व असंगत बतानेवालों की कमी नहीं थी और अंततः यही सोच रखनेवाले सही सिद्ध हुए। बाद के घटनाक्रम का गवाह इतिहास है।

मुसलिम लीग के पिछले रिकार्ड को देखते हुए उस पर तुरंत भरोसा कर लेना जोखिमपूर्ण तो था ही। सरदार पटेल इस तरह के समझौते से खुश नहीं थे, लेकिन कैबिनेट मंत्री होने के नाते उन्होंने इसका विरोध करना उचित नहीं समझा। फिर भी कैबिनेट के दो प्रमुख सदस्यों—डॉ. श्यामाप्रसाद मुखर्जी और के.सी. नियोगी (दोनों पश्चिम बंगाल) ने समझौते के विरोध में कैबिनेट से तत्काल इस्तीफा दे दिया।

मुहम्मद अली जिन्ना ने जिस दलित हिंदू जोगेंद्रनाथ मंडल को अपना सेक्यूलरवाद प्रदर्शित करने के लिए पाकिस्तान में कैबिनेट मंत्री बनाया था, वह पूर्वी पाकिस्तान में हिंदुओं पर जारी जुल्म के विरोध में और अपनी सुरक्षा के लिए भारत पहुँच गए। मंडल ने कहा कि पाकिस्तान में कोई अल्पसंख्यक सुरक्षित नहीं है।

भारत-पाकिस्तान युद्ध के कगार पर

डॉ. मुखर्जी ने एक जिम्मेदार राजनेता के तौर पर इस मामले के शांतिपूर्ण समाधान पर जोर दिया था। नेहरूजी ने भी शांतिपूर्ण समाधान पर जोर दिया, लेकिन दोनों के दृष्टिकोण में अंतर था। पं. नेहरू को 'शांतिदूत' के रूप में अपनी अंतरराष्ट्रीय छवि का ज्यादा ध्यान था, जबकि मुखर्जी और कई अन्य नेता 'किसी भी कीमत पर शांति' के पक्षधर नहीं थे। अप्रैल 1950 में संसद् में समझौते को प्रस्तुत करते हुए पं. नेहरू ने कहा—

During the past weeks and months, when the whole country and more particularly Bengal have faced tragedies and disorders and it is not surprising that people's mind should have been excited and passions let loose. Yet the disorder that came and the tragedies that overwhelmed vast number of people appear to be prelude to even a greater catastrophe.

(पिछले कुछ सप्ताहों और महीनों में जब पूरे देश और खासतौर पर बंगाल ने दारुण विपत्तियों और उथल-पुथल का सामना किया है, तब यह कोई ताज्जुब की बात नहीं है कि लोगों के मन-मस्तिष्क उत्तेजित और मनोभाव बेकाबू हो जाएँ। तथापि जो भी अव्यवस्था हुई और बड़ी संख्या में लोगों को महाविपत्ति झेलनी पड़ी, वह इससे भी बड़ी आपदा की पूर्व सूचक प्रतीत होती है।)

इसका अर्थ यह हुआ कि पं. नेहरू को इस मामले की संजीदगी का पूरा एहसास था। नेहरू ने उस समय जिस आशंका की ओर संकेत किया था, उसे सहज ही समझा जा सकता था। गनीमत यह रही कि पाकिस्तानी पंजाब की घटनाओं का बदला लेने के लिए 1947-48 में भारतीय पंजाब में जो कुछ हुआ, वैसा पूर्वी बंगाल की घटनाओं का बदला लेने के लिए पश्चिमी बंगाल में नहीं हुआ।

'नेहरू-लियाकत समझौते' के बाद पं. नेहरू ने कराची में अपने प्रवास के दौरान यह स्वीकार किया कि भारत और पाकिस्तान युद्ध के कगार पर पहुँच गए थे। इस बड़ी विपत्ति से बचने के लिए ही भारत-पाक समझौते पर दस्तखत किए गए। अब यदि पीछे मुड़ कर देखा जाए तो प्रश्न यह खड़ा होता है कि स्थिति यदि युद्ध के कगार पर पहुँच गई थी तो उस स्थिति के लिए जिम्मेदार कौन था? युद्ध की विपत्ति तो उस समय टल गई, लेकिन किस कीमत पर अथवा उसकी कीमत किसे चुकानी पड़ी? इस समझौते का आखिर में नतीजा क्या निकला? एक ऐसे समय में जबकि पूरा देश पाकिस्तान के विरुद्ध कठोर कदम उठाने की माँग कर रहा था, यह समझौता किया गया। 'कठोर कदम' का अर्थ केवल युद्ध ही नहीं होता है, हालाँकि युद्ध भी होता है। कूटनीति के अलावा अन्य कई स्तरों पर भारत पाकिस्तान को परेशान कर सकता था। केवल दोस्ती का हाथ बढ़ा देने से दोस्ती कायम नहीं हो जाती। पाकिस्तान ने फिर एक बार सिद्ध कर दिया कि उसकी कथनी और करनी में कितना अंतर है।

लाखों पीड़ित हिंदुओं का पलायन

युद्ध की विपत्ति तो टल गई, लेकिन बाद में लाखों-लाख हिंदू व अन्य अल्पसंख्यकों की इज्जत-आबरू और जान पर एक के बाद एक आती रहनेवाली विपत्तियों को किस खाते में डाला जाए? स्मरणीय है कि इससे पहले पं. नेहरू की पहल पर ही कश्मीर में शांति स्थापना के उद्देश्य से एक तरफा 'सीज फायर' की घोषणा कर दी गई थी, जबकि रक्षा विशेषज्ञों के अनुसार भारत हमलावरों को कश्मीर की सरहद तक ढकेल देने की स्थिति में था। एकतरफा 'युद्ध विराम' से उस समय तो शांति कायम हो गई, लेकिन क्या वह स्थायी शांति सिद्ध हुई? उसके बाद भी कश्मीर को लेकर युद्ध हुए और छद्म युद्ध आज भी जारी है। पाकिस्तान के साथ उदारता बरतते समय कठोर वास्तविकताओं का ध्यान नहीं रखा गया।

इसी तरह सिंधु जल समझौते में उदारता बरतने का भी कोई लाभ नहीं हुआ, बल्कि नुकसान ही हुआ। पं. नेहरू की धारणा थी कि पाकिस्तान के प्रति उदारता बरतने से वह जम्मू-कश्मीर में युद्धविराम रेखा को स्थायी सरहद मानने को तैयार हो जाएगा। पाकिस्तान ने इस आशय के संकेत दिए थे, लेकिन पंडितजी इसमें भी मात खा गए। भारत जब पाकिस्तान के प्रति तुष्टीकरण में लगा हुआ था, तब पाकिस्तान अमेरिका और अन्य साम्राज्यवादी शक्तियों की सहायता से भारत के विरुद्ध अपने सशक्तीकरण में मसरूफ था।

28 प्रतिशत से घटकर रह गए 8 प्रतिशत!

पूर्वी पाकिस्तान में हिंदुओं के उत्पीड़न की एक लंबी दास्तान है। पश्चिमी पाकिस्तान में जो होना था, वह लगभग एक झटके में हो गया था, लेकिन पूर्वी पाकिस्तान में यह रुक-रुककर होता रहा। पूर्वी पाकिस्तान में हिंदुओं के लगभग अविरल जनसंहार और उत्पीड़न का ही परिणाम था कि वहाँ से हिंदुओं का निरंतर पलायन होता रहा। आधिकारिक आँकड़ों के अनुसार, वर्ष 1950 में 16 लाख हिंदू भारत आने को विवश हुए। वर्ष 1951 में फिर दंगे छेड़ दिए गए, 2 लाख हिंदू भारत आ गए। वर्ष 1952 में 3 लाख, 1953 में 76,000, 1954 में 1.25 लाख, 1955 में 2.25 लाख, 1956 में 3.25 लाख और 1964 में 9 लाख हिंदुओं को दंगे-फसाद के बलप्रयोग से खदेड़ दिया गया। यह सिलसिला 1970 में पाकिस्तान में पहली बार हुए आम चुनाव तक जारी रहा।

वर्ष 1971 में पूर्वी पाकिस्तान में 'मुक्ति संग्राम' के परिणामस्वरूप नया देश बांग्लादेश के रूप में उदित हुआ। बाद के वर्षों में भारत-विरोधी तत्त्वों के सत्ता पर हावी रहने की अवधि में क्या हुआ, उसकी एक अलग कहानी है, फिर भी इस संबंध में जनसंख्या संबंधी आँकड़े ही बहुत कुछ जाहिर कर देते हैं। आजादी से पहले 1941 की जनगणना के अनुसार वहाँ हिंदुओं की संख्या 28.0 प्रतिशत थी, जो देश की आजादी के चार साल बाद 1951 में घटकर 22.0 प्रतिशत रह गई। उसके बाद यह संख्या 1961 में 18.5 प्रतिशत, 1971 में 13.5 प्रतिशत, 1981 में 12.1 प्रतिशत, 1991 में 10.5 प्रतिशत, 2001 में 9.3 प्रतिशत और 2011 में 8.5 प्रतिशत रह गई। यदि 'बांग्लादेश मुक्ति संग्राम' के महानायक शेख मुजीब की बेटी शेख हसीना की पार्टी अवामी लीग को कुछ वर्षों तक सत्ता में रहने का अवसर नहीं मिलता तो अल्पसंख्यकों की प्रतिशतता शायद पाकिस्तान की तरह नाममात्र की रह जाती।

इधर भारत में मुसलमानों की संख्या हिंदुओं के मुकाबले तेजी से बढ़ रही है। आजादी के समय मुसलमानों की संख्या करीब 3.5 करोड़ थी, जो इस समय करीब 20 करोड़ आँकी जाती है।

यहाँ इस बात का उल्लेख करना उपयुक्त होगा कि देश विभाजन से संबंधित पंजाब और बंगाल के मामलों में उल्लेखनीय अंतर रहा है। पंजाब में सरहद के दोनों ओर नरसंहार हुआ, लेकिन बंगाल में नरसंहार मुख्यतः मुसलिम-बहुल पूर्वी बंगाल में हुआ। पंजाब में पलायन दोनों ओर हुआ। एक तरह से पश्चिमी और पूर्वी पंजाब के बीच आबादी की अदला-बदली हो गई, जिसकी वकालत डॉ. भीमराव आंबेडकर ने पहले ही कर दी थी। बंगाल से जो भी पलायन हुआ वह मुख्यतः हिंदुओं का ही था। पूर्वी बंगाल से बहुत बड़ी संख्या में हिंदू पश्चिम बंगाल में पहुँचे। पश्चिम बंगाल से मुसलमानों का भी पलायन हुआ, लेकिन तुलनात्मक तौर पर यह बहुत कम था।

डॉ. आंबेडकर की पीड़ा

डॉ. आंबेडकर ने 27 सितंबर 1951 को पं. नेहरू के मंत्रिमंडल से त्यागपत्र देते समय इस मुद्दे को उठाते हुए लिखा—

Our quarrel with Pakistan is part of our foreign policy about which I feel deeply dissatisfied... I felt that we should be more deeply concerned with East Bengal where the condition of our people seems from all the newspapers intolerable than with Kashmir.

(पाकिस्तान से हमारा झगड़ा हमारी विदेश नीति का अंग है, जिसके बारे में मैं गहरा असंतोष अनुभव करता हूँ।...मैंने महसूस किया है कि हमें पूर्वी पाकिस्तान के संबंध और अधिक गहरी चिंता होनी चाहिए, जहाँ हमारे लोगों की हालत, सभी समाचार-पत्रों के अनुसार, कश्मीर से ज्यादा असहनीय प्रतीत होती है।)

पूर्वी पाकिस्तान में हिंदुओं पर अत्याचार और उनका पलायन जारी रहने की घटनाओं पर अपना आक्रोश व्यक्त करते हुए डॉ. मुखर्जी ने लोकसभा में पं. नेहरू को समय रहते सचेत हो जाने को कहा था। यहाँ प्रस्तुत है—'हिंदुस्तान टाइम्स' (Hindustan Times) के 16 नवंबर, 1952 के अंक में प्रकाशित डॉ. मुखर्जी के भाषण का तत्त्वांश। डॉ. मुखर्जी ने कहा—

My charge is that you have submitted to wrong things and allowing people to submit to wrong things and thereby humiliating the entire nation. We want a peaceful solution. We do not want people to be killed by inches... Wake up my Prime Minister. Do not allow the passions of men to take charge of the situation. The problem is with regard to finding out means of making the minorities of East Bengal live without fear.

(मेरा आरोप यह है कि आप गलत बातों पर झुक गए हैं और लोगों को गलत बातों पर झुकने देना पूरे राष्ट्र को अपमानित करना है। हम शांतिपूर्ण समाधान चाहते हैं। हम नहीं चाहते कि लोगों को थोड़ा-थोड़ा करके मरने दिया जाए। प्रधानमंत्रीजी, सचेत होइए। लोगों को भावावेश में हालात को अपने हाथ में ले लेने का मौका मत दीजिए। समस्या यह है कि पूर्वी बंगाल के अल्पसंख्यकों को बिना किसी भय के जीवन बिताने का अवसर देने के लिए क्या उपाय खोजे जाएँ?)

नागरिकता संशोधन बिल की आवश्यकता

डॉ. मुखर्जी की चेतावनी के 67 वर्ष बाद वर्ष 2019 में संसद् में नागरिकता संशोधन बिल लाते समय गृहमंत्री अमित शाह ने कहा कि इस बिल को लाने की मुख्य वजह सात दशक पहले भारत और पाकिस्तान में अल्पसंख्यकों की सुरक्षा की गारंटी देनेवाला 'नेहरू-लियाकत समझौता' है। भारत ने जहाँ इस समझौते के तहत अपने अल्पसंख्यकों को बराबरी का दर्जा दिया, वहीं पाकिस्तान ने इसका लगातार उल्लंघन किया। आजादी के बाद अल्पसंख्यकों के अधिकारों को सुरक्षित करने के लिए समझौता किया गया था। पाकिस्तान में सताए जा रहे अल्पसंख्यकों को भारत में शरण और नागरिकता प्रदान करने के लिए ही यह कानून बनाया गया है। अगर 'नेहरू-लियाकत पैक्ट' फेल नहीं हुआ होता तो आज नागरिकता संशोधन विधेयक को पेश करने की जरूरत नहीं पड़ती।

□

24

जिन्ना का हिंदू मंत्री क्यों भागकर भारत आ गया था?

मुहम्मद अली जिन्ना ने विभाजन के पहले दलित-मुसलिम एकता के बल पर सत्ता पर कब्जा करने का प्रयास किया। इसके लिए उन्होंने पूर्वी बंगाल के दलित नेता और डॉ. आंबेडकर के सहयोगी जोगेंद्रनाथ मंडल को दलित हितों का संवर्धन करने के सब्जबाग दिखाए।

मंडल को 1946 में बंगाल प्रांत में मुसलिम लीग की सरकार में मंत्री बनाया गया और पाकिस्तान बन जाने पर उन्हें पाकिस्तान में कानून विभाग सौंपा गया। जिन्ना की मौत के बाद उन्हें कोई पूछनेवाला नहीं रहा। पश्चिमी पंजाब के बाद पूर्वी बंगाल में हिंदुओं पर भीषण अत्याचार ने उनकी अंतरात्मा को झकझोर दिया। वह प्रधानमंत्री लियाकत अली खान को इस्तीफा देकर भारत आ गए, जहाँ अभावग्रस्तता और गुमनामी के बीच उन्होंने अपना जीवन बसर किया।

मुहम्मद अली जिन्ना ने देश विभाजन के समय दलित कार्ड खेलने का प्रयास किया, जिसमें उन्हें आंशिक सफलता भी मिली। ब्रिटिश साम्राज्यवादियों ने 'फूट डालो और राज करो' की अपनी कुटिल नीति के अंतर्गत हिंदुओं ओर मुसलमानों में विलगाव उत्पन्न करने के लिए जो पृथक् निर्वाचन प्रणाली बनाई थी, उसी तरह की पृथक् निर्वाचन प्रणाली बनाकर वे हरिजनों (दलित समुदाय) को कथित ऊँची जातियों के हिंदुओं अथवा बृहत्तर हिंदू समाज से अलग करना चाहते थे। इसे विफल करने के लिए गांधीजी को आमरण अनशन करना पड़ा था। अंतत: दलित नेता डॉ. भीमराव आंबेडकर की रजामंदी से ऐतिहासिक समझौता हुआ, जिसने हिंदू समाज को टूटने से बचा लिया। यह समझौता दलित वर्गो को मुख्यधारा की राजनीति में ले आया। देश विभाजन से पहले दलितों को 'अस्पृश्य' या 'अछूत' कहा जाता था, जो एक अपमानजनक शब्द था। गांधीजी ने उन्हें सम्मान प्रदान करने के लिए 'हरिजन' शब्द प्रचलित किया था।

जोगेंद्रनाथ मंडल

मंडल ने आंबेडकर की बात नहीं मानी

मुहम्मद अली जिन्ना ने दलित-मुसलिम एकता के बल पर अपने प्रभाव क्षेत्र का विस्तार करने की रणनीति अपनाते हुए दलित समाज पर डोरे डालने आरंभ किए। इसी क्रम में उन्होंने 1937 में प्रांतीय असेंबलियों के चुनाव में बंगाल विधानसभा के लिए चुने गए और बाद में मंत्री बनाए गए दलित नेता जोगेंद्रनाथ मंडल को बड़े-बड़े ख्वाब दिखाए, जिससे मंडल को लगा कि मुसलिम लीग दलितों के हितों के संरक्षण पर विशेष ध्यान देगी। 1946 में केंद्र में अंतरिम सरकार के गठन के समय जोगेंद्रनाथ मंडल को मुसलिम लीग के कोटे से मंत्री बनाया गया। ऐसा करते हुए जिन्ना ने ऑल इंडिया मुसलिम लीग के सभी नियम-कायदों को ताक पर रख दिया। मंडल को कानून मंत्रालय दिया गया। मुहम्मद अली जिन्ना यह मानकर चल रहे थे कि यदि दलित और मुसलिम एक हो जाएँ तो सत्ता उनके हाथ में आ जाएगी।

जोगेंद्रनाथ मंडल, जो पहले कांग्रेस में थे, ने डा. आंबेडकर के साथ मिलकर पूर्वी बंगाल में 'अनुसूचित जाति संघ' की स्थापना की थी। 1946 के सांप्रदायिक दंगों के समय जोगेंद्रनाथ मंडल ने जिन्ना के कहने पर पूर्वी बंगाल के सभी क्षेत्रों की यात्रा की थी और दलितों को मुसलमानों के खिलाफ हिंसा में भाग नहीं लेने के लिए राजी किया था।

जब पाकिस्तान बना तब भीमराव आंबेडकर ने उन्हें काफी समझाया और पाकिस्तान जाने से रोकने की कोशिश की, लेकिन मंडल पर जिन्ना का जादू चल चुका था। मंडल न सिर्फ खुद पाकिस्तान चले गए, बल्कि कई दलित परिवारों को अपने साथ लेते गए। बाद में मंडल के कहने पर दलित समुदाय के और भी अनेक लोग पाकिस्तान चले गए। मंडल को पहले पाकिस्तान की संविधान सभा का अध्यक्ष बनाया गया। बाद में कानून मंत्री बनाया गया। संयोग से भारत के प्रथम कानून मंत्री भी एक दलित ही थे भीमराव आंबेडकर, लेकिन दोनों के रुतबे और अधिकार क्षेत्र में जमीन-आसमान का अंतर था। दोनों देशों में संविधान-निर्माण का काम शुरू हुआ। भारत में जहाँ आंबेडकर संविधान निर्माण के मुख्य शिल्पी थी, वहीं पाकिस्तान में जोगेंद्रनाथ मंडल को कुछ पता नहीं रहता था कि कौन-सा नया कानून बन रहा है और संविधान निर्माण की दिशा में क्या काररवाई हो रही है ?

भारी हृदय से गहन निराशा के बीच इस्तीफा

पाकिस्तान जाकर कुछ ही दिनों में जोगेंद्रनाथ मंडल का दलित-मुसलिम एकता का भ्रम टूट गया। पाकिस्तान बनने के कोई साल भर बाद मुहम्मद अली जिन्ना का देहांत हो जाने से भी मंडल की औकात कम हो गई। इसके साथ ही गैर मुसलिमों पर बढ़ते अत्याचार ने उन्हें मर्माहत किया। पश्चिमी पाकिस्तान, विशेषत: पश्चिमी पंजाब से हिंदुओं और सिखों के सफाए के बाद पूर्वी बंगाल में 'नेहरू-लियाकत समझौते' के बावजूद जब हिंदुओं पर लगातार भीषण अत्याचार होने लगे तब मंडल का धैर्य जवाब दे गया।

8 अक्तूबर, 1950 को उन्होंने अपने पद से त्यागपत्र दे दिया। प्रधानमंत्री लियाकत अली खान को लिखे उनके पत्र का पहला पैराग्राफ इस प्रकार था—

It is with a heavy heart and a sense of utter frustration at the failure of my lifelong mission to uplift the backward Hindu masses of East Bengal that I feel compelled to tender resignation of my membership of your cabinet. It is proper that I should set forth in detail the reasons which have prompted me to take this decision.

(पूर्वी बंगाल के पिछड़े हिंदू जन-समुदाय के उत्थान के लिए आजीवन कार्य करने के अपने मिशन में विफलता के कारण मैं भारी हृदय और गहन निराशा की वजह से आपके मंत्रिमंडल की सदस्यता से इस्तीफा देना अपनी विवशता समझता हूँ। यह उचित होगा कि मैं उन कारणों का विस्तार से उल्लेख करूँ, जिन्होंने मुझे यह फैसला करने के लिए प्रेरित किया है।)

हिंदुओं के लिए न इंसाफ, न कानून

जोगेंद्रनाथ मंडल ने अपने पत्र में मुसलिम लीग से जुड़ने और अपने इस्तीफे की वजह को स्पष्ट करते हुए लिखा—"बंगाल में मुसलमानों और दलितों की एक जैसी हालत थी। दोनों ही पिछड़े और अशिक्षित थे। मुझे यकीन दिलाया गया था कि मुसलिम लीग का साथ देने से ऐसे कदम उठाए जाएँगे, जिससे बंगाल की बड़ी आबादी का भला होगा और हम सब मिलकर ऐसी बुनियाद रखेंगे, जिससे सांप्रदायिक शांति और सौहार्द बढ़ेगा। इन्हीं कारणों से मैंने मुसलिम लीग का साथ दिया। 1946 में पाकिस्तान के निर्माण के लिए मुसलिम लीग ने 'डाइरेक्ट एक्शन डे' मनाया। इसके बाद बंगाल में भीषण दंगे हुए। कलकत्ता के बाद नोआखाली नरसंहार में हिंदुओं की हत्या हुई। सैकड़ों ने इसलाम कबूल कर लिया। हिंदू महिलाओं का बलात्कार और अपहरण किया गया। इसके बाद मैंने दंगा-प्रभावित इलाकों का दौरा किया। मैंने हिंदुओं के भयानक दुःख देखे, फिर भी मैंने मुसलिम लीग के साथ सहयोग की नीति को जारी रखा।"

मंडल ने इस पत्र में आगे लिखा—"14 अगस्त, 1947 को पाकिस्तान बनने के बाद मुझे मंत्रिमंडल में शामिल किया गया। मैंने ख्वाजा नाजिमुद्दीन से बात कर पूर्वी बंगाल के मंत्रिमंडल में पिछड़ी जाति के दो लोगों को शामिल करने का अनुरोध किया। उन्होंने मुझसे ऐसा करने का वादा भी किया, लेकिन बाद में इसे टाल दिया गया। इससे मैं बहुत हताश हुआ।"

मंडल ने पूर्वी बंगाल में दलितों पर हुए अत्याचार की दो लोमहर्षक घटनाओं का विवरण देते हुए लिखा—"पूर्वी बंगाल में आज क्या हालात हैं? विभाजन के बाद 5,00,000 हिंदुओं ने देश छोड़ दिया है। मुसलमानों द्वारा हिंदू वकीलों, हिंदू डॉक्टरों, हिंदू व्यापारियों, हिंदू दुकानदारों का बहिष्कार किया गया, जिसके बाद वे पलायन को मजबूर हो गए। मुझे मुसलमानों द्वारा हिंदुओं की बेटियों के साथ बलात्कार की लगातार खबरें मिल रही हैं। हिंदुओं द्वारा मजबूरी में बेचे गए सामान की मुसलमान पूरी कीमत नहीं दे रहे। पाकिस्तान में इस समय न कोई इंसाफ है, न कानून का राज, इसलिए हिंदू अत्यधिक चिंतित हैं। पूर्वी पाकिस्तान के अलावा पश्चिमी पाकिस्तान में भी ऐसे ही हालात हैं। विभाजन के बाद पश्चिमी पंजाब में पिछड़ी जाति के 1,00,000 लोग थे। उनमें से बड़ी संख्या को बलपूर्वक इसलाम में धर्मांतरित किया गया। मुझे एक सूची मिली है, जिसके अनुसार 362 मंदिर और गुरुद्वारे मुसलिमों के कब्जे में हैं। इनमें से कुछ को मोची की दुकान, कसाईखाना और होटलों में तब्दील कर दिया गया है। मुझे जानकारी मिली है कि सिंध में रहनेवाली पिछड़ी जाति की बड़ी संख्या को जबरन मुसलमान बनाया गया है। इन सबका कारण एक ही है। हिंदू धर्म मानने के अलावा इनकी कोई गलती नहीं है।"

आप बनाइए इस्लामिक स्टेट, मैं चला भारत

मंडल ने पत्र के अंत में लिखा—"पाकिस्तान की पूरी तसवीर तथा उस जालिम और कठोर बेइंसाफी को एक तरफ रखते हुए मेरा अपना अनुभव भी कम दुःखदायी और पीड़ादायक नहीं है। आपने प्रधानमंत्री और संसदीय पार्टी के पद का उपयोग करते हुए मुझसे एक बयान जारी करवाया था, जो मैंने 8 अक्तूबर को दिया था। आप जानते हैं, मेरी ऐसी मंशा नहीं थी कि मैं ऐसा असत्य और असत्य से भी बुरा अर्धसत्य वक्तव्य जारी करूँ। जब तक मैं मंत्री के रूप में आपके साथ और आपके नेतृत्व में काम कर रहा था, मेरे लिए आपके आग्रह को ठुकरा देना मुमकिन नहीं था, पर अब मैं और अधिक झूठ, दिखावे तथा असत्य को अपनी अंतरात्मा पर नहीं थोप सकता। मैंने अब निश्चय किया है कि मंत्री के तौर पर अपना इस्तीफा दूँ। मुझे उम्मीद है कि आप बिना किसी देरी के इसे स्वीकार करेंगे। आप इसलामिक स्टेट के उद्देश्य को ध्यान में रखते हुए अब इस पद को किसी और को भी देने के लिए स्वतंत्र हैं।"

इस प्रकार स्पष्ट है कि पाकिस्तान सरकार में खुद मंत्री रहते हुए भी जोगेंद्रनाथ मंडल दलितों को अत्याचार से नहीं बचा सके। अपनी ही सरकार में वह चीख पुकार करते रहे, लेकिन उनकी फरियाद सुननेवाला कोई नहीं था।

इसके बाद मंडल भारत वापस आ गए और पश्चिम बंगाल में रहने लगे। उनका जन्म 29 जनवरी, 1904 को अविभाजित भारत के बंगाल प्रांत के बारिसाल जिले में (पूर्वी बंगाल) में हुआ था। प्रखर कानून विद्वान् दलित नेता और पाकिस्तान के प्रथम कानून मंत्री जोगेंद्रनाथ मंडल को अपना शेष जीवन भारत में एक बंगाली-हिंदू शरणार्थी प्रवासी के तौर पर बेबसी और निर्धनता में बिताना पड़ा। 5 अक्तूबर, 1968 को पश्चिम बंगाल के बनगाँव में उन्होंने अंतिम साँस ली।

सत्तालिप्सा की पूर्ति के लिए जोगेंद्रनाथ मंडल के साथ जो षड्यंत्रकारी बरताव किया गया, उसने 'दलित-मुसलिम एकता' के परखचे उड़ा दिए।

□

25

सिंधु जल समझौता : उतारना होगा पाकिस्तान का पानी

पाकिस्तान ने हमेशा भारत की मैत्री भावना और सद्‌भाव प्रदर्शन का जवाब विपरीत ढंग से दिया है। वर्ष 1960 में पं. जवाहरलाल नेहरू ने भारतीय हितों की कीमत पर पाकिस्तान के हितों का खयाल रखते हुए पाकिस्तान के साथ 'सिंधु जल समझौता' किया, जो पाकिस्तान के लिए अत्यंत फायदेमंद साबित हुआ। भारत ने पाकिस्तान को नहरें बनाने के लिए 1,620 लाख डॉलर की राशि भी दी।

निष्पक्ष पर्यवेक्षकों ने पाकिस्तान के प्रति भारत के अति उदार दृष्टिकोण पर आश्चर्य व्यक्त किया। पाकिस्तान ने कश्मीर में युद्धविराम रेखा को स्थायी सीमा मान लेने का भरोसा दिलाया था, लेकिन फिर अपनी बात से पलट गया। उसके बाद पाकिस्तान ने भारत से तीन युद्ध किए और भारत को हजार जख्मों से लहूलुहान करने की नीति बनाई। भारत इस जल संधि को रद्‌द करने के बजाय यदि केवल अपने वाजिब हिस्से का पानी इस्तेमाल करने की व्यवस्था कर ले तो इसी में पानी के लिए तरस रहे पाकिस्तान के समक्ष भारी दिक्कतें उपस्थित हो जाएँगी।

पाकिस्तान ने हमेशा भारत की मैत्री भावना और सद्‌भाव प्रदर्शन का जवाब विपरीत ढंग से दिया है। पं. जवाहरलाल नेहरू ने 1960 में पाकिस्तान के साथ 'सिंधु जल समझौता' किया। अनिश्चितकाल तक लागू रहनेवाला यह समझौता पाकिस्तान के लिए अत्यंत फायदेमंद साबित हुआ। भारत ने पाकिस्तान को नहरें व बाँध बनाने के लिए 1,620 लाख डॉलर की राशि भी दी। निष्पक्ष पर्यवेक्षकों ने पाकिस्तान के प्रति भारत के अति उदार दृष्टिकोण पर आश्चर्य व्यक्त किया। पाकिस्तान ने कश्मीर में युद्धविराम रेखा को स्थायी सीमा मान लेने का भरोसा दिलाया था, लेकिन फिर अपनी बात से पलट गया। इस एकतरफा सद्‌भाव की एक और प्रतिक्रिया पाँच वर्ष बाद रन कच्छ में पाकिस्तानी हमले के रूप में प्रकट हुई। 'सिंधु जल समझौते' के तहत हम सिर्फ 20 फीसदी पानी अपने पास रखते हैं और शेष पानी पाकिस्तान के उपयोग के लिए दे देते हैं। ऐसा उदारमना समझौता शायद ही कोई देश करता है।

जवाहरलाल नेहरू की एकतरफा उदारता

जवाहरलाल नेहरू पड़ोसी देश से अच्छे संबंध बनाने के लिए प्रारंभ से ही प्रयत्नशील रहे। कश्मीर पर पाकिस्तानी हमले के बावजूद उन्होंने पाकिस्तान के साथ अच्छे संबंध बनाए रखने की हरचंद कोशिश की। वर्ष 1960 में चीन के साथ उत्तरी सीमा पर लगातार तनाव के बावजूद वे सिंधु जल संधि को अंतिम रूप देने के लिए स्वयं पाकिस्तान चले गए। संधि की कतिपय धाराओं पर मतभेदों को उन्होंने पाकिस्तान की ख्वाहिश के अनुसार दूर कर दिया। पाकिस्तानी राष्ट्रपति जनरल अयूब खान ने नेहरू के योगदान को स्वीकार करते हुए अपनी आत्मकथा 'आका नहीं, दोस्त' (Friends, not Masters) में लिखा है—

I must also say that in the final stages of negotiations Mr. Nehru's personal intervention helped to remove certain differences which had arisen over arrangements during the transitional period.

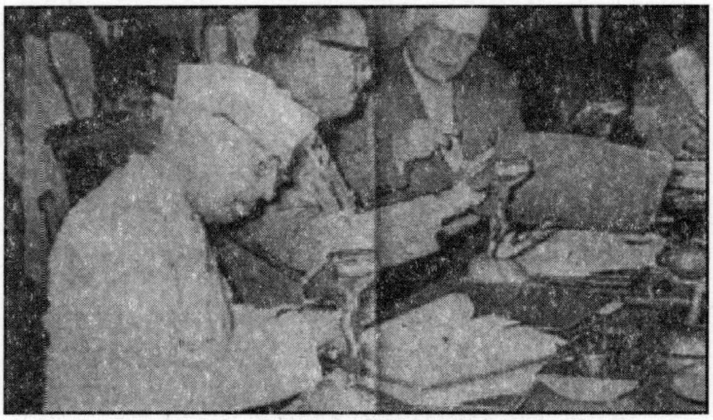

कराची में भारत के प्रधानमंत्री पंडित जवाहरलाल नेहरू और पाकिस्तान के राष्ट्रपति जनरल अयूब खान सिंधु जल संधि पर हस्ताक्षर करते हुए

(मुझे अवश्य ही यह भी बताना चाहिए कि सहमति पर पहुँचने के लिए चली वार्ता के अंतिम दौर में श्री नेहरू के व्यक्तिगत हस्तक्षेप के कारण अंतर्वर्ती अवधि की व्यवस्थाओं को लेकर उपजे कतिपय मतभेदों को दूर करने में सहायता मिली।)

विधि विशेषज्ञों के अनुसार, किसी भी समझौते या संधि को समझने के लिए उसकी प्रस्तावना को देखना पड़ता है कि उसका उद्देश्य क्या है ? सिंधु जल समझौते की प्रस्तावना में कहा गया है कि भारत और पाकिस्तान ने इस समझौते पर सद्भाव और मित्रता के आधार पर दस्तखत किए, लेकिन प्रश्न है—क्या पाकिस्तान ने इस सद्भावना और मैत्री भाव को कायम रखा ? पाकिस्तान बार-बार भारत पर इस संधि का उल्लंघन करने के झूठे आरोप लगाता रहा, यहाँ तक कि उसके जिहादी तत्त्व भारत को धमकाने और ललकारने से भी बाज नहीं आए।

समस्या की जड़ भारत का अप्राकृतिक विभाजन

भारत के अप्राकृतिक विभाजन के कारण ही नदियों के पानी के बँटवारे का विवाद उत्पन्न हुआ। भारत का राजनीतिक या प्रशासनिक विभाजन कुदरती बनावट से मेल नहीं खाता। वर्ष 1947 में देश विभाजन के समय ही भारत और पाकिस्तान के बीच पानी के मुद्दे पर विवाद हो गया। इसके बाद 1951 में दोनों देश विश्व बैंक की मध्यस्थता में औपचारिक वार्ता के लिए तैयार हुए। करीब आठ वर्ष तक चली लंबी बातचीत के बाद 19 सितंबर, 1960 को कराची में भारत के प्रथम

प्रधानमंत्री पं. जवाहरलाल नेहरू और पाकिस्तान के राष्ट्रपति जनरल अयूब खान ने सिंधु जल संधि पर हस्ताक्षर किए।

ज्ञातव्य है कि सिंधु नदी एशिया की सबसे लंबी (2,880 किमी.) नदियों में से एक है। सिंधु घाटी सभ्यता जिसे करीब आठ हजार वर्ष पूर्व माना जाता है, विश्व की प्राचीनतम नदी घाटी सभ्यताओं में से एक प्रमुख सभ्यता थी।

12 जनवरी, 1961 को सिंधु जल संधि की शर्तें लागू हुई। इसके अंतर्गत छह नदियों के जल का बँटवारा हुआ। इनमें से किसी भी नदी का उद्गम स्थल पाकिस्तान नहीं है। भारत वस्तुतः एक नदी तट-स्वामी (Riparian) देश है। तीन पूर्वी नदियों (रावी, व्यास और सतलुज) के पानी पर भारत को पूरा अधिकार दिया गया। बाकी तीन पश्चिमी नदियों (चिनाब, झेलम और सिंधु) का निर्बाध जल प्रवाह पाकिस्तान को मिला। इन तीन नदियों के 20 प्रतिशत हिस्से का पानी ही भारत इस्तेमाल कर सकता है।

सतलुज नदी मानसरोवर से निकलकर हिमाचल से पंजाब होते हुए भारत और पाकिस्तान के बीच सीमा रेखा निर्धारित करती है और फिर चिनाब नदी में मिल जाती है। व्यास नदी, जो 470 किमी. लंबी है, रोहतांग के व्यास कुंड से निकलकर पंजाब (भारत) से होते हुए आर्की में सतलुज नदी में मिल जाती है। चिनाब नदी, जो 960 किमी. लंबी है, हिमाचल से शुरू होकर जम्मू व कश्मीर से होते हुए पाकिस्तान में सिंधु नदी में जाकर मिलती है।

सिंधु तंत्र (सिंधु और सहायक नदियों का क्षेत्र) चार देशों तक फैला हुआ है, जो इस प्रकार है—पाकिस्तान 47 प्रतिशत, भारत 39 प्रतिशत, चीन 8 प्रतिशत और अफगानिस्तान 6 प्रतिशत। भारत में सिंधु घाटी क्षेत्र के दायरे में जम्मू-कश्मीर, हिमाचल, पंजाब और राजस्थान के कई क्षेत्र आते हैं। पाकिस्तान की 90 प्रतिशत कृषि सिंधु पर निर्भर है। पाकिस्तान का 7,96,095 वर्ग किमी. क्षेत्रफल इसके दायरे में आता है। भारत का कुल 5,93,973 वर्ग किमी. इस क्षेत्र में आता है, जिसमें करीब एक लाख वर्ग किमी. क्षेत्र जम्मू-कश्मीर का है।

पाकिस्तान की एहसान फरामोशी

सिंधु बेसिन में पानी का कुल औसत सालाना जल-प्रवाह 1,700 लाख एकड़ फीट है। एक लाख एकड़ फीट का अर्थ हुआ—एक एकड़ जमीन पर एक फीट जितना पानी उपलब्ध होना। इसमें भारत को तीन पूर्वी नदियों रावी, व्यास और सतलुज से मात्र 300 लाख एकड़ फीट पानी मिलता है, जबकि पाकिस्तान को 1,400 लाख एकड़ फीट पानी मिलता है। आज इस संधि के कारण पाकिस्तान को अपने यहाँ निर्मित 85 प्रतिशत जल विद्युत और 85 प्रतिशत जल संचयन की सुविधा उपलब्ध है। इसके बावजूद इस संधि की तथाकथित अपर्याप्तता को लेकर भारत के विरुद्ध पाकिस्तान की शाब्दिक गोलाबारी जारी रहती है। बार-बार पाकिस्तान के हितों की पूर्ति नहीं होने की आड़ में संधि के पुनरीक्षण की रट लगाई जाती है। वहाँ का मीडिया भी अटपटी बातें करता रहता है, हालाँकि स्वयं 'सिंधु नदी प्रणाली प्राधिकार' (Indus River System Authority) के चैयरमैन ने 9 जुलाई, 2015 को पाकिस्तानी सीनेट की स्थायी समिति को संबोधित करते हुए बताया था कि सिंधु जल संधि के अंतर्गत भारत अपने लिए आवंटित पानी की कुल मात्रा के मुकाबले

कम का ही उपयोग कर रहा है। पाकिस्तान के अंग्रेजी दैनिक 'एक्सप्रेस ट्रिब्यून' (Express Tribune) ने अपनी रिपोर्ट में बताया—

Turning away from what usually becomes a back-and-forth blame game, Pakistan's water regulator has come out defending India saying the neighbours are not responsible for water shortage on this side of the border.

(आमतौर पर एक-दूसरे पर दोषारोपण का जो खेल चलता है, उससे हटते हुए पाकिस्तान के जल नियामक ने यह कहते हुए भारत का बचाव किया है कि सरहद की इस ओर पानी की कमी के लिए पड़ोसी देश जिम्मेदार नहीं है।)

जल बँटवारे की कुंजी भारत के हाथ

पाकिस्तान की भारत-विद्वेषी हरकतों से खीझकर भारत में अनेक लोग, जिनमें कई राजनीतिक विश्लेषक और बुद्धिजीवी भी शामिल हैं, पाकिस्तान को सबक सिखाने के लिए 'वॉटर स्ट्राइक' की बात करने लगे हैं। सेंटर फॉर पालिसी रिसर्च में सामरिक अध्ययन के जाने-माने प्रोफेसर ब्रह्मा चेलानी का कहना है, "भारत जैसे बड़े और ताकतवर देश के पास पाकिस्तान को सबक सिखाने के लिए सैन्य, आर्थिक और कूटनीतिक विकल्प मौजूद हैं। इन विकल्पों को नपे--तुले और तर्कसंगत तरीके से इस्तेमाल किया जा सकता है। रणनीतिक रूप से एक परमाणु हथियार संपन्न देश द्वारा छेड़े गए अपारंपरिक युद्ध का अपारंपरिक तरीके से ही सामना किया जा सकता है। पाकिस्तान को दबाव में लाने के लिए भारत के पास कहीं ज्यादा आर्थिक और कूटनीतिक संसाधन मौजूद हैं। भारत 1960 की संधि से हाथ खींचकर पाकिस्तान को सबक सिखा सकता है। पाकिस्तान भारत के साथ हुए तमाम द्विपक्षीय समझौतों की लगातार अवहेलना कर रहा है। शिमला समझौते में कहा गया है कि पाकिस्तान अपनी जमीन से भारत के खिलाफ आतंकवाद की अनुमति नहीं देगा, लेकिन आज सच्चाई इसके विपरीत है। सिंधु जल संधि दुनिया में सबसे एकतरफा और अनुचित जलसंधि है। यदि भारत पाकिस्तान को छद्म युद्ध से रोकना चाहता है तो उसे सिंधु जलसंधि के भविष्य को इसलामाबाद की उस प्रतिबद्धता के साथ जोड़ना होगा जिसमें उसने अपनी जमीन का प्रयोग भारत के खिलाफ नहीं होने देने की बात कही है। यदि पाकिस्तान इसे पूरा नहीं करता तो भारत को इस संधि को खत्म करने पर विचार करना चाहिए।"

चेलानी ने आगे लिखा है—"भारत के पास इस संधि में संतुलन कायम करने और इसे बेहतर बनाने का मौका है। अंतरराष्ट्रीय कानून भी भारत का कुछ नहीं बिगाड़ सकते हैं। दाँवपेंच और कूटनीतिक कौशल सैन्य विकल्पों से प्राय: ज्यादा मायने रखते हैं। इस तरह भारत बिना सेना का प्रयोग किए पाकिस्तान को घुटने टेकने पर मजबूर कर सकता है।"

इस तरह के मिलते-जुलते विचार कई अन्य विश्लेषकों ने भी व्यक्त किए हैं। उधर, पाकिस्तान के बड़बोले और सिरफिरे मजहबी कट्टरपंथियों की खोखली धमकियों को नजरअंदाज कर जमीनी हकीकत को समझनेवाले विवेकशील पाकिस्तानी राजनीतिक चिंतक यह मानते हैं कि भौगोलिक कारणों से सिंधु जल बँटवारे की कुँजी भारत के ही हाथ में है। एक पाकिस्तानी विद्वान् डॉ. आदम

नय्यर ने अंग्रेजी दैनिक 'डॉन' (DAWN) में प्रकाशित अपने लेख में लिखा था कि सिंधु जल संधि रद्द करने का अंदेशा ही पाकिस्तान को झुकाने का कारगर तरीका बन सकता है।

पानी और खून एक साथ नहीं बह सकते

ऊँचे पहाड़ों से बहती हुई सिंधु नदी का एक दृश्य

प्रश्न है—क्या पाकिस्तान की धमकियों को नजरअंदाज करते हुए भारत इस संधि को रद्द कर सकता है? इस संधि को 'अंतरराष्ट्रीय संधि' कहा गया है, लेकिन सही अर्थों में यह कोई अंतरराष्ट्रीय संधि नहीं है। इस संधि पर विश्व बैंक के उपाध्यक्ष के भी हस्ताक्षर हैं। विश्व बैंक की भूमिका सद्भावना का माहौल बनाने के लिए एक मध्यस्थ के रूप में स्वीकार की गई थी। जिस सद्भावना के अंतर्गत भारतीय प्रधानमंत्री पं. जवाहरलाल नेहरू ने अपने विभागीय अधिकारियों के विमर्श को नजरअंदाज करते हुए पाकिस्तान की ख्वाहिशों की पूर्ति कर दी, क्या पाकिस्तान ने उसका कोई प्रतिदान किया है ? जहाँ तक विश्व बैंक की बात है, मतभेद होने पर वह मध्यस्थता कर सकता है। मध्यस्थता का अर्थ वार्ता करना मात्र होता है। विश्व बैंक न तो कोई निर्णय दे सकता है, न भारत उसकी सलाह मानने को विवश है।

सिंधु जल संधि के बाद दोनों देशों के बीच 1965, 1971 तथा 1999 में तीन युद्ध हुए और भारत में सैकड़ों पाकिस्तान-प्रायोजित आतंकी हमले हुए। हर बार पाकिस्तान को दिया जानेवाला अपने हिस्से का पानी रोकने की माँग उठी, लेकिन सिंधु जल संधि पर कभी कोई आँच नहीं आई। वस्तुतः नदियों के जल का साझा इस्तेमाल करनेवाले देशों के बीच मधुर संबंध और नियम-संगत सहयोग बनाए रखने के लिए यह आवश्यक है कि अधिकारों और विवशताओं के बीच एक संतुलन रहे। पाकिस्तान सिंधु घाटी में बिना जवाबदेही के अधिकार चाहता है, लेकिन पानी और खून एक साथ बहने की स्थिति को गवारा नहीं किया जा सकता। पाकिस्तान हमेशा भारत के साथ झगड़ता रहता है और यहाँ आतंकियों को भेजता रहता है। पाकिस्तान को भारत को हजार जख्मों से लहूलुहान करने की कुटिल योजना से विरत होना होगा।

अंतरराष्ट्रीय न्यायालय की कितनी भूमिका?

यदि भारत इस संधि को रद्द कर देता है तो अंतरराष्ट्रीय कानून भी भारत का कुछ नहीं बिगाड़ सकते। भारत-वियना समझौते के 'संधि पत्रों का सिद्धांत' (Law of Treaties) की धारा 62 के अंतर्गत इस आधार पर संधि से हट सकता है कि पाकिस्तान भारत के विरुद्ध लगातार आतंकी गुटों का इस्तेमाल कर उसके हितों पर भारी चोट पहुँचा रहा है। अंतरराष्ट्रीय न्यायालय ने इस सिद्धांत का प्रतिपादन किया है कि आधारभूत परिस्थितियों में परिवर्तन हो तो किसी

संधि को रद्द किया जा सकता है। (The International Court of Justice has held the principle that a treaty may be dissolved by reason of a fundamental change in circumstances.) अमेरिका, रूस, चीन और कतिपय अन्य देश कई द्विपक्षीय संधियों और अंतरराष्ट्रीय नियमों-मान्यताओं-करारनामों की जिस प्रकार अवहेलना करते रहे हैं अनुपालन नहीं करते रहे हैं, उसकी एक लंबी फेहरिस्त है, लेकिन यही देश और इनके साथ नियम-कायदों के कई अन्य कथित ध्वजवाहक देश पाकिस्तान द्वारा जम्मू-कश्मीर में नियंत्रण रेखा और अंतरराष्ट्रीय सीमा पार कर भारत में आतंकी कहर बरपाने पर भारत से शांति कायम रखने, सब्र करने और संयम से काम लेने की अपील करने लगते हैं।

यदि पाकिस्तान भारत की स्थिति में होता

वर्तमान अंतरराष्ट्रीय हालात में भारत द्वारा संधि को रद्द कर देना उपयुक्त नहीं होगा, क्योंकि यह माना जाएगा कि भले देश ऐसा नहीं करते। पं. जवाहरलाल नेहरू ने जिस तरह कश्मीर मामले में अपनी आरंभिक एकतरफा उदारता और भलमनसाहत में देश को प्रतिबद्ध कर दिया, यह प्रतिबद्धता भी ठीक उसी प्रकार की है। यदि भारत इतनी उदार शर्तों और बांध निर्माण के लिए पाकिस्तान को धन मुहैया कराने को तैयार नहीं होता तो पाकिस्तान क्या कर लेता? इस पर राजनीतिक चिंतक भरत वर्मा ने एक दिलचस्प अनुकल्पना करते हुए लिखा है—

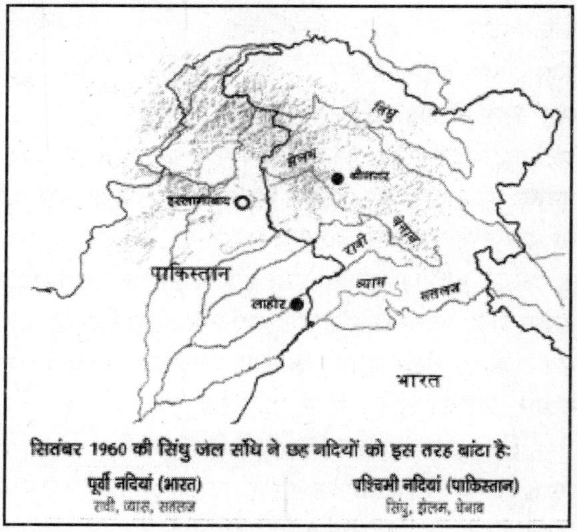

सिंधु जल संधि की नदियाँ

(Organiser 14 Jan, 2007)—Indus Water Treaty is not a role model for the simple reason that hypothetically, if the direction of water flow were from Pakistan to India, this treaty would never had materaialised in the first place. Indus Water Treaty survives because of our magnanimity.

(सिंधु जल संधि कोई आदर्श मॉडल नहीं है, महज इस कारण से ही कि जल का प्रवाह यदि पाकिस्तान से भारत की दिशा में होता तो पहली बात यह कि यह संधि कभी चरितार्थ ही नहीं होती। सिंधु जल संधि हमारी विशालहृदयता के कारण ही टिकी हुई है।)

विचित्र बात यह है कि भारत ने इस संधि द्वारा खुद ही अपनी संप्रभुता के सिद्धांत को नकार दिया है। अपने ही देश से निकलने वाली नदी के पानी को बहाववाले देश पाकिस्तान के पक्ष में अपना अधिकार त्यागकर अर्पित कर दिया है। दूसरी ओर, पाकिस्तान का सदाबहार दोस्त चीन कहता है कि उसका अपने यहाँ से निकलने वाली नदियों के पानी पर पूरा हक है। इसी वजह से

चीन ने अपने 13 पड़ोसी देशों में से किसी के साथ भी किसी तरह का जल साझेदारी समझौता नहीं किया है। चीन तो वहाँ से निकलनेवाली नदियों के जल बहाव क्षेत्रों के देशों के साथ कोई डेटा (आँकड़े और तथ्य) तक साझा करने को तैयार नहीं।

केनेडी को बताया उदारता का कारण

जब सिंधु जल संधि पर हस्ताक्षर हुए, तब साधारणतया भारत में और विदेशों में यह उम्मीद की गई थी कि इससे भारत-पाक संबंधों में एक नए और सुखद अध्याय का सूत्रपात होगा, लेकिन बाद में इतिहास ने इस प्रत्याशा को झूठा साबित कर दिया। दिलचस्प बात यह है कि इस समझौते से ऐसे किसी उद्देश्य की सिद्धि नहीं हुई, जिसकी भारत ने उम्मीद कर रखी थी। प्रधानमंत्री जवाहरलाल नेहरू ने अमेरिकी राष्ट्रपति जान.एफ. केनेडी को बताया था कि यह समझ कायम होने के बाद कि पाकिस्तान कश्मीर में युद्धविराम रेखा को वास्तविक सीमा के रूप में स्वीकार कर लेगा, भारत नहरी पानी के बँटवारे पर राजी हुआ था और यहाँ तक कि नहरों के विकास के लिए उसे काफी धन भी दिया गया, लेकिन पाकिस्तान जो चाहता था, उसे मिल गया, इसलिए उसने बाद में इस मामले में भारत की कोई परवाह नहीं की।

फरवरी 2019 में पुलवामा आतंकी हमले के जवाब में भारत ने पाकिस्तान के आतंकी शिविरों पर हमला कर माकूल जवाब देने के साथ पाकिस्तान से 'सर्वाधिक तरजीही राष्ट्र' (Most Favoured Nation) का एकतरफा दर्जा वापस ले लिया। इसके अलावा जल संसाधन मंत्री, नितिन गडकरी ने घोषणा की कि भारत पाकिस्तान को जानेवाली तीन नदियों—रावी, व्यास और सतलुज का अपने हिस्से का ज्यादा जा रहा पानी रोक सकता है, लेकिन पानी रोकना और छोड़ना स्विच 'ऑन-ऑफ' करने की तरह नहीं है। भारत को इतने वर्षों में जो इंफ्रास्ट्रक्चर बनाना चाहिए था, वह उसने नहीं बनाया। पाकिस्तान ने भारत की कई परियोजनाओं का विरोध किया है और अपने विरोध को भारत के खिलाफ वीटो पॉवर की तरह इस्तेमाल किया है, जिस कारण कई परियोजनाएँ वर्षों से लंबित हैं। भारत के सद्गुण उसके अवगुण बन गए हैं।

अब चूँकि भारत की छवि कानून का पालन करनेवाले एक जिम्मेदार व सौम्य देश की है, इसलिए भारत की जवाबदेही ज्यादा बन जाती है। भारत को पाकिस्तान को कोई ऐसा मौका नहीं देना चाहिए, जिससे उसे हर मंच पर भारत के खिलाफ बोलने का मौका मिल जाए। रक्षा मंत्रालय के तहत संचालित 'इंस्टीट्यूट ऑफ डिफेंस स्टडीज और एनालिसिस' के उत्तम कुमार सिंहा का कहना है—"हमारी कूटनीतिक पहल पाकिस्तान के लोगों को जिहादी तत्त्वों से अलग करने की है। पानी रोकने के उलटे नतीजे हो सकते हैं, क्योंकि यह असल में पाकिस्तान के भीतर भारत-विरोधी भावनाओं को ही भड़काएगा।"

उतारना होगा पाकिस्तान का पानी

ऐसी स्थिति में भारत यदि फिलहाल अपने ही वाजिब हिस्से का पानी रोकता है, जिसका उसे पूरा अधिकार है तो उसे इसके लिए परियोजनाओं का टेक्निकल डिजाइन बनाकर तैयार करना होगा। अगस्त 2019 में जम्मू-कश्मीर से अनुच्छेद 370 निष्प्रभावी किए जाने के बाद पाकिस्तान ने भारत के विरुद्ध भड़काऊ बयान शुरू कर दिए। उसने परमाणु युद्ध की धमकी भी दे दी। अपने हितों

की अनदेखी कर पाकिस्तान को रियायतें देते रहने का कोई तात्पर्य नहीं है। जब भारत में पानी की कमी है और जम्मू-कश्मीर में पानी की कमी है तो भारत को अपने हिस्से के पूरे पानी का उपयोग करना चाहिए। यदि भारत आवश्यक इंफ्रास्ट्रक्चर बनाकर अपने हिस्से का ज्यादा-से-ज्यादा पानी इस्तेमाल करना शुरू कर दे तो इसी से पानी के लिए तरस रहे पाकिस्तान के समक्ष भारी दिक्कतें खड़ी हो जाएँगी। उसकी कई योजनाएँ अटक सकती हैं। हालाँकि वह कोई आपत्ति भी दर्ज नहीं कर सकेगा। भारत को अपने हिस्से के पानी को इस्तेमाल करने के लिए भारी-भरकम इंतजाम करने होंगे। इनमें आठ-दस साल तक लग सकते हैं। समय आ गया है कि भारत अपने हिस्से के पानी का पूरा दोहन करने की व्यवस्था करे। इसी से पाकिस्तान का पानी उतरना आरंभ हो जाएगा। भारत को अति-नैतिकतावादी बनने की जरूरत नहीं है।

□

26

हजरतबल से पवित्र बाल की चोरी का पाकिस्तानी षड्यंत्र

कश्मीर में हजरतबल दरगाह में प्रतिष्ठापित हजरत मुहम्मद के स्मृति चिह्न मूए-मुकद्दस (पवित्र बाल) की चोरी हो जाने से कश्मीर घाटी में बवाल मच गया। ऐसे सुराग मिले जो स्पष्टतया पाकिस्तानी षड्यंत्र की ओर इशारा करते थे। इंटेलिजेंस ब्यूरो के डाइरेक्टर बी.एन. मल्लिक के नेतृत्व में गठित टीम के प्रयासों से पवित्र बाल वापस मिल गए। इस पर पाकिस्तान ने यह प्रचार अभियान चला दिया कि दोबारा हासिल किए गए पवित्र अवशेष असली नहीं, नकली हैं। इससे एक विकट स्थिति उत्पन्न हो गई। सरकार को एक विशेष दीदार की व्यवस्था करनी पड़ी। चौदह धार्मिक नेताओं ने मूए-मुकद्दस की शिनाख्त कर उसे असली घोषित किया।

कश्मीर में उपद्रव खड़े करने की चाल नाकाम होने पर पाकिस्तान ने पूर्वी पाकिस्तान में अल्पसंख्यक हिंदुओं के विरुद्ध दंगे भड़का दिए। बड़ी संख्या में हिंदू अल्पसंख्यकों ने भारत में शरण ली।

27 दिसंबर, 1963 को कश्मीर में हजरतबल झील के समीप दरगाह में प्रतिष्ठापित पवित्र अवशेष गुम पाए गए। यह थे, हजरत मुहम्मद के पवित्र बाल जिन्हें 'मूए-मुकद्दस' कहा जाता है। यह पैगंबर के बालों की लट है। 'मू' फारसी भाषा का शब्द है, जिसका अर्थ है—बाल, केश। 'मुकद्दस' अरबी भाषा का शब्द है, जिसका अर्थ है पवित्र, पाक। इस प्रकार 'मूए-मुकद्दस' का अर्थ हुआ—पवित्र बाल। जिस झील (डल झील) के किनारे हजरत मुहम्मद के मूए-मुकद्दस को रखा गया था, उसका नाम धीरे-धीरे हजरतबल पड़ गया। कश्मीरी भाषा में 'बल' का अर्थ झील होता है। इसलिए मसजिद को 'हजरतबल' कहा जाने लगा।

पाकिस्तानी षड्यंत्र के स्पष्ट संकेत

26 दिसंबर, 1963 की आधी रात को रहस्यमय ढंग से ताले तोड़कर कोई मूए-मुकद्दस को ले गया। अगले दिन सुबह सवेरे मूए-मुकद्दस के गायब होने की खबर कश्मीर घाटी में आग की तरह फैल गई। लोगों की विशाल भीड़ मसजिद में जमा होनी शुरू हो गई। दोपहर तक हजारों लोग

सड़कों पर मार्च करते हुए पवित्र बाल की चोरी का विरोध करने लगे।

वे माँग कर रहे थे कि पवित्र बाल को तुरंत पुनः प्रतिष्ठापित किया जाए और अपराध करनेवालों को सजा मिलनी चाहिए। इन हालात में पुलिस तथा स्थानीय प्रशासन के लिए भीड़ को नियंत्रित करना कठिन हो गया। हिंसक भीड़ ने श्रीनगर में एक सिनेमाघर और पुलिस थाने को भी आग लगा दी।

प्रधानमंत्री पं. जवाहरलाल नेहरू ने पवित्र बाल की खोज का दायित्व इंटेलिजेंस ब्यूरो के डाइरेक्टर बी.एन. मल्लिक को सौंपा। मल्लिक ने बहुत सतर्कतापूर्वक और बड़ी सूक्ष्मता से जाँच का कार्य आरंभ कर दिया। बी.एन. मल्लिक ने इस कांड की जाँच का पूरा विवरण अपनी पुस्तक 'नेहरू के साथ बिताए मेरे वर्ष—कश्मीर' (My years with Nehru–Kashmir) में देते हुए बताया है कि हजरत मुहम्मद के पवित्र बाल उनका एक वंशज मदीना से लेकर बीजापुर पहुँचा था। पवित्र स्मृति चिह्न कश्मीर लाया गया तथा पहले बाग–ए–सादिक में तथा बाद में हजरतबल में प्रतिष्ठापित किया गया। हजारों श्रद्धालु पवित्र बाल के दर्शन के लिए आने लगे। मूए–मुकद्दस के दर्शन प्रतिदिन नहीं किए जा सकते हैं। वर्ष में सिर्फ 10 दिन इसके दर्शन किए जा सकते हैं। ये 10 दिन हजरत मुहम्मद के जीवन की महत्त्वपूर्ण घटनाओं से संबंधित हैं।

बी.एन. मल्लिक ने लिखा है कि हमारे पास पर्याप्त सामग्री हो गई थी, जिससे हमें ऐसे सुराग मिले थे, जो स्पष्टतया पाकिस्तानी षड्यंत्र की ओर इशारा करते थे। पाकिस्तान ने अपने एक एजेंट मीर मकबूल जिलानी के जरिए तथा कश्मीर में उसके कुछ महत्त्वपूर्ण संपर्कों की सहायता से, जिन्होंने इस उद्देश्य के लिए पाकिस्तान से पैसे लिये थे, मूए–मुकद्दस को अपनी जगह से हटाने के प्रबंध किए थे। मुजरिमों के आसपास शिकंजा कसा जाने के कारण उनके लिए मूए–मुकद्दस को अपने अधिकार में रखना अत्यंत कठिन हो गया था। मूए–मुकद्दस की चोरी से संबंधित लोगों को यह अनुभव हो गया था कि उनका पता लगा लिया गया है और जल्दी उन्हें पकड़ लिया जाएगा, अगर उन पर अत्याधिक दबाव डाला जाता तो इस बात का खतरा था कि मुजरिम मूए–मुकद्दस को डल झील में फेंक दे सकते थे या जमीन में गाड़ सकते थे, हालाँकि वे उसे जान–बूझकर नष्ट नहीं करते।

मुबारक! मुबारक! मूए-मुकद्दस खोज लिया गया

इससे पहले भी दो बार मूए–मुकद्दस गायब हो जाने के बाद वापस आ गया था। बी.एन. मल्लिक के अनुसार 'इसलिए हमने 3 जनवरी, 1964 को सायंकाल से खुले आम सभी सुरक्षाकर्मियों को हटा लिया था और सबको पता लगने दिया था कि लोग निस्संकोच दरगाह में जा सकते हैं। मूए–मुकद्दस के बिना मुजरिम का हमारे हाथ में आ जाना हमारे लिए बेकार था, अगर मूए–मुकद्दस वापस आ जाता है, तब मुजरिम को सजा मिलना–न–मिलना हमारे लिए अधिक महत्त्व नहीं रखता था।'

दरअसल, मकबरे पर कुछ समय के लिए निगरानी नहीं रखने की घोषणा इसलिए की गई, ताकि जो व्यक्ति पवित्र अवशेष ले गया है, वह उन्हें सुरक्षापूर्वक वापस रख सके। बदतरीन षड्यंत्रकारी भी मूए–मुकद्दस को पाकिस्तान ले जाने की अनुमति नहीं दे सकते थे, क्योंकि उस हालत में हजरतबल का तमाम महत्त्व एवं पवित्रता समाप्त हो जाती और तीर्थयात्रियों से होनेवाली आमदनी पर निर्भर रहनेवाले बहुत लोगों की रोजी–रोटी समाप्त हो जाती। बी.एन. मल्लिक आगे लिखते हैं—"उस दिन 4 जनवरी सायंकाल 5 बजे हमने मूए–मुकद्दस को दोबारा हासिल कर

लिया। मैं उस प्रक्रिया का वर्णन नहीं कर सकता, जिससे 27 दिसंबर को चुराए गए मूए-मुकद्दस को उसके स्थान पर पुनः प्रतिष्ठित कराया जा सका, क्योंकि यह एक खुफिया ऑपरेशन (काररवाई) था, जिसे प्रकट नहीं किया जा सकता।"

हजरतबल दरगाह

बी.एन. मल्लिक और डी.आई.जी. पुलिस एल.डी. ठाकुर हजरतबल दरगाह गए। मूए-मुकद्दस लकड़ी के पुराने डिब्बे में विद्यमान था। हालाँकि वह टूटा हुआ था। बहुत आदर तथा श्रद्धा के साथ मूए-मुकद्दस को बाहर लाया गया। बी.एन. मल्लिक ने उसे अपने सिर पर उठाया तथा प्रतीक्षा कर रहे जनसमूह को बताया कि हमने उनके बहुमूल्य स्मृति चिह्न को खोज लिया है। लोग खुशी से नाचने लगे तथा खुशी से 'मुबारक-मुबारक' चिल्लाने लगे।

मल्लिक ने सायंकाल 6 बजे प्रधानमंत्री नेहरू को टेलीफोन पर बहुत भावावेग में बताया, "मैंने चीज हासिल कर ली है।"

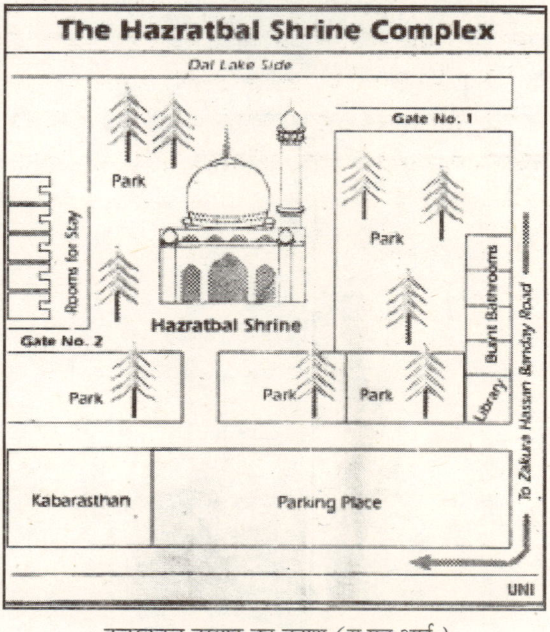

हजरतबल दरगाह का नक्शा (यू.एन.आई.)

नेहरू ने कहा, "कर लिया है? क्या मूए-मुकद्दस?"

मल्लिक ने कहा, "जी, मूए-मुकद्दस"

नेहरू ने पूछा, "आपने मूए-मुकद्दस को दोबारा हासिल कर लिया है?"

मल्लिक ने जवाब दिया "जी, मैने मूए-मुकद्दस को दोबारा हासिल कर लिया है।"

नेहरू ने कहा, "तुम धन्य हो, मल्लिक। तुमने हमारे लिए कश्मीर को बचा लिया है।"

इसके बाद यह खबर गृहमंत्री, अन्य संबंधित मंत्रालयों, प्रेस और

रेडियो को दे दी गई। ऑल इंडिया रेडियो से रात 9 बजे के प्रसारण से लोगों को पता लगा कि मूए-मुकद्दस खोज लिया गया है। बी.एन. मल्लिक ने लिखा कि 'यह समाचार सुनकर मेरे पाकिस्तानी मित्र कितने उदास हुए होंगे!'

पाकिस्तानी प्रौपेगैंडे से स्थिति बिगड़ी

मूए-मुकद्दस मिल जाने से पाकिस्तान को बहुत निराशा हुई। उसका पूरा शीराजा बिखर गया। पाकिस्तान ने और कोई उपाय न देखकर रेडियो व अन्य माध्यमों से यह प्रचार करना शुरू किया कि जो मूए-मुकद्दस दोबारा हासिल किया गया है, वह असली नहीं है। पाकिस्तान ने अपने एजेंटों के माध्यम से घाटी में तनाव उत्पन्न करने और लोगों को बरगलाने में कोई कोर-कसर बाकी नहीं रखी। पाकिस्तान-परस्त तत्त्वों ने माँग की कि पवित्र बाल की शिनाख्त करने, उसकी प्रामाणिकता तय करने के लिए विशेष दीदार का आयोजन किया जाए। हालाँकि इसका कोई औचित्य नहीं था, क्योंकि जिलाधीश के सामने कानूनी तौर पर मूए-मुकद्दस की पहचान पूरी तरह हो चुकी थी, लेकिन पूरी स्थिति ऐसी हो गई थी कि सरकार ने यह माँग मान लेना ही उचित समझा।

3 फरवरी, 1964 को विशाल जनसमूह के बावजूद पूर्ण शांत, लेकिन घोर तनाव के वातावरण में 14 धार्मिक व्यक्तियों ने मूए-मुकद्दस की शिनाख्त आरंभ की। सबकी नजरें उसी ओर केंद्रित थीं। खामोशी जबरदस्त थी, तनाव अत्यधिक था। तभी कुछ लोगों के चिल्लाने की आवाज आई, 'मुबारक-मुबारक!' इसका आशय था कि मूए-मुकद्दस को असली पाया गया। लोग खुशी से चिल्लाने, नाचने और गाने लगे। वहाँ मौजूद प्रधानमंत्री के विशेष दूत निर्विभागीय मंत्री लालबहादुर शास्त्री भाव-विभोर थे। मुख्यमंत्री शम्सुद्दीन की आँखों से खुशी के आँसू निकल पड़े।

कश्मीर में उपद्रव खड़े करने की अपनी बदनीयती में नाकाम होने पर पाकिस्तान ने अपना ध्यान पूर्वी पाकिस्तान की ओर मोड़ दिया और खुलना तथा जेस्सोर में भीषण दंगे शुरू हो गए। वहाँ के मुसलमानों ने हिंदू अल्पसंख्यकों पर हमले किए। लूट, आगजनी और छुरेबाजी की भयंकर घटनाएँ हुईं। भयभीत अल्पसंख्यकों ने बड़ी संख्या में भारत में शरण ली। इस प्रकार एक अप्रिय अध्याय के पटाक्षेप के बाद पाकिस्तान ने एक नए अप्रिय अध्याय का सूत्रपात कर दिया।

□

27

कच्छ के रन पर पाकिस्तान का झूठा दावा, फिर अचानक हमला

पाकिस्तान ने अप्रैल 1965 में कच्छ के रन के 3,500 वर्गमील के भारतीय क्षेत्र पर दावा ठोक देने के बाद अचानक बड़ा हमला कर दिया। उसे लगा कि जवाहरलाल नेहरू की बुलंद शख्सियत के सामने नाटे कद के उनके उत्तराधिकारी लालबहादुर शास्त्री एक कमजोर प्रधानमंत्री हैं। पाकिस्तान को अमेरिका से शास्त्रास्त्रों का बड़ा जखीरा प्राप्त हो चुका था और चीन की शह भी प्राप्त थी।

भारत के 'शांति पाठ' को पाकिस्तान ने उसकी कमजोरी समझा। वस्तुतः कच्छ पर पाकिस्तान का हमला उसके बाद कश्मीर पर जबरदस्त हमले का पूर्वाभ्यास था। साम्राज्यवादी ताकतों के दबाव पर भारत ने सीमा का कथित विवाद अंतरराष्ट्रीय ट्रिब्यूनल या पंच को सौंपना मान लिया। ट्रिब्यूनल ने 350 वर्गमील का इलाका इस विचित्र आधार पर पाकिस्तान को सौंप देने की सलाह दी कि इससे इस इलाके में शांति व स्थिरता बनी रहेगी। पंच निर्णय कानूनी नहीं राजनीतिक था, फिर भी भारत ने इसे मान लिया। पाकिस्तान फायदे में रहा। एक बार फिर यह कहावत सही साबित हो गई कि 'बनी बात में झगड़ा कीजै, कुछ तो पंच दिलाएगा।'

पाकिस्तान के सैनिक तानाशाह अयूब खान ने वर्ष 1965 के शुरुआती दौर में भारत से पंगा लेने की साजिश तैयार कर ली। उस समय तक आर्थिक मोर्चे पर पाकिस्तान की स्थिति काफी मजबूत हो चुकी थी। अयूब को लगा कि प्रधानमंत्री जवाहरलाल नेहरू जैसी बुलंद शख्सियत के निधन (1964) के बाद छोटे कदवाले अल्पज्ञात लालबहादुर शास्त्री से निपटना ज्यादा आसान है। उन दिनों भारत कुछ आंतरिक समस्याओं से भी जूझ रहा था। पाकिस्तान अपनी फौज को अच्छी-खासी ट्रेनिंग देकर लड़ाई के लिए तैयार कर चुका था। अमेरिका से प्राप्त आधुनिक अस्त्र-शस्त्रों के अंबार और उस पर चीन के पक्ष-समर्थन ने पाकिस्तान के हौसले बढ़ा दिए थे। इससे कुछ ही पहले अयूब खान चीन गए थे और जैसाकि बताया जाता है, वह चीन सरकार से बड़ा आश्वासन पाकर आए थे, क्योंकि उनके लौटने के बाद से पाकिस्तान ने भारत-विरोधी प्रचार अभियान बहुत बढ़ा दिया था।

अचानक हमले का था एक मकसद

पाकिस्तान ने कच्छ-सिंध सीमा पर कच्छ के रन में नमकीन दलदल के वीरान प्रदेश में कई अतिक्रमण के बाद अप्रैल 1965 में चार स्थानों पर टैंकों का उपयोग करते हुए अचानक भारी हमला कर दिया। इसके साथ ही 3,500 वर्गमील भारतीय क्षेत्र पर अपना दावा जता दिया। यह वस्तुतः बाद में कश्मीर पर पुरजोर हमला करने की मुहिम का अंग था।

अमेरिकी टैंकों और जेट विमानों से लैस पाकिस्तान ने जान-बूझकर कच्छ-सिंध सीमा पर यथास्थिति में खलल डाला था। उसने भारतीय सीमा चौकी सरदार पर 9 अप्रैल को हमला कर दिया। भारत सरकार ने तत्काल सेना प्रमुख को सीमा पर ऑपरेशन कंट्रोल को हाथ में लेने का आदेश दिया। भारत ने राष्ट्रसंघ सुरक्षा परिषद् और अन्य मित्र देशों को पाकिस्तान द्वारा भारतीय क्षेत्र पर अकारण हमला कर देने की सूचना दी। इसके साथ ही भारतीय प्रधानमंत्री ने घोषणा की कि भारत पाकिस्तान के साथ सीमा समस्या पर बातचीत के लिए तैयार है बशर्ते कि पाकिस्तान अपने कब्जे में ली गई कंजरकोट और अन्य चौकियों को खाली कर दे।

जून 1965 में लंदन में राष्ट्रमंडल सम्मेलन में प्रधानमंत्री लालबहादुर शास्त्री पाकिस्तान के सैनिक राष्ट्रपति अयूब खान से कच्छ विवाद पर बातचीत करते हुए

वस्तुतः इस सीमावर्ती क्षेत्र में गश्त के लिए गुजरात पुलिस के जवान तैनात थे, जिन्होंने बड़ी वीरता और दृढ़ निश्चय से सीमा की रक्षा की। पाकिस्तान ने सभी अंतरराष्ट्रीय नियम-कायदों तथा परंपराओं की धज्जियाँ उड़ाते हुए तोपों और बख्तरबंद गाड़ियों के साथ 2,500 सशस्त्र सैनिकों को आकस्मिक हमले के लिए भेज दिया। दोनों पक्षों के कई जवान हताहत हुए।

पाकिस्तान में जंग के नगाड़े बजना आरंभ

सुरक्षा परिषद् में भारतीय प्रतिनिधि ने अपना पक्ष प्रस्तुत करते हुए कहा कि भारत के विभाजन से पहले सिंध प्रांत, जो अब पाकिस्तान में है और कच्छ रियासत, जो अब भारत में है, की सीमा स्पष्ट थी। यह सीमा-रेखा अविभाजित भारत के सर्वेयर जनरल द्वारा विभाजन से पहले प्रकाशित नक्शे में भी साफ दिखाई गई है।

कच्छ के कंजरकोट क्षेत्र पर जबरन अधिकार कर लेने के बाद पाकिस्तान ने गुजरात राज्य के 3,500 वर्ग मील क्षेत्र पर अपना दावा ठोक दिया। पाकिस्तान ने अपने दावे के समर्थन में यह

दलील दी कि 18वीं सदी में सिंध के राजकुमार का कच्छ के बहुत-से भाग पर अधिकार था। भारतीय विदेश मंत्रालय ने पाकिस्तान की दलील को बेहूदा बताते हुए कहा कि यदि पाकिस्तान की दलील मान ली जाए तो पाकिस्तान अफगानिस्तान की राजधानी काबुल पर भी दावा कर सकता है, क्योंकि एक बार लाहौर के राजा ने काबुल पर कब्जा कर लिया था। इसी प्रकार मध्य एशिया भी पाकिस्तान का हिस्सा हो सकता है, क्योंकि पेशावर से राजा कनिष्क का राज्य मध्य एशिया तक फैला हुआ था।

इसी बीच पाकिस्तानी राष्ट्रपति अयूब खान ने अपने देश में युद्धोन्माद को भड़काते हुए 1 मई, 1965 को अपने ब्रॉडकास्ट भाषण में कहा, "भारत ने अपनी पसंद के मैदाने जंग में और भी हमले करने की धमकी दी है। क्या भारत इसका मतलब यह समझता है कि उसकी यह धमकी भारत और पाकिस्तान के बीच मुकम्मल जंग (Total War) की शुरुआत कर सकती है, जिसके बुरे नतीजे का अंदाजा तक नहीं किया जा सकता।" इसके साथ ही पाकिस्तान ने जंग के नगाड़े बजाना आरंभ कर दिया।

इस पर टिप्पणी करते हुए पटना के दैनिक 'आर्यावर्त्त' (3 मई] 1965) ने लिखा—'कोई शर्म और हया को ताक पर रखकर ही ऐसा झूठ बोल सकता है। जब भारत ने कोई धमकी दी ही नहीं तब फौजी तानाशाह ने झूठ का सहारा क्यों लिया ? वह पाकिस्तानी अवाम को गुमराह कर क्या हासिल करना चाहते हैं।'

पाकिस्तान की थोथी दलीलें, झूठे बहाने

कच्छ के रन में पाकिस्तान की हमलावर हरकत पर देश-दुनिया के अखबारों ने जो लिखा वह बहुत कुछ प्रकट करता है। लंदन के प्रसिद्ध साप्ताहिक-पत्र 'दि इकॉनॉमिस्ट' (The Economist) ने मई 1965 के अपने एक अंक में लिखा कि देश विभाजन से पहले वाले भारत के नक्शों से पता चलता है कि समूचा कच्छ का रन भारत का अंग है। भारत के कथन का आधार ठोस है, क्योंकि विभाजन के पूर्व के मानचित्र से बढ़कर सही मानचित्र और कौन होगा ? फिर भी इस पत्र ने तर्क पेश किया कि यदि भारत और पाकिस्तान इस विवाद को स्वयं तय नहीं कर सकें, तो उसे किसी स्वतंत्र पंचायत को सौंप देना चाहिए। स्वीट्जरलैंड के समाचार-पत्र 'ला स्विस' (La Swiss) ने संपादकीय (8 मई 1965) में लिखा कि पाकिस्तानियों ने भारतीय क्षेत्र पर हमला किया है और भारतीयों ने उसका जवाब दिया है। पाकिस्तान ने बड़ी संख्या में सेनाएँ एकत्र की थीं। केन्या के पत्र 'ईस्ट अफ्रीकन स्टैंडर्ड' (East African Standard) ने लिखा—'कच्छ का रन भारत का है।' 'जापान टाइम्स' (Japan Times) ने लिखा—'कच्छ के रन को भारतीय क्षेत्र मानना पड़ेगा।'

इससे यह जाहिर हुआ कि दुनिया में यथार्थ का आदर करनेवाले समाचार-पत्रों की कमी नहीं है। इस प्रकरण में शायद सबसे दिलचस्प और युक्तियुक्त टिप्पणी हिंदी के प्रमुख दैनिक 'हिंदुस्तान' की रही। उसने लिखा—'पाकिस्तान सरकार जब यह कहती है कि अगस्त 1947 से ही कंजरकोट पर उसका कब्जा रहा है तब वह सिवाय झूठ के और कुछ नहीं है। आखिर 'अगस्त 1947 से' का तात्पर्य क्या है ? अगस्त का पूर्वार्ध या उत्तरार्ध ? अगस्त के पूर्वार्ध तक तो पाकिस्तान का कहीं अस्तित्व ही नहीं था—14 अगस्त की रात को 12 बजे से एक मिनट पहले

ही तो पाकिस्तान का जन्म हुआ था। इसलिए अपने जन्म से पहले ही पाकिस्तान का उस प्रदेश पर अधिकार रहा हो यह कितनी बेतुकी बात है कि जो सुनेगा वह हँसेगा। रही अगस्त 1947 के उत्तरार्ध की बात। यदि पाकिस्तान का तब से उस प्रदेश पर कब्जा हो, तो यह मानना होगा कि पाकिस्तान ने जन्म लेते ही अपनी फौज उस प्रदेश पर कब्जा करने के लिए भेज दी। व्यावहारिक दृष्टि से असंगत होते हुए भी यदि बात मान ली जाए, तब भी पाकिस्तान कम कसूरवार नहीं, क्योंकि वह एकतरफा कारवाई कहलाएगी।'

पटना के अगरेजी दैनिक 'द सर्चलाइट' (The SearchLight) ने लिखा—

Actually there is no dispute about the boundary of the Rann of Kutch. The territory did not come to India as a result of partition of the country and so could not be affected by any award of British arbitrators. The territory belonged to the Ruler of Kutch who voluntarily integrated it with India. Its borders were defined for over a century.

(वास्तव में कच्छ के रन की सीमा के बारे में कोई विवाद नहीं है। यह क्षेत्र देश के विभाजन के परिणामस्वरूप भारत को प्राप्त नहीं हुआ, इसलिए किन्हीं ब्रिटिश मध्यस्थतों के पंच-निर्णय से यह प्रभावित नहीं होता। यह क्षेत्र कच्छ के शासक की संपत्ति था, जिसने इसे स्वेच्छापूर्वक भारत के साथ मिला दिया। इसकी सीमाएँ एक शताब्दी से अधिक समय से निर्धारित थीं।)

अंग्रेजी दैनिक 'द स्टैट्समैन' (The Statesman) ने लिखा—

If the demand for retaliation is growing in India the authorities in Pakistan have only themselves to blame.The provocation they offer is so persistent and severe that it has brought patience close to breaking point.

(यदि भारत में बदले की काररवाई करने की माँग जोर पकड़ रही है तो इसके लिए पाकिस्तानी हुक्मरान खुद जिम्मेदार हैं। उन्होंने जो भड़काऊ हरकत की है वह इतनी दुराग्रही और गंभीर है कि इसने सब्र के बाँध को टूट जानेवाली हद तक पहुँचा दिया है।)

चीन के नए दोस्त पाकिस्तान की चीनी शैली

पाकिस्तान के दुराग्रह के कारण भारत से उसका कोई वार्तालाप नहीं हो सका और सीमा क्षेत्र में कई दिनों तक लड़ाई चलती रही, जिस दौरान भारतीय सेना ने पाकिस्तान को धूल चटा दी। भारत ने पाकिस्तान द्वारा अमेरिकी हथियारों को काम में लाने का विरोध किया। भारतीय दूतावास अधिकारी पी.के. बनर्जी ने वाशिंगटन में अमेरिकी विदेश मंत्रालय के अधिकारियों का ध्यान इस बात की ओर भी खींचा कि पाकिस्तान ने कच्छ के रन पर हमला राष्ट्रपति अयूब के चीन से लौटने के बाद किया है। पाकिस्तान ने चीनी शैली पर दावा ठोककर अतिक्रमण करना आरंभ किया और फिर अचानक एक अघोषित युद्ध के रूप में बड़ा हमला कर दिया। चीन ने तीन वर्ष पूर्व 1962 में हिमालय के पार से सीमा का अतिक्रमण करके चिरकाल से शांत हिमालयी सीमा को अशांत कर दिया था, तो अब पाकिस्तान ने उसी कूट चाल का अनुसरण करते हुए रेगिस्तानी सीमा को पार कर इस चिरकाल से शांत सीमा को अशांत कर दिया।

भारत-पाकिस्तान सीमा पर कच्छ में लद्दाख की कहानी दोहराई गई। जब चीनियों ने लद्दाख में भारतीय क्षेत्र के एक बड़े हिस्से पर कब्जा कर लिया था, तब यह समाचार

अनधिकारिक तौर पर प्रचारित हो जाने के बाद भारत सरकार ने इसे अनिच्छापूर्वक स्वीकार किया था। यद्यपि कच्छ में पाकिस्तान द्वारा अपने कब्जे में ले लिया गया क्षेत्र छोटा था, तथापि इसका पैटर्न बिल्कुल चीनी था।

अमेरिकी टैंकों व गोलों का उपयोग

मई 1965 के दूसरे सप्ताह में ब्रिटिश प्रधानमंत्री हेरॉल्ड विल्सन ने, जिनकी पाकिस्तान के प्रति सहानुभूति आम जानकारी का विषय थी, दोनों देशों के बीच संघर्ष विराम (सीजफायर) के लिए पहल करते हुए उसे सुलझाने की पेशकश की। अमेरिकी राष्ट्रपति लिंडन जॉनसन ने भी लड़ाई पर खेद प्रकट किया और आशा व्यक्त की कि यह झगड़ा बातचीत द्वारा सुलझा लिया जाएगा। सोवियत प्रधानमंत्री कोसीगिन ने भारत का समर्थन करते हुए स्पष्ट शब्दों में कहा कि पाकिस्तान को यथापूर्व से पहले की स्थिति बहाल करनी होगी।

इस बीच ब्रिटिश प्रधानमंत्री विल्सन ने युद्ध-स्थगन और बातचीत आरंभ करने का जिस ढंग से राग अलापना जारी रखा, उससे भारत में आम लोगों की धारणा यह बनी कि ब्रिटिश प्रधानमंत्री की सहानुभूति पाकिस्तान के साथ है। कच्छ पर पाकिस्तान के खुले आक्रमण से किसी भी निष्पक्ष देश को यह समझने में कठिनाई नहीं हो सकती थी कि यह झगड़ा किसने खड़ा किया। कम-से-कम ब्रिटेन को तो इस संबंध में किसी तरह का संदेह नहीं हो सकता था, जो इस देश पर राज कर चुका था, जो विभाजन के पूर्व का भारत का मानचित्र बना चुका था और जिसे यह भलीभाँति मालूम था कि कच्छ-सिंध सीमा कहाँ किस रूप में है।

इस स्थिति पर अपने विचार व्यक्त करते हुए भारत के पूर्व रक्षा मंत्री वी.के. कृष्ण मेनन ने कहा, "यह आश्चर्य की बात है कि इतने वर्षों बाद पाकिस्तान ने कच्छ के रन पर अपना दावा किया है और यदि इस पर किसी भी रूप में ब्रिटेन की सरकार पाकिस्तान के साथ सहानुभूति दिखाए तो यह उससे भी बढ़कर आश्चर्य है।"

पश्चिमी देशों के रंग-ढंग पर भारत में आम लोगों में काफी विक्षोभ देखा गया। लोगों को लगा कि ये देश वही नीति अपना रहे हैं, जो वे संयुक्त राष्ट्र संघ में कश्मीर के प्रश्न पर अपनाते रहे हैं। इस संबंध में सबसे अधिक क्षुब्ध करनेवाली बात यह थी कि अमेरिका और ब्रिटेन ने पाकिस्तान को सामरिक सामान और युद्धोपकरण देना बंद नहीं किया और न भविष्य में बंद करने का कोई संकेत किया। अमेरिका ने भारत की इस शिकायत पर ध्यान नहीं दिया कि कच्छ के रन में पाकिस्तान ने भारत के विरुद्ध अमेरिकी टैंकों और गोलों का उपयोग किया है। विडंबना देखिए कि पाकिस्तान को इन सामरिक सामानों और शास्त्रास्त्रों की सप्लाई कम्युनिज्म के विरुद्ध लड़ाई के लिए की गई थी। यदि स्पष्ट शब्दों में कहा जाए तो यह लड़ाई अमेरिका के उस समय के दुश्मन नंबर एक सोवियत संघ और उसके प्रभाव क्षेत्र के कम्युनिस्ट देशों के विरुद्ध थी, जिसे उन दिनों 'शीत युद्ध' (Cold War) कहा जाता था, जो कभी भी 'गरम युद्ध' में बदल सकता था।

साम्राज्यवादी ताकतों का चक्रव्यूह

पश्चिम की साम्राज्वादी ताकतें भारत से इस बात के लिए खफा थीं कि भारत न केवल एक तीसरे खेमे, यानी गुटनिरपेक्ष देशों के समूह में शामिल था, बल्कि उसका नेतृत्व कर रहा था। स्वयं

को लोकतंत्र का झंडाबरदार बतानेवाले इन देशों को इस बात पर जरा भी शर्म नहीं आई कि वे एक मजहब परस्त और तानाशाह मुल्क को मदद पहुँचाकर विश्व के सबसे बड़े लोकतांत्रिक देश भारत को कमजोर करने की मुहिम का अंग बन गए हैं। उनकी यह हरकत आनेवाले कई वर्षों तक उनकी सिद्धांतहीन विदेश नीति का मूल मंत्र बनी रही। इन पश्चिमी देशों के दबाव पर भारत ने 30 जून को पाकिस्तान के साथ नई दिल्ली व कराची में संघर्ष समझौते पर हस्ताक्षर कर दिए।

भारत के पक्ष को उलझाने के लिए इन देशों ने जो घुमावदार व चक्करदार तजवीज पेश की, वह इस प्रकार थी—संघर्ष विराम समझौते के बाद दोनों देशों के अधिकारियों के बीच विवाद निपटारे के लिए बैठक होगी। बाद में मंत्री स्तर पर वार्ता होगी। ऐसा नहीं हो पाने पर संघर्ष विराम के दो महीने बाद इस मुद्दे को एक स्वतंत्र ट्रिब्यूनल को सौंप दिया जाए, जिसमें दोनों सरकारों का एक-एक प्रतिनिधि रहे और दोनों सरकारों द्वारा संयुक्त रूप से चयनित चेयरमैन नियुक्त किया जाए। यदि दोनों सरकारें चेयरमैन का चयन करने में सहमत नहीं हो पाएँ तो वे यू.एन. के सेक्रेटरी जनरल को संघर्ष विराम के तीन माह के भीतर चेयरमैन की नियुक्ति के लिए अनुरोध करें। ट्रिब्यूनल का निर्णय दोनों सरकारों के लिए बाध्यकारी होगा। दोनों सरकारों के मंत्रियों की नई दिल्ली में अगस्त माह में होनेवाली बैठक कश्मीर पर पाकिस्तान के ताजा हमले के कारण नहीं हो पाई। इससे स्पष्ट हो गया कि पाकिस्तान को विवाद निपटारे में कोई दिलचस्पी नहीं थी।

पाकिस्तान की बदनीयती का पर्दाफाश

15 अगस्त, 1965 को विपक्षी दलों के नेताओं ने प्रधानमंत्री लालबहादुर शास्त्री से भेंट कर उनसे अनुरोध किया कि कश्मीर में पाकिस्तान द्वारा किए गए अकारण हमले के कारण कच्छ संघर्ष-विराम समझौता और भारत व पाकिस्तान के विदेश मंत्रियों के बीच होनेवाली बैठक को रद्द कर दिया जाए। उन्होंने कश्मीर की स्थिति पर गंभीर चिंता व्यक्त की और कहा कि कच्छ समझौता या पाकिस्तान के साथ वार्तालाप जारी रखने का कोई तात्पर्य नहीं।

पाकिस्तान को कच्छ के रन के बार में बेवजह का मुद्दा उठाकर और जान-बूझकर झगड़े शुरू कर जो कामयाबी मिल गई, उससे उसका हौसला बढ़ गया। उसने अगस्त माह में जम्मू-कश्मीर में बड़े पैमाने पर घुसपैठ के बाद 1 सितंबर को कश्मीर के अखनूर इलाके में जबरदस्त हमला कर दिया और उसके बाद अघोषित युद्ध छेड़ते हुए एकाएक कई भारतीय सैन्य ठिकानों, हवाई अड्डों और नागरिक ठिकानों पर बमबारी कर दी। इससे पाकिस्तान की हिमाकत और बदनीयती का पूरी तरह पर्दाफाश हो गया। 1965 के भारत-पाक युद्ध और बाद के घटनाक्रम को इस पुस्तक में यथावांछित उल्लेख किया गया है।

1969 में कच्छ ट्रिब्यूनल ने अपना फैसला सुनाया और पाकिस्तान को 350 वर्गमील का इलाका दे दिए जाने की सलाह दी। यह फैसला भले ही बहुत बाद में आया, लेकिन जानकार सूत्रों का कहना है कि पाकिस्तान को ट्रिब्यूनल के रुख का पहले ही पता लगा चुका था। ट्रिब्यूनल के फैसले से भारत की जनता व सेना हतप्रभ रह गई। पाकिस्तान ने 3,500 वर्गमील का दावा किया था। उसे 350 वर्गमील जमीन बोनस के तौर पर मिल गई। एक बार फिर यह कहावत सही साबित हो गई कि 'बनी बात में झगड़ा कीजै, कुछ तो पंच दिलाएगा।' पश्चिमी देश पाकिस्तान द्वारा कच्छ के रन में 'ऑपरेशन डेजर्ट हॉक' (Operation Desert Hawk) के कूट नाम से बनाई गई

साजिश को अंजाम देने में उसके मददगार साबित हुए।

भारत ने बिना कोई विरोध किए जिस शालीन ढंग से अंतरराष्ट्रीय पंच, जिसे कुछ लोगों ने प्रपंच का संज्ञा दी, फैसले को मान लिया। क्या यह फैसला पाकिस्तान के खिलाफ होने पर वह उसे कार्यान्वित करता? पाकिस्तान के स्थापना काल से ही उसके रिकार्ड से परिचित लोग जानते थे कि इसका सही उत्तर क्या होता।

पाकिस्तान को ब्लैकमेल का मिला लाभ

हालाँकि कथित 'अंतरराष्ट्रीय ट्रिब्यूनल' जिसमें ब्रिटिश प्रधानमंत्री हेरॉल्ड विल्सन ने भारतीय प्रधानमंत्री लालबहादुर शास्त्री को उलझा दिया था, का फैसला कानूनी नहीं राजनीतिक था। ट्रिब्यूनल ने अपने फैसले में कहा कि चूँकि कच्छ का यह भाग पाकिस्तान से घिरा हुआ है, अत: इसके बारे में हमेशा झगड़ा होता रहेगा। इस झगड़े को मिटाने के लिए और इस इलाके में शांति और स्थिरता बनाए रखने के लिए यह जरूरी है कि इस पर पाकिस्तान का दावा मंजूर किया जाए और यह इलाका पाकिस्तान को दे दिया जाए। सीधे शब्दों में इसका अर्थ था कि ऐसा नहीं किए जाने पर पाकिस्तान उत्पात मचाता रहेगा, लड़ाइयाँ करता रहेगा।

भारत-पाकिस्तान युद्ध में संघर्ष-विराम के बाद ताशकंद में संपन्न समझौते की जिस प्रकार पाकिस्तान ने धज्जियाँ उड़ाना शुरू कर दिया था, उसके भी साक्षात् अनुभव के दौर से भारत गुजर रहा था। कश्मीर के मामले को राष्ट्रसंघ में ले जाकर और कच्छ के मामले को 'अंतरराष्ट्रीय ट्रिब्यूनल' को सौंपकर भारत ने यह देख लिया कि वह किस प्रकार अंतरराष्ट्रीय चक्र में फँस गया, जहाँ कानून व इंसाफ नहीं राजनीति व कूटनीति चलती है।

□

28

सन् 1965 की लड़ाई भुट्टो ने कराई : जनरल अयूब की सफाई!

पाकिस्तान के फौजी तानाशाह जनरल अयूब खान ने अपनी रिटायरमेंट के बाद वरिष्ठ भारतीय पत्रकार कुलदीप नैयर को एक इंटरव्यू में कहा कि भारत के विरुद्ध 1965 की लड़ाई उनके विदेश मंत्री जुल्फिकार अली भुट्टो ने कराई थी। भुट्टो ने भी कुलदीप नैयर को दिए गए इंटरव्यू में कबूल किया कि उनके विचार में उस समय भारत की स्थिति कमजोर मानकर यह काररवाई की गई थी।

जब भारत ने जम्मू सेक्टर में पाकिस्तानी हमले के जवाब में लाहौर का मोर्चा खोल दिया, तब पाकिस्तान दहल गया। यह युद्ध 1971 के युद्ध की तरह निर्णायक युद्ध नहीं था, फिर भी निष्पक्ष अंतरराष्ट्रीय प्रेक्षकों और विशेषज्ञों के अनुसार इसमें भारत का पलड़ा भारी रहा। युद्धविराम के बाद ताशकंद समझौते से पाकिस्तान के लोगों को यह पता लगा कि उन्हें झूठ की खुराक पिलाई जा रही थी।

1965 की जंग भुट्टो ने कराई।

—जनरल अयूब खान

मैंने 1965 की जंग से सबक सीख लिया है ऐसी गलती दोबारा नहीं करूँगा।

—जुल्फिकार अली भुट्टो

वरिष्ठ भारतीय पत्रकार कुलदीप नैयर ने 1972 में, जब जनरल अयूब खान रिटायर होने के बाद इसलामाबाद में अपने घर पर रह रहे थे, उनसे एक इंटरव्यू लिया था। 1965 की लड़ाई के बारे में पूछे गए एक सवाल के जवाब में अयूब खान ने कहा कि यह लड़ाई उनके विदेश मंत्री जुल्फिकार अली भुट्टो ने कराई थी। अयूब खान ने संक्षेप में लड़ाई का उल्लेख करने के बाद कहा, "भुट्टो से पूछो। यह उसका कारनामा था।" कुलदीप नैयर ने तदुपरांत भुट्टो से इंटरव्यू लिया, जो उन दिनों पाकिस्तान के राष्ट्रपति बन चुके थे।

सदरे ममलिकत अयूब खान का पाकिस्तानी अवाम के नाम पैगाम

अयूब खान का 'ला इलाहा इल लिल्लाह'

यहाँ पहले 1965 के युद्ध के बारे में कुछ आवश्यक तथ्यों का उल्लेख करना उपयुक्त होगा। दरअसल, पाकिस्तान ने यह युद्ध कश्मीर पर कब्जा करने के लिए छेड़ा था। भुट्टो ने अयूब को इस बात का कायल कर दिया था कि हजारों की संख्या में पाकिस्तानी सैनिक स्थानीय लोगों की वेशभूषा में कश्मीर में घुस जाएँगे और वहाँ बगावत करा देंगे। लेकिन स्थानीय लोगों को हथियार और गोला-बारूद वितरित कर बगावत कराने की पाकिस्तान की साजिश कागजों पर ही धरी रह गई।

1 सितंबर, 1965 को अयूब खान ने रेडियो पाकिस्तान से एक प्रसारण में कश्मीरियों का आह्वान किया कि वे एकजुट होकर उठ खड़े हों। पाकिस्तान ने जब जम्मू सेक्टर में सीधा हमला कर दिया, तब भारत ने कश्मीर मोर्चे पर पाकिस्तानी हमले की धार कमजोर करने के लिए 6 सितंबर को पंजाब की अंतरराष्ट्रीय सीमा पर जवाबी हमला कर दिया। भारत ने लाहौर और सियालकोट के मोर्चे खोल दिए। भारत के इस फैसले ने पाकिस्तान को दहला दिया। पाकिस्तान ने ऐसा सोचा ही नहीं था कि भारत ऐसा कर देगा। 6 सितंबर को जनरल अयूब खान ने रेडियो पाकिस्तान से ऐलान किया, "भारत के साथ हमारी जंग छिड़ गई है। पाकिस्तान के 10 करोड़ लोगों के दिलों में 'ला इलाहा इल लिल्लाह मुहम्मद रसूल लिल्लाह' की आवाज गूँज रही है। वे तब तक चैन से नहीं बैठेंगे, जब तक हिंदुस्तानी तोपों को हमेशा के लिए खामोश नहीं कर दिया जाता। मुकाबले के लिए तैयार हो जाओ और अपना सिर उठानेवाली इस बुरी बला को कुचल दो। आगे बढ़ो और दुश्मन का सामना करो।"

यह बात अर्थपूर्ण है कि इस एक जुमले से अयूब खान ने पाकिस्तान के सभी अल्पसंख्यक समुदायों को, जिनकी कुल आबादी उस समय पाकिस्तान के दोनों हिस्सों को मिलाकर एक करोड़ से कुछ अधिक रही होगी, अलग कर दिया। मजहब के नाम पर बने इस मुल्क के लिए मजहब ही सब कुछ है। इसके विपरीत भारत ने न तो युद्ध छेड़ देने की घोषणा की और न ही धर्म को बीच में लाने की कोई जरूरत समझी।

दरअसल, पाकिस्तान ने भारत के विरुद्ध हर लड़ाई को 'धर्म युद्ध' (जिहाद) की संज्ञा दी। पाकिस्तान के फौजी जनरलों का शेखी बघारते हुए कहना था कि पाकिस्तानी फौज का एक-एक सिपाही इसलाम का गाजी है, जो पाँच से दस हिंदू सिपाहियों के बराबर है। जनरल अयूब हिंदुस्तानियों को हिंदू के रूप में मानते थे और अकसर कहा करते थे कि हिंदुओं में लड़ने का कोई दम-खम नहीं है और वे लड़ाई के वक्त बंकरों में छिप जाते हैं।

ख्वाब था दिल्ली पहुँचने का

'पाकिस्तान : जिन्ना से जिहाद तक' (Pakisan : From Jinnah To Jehad) पुस्तक के लेखक-द्वय एस.के. दत्ता और राजीव शर्मा ने अपनी पुस्तक में पाकिस्तान के 'ऑपरेशन

जिब्राल्टर' (कश्मीर में घुसपैठियों की मार्फत छद्म युद्ध) और किसी कारणवश इसके नाकाम हो जाने पर 'ऑपरेशन ग्रैंड स्लैम' (सीधे पाकिस्तानी फौजों द्वारा जम्मू में अखनूर सेक्टर पर हमला) का उल्लेख करते हुए लिखा है—

Ayub's greatest blunder was to launch 'Operation Gibralter' and 'Operation Grand Slam' for the annexation of Kashmir. He was trapped by Zulfikar Ali Bhutto in this murky situation. Bhutto gave the assessment that India under the 'weak' leadership of Lal Bahadur Shastri would not attack Pakistan. The war will be confined to Kashmir only. The Kashmiris did not arise in revolt, as anticipated by Ayub. The USA refused to accept the view that India had committed an aggression and therefore the 1954 US-Pak Treaty could not be invoked. China did make some noise and made troops movement on India's northern border. Nothing was achieved by this war in 1965 and Ayubs was frantic to obtain support from super powers.

(अयूब की महा गलती थी, कश्मीर पर कब्जा करने के लिए 'ऑपरेशन जिब्राल्टर' और 'ऑपरेशन ग्रैंड स्लैम' मुहिम छेड़ देना। भुट्टो ने अयूब को इस अँधेरी स्थिति में फँसा दिया। भुट्टो ने यह राय दी कि लालबहादुर शास्त्री के 'कमजोर' नेतृत्व में भारत पाकिस्तान पर हमला नहीं करेगा। लड़ाई सिर्फ कश्मीर तक सीमित रह जाएगी। अयूब ने उम्मीद की थी कि कश्मीरी बगावत में उठ खड़े होंगे, ऐसा हुआ नहीं। अमेरिका ने इस नजरिए को मानने से इनकार कर दिया कि भारत ने प्रथमाक्रमण किया है, इसलिए 1954 की अमेरिका-पाकिस्तान संधि पर अमल किया जाए। चीन ने कुछ शोरगुल किया और भारत की उत्तरी सीमा पर सैनिक हलचल की। 1965 की इस लड़ाई से कुछ हासिल नहीं हुआ और अयूब महाशक्तियों से सहायता के लिए व्यग्र हो गए।)

पाकिस्तान ने अमृतसर सेक्टर में खेमकरण में सबसे बड़ा हमला किया। उसका मकसद वहाँ अपना मोर्चा बनाकर व्यास और सतलुज नदी पर बने पुलों को ध्वस्त करना था, ताकि अमृतसर का इलाका भारत से कट जाए। भारत को यह जानकारी युद्ध छिड़ने पर खुफिया सूत्रों से प्राप्त हो गई। पाकिस्तान के राष्ट्रपति जनरल अयूब ने वहाँ से जालंधर के रास्ते दिल्ली पहुँचने का ख्वाब देखा था। उसके हौसले की बुनियाद थी—अमेरिका द्वारा पैटन टैंकों समेत बड़ी मात्रा में सप्लाई किए गए आधुनिक हथियार, लेकिन अयूब का ख्वाब ख्वाब ही रह गया। इस पर चुटकी लेते हुए भारतीय प्रधानमंत्री लालबहादुर शास्त्री ने युद्धविराम की घोषणा के बाद 26 सितंबर को दिल्ली के रामलीला मैदान में अपने ऐतिहासिक संबोधन में कहा, "अयूब साहब यह भी कहते रहे कि हमें क्या हम तो अपने पैटन टैंकों को लेकर आगे बढ़ेंगे। सैकड़ों टैंकों के साथ और टहलते हुए दिल्ली पहुँच जाएँगे। तो इस तरह से टहलते-घूमते दिल्ली में आने का उनका इरादा था और जब यह इरादा हो तो कुछ अगर हम भी थोड़ा लाहौर की तरफ टहलकर चले गए तो मैं समझता हूँ कि मैंने या हम लोगों ने कोई गलत बात तो ऐसी नहीं की। हमारे लिए चारा क्या है और चारा क्या था ?"

अमेरिकी सरकार का पाकिस्तान को कड़ा संदेश

कुलदीप नैयर ने अयूब खान से भेंटवार्ता के बाद भुट्टो से भेंट की, जो बांग्लादेश मुक्ति युद्ध में बांग्लादेश के पाकिस्तान से अलग हो जाने के बाद शेष पाकिस्तान के राष्ट्रपति का पद सँभाल

चुके थे। भुट्टो ने 1965 में कश्मीर में घुसपैठिए भेजने के बारे में कुछ भी नहीं छिपाया और उसकी सफाई भी दी। भुट्टो का तर्क भी अजीब था, वह यह कि भारत ने जो विभिन्न युद्ध सामग्री उत्पादन फैक्टरियाँ स्थापित की थीं, जिनमें अभी पूरा उत्पादन शुरू नहीं हुआ था, वे भारत को अपराजेय बना देतीं, इसलिए पाकिस्तान को तुरंत काररवाई करनी थी।

भुट्टो ने कहा कि एक समय था जब हथियारों के लिहाज से हम भारत से बेहतर स्थिति में थे, क्योंकि हमें विदेशों से सैनिक सहायता मिल रही थी और 1965 में यही स्थिति थी। 1965 तक मेरी यह सोच थी कि हमें जो बढ़त हासिल है, हम उसे तर्कसंगत ठहरा सकते हैं। भुट्टो ने एक सवाल के जवाब में कहा, "मैंने 1965 की जंग से सबक लिया है। ऐसी गलती दोबारा नहीं करूँगा।"

लेकिन भुट्टो का यह कथन न तो तथ्यों से मेल खाता था, न ही उनकी फितरत से। कथनी और करनी का अंतर स्पष्ट था। भुट्टो ने अपने निपट राजनीतिक स्वार्थ की पूर्ति के लिए जनरल अयूब खान को गलत सलाह दी थी, फिर 1971 में पुनः अपनी राजनीतिक महत्त्वाकांक्षाओं की पूर्ति के लिए भुट्टो ने जनरल याह्या खान को गलत सलाह दी। पूर्वी मोर्चे पर पाकिस्तान की पराजय और पाकिस्तान के पूर्वी प्रांत के अलग हो जाने की स्थिति का निर्माण करने में भुट्टो का बड़ा योगदान था। अविभाजित पाकिस्तान में बहुमत के अभाव में भुट्टो राष्ट्रपति या प्रधानमंत्री नहीं बन सकते थे। भुट्टो येन-केन-प्रकारेण अपनी महत्त्वाकांक्षा को पूरा करके पाकिस्तान की राजनीति में अपना स्थान बनाना चाहते थे, जो उन्होंने पाकिस्तान के द्विभाजन से बना लिया।

The Times of India

OUR TROOPS ON OUTSKIRTS OF LAHORE

IAF Planes Blast Military Installations

PAK FORCES ON THE RUN IN CHHAMB AREA

Jaurian In Flames: Success In Uri Sector Too

"The Times of India" News Service

NEW DELHI, September 6

In a massive three-pronged offensive, the Indian Army today entered West Pakistan from the Amritsar, Ferozepore and Gurdaspur sides and reached the outskirts of Lahore before sunset after smashing through the enemy defences.

BLACK-OUT IS ORDERED IN GREATER BOMBAY

Indo-Pak Flights Cancelled

Shipping, Train Services Off

It Is Virtually A War And Nation Must Be Ready: P.M.

Lahore Radio Station Off And On

FIERCE FIGHTING IS ON

Pakistan Drops Paratroopers In Punjab Towns

PEOPLE'S UNITY IS VITAL NOW: DESAI

"EQUALS"

"BANDH" PLAN DROPPED

ANNOUNCING!

ALUMINIUM BARS

BRING YOUR BARS —WE'LL ROLL THEM INTO RODS!

DEVIDAYAL ROLLING & REFINERIES PVT. LTD.

भारतीय सेनाएँ लाहौर के नजदीक पहुँचीं
अखबारी सुर्खियाँ

1965 का युद्ध छेड़ने के बाद पाकिस्तान ने हताश होकर यह प्रयास किया कि अमेरिका, राष्ट्रसंघ और अंतरराष्ट्रीय समुदाय कश्मीर में जनमतसंग्रह कराने का आश्वासन दें, लेकिन पाकिस्तान का प्रयास विफल रहा। जिस दिन भारतीय सेनाओं ने अंतरराष्ट्रीय सीमा पार कर पाकिस्तान में प्रवेश किया, पाकिस्तान में अमेरिकी राजदूत ने जनरल अयूब और जुल्फिकार अली भुट्टो से भेंट की और उन्हें कहा कि पाकिस्तान इस युद्ध के लिए जिम्मेदार है। उसने कश्मीर में अपनी सेनाएँ भेजीं और उसने उन हथियारों का प्रयोग भारत के विरुद्ध किया, जो उन्हें कम्युनिस्ट देशों के विरुद्ध इस्तेमाल करने के लिए दिए गए थे।

उसी दिन अमेरिका की लिंडन जॉनसन सरकार ने पाकिस्तान में अपने राजदूत की मार्फत पाकिस्तान सरकार को यह कड़ा संदेश दिया कि वह स्वयं को एक पीड़ित के तौर पर पेश नहीं करे।

तटस्थ सैनिक प्रेक्षकों के अनुसार इस युद्ध में 3,000 भारतीय सैनिकों ने अपने प्राण गँवाए, जबकि 3,800 पाकिस्तानी सैनिक मौत का शिकार हुए। भारत के करीब 150-190 टैंक नष्ट हुए, जबकि पाकिस्तान के करीब 200-300 टैंक नष्ट हुए। भारत ने पाकिस्तान के 1,840 किमी. क्षेत्र पर कब्जा कर लिया, जबकि पाकिस्तान ने भारत के 540 किमी. (कच्छ के रन के 210 किमी. समेत) कब्जा कर लिया।

जब ताशकंद में सोवियत यूनियन की मध्यस्थता में भारत और पाकिस्तान के बीच समझौता हुआ, तब पाकिस्तान के लोग उत्तेजित हो गए। उन्होंने इस समझौते को 'विश्वासघात' की संज्ञा दी। ऐसा इसलिए हुआ, क्योंकि युद्ध के समय पाकिस्तान के अवाम को पाकिस्तानी फौज की कामयाबियों के बड़े-बड़े अफसाने सुनाए गए थे। इसी कारण पाकिस्तान के लोगों को उस समय गहरा सदमा लगा जब उन्हें मालूम हुआ कि पाकिस्तान ने भारत के जितने क्षेत्र पर कब्जा किया था, भारत ने उससे कहीं ज्यादा बड़े पाकिस्तानी क्षेत्र पर कब्जा कर लिया था, जिसमें रणनीतिक महत्त्व का हाजी पीर दर्रा भी शामिल था। 1965 के युद्ध से जनरल अयूब खान की काफी किरकिरी हुई। भुट्टो को इसे राजनीतिक लाभ के रूप में भुनाने में सफलता मिली।

इस संदर्भ में यह बड़ी दिलचस्प बात है कि पाकिस्तान में हर साल 1965 के भारत-पाक युद्ध (1-23 सितंबर) की सालगिरह पर पाकिस्तान की जीत का जश्न मनाया जाता है!

झूठ और फरेब का आसरा

निष्पक्ष पर्यवेक्षकों और युद्ध विशारदों के अनुसार 1965 के युद्ध में भारत और पाकिस्तान, दोनों ने एक-दूसरे को काफी क्षति पहुँचाई, लेकिन भारत का पलड़ा कुछ भारी रहा, लेकिन पाकिस्तान कभी इसे मानने को तैयार नहीं हुआ। झूठ और फरेब का आसरा लेना और अपने अवाम को गुमराह करना पाकिस्तानी हुक्मरानों की पुरानी फितरत रही है। पाकिस्तान को यह समझना चाहिए कि ऐतिहासिक गलतियों से सीखने के बजाय अपनी पीठ थपथपाते रहने से इतिहास बदल नहीं जाता।

अब पाकिस्तान के लोग खुद धीरे-धीरे यह जानने लगे हैं कि उनसे सच्चाई को छिपाया जाता रहा है। इस पर सवाल भी खड़े किए जाने लगे हैं। पाकिस्तान के मशहूर इतिहासकार और राजनीतिक-आर्थिक विषयों के विशेषज्ञ डॉ. एस. अकबर जैदी ने कुछ अरसा पूर्व कराची यूनिवर्सिटी में सामाजिक विज्ञान संकाय की ओर से आयोजित संगोष्ठी में कहा था कि छात्रों को पाकिस्तानी अवाम का इतिहास नहीं पढ़ाया जाता, बल्कि सारा ध्यान पाकिस्तान के वजूद को साबित करने पर होता है। उन्होंने कहा कि पाकिस्तान द्वारा 1965 में मिली कथित जीत की सालगिरह मनाना सबसे बड़ा फरेब है। उन्होंने भारत पर मिली कथित जीत की पोल खोलते हुए कहा कि इससे बड़ा झूठ नहीं हो सकता कि पाकिस्तान को इस युद्ध में जीत मिली थी, बल्कि हकीकत यह है कि इस युद्ध में उसे करारी हार का सामना करना पड़ा था। उन्होंने कहा कि पाकिस्तान में इतिहास तथ्यों पर नहीं, बल्कि विचारधारा के अनुरूप पढ़ाया जाता है।

रिटायर्ड फौजी अफसरों ने खोली पोल

पाकिस्तान के कई रिटायर्ड फौजी अफसर अपने कई लेखों और पुस्तकों में इस तथ्य को उजागर कर चुके हैं कि 1965 के युद्ध की शुरुआत पाकिस्तान के तत्कालीन राष्ट्रपति जनरल अयूब

खान ने अपने विदेश मंत्री जुल्फिकार अली भुट्टो की शह पर की थी। यह एक दुस्साहसपूर्ण कदम था और अगर लड़ाई कुछ दिन और चलती तो पाकिस्तान का गोला-बारूद खलास हो जाता और उसकी अर्थव्यवस्था लकवाग्रस्त हो जाती। पाकिस्तान ने लड़ाई के लिए जो समय चुना था, वह शायद इसलिए कि 1962 में चीन के साथ हुए युद्ध में भारत अपनी हार से अभी उबर ही रहा था। पाकिस्तान को लगा कि भारत अभी कमजोर स्थिति में है और लालबहादुर शास्त्री भी एक कमजोर प्रधानमंत्री हैं, लेकिन उसकी गलतफहमी जल्द ही दूर हो गई। भारत ने जवाबी हमले के लिए जो वक्त चुना, उससे पाकिस्तान हैरत में पड़ गया। पाकिस्तान के रिटायर्ड एयर मार्शल नूर खान ने 1965 के युद्ध के बारे में लिखा कि यह युद्ध पाकिस्तान ने भारत पर थोपा था। उनके अनुसार 1965 का युद्ध जितना ही अनावश्यक था, उतना ही बाद का 1971 का युद्ध था। 1999 में हुई कारगिल की लड़ाई भी निरर्थक थी, परंतु ताज्जुब की बात यह है कि पाकिस्तानी अवाम ही नहीं, बल्कि वहाँ के फौज के कई वर्गों को भी अँधेरे में रखकर भ्रमित करने की लगातार कोशिश की गई।

झूठों का सिरताज मुल्क

वरिष्ठ पत्रकार खुशवंत सिंह ने अपने साप्ताहिक कॉलम में लिखा था कि एक बार मैं जब बंबई में था, मुझे पाकिस्तानी वाणिज्य दूतावास से एक स्वागत समारोह में शामिल होने का न्यौता दिया गया। मैं जब वहाँ पहुँचा तो मुझे पता लगा कि यह 1965 के युद्ध में भारत पर पाकिस्तान की कथित जीत की सालगिरह के उपलक्ष्य में था। मैं भौचक्का रह गया। उन्होंने लिखा कि तीन सप्ताह के इस युद्ध में भारत ने हाजीपीर दर्रे समेत पाकिस्तान के एक बड़े भू-भाग पर कब्जा कर लिया था और युद्धविराम के समय हमारी फौज लाहौर के बाहरी इलाके तक पहुँच चुकी थी। उन्होंने आगे लिखा कि 1971 में बांग्लादेश मुक्ति युद्ध के समय भी पाकिस्तानी मीडिया भारत पर पाकिस्तान की थलसेना और वायुसेना की एक के बाद एक 'शानदार फतहों' के गीत गाता रहा। यह ढाका का पतन होने और पाकिस्तानी फौज द्वारा हथियार डाल देने के कुछ वक्त पहले तक जारी रहा। उन्होंने आगे लिखा कि उन्हें अपने कानों पर यकीन नहीं हुआ, जब 1999 में जनरल मुशर्रफ ने बी.बी.सी. को एक इंटरव्यू में कहा कि कारगिल में पाकिस्तान ने अपने सारे लक्ष्य पूरे कर लिये हैं और वह पूरी तरह कामयाब रहा है जबकि भारत ने कारगिल में सारे पाकिस्तानी हमलावर फौजियों को खदेड़ दिया था।

1965 की जंग में भारत ने पाकिस्तान को मुँहतोड़ करारा जवाब दिया था, फिर भी भारत उसे 1971 के युद्ध की तरह निर्णायक मात नहीं दे सका था, लेकिन यह बिल्कुल स्पष्ट था कि भारत के कतिपय राजनीतिक लाभ और उद्देश्य पूरे हो गए थे। सन् 1965 के युद्ध का षड्यंत्र भी पाकिस्तान पर काफी भारी पड़ा।

□

29

भारत-पाक युद्ध में झूठी खबरों की भीषण गोलाबारी

हर बार भारत-पाकिस्तान युद्ध के दौरान रेडियो पाकिस्तान व पाकिस्तान टी.वी. अपनी परंपरानुसार भारत के विरुद्ध झूठी खबरों की जोरदार गोलाबारी करते रहे हैं। रेडियो पाकिस्तान इस मामले में पुराना खिलाड़ी है। जनरल अयूब ने अपने शासनकाल में एक कमेटी बैठाई थी, जिसे रेडियो पाकिस्तान के बारे में लोगों की धारणा जानने को कहा गया था। कमेटी ने अपनी रिपोर्ट में कहा कि पाकिस्तान के लोगों को रेडियो पाकिस्तान पर यकीन नहीं। वे सही खबरें जानने के लिए बी.बी.सी., वायस ऑफ अमेरिका और यहाँ तक कि ऑल इंडिया रेडियो सुनते हैं।

1971 के भारत-पाक युद्ध के दौरान (10 दिसंबर रात्रि) रेडियो पाकिस्तान ने यह दावा किया कि भारत सरकार ने महीने भर में राजधानी नई दिल्ली से इलाहाबाद स्थानांतरित करने का फैसला किया है! 'सर्वज्ञानी' पाकिस्तानी कॉमेंटेटर ने शेख चिल्ली के पुलाव पकाते हुए यह भी कहा, "इंशा अल्लाह, हम जल्द ही इलाहाबाद और बनारस में बैठे होंगे। वाजिद अली शाह और अकबर इलाहाबादी की सरजमीं हमें उसी तरह पुकार रही है, जिस तरह औरंगजेब आलमगीर की कियामगाह।"

रेडियो पाकिस्तान की विश्वसनीयता और प्रतिष्ठा विश्व के संचार माध्यमों में बिल्कुल वैसी ही है, जैसी स्वयं पाकिस्तान सरकार की है। भारत के विभाजन के समय अहमद शाह बुखारी ऑल इंडिया रेडियो के डाइरेक्टर जनरल थे। वे एक योग्य व कुशल अधिकारी माने जाते थे। वे रेडियो पाकिस्तान को प्रस्थापित करने के लिए पाकिस्तान चले गए। लोगों का खयाल था कि वे ऑल इंडिया रेडियो की तरह रेडियो पाकिस्तान को भी एक सक्षम व विश्वसनीय संचार माध्यम के रूप में विकसित करेंगे। उन्होंने रेडियो पाकिस्तान के लिए जो सिग्नेचर टयून—(ट्रांसमिशन चालू होने से पूर्व बजाई जानेवाली संकेत धुन) बनवाई थी, वह ऑल इंडिया रेडियो की धुन से मिलती-जुलती थी। भारत में अनेक लोगों ने यह समझा कि रेडियो पाकिस्तान की बाकी बातें भी ऑल इंडिया रेडियो से मिलती-जुलती होंगी।

जर्मन प्रोपेगेंडा मंत्री गोयेबेल्स के नक्शेकदम पर!

लेकिन बहुत जल्दी ही लोगों की यह गलतफहमी दूर हो गई। यह अनुभव किया गया कि रेडियो पाकिस्तान को भारत के बारे में सच्चाई माफिक नहीं आती। मजहबी जुनून या बुखार को बनाए रखने के लिए भारत का उपहास उड़ाना, उसके विरुद्ध मिथ्या प्रचार करना और नफरत के शोले भड़काए रखना जरूरी है। रेडियो पाकिस्तान ने पाकिस्तान बनने के कोई दो माह बाद अक्तूबर 1947 में कश्मीर का मामला गरमाने के साथ ही अपनी विशेष कला का प्रदर्शन आरंभ कर दिया। वैसे तो उसका यह दौर बारहों मास चलता है, लेकिन भारत-पाक युद्ध के दिनों में वह अपनी पराकाष्ठा पर होता है। कारगिल युद्ध के दौरान भी ऐसा ही हुआ।

रेडियो पाकिस्तान के प्रसारणों से लोगों को अकसर हिटलर के प्रौपेगैंडा मंत्री डॉ. गोयेबल्स की याद आ जाती है। यह याद भारत-पाक युद्ध के दिनों में ताजा हो जाती है। डॉ. गोयेबेल्स जो बारह साल तक, अर्थात् 1945 में बर्लिन के पतन तक नाजी जर्मनी के प्रौपेगैंडा मंत्री रहे, रेडियो बर्लिन के भी सूत्र-संचालक थे। वे बड़े फख्र के साथ अपने 'महाझूठ' सिद्धांत का प्रतिपादन करते हुए कहा करते थे कि एक झूठ को बार-बार सौ बार, हजार बार बोलने से लोग उसको सच मानने लगते हैं।

जार्ज बर्नाड शॉ ने डॉ. गोयेबेल्स के झूठ पर फबती कसते हुए कहा था, "लोगों को नदी में डूबते हुए हम सब देखते हैं, मगर अब तो डॉ. गोयेबेल्स ने यह करके दिखा दिया कि आदमी कुल्हड़ में भी डूब सकता है।" सर विंस्टन चर्चिल ने भी डॉ. गोयेबेल्स के झूठ पर व्यंग्य किया था, "बाइबिल में लिखा है कि सूई की नोक में से ऊँट का गुजर जाना संभव है, मगर धनवान का स्वर्ग के द्वार तक पहुँच जाना असंभव। इसी को डॉ. गोयेबेल्स के बारे में इस प्रकार कहा जा सकता है कि शैतान के मुख से सत्य का निकलना संभव है, मगर गोयेबेल्स के मुख से असंभव—कतई असंभव।"

स्वाधीनता पूर्व के वर्षों में मुसलिम लीग के नेता मुहम्मद अली जिन्ना कांग्रेस और हिंदुओं के बारे में निरंतर झूठा प्रचार और सरासर गलत बातें फैलाते हुए मुसलमानों में खौफ पैदा करते रहते थे। जिन्ना के झूठ पर कांग्रेस के एक वरिष्ठ नेता पट्टाभि सीतारमैया, जो बाद में कांग्रेस पार्टी के राष्ट्रीय अध्यक्ष बने, कहा करते थे कि गजब की हिम्मत है इस आदमी की कि नाव में ही डूबने का डर सताता है।

पाकिस्तानियों को विदेशी प्रसारणों पर भरोसा!

झूठ एक दुधारी तलवार है। जब पकड़ाई में आ जाए, तो इसके उल्टे परिणाम निकलते हैं। रेडियो बर्लिन के झूठे प्रसारणों के कारण उसकी विश्वसनीयता स्वयं जर्मनी के लोगों के बीच समाप्तप्राय: हो गई। तीन सिंतबर 1939 को जब बर्लिन रेडियो ने ब्रिटेन द्वारा जर्मनी के विरुद्ध युद्ध की घोषणा किए जाने का समाचार प्रसारित किया, तो जर्मनी के लोगों ने उस पर सहसा विश्वास नहीं किया। लोगों ने सही समाचार जानने के लिए अपने रेडियो सेटों की सूइयाँ बी.बी.सी. लंदन के मीटरों पर घुमा दीं। जब उन्होंने बी.बी.सी. पर यह समाचार सुना कि ब्रिटेन ने जर्मनी के विरुद्ध युद्ध की घोषणा कर दी है, तब उन्हें यह विश्वास हुआ कि युद्ध वास्तव में शुरू हो गया है। इससे सारी

दुनिया में तहलका मच गया। हिटलर के प्रौपेगैंडा मंत्री गोयेबेल्स ने अपने इस शक्तिशाली संचार माध्यम की विश्वसनीयता को स्वयं अपनी ही जनता के बीच गँवा दिया था।

कुछ ऐसा ही हाल रेडियो पाकिस्तान का हो गया। जनरल अयूब ने अपने शासनकाल में 1965 के भारत-पाक युद्ध के बाद एक उच्चाधिकार संपन्न कमेटी का गठन किया था। यह पता लगाने के लिए कि रेडियो पाकिस्तान (उस समय पाकिस्तान टी.वी. का दौर शुरू नहीं हुआ था) की खबरों के बारे में पाकिस्तान के आम लोगों की धारणा क्या है। कमेटी ने इस तथ्य का पता लगाने का लिए काफी समय लिया। व्यापक जाँच-पड़ताल और गहन पूछताछ के बाद कमेटी ने जो रिपोर्ट पेश की, वह पाकिस्तानी तानाशाह के लिए चौंकानेवाली थी। रिपोर्ट में कहा गया कि पाकिस्तान के लोग अनेक अहम खबरों के मामले में रेडियो पाकिस्तान पर यकीन नहीं करते और वे सही खबरें जानने के लिए विदेशी प्रसारणों बी.बी.सी. लंदन, वायस ऑफ अमेरिका और यहाँ तक कि ऑल इंडिया रेडियो सुनते हैं।

'मादरे वतन' की हिफाजत के लिए झूठा प्रसारण

दिसंबर 1971 के भारत-पाक युद्ध के दौरान रेडियो पाकिस्तान ने पूर्वी बंगाल में घिरी पाकिस्तानी फौजों के लिए भी एक विशेष कार्यक्रम आरंभ किया। यह कार्यक्रम, जिसके बारे में यह जाहिर किया जाता था कि ढाका से प्रसारित किया जा रहा है, वास्तव में लाहौर में तैयार किया जाता था और पूर्वी सेक्टर को लक्ष्य किया जाता था। इस कार्यक्रम में 'मशरिकी पाकिस्तान में मादरे वतन की हिफाजत के लिए लड़ रहे अपने अजीजों के नाम' उनके रिश्तेदारों और दोस्तों के पैगाम प्रसारित किए जाते थे।

इसमें आमतौर पर हौसला बढ़ाने के लिए टॉनिक की तरह की कुछ बातें रहा करती थीं और बताया जाता था कि उन्हें मशरिकी मोरचे पर दुश्मन को सबक सिखानेवाले पाकिस्तान के बहादुर बेटों की कामयाबी पर कितना नाज है। इस प्रकरण में एक हास्यास्पद बात यह हुई कि रेडियो पाकिस्तान से जिस दिन जैसोर में किसी एक 'बहुत अजीम शख्स' के नाम एक पैगाम प्रसारित किया जा रहा था, ठीक उसी दिन बी.बी.सी. लंदन जैसोर पर भारतीय सेना के कब्जे और उसे सिविल प्रशासन के हवाले करने का विवरण प्रसारित कर रहा था। ज्यादातर पाकिस्तानी सैनिक और अधिकारी जैसोर से भाग खड़े हुए थे।

इंदिरा गांधी व जगजीवन निशाने पर

बांग्लादेश युद्ध के अंतिम दिनों में वहाँ क्या हो रहा है, उससे बिल्कुल अनजान रेडियो पाकिस्तान और पाक-अधिकृत कश्मीर के मुजफ्फराबाद नगर में उसका पिछलग्गू रेडियो केंद्र मिल कर और एक-दूसरे से बढ़-चढ़कर पाकिस्तानी फौज की डींगें हाँकने और भारत के खिलाफ हद दरजे की बदगोई और गाली-गलौज की भाषा में प्रसारण करने लग गए थे। तत्कालीन प्रधानमंत्री इंदिरा गांधी और रक्षा मंत्री जगजीवन राम को विशेष रूप से इसका निशाना बनाया जाता था। इस निमित्त कभी-कभी जिस शब्दावली का प्रयोग किया जाता था, वह छापने लायक नहीं है।

भारत में सांप्रदायिक सौहार्द को भंग करने की हर संभव कोशिश की गई, लेकिन पाकिस्तान अथवा रेडियो पाकिस्तान की दाल गली नहीं। रेडियो अपने प्रसारण में बार-बार हिंदू और मुसलिम

की शब्दोक्ति का प्रयोग करता था और सिखों, ईसाइयों, पारसियों, राजपूतों (मानो राजपूत किसी अन्य धर्म से संबंधित हों) और नक्सलबाड़ियों के लिए घड़ियाली आँसू बहा रहा था। उन दिनों नक्सलबाड़ी और नक्सलवादी बहुत चर्चा में थे। लाहौर रेडियो स्टेशन से अकसर ताजा हालात पर अपने खयालात का इजहार करनेवाला एक वार्ताकार नक्सलबाड़ियों को नगा, मिजो और अकालियों की श्रेणी में रखता था। जाहिर है कि यह 'विद्वान्' पाकिस्तानी वार्ताकार यह समझता था कि नक्सलबाड़ी मिजो और नगा की तरह कोई आदिम कबीला है। युद्ध के दिनों में रेडियो पाकिस्तान अपने प्रसारणों में जनरल मानेकशॉ, लेफ्टिनेंट जनरल जगजीत सिंह अरोड़ा, लेफ्टिनेंट जनरल के.पी. केंडेथ और एयर मार्शल इंजीनियर के नाम लेने से कतराता रहा। वह इसलिए कि वह अपने द्वारा गढ़े गए उस झूठ को बनाए रखना चाहता था, जिसमें उसने बार-बार यह बताया था कि भारत में सभी गैर-हिंदू हिंदुओं के खिलाफ बगावत में उठ खड़े हुए हैं।

दिल्ली पर किसी भी वक्त कब्जा मुमकिन!

पूर्वी बंगाल में मौजूद पाकिस्तानी फौजों के लिए विशेषतौर पर प्रसारित कार्यक्रम में उन्हें बार-बार कहा जाता था कि वे कुछ दिन और डटे रहें। भुट्टो के इस कथन को बार-बार दोहराया जाता था कि मौजूदा जंग बहुत जल्द आलमी जंग की शक्ल अख्तियार कर सकती है। अपने अस्तित्व के लिए संघर्षरत पाकिस्तानी फौजियों को बताया जाता था कि अगर वे और कुछ दिन तक डटे रहें, तो हमारे दोस्त और दूसरी आलमी ताकतें भारत को सबक सिखाने के लिए दखल देंगी। बेचारे पाकिस्तानी फौजियों का हौसला बुलंद रखने के लिए रेडियो पाकिस्तान उन्हें लगातार बहका रहा था कि कश्मीर के ज्यादातर हिस्सों को आजाद करा लिया गया है और भारतीय फौजें पीछे हटती हुई अंबाला तक चली गई हैं। नई दिल्ली पर किसी भी वक्त पाकिस्तानी फौजों का कब्जा हो सकता है!

मजेदार बात यह है कि ये कपोल-कल्पित दावे किसी सरकारी सूत्र या प्रवक्ता के हवाले से नहीं, बल्कि सरकर्दा अखबारनवीसों, सियासी लीडरों और दूसरे अहम शहरियों के कथित चश्मदीद बयानों के तौर पर प्रसारित किए जाते थे। यहाँ तक कि मलिका-ए-तरन्नम नूरजहाँ के बारे में कहा गया कि उसने इस साल के आखिर में पाकिस्तान की अनकरीब फतह का जश्न मनाने के लिए दिल्ली में लाल किले के दीवाने खास में गाने का वादा किया है!

16 दिसंबर, 1971 को ढाका में ले. जनरल ए.के. नियाजी द्वारा ले. जनरल जगजीत सिंह अरोड़ा के समक्ष आत्मसमर्पण के साथ ही रेडियो पाकिस्तान की झूठी किस्सागोई के एक कुटिल अध्याय का पटाक्षेप हो गया। पाकिस्तानी फौजों द्वारा बिना शर्त आत्मसमर्पण की तैयारी की जानकारी उस दिन दोपहर को ही मिल गई थी। पाकिस्तानी फौजों ने अपराह्न करीब सवा चार बजे हथियार डाल दिए। पाँच बजते-बजते दुनिया भर के रेडियो स्टेशनों से इस युगांतरकारी घटना के समाचार का प्रसारण हो गया। रेडियो पाकिस्तान ने शाम को साढ़े पाँच बजे उर्दू के अपने नियमित राष्ट्रीय समाचार बुलेटिन में प्रमुख समाचार के रूप में बस इतना कहा, 'हिंदुस्तानी फौजें आज शाम को ढाका शहर में दाखिल हो गईं।' इस दाखिले के साथ रेडियो पाकिस्तान की बहुत-सी पिछली खबरें खुद ही खारिज हो गईं।

भारत के विरुद्ध गर्जन-तर्जन की खुली छूट

रेडियो पाकिस्तान के राष्ट्रीय समाचार बुलेटिन भारत के साथ तनाव-कसाव के दिनों में और विशेषत: युद्ध के दिनों में, झूठ का प्रचार-प्रसार तो करते ही हैं, 'हालाते हाजिरा' की टीका-टिप्पणी करनेवाले व्यक्ति अकसर तूफानों और अंगारों की भाषा में बात करते हैं। क्षेत्रीय रेडियो स्टेशन जैसे—लाहौर, मुलतान, फैसलाबाद आदि नेशनल हुकअप के भी कान कुतरते हैं। लगता है, आकाशवाणी की तरह की कोई आचार संहिता उनके लिए नहीं बनाई गई है। उन्हें भारत के विरुद्ध कुछ भी प्रसारित करने, हर तरह का गर्जन-तर्जन करने की खुली छूट है, शायद इस मामले में वे एक-दूसरे का मुकाबला करते हैं। भारत के खिलाफ जो जितनी जोरदार आतिशबाजी करता है, वह उतना ही बड़ा और पुरजोश पाकिस्तानी माना जाता है। इनके विविध कार्यक्रमों और खबरों से संबंधित समीक्षाओं, परिचर्चाओं और फीचरों में सभी मर्यादाओं का उल्लंघन कर दिया जाता है। उनके लिए कोई निर्धारित नियंत्रण रेखा नहीं है।

रूपक की पुरजोर लोकप्रियता 'रेडियो झूठिस्तान'

बख्शी गुलाम मुहम्मद के मुख्यमंत्रित्व काल में रेडियो पाकिस्तान के राष्ट्रीय समाचार बुलेटिनों में जम्मू-कश्मीर सरकार का जिक्र 'मकबूजा कश्मीर की कठपुतली बख्शी-डोगरा हुकूमत' के तौर पर किया जाता था। डोगरा से आशय सदरे रियासत डॉ. कर्ण सिंह से था। क्षेत्रीय रेडियो स्टेशनों के कई कार्यक्रमों में बख्शी गुलाम मुहम्मद को 'बख्शी गुलाम भारत' कहा जाता था। इन्हीं दिनों कश्मीर आंदोलन के दौरान रेडियो पाकिस्तान के लाहौर केंद्र से स्थानीय सूचनाओं के कार्यक्रम में एक जनसभा की सूचना देते हुए यह ऐलान भी किया गया कि 'मीटिंग' में हिंदुस्तानी लीडरान के पुतले भी जलाए जाएँगे। किसी पड़ोसी देश के नेताओं के पुतले जलाने के कार्यक्रम की पूर्व सूचना केवल रेडियो पाकिस्तान जैसा मीडिया संस्थान ही दे सकता है, जिसने सभ्य देशों के इलक्ट्रॉनिक मीडिया की आचार संहिता का अचार डाल दिया हो।

1965 के भारत-पाक युद्ध के दौरान आकाशवाणी ने रेडियो पाकिस्तान के उर्दू समाचार बुलेटिन की पैरोडी पर 'रेडियो झूठिस्तान' रूपक का प्रसारण आरंभ किया था। निर्माता चिंरजीव द्वारा तैयार इस कार्यक्रम को इतनी जबरदस्त लोकप्रियता प्राप्त हुई कि श्रोताओं की माँग पर युद्ध के काफी अरसा बाद तक इसका प्रसारण जारी रखा गया था। रेडियो पाकिस्तान दूध में पानी मिलाने के बजाय पानी में दूध मिलाता था, जिससे कभी-कभी उसकी स्थिति बड़ी हास्यास्पद बन जाती थी।

मर्यादाहीनता और दायित्वहीनता की पराकाष्ठा

रेडियो पाकिस्तान कभी संतुलित दृष्टिकोण या वाक् संयम के लिए विख्यात नहीं रहा। दिसंबर 1971 के भारत-पाक युद्ध में तो रेडियो पाकिस्तान ने झूठ, सरासर झूठ और महाझूठ के प्रसारण की इंतिहा कर दी। पाकिस्तान के लोगों और पूर्वी बंगाल (अब बांग्लादेश) में घिरी पाकिस्तानी फौज की हौसला अफजाई के लिए उसने ढपोरशंखी कल्पना का सहारा लेना शुरू कर दिया। 11 दिसंबर को सुबह एक राष्ट्रीय हुकअप के दौरान लाहौर रेडियो का एक कॉमेंटेटर इस दावे के साथ प्रकट हुआ कि दिल्ली खाली हो गई है! भारत सरकार के महत्त्वपूर्ण दफ्तर फरीदाबाद, गुड़गाँव और अन्य पड़ोसी इलाकों में हटा दिए गए हैं! ऐसा खयाल किया जाता है कि भारतीय कैबिनेट की एक

मीटिंग दिल्ली से 20 मील दूर जंगल में हो रही है! ये जंगल कहाँ है, कॉमेंटेटर ने यह नहीं बताया।

इसके अलावा इसलामाबाद के सरकारी सूत्रों के हवाले से रेडियो पाकिस्तान ने बताया कि दिल्ली के पालम हवाई अड्डे पर बमबारी की गई है। इस खबर पर आधारित एक मुकम्मल जंग कमेंटरी 10 दिसंबर की रात को रावलपिंडी से प्रसारित की गई, जिसमें बताया गया कि पूरे पश्चिमी सेक्टर में भारतीयों पर पाकिस्तानी वायुसेना हावी है। भारतीय इलाकों को कोई नुकसान नहीं पहुँचने की कैफियत देते हुए कहा गया—सीधी-सी बात है। हम शहरी आबादी को कोई तकलीफ नहीं पहुँचाना चाहते हैं, जो पहले ही इंदिरा गांधी की सरकार के खिलाफ बगावत में उठ खड़ी हुई है!

एक अन्य विलक्षण दावा यह किया गया कि भारत सरकार ने महीने भर में राजधानी नई दिल्ली से इलाहाबाद स्थानांतरित करने का फैसला किया है। 'सर्वज्ञानी' पाकिस्तानी कॉमेंटेटर ने शेख चिल्ली का पुलाव पकाते हुए साथ में यह भी कहा, "इंशा अल्लाह, हम जल्द ही इलाहाबाद और बनारस में भी बैठे होंगे। वाजिद अली शाह और अकबर इलाहाबादी की सरजमीं, हमें उसी तरह पुकार रही है, जिस तरह औरंगजेब आलमगीर की कियामगाह।"

प्राइवेट मालिकी के अखबार अगर सस्ती वाहवाही लूटने और अपनी बिक्री बढ़ाने के लिए जंगी जुनून भड़काएँ और झूठ के पुलिंदे जारी करें, तो यह उतनी संगीन बात नहीं, जितनी किसी सरकार नियंत्रित मीडिया—तिस पर इलेक्ट्रॉनिक मीडिया—द्वारा उनसे मुकाबला करने की कोशिश करना। यह मर्यादाहीनता और दायित्वहीनता की पराकाष्ठा है।

दिसंबर 1971 के भारत-पाक युद्ध में बांग्लादेश में पाकिस्तानी सेनाओं के आत्मसर्पण के बाद भी पाकिस्तान के फौजी शासक जनरल याह्या खान की हेकड़ी पूरी तरह खत्म नहीं हुई। 'रस्सी जल गई, पर ऐंठन नहीं गई।' 16 दिसंबर को आत्मसमर्पण के दिन भारतीय समयानुसार सायं 7.45 बजे रेडियो पाकिस्तान से पाकिस्तान के लोगों के नाम अपने पैगाम में याह्या खान ने कहा कि जब तक मकबूजा इलाकों (बांग्लादेश और युद्ध में भारतीय सेनाओं द्वारा कब्जा किए गए पाक-अधिकृत कश्मीर के हिस्से, पाकिस्तानी पंजाब और सिंध के इलाके) को वापस नहीं ले लिया जाएगा, तब तक भारत के खिलाफ जंग जारी रहेगी।

खबरों की विश्वसनीयता में भारी गिरावट

याह्या खान ने अगले दिन ठीक उसी समय यानी भारतीय समयानुसार सायं 7.45 बजे रेडियो पाकिस्तान से फिर अपना पैगाम प्रसारित करना था, जिसमें पाकिस्तान के नए आईन (संविधान) का मसौदा बताया जाना था, लेकिन यह विशेष प्रसारण रद्द कर दिया गया। उस दिन पश्चिमी सेक्टर में भारत के युद्धविराम प्रस्ताव को स्वीकार करते हुए रेडियो पाकिस्तान ने जो समाचार प्रसारित किया, उसमें जनरल याह्या खान का नाम लेने के बजाय केवल 'सदर और चीफ मार्शल लॉ एडमिनिस्ट्रेटर' पद का उल्लेख किया गया।

याह्या खान ने तीन दिन बाद सत्ता पाकिस्तान पीपुल्स पार्टी के नेता जुल्फिकार अली भुट्टो के हवाले कर दी। भुट्टो के सत्तारूढ़ होते ही रेडियो पाकिस्तान से जिस संतुलन चेतना और जवाबदेही की उम्मीद की गई थी, वह निरर्थक साबित हुई, बल्कि रेडियो से भारत के विरुद्ध झूठा प्रचार और जंगी जुनून उत्तरोत्तर बढ़ता गया। शिमला समझौते के अंतर्गत भारत द्वारा युद्ध में कब्जा किए गए पाक-अधिकृत कश्मीर, पाकिस्तानी पंजाब और सिंध के क्षेत्र खाली कर देने तथा 93 हजार

पाकिस्तानी युद्ध बंदियों को बिना शर्त रिहा कर देने के सद्भावना प्रदर्शन का जवाब भी रेडियो पाकिस्तान ने दुर्भावना प्रदर्शन से दिया। उसने भारत विरोध के एक नए अध्याय का सूत्रपात कर दिया।

उस युद्ध के बाद व कारगिल के सीमित युद्ध के दौरान यह पाया गया कि भारत में रेडियो पाकिस्तान सुननेवालों की संख्या अब बहुत सीमित रह गई है। किसी समय भारत में काफी संख्या में लोग रेडियो पाकिस्तान सुन लिया करते थे। उसकी खबरों पर विश्वास करने के कारण नहीं, बल्कि विनोदपूर्ण उत्कंठावश। किन्हीं कारणों से मुसलिम मोहल्लों व बाजारों में रेडियो पाकिस्तान की आवाज अकसर सुनाई देती थी, लेकिन अब स्थिति बहुत बदल गई है। टी.वी. के इस युग में अब पाकिस्तान टी.वी. (पी.टी.वी.) भी मैदान में आ गया है। रेडियो पाकिस्तान की तरह वह अपनी खानदानी आदत से बाज नहीं आता। भारत सरकार ने कारगिल संघर्ष के आरंभ में पाकिस्तान टी.वी. पर पाबंदी लगा दी थी। केबल ऑपरेटरों को निर्देश दिया गया था कि वे पाकिस्तान टी.वी. का प्रसारण न करें। कुछ लोगों ने, विशेषत: बुद्धिजीवियों ने इसका विरोध किया, लेकिन नई परिस्थिति को देखते हुए आमतौर पर लोगों ने सरकारी आदेश को गलत नहीं ठहराया।

किसी भी क्षण श्रीनगर का पतन होने का समाचार!

कारगिल युद्ध के शुरुआती दौर में ही भारत के खिलाफ झूठी अफवाहों का बाजार गरम कर दिया गया। इन दोनों संचार माध्यमों ने घुसपैठियों व हमलावरों से बहादुरी से जूझ रहे भारतीय सैनिकों के बारे में एक के बाद एक इस आशय के प्रसारण किए कि भारतीय सेना में भगदड़ मच गई है, भारतीय सैनिक भाग रहे हैं, जबकि भारत में लोग सेना में भरती होने की भगदड़ में लाठियाँ खा रहे थे।

इसी तरह एक निराधार समाचार प्रसारित किया गया कि भारत रासायनिक बम इस्तेमाल कर रहा है। रेडियो पाकिस्तान की विश्वसनीयता के सूचकांक में भारी गिरावट आ गई। 1984 में 'ऑपरेशन ब्लू स्टार' (स्वर्ण मंदिर कारवाई) के दौरान भिंडरावाले की मृत्यु नहीं होने और उसके भागकर पाकिस्तान पहुँच जाने की अफवाह रेडियो पाकिस्तान ने ही उड़ाई थी। पाकिस्तान टी.वी. बार-बार एक ऐसा विजुअल प्रसारित कर रहा था, जिसमें भिंडरावाले से मिलती-जुलती शक्ल का एक व्यक्ति लाहौर में सिखों के एक जत्थे के साथ नजर आ रहा था।

अरसा पूर्व बी.बी.सी. वर्ल्ड टी.वी. पर कश्मीर में विद्रोह के रूप में जो फिल्मांकन दिखाया गया, वह वस्तुतः चेचन्या से संबंधित था। इस पर काफी हंगामा हुआ। बी.बी.सी. ने तत्काल अपनी गलती स्वीकार की और उसके दक्षिण एशिया क्षेत्र के प्रबंध निदेशक सैम मिल्लर ने इसे एक मानवीय भूल बताया। हो सकता है, यह मानवीय भूल ही हो, लेकिन 'अमानवीय भूलें' या हरकतें करनेवाले पाकिस्तान से यह उम्मीद कैसे की जा सकती है कि वह ऐसा नहीं कर सकता है। ट्रिक फोटोग्राफी समेत विजुअल में छलयोजन की कई युक्तियाँ निकाली जा चुकी हैं, फिर जो देश आणविक तकनीक की चोरी-तस्करी कर सकता है और दूसरों से उधार ली हुई वस्तु को अपनी बता सकता है, वह कुछ भी कर सकता है।

कारगिल युद्ध के दिनों में पाकिस्तान में रेडियो पाकिस्तान के बजाय बी.बी.सी. और पाकिस्तान टी.वी. के बजाय जी.टी.वी. पर अधिक भरोसा किया गया। ऑल इंडिया रेडियो की उर्दू

सर्विस, जो मुख्यत: पाकिस्तान को लक्ष्य करके चलाई जाती है, एक प्रकार का मनोरंजन चैनल है, जिसमें समाचार बुलेटिन भी शामिल रहते हैं। पाकिस्तान में काफी संख्या में उर्दू भाषी लोग इसे सुनते हैं, इनमें अधिक संख्या पाकिस्तान में जाकर बस जानेवाले भारतीय मुसलमानों की है।

रेडियो पाकिस्तान व पाकिस्तान टी.वी. ने कारगिल युद्ध के अंतिम चरण में श्रीनगर का किसी भी क्षण पतन हो जाने का समाचार प्रसारित किया। ठीक उसी समय जी.टी.वी., जिसकी पाकिस्तान में अच्छी-खासी पैठ रही है, तोलोलिंग पहाड़ी पर भारतीय सैनिकों द्वारा तिरंगा झंडा फहराने का दृश्य प्रसारित कर रहा था। टेनिस खेल रहे वजीरे आजम नवाज शरीफ को उनकी बेगम ने मोबाइल फोन पर बताया कि अभी-अभी उसने जी.टी.वी. पर देखा है कि भारतीय सैनिकों ने टाइगर हिल पर कब्जा कर लिया है। उसके बाद अमेरिकी राष्ट्रपति बिल क्लिंटन से मिलने वॉशिंगटन रवाना हो गए।

डॉ. गोयेबेल्स यदि उन दिनों जिंदा होता, तो रेडियो पाकिस्तान और पाकिस्तान टी.वी. के प्रोग्राम देख-सुनकर आत्महत्या कर लेता, क्योंकि वह यह बरदाश्त नहीं कर पाता कि उसके महाझूठ सिद्धांत के उससे भी बड़े रुस्तम मैदान में आ जाएँ। वैसे, गोयेबेल्स ने अप्रैल 1945 में बर्लिन के पतन के समय ही आत्महत्या कर ली थी। वह बेचारा पाक टी.वी. और रेडियो देखने-सुनने से वंचित रह गया।

□

30

पाकिस्तान ने उड़ाईं ताशकंद समझौते की धज्जियाँ

1965 के भारत-पाक युद्ध में 'सीज फायर' के बाद सोवियत संघ की मध्यस्थता में ताशकंद में हुए समझौते के अंतर्गत भारत ने लाहौर व सियालकोट सेक्टर से अपनी सेनाएँ हटाने के अलावा कश्मीर में सामरिक महत्त्व के हाजी पीर दर्रे और टिथवाल को भी अपने कब्जे से मुक्त कर दिया। सोवियत प्रधानमंत्री कोसिगिन के दबाव पर भारतीय प्रधानमंत्री लालबहादुर शास्त्री आधे-अधूरे मन से समझौते की शर्तें मानने को तैयार हुए। सोचा यह गया था कि इससे स्थायी शांति का मार्ग प्रशस्त होगा, लेकिन ऐसा कुछ नहीं हुआ। पाकिस्तान बहुत जल्द ही अपनी पुरानी हरकतों पर उतर आया। उसने भारत की उदारता का जवाब शब्दिक गोलाबारी और एक बार फिर युद्ध की तैयारी करने के रूप में दिया। 1971 में उसने एक और युद्ध छेड़ दिया।

भारत और पाकिस्तान के बीच सितंबर 1965 के युद्ध में 'सीज फायर' के बाद जनवरी 1966 में सोवियत संघ के उज्बेकिस्तान गणतंत्र की राजधानी ताशकंद में शिखर वार्ता हुई। सोवियत प्रधानमंत्री कोसीगिन की मध्यस्थता में भारत के प्रधानमंत्री लालबहादुर शास्त्री और पाकिस्तान के राष्ट्रपति अयूब खान के बीच एक सप्ताह तक चली बातचीत के बाद 10 जनवरी को एक समझतौते पर हस्ताक्षर हुए। कुछ लोगों ने इस अवसर पर जारी घोषणा-पत्र को एक 'युगांतरकारी' घोषणा और विश्व शांति के लिए एक महान् दिन बताया, लेकिन जो लोग पाकिस्तान की राजनीति से भलीभाँति परिचित थे, उन्होंने उसी समय इसकी सफलता पर संदेह व्यक्त कर दिया था। बाद के घटनाक्रम ने इस संदेह को सही साबित कर दिया।

पाकिस्तान ने फिर शुरू किया जहर उगलना

इस समझौते का बड़ा दु:खद प्रसंग यह रहा कि समझौते पर हस्ताक्षर के चंद घंटों बाद ही ताशकंद में ही प्रधानमंत्री लालबहादुर शास्त्री का हृदयाघात से देहांत हो गया। कई लोगों ने उनकी मृत्यु को संदिग्धावस्था में हुई मृत्यु बताया। यह मुद्दा बाद में लंबे समय तक वाद-विवाद का नया केंद्र बिंदु बना रहा। जैसी कि आशंका थी, ताशकंद घोषणा की स्याही अभी सूखी नहीं थी कि

पाकिस्तानी हुक्मरानों ने जान-बूझकर उसकी मनमानी व्याख्या आरंभ कर दी।

पाकिस्तान की राजनीति और उसके हुक्मरानों के बारे में गहरी समझ रखनेवाले लोग इस घोषणा के प्रति आशावान नहीं थे। वे जानते थे कि इसके कोई ठोस नतीजे नहीं निकलेंगे और यह घोषणा फलप्रद नहीं होगी। उनकी अनास्था और अविश्वास का बुनियादी कारण था—पाकिस्तान का पुराना रिकार्ड, उसकी नीयत में खोट और सुविदित चालबाजियाँ।

समझौते के अंतर्गत जैसे ही भारतीय सेनाएँ लाहौर, सियालकोट, हाजीपीर आदि क्षेत्रों से हटीं, पाकिस्तान ने फिर 'कश्मीर कश्मीर' चिल्लाना शुरू कर दिया। ताशकंद घोषणा की भाषा और भावना पर अमल करते हुए परस्पर विश्वास तथा सद्भावना के वातावरण का सृजन करने के बजाय पाकिस्तानी नेताओं ने भारत के विरुद्ध जहर उगलना शुरू कर तनातनी का वातावरण उत्पन्न कर दिया। सरकार-नियंत्रित अखबारों, रेडियो पाकिस्तान और पब्लिक प्लेटफॉर्मों से भी भारत के विरुद्ध विष-वमन और नफरत की भावना का दुष्प्रचार आरंभ हो गया। इससे किसी भी कीमत पर शांति स्थापित करने के भारतीय पैरोकारों और सत्ताधारी कांग्रेस पार्टी के नेताओं की स्थिति, जो समझौते की शर्तों के कारण पहले ही काफी भद्दी और परेशानी उत्पन्न करनेवाली हो चुकी थी और अधिक खराब हो गई।

पाकिस्तानी पंजाब के लाहौर और सियालकोट सेक्टर में अपने कब्जे में लिए गए क्षेत्र तो भारत को अंततः खाली करने ही थे, भारत ने कश्मीर में रणनीतिक महत्त्व के हाजीपीर दर्रे और टिथवाल की चौकियों को भी खाली करने की रजामंदी दे दी, जबकि भारत का दावा था कि पूरा जम्मू-कश्मीर वैधानिक तौर पर उसका है और इन चौकियों पर कब्जा करने में भारत के कई जवान शहीद हो गए।

पाकिस्तान ने उतार दिया मुखौटा

ताशकंद समझौते के बाद प्रधानमंत्री लालबहादुर शास्त्री सोवियत प्रधानमंत्री कोसीगिन (हाथ मिलाते हुए) और पाकिस्तानी राष्ट्रपति जनरल अयूब खान के साथ

लालबहादुर शास्त्री के असामयिक निधन के बाद गृहमंत्री गुलजारी लाल नंदा कार्यवाहक प्रधानमंत्री बने। शास्त्री मंत्रिमंडल के सभी सदस्य गुलजारी लाल नंदा के मंत्रिमंडल में बने रहे। जब ताशकंद समझौते को संपुष्ट करने के लिए मंत्रिमंडल की बैठक हुई, तब बहुत देर तक इस पर बहस-मुबाहिसा होता रहा। देहरादून से कांग्रेस के मुखर सांसद और केंद्रीय मंत्रिमंडल में पुनर्वास मंत्री महावीर त्यागी ने समझौते का विरोध किया और उसकी मंजूरी का प्रस्ताव आया तो मंत्रिमंडल की बैठक छोड़कर बाहर निकल आए और अपना इस्तीफा भेज दिया। महावीर त्यागी ने 1962 में चीनी हमले के बाद पार्टी संगठन व

सरकार के स्तर पर प्रधानमंत्री पं. जवाहरलाल नेहरू के रवैये की आलोचना करने में भी कोई संकोच नहीं किया था।

महावीर त्यागी ने कहा, "ताशकंद समझौते के मूल ध्येय से मैं सहमत हूँ, लेकिन इस समझौते की कुछ बातें ऐसी हैं, जो हमारी सरकार और पार्टी की ओर से की गई घोषणाओं और आश्वासनों के विपरीत हैं।" उन्होंने कहा कि जीती हुई हाजीपीर की चौकियों को छोड़ना भयंकर भूल होगी, विशेषकर तब जब पाकिस्तान अपने छापामारों, जासूसों और बिना वर्दी वाले हथियारबंद फौजियों को वापस बुलाने और भविष्य में ऐसे हमले नहीं करने को तैयार नहीं होता। महावीर त्यागी ने कहा कि पाकिस्तान द्वारा जम्मू-कश्मीर में घुसपैठियों को वापस बुलाने का वादा न करने के अभाव में अपनी सेनाओं को हाजीपीर क्षेत्र से वापस बुला लेने का आदेश देने की जिम्मेदारी में मैं शामिल नहीं हो सकता।

समझौते पर हस्ताक्षर हो जाने के तुरंत बाद पाकिस्तान ने अमन कायम करने का मुखौटा उतार दिया और यह कहना शुरू कर दिया, "समझौते में हथियारबंद पाकिस्तानियों को वापस बुलाने का जो जिक्र है, उसका मतलब यह नहीं है कि हम अपने हथियारबंद छापामारों को भी कश्मीर से वापस बुलाएँगे। इसी तरह एक-दूसरे के अंदरूनी मामलों में दखलंदाजी नहीं करने का मतलब नहीं है कि हम जम्मू-कश्मीर में कोई दखल नहीं दें, क्योंकि इस इलाके को पाकिस्तान अपना निजी इलाका मानता है।"

झूठ बोलने की कला में महारथ

इस तरह पाकिस्तान ने एक बार फिर यह साबित कर दिया कि वह एक जिम्मेदार व भरोसेमंद मुल्क नहीं है। उस पर भरोसा करना खुद को धोखे में डालना है। ताशकंद समझौते से पाकिस्तान का मतलब सिद्ध हो गया, इसलिए उसे अपनी नकाब उतारने में कोई दिक्कत नहीं थी। पाकिस्तान के विदेश मंत्री जुल्फिकार अली भुट्टो ने, जो ताशकंद में अयूब खान के साथ मौजूद थे, पाकिस्तानी पत्रकारों को साफ शब्दों में कहा कि पाकिस्तान का मकसद सिर्फ अपने इलाके खाली करवाना था, वह उसने करवा लिया। अयूब खान चाहते थे कि भारत पाकिस्तान के विमानों को अपने आकाश के ऊपर से उड़ने की इजाजत दे दे, ताकि पूर्वी और पश्चिमी पाकिस्तान के बीच संपर्क बना रहे, यह भी हो गया। अयूब खान पर यह भी दबाव था कि समझौता न हो पाने की स्थिति में पाकिस्तान को उन हजारों शरणार्थियों के पुनर्वास की समस्या से जूझना होगा, जो भारत द्वारा कब्जा करने के बाद हाजीपीर, टिथवाल और दूसरे इलाकों से भाग खड़े हुए थे। पाकिस्तान समझौते के लिए बेताब था।

1965 का युद्ध छह वर्ष बाद हुए बांग्लादेश युद्ध की तरह निर्णायक युद्ध नहीं था, फिर भी दुनिया भर के रक्षा विशेषज्ञों ने माना कि इसमें भारत का पलड़ा भारी रहा, लेकिन झूठ बोलने की कला में माहिर पाकिस्तानी हुक्मरानों ने पाकिस्तान में यह प्रचारित किया कि जंग में उसे पुरजोर फतह मिली है, लेकिन जब ताशकंद समझौते से यह जानकारी मिली कि भारत ने पाकिस्तान के किस-किस इलाके में कितने वर्गमील पर कब्जा कर लिया था और कश्मीर में सामरिक महत्त्व के हाजीपीर दर्रे व टिथवाल आदि पर भी भारतीय फौजों का कब्जा हो गया था, तब उनका मूड बदल गया। वे अपनी सरकार को कोसने लगे। पाकिस्तान सरकार को लोगों की तीखी आलोचना का सामना करना पड़ा। लोग जनरल अयबू खान और उनकी टोली से यह साफ-साफ पूछने लगे कि

लड़ाई में हजारों जानें गँवाने के बाद पाकिस्तान को क्या मिला?

भारत ने ताशकंद समझौते को एक अंतरराष्ट्रीय समझौते के रूप में राष्ट्रसंघ में दर्ज कराया, लेकिन पाकिस्तान ने ऐसा करने से इनकार कर दिया। जाहिर है, पाकिस्तान के लिए यह महत्त्वपूर्ण दस्तावेज नहीं था, क्योंकि उसे इसका पालन नहीं करना था। पाकिस्तान ने युद्धवर्जन घोषणा से इनकार करते हुए राष्ट्रसंघ के घोषणा-पत्र के अनुसार बलप्रयोग न करने की बात दोहरा कर अपने दायित्व से मुक्ति पा ली।

पाकिस्तान-चीन गठजोड़ 'मिले सुर मेरा तुम्हारा'

पाकिस्तान ने समझौते के बाद अपना असली रूप दिखाने में ज्यादा समय नहीं लिया। समझौते के कोई दस सप्ताह बाद ही 23 मार्च को 'पाकिस्तान दिवस' के अवसर पर रावलपिंडी में हुई परेड में चीनी टैंक, जेट विमान और हथियार जश्न के साथ निकाले गए। पाकिस्तान को यह प्रदर्शित करना था कि चीन उसके साथ है और चीन भी 1962 के भारत-युद्ध के बाद पाकिस्तान के साथ मुहब्बत की पींगें कुछ ज्यादा ही बढ़ाने लगा था। चीन के राष्ट्रपति लिओ शाओ ची और विदेश मंत्री मार्शल चेन यी का पाकिस्तान में बेहद गरमजोशी से स्वागत किया गया। चीनी नेताओं ने पाकिस्तानी नेताओं के अलावा पाक-अधिकृत कश्मीर (पी.ओ.के.) के नेताओं से भी गुफ्तगू की। इन लोगों के बीच क्या गोपनीय बातें हुईं, इसका किसी को कुछ पता नही, लेकिन यह तो सबको पता है कि चीन और पाकिस्तान में किसी बात पर सहमति हो या नहीं हो, लेकिन भारत-द्वेष पर पूर्ण सहमति है। इसलिए दोनों पक्षों के बीच क्या बात हुई होगी, इसका अनुमान सहज ही लगाया जा सकता है।

भारत-पाक युद्ध के समय चीन भारत को परेशान करने से बाज नहीं आया। उसने भारत-चीन सीमा पर छिटपुट घुसपैठ की कोशिश की और सीमा पर चीनी फौजों की तैनाती बढ़ा दी। भारतीय रक्षा विशेषज्ञों की धारणा यह थी कि चीन केवल तनाव पैदा करना चाहता था, न कि कोई नया हमला।

भारतीय उदारता निरर्थक सिद्ध

भारत ने पाकिस्तान को उदारतापूर्वक जो रियायते दीं, वह नहीं देना चाहता था। ऐसी अवस्था में पाकिस्तानी डेलीगेशन को बिना कुछ हासिल किए वापस जाना पड़ता और पाकिस्तानी जनता का सामना करना पड़ता। सोवियत प्रधानमंत्री कोसीगिन के दबाव पर भारत ने कई ऐसी शर्तें मान लीं, जिन्हें नहीं मानने का इरादा वह पहले व्यक्त कर चुका था। सोवियत संघ के भी कुछ अपने निहित स्वार्थ थे। भारतीय प्रधानमंत्री लालबहादुर शास्त्री को लगा कि अमेरिका और ब्रिटेन के अमैत्रीपूर्ण रुख के बीच भारत को अपने पुराने मित्र सोवियत संघ की मित्रता नहीं खोनी चाहिए। यह भी उम्मीद की गई थी कि यदि इससे स्थायी शांति होती है तो सौदा बुरा नहीं है।

घोषणा-पत्र की मुख्य बातें

ताशकंद घोषणा-पत्र की कुछ बातें सारांश में इस प्रकार थीं—

- दोनों देश सामान्य और शांतिपूर्ण रिश्तों की बहाली और परस्पर समझदारी विकसित करेंगे।

- संयुक्त राष्ट्रसंघ के चार्टर के मुताबिक अच्छे पड़ोसियों जैसे रिश्ते कायम करने के वास्ते दोनों देश हर मुमकिन प्रयास करेंगे।
- दोनों देश बलप्रयोग न करने और शांतिपूर्ण तरीकों से अपने मसले हल करने के प्रति वचनबद्ध हैं।
- दोनों देश इस बात पर सहमत हैं कि 24 फरवरी, 1966 तक अपनी-अपनी सेनाएँ 5 अगस्त, 1965 की स्थिति पर लौटा ली जाएँगी और दोनों पक्ष युद्धविराम रेखा की हदों पर युद्धविराम के लिए सुनिश्चित शर्तों का पालन करेंगे।
- दोनों देश इस बात पर राजी हैं कि वे एक-दूसरे के आंतरिक मामलों में दखल न देने के सिद्धांत पर कायम रहेंगे।
- दोनों देश अपने यहाँ हो रहे दुष्प्रचार को हतोत्साहित करेंगे और दोस्ताना रिश्तों को बढ़ावा देनेवाले कार्यक्रमों को प्रोत्साहित करेंगे।
- दोनों देश परस्पर राजनयिक रिश्तों के मामले में 'वियना संधि' 1961 का पालन करेंगे।
- दोनों देश आर्थिक, व्यापारिक, संचार और सांस्कृतिक आदान-प्रदान के कार्यक्रमों को बहाल करेंगे।
- दोनों देश शरणार्थियों की समस्याओं पर वार्ता जारी रखेंगे।
- दोनों देश ऐसा संयुक्त निकाय (फोरम) गठित करेंगे, जिससे वे अपनी हुकूमतों के कार्यक्रमों और लक्ष्यों के बारे में सूचनाओं का आदान-प्रदान कर सकें।
- दोनों देश अपने यहाँ जेलों में कैद दूसरे देश के सैनिकों की रिहाई और स्वदेश वापसी की पक्की व्यवस्था करेंगे।

कोसिगिन की स्वप्नदर्शी आशावादिता

समझौते पर हस्ताक्षर के बाद कोसिगिन ने कहा कि इससे भारत-पाक, भारत-सोवियत और पाक-सोवियत संबंधों को मजबूत बनाने में सहायता मिलेगी। उन्होंने आशा व्यक्त की कि ताशकंद समझौता 'भारत और पाकिस्तान के बीच चिरंतन मैत्री का प्रतीक बना रहेगा।'

कार्यवाहक प्रधानमंत्री गुलजारी लाल नंदा ने राष्ट्र के नाम अपने प्रथम रेडियो प्रसारण में वचन दिया कि 'भारत इस घोषणा के प्रत्येक शब्द का सम्मान करेगा।' लेकिन पाकिस्तान ने ऐसा कुछ नहीं किया, भारतीय उदारता को नजरअंदाज किया। वह फिर अपनी पुरानी हरकतों पर उतर आया। 1971 में उसने एक और युद्ध छेड़ दिया।

□

31

रेडियो पाकिस्तान के हिंदू-विरोधी प्रचार से नेपाल में क्षोभ

रेडियो पाकिस्तान शुरू से ही भारत और हिंदू धर्म, संस्कृति व रिवाजों के विरुद्ध अनर्गल व आपत्तिजनक प्रचार-प्रसार करता रहा है, लेकिन 1965 की लड़ाई के बाद इसमें और इजाफा हो गया। जब हिंदू-विरोधी प्रचार की अति हो गई, तब हिंदू-बहुल राज्य नेपाल में इसका विरोध होने लगा। नेपाल के एक प्रमुख साप्ताहिक पत्र 'आरती' ने, जो प्रधानमंत्री का नजदीकी समझा जाता था, हिंदू धर्म, संस्कृति व परंपराओं पर आघात की तीखी आलोचना की और चेतावनी दी कि इसे सहन नहीं किया जाएगा। इसका असर हुआ और काठमांडू स्थित पाकिस्तानी दूतावास हरकत में आया।

रेडियो पाकिस्तान और पाकिस्तानी मीडिया के अन्य अंग शुरू से ही भारत और हिंदू धर्म, संस्कृति व रीति-रिवाजों के विरुद्ध अनर्गल व आपत्तिजनक प्रचार-प्रसार करते रहे हैं, लेकिन 1965 की लड़ाई के बाद इसमें और इजाफा हो गया। पाकिस्तान नेपाल के सामरिक महत्त्व के कारण उसे अपने प्रभावक्षेत्र में लाने के प्रयास निरंतर करता रहा है।

नेपाल में जन विक्षोभ

नेपाल का पाकिस्तान के मजहबी कट्टरपंथी उर्दू अखबारों से कभी कोई वास्ता नहीं रहा। यही बात कुछ संयत समझे जानेवाले पाकिस्तान के अंग्रेजी अखबारों पर भी लागू होती है। 1960 के दशक में तो एकमात्र रेडियो पाकिस्तान ही नेपाल के लोगों के लिए पाकिस्तान के संबंध में जानकारी और उसका नजरिया जानने का माध्यम था, लेकिन पाकिस्तानी फितरत के अनुसार हिंदुस्तान और हिंदू धर्म को समानार्थक मानते हुए रेडियो पाकिस्तान भारत पर अपना गुबार निकालते समय हिंदू धर्म को भी नहीं बख्शता था। हिंदू धर्म की आलोचना व छिद्रान्वेषण करते समय रेडियो पाकिस्तान के अधिकारियों को शायद यह ध्यान नहीं रहा कि हिंदू-बहुल भारत के अतिरिक्त दुनिया में एक और हिंदू-बहुल देश भी है—नेपाल।

एक लोकोक्ति है 'अति सर्वत्र वर्जयेत्' जब हिंदू-विरोधी प्रचार की अति हो गई, तब नेपाल में इसका विरोध होने लगा। जनविक्षोभ बढ़ता गया। नेपाल के एक प्रमुख साप्ताहिक पत्र 'आरती' ने,

जो नेपाल के प्रधानमंत्री का निकटवर्ती समझा जाता था, अपने एक अग्रलेख में रेडियो पाकिस्तान और पाकिस्तानी अखबारों द्वारा हिंदू धर्म, संस्कृति एवं रीति-रिवाजों का उपहास करने की नीति की तीखी आलोचना करते हुए लिखा—"प्रत्येक व्यक्ति जानता है कि संपूर्ण जगत् में नेपाल ही एकमात्र हिंदू राज्य है और इसके राजा को हिंदू धर्म में स्थायी विश्वास है। न केवल नेपालियों को, वरन् संसार के समस्त हिंदुओं को ऐसा एहसास होता है कि केवल नेपाल हिंदू राज्य ही हिंदू धर्म की रक्षा एवं उसे संगठित कर सुदृढ़ कर सकता है। हम न तो दूसरों के धर्मों, संस्कृतियों, रीति-रिवाजों का उपहास एवं अपमान करते हैं और न ही हम अपने धर्म, संस्कृति एवं परंपराओं पर किसी द्वारा किए गए आघात को सहन करेंगे। दूसरों के धर्मों, संस्कृतियों एवं परंपराओं के प्रति हमारी सहिष्णुता एवं उदारता हमारे राष्ट्रीय चरित्र का ही एक अंग है। हमारा देश प्रत्येक राष्ट्र के लिए, चाहे वह भारत हो या पाकिस्तान, ईरान हो या अफगानिस्तान, सद्भावना और मैत्री की भावना रखता है। न ही राजनीति और न ही धर्म के मामले में हमारा देश पक्षधरता की नीति का अनुसरण करता है।"

पाकिस्तान को चेतावनी

उक्त साप्ताहिक ने आगे लिखा—"यह खेदजनक है कि रेडियो पाकिस्तान के कार्यक्रम इस तरह के होते हैं, जिनसे हमारी भावनाओं को ठेस पहुँचती है। ये कार्यक्रम सभी धर्मों, संस्कृतियों एवं परंपराओं के प्रति हमारी सहिष्णुता एवं उदार प्रवृत्ति के विरोधी हैं। भारत के साथ पाकिस्तान के कुछ मतभेद व झगड़े हो सकते हैं अन्यथा इनसे हमारा कोई संबंध नहीं, लेकिन रेडियो पाकिस्तान जब हिंदुओं और हिंदू धर्म को गाली देता है या हिंदू धर्म ग्रंथों एवं संस्कृति के विरुद्ध अपमानजनक भाषा का प्रयोग करता है, तो हमें गहरा दुःख होता है। हम ईश्वर की प्रतिमाओं की आराधना करते हैं, गायों को पूजते हैं, गोमूत्र का उपयोग करते हैं, गाय के गोबर से घर-आँगन को लीपते-पोतते हैं तथा अपने पितरों को पिंडदान देते है, क्योंकि यह सभी हमारी संस्कृति एवं परंपराओं के अंग हैं। रेडियो पाकिस्तान हमारे इन रीति-रिवाजों को 'पाखंड' कहकर उनकी खिल्ली उड़ाता है तथा हिंदू धर्म ग्रंथों को 'बेकार' कहता है। क्या इस तरह का दुष्प्रचार बर्दाश्त करने लायक है ? संभव है कि इस तरह के दुष्प्रचार के मूल में भारत के साथ पाकिस्तान के राजनीतिक झगड़े या विवाद हों या इस तरह का दुष्प्रचार केवल भारत के हिंदुओं के लिए किया जाता हो, परंतु नेपाल के हिंदू चुप नहीं रह सकते। वे कभी ऐसा विश्वास नहीं करेंगे कि हिंदू धर्म के विरुद्ध पाकिस्तान का दुष्प्रचार नेपाल के हिंदू राज्य या हिंदुओं को नहीं समेटता। क्या पाकिस्तानी मित्रों ने सोचा है कि इस तरह के दुष्प्रचार का नेपाल की जनता पर क्या प्रभाव पड़ेगा ?"

बात बिगड़ती देख काठमांडू स्थित पाकिस्तानी दूतावास हरकत में आया। इस लेख के प्रकाशन के बाद पाकिस्तानी राजनयिक मानसिक रूप से बेचैन हो उठे। उन्होंने नेपालियों को, जो रेडियो पाकिस्तान के शक्तिशाली ट्रांसमीटरों से प्रसारित हिंदू धर्म-विरोधी प्रचार सुनते आ रहे थे, यह यकीन दिलाने की हरचंद कोशिश की कि नेपाल की जनता को या उनकी धार्मिक भावनाओं को ठेस पहुँचाने का उनका कतई इरादा नहीं है। बताया गया कि राजधानी काठमांडू स्थित कट्टर भारत-विरोधी लोगों ने भी पाकिस्तानी राजनयिकों को सूचित कर दिया कि हिंदुओं या हिंदू धर्म के विरुद्ध कहे गए एक भी शब्द का मतलब होगा—नेपाल की जनता का विरोध।

नेपाल में पाकिस्तान की दिलचस्पी

इसका असर होना ही था। रेडियो पाकिस्तान के अधिकारियों को समझ में आ गया कि क्या करना चाहिए, लेकिन आदत से लाचार होने के कारण उन्हें बात पूरी तरह समझ में नहीं आई। यह बात अलग है कि धीरे-धीरे विभिन्न कारणों से न केवल नेपाल, बल्कि भारत में भी रेडियो पाकिस्तान सुननेवालों की संख्या बहुत कम रह गई है। अब तो यह छानबीन का विषय है कि भारत और नेपाल में कितने लोग रेडियो पाकिस्तान सुनते हैं। शायद ही दुनिया का कोई सभ्य देश, अपने किसी पड़ोसी देश, तिस पर उस पड़ोसी देश, जिसका वह कुछ अरसा पहले तक एक अंग था, के प्रमुख धर्म के विरुद्ध इस तरह का निरंतर विषैला प्रचार करता हो जैसा रेडियो पाकिस्तान करता रहा है।

जहाँ तक नेपाल की बात है, ज्ञातव्य है कि 1962 में तत्कालीन राजा महेंद्र बीर विक्रम शाहदेव ने नेपाल को हिंदू राष्ट्र के रूप में घोषित किया था। उससे पहले 1913 में महाराजा चंद्र शमशेर नेपाल को 'प्राचीन हिंदू अधिराज्य' कहकर संबोधित करते थे। वर्ष 2006 में माओवादियों की बगावत समाप्त होने के बाद वर्ष 2008 में राजतंत्र की समाप्ति के साथ नेपाल को 'सेक्यूलर स्टेट' घोषित कर दिया गया। नेपाल की 81 प्रतिशत से अधिक आबादी हिंदू है। बाकी बौद्ध, इसलाम व अन्य धर्मावलंबी है। दिलचस्प बात यह है कि नेपाल को फिर से हिंदू राष्ट्र बनाने का अभियान छिड़ गया है।

कूटनीतिक कारणों से नेपाल के प्रति पाकिस्तान की अच्छी-खासी दिलचस्पी रही है। भारत और नेपाल के बीच 1751 किमी. की खुली सरहद और नेपाल की ढीली-ढाली प्रशासनिक व्यवस्था गुप्त गतिविधियों के लिए अच्छे-खासे अवसर प्रदान करती है। दिसंबर 1999 में 189 यात्रियों को काठमांडू से दिल्ली ले जा रहे इंडियन एयरलाइंस के विमान का पाकिस्तानी आतंकियों द्वारा अपहरण राजधानी काठमांडू और वहाँ के एयरपोर्ट पर सुरक्षा-संबंधी व्यवस्थातंत्र में खामियों के कारण ही संभव हो सका था।

□

32

जनरल नियाजी का शिकवा : 'पिंडीवाले हरामजादे ने मरवा दिया'

1971 में भारत और पाकिस्तान के बीच बांग्लादेश को लेकर हुआ युद्ध विश्व इतिहास के सबसे दिलचस्प और निर्णायक युद्धों में से एक माना जाता है। पाकिस्तान की ऐसी धारणा बनी थी कि भारत की योजना एक सीमित काररवाई की है, लेकिन भारत का इरादा कुछ और ही था।

पाकिस्तान को उम्मीद थी कि अमेरिका और चीन उसकी मदद करेंगे। पाकिस्तान ने यह समझा नहीं कि कोई भी देश किसी दूसरे देश के लिए तब तक युद्ध नहीं लड़ता जब तक उसमें उसका अपना हित निहित न हो। भारतीय सेनाएँ जब राजधानी ढाका की दहलीज पर पहुँच गईं, तब भी पाकिस्तानी सेना के नर्वस कमांडर जनरल नियाजी को आर्मी हेडक्वार्टर रावलपिंडी से कोई स्पष्ट निर्देश प्राप्त नहीं हो रहे थे। आत्मसमर्पण की नौबत आने पर जनरल नियाजी ने भारतीय सेना के मेजर जनरल नागड़ा को पंजाबी में कहा, "पिंडीवाले हरामजादे ने मरवा दिता।"

भारत-पाकिस्तान के बीच 1971 में युद्ध के बादल मंडराने के दौर के दो अजीबोगरीब बयान इस प्रकार थे—

(1) यदि भारत ने पूर्वी पाकिस्तान की छाती पर पैर रखने की जुर्रत की तो हम दिल्ली को रौंद डालेंगे।

—**जुल्फिकार अली भुट्टो** (विदेश मंत्री)

(2) मैं हिंदुस्तानी फौज का डटकर मुकाबला करूँगा। या तो आप मेरी लाश देखेंगे या जिंदा हालात में आगे बढ़ते हुए देखेंगे।

—**लेफ्टि. जनरल ए.के. नियाजी** (मार्शल लॉ एडमिनिस्ट्रेटर)

इस प्रकार के भड़कीले और दुस्साहसपूर्ण बयान, जिन्हें 'ढपोरशंखी बयान' कहना अधिक उपयुक्त होगा, पाकिस्तान के सियासी और फौजी लीडर पाकिस्तान के स्थापना काल से ही उगलते

आ रहे हैं। यह उनकी फितरत में समा गया है। इस तरह वे पाकिस्तानी अवाम की हौसला अफजाई की कोशिश करते हैं, लेकिन इस तरह के बड़बोलेपन से कोई युद्ध नहीं जीता जा सकता।

विश्व इतिहास का एक निर्णायक युद्ध

युद्ध विशारदों का कहना है कि कोई युद्ध शुरू करना तो आपके हाथ में होता है, लेकिन उसकी परिणति क्या होगी यह कोई नहीं बता सकता। युद्ध अप्रत्याशित मोड़ ले सकता है। बांग्लादेश युद्ध में यही हुआ। पाकिस्तान ने 1965 की तरह ही भारत को फिर युद्ध करने के लिए उकसा दिया। इस बार उसका नतीजा उसके लिए बहुत बुरा हुआ। 1971 में पाकिस्तानी फौजी टोले का विचार था कि युद्ध की अवस्था में अमेरिका और चीन उसे सँभाल लेंगे, लेकिन ऐसा कुछ हुआ नहीं। 1971 में भारत और पाकिस्तान के बीच बांग्लादेश को लेकर हुआ युद्ध विश्व इतिहास के सबसे दिलचस्प और निर्णायक युद्धों में से एक माना जाता है, जब एक साथ पूरी फौज ने हथियार डाल दिए।

पाकिस्तान के राष्ट्रपति जनरल याह्या खान और उनके सैनिक तंत्र का विचार था कि पूर्वी बंगाल के विद्रोह को बेरहमी से कुचल देने से समस्या का स्थायी समाधान हो जाएगा, लेकिन उनके सब दाँव उलटे पड़ते गए।

जनरल अरोड़ा के समक्ष बिना शर्त हथियार डालने के दस्तावेज पर हस्ताक्षर करते हुए जनरल नियाजी

पूर्वी बंगाल में पाकिस्तानी फौज द्वारा लगातार कहर बरसाने के कारण करीब एक करोड़ लोगों ने भागकर भारत में शरण ली। जुल्मो-सितम और कत्लो-गारद का जो सिलसिला मार्च के अंतिम सप्ताह में शुरू हुआ, वह दिसंबर में युद्ध छिड़ने तक जारी रहा। इससे भारत के सामने कई विकट समस्याएँ खड़ी हो गईं, सबसे बड़ी समस्या थी आर्थिक बोझ को सहन करना। भारत ने नई दिल्ली में विदेशी दूतावासों को बता दिया था कि राष्ट्रसंघ (यू.एन.) चाहे जो कहे या करे, भारत हर हालत में शरणार्थियों को वापस भेजने के लिए कृतसंकल्प है। पाकिस्तान ने यदि भारत के विरुद्ध युद्ध छेड़ने की गलती की तो इस बार भारत युद्ध में किसी देश की मध्यस्थता स्वीकार नहीं करेगा।

युद्ध छिड़ने से काफी पहले ही इंदिरा गांधी के कूटनीतिक कौशल से 9 अगस्त, 1971 को भारत और सोवियत यूनियन के बीच 20 वर्षों के लिए शांति, मैत्री और आपसी सहयोग की संधि पर हस्ताक्षर हो गए थे। इसका संदेश स्पष्ट था। इसने महाशक्तियों को भारत-पाक युद्ध में सीधे कूदने से बाज आने का काम किया।

पाकिस्तान की दुस्साहसपूर्ण पहल

पाकिस्तान बड़े दुस्साहसी ढंग से लड़ाई में कूद पड़ा। उसने अचानक हैरत में डाले देनेवाले

इसराइली ढंग के हमले की रणनीति अपनाते हुए 3 दिसंबर, 1971 को सायंकाल पश्चिमी मोर्चे पर श्रीनगर, पठानकोट, अंबाला, आगरा, जोधपुर, फरीदकोट, अवंतीपुर (कश्मीर घाटी), उत्तर लाई (राजस्थान) के हवाई अड्डों पर एक साथ बमबारी की। पाकिस्तान ने सोचा था कि इससे भारतीय वायुसेना पंगु हो जाएगी और युद्ध में पाकिस्तान का पलड़ा भारी हो जाएगा, लेकिन भारत की एंटी-एयरक्राफ्ट गोलाबारी ने पाकिस्तानी हवाई हमले को नाकाम कर दिया। एयर मार्शल एम.एम. इंजीनियर ने कहा कि पाकिस्तान खरोंच तक नहीं मार सका। तीन पाकिस्तानी विमानों को मार गिराया गया। पाकिस्तान का विचार था कि भारत को पश्चिमी मोर्चे पर बाँध देने से वह पूर्वी मोर्चे (पूर्वी पाकिस्तान) में कुछ अधिक नहीं कर पाएगा। पाकिस्तान की मूर्खतापूर्ण पहल से भारत को पाकिस्तान के विरुद्ध बदले की काररवाई करने का मौका मिल गया, जिसके लिए भारत पहले ही तैयार था। प्रधानमंत्री इंदिरा गांधी ने मध्यरात्रि के बाद राष्ट्र के नाम अपना संदेश प्रसारित करते हुए कहा था कि 'पाकिस्तान द्वारा शुरू किए गए पूर्ण युद्ध' का निर्णायक और अंतिम रूप से जवाब दिया जाएगा। बांग्लादेश में चल रहा युद्ध अब भारत के खिलाफ युद्ध बन चुका है।

पाकिस्तान ने पहले यह सोचा था कि शरणार्थी समस्या से परेशान भारत का उद्देश्य बॉर्डर पर एक पट्टी को जीतना है, ताकि वहाँ शरणार्थियों का पुनर्वास किया जा सके। बताया जाता है कि भारत ने एक बार ऐसा विचार किया भी था। जब विदेश मंत्री स्वर्ण सिंह विदेश गए थे, तब उन्होंने पचास मील की एक पट्टी बॉर्डर के साथ बनाने का इशारा किया था, जिसमें राष्ट्रसंघ के तत्त्वावधान में शरणार्थियों को तब तक के लिए अस्थायी तौर पर बसा दिया जाए, जब तक कि कोई स्थायी समाधान नहीं खोज लिया जाता, लेकिन पाकिस्तान समर्थक दो प्रमुख महाशक्तियों—अमेरिका और ब्रिटेन ने तब इस बात को स्वीकार नहीं किया था।

वस्तुत: पाकिस्तान की ऐसी धारणा बनी थी कि भारत की योजना एक सीमित काररवाई की है। भारत की कोशिश अधिक से अधिक यह होगी कि स्वाधीन बांग्लादेश सरकार की स्थापना के लिए थोड़े-से क्षेत्र पर कब्जा कर लिया जाए। इसलिए पाकिस्तान ने अधिक जोर बॉर्डर क्षेत्र में सैनिक तैनाती पर दिया था।

अमेरिका पर भरोसा महँगा पड़ा

पाकिस्तान को यह भी भरोसा था कि युद्ध छिड़ने पर पाकिस्तान की दो मित्र महाशक्तियाँ—अमेरिका और चीन हस्तक्षेप करेंगी और कुछ ही दिन में सीजफायर (युद्धविराम) तो हो ही जाएगा, जैसा कि भारत और पाकिस्तान के बीच पिछले युद्धों में होता आया था। इस घालमेल स्थिति में बांग्लादेश आंदोलन भी फीका पड़ जाएगा।

लेकिन भारत का इरादा कुछ दूसरा ही था। उसका पहला इरादा था दो महत्त्वपूर्ण नगरों—खुलना व चटगाँव (बंदरगाह) पर कब्जा कर, वहाँ स्वाधीन बांग्लादेश की सरकार की स्थापना करना। 'न्यूयॉर्क टाइम्स' (New York Times) के संवाददाता की रिपोर्ट के अनुसार, पूर्वी बंगाल में एक चौथाई भूमि पर 'मुक्तिवाहिनी' का पहले ही कब्जा हो चुका था। भारतीय सैन्य अभियान की काफी त्वरित सफलता पर राजधानी ढाका को घेर लेने और पाकिस्तान को आत्मसमर्पण के लिए विवश कर देने का प्लान बनाया गया। दो सप्ताह तक चले इस युद्ध में कोई सप्ताह भर बाद ही भारत को यह चिंता होने लगी थी कि राष्ट्रसंघ द्वारा युद्धविराम का प्रस्ताव पारित कर देने पर

स्थिति बहुत उलझ जाएगी। भारतीय वायुसेना ने पूर्वी पाकिस्तान के सभी मुख्य हवाई अड्डों को नष्ट करना आरंभ किया, ताकि पश्चिमी पाकिस्तान से वहाँ कोई सहायता नहीं पहुँच सके। भारतीय सैनिक टुकड़ियों ने बड़े छावनी नगरों को दरगुजर करते हुए उपमार्गों से कूच करना आरंभ किया। इसमें उन्हें स्थानीय लोगों और 'मुक्तिवाहिनी' से बहुत मदद मिली, क्योंकि उन्हें वहाँ की नदियों, पहाड़ियों, सड़कों आदि की पूरी जानकारी थी। जनरल याह्या खान ने यह सोचा भी नहीं था कि भारतीय सेना ढाका के दरवाजे तक पहुँच जाएगी।

जब युद्ध शुरू हुआ तब पाकिस्तान के पास 285 विमान थे। पहले दिन ही पाकिस्तान के 33 विमान नष्ट हो गए। अगले चार दिनों में उसके 39 और विमान ध्वस्त हुए। इसके बाद पाकिस्तान की हवाई काररवाइयाँ कम हो गईं।

पाकिस्तान ने किस प्रकार अमेरिका पर भरोसा करके युद्ध की ओर उतावले कदम उठाए थे, इसे जान लेना भी जरूरी है। विदेशी सहायता-सहयोग की उम्मीद पर युद्ध छेड़ना पाकिस्तान को महँगा पड़ा। उसकी उम्मीद गलत साबित हुई। पूर्वी मोर्चे पर युद्ध छिड़ जाने पर पाकिस्तान में अमेरिकी राजदूत जोसेफ फारलैंड और जनरल याह्या खान के बीच जो बातचीत हुई, उसका दिलचस्प विवरण एक पाकिस्तानी सिविल अधिकारी हसन जहीर ने अपनी पुस्तक 'पूर्वी पाकिस्तान का अलगाव' (The Separation of East Pakistan) में दिया है, जो इस प्रकार है—

अमेरिकी राजूदत और याह्या खान की बातचीत

Farland : I have a request, If you are not accepting the ceasefire please let me know, I want to evacuate the Americans.

Yahya : why?

Farland : Pakistan is not going to be a fit place to live in if India really starts this offensive.

Yahya : Don't lose your bloody nerve like that.

Farland : Not as a friend but I am asking you as ambassador of my country that if you are not accepting, please let me know in time so that I evacuate the Americans. Pakistan will not be a healthy place for any human being.

(**फारलैंड :** मेरा आपसे एक निवेदन है। यदि आप युद्धविराम मानने नहीं जा रहे हैं, तो कृपया मुझे बताइए। मैं अमेरिकियों को यहाँ से हटा ले जाना चाहता हूँ।

याह्या : क्यों ?

फारलैंड : अगर भारत ने वास्तव में अपना यह आक्रामक अभियान शुरू कर दिया तो पाकिस्तान रहने लायक सही स्थान नहीं रह जाएगा।

याह्या : आप अपना कम्बख्त हौसला इस तरह मत खोइए।

फारलैंड : एक दोस्त के तौर पर नहीं, बल्कि अपने देश के राजदूत के तौर पर मैं आपसे यह जानना चाहता हूँ कि यदि आप युद्धविराम मंजूर करने नहीं जा रहे, तो मुझे समय रहते बता दीजिए, ताकि मैं अमेरिकियों को निकाल सकूँ। पाकिस्तान किसी इनसान के रहने लायक माकूल जगह नहीं रह जाएगा।)

भारत से बेहद खौफ के साये में रह रहा पाकिस्तान अमेरिका पर दयनीय रूप से निर्भर हो गया था। उसको उम्मीद थी कि संकट के समय अमेरिका उसको बचा लेगा। पाकिस्तान ने यह समझा नहीं कि कोई भी देश किसी दूसरे देश के लिए तब तक युद्ध नहीं लड़ता, जब तक उसमें उसका अपना हित निहित नहीं हो।

अमेरिका ने पाकिस्तान को दिलासा दिलाने के लिए अपना सातवाँ बेड़ा बंगाल की खाड़ी के लिए रवाना कर दिया, लेकिन अमेरिका जानता था कि युद्ध का परिणाम क्या होनेवाला है। हसन जहीर ने आगे यह भी लिखा है कि अमेरिकी राजदूत फारलैंड ने अमेरिका की यह राय बता दी थी कि भारतीयों को उम्मीद है कि पाकिस्तान युद्धविराम मानेगा नहीं, इसलिए भारत युद्ध में पूरी ताकत झोंक देगा।

पाकिस्तान को देर से आई अधूरी समझ

युद्ध के दौरान पाकिस्तानी सेनाओं की लगातार बिगड़ती स्थिति के कारण विदेशी नागरिक पूर्वी पाकिस्तान छोड़कर जाने लगे। पाकिस्तानी पत्रकार सिद्दीक सालिक ने आत्मसमर्पण के पूर्व पाकिस्तान के सैनिक व असैनिक उच्चाधिकारियों की स्थिति का विवरण अपनी पुस्तक 'आत्मसमर्पण का साक्षी' (Witness To Surrender) में देते हुए लिखा है कि भारतीय सेना की लगातार सफलता के बाद 7 दिसंबर को पूर्वी पाकिस्तान के असैनिक गवर्नर डॉ. ए.एम. मल्लिक, जनरल नियाजी तथा अन्य उच्चाधिकारियों की बैठक हुई। इसमें पूरी स्थिति पर चिंता व्यक्त करते हुए राष्ट्रपति याह्या खान को संदेश भेजा गया, परंतु उसका कोई नतीजा नहीं निकला। 9 दिसंबर को फिर संदेश भेजा गया। इस पर याह्या खान ने जवाब दिया, "मैं अंतरराष्ट्रीय स्तर पर कदम उठा रहा हूँ, पर पूर्वी पाकिस्तान के संबंध में सभी निर्णय मैं आप पर छोड़ता हूँ। मैं आपके निर्णयों का समर्थन करूँगा और इस संबंध में जनरल नियाजी को भी संदेश भेज रहा हूँ।"

डॉ. मल्लिक ने एक प्रस्ताव तैयार किया, जिसमें समस्या के राजनीतिक समाधान की बात कही गई थी। प्रस्ताव में निर्वाचित प्रतिनिधियों की सरकार कायम करने तथा पूर्वी पाकिस्तान से भारतीय व पाकिस्तानी सैनिकों को हटाने की बात भी शामिल थी। प्रस्ताव में कहा गया था, "यह प्रस्ताव रखते समय मैं यह स्पष्ट कर देना चाहता हूँ कि सेना के आत्मसमर्पण पर कोई विचार नहीं होगा और न ही यह प्रश्न उठाया जाएगा और अगर यह प्रस्ताव स्वीकार नहीं किया जाता तो सेना आखिरी दम तक लड़ती रहेगी।" राष्ट्र संघ के सहायक सेक्रेटरी जनरल पाल मार्क हेनरी के माध्यम से युद्धविराम का यह प्रस्ताव राष्ट्रसंघ को भेज दिया गया।

हथियार डालते हुए पाकिस्तानी फौजी

इन प्रस्तावों की जानकारी मिलते ही विश्व संस्था में

पाकिस्तान का पक्ष कमजोर पड़ गया। युद्धविराम का मामला खटाई में पड़ गया, लेकिन जनरल नियाजी की हिम्मत बढ़ाने के लिए एक नया तरीका निकाला गया। उन्हें बताया गया कि उत्तर से पीले लोग और दक्षिण से सफेद लोग पाकिस्तान की मदद को आ रहे हैं। इसका अर्थ यह निकाला गया कि चीन और अमेरिका जल्द ही पाकिस्तान के पक्ष में हस्तक्षेप करेंगे।

भयभीत गवर्नर ने इस्तीफा लिखा

इस प्रकरण में वरिष्ठ भारतीय पत्रकार कुलदीप नैयर ने लिखा है कि पाकिस्तानी सेनाएँ बहुत समय से विदेशी हस्तक्षेप की उम्मीद लगाए हुई थीं। दरअसल जब भारतीय छाताधारी सैनिक ढाका के निकट एक क्षेत्र में उतारे गए तो अनेक पाकिस्तानी सैनिक तालियाँ बजाकर उनका स्वागत करने के लिए अपने बंकरों से बाहर निकल आए थे, क्योंकि उन्होंने समझा यह था कि ये छाताधारी चीनी हैं, जो उनको बचाने के लिए आए हैं। भारतीय छाताधारी सैनिक आगे बढ़ते हुए 16 दिसंबर को सुबह ढाका के काफी नजदीक पहुँच गए, जहाँ से इंटरकांटिनेंटल होटल साफ नजर आ रहा था।

भारतीय सेना की पूर्वी कमान के चीफ ऑफ स्टाफ लेफ्टि. जनरल जैकब को 14 दिसंबर को गुप्तचर सूत्रों से सूचना मिली थी कि पूर्वी पाकिस्तान के गवर्नर ए.एम. मल्लिक ने गवर्नमेंट हाउस में एक उच्चस्तरीय बैठक बुलाई है। जनरल जैकब ने तुरंत उस पर हवाई प्रहार करने का आदेश दिया। यह एक कमाल की युक्ति साबित हुई।

पाकिस्तानी सेना के तत्कालीन जनसंपर्क अधिकारी सिद्दीक सालिक ने इस संबंध में अपनी पुस्तक में लिखा है—

The Indian bombs ripped the massive roof of the main hall. The Governor rushed to the air-raid shelter and scribbled out his resignation. Almost all the immates of this seat of power survived the raid. Except for some fish in the decorative glass case. They restlessly tossed on the hot rubble and breathed their last.

(भारतीय बमों ने मेन हॉल की विशाल छत को फाड़ डाला। गवर्नर हवाई हमले से बचाव के शरण स्थल की ओर लपके और आनन-फानन में अपना इस्तीफा लिखा। इस सत्ता केंद्र के लगभग सभी रहवाल इस हमले में जीवित बच गए, सिवाय काँच के सजावटी बक्से की कुछ मछलियों के। गरम मलबे पर बेचैनी से हचकोले खाती हुई इन मछलियों ने अंतिम साँस ली।) जैकब के हवाई हमले ने न केवल मछलियों का खात्मा कर दिया, बल्कि पश्चिम पाकिस्तान के मनोबल का भी खात्मा कर दिया। गवर्नर और उनके कैबिनेट और पश्चिम पाकिस्तान के सिविल अधिकारी अपनी प्राण रक्षा के लिए होटल इंटरकांटिनेंटल की ओर भागे, लेकिन रेड क्रॉस ने, जिसने होटल को तटस्थ क्षेत्र (Neutral Zone) घोषित कर दिया था, उन्हें कहा कि जब तक आप पाकिस्तान सरकार से खुद को अलग नहीं कर देते, आपको अंदर आने की इजाजत नहीं दी जा सकती। भयभीत गवर्नर और उनके सहयोगी तुरंत राजी हो गए और लिखकर दे दिया कि उनका पाकिस्तान सरकार से अब कोई वास्ता नहीं है।

आत्मसमर्पण की सार्वजनिक रस्म

उस दिन जनरल याह्या ने नियाजी को संदेश भेजा—'आप लड़ाई को रोकने के लिए हर संभव

प्रयास करें और पश्चिमी पाकिस्तान के सशस्त्र सैन्यकर्मियों की जीवन रक्षा करें।' जनरल नियाजी युद्धविराम चाह रहे थे, जिस पर भारतीय अधिकारियों की ओर से उन्हें कहा गया कि आपको 30 मिनट का समय दिया जाता है—आत्मसमर्पण करना है या नहीं? नियाजी आत्मसमर्पण के लिए राजी हो गए। भारतीय सेना के मेजर जनरल नागड़ा नियाजी से मिलने के लिए जब ढाका पहुँचे तब नियाजी ने नागड़ा से पंजाबी में कहा, "पिंडीवाले हरामजादे ने मरवा दिता।" ज्ञातव्य है कि पाकिस्तानी सेना का जनरल हेडक्वार्टर रावलपिंडी में है। रावलपिंडी को संक्षेप में 'पिंडी' भी कहते हैं। नियाजी को रावलपिंडी से किसी प्रकार के स्पष्ट निर्देश प्राप्त नहीं हो रहे थे। बताया जाता है कि ढाका के पतन से ठीक पहले पाकिस्तान के पियक्कड़ सेना प्रमुख और राष्ट्रपति जनरल याह्या खान नशे में धुत्त थे और रंगरेलियाँ मना रहे थे।

भारत के प्रधान सेनापति जनरल सैम मानेकशॉ के निर्देश पर जनरल जैकब ने पाकिस्तान के आत्मसमर्पण की क्रियाविधि तय की। नियाजी को कहा गया कि आत्मसमर्पण सार्वजनिक तौर पर करना होगा।

दोपहर 1 बजे भारतीय सेनाएँ ढाका शहर में दाखिल हो गईं। लोग भारतीय सैनिकों का जय-जयकार करते हुए नाचने-गाने लगे। सायंकाल 4:30 बजे रमना रेस कोर्स मैदान में, जहाँ शेख मुजीब उर रहमान ने कभी कई विशाल राजनीतिक रैलियाँ आयोजित की थीं, आत्मसमर्पण की रस्म पूरी हुई।

जनरल जगजीत सिंह अरोड़ा और जनरल नियाज़ी लकड़ी के एक पुराने-धुराने टेबल के सामने आकर बैठे। उनके इर्द-गिर्द बड़ी संख्या में भारतीय सैन्य अधिकारी मंडरा रहे थे। मैदान में हजारों की संख्या में प्रफुल्लचित्त बंगाली इस नजारे को देख रहे थे। नियाजी ने कांपते हुए हाथों से रुँआसी मुद्रा में आत्मसमर्पण कागजात पर दस्तखत किए। वे चेहरे से निराश और हताश नजर आ रहे थे।

समर्पण दस्तावेज में लिखा गया था—

The Pakistan eastern command agree to surrender all Pakistan armed forces in Bangladesh to Lieutenant General Jagjit Singh Arora General Officer Commanding-in-Chief of the Indian and Bangladesh forces in the Eastern Theatre. This surrender includes all Pakistan land, air and naval forces'''

(पाकिस्तान की पूर्वी कमान पूर्वी मोर्चे पर भारतीय और बांग्लादेशी सेनाओं के जनरल ऑफिसर कमांडिंग प्रमुख लेफ्टिनेंट जनरल जगजीत सिंह अरोड़ा के समक्ष आत्मसमर्पण के लिए राजी है। इस आत्मसमर्पण में पाकिस्तान की सभी—थल, नभ और जलसेनाएँ शामिल हैं।)

90,000 महिलाओं को विधवा होने से बचाया

लिखा-पढ़ी की इस काररवाई के बाद जनरल नियाजी ने खड़े होकर अपना रिवॉल्वर निकाला और जनरल अरोड़ा के सुपुर्द कर दिया।

नियाजी और पाकिस्तानी सेना के जनसंपर्क अधिकारी सिद्दीक सालिक युद्धबंदी के तौर पर जब कलकत्ता लाए गए, तब सालिक के अनुसार नियाजी ने बातचीत में रावलपिंडी पर दोष

मढ़ते हुए कहा कि और अधिक फौजें भेजने की उनकी दरख्वास्त को नजरअंदाज कर दिया गया। सालिक ने कहा कि आपके पास जितनी फौज थी वह कम नहीं थी। आप लड़ाई को कुछ दिन और खींच सकते थे। इस पर नियाजी ने कहा, "किसलिए ? उससे और अधिक मौतें होती और अधिक तबाही होती। इसके बावजूद आखिर में हाल वही होता। मैं 90,000 युद्धबंदियों को पाकिस्तान ले जाऊँगा, नहीं तो मुझे 90,000 विधवाओं और पाँच लाख अनाथों का सामना करना पड़ता।"

नियाजी का कथन सेना के संख्याबल के बारे में तथ्यात्मक तौर पर गलत था। दरअसल, पाकिस्तानी फौज का हौसला पस्त हो चुका था। कोई पस्त-हिम्मत फौज हाथों में हथियार रहते हुए भी प्रोफेशनल ढंग से लड़ाई नहीं लड़ सकती। तथ्य यह है कि ढाका के बाहरी अंचल तक पहुँचनेवाले भारतीय सैनिकों की संख्या मात्र 3,000 थी, जबकि ढाका में 26,500 पाकिस्तानी सैनिक मौजूद थे और उनके पास भारी मात्रा में हथियार और गोला-बारूद भी था।

THE TIMES OF INDIA

YAHYA YIELDS TO INDIRA, ENDS WAR

Somersault by General as U.S. hails Delhi move and China keeps out

Remain alert, warns Indira

A shock for Pakistanis

Pak assault in Shakargarh fails

Mujib's wife thanks P.M.

State elections likely in March

Awards for heroes

Old & young dance in joy

पाकिस्तान के फौजी शासक जनरल याह्या खान द्वारा हार मानने का समाचार

आत्मसमर्पण के बाद सायंकाल 5:30 बजे रेडियो पाकिस्तान ने अपने उर्दू बुलेटिन में आत्मसमर्पण का कोई सीधा उल्लेख नहीं करते हुए मात्र एक पंक्ति का समाचार दिया, जिसमें कहा गया, "आज शाम को हिंदुस्तानी फौजें ढाका शहर में दाखिल हो गईं।" आत्मसमर्पण के बजाय पाकिस्तान के लोगों को 'लड़ाईबंदी' होना बताया गया। पाकिस्तान के लोग आत्मसमर्पण को हजम करने की स्थिति में नहीं थे, क्योंकि एक दिन पहले तक रेडियो पाकिस्तान और पाकिस्तान के अखबार युद्ध के नगाड़े बजाते हुए पाकिस्तानी फौज की फतह पर फतह का राग अलाप रहे थे। जनरल याह्या खान ने अपने रेडियो प्रसारण में कहा, "इसलाम के गाजी जब तक दुश्मन को पाकिस्तान की धरती के एक-एक इंच से हटा नहीं देंगे, तब तक चैन से बैठेंगे नहीं।" पाकिस्तान के अगले दिन सवेरे के अखबारों में पाकिस्तानी फौज के सरेंडर का कोई उल्लेख नहीं था। एक अखबार ने लाल स्याही में शीर्षक दिया—'यह जंग का खात्मा नहीं।' अखबारों ने अलबत्ता यह खबर दी कि दोनों मुल्कों के कमांडरों के बीच सहमति के बाद पूर्वी सेक्टर में लड़ाई बंद कर दी गई है।

पाकिस्तान लेगा हार का बदला!

युद्ध के दौरान पाकिस्तानी मीडिया के समाचारों में जनरल सैम मानेकशॉ, लेफ्टिनेंट जनरल जगजीत सिंह अरोड़ा और मेजर जनरल जैकब के नामों का उल्लेख करने से परहेज किया जाता रहा, क्योकि इनमें एक पारसी, एक सिख और एक यहूदी था, जिससे पाकिस्तान के जनमानस

में यह संदेश जाता कि देखो, धर्मनिरपेक्ष भारत में सेना के आला ओहदों पर भी अलग-अलग धर्मावलंबी पदस्थापित हैं।

कहते हैं, कभी कोई देश अपने ही कल्पनालोक में रहते हुए भ्रमदर्शन का शिकार होकर आत्ममुग्धता की स्थिति में चला जाता है या स्वयं को उत्पीड़ित पक्ष मानने लगता है। पाकिस्तान पर दोनों बातें लागू होती हैं। ढाका में आत्मसमर्पण के वर्षों बाद भी पाकिस्तानी जनमानस में यह धारणा कायम है कि भारत की साजिश के कारण पूर्वी पाकिस्तान अलग हुआ और बांग्लादेश बना। पाकिस्तान अपनी उन करतूतों को, वहशियाना काररवाइयों को लगातार नजरअंदाज करता रहा है, जिनके कारण पूर्वी पाकिस्तान के बंगालियों को किसी प्रकार के न्यायपूर्ण समन्वय की कोई उम्मीद नहीं रह गई थी और उनका पूरी तरह मोहभंग हो गया था। इसी कारण वे बगावत पर उतर आए थे। पाकिस्तान में इतिहास की पुस्तकों में यही बताया जाता रहा है कि बांग्लादेश वहाँ के लोगों की मर्जी के खिलाफ बनाया गया और पाकिस्तान की फौज हारी नहीं थी, बल्कि उसके साथ गद्दारी की गई थी। वैश्विक महाशक्तियों ने पाकिस्तान का साथ नहीं दिया। पाकिस्तान में पूरी पीढ़ी को यह यकीन दिलाया गया है कि 1971 की हार का बदला हर हालत में लिया जाएगा।

इस प्रकार पाकिस्तान के हुक्मरानों ने बांग्लादेश में अपने महाषड्यंत्र की महाविफलता के कठोर तथ्य को भी ईमानदारी से स्वीकार नहीं किया।

□

33

कहाँ हैं, किस हाल में हैं 1971 के भारतीय युद्धबंदी?

आज जब हम अपने घरों में शांति और स्वतंत्रता के साथ आराम से सो रहे होते हैं, तब पाकिस्तान के जेलों में 1971 से सड़ रहे 54 भारतीय युद्धबंदी सैनिक अथवा उनमें से जो अब जीवित बचे होंगे, अपने भाग्य और भारत सरकार को कोस रहे होंगे। आप कल्पना कीजिए, इन युद्धबंदियों के अलावा इनके परिवारों की क्या हालत होगी?

1972 में शिमला समझौते के बाद भारत ने पाकिस्तान के सभी 93,000 युद्धबंदी बिना शर्त रिहा कर दिए और अपने कब्जे में आई पाकिस्तान की 9,047 वर्ग किमी. जमीन भी लौटा दी, जबकि पाकिस्तान ने इन 54 युद्धबंदियों को सौदेबाजी के लिए रोक लिया, फिर उनकी मौजूदगी से मुकर गया।

भारत सरकार पाकिस्तान सरकार की धूर्त चाल में फँस गई। इसका खमियाजा ये अभागे युद्धबंदी और उनके परिवारों के लोग पिछले पाँच दशक से भोग रहे हैं।

ऐसो को उदार जग माहीं

हमारे देश की सरकार अपने पड़ोसी देशों के प्रति जितनी उदार व नरम है, उतनी शायद ही दुनिया की कोई अन्य सरकार है।

1971 में बांग्लादेश युद्ध में पाकिस्तान की जबरदस्त शिकस्त के बाद भारत ने उसके 93,000 युद्धबंदियों (करीब 81,000 पाकिस्तानी सैनिक और करीब 12,000 नागरिक) को अगले वर्ष शिमला समझौते के अंतर्गत बिना शर्त रिहा कर दिया था। इसके साथ ही युद्ध के समय अपने कब्जे में ले लिए गए पाकिस्तान के 90 गाँवों के 9,047 वर्ग किमी. इलाके से अपनी सेना भी हटा ली थी।

भारत सरकार की भयंकर चूक

द्विपक्षीय वार्ता के आधार पर पाकिस्तान को पश्चिमी सेक्टर में युद्धबंदी बनाए गए भारत के 280 सैनिकों को रिहा कर देना था। उसने 226 सैनिकों को रिहा किया, लेकिन 54 को रिहा नहीं

किया। ये लापता सैनिक पाकिस्तान के कब्जे में ही रह गए। इसके पुख्ता सबूत होने के बावजूद पाकिस्तान का कहना है कि उसके जेलों में कोई भारतीय युद्धबंदी नहीं है। भारत सरकार को चहिए था कि पाकिस्तान के सब के सब युद्धबंदियों को रिहा करने से पहले यह पता कर लेती कि पाकिस्तान में कितने भारतीय सैनिक बंदी हैं और उन सब बंदियों को छुड़ाने के बाद ही पाकिस्तानी युद्धबंदियों को छोड़ा जाता या पाकिस्तान के कम-से-कम दो-तीन सौ युद्धबंदियों को रोक लिया जाता तो इन 54 युद्धबंदियों के परिवारों को यह दुर्दिन नहीं देखना पड़ता, जो आज उन्हें देखना पड़ रहा है। भारत सरकार की इस कोताही के कारण तत्कालीन प्रधानमनंत्री इंदिरा गांधी की काफी तीखी आलोचना हुई थी।

भारतीय युद्धबंदियों के रिश्तेदार अपने परिजनों के चित्र प्रदर्शित करते हुए

यदि भारत चाहता तो पाकिस्तानी युद्धबंदियों को भारत लाकर यहाँ युद्धबंदी शिविरों में रखने के बजाय उन्हें बांग्लादेश में ही छोड़ देता और बांग्लादेश की नवगठित सरकार के हवाले कर देता। पाकिस्तानी फौज के जवानों और अफसरों ने बांग्लादेश में जो बड़े पैमाने पर मार-काट, लूटपाट और बलात्कार जैसे दुष्कांड किए थे, उसके लिए बांग्लादेश सरकार इन फौजियों पर युद्ध-अपराध के मुकदमे चलाकर उन्हें दंडित करना चाहती थी। उनके विरुद्ध अत्याचारों के ठोस सबूत थे। बांग्लादेश के लोगों का कहना था, "यदि भारत पाकिस्तानी फौजियों को वहाँ से सही-सलामत निकालकर नहीं ले जाता तो बांग्लादेश के उत्तेजित लोग उनका कचूमर निकाल देते।" पाकिस्तान के आका कुटिल तो हैं ही, एहसान फरामोश भी हैं। उन्होंने भारत के इस एहसान का बदला विश्वासघात की अपनी पुरानी फितरत के अनुसार दिया।

पाकिस्तान में भारतीय युद्धबंदियों के रह जाने के अनेकानेक सबूत मौजूद हैं। सबसे पहले 20 अगस्त, 1972 को रेडियो पाकिस्तान पर भारतीय युद्धबंदियों ने अपने घरवालों के नाम कुछ संदेश प्रसारित किए, जिससे यह पता चला कि भारत के कुछ युद्धबंदी पाकिस्तान के जेलों में बंद हैं। किसी-किसी कैदी द्वारा गुपचुप ढंग से भेजी गई चिट्ठी भी उसके घरवालों की मिली।

पाकिस्तानी जेल से भागने का दुस्साहिक प्लान

फ्लाइट लेफ्टिनेंट दिलीप पारुलकर को 1971 के युद्ध के दौरान पाकिस्तान ने पश्चिमी सेक्टर में बंदी बना लिया था। उनके साथ 15 और भारतीय पायलट भी थे, जिन्हें रावलपिंडी के पास एक कैंप में रखा गया था। फ्लाइट लेफ्टिनेंट दिलीप पारुलकर और दो अन्य पायलटों फ्लाइट लेफ्टिनेंट एम.एस. ग्रेवाल और फ्लाइंग ऑफिसर हरीश सिंह ने पाकिस्तानी जेल से भागने का एक दुस्साहिक प्लान बनाया। जेल से भाग निकलने में सफल होने के बाद उन्होंने पाकिस्तान-भारत सीमा की ओर जाने के बजाय पाकिस्तान-अफगानिस्तान सीमा से पाकिस्तान के बाहर निकलने का फैसला किया। दिलीप पारुलकर के पास पाकिस्तान का एक नक्शा था, लेकिन वह बहुत पुराना था। नक्शा

पुराना होने के कारण उनकी योजना फेल हो गई। उन्हें सरहद से 34 मील दूर तोरखम नामक एक कस्बे में तहसीलदार द्वारा पकड़ लिया गया, हालाँकि पाकिस्तान ने तीन महीने बाद इन सभी बंदियों को छोड़ दिया। शायद इसका कारण यह था कि बंदियों के भागने का समाचार प्रचारित हो चुका था और जेनेवा समझौते के अंतर्गत युद्ध की समाप्ति के बाद युद्धबंदियों को रोककर नहीं रखा जा सकता, लेकिन बाद में पाकिस्तान ने जिन बंदियों की मौजूदगी से इनकार किया, वे पाकिस्तानी जेलों में ही सड़ते रह गए।

भुट्टो की शिकायत से तस्दीक

बी.बी.सी. लंदन की संवाददाता विक्टोरिया स्कॉफील्ड ने पाकिस्तान के पूर्व प्रधानमंत्री जुल्फिकार अली भुट्टो पर चले कत्ल के मुकदमे पर 1979 में प्रकाशित अपनी पुस्तक 'भुट्टो का मुकदमा और फाँसी' (Bhutto's Trial and Execution) में इस बात का उल्लेख किया है। उन्होंने लिखा—

Bhutto's cell separated from a barrack area by a 10 ft high wall, did not prevent him from hearing horrific shrieks and screams at midnight from the other side of the wall. One of the Bhutto's lawyers made enquiries amongst the Jail staff and ascertained that they were in fact Indian Prisoners of war who had been rendered delinquent and mental during the course of 1971 war)

(भुट्टो के सेल और बैरक क्षेत्र के बीच 10 फीट ऊँची दीवार थी, लेकिन इससे उन्हें दीवार की दूसरी ओर से रात भर भयंकर रूप से कराहने और रोने-बिलखने की आवाज आती थी। भुट्टो के एक वकील ने जेल के स्टाफ से इस बारे में पूछताछ की और पता लगा कि वे वास्तव में भारतीय युद्धबंदी हैं, जिनकी 1971 के युद्ध के दौरान याद्दाश्त चली गई और वे दिमागी कमजोरी का शिकार हो गए।)

आशंका यह है कि पाकिस्तान ने अपनी तहजीब, रिवाज और फितरत के अनुसार इन युद्धबंदियों से कुछ भेद लेने के लिए इन्हें इतनी मानसिक व शारीरिक यातनाएँ दी होंगी कि उन यंत्रणाओं के कारण हो सकता है, उनकी याद्दाश्त चली गई हो, स्मृतिलोप हो गया हो।

पाकिस्तान का बहाना सरासर बकवास

यह भी आशंका व्यक्त की गई है कि पाकिस्तान ने भारतीय युद्धबंदियों के नाम बदल दिए हैं और उनके अपराध का वर्गीकरण युद्धबंदी के तौर पर नहीं किया है। उन पर जासूसी समेत कई झूठे आरोप मढ़ दिए गए हैं। इस प्रकरण के आरंभिक दौर में पाकिस्तानी अधिकारियों का कहना था कि ये युद्धबंदी अपने बारे में कुछ भी बताने में असमर्थ हैं। युद्धबंदियों की अदला-बदली के समय भारत ने उन्हें स्वीकार नहीं किया। यह कथन सरासर बकवास और लँगड़े बहाने के अलावा और कुछ नहीं था। वस्तुतः पाकिस्तान की कुटिल नौकरशाही और फौजी तंत्र का इरादा कुछ और ही था। युद्धबंदी बना लिए गए हर सैनिक के पास से उसकी शिनाख्त का कोई-न-कोई साक्ष्य मिल ही जाता है। बंदी बना लिए जाने पर सैनिक खुद अपनी शिनाख्त बता देता है—भले ही वह विवशतापूर्वक हो। क्या बंदी बनाए जाते समय भी इन सैनिकों को, जिनमें कई सैनिक एक

ही विशिष्ट यूनिट (मसलन—पंजाब रेजिमेंट, राजस्थान राइफल्स, सिख रेजिमेंट, जाट रेजिमेंट आदि) के थे, अपने घर का पता, जन्म स्थान आदि नहीं जानते थे? इन बेतुके बहानों की धज्जियाँ उड़ानेवाले और भी अनेक सवाल पूछे जा सकते हैं, टिप्पणियाँ की जा सकती हैं।

प्रश्न है : क्या भुट्टो के प्रधानमंत्री रहते पाकिस्तान के अधिकारियों ने इन युद्धबंदियों के बारे में अपनी सरकार को कोई जानकारी नहीं दी होगी? पाकिस्तान जैसे देश में, जहाँ सिविल प्रशासन पर फौज हावी रहती है, यह संभव हो भी सकता है, हालाँकि भारत के प्रति भुट्टो का वैमनस्य भी सर्वविदित था।

भुट्टो का तख्ता पलटकर सत्ता पर अधिकार जमानेवाले जनरल जिया-उल-हक भारत के प्रति विद्वेष के मामले में भुट्टो से कई कदम आगे थे और बहुत काइयाँ व्यक्ति थे। पाकिस्तान में इसलामी कट्टरपंथियों को शह देने, कश्मीर को भारत से अलग करने की व्यूहनीति अपनाने, कश्मीर और पंजाब में आतंकवाद को प्रायोजित करने तथा पाकिस्तान की बदनाम खुफिया एजेंसी आई.एस.आई. की भारत में गहरी साजिश के सूत्रधार जनरल जिया ही थे। वे किसी ठेठ फौजी के स्वभाव के विपरीत राजनीतिज्ञों से भी अधिक कुटिल थे। उन्होंने अवाम के बीच विनम्र, संतुलित और व्यवहारनिष्ठ शासक की छवि बना रखी थी। एक दिन भुट्टो पर जिया का कहर टूटा और फिर जिया पर अल्ला का कहर टूटा।

वर्ष 2006 में प्रकाशित किताब 'भारतीय युद्धबंदी-अभागे और असहाय' (Indian Prisoners of War-hopeless and helpless) में लेफ्टिनेंट कर्नल राजकुमार पट्टू और ब्रिगेडियर मनमोहन शर्मा ने यह खुलासा किया कि 1975 में एक भारतीय युद्धबंदी ने अपने पिता को चिट्ठी लिखकर बताया था कि पाकिस्तान के जेलों में युद्ध के दौरान कैद किए गए 54 भारतीय कैदी फँसे हुए हैं और उनकी रिहाई की कारवाई शुरू होनी चाहिए।

'डिफेंस पर्सनल रिलेटिव्स एसोसिएशन' के अध्यक्ष कर्नल पट्टू ने कहा, "जेनेवा संधि के कारण पाकिस्तान किसी भी युद्धबंदी को अपने पास लंबे समय के लिए नहीं रख सकता है, किंतु पाकिस्तान जान-बूझकर गलतबयानी करता रहा है कि उसके पास एक भी भारतीय युद्धबंदी नहीं हैं, जबकि पाकिस्तानी जेलों में भारतीय युद्धबंदी हैं।" श्री पट्टू ने इसके कई प्रमाण भी दिए हैं।

पाकिस्तानी और ब्रिटिश अखबारों का खुलासा

फिरोजपुर के मोहनलाल भास्कर ने, जो 1968 से 1974 के बीच पाकिस्तानी जेलों में बंद रहे और जिन्हें 9 दिसंबर, 1974 को भारत को लौटा दिया गया, अपनी पुस्तक 'मैं पाकिस्तान में भारत का जासूस था' (I was a spy of India in Pakistan) में भारतीय युद्धबंदियों के बारे में जानकारी दी थी। उन्होंने एक हस्ताक्षरित शपथ-पत्र में बताया था कि पाकिस्तानी पंजाब के अटक किले में पाकिस्तान की सेकंड पंजाब रेजिमेंट के मेजर अयाज अहमद सिप्रा ने, जिसे भुट्टो के खिलाफ साजिश रचने के आरोप में गिरफ्तार किया गया था, एक भारतीय युद्धबंदी एयरफोर्स के विंग कमांडर एच.एस. गिल और थलसेना के कैप्टन गिरिराज सिंह से बात की थी और इस बात का जिक्र किया था कि 1965 और 1971 युद्ध के करीब 40 भारतीय युद्धबंदी कोट लखपत जेल में सड़ रहे हैं और भविष्य में उनके रिहा होने की कोई संभावना नहीं है।

पाकिस्तानी समाचार-पत्र 'संडे पाकिस्तान आब्जर्वर' (Sunday Pakistan Observer)

के 5 दिसंबर, 1971 के अंक में फ्लाइट लेफ्टिनेंट विजय वसंत तांबे का नाम प्रकाशित हुआ था। इसमें बताया गया था कि पाकिस्तान ने पाँच भारतीय पायलटों को जिंदा पकड़ लिया था, लेकिन पाकिस्तान ने शिमला समझौते के अंतर्गत कैदियों की अदला-बदली के समय इनके नाम युद्धबंदियों की सूची में शामिल नहीं किए थे। भारत सरकार ने महा गलती की और इनकी रिहाई कराना भूल गई। 4 मार्च, 1988 को भारत को स्वदेश वापस भेजे गए दलजीत सिंह ने बताया कि उन्होंने फरवरी 1978 में लाहौर पूछताछ केंद्र में फ्लाइट लेफ्टिनेंट तांबे को देखा था।

लंदन की 'टाइम' (Time) पत्रिका ने अपने 24 दिसंबर, 1971 के अंक में जेल की सलाखों के पीछे बंद भारतीय युद्धबंदियों का एक फोटोग्राफ छापा था। इस फोटोग्राफ से पता लगा कि इनमें एक मेजर ए.के. घोष भी थे, जिन्हें पाकिस्तान ने अन्य भारतीय युद्धबंदियों के साथ लौटाया नहीं।

अमेरिकी जनरल चक यीगर ने जो पाकिस्तानी वायुसेना के पायलटों को ट्रेनिंग देने के लिए डेपुटेशन पर भेजे गए थे, भारत-पाक युद्ध में अपनी भूमिका के बारे में एक पुस्तक लिखी है, जिसमें उन्होंने बताया कि उन्होंने पाकिस्तानी जेलों में करीब 20 भारतीय युद्धबंदियों का इंटरव्यू लिया था।

इस तरह के अनेक विवरण प्राप्त हो चुके हैं, जिनमें कई प्रकाशित व प्रसारित भी हो चुके हैं।

पाकिस्तान की ढकोसलेबाजी

भारतीय युद्धबंदियों का मामला पहली बार 1978 में राज्यसभा में उठाया गया। 1981 में तत्कालीन प्रधानमंत्री इंदिरा गांधी ने स्वीकार किया कि पाकिस्तानी जेलों में भारतीय युद्धबंदी हैं। सितंबर 1996 में राज्यसभा के सदस्य सतीश प्रधान ने इन युद्धबंदियों की रिहाई का मामला उठाया, जिस पर तत्कालीन रक्षामंत्री इंद्र कुमार गुजराल ने कहा कि भारत सरकार उन्हें वापस लाने का प्रयास कर रही है। 1989 में इसलामाबाद में भारत-पाक शिखर वार्ता में पाकिस्तानी प्रधानमंत्री बेनजीर भुट्टो ने प्रधानमंत्री राजीव गांधी को आश्वस्त किया था कि भारतीय युद्धबंदियों के बारे में जानकारी प्राप्त करके उन्हें रिहा कर दिया जाएगा, लेकिन कुछ नहीं हुआ।

पाकिस्तान सरकार ने 1983 में लापता भारतीय सैनिकों के परिवारों को पाकिस्तान के जेलों में जाकर अपने सैनिकों को पहचानने का मौका देने के लिए पाकिस्तान बुलाया था, लेकिन यह एक ढकोसला साबित हुआ।

कई साल बाद पाकिस्तानी राष्ट्रपति जनरल मुशर्रफ ने अपने कार्यकाल में अनूठी पेशकश की कि पाकिस्तान के जेलों में 'कथित रूप से बंद' भारतीय युद्धबंदियों को तलाशने के लिए उनके परिजन पाकिस्तान आ सकते हैं। यह पेशकश भी एक नौटंकी ही साबित हुई। इसका सही तरीका तो यह था कि जिन जेलों में इन युद्धबंदियों के होने की संभावना थी, वहाँ पर विशेषज्ञों के किसी स्वतंत्र पैनल या अंतरराष्ट्रीय एजेंसी को जेलों के रिकॉर्ड देखने की छूट दी जाती, तभी सही स्थिति का पता लगता।

गुजरात हाई कोर्ट का ऐतिहासिक फैसला

लापता सैन्यकर्मियों के रिश्तेदारों के संगठन (Missing Personnel Relatives' Association) की ओर से दायर एक याचिका पर सुनवाई करते हुए गुजरात हाई कोर्ट ने अपने

एक ऐतिहासिक फैसले में रक्षा मंत्रालय को आदेश दिया था कि वह उन सैनिकों को, जो दिसंबर 1971 में भारत-पाकिस्तान के बीच हुए युद्ध के समय से लापता बताए जाते है, सेवानिवृत्ति की आयु तक सेवारत समझे।

विशेष नागरिक आवेदन पर सुनवाई करते हुए मुख्य कार्यकारी न्यायाधीश न्यायमूर्ति भास्कर भट्टाचार्य और न्यायमूर्ति जे.बी. परदीवाला ने 23 दिसंबर, 2011 को अपने आदेश में यह भी कहा कि सेवानिवृत्ति से पहले तक इन युद्धबंदियों को जो भी पदोन्नति मिलती और उस अनुसार, जितना भी उनका वेतन बढ़ता उसका हिसाब किया जाए और वह राशि उन सैनिकों के वारिसों को तीन माह के अंदर दे दी जाए। न्यायालय ने उन सैनिकों के वारिसों को मिल रही पेंशन को भी नए सिरे से तय करने को कहा।

इस कानूनी लड़ाई के चलते भारत सरकार ने दिसंबर 2011 में गुजरात हाई कोर्ट के फैसले के बाद इन अभागे युद्धबंदियों के परिवारों को राहत राशि बाँटी और सभी सैनिकों को सम्मानपूर्वक उनके ओहदे प्रदान किए। इससे युद्धबंदियों के परिवारों को बड़ी राहत मिली, साथ ही इस बात की फिर चर्चा शुरू हो गई कि इन युद्धबंदियों को उनका हक दिलाने और उन्हें पाकिस्तान के जेलों से रिहा कराने के लिए इंटरनेशनल कोर्ट ऑफ जस्टिस में फरियाद की जाए, लेकिन भारत सरकार इस बात पर राजी नहीं हुई। जानकार सूत्रों का कहना है कि पाकिस्तान एक कुटिल देश है। उसने बहुत-से सबूत नष्ट कर दिए हैं। चार-पाँच दशक की अवधि बहुत लंबी अवधि होती है और जैसा कि संस्कृत के एक श्लोक का भावार्थ है—'काल हर वस्तु के तत्त्व को पी जाता है।' अब अंतरराष्ट्रीय न्यायालय में गुहार लगाना बेकार की कवायद सिद्ध होगा। इससे पाकिस्तान को कोई फर्क नहीं पड़ेगा, बल्कि इतने लंबे अरसे के बाद इस मामले को उठाने से भारत सरकार की प्रतिष्ठा पर विपरीत प्रभाव पड़ेगा। यह सवाल भी उठेगा कि भारत सरकार ने अंतरराष्ट्रीय न्यायालय का दरवाजा खटखटाने में इतना घोर विलंब क्यों किया? युद्धबंदी सैनिकों के परिवार संयुक्त राष्ट्र से लेकर रेड क्रॉस की अंतरराष्ट्रीय समिति तक इस मामले को ले जा चुके हैं।

2019 में पाकिस्तान के बालाकोट में भारत द्वारा की गई एयर स्ट्राइक के बाद भारतीय वायु सीमा में घुसे पाकिस्तानी विमानों पर काररवाई में पाकिस्तान के एफ-16 फाइटर प्लेन मार गिरानेवाले मिग-21 के पायलट विंग कमांडर अभिनंदन वर्धमान को विमान क्रैश हो जाने पर पाक-अधिकृत कश्मीर में उतरना पड़ा। पाकिस्तान ने अभिनंदन को हिरासत में ले लिया और तीन दिन बाद उन्हें छोड़ देना पड़ा। उनकी रिहाई के बाद एक बार फिर 1971 के युद्धबंदियों की बात उठी। पंजाब के तत्कालीन मुख्यमंत्री कैप्टन अमरिंदर सिंह ने इस मामले को जोरदार ढंग से उठाया।

अब तो ऐसा लगने लगा है कि इन युद्धबंदियों को रिहा करने की माँग एक व्यर्थ की कसरत सिद्ध हो रही है। इधर इन सैनिकों के परिजन अभी भी अपने प्रियजनों की आस लगाए बैठे हैं, जबकि इस लंबी अवधि में कइयों की स्वाभाविक मृत्यु या बीमारी से मृत्यु हो गई होगी। ऐसे युद्धबंदियों के परिजनों को अपने प्रियजनों की अस्थियाँ ही दे दी जाएँ, लेकिन उनकी सुनेगा कौन?

ये युद्धबंदी पाकिस्तान में एक के बाद एक आनेवाली सरकारों द्वारा खेले गए खेल में मोहरे बना दिए गए। दुर्भाग्य से हमारी तत्कालीन प्रधानमंत्री धूर्त भुट्टो द्वारा बिछाए गए जाल में फँस गई।

1971 के युद्ध के दौरान लापता भारतीय सपूत सैनिक

1. मेजर एस.पी.एस. वरियाच
2. मेजर कंवलजीत सिंह
3. मेजर जे.एस. मलिक
4. कैप्टन के.एस. राठौर
5. कैप्टन गिरिराज सिंह
6. लेफ्टि. एस.एम. सब्बरवाल
7. कैप्टन कमल बख्शी
8. फ्ला. लेफ्टि. पारसराम शर्मा
9. मेजर एस.सी. गुलेरी
10. मेजर ए.के. घोष
11. मेजर अशोक कुमार सूरी
12. स्क्वाड्रन लीडर महिंद्र कुमार जैन
13. फ्लाइट लेफ्टि. सुधीर कुमार गोस्वामी
14. सी.ओ. अशोक राय
15. फ्लाइट लेफ्टि. हरविंदर सिंह
16. फ्लाइंग आफिसर सुधीर त्यागी
17. फ्लाइट लेफ्टि. विजय वसंत तांबे
18. फ्लाइट लेफ्टि. एल.एम. शेषन
19. फ्लाइट लेफ्टि. रामनाथ आडवाणी
20. फ्लाइट लेफ्टि. नागास्वामी शंकर
21. फ्लाइट लेफ्टि. कुशलपाल सिंह नंदा
22. विंग कमांडर हर सरन सिंह गिल
23. फ्लाइट लेफ्टि. तन्मया सिंह मदनदास
24. कैप्टन रविंद्र कौड़ा
25. स्क्वाड्रन लीडर मानिकशा मिस्त्री
26. फ्लाइट लेफ्टि. आर.जी. कदम
27. फ्लाइट लेफ्टि. बाबुल गुहा
28. फ्लाइंग ऑफिसर के.एल. मलकानी
29. लांसनायक हजूरा सिंह
30. स्क्वाड्रन लीडर जतींद्र दास कुमार
31. फ्लाइट लेफ्टि. गुरुदेव सिंह राय
32. फ्लाइट लेफ्टि. अशोक सी. दलवानी धविले
33. फ्लाइट लेफ्टि. श्रीकांत चंद्रकांत महाजन
34. फ्लाइट लेफ्टि. के.पी. मुरलीधरन
35. कैप्टन वशिष्ठ नाथ
36. लांसनायक जगदीश राज
37. सिपाही मदन मोहन
38. सिपाही पालन सिंह
39. सिपाही दलेर सिंह
40. फ्लाइट लेफ्टि. सुरेश चंद्र संडाल
41. फ्लाइट लेफ्टि. मनोहर पुरोहित
42. पायलट आफिसर तेजेंदर सिंह सेठी
43. स्क्वाड्रन लीडर देव प्रसाद चटर्जी
44. लेफ्टि. विजय कुमार आजाद
45. सिपाही सचिन सिंह
46. गनर श्याम सिंह
47. सिपाही ज्ञानचंद
48. सिपाही जागीर सिंह
49. सूबेदार कालीदास
50. लांसनायक बलबीर सिंह
51. हवलदार किशनलाल शर्मा
52. सूबेदार आशा सिंह
53. सूबेदार एस. चौहान
54. सिपाही बुध सिंह।

□

34

पाकिस्तान ने शिमला समझौते को उतारा मौत के घाट

भारत ने 1971 के बांग्लादेश युद्ध के बाद पाकिस्तान को बिना शर्त उसकी खोई हुई धरती वापस कर दी और उसके सभी बंदियों को मुक्त कर दिया। भारत की पहल पर दोनों देशों के बीच स्थायी शांति के लिए शिमला में एक समझौता हुआ।

लेकिन स्थायी शांति का पाकिस्तान का वादा शराबियों का शराब से तौबा करने जैसा वादा सिद्ध हुआ। पाकिस्तान के नए सत्ताधीश जुल्फिकार अली भुट्टो ने अपनी भड़काऊ बयानबाजियों और युद्धोन्मादी हरकतों से जल्द ही इस समझौते की भावना को मौत के घाट उतार दिया। वर्ष 1999 आते-आते पाकिस्तान ने कश्मीर में नियंत्रण रेखा बदलने की कोशिश में कारगिल सेक्टर में युद्ध छेड़ दिया।

दिसंबर 1971 के भारत-पाक युद्ध के बाद शिमला में दोनों देशों के बीच संपन्न समझौते के तहत जम्मू-कश्मीर में उस समय की युद्धविराम रेखा को दोनों देशों ने नियंत्रण रेखा स्वीकार किया। 3 जुलाई, 1972 को भारत की ओर से प्रधानमंत्री इंदिरा गांधी और पाकिस्तान की ओर से वहाँ के राष्ट्रपति जुल्फिकार अली भुट्टो ने इस समझौते पर हस्ताक्षर किए। उस समय भारत के विदेश मंत्री सरदार स्वर्ण सिंह थे। भुट्टो की बेटी बेनजीर, जो बाद में दो बार पाकिस्तान की प्रधानमंत्री बनीं, अपने पिता के साथ शिमला आई थीं (इस समझौते का मूल-पाठ इसी अध्याय के अंत में दिया गया है)।

समझौते के मजमून को सरसरी तौर पर पढ़ने से ही यह पता चल जाता है कि पाकिस्तान इस समझौते की हर धारा का उल्लंघन करता रहा। समझौते में नियंत्रण रेखा और अन्य बिंदुओं के साथ इस बात का स्पष्ट उल्लेख था कि दोनों देश तमाम मतभेदों को आपसी बातचीत या सहमति से खत्म करेंगे। दोनों देश शांतिपूर्ण व सद्भावपूर्ण संबंधों को बिगाड़नेवाला कोई काम नहीं करेंगे, नियंत्रण रेखा का सम्मान करेंगे, इसका उल्लंघन नहीं करेंगे तथा इस निमित्त ताकत का इस्तेमाल नहीं करेंगे आदि।

यह समझौता जब संपन्न हुआ था, तब यह उम्मीद की गई थी कि इससे भारत और पाकिस्तान

के बीच स्थायी शांति कायम हो सकेगी, लेकिन भारत में कतिपय विपक्षी दलों ने, जिनमें 'जनसंघ' सबसे मुखर था और राजनीतिक प्रेक्षकों ने इस बात पर संदेह व्यक्त किया था कि पाकिस्तान इस समझौते का ईमानदारी से पालन करेगा। जिस समय यह समझौता संपन्न हुआ था, उस समय 1971 के युद्ध की याद न केवल ताजा थी, बल्कि युद्धोत्तर-प्रभाव भी बना हुआ था।

शिमला नगर एक बार फिर इस उपमहाद्वीप और विदेशों में चर्चा का विषय बना। शिमला भारत का अत्यंत महत्त्वपूर्ण पहाड़ी स्थान रहा है। इसी नगर में द्वितीय विश्वयुद्ध के बाद जून 1946 में ऐतिहासिक शिमला सम्मेलन हुआ था, जिसमें अंग्रेजों ने भारत में संवैधानिक सुधार लाने के उपायों पर विचार करने के लिए प्रस्ताव प्रस्तुत किया था। उस पर कांग्रेस और मुसलिम लीग के नेताओं के बीच वार्ता हुई थी, वह मुहम्मद अली जिन्ना की हठधर्मिता के कारण विफल हो गई थी। इसका परिणाम अंततः देश के बँटवारे के रूप में सामने आया था। जिन्ना ने हिंदू-मुसलिम दो अलग कौमों और सब मुसलमान एक कौम के जिस सिद्धांत का प्रतिपादन किया था, उसकी धज्जियाँ 1971 के भारत-पाक युद्ध में उड़ गईं, जब पूर्वी बंगाल पाकिस्तान से अलग होकर स्वतंत्र बांग्लादेश बन गया।

जमीन व युद्धबंदियों की वापसी

भारत की प्रधानमंत्री और पाकिस्तान के राष्ट्रपति
शिमला समझौते पर हस्ताक्षर करते हुए

1971 के युद्ध में निर्णायक विजय प्राप्त करने के बावजूद भारत ने पाकिस्तान के प्रति बड़ा उदार रवैया अपनाया और उसे बातचीत के लिए आमंत्रित किया। हालाँकि पाकिस्तान के तत्कालीन राष्ट्रपति जुल्फिकार अली भुट्टो ने भारत के बारे में अपने नरम-गरम वक्तव्यों द्वारा माहौल को काफी बिगाड़ दिया था। पाकिस्तान में याह्या खान के सैनिक शासन के पतन के बाद सत्ता ग्रहण करनेवाले भुट्टो को नया संविधान बनने तक देश के सर्वेसर्वा के रूप में राष्ट्रपति पद का रुतबा हासिल था। भुट्टो का राजनीतिक कॅरियर दाँव पर लगा हुआ था।

भारत ने पाकिस्तान से युद्ध में जीती गई 5,139 वर्ग मील जमीन उसे वापस कर दी। इस जमीन को हथियाने के लिए भारतीय सेना के कई बहादुर जवानों ने अपनी कुरबानी दी थी। भारत ने बदले में पाकिस्तान से 69 वर्गमील जमीन प्राप्त की। उदारता और दरियादिली का परिचय देते हुए भारत ने पाकिस्तान के सभी 93,000 युद्धबंदियों को बिना शर्त छोड़ दिया, जबकि ये युद्धबंदी भारत और बांग्लादेश (मुक्ति सेना) की संयुक्त कमान के युद्धबंदी थे और बांग्लादेश ने माँग की थी कि वहाँ की जनता पर पाशविक अत्याचारों, कत्लेआम और अन्य युद्ध-अपराधों के लिए उन्हें बांग्लादेश के हवाले किया जाए। इनमें से अनेक सैन्य अधिकारियों और सैनिकों के विरुद्ध

बांग्लादेश सरकार ने अनेक पुख्ता सबूत एकत्र किए थे। अंतरराष्ट्रीय कानून के अनुसार इन पर मुकदमे चलाए जा सकते थे। द्वितीय विश्वयुद्ध के बाद जर्मनी के न्यूरेमबर्ग नगर में युद्धकालीन अपराधों को लेकर जो मुकदमें चलाए गए थे, उन्हें 'न्यूरेमबर्ग सिद्धांत' की संज्ञा दी गई थी। अंतरराष्ट्रीय विधि आयोग ने राष्ट्र संघ की महासभा के निर्देशानुसार इन सिद्धांतों को सूत्रबद्ध और संहिताबद्ध करते हुए इन्हें अंतरराष्ट्रीय कानून की मान्यता दी थी।

कश्मीर समस्या ज्यों-की-त्यों

कल्पना कीजिए, यदि पाकिस्तान भारत की स्थिति में होता, तो क्या वह भारत की तरह विजित जमीन और हजारों युद्धबंदियों को यों ही छोड़ देता? कारगिल संघर्ष में छह भारतीय सैनिक बंदियों के साथ पाकिस्तान ने जो बर्बरता की वह उसकी विकृत मानसिकता का एक नमूना है। शिमला समझौते के बाद युद्धबंदियों की अदला-बदली के समय भारत ने पाकिस्तान में बंदी बनाए गए सभी भारतीय सैनिकों की वापसी का कोई ठोस प्रबंध नहीं किया। यह कितनी शर्म की बात है कि कई दशक बाद भी कई भारतीय युद्धबंदी पाकिस्तान की जेलों में सड़ रहे हैं।

शिमला समझौते के बाद भुट्टो ने पाकिस्तानी वैज्ञानिकों को एटम बम बनाने का प्रयास करने के लिए हरी झंडी दे दी। कश्मीर समस्या का समाधान किए बगैर किया गया यह समझौता निरर्थक साबित हुआ। यदि उस मौके पर भारत ने कुछ दृढ़ता से काम लिया होता—भारत ऐसी स्थिति में था—तो कश्मीर समस्या ज्यों-की-त्यों नहीं बनी रहती। पाकिस्तान जब तक कमजोर रहा, वह दब कर रहा। थोड़ा शक्तिसंपन्न होते ही उसने अपनी कारस्तानियाँ फिर शुरू कर दीं। उसने 1989 से ही भारत के विरुद्ध अप्रत्यक्ष युद्ध अथवा छद्म युद्ध चला रखा है। इसमें हजारों लोग मारे जा चुके हैं और मारे जा रहे हैं।

पाकिस्तान ने वर्ष 1999 में सशस्त्र घुसपैठियों और नियमित पाकिस्तानी सैनिकों को मोर्चा जमाने और जम्मू-कश्मीर में वास्तविक नियंत्रण रेखा को बदलने की कोशिश में कारगिल में युद्ध छेड़ दिया, जो शिमला समझौते का घोर उल्लंघन था।

शिमला में 3 जुलाई, 1972 को समझौते पर हस्ताक्षर हुए और हस्ताक्षर होने के तुरंत बाद भुट्टो फिर अपने पुराने रंग में आ गए। पाकिस्तान पहुँचते ही लाहौर हवाई अड्डे पर इंतजार कर रहे पाकिस्तानियों को भुट्टो ने कहा, "पाकिस्तान की खोई हुई जमीन और अपने जंगी कैदियों को लेने के लिए मैं शिमला गया था। जमीन लेकर लौटा हूँ। हमारे कैदी भाई भी जल्द छूट जाएँगे। मैंने पाकिस्तान के किसी भी उसूल के साथ समझौता नहीं किया। मैंने 'नो वार पैक्ट' को भी मंजूर नहीं किया है। क्या आप खुश हैं?" इसके जवाब में 'हाँ हम खुश हैं' का गगनभेदी गर्जन हवा में गूँज गया।

इसके बाद 14 जुलाई को पाकिस्तान की नेशनल असेंबली में पाकिस्तान के इस नए राष्ट्रपति के बयान ने समझौते की तमाम इष्ट कामनाओं को धूल में मिला दिया। भुट्टो ने कहा, "कश्मीर को भारत के शिकंजे से छुटकारा दिलाने का एक ही रास्ता है कश्मीरी शुरू करें अपनी जंगे-आजादी। जैसे ही यह जंग शुरू होगी पाकिस्तान के लोग मदद के लिए कूद पड़ेंगे। पाकिस्तानी कश्मीर के लिए अपना खून बहाने में जरा भी नहीं हिचकेंगे, चाहे इसका नतीजा फिर कुछ भी हो।" भुट्टो के इन बयानों ने शिमला समझौते को मौत के घाट उतार दिया। ताशकंद समझौते की भावना की मौत इतनी जल्दी नहीं हुई थी।

भुट्टो ने शिमला समझौता संपन्न होने के तुरंत बाद हथियारों की होड़ शुरू कर दी, सेना के तीन डिवीजन खड़े कर लिए। युद्ध में लड़ाकू विमान, टैंक आदि आयुध सामग्री का जितना भी नुकसान हुआ था, उससे कहीं अधिक की पूर्ति पाकिस्तान ने कर ली। टैंकों और विमानों की संख्या तो युद्ध के पूर्व की स्थिति से कहीं बेहतर हो गई। पाकिस्तान का प्रतिरक्षा बजट भी बहुत बढ़ गया। पाकिस्तान ने दोनों देशों के बीच युद्धवर्जन संधि से भी साफ इनकार कर दिया।

शिमला समझौते का मूल पाठ

भारत और पाकिस्तान के बीच द्विपक्षीय संबंधों पर प्रधानमंत्री श्रीमती इंदिरा गांधी और पाकिस्तान के राष्ट्रपति जेड.ए. भुट्टो ने शिमला में 3 जुलाई, 1972 को शिमला समझौते पर हस्ताक्षर किए।

समझौते में कहा गया कि भारत सरकार और पाकिस्तान सरकार, दोनों देशों के संबंधों में टकराव और संघर्ष को खत्म करने तथा मैत्रीपूर्ण एवं सद्भावनापूर्ण संबंध बनाने व उपमहाद्वीप में स्थायी शांति कायम करने का संकल्प लेती हैं, ताकि भविष्य में दोनों देश अपने संसाधनों और शक्ति का उपयोग अपनी जनता के कल्याण कार्यों को तेज करने के लिए कर सकें।

इस उद्देश्य की प्राप्ति के लिए भारत सरकार तथा पाकिस्तान सरकार के बीच यह सहमति हुई—

1. कि दोनों देशों के संबंध संयुक्त राष्ट्र प्रस्ताव के सिद्धांतों व उद्देश्यों के अनुरूप चलेंगे।
2. कि दोनों देश अपने तमाम मतभेदों को आपसी बातचीत या आपसी सहमति के किसी अन्य तरीके से हल करेंगे, जो दोनों देशों को मान्य हो। दोनों देशों के बीच किसी भी समस्या का अंतिम समाधान होने तक हर पक्ष यथास्थिति बनाए रखेगा और दोनों देश शांतिपूर्ण व सद्भावपूर्ण संबंधों को बिगाड़नेवाला कोई काम न तो खुद करेंगे और न ही ऐसी किसी गतिविधि को कोई सहायता या प्रोत्साहन प्रदान करेंगे।
3. कि दोनों देश समानता और आपसी लाभ के आधार पर शांतिपूर्ण सहअस्तित्व बनाए रखेंगे। पारस्परिक क्षेत्रीय अखंडता और प्रभुसत्ता के प्रति सम्मान रखेंगे और एक-दूसरे के आंतरिक मामलों में हस्तक्षेप नहीं करेंगे। दोनों देश आपसी मतभेदों को सुलह-सफाई से खत्म करके स्थायी शांति के वास्ते अच्छे पड़ोसी की तरह अपने संबंधों को बनाए रखने के प्रति प्रतिबद्ध रहेंगे।
4. कि पिछले 25 वर्ष से दोनों देशों के आपसी संबंधों को बिगाड़े रखनेवाले तमाम बुनियादी मसलों को शांतिपूर्ण ढंग से हल किया जाएगा।
5. कि दोनों देश एक-दूसरे की राष्ट्रीय एकता, क्षेत्रीय अखंडता, राजनीतिक स्वतंत्रता और संप्रभु समानता का सदैव सम्मान करेंगे।
6. कि दोनों देश संयुक्त राष्ट्र प्रस्ताव के अनुरूप एक-दूसरे की क्षेत्रीय अखंडता या राजनीतिक स्वतंत्रता के खिलाफ ताकत का इस्तेमाल करने या उसकी धमकी देने से बचेंगे।
7. दोनों सरकारें एक-दूसरे के खिलाफ शत्रुतापूर्ण प्रचार को रोकने के लिए अपनी तमाम शक्तियों का इस्तेमाल करेंगी। दोनों देश आपसी दोस्ताना संबंधों को बढ़ाने में सहायक

सूचनाओं के प्रसार को प्रोत्साहन देंगे। दोनों देशों के संबंधों को बहाल करने और उन्हें सामान्य बनाने की दिशा में उत्तरोत्तर प्रयास जारी रखने के लिए निम्न बिंदुओं पर सहमति हुई—

- संचार, डाक-तार, जल-थल परिवहन सेवाओं को बहाल करने की दिशा में कदम उठाए जाएँगे। सीमाएँ खोलने व आपसी अंतरराष्ट्रीय उड़ानों को बहाल करने का प्रयास भी किया जाएगा।
- एक-दूसरे के नागरिकों को अधिकाधिक यात्रा सुविधाएँ प्रदान करने के लिए समुचित कदम उठाए जाएँगे।
- व्यापार और आर्थिक व आपसी सहमति के अन्य क्षेत्रों में सहयोग को यथासंभव बहाल किया जाएगा।
- विज्ञान एवं संस्कृति के क्षेत्र में आदान-प्रदान बढ़ाया जाएगा। इस संबंध में दोनों देशों के प्रतिनिधिमंडल समय-समय पर मिलते रहेंगे, ताकि आवश्यक ब्योरे जुटाए जाते रहें।

स्थायी शांति कायम करने की प्रक्रिया शुरू करने के लिए दोनों देशों के बीच तीन बातों पर सहमति हुई—

1. भारतीय और पाकिस्तानी सेनाएँ अंतरराष्ट्रीय सीमा पर वापस बुला ली जाएँगी।
2. जम्मू-कश्मीर में 17 दिसंबर, 1971 की युद्धबंदी के बाद की नियंत्रण रेखा का दोनों पक्ष बिना किसी पूर्वग्रह के सम्मान करेंगे। दोनों में से कोई पक्ष इस स्थिति को नहीं बदलेगा, भले ही दोनों के बीच आपसी मतभेद और दोनों की कानूनी व्याख्याओं में अंतर बरकरार रहे। दोनों देश इस नियंत्रण रेखा का उल्लंघन करने के लिए ताकत का इस्तेमाल नहीं करेंगे और न ही उसकी धमकी देंगे।
3. सेनाओं की वापसी और युद्धबंदियों की अदला-बदली की प्रक्रिया समझौते के अमल में आते ही शुरू हो जाएगी तथा 30 दिन के भीतर-भीतर पूर्ण हो जाएगी।

दोनों देशों की सरकारें अपनी-अपनी संवैधानिक व्यवस्थाओं के अनुरूप इस समझौते की पुष्टि करेंगी और यह समझौता पुष्टि के बाद संबंधित दस्तावेजों के आदान-प्रदान के साथ ही अस्तित्व में आ जाएगा।

दोनों सरकारें इस बात पर सहमत हैं कि उनके अध्यक्ष आपसी सुविधा के अनुसार उपयुक्त समय पर फिर मिलेंगे और इस बीच दोनों पक्षों के प्रतिनिधि स्थायी शांति कायम करने और आपसी संबंधों को सामान्य बनाने के उपायों और जरूरी व्यवस्थाओं पर विचार करने के लिए मिलते रहेंगे। दोनों पक्षों के प्रतिनिधि युद्धबंदियों व एक-दूसरे की जेलों में कैद नागरिकों की अदला-बदली, जम्मू-कश्मीर समस्या के समाधान तथा कूटनयिक संबंधों की बहाली से जुड़े सवालों पर भी विचार-विमर्श करेंगे।

□

35

पाकिस्तानी मिलीभगत से दो माह में दो भारतीय विमानों का अपहरण

भारतीय विमान-अपहरण का सिलसिला 1971 से शुरू हुआ था। इंडियन एयरलाइंस के किसी विमान का अपहरण कर उसे लाहौर या कहीं अन्यत्र ले जाने की पाँचवीं घटना जुलाई 1984 और छठी घटना अगस्त 1984 में हुई। हर बार अपहरणकर्ता भारतीय विमान को पाकिस्तान ले गए, किंतु अपराधियों को न तो पाकिस्तान ने खुद भारत को लौटाया और न अपने देश में ही उन पर कोई मुकदमा चलाया। स्वभावतः ये तथ्य पाकिस्तान की नीयत पर संदेह पैदा करते हैं। 1984 के दोनों अपहरण पंजाब में चल रहे खालिस्तानी आंदोलन के दौरान हुए थे। ये भारत के विरुद्ध खालिस्तानी उग्रवादियों को उकसाने में पाकिस्तान की साजिश का नतीजा थे।

24 अगस्त, 1984 को खालिस्तान समर्थक आंदोलनकारियों ने दिल्ली से खाड़ी जानेवाले इंडियन एयरलाइंस के एक बोइंग-737 का अपहरण कर लिया और उसे लाहौर होते हुए कराची ले गए। दुबई में इस अपहरण कांड का समापन हुआ। इस विमान से यात्रा करनेवाले एक यात्री अवधेश व्यास ने प्रसिद्ध साप्ताहिक 'धर्मयुग' के 20 जनवरी, 1985 के अंक में इसका विवरण प्रस्तुत किया था। यहाँ पढ़िए यह विवरण उन्हीं के शब्दों में—

"वेलकम ऑन बोर्ड द खालिस्तानी एयरवेज फ्लाइट नंबर सवा लाख ब्रावो। फ्लाइट नंबर आई.जी.-421 हैज बीन कन्वर्टेड।" इंडियन एयरलाइंस के बोइंग यात्री विमान के भीतर परिचारिका रीता सिंह का सधा हुआ स्वर गूँजा। हालाँकि विमान को लाहौर से कराची ले जाया जा रहा था, फिर भी रीता ने उड़ान के गंतव्य के बारे में कुछ नहीं कहा। दरअसल, यह उस विमान की नियमित उड़ान थी भी नहीं। यह सात सिरफिरे हवाई डाकुओं का पागलपन था। उन्होंने ही परिचारिका को इस उद्घोषणा का आदेश दिया था। एकाएक उस ऊँची-पूरी कद-काठी के सिख युवक के हाथ में एक पिस्तौल चमक उठी। उसके बाएँ हाथ में कारतूसों से भरा एक डिब्बा भी था। उसने गरज कर कहा कि उसके पास एक पिस्तौल और पच्चीस कारतूसों के अलावा टाइम बम और पेट्रोल बम भी है। उसने चेतावनी दी कि किसी ने भी गड़बड़ करने की कोशिश की तो उसे वह गोली मार देगा।

विमान में बैठे यात्रियों के जिस्मों में दहशत की एक ठंडी लहर रेंग गई, पर उस दहशत की

मार से कहीं ज्यादा वे भौचक और चकित थे। चूँकि चंडीगढ़ से लाहौर तक और लाहौर से पूरे दिन इन अपहर्ताओं के पास केवल लंबे-लंबे हेयर पिन और सूइयाँ ही देखी गई थीं। (अपहर्ताओं के मुताबिक उनके पास कागज में लिपटे पेट्रोल बम भी थे)। फिर उनके पास अचानक पिस्तौल कहाँ से आ गई?

अपहृत विमान में सवार इंस्टिट्यूट ऑफ डिफेंस स्टडीज एंड एनालिसिस, दिल्ली के निदेशक के. सुब्रह्मण्यम का खयाल है कि लाहौर में विमान-यात्रियों के लिए लाए गए खाने के दो डिब्बों में से किसी एक में वह पिस्तौल रख कर दी गई होगी। एक अन्य विदेशी यात्री का कहना है कि जब विमान लाहौर से कराची के लिए रवाना होनेवाला था, तब सलवार पहने एक व्यक्ति आया और उसने विमान के बाहर खड़े एक सिख अपहर्ता को एक पैकेट दिया था।

लेकिन अब इस बहस में उलझना इतना जरूरी नहीं कि पिस्तौल खाने के डिब्बे में रखकर दी गई या कि कराची के लिए उड़ने से ठीक पहले एक पैकेट में रख दी गई। इतना साफ तय है कि अपहर्ताओं को पिस्तौल लाहौर में ही मुहैया कराई गई और यह भी कि अंतरराष्ट्रीय नागरिक उड्डयन के इतिहास के इस अभूतपूर्व और संगीन जुर्म को अंजाम देनेवाला हमारा पड़ोसी देश पाकिस्तान ही है।

गढ़ना एक और झूठ का

"जब दुबई में इस अपहरण कांड का समापन हुआ और अपहृत विमान में सवार यात्रियों के जरिए पिस्तौल का रहस्य सामने आया, तो पाकिस्तान ने आदतन एक झूठ और गढ़ लिया। पाकिस्तान के एक अधिकारी ने कहा कि कराची के कंट्रोल टॉवर को एक अपहर्ता ने बताया था कि वे चंड़ीगढ़ हवाई अड्डे के एक सुरक्षा अधिकारी को रिश्वत देकर चोरी-छिपे पिस्तौल लाए हैं। पर यह अविश्वसनीय और हास्यास्पद हैं और इस झूठ के खिलाफ अब कई-एक उजले सच और साक्ष्य भारत के पास हैं। सीधी-सी बात है कि अगर पिस्तौल चंडीगढ़ से ही अपहर्ताओं के साथ थी, तो पहले वे केवल हेयर पिन और सूइयाँ ही क्यों दिखाते रहे?

अपहृत भारतीय विमान दुबई एयरपोर्ट पर

बहरहाल, दुबई के अधिकारियों के सहयोगात्मक रवैये की वजह से पाकिस्तान के दोहरेपन की कलई खुल गई। दुबई ने अपहर्ताओं को उनके हथियारों सहित भारत को सौंप दिया, उसी पिस्तौल की वजह से पता चला कि यह पश्चिमी जर्मनी की एक फर्म वाल्दर जी.एम.बी.एच. ने बनाई है। बाद में उस जर्मन फर्म ने भी इस बात की पुष्टि कर दी कि यह पिस्तौल उन 74 पिस्तौलों में से है, जो उसने 22 सितंबर 1975 को पाकिस्तान के रक्षा मंत्रालय को भेजी थीं। वाल्डर पी.पी. 7.65 किस्म की यह पिस्तौल फौजी इस्तेमाल की होती है।

अंतरराष्ट्रीय समुदाय के खिलाफ अपराध

अब भारत पर्याप्त सबूतों के साथ अंतरराष्ट्रीय अदालत में पहुँच गया है। भारत ने अंतरराष्ट्रीय नागरिक उड्डयन संगठन में पाकिस्तान की करतूत की शिकायत दर्ज की है। पाकिस्तान भी इस सगंठन का सदस्य है और उसके घोषणा-पत्र का पालन करने के लिए बाध्य भी। भारत ने इंडियन एयरलाइंस के यात्री बोइंग विमान के अपहर्ताओं को पाकिस्तान के उकसावे और सहयोग का जिक्र करते हुए कहा कि यह मॉँट्रियल, हेग और शिकागो सम्मेलनों का और अंतरराष्ट्रीय नागरिक उड्डयन संगठन के मकसदों का भी गंभीर उल्लंघन है। भारत ने अपने परिवाद के साथ कारगर कदम उठाने की भी माँग की है, ताकि आइंदा इस तरह की कारगुजारियाँ दोहराई न जा सकें।

इसमें शक नहीं कि जब समूचा अंतरराष्ट्रीय समुदाय, जिसका कि पाकिस्तान भी एक सदस्य है, इन हवाई दस्युओं से निजात पाने की कोशिशों में मुब्तिला है, तब पाकिस्तान ने अपनी इस हरकत के जरिए सिर्फ भारत-पाक परिदृश्य को ही विचलित नहीं किया, बल्कि यह पूरे अंतरराष्ट्रीय समुदाय के खिलाफ भी एक अपराध है। 1970 में संयुक्त राष्ट्र के सचिव ऊ थां ने कहा था कि इन अपहर्ताओं पर दुनिया के तमाम लोगों की ओर से मुकदमा चलाया जाना चाहिए। सारे यात्रियों और पॉयलटों के हित में यह जरूरी है कि उनकी (अपहर्ता) राष्ट्रीयता और उनके देश की शासन-व्यवस्था का खयाल या लिहाज किए बगैर उनके खिलाफ काररवाई की जाए। समझना मुश्किल है कि भारत के संदर्भ में पाकिस्तान दुनिया-जहान के तमाम मान्य सभ्य आचरणों को ताक में रखकर अपवाद क्यों बना रहना चाहता है? ऐसा नहीं है कि पाकिस्तान ने अंतरराष्ट्रीय नागरिक उड्डयन सम्मेलनों से असहमति जताई हो, बल्कि पाकिस्तान सम्मेलनों की भावना और उद्‌देश्य का समर्थन ही करता आया है। यह जरूरी है कि अपहर्ताओं के लौटाने की बाबत भारत और पाक के बीच कोई संधि नहीं है, लेकिन अपहर्ताओं पर मुकदमा चलाने का प्रावधान है। पाकिस्तान ने भारतीय विमानों के पूर्व अपहर्ताओं को लौटाने से तो इनकार किया ही, भारत के बार-बार पूछने पर भी यह कभी नहीं बताया गया कि उन अपहर्ताओं के खिलाफ क्या-क्या आरोप लगाए जा रहे हैं और मुकदमा कब चलाया जाएगा। यों अपहर्ताओं को राजनीतिक शरण देने का प्रश्न खासा व्यापक और विवादास्पद है और यहाँ गैर जरूरी भी, लेकिन पाकिस्तान टेलीविजन आदि पर भारतीय अपहर्ताओं को दिए जानेवाले महत्त्व के जरिए यह समझना आसान है कि अंतत: पाकिस्तान का रुख क्या है?

इंदिरा गांधी का फोन जनरल जिया को

"24 अगस्त को इस अपहृत भारतीय बोइंग विमान के लाहौर पहुँचने के बाद प्रधानमंत्री श्रीमती इंदिरा गांधी ने पाकिस्तानी राष्ट्रपति जिया-उल-हक से फोन पर अनुरोध किया था कि वे अपहृत विमान को लाहौर में ही रोके रखें, पर हुआ क्या? हुआ यह कि उस विमान को लाहौर में ईंधन दिया गया और फिर कराची में भी, ताकि विमान जल्द-से-जल्द दुबई के लिए रवाना हो सके। पाकिस्तान की इसी उत्सुकता की एक मिसाल यह भी है कि जब कराची में भारतीय चालक ने विमान में किसी तकनीकी खराबी की शिकायत की तो पाकिस्तान एयरलाइंस के दो अकुशल इंजीनियरों को जाँच के लिए भेजा दिया गया, जबकि पैन अमेरिकन एयरवेज के इंजीनियर आनेवाले थे। वे आते, इससे पहले ही पाकिस्तान एयरलाइंस के उन इंजीनियरों ने विमान को उड़ान के

उपयुक्त घोषित कर दिया। यह और बात है कि विमान सही-सलामत दुबई पहुँच गया।

अंतरराष्ट्रीय नागरिक उड्डयन संगठन के नियमों के तहत सदस्य देशों को ऐसी दुर्घटना के दौरान परस्पर सहयोग करना चाहिए, लेकिन अपहृत विमान के मेजबान देश और अंतरराष्ट्रीय नागरिक उड्डयन संगठन के सदस्य की हैसियत से अपहर्ताओं को हथियार देकर पाकिस्तान पूरे विश्व समुदाय के प्रति गुनहगार बन गया।"

दुबई में संयुक्त अरब अमीरात के अधिकारियों के हस्तक्षेप पर अपहरणकर्ताओं को बिना शर्त आत्मसमर्पण करना पड़ा। सभी यात्रियों को सुरक्षित निकाल लिया गया। इस तरह एक दहशतपूर्ण कहानी का सुखद अंत हुआ।

अपहरणकर्ताओं का स्वागत!

इससे पहले 3 जुलाई, 1984 को सिख आतंकवादियों द्वारा अपनी निर्धारित उड़ान पर श्रीनगर से दिल्ली जा रहे इंडियन एयरलाइंस के एक एयरबस विमान (आई.सी. 405 उड़ान) का अपहरण कर उसे लाहौर ले जाया गया था, इस विमान पर 225 यात्री और चालक दल के नौ सदस्य थे। इस विमान का अपहरण करनेवाले भी अधकचरे खिलाड़ी थे। भारत सरकार ने स्पष्ट कर दिया कि वह किसी भी कीमत पर अपहरणकर्ताओं की कोई शर्त नहीं मानेगी। अपहरणकर्ताओं ने हताश होकर आत्मसमर्पण कर दिया। सभी यात्रियों को मुक्त कर दिया गया। इस विमान से यात्रा कर रहे सीनियर एडवोकेट स्वराज कौशल ने अपने अनुभव में बताया था कि अपहरणकर्ताओं को लाहौर एयरपोर्ट में विमान से प्रतीक्षारत गाड़ी तक ले जाया गया, जहाँ कुछ पुलिसवालों के साथ एक अफसर उनका इंतजार कर रहा था। उसने एक-एक करके उन सबसे हाथ मिलाया जैसे किसी विदेशी प्रतिनिधिमंडल का स्वागत कर रहा हो। दिलचस्प बात यह कि अपहरण नाकाम होने के बाद पाकिस्तानी अधिकारियों ने सब विमान यात्रियों को लाहौर शहर घुमा दिया!

□

36

'भूखे भेड़ियों' ने सरहदी गांधी को 15 साल सड़ा दिया जेल में

जून 1947 में जब कांग्रेस ने देश विभाजन की माँग स्वीकार कर ली, तब दूसरे गांधी, यानी सरहदी गांधी खान अब्दुल गफ्फार खान ने रुंधे गले से महात्मा गांधी को कहा, "आपने हमें भूखे भेड़ियों के हवाले कर दिया है।" गफ्फार खान का अंदेशा सही था। पाकिस्तान सरकार ने उन पर और उनके स्वयंसेवी संगठन खुदाई खिदमतगार के कार्यकर्ताओं को लगातार जेल भेजने का सिलसिला जारी रखा। उनके खिलाफ कोई सबूत भी पेश नहीं किया और उन्हें भाँति-भाँति की यातनाएँ भी दीं। जितना अरसा तक वे ब्रिटिश सरकार के जेलों में रहे, उतना ही अरसा, 15 वर्ष वे पाकिस्तान सरकार की जेलों में रहकर यातनाएँ भुगतते रहे।

जून 1947 में जब कांग्रेस ने देश विभाजन की 'मुसलिम लीग' की माँग स्वीकार कर ली और गांधीजी ने भी हामी भर दी, तब सरहदी गांधी कहलाने वाले दूसरे गांधी खान अब्दुल गफ्फार खान ने रुंधे गले से कहा था, "महात्मा, तब आप भी हमें पाकिस्तानी समझ लेंगे। हमने हिंदुस्तान की आजादी के लिए बहुत कुरबानियाँ दी हैं, अब सरहदी सूबे में हमें बदनसीबी ही मिलेगी। आपने हमें भूखे भेड़ियों के हवाले कर दिया है।"

गफ्फार खान की आशंका सही थी। 'भूखे भेड़ियों' के रूप में पाकिस्तानी शासकों ने उन्हें जेल में डाल दिया और अमानवीय यातनाएँ दीं। गफ्फार खान (1890-1988) ने कहा, "मैंने अंग्रेजों के जेलों में 15 वर्ष काटे और पाकिस्तानी सरकार के अधीन भी 15 वर्ष कैद में गुजारे।" दुनिया के इतिहास में अपने ढंग का यह एक विचित्र वाकया था कि आजादी की लड़ाई के इस हीरो को देश की आजादी के बाद भी आजादी नसीब नहीं हुई। गफ्फार खान का कहना था कि पाकिस्तान सरकार की ओर से मुझे कैद की सजा जुर्माने के साथ दी जाती थी। जायदाद का मेरा एक हिस्सा सिर्फ 15,000 रुपए जुर्माने के तौर पर पाकिस्तान सरकार ने अपने अधिकार में कर लिया, जबकि उसकी सही कीमत 50,000 रुपए थी।

'अँधेर नगरी चौपट राजा' का नया संस्करण

पाकिस्तान सरकार ने गफ्फार खान पर कबाइलियों से मिलकर षड्यंत्र करने का झूठा इलजाम लगाकर गिरफ्तार कर लिया। इसी इलजाम में उनके बेटे वली खान को भी पकड़ लिया गया और कुछ समय बाद उनके बड़े भाई और फ्रंटियर प्रांत की कांग्रेस सरकार के पूर्व मुख्यमंत्री डॉ. खान साहब को भी गिरफ्तार कर लिया गया। बिना किसी तर्क और दलील या सबूत पेश किए उन्हें तीन साल कैद की सजा दे दी गई। गफ्फार खान ने जनमत-संग्रह के बाद फ्रंटियर प्रांत को पाकिस्तान में शामिल करना स्वीकार कर लिया था। वे स्वतंत्र पख्तूनिस्तान की पुरानी माँग के बजाय स्वायतशासी पख्तूनिस्तान पर भी सहमत हो गए थे, लेकिन पाकिस्तान के आकाओं को यह भी स्वीकार्य नहीं था।

गफ्फार खान

गफ्फार खान ने अपनी आत्मकथा में पाकिस्तान सरकार के अंतर्गत अपनी जेल यात्रा और सरकार के बरताव का भी उल्लेख किया है। उन्होंने लिखा है कि उनकी पहली कैद की मियाद बीत जाने के बाद उन्हें कोहाट (फ्रंटियर प्रांत) के डिप्टी कमिश्नर के सामने पेश किया गया, जिसने उनसे नेकचलनी की जमानत माँगी। जब उन्होंने जमानत माँगे जाने की वजह पूछी तो जवाब मिला, "आप पाकिस्तान के खिलाफ हैं।" जब उन्होंने सबूत माँगा तो जवाब मिला कि सबूत की कोई जरूरत नहीं। तब उन्होंने जमानत पर छूटने से इनकार कर दिया, जिस पर डिप्टी कमिश्नर ने अपना फैसला सुना दिया और इन्हें तीन साल बामशक्कत जेल में रखने की सजा दी गई। यह सब हो रहा था मुहम्मद अली जिन्ना के पाकिस्तान में जंग-ए-आजादी के एक सरकर्दा लीडर के साथ। न तो खुद जिन्ना और न ही पाकिस्तान की माँग करनेवाले उनके हमसफरों ने किसी आंदोलन के सिलसिले में जेलयात्रा की थी। वे अंग्रेजों की चापलूसी ही करते रहे। इसलिए उनके जेल में जाने की नौबत आ ही नहीं सकती थी, लेकिन पाकिस्तान के वजूद में आने के शुरुआती दौर में ही पाकिस्तान के हुक्मरानों ने यह जता दिया कि वे 'अँधेर नगरी चौपट राजा' नाटक का असली संस्करण भी पेश कर सकते हैं। जिस बात को लेकर गफ्फार खान जैसी अतंरराष्ट्रीय स्तर पर ख्यातिप्राप्त हस्ती को बिना कोई प्रामाणिक सबूत दिए दोबारा तीन साल की सजा, वह भी सश्रम, सुना दी गई, वह कभी किसी सभ्य देश में नहीं सुना गया, लेकिन पाकिस्तानी हुक्मरानों ने सभ्यता से वास्ता रखने की कभी कोई जरूरत नहीं समझी।

ब्रिटिश साम्राज्यवादियों के जुल्म भी मात

गफ्फार खान को मिंटगुमरी (पंजाब प्रांत) जेल में भेज दिया गया। उन्होंने वहीं सजा के दिन काटे। उन्हें सजा में से वह छूट भी नहीं दी गई, जो जेल के नियमानुसार होती है और जब वह पूरी सजा भुगत चुके तो अंग्रेजों के जमाने के 1918 के रेगुलेशन के अधीन उन्हें 'नजरबंद' कर दिया

गया। इस प्रकार जनवरी 1954 से पहले उन्हें रिहाई प्राप्त नहीं हुई। जब उन्हें रिहाई मिली तो भी नाममात्र की थी। उनकी गिरफ्तारी का सिलसिला निरंतर जारी रहा और इस तरह 15 वर्ष तक उन्हें पाकिस्तानी जेलों के सींखचों के भीतर रहना पड़ा। पाकिस्तानी सरकार ने उन्हें सदा जेल की ऐसी कोठरी या ऐसी बैरक में रखा, जिसमें बत्ती रात के समय गुल कर दी जाती थी। हैदराबाद (सिंध) जेल में उन्हें कैद तनहाई में रखा गया, जहाँ उन्हें किसी से मिलने की भी इजाजत नहीं थी। इस जेल का जलवायु उनके अनुकूल नहीं था, बल्कि हानिकारक था। वहाँ वे बीमार हो गए। उन्हें गुर्दे की खराबी का रोग पैदा हो गया, जिससे उनके दोनों पाँव खराब हो गए, लेकिन जेलर ने, जो एक पंजाबी मुसलमान था, इनकी ओर कोई ध्यान नहीं दिया और नाममात्र गलत-सलत दवाएँ देता रहा। अंत में उन्हें लाहौर जेल में स्थानांतारित कर दिया गया। वहाँ भी बीमारी बढ़ती गई, फिर उन्हें वहाँ से मिंटगुमरी जेल भिजवा दिया गया और कोठरी में बंद कर दिया गया।

गफ्फार खान की जेल यात्राओं के दौरान पाकिस्तान की जालिम सरकार ने अमनपसंद और अहिंसा में विश्वास रखनेवाले उनके संगठन खुदाई खिदमतगार के पुरुष व महिला कार्यकर्ताओं और समर्थकों पर जो जोर-जुल्म ढाए, उनके सामने ब्रिटिश साम्राज्यवादियों के जुल्म भी फीके पड़ गए।

गफ्फार खान को बताया 'हिंदू'

गफ्फार खान के सर्वधर्म में समभाव, अपनी भारतीय सांस्कृतिक विरासत पर गर्व और 'गीता' प्रेम के कारण मुसलिम लीगी उन्हें 'हिंदू' कहते थे यानी उनकी निगाह में यह भी एक जुर्म था। जहाँ तक गीता प्रेम की बात है सत्याग्रह आंदोलन में उन्होंने हिंदू और सिख मित्रों से आत्मिक संबंध स्थापित करने के लिए गीता और गुरुग्रंथ साहब का अध्ययन शुरू किया था और दोनों ग्रंथों से प्रभावित हुए थे।

गफ्फार खान का कहना था कि इसलाम के प्रादुर्भाव से पहले पख्तून हिंदू थे। उत्तर-पश्चिम सीमांत प्रांत के जिस क्षेत्र में उनका जन्म हुआ था, वहाँ हिंदुओं के पवित्र वेदों की ऋचाओं ने जन्म लिया और यही वह देश था, जिसके एक सपूत पाणिनि ने संस्कृत भाषा का व्याकरण लिखा और उसे एक साहित्यिक भाषा के रूप में प्रतिष्ठित किया।

सीमा प्रांत के पख्तूनों को आजादी की लड़ाई में शामिल करने का श्रेय गफ्फार खान को था, जिन्होंने वहाँ मुसलिम लीग की दाल नहीं गलने दी थी। उनका 'खुदाई खिदमतगार आंदोलन' केवल राजनीतिक आंदोलन नहीं था। यह पठानों का राजनीतिक, सामाजिक, आर्थिक और आध्यात्मिक आंदोलन था।

बादशाह खान भारतीय स्वतंत्रता संग्राम से इतने घनिष्ठ रूप से जुड़े थे कि देश की अधिकांश जनता उन्हें विदेशी स्वीकार नहीं करती थी। वर्ष 1969 में गांधी जन्मशती पर वे भारत आए थे, जहाँ उन्होंने कई समारोहों व आयोजनों में भाग लिया।

यहाँ एक व्यक्तिगत प्रसंग का उल्लेख करना उपयुक्त होगा। भारत यात्रा के क्रम में गफ्फार खान 9-10 दिसंबर को राँची में ठहरे, जहाँ उन्होंने कई कार्यक्रमों में भाग लिया। एक पत्रकार व संपादक होने के नाते स्थानीय संयोजकों के सौजन्य से उनसे संक्षिप्त मुलाकात का अवसर मिला, जो काफी सार्थक रहा। बादशाह खान को मैंने सर्वप्रथम 1946 में रावलपिंडी में देखा था, जब मैं एक स्कूली छात्र था। रावलपिंडी के ऐतिहासिक कंपनी बाग में कांग्रेस का जलसा चल रहा था।

दुर्योग से पाकिस्तान बनने के बाद इसी सार्वजनिक स्थल पर लियाकत अली खान और बाद में बेनजीर भुट्टो जानलेवा हमले में मारे गए थे। कांग्रेस के इस जलसे में उस समय एकाएक नई हलचल मच गई थी जब यह घोषणा की गई कि सरहदी गांधी बादशाह खान मोटर कार द्वारा पेशावर से लाहौर जाते हुए थोड़ी देर के लिए सभास्थल पर रुकेंगे। यह प्रसंग उन्हें याद था। इस प्रसंग के वर्षों बाद मुझे उन्हें रांची में नजदीक से देखने-सुनने का मौका मिला। 23 वर्ष पूर्व उनके मुख मंडल पर जो लालिमा और आभा थी, वह इतने वर्षो बाद भी काफी हद तक बरकरार थी।

उन्होंने इस इलाके (छोटानागपुर) के 'ट्राइबल्स' (Tribals) के बारे में पूछा। उन दिनों झारखंड अलग प्रांत आंदोलन का जोर था, शायद सवाल का कारण यही था। मैंने बताया कि फ्रंटियर प्रांत के ट्राइबल्स, जिन्हें 'कबाइली' कहा जाता है और यहाँ के ट्राइबल्स, जिन्हें 'आदिवासी' या 'जनजाति' कहा जाता है, में बहुत अंतर है, काफी ज्यादा अंतर है। ये काफी शांत स्वभाव के हैं।

गफ्फार खान अपनी तकलीफों के बारे में बात करना पसंद नहीं करते थे। फिर भी अपनी जेल यात्राओं के बारे में उनका कहना था कि अंग्रेज सरकार अगर जुल्म करती थी, तो इसलिए कि वह हमारी दुश्मन थी। हमारा उनके साथ झगड़ा था, लेकिन पाकिस्तान की इसलामी सरकार को मैं समझ नहीं सका कि किस जुर्म की वजह से उसने मुझे और हजारों दूसरे खुदाई खिदमतगारों की जेल में डाला।

ऐसा लगता है कि नफरत, झूठ और फरेब की नींव पर बने पाकिस्तान की सरकार की नजर में गफ्फार खान और उनके साथियों के एक नहीं अनेक जुर्म रहे होंगे, लेकिन चूँकि गफ्फार खान ने पाकिस्तान की माँग का खुलकर विरोध किया था, यह अवश्य ही पाकिस्तानी हुक्मरानों की निगाह में शायद उनका सबसे बड़ा जुर्म रहा होगा। गफ्फार खान पख्तूनों के उद्धार व सशक्तीकरण की भी माँग कर रहे थे, जो पाक़िस्तान पर हावी पंजाबी मुसलमानों की लॉबी को मंजूर नहीं था। इन लोगों की इसी मानसिकता ने पाकिस्तान के टुकड़े होने दिए, लेकिन अपने देश के बंगालियों को उनके मौलिक अधिकार भी देने को तैयार नहीं हुए।

सबसे बड़ी बात यह कि पाकिस्तान की हुकूमत चलानेवाले अपनी अधम प्रवृत्ति के कारण अपने से इत्तफाक नहीं रखनेवालों के खिलाफ महज मौज के लिए कुछ भी कर सकते हैं। इसे मनोविज्ञान में परपीड़न आनंद कहते हैं, जिसमें व्यक्ति दूसरों को नुकसान पहुँचाकर खुशी का अनुभव करता है। भारत के संदर्भ में पाकिस्तानी हुक्मरान रोज-ब-रोज यह कर ही रहे हैं। पुराने जमाने में जब ऋषि-मुनि यज्ञ करते थे तो कई बार राक्षस लोग वहाँ पहुँचकर उसमें विघ्न डालते थे, जबकि ऋषि-मुनियों ने उनका कुछ भी बिगाड़ा नहीं होता था। यह सोचना गलत है कि राक्षसों की नस्ल खत्म हो गई है।

1987 में भारत सरकार ने इस उपमहाद्वीप में स्वतंत्रता संघर्ष के प्रतीक बादशाह खान को भारत के सर्वोच्च नागरिक सम्मान 'भारत रत्न' से सम्मानित कर एक प्रकार से स्वयं को ही सम्मानित किया।

नहीं दफनाया पाकिस्तान की 'नापाक जमीं' पर

बादशाह खान ने पाकिस्तान के जालिम शासकों के सामने झुकने से इनकार करते हुए यह जता दिया था कि उनकी नजर में उनकी औकात क्या है। उन्होंने मृत्यु से पूर्व ही यह कह दिया

था कि उन्हें पाकिस्तान में नहीं दफनाया जाए। "मेरी मौत यदि पाकिस्तान में होती है तो मुझे उस नापाक सरजमीं में दफन न करना। मुझे पठानों के आजाद अफगानिस्तान में दफन किया जाए।" गफ्फार खान की मृत्यु से पूर्व की इस इच्छा के अनुसार उनके पार्थिव शरीर को जलालाबाद ले जाया गया, जहाँ उन्हें दफनाया गया। आत्मनिर्वासन के दिनों में गफ्फार खान ने कई वर्ष जलालाबाद में गुजारे थे।

हालाँकि पेशावर में सरकारी तौर पर शोक घोषित नहीं किया गया था, लेकिन शहर की दुकानें तथा व्यावसायिक प्रतिष्ठान अपने इस लोकप्रिय पख्तून नेता के प्रति सम्मान व्यक्त करने के लिए उस दिन और अगले दिन नमाजे-ए-जनाजा के मौके पर बंद रहे।

इस प्रकरण में अफसोस की बात यह है कि अफगानिस्तान में गृहयुद्ध जैसी स्थिति में अगले साल इस मजार को नष्ट कर दिया गया। आरोप के अनुसार यह कारस्तानी अफगान विद्रोहियों और पाकिस्तानी सैनिकों के एक संयुक्त हमले में की गई। लोगों का कहना था कि अगर बादशाह खान के मजार को जान-बूझकर नष्ट नहीं किया गया तो भी रॉकेटों और भीषण बम वर्षा में मजार को नष्ट होने दिया गया। बादशाह खान का मजार यदि पाकिस्तान में होता तो उसकी भी शायद दुर्गति ही होती।

इस महापुरुष के साथ पाकिस्तान सरकार द्वारा किया गया अन्याय इनसानी बर्बरता के इतिहास का एक शर्मनाक अध्याय है।

□

37

कश्मीर घाटी से पंडितों का नस्ली सफाया : कुटिल पाकिस्तानी प्लान

पाकिस्तान की राजनीति उसकी पैदाइश के समय से ही कश्मीर-केंद्रित रही है। वह कश्मीर को भारत विभाजन का अधूरा एजेंडा मानता है। इसीलिए उसने कश्मीर पर हमला कर उसे हड़पने की कोशिश भी की। आमने-सामने की लड़ाई में भारत के सामने नहीं टिक पाने के कारण उसने छद्म युद्ध का सहारा लेना शुरू किया। कश्मीर में घुसपैठ और आतंकवाद की मदद से वहाँ की शांति भंग करने का हर संभव प्रयास किया।

देश विभाजन के समय पश्चिम पंजाब से हिंदू-सिखों के नस्ली सफाए के लिए मुसलिम लीग ने जो षड्यंत्र रचा था, कुछ उसी प्रकार का षड्यंत्र पाकिस्तान के आकाओं ने 1990 के दशक के आरंभ में कश्मीर घाटी से वहाँ के मूल निवासी पंडितों के नस्ली सफाए के लिए रचा। श्रीनगर व दिल्ली में उस समय कमजोर सरकारों के कारण पाकिस्तान को अपना षड्यंत्र प्रायोजित करने में पर्याप्त सफलता मिली। इस घिनौने उद्देश्य की पूर्ति के लिए घाटी में जिहादी तत्त्वों ने जो जुल्म ढहाए, उसने मानवता को शर्मसार कर दिया।

मोदी सरकार द्वारा संविधान के अनुच्छेद 370 को हटाकर जम्मू-कश्मीर का विशेष दर्जा समाप्त करने और उसे कुछ अरसे के लिए केंद्र-शासित प्रदेश बना देने से 3.5 लाख से अधिक कश्मीरी पंडितों के लिए विस्थापन की समस्या का कुछ समाधान होने की उम्मीद की जा सकती है। हालाँकि यह काम अब काफी जटिल प्रतीत होता है।

पाकिस्तान की राजनीति उसकी पैदाइश के समय से ही कश्मीर से जुड़ी रही है। पाकिस्तानी लीडर कश्मीर को भारत विभाजन का अधूरा एजेंडा मानते हैं, इसीलिए उन्होंने पाकिस्तान के वजूद में आते ही कश्मीर पर हमला कर उसे हड़पने की पुरजोर कोशिश की। पाकिस्तान के प्रत्येक राजनीतिज्ञ का देश की राजनीति में टिके रहना 'नारा-ए-कश्मीर' पर निर्भर करता है। पाकिस्तान में एक के बाद एक आनेवाली सरकारें कश्मीर के मुद्दे को उठाकर अपनी राजनीतिक रोटियाँ सेंकती रही हैं। बांग्लादेश की मुक्ति के लिए भारत द्वारा सहयोग देने के बाद तो भारत से बदला लेने के उद्देश्य से कश्मीर का मुद्दा ज्यादा जोर-शोर से उछालना पाकिस्तान ने अपना 'धर्म-कार्य' मान लिया।

'ऑपरेशन टोपक' जनरल जिया की करतूत

जनरल अयूब खान और याह्या खान के बाद पाकिस्तान की सत्ता हड़पने वाले 'मुल्ला जनरल' जिया-उल-हक ने अपने कार्यकाल (1978-88) में कश्मीर को हथियाने के लिए पाकिस्तान के छद्म युद्ध को नया रंग-रूप दिया। 'निजामे मुस्तफा' के हिमायती जनरल जिया की तो अगस्त 1988 में एक षड्यंत्रकारी विमान दुर्घटना में मृत्यु हो गई, लेकिन अपने कार्यकाल में उन्होंने जो विष-बीज बोए थे, वे उनकी मृत्यु के बाद प्रस्फुटित होने लगे। पाकिस्तान ने जम्मू-कश्मीर में सीधे नहीं, बल्कि 'जम्मू-कश्मीर लिब्रेशन फ्रंट' की आड़ में चक्करदार तरीके से प्रवेश की रणनीति अपनाई। पाकिस्तान के सैनिक तानाशाह जनरल जिया ने नवंबर 1987 में 'ऑपरेशन टोपक' (Operation Topac) नाम से एक अभियान सूत्रबद्ध किया। इसका मूलभूत उद्देश्य था—कश्मीर को पाकिस्तान का हिस्सा बनाना। इसे पाकिस्तानी नेताओं ने खुलेतौर पर अपना समर्थन प्रदान किया। इस सिलसिले में आरंभ में खालिस्तान अलग राज्य आंदोलन के सिख लड़ाकों की मदद हासिल की गई और जम्मू-कश्मीर के कुछ इलाकों में संयुक्त अभियान भी चलाया गया। कुछ चुनिंदा मुसलिम युवाओं को पाकिस्तान-अधिकृत कश्मीर में मिलिटरी ट्रेनिंग दी गई। इसके साथ ही पाकिस्तानी मीडिया—अखबार, टेलीविजन और रेडियो ने कश्मीर में कथित जन विक्षोभ की आड़ में नए जोश-खरोश के साथ भारत के विरुद्ध जोरदार प्रौपेगैंडा शुरू कर दिया।

जनरल जिया

17 अगस्त, 1988 को विमान में विस्फोट से जनरल जिया की मृत्यु की खबर मिलते ही कश्मीर में पाकिस्तान-परस्त तत्त्वों ने बवाल मचा दिया। ऐसा लगा, जैसे पूरे श्रीनगर शहर पर गुंडों और बाहुबलियों का कब्जा हो गया हो। हिंदू महल्लों में पत्थरबाजी की गई। प्रदर्शनकारियों ने भारत-विरोधी नारे लगाए। पाकिस्तान-परस्त तत्त्वों ने यह अफवाह उड़ा दी कि 'अमीर उल मोमिनीन' कहलाने वाले इसलाम के सरगर्म हामी जनरल जिया की मौत एक साजिश के कारण हुई, जिसमें भारत का हाथ है। हालाँकि किसी भी माध्यम से यह साबित नहीं हो सका कि जिया की मौत में भारत किसी भी रूप में या अप्रत्यक्ष रूप से भी सहभागी था, फिर भी विद्वेष की ज्वाला में इस अफवाह ने घी का काम किया। पाकिस्तानी एजेंट भारत के विरुद्ध अफवाह फैलाकर घाटी में तूफान पैदा करने में कामयाब हो गए। हालाँकि पाकिस्तान के किसी भी क्षेत्र में जिया की मौत पर कोई उपद्रव नहीं हुआ। मौत की खबर पर शुरुआती दौर में वहाँ कुछ लोगों ने भारत पर साजिश का शक जरूर जाहिर किया, जैसाकि हर मामले में पाकिस्तान में अकसर होता रहा है, लेकिन जल्द ही यह शक काफूर हो गया। जिया का विमान किसी दुर्घटना का शिकार हुआ था या साजिश का, आज तक शासकीय तौर पर यह साफ नहीं हो सका है।

कश्मीर घाटी में शरारत-पसंद पाकिस्तान-परस्त तत्त्वों की बढ़ती हुई ताकत का एहसास समय रहते न तो राज्य सरकार को हुआ और न ही केंद्र सरकार को, क्योंकि दोनों सरकारें ढिलमिल ढंग से चल रही थीं।

घाटी में उपद्रव, पाकिस्तान का घिनौना षड्यंत्र

'जम्मू-कश्मीर सहायता समिति' द्वारा वर्ष 1991 में प्रकाशित पुस्तिका 'कश्मीर में हिंदुओं का नरसंहार' (Genocide of Hindus in Kashmir) में इस बात का तथ्योद्घाटन किया गया कि कश्मीर घाटी में उत्पात के लिए तैयार किए गए जनरल जिया के 'ऑपरेशन टोपक' के निर्देश (प्रथम फेज में) इस प्रकार थे—

Phase 1

1. The sentiments of students and farmers be aroused against India and their co-operation will be sought for anti-government demonstrations and riots.
2. Create chaos and spread terror.
3. Impart military training for insurgent activities to Mujahadeens for fighting para-military forces and army.
4. Disrupt Communication links between the valley, Jammu and Ladakh. Such activity requires use of minimum force and sound results.
5. Sikh militants' help be sought for insurgency activities in Jammu to divert attention of security forces in the valley and the government's position made awkward and disgraceful.
6. Taking af control of areas where security forces are not camped. South Kashmir is suitable for this action.

पहला चरण

1. भारत के विरुद्ध छात्रों और किसानों के जज्बात उभाड़े जाएँ। सरकार-विरोधी प्रदर्शनों और दंगों के लिए उनसे सहयोग माँगना होगा।
2. अराजकता पैदा करो और दहशत फैलाओ।
3. अर्धसैनिक बलों और सेना से लड़ने के मकसद से मुजाहिदीन को बागी कारवाइयों के लिए युद्ध-कौशल सिखाओ।
4. घाटी, जम्मू व लद्दाख के बीच संचार-संबंध भंग कर दो। इस तरह की कारवाइयों के लिए कम तरद्दुद की जरूरत पड़ती है और नतीजे अच्छे-खासे होते हैं।
5. घाटी से सुरक्षा बलों का ध्यान हटाने और सरकार की हैसियत भद्दी और शर्मनाक बनाने के वास्ते जम्मू में बागी कारवाइयों के लिए सिख जंगजुओं की मदद लो।
6. जिन इलाकों में सुरक्षा-बल पड़ाव डाले हुए नहीं हैं, उन्हें अपने काबू में कर लो। इस कारवाई के लिए दक्षिण कश्मीर उपयुक्त है।

19 जनवरी, 1990 की वह काली रात

कश्मीर में इसी 'कॉपी बुक' पैटर्न पर विध्वंसक गतिविधियाँ चालू की गईं। कश्मीर में आतंक और अराजकता उत्पन्न करने के लिए वहाँ हथियारबंद घुसपैठिए भेजने से जब कश्मीर

की तसवीर में कोई ज्यादा बदलाव संभव नहीं हो पाया, तब घाटी में रहनेवाले हिंदू-सिखों के सफाए का अभियान चलाया गया। यह अभियान बिल्कुल उसी तर्ज पर था, जो देश विभाजन के समय पश्चिमी पंजाब से लाखों हिंदू-सिखों को मार भगाने के लिए चलाया गया था। इसके लिए 19 जनवरी, 1990 का दिन फैसले का दिन या काफिरों से निजात पाने की इब्तिदा करने का दिन निर्धारित किया गया।

यह कुछ उसी पैटर्न पर था, जिस पैटर्न पर 16 अगस्त, 1946 को कलकत्ता में 'डाइरेक्ट एक्शन डे' हिंदुओं के कत्लेआम और देश भर में दंगे भड़काने के लिए निर्धारित किया गया था। उसी प्रकार इस षड्यंत्र के अगले चरण में पश्चिम पंजाब के सर्वाधिक संवेदनशील रावलपिंडी क्षेत्र में 5 मार्च, 1947 को होली के अवसर पर दंगाइयों को हिंदू-सिखों से खूनी खेल खेलने की हरी झंडी दिखा दी गई थी। इसी तरह कश्मीर को हथियाने के उद्‌देश्य से कबाइलियों को वहाँ कत्लेआम मचाने के लिए 22 अक्तूबर, 1947 के दिन से अपनी कारस्तानियाँ शुरू कर देने का पैगाम दिया गया था। जाहिर है, इस तरह के किसी भी अभियान को अमली जामा पहनाने के लिए एकाध दिन नहीं कई दिन, हफ्ते और महीने चाहिएँ पूर्व तैयारी के लिए। फिर सरकारी मशीनरी या उसके एक वर्ग का सहयोग और विभिन्न स्रोतों से मदद भी चाहिए जो उपरोक्त सभी मामलों में उपद्रवियों को उपलब्ध करा दी जाती रही। इस तरह के बलवे एकाएक खुद-ब-खुद भड़क उठनेवाले दंगे-फसाद की श्रेणी में नहीं आते। इसके लिए कई दिन की योजनाबद्ध एडवांस तैयारी की जाती है। यही कश्मीर घाटी के मामले में की गई।

पाकिस्तान के साजिशकर्ता सरगनाओं ने कश्मीर में घुसपैठ द्वारा पाकिस्तानी आतंकियों को भेजने के बजाय कश्मीर घाटी के मुसलिम युवाओं को प्रेरित और प्रलोभित कर, उन्हें आवश्यक ट्रेनिंग देकर, उत्पात मचाने के लिए वापस घाटी में भेजना अधिक कारगर माना। 'ऑपरेशन टोपक' के अंतर्गत जनरल जिया के शासनकाल के अंतिम दौर में, वर्ष 1987 में सरहद के पार जाकर हथियार चलाने की ट्रेनिंग लेकर 1989 में लौटनेवाले इन जिहादी आतंकियों ने उस वर्ष सितंबर महीने में ही अपने प्रयोग आरंभ कर दिए थे। इसके अंतर्गत चुन-चुनकर कई प्रमुख कश्मीरी पंडितों की हत्या की गई।

फिर आई 19 जनवरी, 1990 की वह सर्द और खौफनाक काली रात, जो कश्मीरी हिंदुओं पर कहर बनकर टूटी। सप्ताह भर मार-काट, महिलाओं का अपहरण और बलात्कार जैसी घोर अमानवीय घटनाओं का सिलसिला जारी रहा। ऐसा लगा कि घाटी में सरकार नाम की कोई चीज रह नहीं गई है। किसी प्रकार की गुहार लगाने पर कोई सुननेवाला नहीं था। सरकारी मशीनरी फेल थी या मूकदर्शक बनकर रह गई थी। सरकारी निकम्मेपन से उपद्रवियों को और शह मिली। बताया गया कि 19 जनवरी की उस रात, जो कश्मीरी पंडितों के लिए कयामत की रात थी, पाकिस्तान-प्रायोजित जम्मू एंड कश्मीर लिबरेशन फ्रंट और हिजबुल मुजाहिदीन के आतंकियों ने मसजिदों से लाउडस्पीकरों पर लोगों को कर्फ्यू का विरोध करने और सड़कों पर उतर आने का आह्वान किया। मसजिदों से तीन टेप किए हुए भड़काऊ नारे बार-बार प्रसारित किए गए। ये नारे थे-'कश्मीर में अगर रहना है, अल्ला-हो-अकबर कहना होगा', 'यहाँ क्या चलेगा, निजामे-मुस्तफा', 'असी छु बनावुन पाकिस्तान, बटाव रोसतुय बटन्यव सान।' (अर्थात् हमें बनाना है पाकिस्तान बिना हिंदुओं के, पर उनकी बहू-बेटियों को लेकर)।

'मुसलमानो जागो', 'काफिरो भागो'

एक जिहादी संगठन 'अल्लाह टाइगर' द्वारा लगाए गए पोस्टरों पर अंकित था—'अल्ला हो अकबर मुसलमानो जागो, काफिरो भागो जिहाद आ रहा है।'

नए गवर्नर जगमोहन उसी दिन (19 जनवरी) को श्रीनगर पहुँचे थे। उन्होंने दूसरी बार जम्मू-कश्मीर के गवर्नर का पदभार सँभाला था। पिछली बार 1984 में उनके इसी पद पर रहते तत्कालीन मुख्यमंत्री फारूक अब्दुल्ला की सरकार बरखास्त कर दी गई थी। 1990-91 की अवधि में केंद्र में विश्वनाथ प्रताप सिंह और चंद्रशेखर की अल्पमत की अल्पस्थायी सरकारें सत्ता में रहीं, जिनका ज्यादा ध्यान अपनी अस्तित्व रक्षा पर लगा रहता था। इसी अवधि में तत्कालीन केंद्रीय गृहमंत्री मुफ्ती मुहम्मद सईद की सबसे छोटी बेटी रुबैया सईद का तीन आतंकवादियों ने बड़ी आसानी से अपहरण कर लिया था। अंततः छह दिन बाद सरकार को रुबिया की रिहाई के बदले पाँच खूँखार आतंकियों को छोड़ देना पड़ा। इसका नतीजा यह हुआ कि कश्मीरी उग्रवादियों-अलगाववादियों के हौसले बेहद बुलंद हो गए।

इससे पूर्व राजीव गांधी के शासनकाल (1984-89) में केंद्र सरकार को कश्मीर घाटी में आतंकियों की हिंसा और पंजाब में उग्रवादी सिखों के खालिस्तान आंदोलन से निपटना पड़ा था। दोनों जगह अलगाववादियों को पाकिस्तान का भरपूर समर्थन प्राप्त था। कश्मीर में 19 जनवरी, 1990 को लगाया गया राष्ट्रपति शासन छह वर्ष तक जारी रखना पड़ा, क्योंकि कश्मीर में इसलामी उग्रवाद ने कहर ढहा रखा था।

मानवता को शर्मसार करनेवाली घटनाएँ

नई दिल्ली में पदस्थापित फ्रांसीसी पत्रकार फ्रांसुआ गाटिए ने 1990 के दशक के प्रारंभ से ही अपने पत्र 'लॉ फिगारो'(LA FIGARO) के लिए नई दिल्ली से भेजी अनेक रिपोर्टों में इस बात का विस्तार से उल्लेख किया था कि किस तरह कश्मीर घाटी में पहले सभी हिंदू नेताओं को चुन-चुनकर मारा गया। सबसे पहले 14 सितंबर, 1989 को भारतीय जनता पार्टी के जम्मू कश्मीर प्रदेश के उपाध्यक्ष टीकालाल टपलू की हत्या की गई। उसके बाद पं. नीलकंठ गंजू, पं. प्रेमनाथ भटट्, पं. लस्सा कौल, सर्वदानंद प्रेमी आदि कोई नेताओं की हत्या हुई, फिर हिंदुओं को पलायन के लिए मजबूर किया गया।

1947 में कश्मीर घाटी में हिंदुओं की जनसंख्या 15 प्रतिशत थी। 1981 में यह घटकर 5 प्रतिशत रह गई और 1991 में और भी घटकर 0.1 प्रतिशत रह गई।

इतिहासकार रामचंद्र गुहा ने दैनिक 'हिंदुस्तान टाइम्स' (Hindustan Times) के 8 सितंबर, 2019 के अंक में 'कश्मीरी पंडितों की अनेक दारुण विपत्तियाँ' (The Many Tragedies of Kashmiri Pandits) शीर्षक स्तंभ लेख में कश्मीर घाटी से कश्मीरी पंडितों के नस्ली सफाए का उल्लेख किया। उनके अनुसार घाटी से कश्मीरी पंडितों को कैसे और क्यों चले जाना पड़ा, इसका शायद सबसे प्रामाणिक विवरण सोनिया जब्बार ने एक निबंध में दिया है। यह 'घर-घाट की मनोभावना' (Spirit of Place) शीर्षक से 'सिविल लाइंस 5' (Civil Lines 5) में प्रकाशित किया गया है। इसमें जिहादियों द्वारा कत्ल किए गए 36 पंडित स्त्री-पुरुषों के नाम, उनके जन्म तथा मृत्यु की तिथियाँ, मूल गाँव, परिवार-सदस्यों की सूची दी गई है। इस तथ्यान्वेषी सूचीकरण के बाद

निबंध रचयिता की अपनी आवाज में यह पैराग्राफ दिया गया है—

"These are just a few of the names of the Pandits who were killed by the militants between 1989-1991. I'd love to add some nine hundred more for you to get the complete picture. These women and men were not killed in the crossfire, accidentally, but were systematically and brutally targeted. Many of the women were gangraped before they were killed. One woman was bisected by a mill saw. The bodies of the men bore marks of torture. Death by strangulation, hanging, amputations, the gouging of eyes, were not uncommon. Often their bodies were dumped with notes forbidding anyone—on pain of death—to touch them. 900 brutal killings out of a population of around 3,50,000 Pandits over a period of 24 months is a startling figure. Anyone who says Jagmohan engineered the Pandit exodus is a liar."

हत्यारों को सजा देने की माँग करते कश्मीरी पंडित

(ये बस कुछ नाम हैं पंडितों के, जिन्हें 1989-1991 के बीच जंगजुओं ने मार डाला। पूरी जानकारी उपलब्ध कराने के लिए मैं कोई नौ सौ और नाम जोड़ना चाहूँगी। ये स्त्री-पुरुष दो या अधिक तरफों से जवाबी गोलाबारी में दुर्घटनावश नहीं मारे गए, बल्कि इन्हें जान-बूझकर और जालिमाना ढंग से निशाना बनाया गया। बहुत-सी महिलाओं को मार डालने से पहले उनका सामूहिक बलात्कार किया गया। एक महिला को कारखाने के आरे से दो हिस्सों में चीर दिया गया। पुरुषों के जिस्मों पर यातना के निशान पाए गए। गला दबाकर, फाँसी पर लटकाकर, हाथ-पैर आदि अंग काटकर, आँखें निकालकर मार डालना कोई असाधारण बात नहीं थी। अकसर उनके शव उन्हें छूने तक की मनाही थी, नहीं तो मौत की सजा भुगतने की चेतावनी वाले पर्चों के साथ फेंक दिए जाते थे। करीब 3,50,000 पंडितों की आबादी में से 900 की 24 माह में क्रूर हत्या एक चौंका देनेवाली संख्या है। जो कोई यह कहता है कि जगमोहन ने पंडितों के पलायन का षड्यंत्र रचा, वह झूठा है।)

अपने ही देश में बन गए शरणार्थी!

कश्मीरी पंडित स्त्री-पुरुषों के घोर अपमान और नृशंस हत्याओं के अनेक विवरण प्रकाशित हुए हैं, लेकिन इस एक पैराग्राफ में जो कुछ कह दिया गया है, वह पूरे हाहाकारी कत्लो-गारद की झाँकी प्रस्तुत कर देता है।

पीढ़ियों से कश्मीर घाटी में रहनेवाले कश्मीर के मूल निवासी पंडित जिनका 5,000 वर्ष का इतिहास है, अपने जान-माल और जीवन-मूल्यों की सुरक्षा के लिए घाटी छोड़ने के लिए विवश हो गए। कई हजार परिवार जम्मू और दिल्ली में रह रहे हैं। कुछ देश के अन्य भागों में बसे हैं, कुछ विदेश भी चले गए हैं। उनके घाटी छोड़ने से खुद कश्मीर की, जो बहुविध क्षति हुई है, उसका मूल्यांकन नहीं किया जा सकता। सचमुच कश्मीर को उनकी जरूरत है।

प्रदर्शनकारी कश्मीरी पंडित बालक

विडंबना तो यह है कि घाटी छोड़ने के बाद के वर्षों में भी वहाँ रह रहे बचे-खुचे कश्मीरी पंडितों को निशाना बनाया जाता रहा है, उनकी जघन्य हत्याएँ की गई हैं। वे अपने ही देश में शरणार्थी हो गए हैं। वास्तव में कश्मीरी पंडितों का उत्पीड़न स्वाधीनता-उपरांत भारत की बदतरीन मानवीय विपदाओं में से एक है। खेदजनक बात यह है कि हमारी नई पीढ़ी को इसकी सामान्य जानकारी भी नहीं है। यह कहना गलत नहीं होगा कि कश्मीरी पंडितों की दुर्दशा पर कुछ भी नहीं कर पाना राष्ट्रीय शर्म का विषय है।

गनीमत यह है कि नरेंद्र मोदी की सरकार के आने के बाद कश्मीरी पंडितों को कुछ राहत प्रदान करने और उनके पुनर्वास की दिशा में कुछ प्रयास आरंभ हुए हैं। इस बीच सबसे महत्त्वपूर्ण घटना-विकास है 70 साल बाद जम्मू-कश्मीर को अनुच्छेद 370 और 35ए के अंतर्गत दिया गया विशेष राज्य का दर्जा समाप्त करना। इससे कश्मीर को स्वायत्तता के जो अलग अधिकार मिलते थे, वे समाप्त हो गए। भारतीय संसद् के सभी फैसले कश्मीर पर लागू होने का रास्ता हमवार हो गया।

इसकी प्रतिक्रिया में पाकिस्तान ने अपनी बौखलाहट का प्रदर्शन किया। उसने भारतीय हाई कमिश्नर को तलब कर अपना एतराज जताया, यू.एन. से शिकायत की, अमेरिका से भी गुहार लगाई। पाकिस्तान को सबसे बड़ा धक्का यह लगा कि कश्मीर पर सबसे बड़े इसलामी देश सऊदी अरब ने भारत का साथ दिया और संयुक्त अरब अमीरात ने भी। ज्यादातर मुसलिम देश खामोश रहे।

कश्मीरी पंडितों की वापसी का सवाल

अब कश्मीरी पंडितों की वापसी की उम्मीद जगी है, लेकिन यह काम आसान नहीं है। राज्य सरकार, केंद्र सरकार और कश्मीरी पंडितों के संगठनों के अलावा घाटी के नागरिक संगठनों को भरोसे एवं विश्वास में लेकर विचार-विमर्श करना होगा। पूरी प्रक्रिया को अंतिम स्वरूप देते समय उसकी व्यावहारिकता को भी ध्यान में रखना होगा। सब कुछ पहले की तरह यानी यथापूर्व स्थिति लाना संभव प्रतीत नहीं होता। कुछ लोग अपने मूल गाँव लौटना चाहेंगे, लेकिन क्या वहाँ उनके मकान सुरक्षित हैं? इन विस्थापित परिवारों की जमीन-जायदाद, कृषि भूमि, मंदिर व उनसे लगे परिसर सब स्थानीय लोग जब्त कर चुके हैं। घाटी में 700 से अधिक मंदिर हैं। वे सब सूने पड़े हैं। वहाँ कोई दीया जलानेवाला भी नहीं है। विगत के कटु अनुभवों के कारण अनेक लोग उसी गली-महल्ले में लौटना भी नहीं चाहेंगे। कुछ लोग योजनाबद्ध तरीके से शहरों में रहने की इच्छा जता सकते हैं। कश्मीरी पंडितों के लिए अलग कॉलोनी बसाने के लिए एक लंबी अवधि की योजना

बनानी होगी। इस बात का भी ध्यान रखना होगा कि पाकिस्तान–परस्त अलगाववादी तत्त्व विघ्न नहीं डाल सकें। मौजूदा हालात में तो यही लगता है कि वापसी का मौका मिलने पर भी अनेक लोग वापस नहीं जाएँगे, विशेषकर नई पीढ़ी के युवा। लाख टके का सवाल यह है कि कश्मीरी पंडित वहाँ वापस जाकर करेंगे क्या ? इसके लिए धरातल पर कुछ करना होगा।

□

38

मुंबई का 'ब्लैक फ्राइडे' : बाबरी विध्वंस के प्रतिशोध में पाक-प्रायोजित धमाके

मुंबई महानगर की जीवनशैली को तहस-नहस करने के उद्देश्य से पाकिस्तान-पोषित तत्त्वों ने 12 मार्च, 1993 को एक के बाद एक 12 महत्त्वपूर्ण ठिकानों पर बम बिस्फोट किए, जिनमें 257 निर्दोष लोग मारे गए। इन सिलसिलेवार धमाकों पर हुसैन जैदी ने अपनी खोजपूर्ण पुस्तक 'ब्लैक फ्राइडे' में लिखा है कि यह कांड सिर्फ बाबरी मसजिद गिराए जाने की प्रतिक्रिया मात्र नहीं था, बल्कि मुसलिम सियासतदानों और मजहबी नेताओं के इस दुष्प्रचार का नतीजा था कि मुसलमानों की दूसरी मसजिदों पर भी ऐसी काररवाई की जाएगी। इसलिए अगर हिंदुस्तान में हिंदुओं की गुलामी में नहीं रहना है तो उन्हें प्रतिकार के तौर पर जल्द ही कुछ कर दिखाना होगा।

यह साजिश अंडरवर्ल्ड सरगना दाऊद इब्राहिम और टाइगर मेमन ने पाकिस्तान के गठजोड़ से रची थी। साजिशकर्ताओं में से एक याकूब मेमन को 22 साल बाद 2015 में फाँसी की सजा हुई, जबकि धमाकों के मास्टर माइंड दाऊद इब्राहिम और टाइगर मेमन आज भी पाकिस्तान में मौज-मस्ती का जीवन बिता रहे हैं।

मुंबई महानगर की जीवनशैली को तहस-नहस करने के उद्‌देश्य से पाकिस्तान-पोषित तत्त्वों ने 12 मार्च, 1993 को एक के बाद 12 महत्त्वपूर्ण ठिकानों पर बम विस्फोट किए। इन विस्फोटों में कुल 257 निर्दोष लोग मारे गए और 713 लोग घायल हो गए। उस दिन दोपहर 1:28 से 3:25 बजे तक किए गए इन विस्फोटों से अरबों रुपए की संपत्ति का नुकसान हुआ। अर्थव्यवस्था को चौपट करने और लोगों में दहशत फैलाने के इरादे से स्टॉक एक्सचेंज, भीड़ से भरे बाजार, रोड ट्रांसपोर्ट की एक डबल डेकर बस, एयर इंडिया बिल्डिंग, सांताक्रूज हवाई अड्डा आदि को निशाने के तौर पर चुना गया।

पाकिस्तान में रची गई साजिश

इस कांड के आरोपियों के विरुद्ध वर्षों तक चलनेवाले मुकदमे में इस बात की पुष्टि हो

गेटवे ऑफ इंडिया के सामने विस्फोट

गई कि इन धमाकों की साजिश पाकिस्तान में रची गई थी। वैसे तो इस कांड से सबंद्ध बदमाशों की धर-पकड़ होते ही उनके बयानों से यह जानकारी मिल गई थी कि इस करतूत की सूत्रधार पाकिस्तान की बदनाम खुफिया एजेंसी आई.एस.आई. थी, जिसने मुंबई के भगोड़े अंडरवर्ल्ड सरगना दाऊद इब्राहिम के साथ मिलकर योजना बनाई थी। इसमें इसमाइल अब्दुल रजाक उर्फ टाइगर मेमन भी शामिल था।

मुंबई में धमाके करने की ट्रेनिंग देने के लिए सबसे पहले वहाँ उपयुक्त समझे जानेवाले कुछ लोगों को चुना गया। उन्हें सीधे पाकिस्तान नहीं भेजकर पहले दुबई भेजा गया, जहाँ से उन्हें पाकिस्तान में लाकर ट्रेनिंग दी गई। अंतरराष्ट्रीय तस्कर दाऊद इब्राहिम ने धमाकों के लिए अपने नेटवर्क का इस्तेमाल करते हुए जरूरी हथियार और विस्फोटक सागर के रास्ते मुंबई पहुँचाए थे। पाकिस्तानी के ये विस्फोटक समुद्र तटवर्ती जिले रायगढ़ में उतारे गए थे।

अपराध पत्रकारिता में काफी शोहरत प्राप्त कर चुके पत्रकार हुसैन जैदी ने मुंबई महानगर में हुए इन बम विस्फोटों पर चार वर्ष की अपनी खोजों के आधार पर तैयार की गई अपनी पुस्तक 'काला शुक्रवार' (Black Friday) में लिखा कि यह सीरियल बम विस्फोट कांड सिर्फ बाबरी मसजिद के गिराए जाने की प्रतिक्रिया मात्र नहीं था, बल्कि मुसलिम सियासतदानों और मजहबी नेताओं के इस प्रौपेगेंडा का नतीजा था कि हिंदुओं के बढ़ते दबदबे के कारण मुसलमानों की दूसरी मसजिदों पर भी निकट भविष्य में इसी तरह की काररवाई किए जाने की संभावना है। इसलिए अगर मुसलमानों को हिंदुस्तान में हिंदुओं की गुलामी में नहीं रहना है तो उन्हें प्रतिशोध के तौर पर जल्द ही कुछ कर दिखाना होगा। यह जहर मुसलिम समुदाय में सुनियोजित तरीके से घोला गया था। बाद में हुसैन जैदी की पुस्तक 'ब्लैक फ्राइडे' पर एक फिल्म भी बनी थी।

सर्वत्र हृदय-विदारक दृश्य

इस खूनी मंजर का मर्मस्पर्शी विवरण राजबहादुर यादव ने साप्ताहिक 'युगवार्ता' की आवरण कथा में दिया, जिसके तत्सबंधी अंश इस प्रकार हैं—"12 मार्च, 1993 को देश के व्यावसायिक शहर में मुंबई के स्टॉक मार्केट में भारी भीड़ लगी हुई थी। लोग अपने कारोबार में व्यस्त थे। दोपहर ठीक 1 बजकर 30 मिनट पर मुंबई स्टॉक एक्सचेंज की 28 मंजिली इमारत की पार्किंग में बम विस्फोट हुआ। इस घटना में 84 लोगों की मौत हो गई और 217 लोग घायल हो गए। मुंबई शेयर बाजार की इस इमारत की पार्किंग में जैसे लाशों के ढेर बिछ गए थे। जो लोग कुछ देर पहले शेयर की बोली लगा रहे थे, अचानक क्षत-विक्षत लाशों में तबदील हो गए थे। इनमें अधिकतर लोगों के शव के भी अंग-प्रत्यंग गायब हो चुके थे। वह बहुत ही हृदय-विरादक दृश्य था। यहाँ लोग लाशों

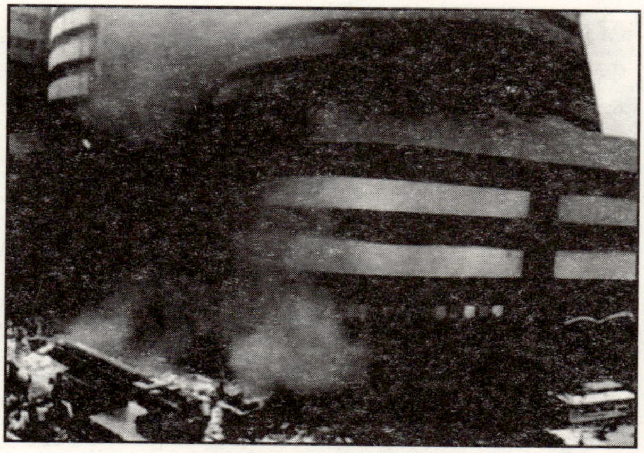

बड़ा निशाना–स्टॉक एक्सचेंज

को देखकर रो-बिलख रहे थे। पुलिस ठीक से घटना-स्थल का मुआयना भी नहीं कर सकी थी कि अचानक 2 बजकर 15 मिनट पर भीड़-भाड़ भरी नरसी नाथा स्ट्रीट में दूसरा बम विस्फोट हो गया। इस विस्फोट में 5 लोगों की मौत हो गई और 16 लोग घायल हुए। यहाँ भी कमोबेश पहले विस्फोट के बाद की तरह का ही माहौल था। इन नराधमों ने तीसरा बम विस्फोट 2 बजकर 30 मिनट पर शिवसेना भवन के पास किया। इस घटना में 4 लोगों की मौत हो गई और 50 लोग घायल हुए। इसी प्रकार 2 बजकर 33 मिनट पर चौथा बम विस्फोट एयर इंडिया की बिल्डिंग के पास हुआ। वहाँ 20 लोगों की मौत हुई और 87 लोग घायल हुए। पाँचवाँ बम विस्फोट 2 बजकर 45 मिनट पर सेंचुरी बाजार में हुआ और इस घटना में सर्वाधिक 113 लोगों की मौत हो गई, जबकि 227 लोग घायल हुए। छठा बम विस्फोट 2 बजकर 45 मिनट पर हुआ और इस घटना में 3 लोगों की मौत हो गई, 6 लोग घायल हो गए। सातवाँ विस्फोट 3 बजकर 5 मिनट पर झवेरी बाजार में हुआ। वहाँ 17 लोगों की मौत हो गई और 57 लोग घायल हो गए। इसी प्रकार आठवाँ बम विस्फोट 3 बजकर 10 मिनट पर सीरॉक होटल में हुआ। इस घटना में 3 लोग घायल हुए। इसी तरह नौवाँ बम विस्फोट 3 बजकर 13 मिनट पर प्लाजा सिनेमा के पास हुआ। प्लाजा सिनेमा के पास 10 लोगों की मौत हो गई और 37 लोग घायल हो गए। 10वाँ बम विस्फोट 3 बजकर 20 मिनट पर जुहू सेंटर होटल के पास हुआ और वहाँ 3 लोग घायल हुए। सहार हवाई अड्डे पर 11वाँ बम विस्फोट हुआ। संयोगवश, इस घटना में कोई हताहत नहीं हुआ। 3 बजकर 40 मिनट पर एयरपोर्ट के सेंटर होटल में 12वाँ बम विस्फोट हुआ, जिसमें 2 लोगों की मौत हो गई और 8 लोग घायल हो गए। इस तरह महज 2 घंटे 10 मिनट के बीच मुंबई में हुए एक के बाद एक सिलसिलेवार 12 बम विस्फोटों ने मुंबई की हमेशा गतिशील रहनेवाली जीवनशैली को अचानक जकड़ दिया। दोपहर डेढ़ बजे से पहले हर तरफ फैली खुशहाली अचानक दो घंटों में ही गम में तबदील हो गई।"

अबू सालेम बच निकला फाँसी से

मुंबई की 'टाडा' कोर्ट में इस विस्फोट प्रकरण के लंबे अरसे तक चले मुकदमे में 189 अभियुक्त थे, जिनमें से कइयों की इस अवधि में मौत हो गई या उनकी हत्या कर दी गई और कुछ अपने पहले दिए गए बयानों से मुकर गए। इनके अलावा 27 अभियुक्त, जिनमें इस साजिश के मास्टर माइंड दाऊद इब्राहिम और टाइगर मेमन आदि शामिल थे, फरार बताए गए। दो अभियुक्त सरकारी गवाह बनकर माफी के हकदार हो गए। इनमें से एक आरोपी अहमद जान खान ने बताया

कि दुबई की गुप्त मीटिंग में वह मौजूद था, जहाँ यह साजिश रची गई थी। उसने पाकिस्तान में ट्रेनिंग भी ली थी। उसने मुंबई में विस्फोटक रखने के जिम्मेदार लोगों के नाम भी बताए।

इस विस्फोट प्रकरण का ट्रायल बहुत लंबे समय तक चला। न्यायिक सुनवाई में पहले चरण में सितंबर 2006 में कुल 123 आरोपियों में 100 को सजा सुनाई गई। इनमें 12 दोषियों को मौत की सजा और 20 को उम्रकैद की सजा सुनाई गई। उसी समय फिल्म अभिनेता संजय दत्त को भी छह साल तक सश्रम कारावास की सजा सुनाई गई। उसने अपने पास एक ए.के.-56 राइफल, 250 राउंड गोली, मैगजीन और बिना लाइसेंस की 9 मिमी. की एक पिस्तौल होना कबूल किया था। उसका कहना था कि इस कांड में लिप्त अडंरवर्ल्ड से ये हथियार आत्मरक्षा के लिए हासिल किए थे, क्योंकि उसे अपनी जान पर खतरा महसूस हो रहा था। अदालत ने संजय दत्त को आतंकी तो नहीं माना, लेकिन उसे अपनी विवेकहीनता का दंड भुगतना पड़ा।

अबू सालेम पुलिस की हिरासत में अदालत जाते हुए

सजाएँ सुनाने की इसी कड़ी में सितंबर 2007 में एक प्रमुख साजिशकर्ता अबू सालेम को 25 साल कैद की सजा सुनाई गई। अबू सालेम को पुर्तगाल से प्रत्यर्पित करते समय की गई संधि के दायरे में यह सजा सुनाई गई। पुर्तगाल में फाँसी की सजा की मनाही है, इसलिए भारत को यह आश्वासन देना पड़ा कि अबू सालेम दोष सिद्ध होने पर उसे फाँसी की जगह कोई और सजा दी जाएगी।

याकूब मेमन को 22 साल बाद फाँसी

सुप्रीम कोर्ट ने टाइगर मेमन के भाई याकूब मेमन को छोड़कर बाकी सभी लोगों की मौत की सजा उम्रकैद में बदल दी। याकूब मेमन को आपराधिक साजिश का दोषी करार दिया गया। अंततः 30 जुलाई, 2015 को याकूब मेमन को फाँसी दे दी गई। कुछ लोगों ने याकूब की फाँसी की सजा को राजनीतिक व सांप्रदायिक रंग देते हुए अंतिम समय तक इसे उम्रकैद में बदलने के लिए पुरजोर ढंग से सभी उपलब्ध कानूनी प्रयास किए। सुप्रीम कोर्ट में पुनर्विचार याचिका, प्रतिकार याचिका और राष्ट्रपति के यहाँ दया याचिका दी गई। यहाँ तक कि फाँसी के निर्धारित समय से कुछ घंटे पहले सुप्रीम कोर्ट को देर रात तक बैठकर फिर एक बार याकूब मेमन की ओर से की गई फरियाद को सुनना पड़ा, लेकिन सुप्रीम कोर्ट ने याकूब मेमन के मृत्युदंड को विरलतम मामले की कसौटी पर सही ठहराते हुए सजा को बहाल रखा। मृत्यु दंड नहीं देने की माँग करनेवालों में फाँसी की सजा की प्रथा को ही समाप्त करने की माँग करनेवाले कतिपय मानवाधिकारवादी भी थे।

ज्ञातव्य है कि इस मामले में खुद याकूब मेमन ने यह महत्त्वपूर्ण खुलासा किया था कि बम विस्फोटों की साजिश में उसका भाई टाइगर मेमन, अंडरवर्ल्ड डॉन दाऊद इब्राहिम और पाकिस्तानी एजेंसियाँ शामिल थीं, लेकिन उसके इस खुलासे से अदालत का अंतिम फैसला

प्रभावित नहीं हुआ, क्योंकि जिस शातिर तरीके से सैकड़ों लोगों के नरसंहार को अंजाम दिया गया, जरूरी हथियार व विस्फोटक सामग्री का जुगाड़ किया गया, अराजकता और सांप्रदायिक विद्वेष फैलाने की कोशिश की गई, उसे ध्यान में रखते हुए अदालत को इस मामले में किसी प्रकार की नरमी बरतने का कोई औचित्य प्रतीत नहीं हुआ। अदालत ने याकूब मेमन को धमाकों के लिए धन जुटाने, आतंकियों की ट्रेनिंग के लिए हवाई यात्रा टिकटों का इंतजाम करने, धमाकों के लिए 85 ग्रेनेड उपलब्ध कराने का आरोप सही पाया। साथ ही, उसके आवास से 12 बम भी मिले थे। बम उसके घर में ही बनाए गए थे और उन्हें उसी की कार में ले जाकर घनी आबादी वाले इलाकों में रखा गया था। इस प्रकार 22 साल तक चलनेवाली न्यायिक प्रक्रिया के नजरिए हमने दुनिया को यह दिखाने का पूरा प्रयास किया कि हमारी न्याय व्यवस्था कितनी पारदर्शी, सूक्ष्मदर्शी, श्रमसाध्य, धैर्यशील, संवेदनशील और तटस्थ है।

इन धमाकों के प्रकरण में केवल एक ही साजिशकर्ता को मौत की सजा हुई, जबकि धमाकों के मास्टर माइंड दाऊद इब्राहिम और टाइगर मेमन अब भी पाकिस्तान में मौज-मस्ती की जिंदगी बिता रहे हैं।

□

39

वाजपेयी की लाहौर सद्भावना बस यात्रा को लगाया पलीता

प्रधानमंत्री अटल बिहारी वाजपेयी के कार्यकाल का एक बहुत महत्त्वपूर्ण लम्हा था—फरवरी 1999 में उनकी लाहौर बस यात्रा। पं. जवाहरलाल नेहरू और राजीव गांधी के बाद अटल बिहारी वाजपेयी पाकिस्तान जानेवाले तीसरे प्रधानमंत्री थे। भारत और पाकिस्तान के बीच मैत्री की आवश्यकता प्रतिपादित करते हुए उन्होंने लाहौर में स्वागत समारोह में जो ओजस्वी भाषण दिया, उसकी पाकिस्तान में बड़ी सराहना की गई। उनकी कविता 'जंग न होने देंगे' भी बहुचर्चित हुई।

दोनो पक्षों ने संयुक्त घोषणा-पत्र जारी कर अपने संबंधों को सामान्य बनाने के लिए आपसी विश्वास पर काम करने का संकल्प व्यक्त किया, लेकिन पाकिस्तानी फौज को यह रास नहीं आया। उसने गुपचुप तरीके से कारगिल सेक्टर में भारतीय चौकियों पर कब्जा करने का प्रयास किया, जिससे युद्ध छिड़ गया। इससे दोनों देशों के बीच संबंध सामान्य बनाने के लिए आरंभ की गई प्रक्रिया पर पानी फिर गया।

प्रधानमंत्री अटल बिहारी वाजपेयी के कार्यकाल का एक बहुत महत्त्वपूर्ण लम्हा था फरवरी 1999 में उनकी लाहौर बस यात्रा। वाजपेयी ने भारत और पाकिस्तान के बीच आरंभ की जानेवाली चिरप्रतीक्षित बस सेवा का उद्घाटन करने के लिए पाकिस्तान के प्रधानमंत्री नवाज शरीफ का अनुरोध स्वीकार कर लिया था।

काफी मशक्कत के बाद

परदे के पीछे काफी मशक्कत से की गई कूटनीति, जिसे 'बैक चैनल या चैनल-2 डिप्लोमेसी' कहते हैं, के कारण यह संभव हो सका। कुछ अरसा पहले तक किसी ने इसकी कल्पना नहीं की थी, खासकर उससे पिछले वर्ष मई महीने में भारत और फिर पाकिस्तान द्वारा परमाणु परीक्षण करने और पाकिस्तान के पालित-पोषित आतंकियों द्वारा जम्मू-कश्मीर में उत्पात जारी रखने के कारण दोनों देशों में जो तनाव आया था, उससे ऐसा लग रहा था कि आपसी विरोध भाव और संदेह इतने

बढ़ गए हैं कि निकट भविष्य में संबंध सुधारने की कोई संभावना नहीं।

इस बस यात्रा के बाद संयुक्त लाहौर घोषणा-पत्र जारी किया गया। इस पूरी दौड़-धूप की बड़ी सराहना की गई और उसे बहुत सफल और ऐतिहासिक बताया गया, लेकिन कुछ ही सप्ताह में पाकिस्तानी फौज ने वाजपेयी-शरीफ सुलह की कोशिश को नाकाम कर एक दूसरा ही इतिहास रच दिया।

यह था, पाकिस्तान द्वारा कारगिल में छेड़ा गया छद्म युद्ध। पाकिस्तानी सेना ने आतंकियों की मिलीभगत से नियंत्रण रेखा (एल.ओ.सी.) पार करके कारगिल सेक्टर में भारतीय सीमा में घुसकर उन चौकियों पर कब्जा कर लिया था, जिन्हें भारतीय सेना बर्फीली सर्दियों में खाली कर देती थी। पता लगने पर भारत ने पाकिस्तान के इस दुस्साहस का माकूल जवाब दिया और युद्ध व कूटनीति, दोनों मोर्चों पर पाकिस्तान को करारी शिकस्त दी। (कारगिल में पाकिस्तान के छद्म युद्ध की चर्चा एक अलग अध्याय में की गई है।)

एक साहसपूर्ण कूटनीतिक पहल

लाहौर चलो!
प्रधानमंत्री अटल बिहारी वाजपेयी बस द्वारा लाहौर की यात्रा पर

लाहौर बस यात्रा से संबंधित पूरी कवायद लगभग सार्वजनिक चकाचौंध में हुई, जिसमें भावनात्मकता का काफी पुट था। कूटनीति व राजनीति का यह पूरा खेल रुखा-सूखा नहीं था। इस कारण यह उपयुक्त लगता है कि उस समय की इस कवायद और जमीनी माहौल का भी जिक्र कर दिया जाए। इसलिए भी कि बीस साल से अधिक बीत जाने के कारण देश की एक नई पीढ़ी अब जवान हो चुकी है, इस दिशा में उसकी जिज्ञासा की भी पूर्ति होनी चाहिए।

बस यात्रा अपने आप में एक साहसपूर्ण कूटनीतिक पहल थी। अमृतसर से लाहौर का फासला 51 किमी. है। इस फासले को तय करने में 51 वर्ष लग गए। देश के विभाजन के बाद पहली बार ग्रैंड ट्रंक रोड पर भारत-पाक सरहद सड़क यात्रा के लिए विधिवत खोल दी गई और पहली बार किसी भारतीय प्रधानमंत्री ने सरहद के फाटक से पाकिस्तानी धरती पर पाँव रखे। जवाहरलाल नेहरू और राजीव गांधी के बाद वाजपेयी तीसरे प्रधानमंत्री थे, जिन्होंने पाकिस्तान की यात्रा की। लाहौर आनेवाले वह पहले प्रधानमंत्री थे। इस यात्रा की खूबी यह रही कि यह भारी नाटकीयता के साथ संपन्न हुई। बस सेवा का नाम 'सदा-ए-सरहद' रखा गया, यानी सरहद की आवाज। इससे पहले अटारी से लाहौर के बीच चल रही ट्रेन सेवा का नाम 'समझौता एक्सप्रेस' रखा गया था। वाजपेयी के साथ बस में यात्रा पर जानेवाले आमंत्रित लोगों में कई मशहूर हस्तियाँ थीं—देव आनंद, कपिल देव, कुलदीप नैयर, जावेद अख्तर, सतीश गुजराल, शत्रुघ्न सिन्हा और मल्लिका साराभाई आदि।

20 फरवरी को वाजपेयी दिल्ली से विमान के जरिए अमृतसर पहुँचे, वहाँ से हेलीकॉप्टर पर सवार होकर वाघा बार्डर पहुँचे। सायंकाल 4:10 बजे जैसे ही वाजपेयी की बस ने वाघा बार्डर को पार किया, एक पाकिस्तानी पुलिस बैंड ने 'सोहणी धरती अल्ला रखे' की धुन बजाई। भारतीय सीमा सुरक्षा बल ने 'जिस देश में गंगा बहती है' की धुन बजाई।

उत्सव जैसा माहौल

सरहद के इस पार भारतीयों में उत्सव जैसा माहौल था। हमारे लोग कुछ ज्यादा ही उत्साहित नजर आ रहे थे। भारतीय नर्तक दल के कलाकार भाँगड़ा नृत्य कर रहे थे। इस अवसर पर गाए गए गानों में एक यह पंजाबी गाना भी था—'साडे नाल रहोगे ते ऐश करोगे' यानी पाकिस्तानियों को संदेश था कि अगर आप हमारे साथ मिलकर रहोगे तो मौज-मजे कर सकेंगे।

सरहद पर वाजपेयी की बस के पहुँचते ही पाकिस्तान की तरफ का लोहे का विशाल गेट खुला। इसे नवाज शरीफ ने स्वयं खोला। गेट पर उर्दू में 'खुश आमदीद' (स्वागत) अंकित था। इस महत्त्वपूर्ण घटना के कवरेज के लिए करीब 500 पत्रकार जुटे थे। इनमें 300 पाकिस्तान के और 200 भारत के थे। भारतीय पत्रकार एक दिन पहले ही लाहौर पहुँच चुके थे। वे लाहौर की दिशा से अपनी बसों से सरहद पर पहुँचे थे। इनमें शामिल एक भारतीय पत्रकार तवलीन सिंह भी थीं। वाजपेयी की बस 10 मिनट लेट हो जाने के कारण कई लोग आशंकित हो गए थे। तवलीन सिंह ने पूरे मंजर का आँखों देखा हाल रोचक शैली में बयान करते हुए बताया—"शाम 4 बजने में 5 मिनट पहले भारतीय सीमा से एक आदमी शगुन के तौर पर फलों का टोकरा लेकर आता दिखा। मिनटों बाद पंजाबी नर्तक-नर्तकियाँ आ गईं। एक पाकिस्तानी दोस्त ने कहा—"नर्तकियाँ! अपने देश में तो उन्हें देखे वर्षों बीत गए।" नर्तक बंद दरवाजों तक ही आए, जिन्हें समारोहपूर्वक खोला गया था, ताकि ठीक समय पर प्रधानमंत्री की बस पाकिस्तान में दाखिल हो सके। उनके पाकिस्तानी सरजमीं पर उतरकर नवाज शरीफ को गले लगाते ही हमारी सारी आशंकाएँ हवा हो गईं। हममें सबसे शंकालु साथी का भी गला भर आया। बाद में लाहौर में पाकिस्तानी दोस्तों ने कहा कि टेलीविजन पर इस आयोजन को देखकर कइयों की आँखें गीली हो गईं, खासकर जब उन्होंने पाकिस्तानी फौजियों को भारतीय राष्ट्रगान की धुन बजाते सुना। उन्होंने कहा कि ऐसा उन्होंने सपने में भी नहीं सोचा था।"

जंग न होने देंगे

लाहौर में अगले दिन गवर्नर हाउस में आयोजित स्वागत समारोह में वाजपेयी ने सभी आमंत्रितों को अपनी वक्तृत्व कला से सम्मोहित कर दिया। उन्होंने कहा, "यह सच है हम देश का बँटवारा नहीं चाहते थे। मैं जब पिछली बार इधर आया था, तब भारत एक था। मैं कोहाट और बन्नू तक गया। वह भारत आज भी मेरी आँखों के सामने है। देश का बँटवारा हुआ—हमारे दिल पर घाव लगा, घाव भर गया है, दाग जरूर बाकी है, लेकिन वो दाग हमें इस बात की याद दिलाता है कि हमें मिलकर चलना है।"

इस अवसर पर वहाँ उपस्थित पाकिस्तान के संभ्रांत वर्ग और विशिष्ट अतिथियों की तालियों की जोरदार गड़गड़ाहट से वाजपेयी के बयान का स्वागत किया गया।

प्रधानमंत्री अटल बिहारी वाजपेयी, विदेश मंत्री जसवंत सिंह के साथ मीनार-ए-पाकिस्तान लाहौर में

वाजपेयी इस कार्यक्रम से पहले 'मीनार-ए-पाकिस्तान' देखने गए थे। यह वही स्थान है, जहाँ 1940 में मुसलिम लीग ने पाकिस्तान निर्माण का प्रस्ताव पारित किया था। वाजपेयी ने कहा कि आज सुबह यह सवाल उठा कि मैं मीनार-ए-पाकिस्तान जाऊँ या नहीं? मैं जाना चाहता था, लेकिन मेरे साथियों ने कहा कि आपके वहाँ जाने से पाकिस्तान निर्माण पर आपकी मुहर लग जाएगी। मैंने कहा, "क्या मतलब है इसका? पाकिस्तान क्या मेरी मुहर पर चलता है? पाकिस्तान की अपनी मुहर है और वह चल रहा है।" इस पर सभागार में उपस्थित समाज के चुनिंदा श्रोतागण ने हर्ष ध्वनि से इसकी सराहना की।

वाजपेयी ने अपनी कविता सुनाई—

'जंग न होने देंगे
भारत-पाकिस्तान पड़ोसी,
साथ-साथ रहना है
प्यार करें या 'वार' करें,
दोनों को ही सहना है
जो हम पर गुजरी,
बच्चों पर न होने देंगे
जंग न होने देंगे।'

एक बार फिर जोरदार तालियाँ बजीं। इस कार्यक्रम को पूरे पाकिस्तान में रेडियो व टेलीविजन पर सुना व देखा गया।

कार्यक्रम के बाद वाजपेयी के शानदार भाषण की सबने तारीफ की और यह माना कि वाजपेयी जो कुछ भी बोल रहे थे, हृदय से बोल रहे थे। उनका भाषण लिखित नहीं था, न उन्होंने नोट्स का सहारा लिया था। उनकी सादगी व विनम्रता की भी प्रशंसा की गई। वह धोती-कुरता पहने हुए थे। उन्होंने अपना भाषण हिंदी में दिया और नवाज शरीफ को 'वजीरे आजम' के बजाय 'प्रधानमंत्री' कहकर संबोधित किया।

'जमात-ए-इसलामी' का उत्पात

कट्टरपंथी इसलामी संगठन जमात-ए-इसलामी ने वाजपेयी के आगमन से एक दिन पहले लाहौर में मॉल रोड पर प्रदर्शन किया और 'भारत को कुचल दो' के नारे लगाए। एक जमात नेता ने रैली को संबोधित करते हुए कहा, "वाजपेयी कश्मीरियों के साथ आग और खून की होली खेल रहा है।" जमात ने अगले दिन, यानी वाजपेयी के आगमन के दिन, लाहौर बंद का आह्वान किया और

सड़कों पर भारी उत्पात मचाया। दंगा-रोधी पुलिस की गोली से एक व्यक्ति मर गया। पुलिस ने सरकारी कार्यक्रम वाले स्थलों की सुरक्षा के लिए मुख्य मार्गों पर बैरिकेड लगाकर ट्रैफिक को दूसरी ओर मोड़ दिया था।

लाहौर घोषणा-पत्र पर हस्ताक्षर के बाद
अटल बिहारी वाजपेयी, नवाज शरीफ से हाथ मिलाते हुए

नवाज शरीफ द्वारा वाजपेयी के स्वागत में लाहौर किले में आयोजित रात्रि भोज में शामिल होने के लिए जानेवाले कई देशों के राजदूतों की गाड़ियों पर पत्थर फेंके गए और लाठियों से हमला किया गया। कइयों के झंडे उतारकर फेंक दिए गए। कई राजदूत आधे रास्ते से ही वापस हो गए। उपद्रवियों द्वारा लाठी-डंडों से प्रहार किए जाने के कारण एक राजदूत अपनी गाड़ी वहीं छोड़कर खिसक गए। पुलिस द्वारा आँसू गैस के गोले छोड़ने के बाद प्रदर्शनकारी वहाँ से तितर-बितर हुए। 'जमात-ए-इसलामी' के नेता काजी हुसैन अहमद ने कहा कि हम वाजपेयी को पाकिस्तान से खदेड़ देंगे।

हद तो तब हो गई, जब वाजपेयी के लाहौर से रवाना हो जाने के बाद इसलामी कट्टरपंथियों ने मीनार-ए-पाकिस्तान के फर्श को यह कहते हुए धोया कि एक काफिर ने इसे नापाक कर दिया है।

बहुत लोगों का कहना था कि ये मुट्ठी भर लोग हैं, इन्हें कोई व्यापक जनसमर्थन प्राप्त नहीं है, लेकिन इनकी उत्पात क्षमता जबरदस्त है। इन्हें फौज के जिहादी तत्त्वों का वरदहस्त प्राप्त है। पंजाब के मुख्यमंत्री और नवाज शरीफ के भाई शाहबाज शरीफ ने कहा कि जमात-ए-इसलामी ने न केवल खुद को लज्जित किया है, बल्कि सरकार को भी।

'हम अमन न होने देंगे'

पाकिस्तान के प्रमुख उर्दू दैनिक 'जंग' ने वाजपेयी के आगमन के दिन मुख्य पृष्ठ पर वाजपेयी के फोटो के साथ बैनर हेडलाइन 'नमस्ते! जी आइयां नूं' (पंजाबी में स्वागतम् के लिए प्रयुक्त शब्द) प्रकाशित किया।

'जंग' में डॉ. मंसूर नूरानी ने लिखा—'भारतीय प्रधानमंत्री अटल बिहारी वाजपेयी के लाहौर आने पर जो हुल्लड़बाजी की गई, वह हमारी मजहबी परंपरा के खिलाफ थी। भारत से हमारा झगड़ा सिद्धांतों के आधार पर है। इसका मतलब यह नहीं है कि हम इस दुश्मनी को अपनी राजनीति की दुकान चमकाने के लिए लगा दें। भारत की सैनिक ताकत हमसे बहुत अधिक है। परमाणु बम बनाकर हम अपनी हिफाजत नहीं कर सकते। इसके इस्तेमाल की धमकियाँ देना बच्चों की-सी बातें

हैं। हम किसी लंबी लड़ाई का खतरा मोल नहीं ले सकते।'

लेकिन रावलपिंडी में फौज के सदर मुकाम में बैठे आला फौजी अफसर लड़ाई का खतरा मोल लेने के लिए तैयार थे, शायद उन्हें वाजपेयी की नजम 'जंग न होने देंगे' पसंद नहीं आई। इन फौजी अफसरों की शायरी तो थी—'अमन नहीं होने देंगे।' वाघा बार्डर पर प्रधानमंत्री वाजपेयी के स्वागत के समय पाकिस्तानी फौज के तीनों अंगों के मुखियों की गैर हाजिरी फौज की मानसिकता जाहिर कर रही थी। बाद का घटनाक्रम इतिहास में दर्ज है। पाकिस्तानी फौज ने विश्वासघात करते हुए गुपचुप तरीके से कारगिल की पहाड़ियों को कब्जे में लेने का प्रयास करके अपना असली चेहरा एक बार फिर उजागर कर दिया।

'पीठ पीछे छुरा घोंपा'

पाकिस्तान के प्रमुख अंग्रेजी दैनिक 'डॉन' (DAWN) में एफ.एस. एजाजुद्दीन ने 16 जुलाई, 1999 के अंक में लिखा—

The Indians came to Lahore with an olive branch. We responded with Kargil.Today the Indian Nation is on a war footing, demanding vengeance and we are advocating ahimsa.

(भारतीय शांति का पैगाम लेकर लाहौर पहुँचे थे, हमने उसका जवाब कारगिल के रूप में दिया। आज भारतीय कौम लामबंद हो गई है और बदला लेने की माँग कर रही है और हम अहिंसा की वकालत कर रहे हैं।)

यह बात तो स्पष्ट थी कि वाजपेयी की लाहौर सद्भावना यात्रा और संयुक्त घोषणा-पत्र से कोई करिश्मा नहीं हो जानेवाला था। दशकों की रुखाई और कड़वाहट दूर करने और जटिल समस्याओं का समाधान करने में समय लगता है। आशा यह की गई थी कि धीरे-धीरे विश्वास बहाली का माहौल बन सकता है, तब स्थायी शांति और मित्रता की ओर कुछ आगे बढ़ा जा सकेगा, लेकिन वाजपेयी के शब्दों में एकाएक 'पीठ में छुरा घोंपने' की कारस्तानी की कोई कल्पना नहीं की गई थी। कारगिल युद्ध ने लाहौर के जज्बे पर पूरी तरह पानी फेर दिया।

□

40

कारगिल : मुशर्रफ-अजीज़ टेलीवार्ता से पाकी साजिश का पर्दाफाश

1999 में कारगिल की लड़ाई में पाकिस्तानी सैन्यतंत्र की सीधी अंतर्लिप्तता का भंडाफोड़ उस समय हो गया, जब विदेश मंत्री जसवंत सिंह ने नई दिल्ली में एक प्रेस कॉन्फ्रेंस में इसका ठोस सबूत पेश कर दिया। उन्होंने पाकिस्तानी सेना के चीफ ऑफ स्टाफ जनरल मुहम्मद अजीज और पाकिस्तान के सेनाध्यक्ष जनरल परवेज मुशर्रफ के बीच सेटेलाइट फोन पर हुई बातचीत से जुड़े रिकार्ड की ट्रांस्क्रिप्ट जारी कर दी। इससे एक बार फिर यह स्पष्ट हो गया कि पाकिस्तान की राजनीति में सेना किस कदर हावी है।

1999 में कारगिल की लड़ाई (26 मई–26 जुलाई) में पाकिस्तानी सैन्यतंत्र की सीधी अंतर्लिप्तता का भंडाफोड़ उस समय हो गया, जब विदेश मंत्री जसवंत सिंह ने 11 जून को नई दिल्ली में एक प्रेस कॉन्फ्रेंस में इसका ठोस सबूत प्रस्तुत किया। भारतीय विदेश मंत्रालय ने पाकिस्तानी सेना के चीफ ऑफ स्टाफ लेफ्टिनेंट जनरल मुहम्मद अजीज और विदेश यात्रा पर गए पाकिस्तान के सेनाध्यक्ष जनरल परवेज मुशर्रफ के बीच सेटेलाइट फोन पर हुई बातचीत से जुड़े रिकार्ड की ट्रांस्क्रिप्ट जारी कर दी। खुफिया एजेंसियों द्वारा 26 मई और 29 मई को इंटरसेप्ट (बीच में ही पकड़ ली गई) बातचीत में जनरल मुशर्रफ को यह कहते हुए सुना गया कि नए सिरे से एल.ओ.सी. (नियंत्रण रेखा) निर्धारित करके ही इसे खत्म किया जाएगा। इस बात पर जोर डाला जाएगा कि हम यहाँ पिछले बहुत अरसे से मौजूद हैं।

जनरल मुशर्रफ ने चीन यात्रा के समय वहाँ से पाकिस्तानी चीफ ऑफ जनरल स्टाफ लेफ्टिनेंट जनरल मुहम्मद अजीज से 26 और 29 मई को फोन पर बातचीत की थी। यह बातचीत उर्दू और अंग्रेजी में मिली-जुली थी।

विदेश मंत्री को किया नजरअंदाज

इस बातचीत से यह जाहिर हुआ कि दोनों जनरल पाकिस्तान सरकार को यह निर्देश दे रहे थे कि कारगिल संघर्ष के बारे में कूटनीतिक वार्ता के दौरान सैनिक मोर्चे पर झुकने के लिए तैयार नहीं हो। इससे एक बार फिर यह स्पष्ट हो गया कि पाकिस्तान की राजनीति में सेना किस कदर हावी है।

जनरल मुशर्रफ ने टेलीफोन पर दो बार चीफ ऑफ जनरल स्टाफ लेफ्टिनेंट जनरल मुहम्मद अजीज से बात की, जो पाकिस्तान से उनकी अनुपस्थिति में सैन्य अभियान का संचालन कर रहे थे। इस वार्तालाप से साफ-साफ जाहिर हो गया कि पाकिस्तान का सैन्यतंत्र देश की विदेश नीति को खुद निरूपित कर रहा था और तत्कालीन वजीर-ए-आजम नवाज शरीफ और विदेश मंत्री सरताज अजीज को नजरअंदाज कर रहा था। जनरल मुशर्रफ एक बार यह कहते हुए सुने गए कि सरताज अजीज अपनी भारत यात्रा के क्रम में जमीनी हालात के बारे में कोई बात या वायदा नहीं करें। यहाँ तक कि संघर्ष विराम की रजामंदी भी नहीं दें, क्योंकि ऐसा होने से द्रास-कारगिल हाईवे पर भारतीय गाड़ियों का आना-जाना शुरू हो जाएगा। उस आदेश-निर्देश पर कोई ताज्जुब नहीं हुआ, क्योंकि पाकिस्तानी विदेश मंत्री सरताज अजीज ने लगभग शब्दशः यही तरकीब अपनाई।

दोनों पाकिस्तानी जनरलों के बीच हुई टेलीफोन वार्ता का टेप जारी किए जाने की कारवाई को भारतीय खुफिया तंत्र की एक बड़ी उपलब्धि और साघांतिक प्रहार कहा जा सकता है, जो पाकिस्तान सरकार को लज्जित करने के लिए ऐन मौके पर किया गया। इंटेलिजेंस एजेंसियों द्वारा सेटेलाइट टेलीफोन वार्ता को ट्रांसपोंडर चैनलों से टेप कर लेना कोई असाधारण बात नहीं है। कुछ लोगों ने शक जाहिर किया कि विदेश मंत्री जसवंत सिंह द्वारा जारी किया गया टेप भारत सरकार को अमेरिकी खुफिया सूत्रों ने उपलब्ध कराया होगा, लेकिन यह जरूरी नहीं है कि ऐसा हुआ हो, क्योंकि सेटेलाइट वार्तालाप को टेप कर लेने में भारतीय खुफिया एजेंसियों को पर्याप्त दक्षता प्राप्त है। दुनिया की कई खुफिया एजेंसियाँ ऐसा करने में सक्षम हैं। ताज्जुब की बात यह थी कि पाकिस्तान के जनरलों ने एक संवेदनशील मामले में लंबी दूरी के खुले टेलीफोन लिंकअप का आश्रय लिया। दिल्ली आने के लिए बेताब पाकिस्तानी विदेश मंत्री सरताज अजीज ने तोता-रटंत की तरह जनरल मुशर्रफ की भाषा दोहराते हुए कहा कि कारगिल सेक्टर में नियंत्रण रेखा स्पष्ट नहीं है, लेकिन वह यह स्पष्ट नहीं कर सके कि 1972 के शिमला समझौते के बाद 27 वर्ष तक यह विवाद क्यों नहीं छिड़ा? वस्तुस्थिति यह है कि नियंत्रण रेखा अस्पष्ट होने की कोई बात ही नहीं है।

विदेश मंत्री जसवंत सिंह द्वारा दोनों पाकिस्तानी जनरलों के बीच 26 मई को हुई वार्ता के टेप के कुछ अंश इस प्रकार थे—

'वे बरसा रहे हैं रॉकेट व गोले'

(पाकिस्तान से) कर्नल हसन : सर, कर्नल हसन बोल रहा हूँ।

मुशर्रफ : येस हसन।

हसन : सर, आप कैसे हैं?

मुशर्रफ : खुदा का फजल है।

हसन : सर बात करें, हैलो।

मुशर्रफ : शुक्रिया।

अजीज : सलाम वालेकुम।

मुशर्रफ : हाँ अजीज, कैसे हो?

अजीज : फाइन सर।

मुशर्रफ : हाँ, बहुत बढ़िया। ओ.के. और वहाँ की क्या खबर है?

अजीज : ग्राउंड सिचुएशन में कोई तबदीली नहीं आई है। उन्होंने रॉकेट और गोले बरसाना शुरू कर दिया है। इसमें थोड़ी तेजी आई है। ऐसा कल भी हुआ और आज भी। आज पहाड़ों की ऊँचाइयों पर भी बमबारी की गई।

मुशर्रफ : क्या उनके साइड पर उन पोजीशन पर?

अजीज : हाँ, उन पोजीशन पर, लेकिन आज की बमबारी में करीब तीन बम हमारी ओर एल.ओ.सी. पर गिरे। पर जनाब, कोई नुकसान नहीं हुआ।

मुशर्राफ : क्या बमबारी काफी हुई?

अजीज : जनाब कोई 12-13 बम गिराए गए, जिनमें से तीन हमारी ओर गिरे, लेकिन ऐसा नहीं लगता कि निशाना चूकने से ऐसा हुआ हो। मेरा खयाल है कि यह एक तरह का पैगाम है कि अगर जरूरत पड़ी तो हम उस ओर भी ऐसा कर सकते हैं, हालाँकि दूरी बहुत है। जहाँ बम गिरे हैं, उन्होंने अच्छी पोजीशन से उस जगह से कोशिश की है, जहाँ वे मुश्किल में हैं और एल.ओ.सी. के पीछे हैं, लेकिन बम एल.ओ.सी. पर हमारी ओर गिरे। सो, मैंने इस बारे में फॉरेन सेक्रेटरी से बात की है और उनसे कहा है कि इस बारे में वे प्रेस में जोर-शोर से इसे उठाएँ।

मुशर्रफ : उन्हें (भारतीयों को) भी इस बारे में बताना चाहिए।

अजीज : वह हमने बता दिया है। फॉरेन सेक्रेटरी भी कहेंगे और राशिद भी बोलेंगे। वह आमतौर पर उस तरफ भी बम गिरने की बात कहने की गलती नहीं करें। हमारा स्टैंड यह होना चाहिए कि सभी बम हमारी तरफ गिरे हैं। हमें कहना चाहिए कि यह जमीनी और हवाई हमले के बहाने से हमको निशाना बनाया जा रहा है। दरअसल, एल.ओ.सी. पर हमारी पोजीशन और हमारे स्ट्रेटेजिक ठिकानों को निशाना बनाया जा रहा है और इस बहाने से उनके इरादे एल.ओ.सी. पर उड़ान भरने के हैं और हमें सारी सिचुएशन को इस तरह से लेना चाहिए और इस पर इसी तरह रिएक्शन जाहिर करना चाहिए। सो, इस सारे मामले को हम यह रंग देना चाहते हैं।

मुशर्रफ : बिल्कुल ठीक है। हाँ, यही बेहतर होगा। उसके बाद क्या उनसे कोई बातचीत हुई? क्या कोई मीटिंग वगैरह हुई है?

अजीज : हाँ, कल शाम फिर हुई थी।

इन लड़ाकू हमलावरों की गरदन हमारे हाथ में

26 मई की उक्त टेलीफोन वार्ता में यह जाहिर हो गया कि पाकिस्तान यह प्रदर्शित करने का प्रयास कर रहा था कि कारगिल में जो कुछ हो रहा है, वह मुजाहिदीन की कारस्तानी है। पाकिस्तान ने 1947 में भी इसी तरह की कारवाई की थी, जब उसने कबाइली हमलावरों को आगे कर कश्मीर घाटी पर हमला किया था। कारगिल में पाकिस्तानी फौज की अंतर्लिप्तता जनरल मुशर्रफ से बातचीत में जनरल अजीज की इस टिप्पणी से भी उजागर हो गई कि मामले के ज्यादा तूल पकड़ लेने का कोई अंदेशा नहीं है, क्योंकि इन लड़ाकू हमलावरों की गरदन हमारे हाथ में

है। 'जब आप चाहें, हम उन्हें रास्ते पर ले आ सकते हैं।'

टेलीफोन वार्ता की ट्रांस्क्रिप्ट के अनुसार, जनरल अजीज ने यह भी कहा कि इस मुद्दे के अंतरराष्ट्रीयकरण के हमारे प्रयास की सफलता इससे जाहिर होती है कि इतनी जल्द किसी मुद्दे का अंतरराष्ट्रीयकरण नहीं हुआ। जनरल अजीज ने भारत के हवाई हमले और यू.एन. के सेक्रेटरी जनरल कोफी अन्नान द्वारा दोनों देशों से की गई अपील का भी उल्लेख किया।

□

41

कारगिल : युद्ध और कूटनीति दोनों मोर्चों पर पाकिस्तान पस्त

वर्ष 1999 का कारगिल युद्ध, जो 'कारगिल संघर्ष' नाम से भी जाना जाता है, दुनिया में अपनी तरह का अनोखा युद्ध था। पाकिस्तान के छल-कपट और विश्वासघाती हमले का शिकार हुए भारत को अपनी ही सीमा के अंदर एक बड़ा सैन्य अभियान चलाना पड़ा।

कारगिल मामले में पाकिस्तान पूरी दुनिया में अलग-थलग पड़ गया। पाकिस्तान का दुस्साहस उसके लिए घोर अपमानजनक सिद्ध हुआ। अंततः पाकिस्तान की लाज बचाने के लिए यह फॉर्मूला बनाया गया कि पाकिस्तानी सैनिकों और पाकिस्तान-पोषित घुसपैठियों (मुजाहिदीन) को भारत की सरजमीं से चुपचाप वापस चले जाने दिया जाए। इसके लिए उन्हें चार दिन की मोहलत दी गई।

कारगिल युद्ध में भारत के 527 जवान शहीद हुए और 1,365 घायल हुए, जबकि खुद तत्कालीन पाकिस्तानी प्रधानमंत्री नवाज शरीफ के अनुसार पाकिस्तान की पूरी नार्दन लाइट इन्फैंट्री का सफाया हो गया। पाकिस्तान के 2,700 युवा फौजी मारे गए और सैकड़ों घायल हुए। जानकार सूत्रों के अनुसार, मुजाहिदीन को मिलाकर करीब 4,000 पाकिस्तानी मारे गए।

1999 की गरमियों में पाकिस्तान ने कारगिल युद्ध में शुरू में यह दिखाने का प्रयास किया कि हमलावर मुजाहिदीन या 'फ्रीडम फाइटर' हैं। इनका पाकिस्तानी फौज से कुछ लेना-देना नहीं है। इस बार वस्तुतः पाकिस्तानी फौजी ही मुजाहिदीन के भेस में थे, लेकिन इसका भांडा फूट जाने के बाद पाकिस्तानी फौज खुद सामने आ गई। पाकिस्तानी फौज ने 1965 में भी कुछ इसी तरह का जाल-फरेब किया था, जो पाकिस्तानी फौज की फितरत है।

पाकिस्तान की मंशा थी—जम्मू-कश्मीर की राजधानी श्रीनगर को लद्दाख से जोड़नेवाली एकमात्र सड़क नेशनल हाईवे-1 पर कब्जा करने की या उसे अपनी गोलाबारी के दायरे में लाने की। यह राष्ट्रीय राजमार्ग जोजिला दर्रे से होकर गुजरता है। सामरिक दृष्टि से बेहद संवेदनशील होने के बावजूद भारत ने इसकी सुरक्षा का कोई पुख्ता इंतजाम नहीं कर रखा था। इसके अलावा

तीखी ऊँचाइयों वाली पहाड़ियों पर मौजूद दुश्मन को पहाड़ियों की तलहटी से जवाब देना या पीछे धकेलना एक दुष्कर कार्य था। इस तरह के युद्ध लड़ने के लिए सेना को जिस तरह के ढाँचे और साधनों की जरूरत है, वह भारतीय सेना को मुहैया नहीं था। फिर भी दो माह चले इस युद्ध में भारतीय सेना ने 'ऑपरेशन विजय' अभियान में अपने पराक्रम के बल पर पाकिस्तानी फौज के छक्के छुड़ा दिए।

क्या नवाज शरीफ बेखबर थे?

उस समय पाकिस्तान के प्रधानमंत्री नवाज शरीफ थे, जिन्होंने बाद में कहा कि कारगिल में पाकिस्तानी फौज के हमले की जानकारी उन्हें भारतीय प्रधानमंत्री अटल बिहारी वाजपेयी के टेलीफोन से हुई (वाजपेयी ने उन्हें कहा था कि आपने हमारी पीठ में खंजर घोंपा है।)।

कारगिल की सर्वोच्च चोटी पर कब्जे के बाद भारतीय सैनिक राष्ट्र ध्वज फहराते हुए

वाजपेयी इससे कोई तीन महीने पूर्व फरवरी माह में नवाज शरीफ के आमंत्रण पर अमन का पैगाम लेकर वाघा बॉर्डर के सड़क मार्ग से बस में बैठकर लाहौर पहुँचे थे, जहाँ उन्होंने आतंकवाद की निंदा करनेवाले ऐतिहासिक लाहौर घोषणा-पत्र पर हस्ताक्षर किए थे। पाकिस्तानी फौज को यह रास नहीं आया और उसने लाहौर घोषणा-पत्र में पलीता लगाने के लिए कश्मीर में कारगिल-द्रास की पहाड़ियों की ऊँची बर्फीली चोटियों पर अड्डा जमा लिया। जानकार सूत्रों का कहना है कि नवाज शरीफ का कथन अर्धसत्य था। जनरल मुशर्रफ के नेतृत्व में पाकिस्तानी फौज के जनरलों ने नवाज शरीफ को बताया था कि मुजाहिदीन कारगिल में अपनी कारवाई को अंजाम देंगे और भारत को सामरिक दृष्टि से कमजोर कर देंगे और कश्मीर मसले का हल करने के लिए उसे मजबूर कर देंगे। पाकिस्तान का कोई भी वजीरे आजम इस प्रकार के सहज और कारगर ऑपरेशन की कामयाबी से मुँह नहीं मोड़ सकता। फिर भी जानकार सूत्र बताते हैं कि नवाज शरीफ से बहुत कुछ छिपाया गया। अक्तूबर में तो उनका तख्ता ही पलट दिया गया।

वाजपेयी ने दी हवाई हमले की इजाजत

भारतीय सेना ने पाकिस्तानी हमले का मजबूती से जवाब दिया। भारतीय थलसेना और वायुसेना के समन्वय से पाकिस्तानी दुष्प्रयास को विफल कर दिया गया। भारतीय फाइटर जेट विमानों ने पहाड़ियों की चोटियों पर बम गिराए और घाटी में तैनात भारतीय सेना की बोफोर्स तोपों ने हजारों राउंड गोले बरसाए। आमने-सामने गुत्थमगुत्था और खूनी लड़ाई की पाकिस्तान ने उम्मीद

कारगिल युद्ध में गोलाबारी का एक दृश्य

नहीं कर रखी थी। भारतीय सेना ने बटालिक से लेकर द्रास तक सभी भारतीय ठिकानों को वापस ले लिया। सबसे महत्त्वपूर्ण चौकी 'टाइगर हिल' पर भारत के पुनः कब्जे के बाद पाकिस्तान का हौसला पस्त हो गया। पाकिस्तान को यह डर भी सताने लगा कि भारत कहीं एल.ओ.सी. (नियंत्रण रेखा) पार करने पर आमादा नहीं हो जाए। पूर्व नौसेनाध्यक्ष ए.वाई. टिपनिस ने हाल ही में प्रकाशित अपनी पुस्तक 'एक अविस्मरणीय प्रधानमंत्री—एक सेनाप्रमुख के संस्मरण' (A Prime Minister to remember-Memories of a Military Chief) में कारगिल युद्ध के समय तत्कालीन प्रधानमंत्री अटल बिहारी वाजपेयी के साथ उनकी और तत्कालीन सेनाप्रमुख वेद मलिक की मीटिंग का उल्लेख करते हुए बताया कि वाजपेयी जनरल मलिक से यह जानना चाहते थे कि क्या थल सैनिक वायुसेना का सहयोग लिये बगैर अपना काम कर सकते हैं? इसके पहले कि वेद मलिक अपना कोई जवाब देते, टिपनिस ने कहा कि सेना को इसकी जरूरत है और हम इसके लिए तैयार हैं। प्रधानमंत्री कुछ क्षण के लिए विचारमग्न हो गए और फिर कहा, "कल सुबह शुरुआत करिएगा।" टिपनिस ने नियंत्रण रेखा पार करने के लिए वाजपेयी की अनुमति माँगी, लेकिन प्रधानमंत्री ने दृढ़ आवाज में कहा, "नहीं, हम नियंत्रण रेखा पार नहीं करेंगे।" एडमिरल टिपनिस का कहना है कि वाजपेयी ने एक सामरिक महत्त्व की क्षति को एक जोरदार विजय में परिवर्तित कर दिया। पाकिस्तान लड़ाई के मोर्चे पर भी हार गया और राजनीतिक-कूटनीतिक मोर्चे पर भी।

भारत ने कूटनीतिक मोर्चे पर भी इस लड़ाई को जीता। किसी देश ने पाकिस्तान का साथ नहीं दिया, जिससे पाकिस्तान काफी क्षुब्ध हुआ। उसके लिए बाइज्जत पीछे हटना और युद्ध समाप्त करना जरूरी हो गया। पाकिस्तान की सिविलियन सरकार हरकत में आई। प्रधानमंत्री नवाज शरीफ ने अमेरिका के राष्ट्रपति बिल क्लिंटन से टेलीफोन पर गुहार करने के बाद वॉशिंगटन की यात्रा की। नवाज शरीफ के अनुसार, क्लिंटन ही दोनों देशों के बीच युद्धविराम करा सकते थे।

पाकिस्तान के लिए घोर अपमानजनक

नवाज शरीफ से उनके देश-निर्वासन के समय पाकिस्तानी पत्रकार सुहैल बड़ाएच द्वारा जद्दा और लंदन में लिए गए साक्षात्कारों पर आधारित पुस्तक 'गद्दार कौन' में कारगिल पर एक अध्याय में नवाज शरीफ की जुबानी इस घटनाक्रम का उल्लेख किया गया है। सुहैल के एक सवाल के जवाब में नवाज शरीफ ने कहा, "हम युद्ध के मार्ग पर पीछे हट रहे थे और यह साफ-साफ संकेत था। पराजित हो गए तो बड़ी बदनामी और बेइज्जती होगी। जो करना है, तुरंत करना है। प्रधानमंत्री पर सारा मलबा डाल दिया गया और जिम्मेदारी भी कि आप कुछ करें। मैं प्रयास में

लग गया। फिर मुझे बिल क्लिंटन से भी बातें सुननी पड़ीं, ब्रिटिश प्रधानमंत्री टोनी ब्लेयर से भी और दूसरों से भी कि आपने कारगिल में यह क्यों किया? आपको क्या आवश्यकता थी ऐसा करने की? पूरे संसार में पाकिस्तान की थू-थू हुई।"

'गद्दार कौन' (नवाज शरीफ की कहानी उनकी जुबानी) पुस्तक का कवर पेज

कारगिल मामले में पाकिस्तान पूरी तरह अलग-थलग पड़ गया। पाकिस्तान का दुस्साहस उसके लिए घोर अपमानजनक स्थितियों में समाप्त हुआ। पाकिस्तान की लाज बचाने के लिए यह फॉर्मूला बनाया गया कि पाकिस्तान-पोषित सभी घुसपैठियों को भारत की सरजमीं से चुपचाप चले जाने दिया जाएगा। उन्हें चार दिन का समय दिया गया। इस घटनाक्रम को कुछ लोगों ने विनोदपूर्वक पाकिस्तानी फौज और उसके भाड़े के टट्टुओं की 'शानदार वापसी' की संज्ञा दी। इससे 28 वर्ष पूर्व बांग्लादेश युद्ध में पाकिस्तान के 93,000 सैनिकों के 'शानदार आत्मसमर्पण' के बाद अपने ढंग की यह दूसरी घटना थी।

कारगिल घुसपैठ पर पाकिस्तान को अमेरिका की डाँट भी खानी पड़ी। कारगिल युद्ध के समय अमेरिका में पाकिस्तान के राजदूत रहे रियाज खोखर ने यह खुलासा बाद में इसलामाबाद साहित्य महोत्सव में किया और बताया कि वॉशिंगटन ने इस घुसपैठ के बाद उनसे कहा था कि भारत का गुस्सा बढ़ रहा है। आप उनके इलाके से अपने लोगों को बुला लें, वरना युद्ध का दायरा फैल सकता है। खोखर ने यह भी कहा कि इस युद्ध ने पाकिस्तान को गैर जिम्मेदाराना देश बना दिया।

पाकी फौज के पास दिमाग नहीं?

अपने इंटरव्यू में नवाज शरीफ ने सुहैल को एक जगह कहा कि कारगिल में पाकिस्तान की पूरी नॉर्दर्न लाइट इंफैन्ट्री का सफाया हो गया। 2,700 युवा फौजी मारे गए और सैकड़ों घायल हुए (लेकिन कई जानकार लोगों का कहना है कि पाकिस्तानी फौजियों के अलावा मुजाहिदीन को मिलाकर करीब 4,000 पाकिस्तानी मारे गए)। नवाज शरीफ ने कहा कि कश्मीर मुद्दे को अंतरराष्ट्रीय स्तर पर लाने के लिए पाकिस्तान ने यह कीमत दी। क्या उनके (फौज) पास दिमाग नहीं है? क्या कश्मीर को इंटरनेशनलाइज करने का यही तरीका था?

पाकिस्तान के प्रमुख अंग्रेजी दैनिक 'डॉन' (DAWN) में अयाज अमीर ने लिखा (जुलाई, 1999)—

That the Kargil adventure was ill conceived, if not downright foolish, was becoming clear albeit slowly, even to the congenitally blind and benighted.

(कारगिल का जोखिम-भरा अभियान यदि पूर्णतया मूर्खतापूर्ण नहीं तो गलत तरीके से तो

तैयार किया ही गया था। यह जन्मजात अंधे और अँधेरे से घिरे व्यक्ति को भी हालाँकि धीरे-धीरे ही साफ नजर आने लगा था।)

उन्होंने आक्रोश में आगे लिखा—

All The models of the Shaheen and Ghauri missiles and all the replicas of the Chaghai hills, which adorn our various cities should be put on board the best of our naval cruisers and in a solemn midnight ceremony, dumped far out in the waters of Arabian Sea. If this crisis has proved anything it is that the possession of nuclear weapons does not confer immunity from the taking of stupid decisions.

(शाहीन और गोरी मिसाइलों के सभी मॉडल और चगई की पहाड़ियों के सभी नकली नमूने, जो हमारे कई शहरों को शोभायमान कर रहे हैं, हमारे सर्वोत्तम युद्धपोतों पर रखकर आधी रात को एक संजीदा समारोह के साथ अरब सागर में काफी दूरी पर डुबो दिए जाएँ। यदि इस संकट ने कोई बात साबित की है तो वह यह कि अणु अस्त्रों से युक्त होने का अर्थ बेवकूफाना फैसलों से उन्मुक्ति नहीं है।

□

42

कारगिल : पाकी मीडिया ने अँधेरे में चलाए तीर और भड़काया अवाम को

कारगिल संघर्ष खत्म होने के बाद पाकिस्तान के लोगों को उसकी असलियत का पता लगा। कराची में इस प्रकरण में एक पत्रकार गोष्ठी में शिकायत की गई कि पाकिस्तान सरकार ने अपने मीडिया को अँधेरे में रखा। यदि ऐसा था तो मीडियाकर्मी रोज-रोज चटखारे लेकर फर्जी खबरें कैसे छाप रहे थे। कई अखबारों ने तो प्रधानमंत्री अटल बिहारी वाजपेयी की लाहौर बस सद्‌भावना यात्रा की भी खिल्ली उड़ाई और भारत के विरुद्ध अवाम को भड़काने और जिहाद का आह्वान करने से भी बाज नहीं आए।

भारत के खिलाफ जिहादी माहौल बनाने और भारत के साथ ताल्लुकात बिगाड़ने में पाकिस्तानी अखबारों, खासकर उर्दू के अखबारों का बहुत बड़ा योगदान रहा है। वे भारत-पाकिस्तान के बीच हर बात को हिंदू-मुसलिम नजरिए से देखने के आदी हैं। भारत से नफरत करना, उसकी हर चीज को हिकारत की निगाह से देखना, भारत में घटनेवाली अप्रिय घटनाओं में रस लेना और प्रतिकूल परिस्थितियों से संबंधित समाचारों को चकल्लस लेकर छापना पाकिस्तानी अखबारों के चरित्र की विशेषता है, यह उनका मनपसंद शगल है। ये अखबार मौका-बेमौका जंगी जुनून भड़काने में एक-दूसरे से होड़ करते हैं। अनेक बार वे ऐसी भड़काऊ खबरें व मजमून छापते हैं, जिससे लोग भड़क उठते हैं।

अँधेरे में चलाते रहे तीर

गनीमत यह है कि अंग्रेजी के कुछ-एक अखबार यदा-कदा थोड़ी विवेकशीलता व सभ्यता का परिचय देते हैं। उर्दू के अखबारों को ऐसी कोई आदत नहीं है। अगर है भी, तो कमतरीन है। अंग्रेजी के 'डॉन' (DAWN) और कतिपय अन्य अखबारों ने कारगिल संघर्ष के बाद वस्तुत: संघर्ष के अंतिम दौर में कुछ विचारशीलता प्रदर्शित की, लेकिन इसकी असली वजह यह थी कि कुछ कठोर जगजाहिर वास्तविकताओं ने उन्हें अपना रुख व तेवर बदलने के लिए मजबूर कर दिया था।

एक भारतीय समाचार एजेंसी द्वारा इसलामाबाद से प्रेषित एक डिस्पैच में इस बात का उल्लेख किया गया कि कारगिल संघर्ष के दौरान भारतीय मीडिया द्वारा निभाई गई भूमिका के प्रति

जहाँ पाकिस्तानी पत्रकारों के मन में ईर्ष्या व रश्क है, वहीं उन्हें इस बात का मलाल है कि उनकी सरकार ने उनको अँधेरे में रखा। कारगिल संघर्ष के बाद कराची में 'संकट के समय मीडिया की भूमिका—अंतरराष्ट्रीय और सीमा-पार परिप्रेक्ष्य' विषय पर आयोजित गोष्ठी में भाग लेनेवाले पत्रकारों ने कहा कि इस संघर्ष से पाकिस्तान का प्रेस अनभिज्ञ रहा, क्योंकि पाकिस्तान के सूचना मंत्रालय और अन्य संबद्ध एजेंसियों ने या तो प्रेस को गुमराह किया या उन्हें कोई भी जानकारी देने से इनकार किया। मजेदार बात यह कि गोष्ठी में भाग लेनेवाले इन पाकिस्तानी पत्रकारों ने दूसरी ओर यह भी कहा कि भारत ने मीडिया के इस्तेमाल की महत्ता को समझते हुए संकट को इस रूप में पेश किया कि दुनिया की राय उसके पक्ष में हो गई। उन्होंने कहा कि भारत सरकार ने मीडिया और जनता को अपने विश्वास में लिया। तो क्या यह माना जाए कि 52 साल में पहली बार पाकिस्तानी मीडियावालों की आँखों के परदे हट गए और उन्होंने सच्चाई को प्रत्यक्ष देख लिया?

सवाल यह है कि जब पाकिस्तानी मीडियावालों अथवा पत्रकारों को—उस समय वहाँ इलेक्ट्रॉनिक मीडिया के तौर पर केवल सरकार-नियंत्रित 'पाकिस्तान टी.वी.' (पी.टी.वी.) व रेडियो पाकिस्तान की ही गणना की जा सकती थी—खुद पाकिस्तान की ही सही खबरें नहीं मिलती थीं, तब उनके अखबारों के पन्ने भारत को गारत में ले जानेवाली ढेर सारी खबरों से कैसे लबरेज रहते थे? लगता है, पाकिस्तानी अखबारनवीसों ने वर्षों के अनुभव से भी कुछ नहीं सीखा। उनका कथन मात्र एक आत्म छलावा था। वे अपने पाठकों को भी धोखा दे रहे थे और खुद को भी। व्यक्ति खुद के द्वारा जितना छला जाता है, उतना किसी अन्य के द्वारा नहीं। उनका कहना था कि पाकिस्तान सरकार ने उनको अँधेरे में रखा। वे अँधेरे में ही तीर चला रहे थे, लेकिन वे तो उजाले में ही आँख मूँद करके तीर चलाने की आदी रहे हैं। ऐसी हालत में उनके लिए अँधेरा-उजाला बराबर ही है, इसीलिए उनके तीर निशाने पर नहीं लगे। कहते हैं—'निशाने पे लग जाए, उसी को तीर कहते हैं।'

अखबारनवीस या अफसानानवीस?

कराची की विचार गोष्ठी में भारतीय पत्रकार मौजूद नहीं थे, नहीं तो वे पाकिस्तानी पत्रकारों से पूछते कि कारगिल संघर्ष के कोई दो माह के दौरान वे लगातार गैरजानकार कैसे बने रहे? यह बहानेबाजी केवल प्रारंभिक दौर में कुछ-एक दिन के लिए तो चल सकती है, लेकिन उसके बाद लंबे समय के लिए नहीं। जब सारी दुनिया के अखबार और रेडियो व टी.वी. वस्तुस्थिति की जानकारी दे रहे थे, तब पाकिस्तानी पत्रकारों को यह बात क्यों ध्यान में नहीं आई कि सही स्थिति पाकिस्तान सरकार के कथन से भिन्न हो सकती है। उन्होंने भारतीय मीडिया पर विश्वास नहीं किया, न करें, लेकिन वे अन्य देशों के मीडिया की खबरों और समाचार दृश्य-चित्रों (विजुअल) पर तो कुछ गौर फरमाते। यदि वे यह समझते थे कि सारी दुनिया को भारत सरकार और भारतीय मीडिया ने प्रभावित कर दिया तो उनकी समझ की बलिहारी है। यदि उनके कथन को सही मान लिया जाए, तो वे इस बहुत पुराने आरोप को सिद्ध करते हैं कि पाकिस्तानी पत्रकार पाकिस्तान सरकार के प्रवक्ता का रोल अदा करते हैं और उसी की बोली बोलते हैं। वे सरकार द्वारा परोसी गई खबरों को अपने पाठकों को परोस देते हैं और अपने स्तर पर अन्य स्रोतों से या स्वतंत्र रूप से कुछ जानने-समझने का प्रयास नहीं करते। उसकी जरूरत ही नहीं समझते।

पाकिस्तान सरकार ने पाकिस्तानी अखबारनवीसों को मुगालते में रखा। बहुत बड़ा अनर्थ किया, लेकिन सरकारी ज्यादती के मारे बेचारे पाकिस्तानी अखबारवाले क्या यह बताएँगे कि सरकारी बावर्चीखाने की खबरें परोसने के अलावा उन्होंने भारत के विरुद्ध ढेर की ढेर कच्ची व फर्जी खबरें तैयार करने की जो फैक्टरियाँ खोल रखी थीं, उनके लिए कच्चा माल भी क्या पाकिस्तान सरकार ही मुहैया कराती रही? लुत्फ की बात यह कि पाकिस्तान में कई बार कोई एक अखबार भारत के खिलाफ या भारत की प्रतिष्ठा को गिरानेवाली कोई 'जबरदस्त' खबर छापता है, जबकि खबर छापनेवाले अखबार का भारत में कोई प्रतिनिधि भी नहीं होता है, तो यह सब कैसे होता है?

कश्मीर बनाम बांग्लादेश, दोहरे मापदंड

पाकिस्तानी अखबारों का वर्गीकरण जिम्मेदार और गैरजिम्मेदार के रूप में नहीं किया जा सकता। इसका वर्गीकरण कम गैरजिम्मेदार और ज्यादा गैरजिम्मेदार के रूप में ही किया जा सकता है। किसी पाकिस्तानी अखबार में किसी पाकिस्तानी लेखक या पत्रकार का भारत के बारे में आज तक शायद ही कोई पूर्णतया तथ्यपरक व वस्तुनिष्ठ लेख छपा हो। यदि अपवादस्वरूप ऐसा प्रतीत होनेवाला कोई लेख छपा भी हो, तो उसमें ऐसे कुछ अंश होने की पूरी संभावना है, जो भारत के प्रति पूर्वग्रह ग्रस्त हों। कश्मीर के बारे में बिल्कुल निष्पक्ष लेख की कल्पना भी नहीं की जा सकती है। आपको केवल यह देखना है कि इसमें भारत के प्रति पक्षपातपूर्ण धारणा की मिकदार कितनी है। कश्मीर में उत्पात मचानेवाले किसी आतंकवादी को कभी कोई पाकिस्तानी अखबार दहशतगर्द नहीं लिखता। वह या तो मुजाहिद (विधर्मियो से युद्ध करनेवाला) या हुर्रियतपसंद (स्वतंत्रता सेनानी) या उनके शब्दों में 'फ्रीडम फाइटर' होता है या फिर जंगजू होता है, जो 'हिंदुस्तानी मकबूजा कश्मीर' में 'जंगे आजादी' का सिपाही होता है। इनसानी आजादी व हुकूक के इन अलमबरदार अखबारों को 1971 में बांग्लादेश (तत्कालीन पूर्वी पाकिस्तान) में पाकिस्तानी हुकूमत द्वारा वहाँ के अवाम का घोर शोषण व दमन और पाकिस्तानी फौज द्वारा जुल्मो सितम व कत्लोगारत नजर नहीं आया। उन्हें वहाँ आजादी यानी 'हुर्रियत' के लिए जद्दोजहद करते वहाँ के अवाम और मुक्ति सेना के मुक्ति संग्राम की कोई झलक भी नजर नहीं आई।

भारत द्वारा नेक इरादे से उठाए गए किसी कदम को भी पाकिस्तान के अनेक अखबार कितने गलत ढंग से देखते हैं, इसका एक नमूना है प्रधानमंत्री अटल बिहारी वाजपेयी की लाहौर बस यात्रा। उर्दू दैनिक 'नवाए वक्त' में कारगिल संघर्ष के प्रारंभिक दौर में पाकिस्तान के एक पूर्व सैनिक अधिकारी अबूजू गफ्फारी का दो किस्तों में प्रकाशित एक लेख इसका एक उम्दा उदाहरण है। गफ्फारी ने लिखा कि भारत के परमाणु बम के जवाब में जब पाकिस्तान ने परमाणु बम का धमाका करके भारत का नशाहरण कर लिया, तब डर के मारे वाजपेयी ने लाहौर का दौरा किया! वह यह समझे हुए थे कि कश्मीर के मुजाहिदीन घुटने टेक देंगे, लेकिन जब ऐसा नहीं हुआ, तो भारत ने सियाचिन में हमले शुरू कर दिए!

बिगुल बज उठा जिहाद का!

'उल्टा चोर कोतवाल को डाँटे' की कहावत को चरितार्थ करते हुए पाकिस्तानी अखबारों ने कारगिल संघर्ष के शुरुआती दौर में भारत की अच्छी-खासी लानत-मलामत की। मसलन, कराची

के 'अखबारे जहां' में पाकिस्तान-अधिकृत कश्मीर के पत्रकार ख्वाजा अब्दुल रशीद ने लिखा कि भारत ने लाहौर घोषणा की धज्जियाँ उड़ा दी हैं। जब लाहौर घोषणा-पत्र जारी हुआ, तो हमें अंदेशा था कि भारत एक नाटक कर रहा है। अब भारत ने चुनावों का ढोंग रचाकर नियंत्रण रेखा का उल्लंघन करके हमारे कब्जेवाले कश्मीर पर गोलाबारी शुरू कर दी है, ताकि पहले की तरह अपनी काररवाई को उचित ठहराने के लिए प्रौपेगैंडा कर सके कि नियंत्रण रेखा के उस पार से हथियारबंद लोग दाखिल हो रहे हैं और भारत का मकसद उन्हें रोकना है।

इन्हीं दिनों एक-दूसरे से बढ़-चढ़कर गप हाँकते हुए दैनिक 'जंग' और 'नवाए वक्त' ने मोटी-मोटी सुर्खियों में मनगढ़ंत समाचार प्रकाशित कर दावा किया कि पाकिस्तानी पंजाब के सियालकोट नगर पर भारत की सेना ने हमला किया, लेकिन उसे बुरी तरह नाकाम करके भारतीय तोपखाने को बरबाद कर दिया गया। इंटर सर्विसेज इंटेलिजेंस (आई.एस.आई.) के पूर्व महानिदेशक लेफ्टिनेंट जनरल हमीद गुल का एक लेख 'जंग' पत्र समूह के अखबारों में छपा, जिसमें उन्होंने लिखा कि कश्मीर में खुलकर जिहाद किया जाए, तो तमाम दुनिया के मुसलमान हमारी मदद के लिए आ जाएँगे। भारत में ऐसे इलाके हैं, जो हमारे एक इशारे का इंतजार कर रहे हैं। हमारा इशारा मिलते ही वे बगावत कर देंगे। यही नहीं, बल्कि इसलामी जिहाद में शामिल होने के लिए भारत के मुसलमान भी जिहाद में आ जाएँगे।

जून के अंतिम सप्ताह में अंग्रेजी दैनिक 'द नेशन' (The Nation) ने संपादकीय लिखा—"भारत ने राष्ट्रसंघ के प्रस्तावों का उल्लंघन करते हुए एक मुसलिम-बहुल क्षेत्र (कश्मीर) पर जबरन कब्जा कर लिया है। निहत्थे नागरिकों के खिलाफ भारी-भरकम फौज इस्तेमाल की जा रही है। उसने नियंत्रण रेखा के पाकिस्तानी क्षेत्र की महत्त्वपूर्ण चौकियों पर जबरन कब्जा कर लिया है और हद तो यह कि उसका कहना है कि कश्मीर कोई विवादास्पद क्षेत्र नहीं है।" यह एक अधिक संयत एवं सभ्य कहलाने वाले एक अंग्रेजी दैनिक का प्रवचनामृत है। विचारों की विचित्र अभिव्यक्ति को तो नजरअंदाज किया जा सकता है, लेकिन इस अखबार को पाकिस्तान नहीं, भारत द्वारा नियंत्रण रेखा का उल्लंघन करके पाकिस्तानी चौकियों पर कब्जा करने का नजारा शायद इसलामाबाद के नजदीक सिहाला की पहाड़ियों से नजर आ रहा था।

हम भारत के जानी दुश्मन हैं

यह बड़ी आसानी से सिद्ध किया जा सकता है कि पाकिस्तानी अखबारों से केवल कारगिल प्रकरण में ही चूक नहीं हुई, जैसाकि कराची की विचार गोष्ठी में जताने का पाकिस्तानी पत्रकारों ने प्रयास किया, बल्कि पाकिस्तान के निर्माण के समय से ही प्राय: सभी अखबारों का रवैया, अंग्रेजी के उन अखबारों का भी, जिन्हें कुछ जिम्मेदार समझा जाता है, बड़ा गलत, मिथ्यावादी व भड़काऊ रहा है। कहते हैं, जनता की याद्दाश्त बहुत कमजोर होती है। वह बहुत-सी बातें बहुत जल्दी भूल जाती है, लेकिन चूँकि भारत के लोगों का पाकिस्तानी अखबारों से अमूमन कोई वास्ता ही नहीं पड़ता, इसलिए वे क्या भूलेंगे और क्या याद रखेंगे? फिर भी उनकी याददेहानी के लिए नहीं, बल्कि उनकी जानकारी के लिए, हम पाकिस्तानी अखबारों के कारगिल संघर्ष से पहले के दशकों के कुछ भूले-बिसरे नगमे व दुर्लभ 'हीरे-मोती' यहाँ पेश कर रहे हैं। भारत के लोगों के लिए ये वास्तव में 'दुर्लभ वस्तु' की श्रेणी में आते हैं। ये पाकिस्तान की जेहनियत को समझने में बहुत मददगार साबित होंगे।

1955 में राज्य पुनगर्ठन आयोग के दौर में बंबई के भाषाई दंगों के दौरान भारत के टूट-फूट जाने की पेशगोई करते हुए अंग्रेजी दैनिक 'पाकिस्तान टाइम्स' (Pakistan Times) ने लिखा (26 नवंबर, 1955) : "हम भारत के जानी दुश्मन हैं। हमारे लिए यह बहुत मूर्खतापूर्ण होगा, यदि हम नेहरू के बाद भारत में उत्पन्न होनेवाली प्रलयंकर स्थिति का फायदा नहीं उठाएँ। इस दौरान हमें कश्मीर मोर्चे पर तैयारी के अलावा हर दर्जे की बदतरीन से बदतरीन काररवाई कर डालनी चाहिए। इंशा अल्लाह, हम उन्हें हर मोर्चे पर शिकस्त देंगे।" भारत का नित्य प्रति तर्पण करते रहना और कश्मीर का राग अलापते रहना पाकिस्तानी अखबारों की पहली और आखिरी आदत है। पाकिस्तान ने 1956 में एक बार फिर जोर-शोर से कश्मीर का तराना छेड़ दिया था तथा राष्ट्र संघ और अन्य मंचों पर कश्मीर मुद्दे के अंतरराष्ट्रीयकरण का प्रयास किया था। ढाका (तब पूर्वी पाकिस्तान) के दैनिक 'पासबान' ने भारत की ईंट से ईट बजा देने की तान पर लिखा (13 मार्च, 1956)—"पाकिस्तान कश्मीर की लड़ाई अपनी आखिरी औलाद तक लड़ेगा। हमने हमेशा इस बात पर जोर दिया है कि काफिरों पर यकीन करना खुदा की हुक्म अदूली करने के बराबर है… आगे आनेवाली पीढ़ी इस आदमी (नेहरू) के काले कारनामों को पढ़ेगी, तो इसे कोसेगी। आइए, आज के दिन सब मुसलमान खुदा के नाम पर यह कसम खाएँ कि हम तब तक चैन से नहीं बैठेंगे, जब तक कश्मीर को काफिरों के चँगुल से आजाद नहीं करा लेते। हमें पूरा यकीन है कि आखिर काफिर हमारे कदमों पर गिरेंगे।" उन्हीं दिनों बाकी अखबारों का सुर भी कुछ इसी तरह का था। यह हंडी के भात का एक नमूना है।

□

43

बंदी बना लिए गए भारतीय सैनिकों के साथ पाकी फौज की घोर बर्बरता

कारगिल युद्ध के दौरान पाकिस्तानी फौज ने शालीनता और सभ्यता के तौर-तरीकों की घोर अवज्ञा और अंतरराष्ट्रीय कानूनों की धज्जियाँ उड़ाते हुए बंदी बना लिये गए जिन छह भारतीय सैनिकों के क्षत-विक्षत शव लौटाए, उनके पोस्टमार्टम से पता लगा कि उनके साथ अक्षम्य बर्बर व्यवहार किया गया। उनकी आँखों की पुतलियाँ काट ली गई थीं। उनके नाक, कान तथा गुप्तांग काट डाले गए थे। बंदी सैनिकों के साथ नृशंसता की कई अन्य घटनाएँ भी हुईं।

इसके विपरीत भारत ने 1971 में बांग्लादेश युद्ध के समय बंदी बनाए गए 93,000 पाकिस्तानी युद्धबंदियों के साथ अंतरराष्ट्रीय कायदे-कानूनों का पालन करते हुए पूर्ण नैतिकता और मानवीयता का बरताव किया। पाकिस्तान ने उससे कोई सबक ग्रहण नहीं किया।

सभ्य समझे जानेवाले किसी देश की फौज क्या अपनी नृशंसता में हिंसक पशुओं को भी मात कर सकती है? इसका जवाब है—हाँ, कर सकती है। पाकिस्तान की फौज ने ऐसा करके दिखा दिया। 1971 में बांग्लादेश मुक्ति संग्राम के दौरान पाकिस्तानी फौज के घोर वहशीपन की यादें अभी लोग भुला भी नहीं पाए थे कि 1999 में कारगिल युद्ध के समय इसी फौज ने सभ्य समाज की सभी परंपराओं और अंतरराष्ट्रीय नियम-कायदों की धज्जियाँ उड़ाते हुए अपने कब्जे में ले लिए गए छह भारतीय सैनिकों को तड़पा-तड़पाकर मार डाला। ऐसे जालिमों को नरपशु कहा जाना चाहिए, लेकिन ऐसा लगता है कि इस कथन से पशु जगत् का अपमान ही होगा।

गश्ती दल को घेरकर मारने का आदेश

बंदी बना लिए गए सैनिकों को मृत्यु-पूर्व दी गई यातनाओं तथा उनके साथ नृशंस व्यवहार की जानकारी मिलने पर सबका दिल दहल गया। इस दुष्कांड के बाद मीडिया में गहन खोजबीन पर आधारित समाचारों और टिप्पणियों का प्रकाशन-प्रसारण हुआ। यह सिलसिला काफी अरसे तक जारी रहा। नई दिल्ली के अंग्रेजी दैनिक 'द पायनियर' के खोजी संवाददाता विल्सन जांस ने

कारगिल युद्ध के घटनाक्रम की अंदरूनी जानकारियों को सूत्रबद्ध कर अपने पत्र के 3 जून, 2001 के अंक में इसका विवरण प्रस्तुत किया। इसके अनुसार 3 मई (1999) को पाकिस्तान के सेनाध्यक्ष और कारगिल युद्ध के सूत्रधार जनरल मुशर्रफ को पाकिस्तानी फौज का एक अत्यावश्यक संदेश मिला कि काक्सर सेक्टर में स्थानीय चरवाहों ने भारतीय क्षेत्र में घुसपैठ करनेवाले कई पाकिस्तानी सैनिकों को देख लिया है। फिर दो दिन बाद एक अत्यावश्यक संदेश में बताया गया कि इसी सेक्टर में भारतीय सेना के एक गश्ती दल का पता लगा है। मुशर्रफ ने तत्काल आदेश दिया कि गश्ती दल के सदस्यों को घेरकर उन्हें बंदी बना लिया जाए। बंदी बना लिये गए सैनिक थे—लेफ्टिनेंट सौरभ कालिया और उनकी सैनिक टुकड़ी के पाँच साथी जवान। पाकिस्तानी फौज इन्हें पकड़कर किसी अज्ञात स्थान में ले गई। उनसे बहुत क्रूरता से पूछताछ की गई। मुशर्रफ यह जानना चाहते थे कि इस गश्ती दल को उनके मंसूबे की कितनी जानकारी है? भारतीय दल की सूचना मिलने पर मुशर्रफ घबरा गए, क्योंकि उनका 'ऑपरेशन बद्र' एक परम गोपनीय अभियान था, जिसका पूरा ब्योरा उनके सिवा उनके चीफ ऑफ स्टाफ, फोर्स कमांडर नॉर्दर्न एरिया और डाइरेक्टर जनरल मिलिटरी ऑपरेशंस को ही ज्ञात था। इस गुपचुप प्लान की जरा-सी भी जानकारी मुशर्रफ के मंसूबों को ध्वस्त करते हुए उनके लिए आजीवन बदनामी का सबब बन सकती थी। मुशर्रफ ने भारतीय गश्ती दल के इन सदस्यों को जान से मार डालने का आदेश दे दिया।

THE PIONEE[R]

...in Delhi and Lucknow http://www.the-pioneer.com New Delhi, Friday June 11, 1999

BARBARIANS

PAK ARMY GOUGED INDIAN SOLDIERS' EYES; CHOPPED OFF EARS, GENITALS

Pioneer News Service

EVIL DESIGNS

PAK PLOY TO ESCALATE WAR, DRAW GLOBAL ATTENTION

Pak Army refuses to withdraw

PTI

भारतीय बंदी सैनिकों के साथ पाक फौज की घोर बर्बरता पर दैनिक 'पायनियर' के मुख्य समाचार का बड़े अक्षरों में शीर्षक 'बर्बर'

इसके बाद के दिनों में जब 'ऑपरेशन बद्र' का खेल खुलकर सामने आ गया तब जनरल मुशर्रफ झटपट बीजिंग के लिए रवाना हो गए, ताकि पाकिस्तान के इस पुराने मददगार और सरपरस्त देश से मदद ली जा सके। मुशर्रफ ने अपने नजदीकी विश्वासपात्र और चीफ ऑफ स्टाफ मुहम्मद अजीज, जो इस सैन्य अभियान का संचालन कर रहा था, से संपर्क बनाए रखा।

युद्ध जैसे हालात के इस दौर में विदेश मंत्री जसवंत सिंह ने 11 जून को नई दिल्ली में एक प्रेस कॉन्फ्रेंस में गंभीर माहौल में बताया कि पाकिस्तानी सिपाहियों ने कारगिल के निकट गढ़वाल राइफल्स की एक टुकड़ी को छह भारतीय सैनिकों के जो शव सौंपे, उनसे यह प्रकट होता है कि इन सैनिकों को भीषण यंत्रणाएँ दी गईं और फिर उनकी नृशंसतापूर्वक हत्या कर दी गई। इनका पोस्ट मार्टम रेड क्रॉस के प्रतिनिधियों और सफदरजंग अस्पताल दिल्ली के फॉरेंसिक मेडिसिन विभाग के

प्रमुख की उपस्थिति में किया गया। इससे पता चला कि एक जवान के मुँह में गोली मार दी गई थी। एक अन्य जवान को गोली मार देने के पहले आंख में कोई भोथरी चीज घुसेड़ दी गई थी। इसके अलावा एक और जवान की पीठ में कई चोटों के निशान पाए गए।

पाकिस्तान ने हिंस्र पशुओं को भी किया मात

पाकिस्तानी सेना की बर्बरता के बारे में भारतीय सेना के एक अधिकारी ने दुःख व क्रोध व्यक्त करते हुए विस्तार से बताया कि छह भारतीय सैनिकों के शव बिना उनके महत्त्वपूर्ण अंगों के भारत को सौंप दिए गए। शवों की पुतलियाँ निकाल ली गई थीं। उनके नाक, कान तथा गुप्तांग काट डाले गए थे। इन सैनिकों के शवों पर सिगरेट से झुलसे निशान भी थे, जो यह दर्शा रहे थे कि किस तरह उन्हें सता-सताकर मारा गया। सेना के प्रवक्ता कर्नल विक्रम सिंह ने बताया कि इन सैनिकों के शव क्षत-विक्षत अवस्था में थे। इस तरह की बर्बरता का कोई भी कार्य अंतरराष्ट्रीय कानून के सर्वथा विरुद्ध है। भारतीय सेना के सैनिक यूनिफॉर्म में थे। पाकिस्तान द्वारा गिरफ्तार किए जाने के बाद भारतीय सैनिकों को भीषण शारीरिक यातनाएँ देने से जाहिर है कि उसके पीछे विवश भारतीय सैनिकों को प्रताड़ित और अपमानित करने की कुत्सित मानसिकता थी।

इस पर टिप्पणी करते हुए अंग्रेजी दैनिक 'एशियन एज' (The Asian Age) ने अपने संपादकीय (12 जून, 1999) में A crime by beasts (वहशियों का अपराधकर्म) शीर्षक में लिखा—

Any expectation that Pakistan might offer an explanation, leave alone an apology, for the awful and unforgivable torture and death of Indian soldiers, is futiles. We cannot expect civilised behaviour from those elements who glory in being savages. The question however must remain : how do you feel with a neighbour whose moral compass has been totally skewered by a hatred so vicious that it no longer contains any element of humanity?'''Even beasts would hesitate to behave in the manner that Pakistan seems to have done with prisoners.

(पाकिस्तान से यह उम्मीद करना बेकार है कि वह भारतीय सैनिकों के भयंकर और अक्षम्य उत्पीड़न तथा उनकी मौत के लिए माफी माँगना तो दरकिनार, कोई सफाई ही पेश कर देगा। हम इन तत्त्वों से जो वहशी होने में गौरव अनुभव करते हैं, सभ्य व्यवहार की उम्मीद नहीं कर सकते, लेकिन यह सवाल बना ही रहता है कि आप किसी ऐसे पड़ोसी के बारे में क्या महसूस करेंगे, जिसका नैतिकता का दायरा ऐसी चरित्रहीन घृणा से आवृत्त हो कि उसमें मानवता का कोई तत्त्वांश भी शेष नहीं रह गया हो। पाकिस्तानियों ने बंदियों के साथ जैसा व्यवहार किया, वैसा व्यवहार करने में हिंस्र पशुओं को भी संकोच होगा।)

कटु यथार्थ यह था कि पाकिस्तानी फौज ने लेफ्टिनेंट सौरभ कालिया और उसके साथ पाँच अन्य भारतीय सैनिकों के साथ जो कुछ किया, वह इस फौज की अपने आप में कोई अकेली-दुकेली कारस्तानी नहीं थी। इससे पहले 27 मई को पाकिस्तान में बटालिक सेक्टर में सीमा क्षेत्र में स्क्वाड्रन लीडर अजय आहूजा के मिग-21 विमान को एक स्ट्रिंगर मिसाइल से नीचे गिरा दिया गया था। विमान के पायलट स्क्वाड्रन लीडर अजय आहूजा को जिंदा पकड़ लिया गया और पूछताछ

स्क्वाड्रन लीडर अजय आहूजा

के लिए ले जाया गया। सूचना मिलने पर मुशर्रफ ने आहूजा के खात्मे का आदेश दे दिया। आहूजा को बुरी तरह नजदीक से गोली चलाकर मार डाला गया। बाद में आहूजा का क्षत-विक्षत शव भारत के हवाले कर दिया गया। भारतीय वायुसेना के अधिकारियों के अनुसार आहूजा को कब्जे में लेने के बाद उस पर एक से अधिक बार गोली चलाई गई। आहूजा के शरीर पर गोली लगने के कई जख्म थे। प्रधानमंत्री वाजपेयी शव को देखकर स्तब्ध रह गए। विदेश मंत्री जसवंत सिंह ने नई दिल्ली में इस घटना पर प्रेस कॉन्फ्रेंस में संयम बरतते हुए अपना गहरा रोष व्यक्त किया। प्रश्न है—क्या कोई सभ्य देश किसी अन्य देश के सैनिक के साथ इस तरह का अमानवीय व्यवहार कर सकता है?

पाकिस्तानी फौज का वहशी पागलपन

इस पर टिप्पणी करते हुए अंग्रेजी दैनिक 'द पायनियर' (The Pioneer) ने अपने संपादकीय (1 जून, 1995) में In cold blood (नृशंस हत्या) शीर्षक में लिखा—

Pakistan's hostility is understandable given the rout its men face In Kargil and impending defeat of its plans of furtive entry into Kashmir to spread insurgency. But should it cause such obnoxious acts as the killig of a wounded officer who has crashed into its territory? Has it learnt nothing from India's scrupulously correct treatment of the over 93,000 Pakistani armed forces personnel it took as Prisoners of War in Bangladesh in 1971?

(कारगिल में पाकिस्तान के सैन्यकर्मी वहाँ से खदेड़ दिए जाने की जिस स्थिति का सामना कर रहे हैं और कश्मीर में बगावत को उकसाने के लिए लुक-छिपकर प्रवेश करने के प्रयास कर रहे हैं, उससे पाकिस्तान के वैर-भाव को सहज समझा जा सकता है, लेकिन क्या इसका मतलब यह है कि किसी घायल अफसर को जो दुर्घटनावश उसके क्षेत्र में पहुँच गया हो, जान से मार दिया जाए? क्या उसने भारत द्वारा 1971 में बांग्लादेश में बंदी बनाए गए पाकिस्तान के 93,000 से अधिक सशस्त्र सैनिकों के साथ किए गए सही नियमनिष्ठ बरताव से कोई सबक ग्रहण नहीं किया?)

कारगिल युद्ध में पाकिस्तानी फौज के वहशी पागलपन के विपरीत भारत ने न केवल जेनेवा कान्वेंशन का पूरी तरह पालन किया, बल्कि उससे भी एक कदम आगे बढ़कर लड़ाई में मारे गए पाकिस्तानी सैनिकों के शव लेने से पाकिस्तान द्वारा इनकार करने पर उनका अंतिम संस्कार मुसलिम रीति अनुसार करके दफना भी दिया। दरअसल, पाकिस्तान यह प्रदर्शित कर रहा था कि यह लड़ाई मुजाहिदीन लड़ रहे हैं। बाद में पता चला कि पाकिस्तान ने अपनी नॉर्दर्न लाइट इंफैंट्री की पाँच बटालियनों को मुजाहिदीन के वेश में भेजा था। वे मुजाहिद्दीन की तरह सलवार-कुरता पहने हुए थे। भारतीय सेना के तत्कालीन डिप्टी-चीफ लेफ्टिनेंट जनरल चंद्रशेखर ने बताया कि मई के शुरुआती हफ्तों में हमें लगा कि हम मुजाहिदीन से लड़ रहे हैं।

28 जुलाई, 1999 को लड़ाई बंद हो जाने के बाद भारतीय सेना को बंकरों और छोटी खाइयों में 200 से अधिक उन पाकिस्तानी फौजियों के शव मिले, जो शायद भारतीय सेना की बोफोर्स तोपों

की भारी गोलाबारी में मारे गए थे। भारतीय सेना ने कारगिल में युद्धस्थल से 249 शवों को एकत्र किया था। खोज-तलाशी अभियान के दौरान 30 सौनिकों और अधिकारियों की लाशें दुर्गम स्थलों से प्राप्त की गईं, क्योंकि पाकिस्तानी सैनिक इन लोगों की लाशें नहीं ले जा सके थे। इनकी जेबों और बैगों की तलाशी में ऐसे दस्तावेज मिले, जिनसे उनकी शिनाख्त पक्की हो गई। इन दस्तावेजों में इन सैनिकों के नाम, पते, फोटो, पे-बुक, सैनिकों के अपने परिजनों को लिखे पत्र, जो पोस्ट नहीं किए जा सके थे, सूचना-संदेश में इस्तेमाल होनेवाले कोड वर्ड्स की फेहरिस्त, पासवर्ड, व्यक्तिगत डायरी आदि शामिल थे। पाकिस्तान ने इनमें से सिर्फ पाँच शवों को स्वीकार किया, जिनमें पाकिस्तान 12 नॉर्दर्न लाइट इंफैंट्री बटालियन के कैप्टन कर्नल शेर खान का शव भी शामिल था।

भारतीय सेना की नैतिकता और सद्व्यवहार

यहाँ इस प्रसंग में भारतीय सेना की नैतिकता और सद्व्यवहार का उल्लेख करना आवश्यक है। ऐसा बहुत कम देखने को मिलता है, जब किसी देश की सेना शत्रु देश की सेना के किसी सैनिक की बहादुरी की तारीफ करे और उसकी सेना को लिखकर कहे कि इस सैनिक की वीरता का सम्मान किया जाना चाहिए। वर्ष 2019 में प्रकाशित रचना विष्ट की पुस्तक 'कारगिल : युद्ध की अनकही कहानियाँ' (Kargil : Untold Stories from the War) में बताया गया है कि टाइगर हिल के मोर्चे पर पाकिस्तानी सेना के कैप्टन कर्नल शेर खान ने इतनी बहादुरी से लड़ाई लड़ी कि भारतीय सेना ने उसका लोहा माना। भारत की ओर से उस लड़ाई को कमांड कर रहे ब्रिगेडियर एम.एस. बाजवा कहते हैं कि जब यह लड़ाई खत्म हुई तो मैं इस अफसर का कायल था। मैं 1971 की लड़ाई भी लड़ चुका हूँ। मैंने कभी किसी पाकिस्तानी अफसर को लीड करते हुए नहीं देखा। शेर खान के अलावा सारे पाकिस्तानी कुरते-पाजामे या सलवार में थे। अकेला वह ट्रैक सूट पहने हुए था। ब्रिगेडियर बाजवा बताते हैं कि शेर खान लंबा-चौड़ा शख्स था। वह बहुत बहादुरी से लड़ा। आखिर हमारे एक जवान कृपाल सिंह, जो जख्मी पड़ा हुआ था, ने अचानक उठकर 10 गज की दूरी से एक बर्स्ट मारा और शेर खान को गिराने में कामयाब रहा। शेर खान का गिरना था कि पाकिस्तानियों के हमले की धार जाती रही। ब्रिगेडियर बाजवा बताते हैं कि हमने वहाँ 30 पाकिस्तानियों के शवों को दफनाया, लेकिन मैंने सिविलियन पोर्टर्स को भेजकर कैप्टन कर्नल शेर खान के शव को पहाड़ी से नीचे मँगवाया। पहले हमने उसे ब्रिगेड हेडक्वार्टर में रखा, जब उसकी बॉडी वापस लाई गई तो उसकी जेब में ब्रिगेडियर बाजवा ने एक चिट रखी जिस पर लिखा था—'कैप्टन कर्नल शेर खान 12 एन.एल.आई. ने बहुत बहादुरी से लड़ाई लड़ी और उसे इसका श्रेय मिलना चाहिए। (Captain Colonel Sher Khan of 12 NLI has fought very bravely and he should be given his due.)

ब्रिगेडियर बाजवा का कहना है कि अगर मैं शेर खान की बॉडी नीचे नहीं मँगवाता और जोर देकर वापस नहीं भेजता तो उसका नाम भी कहीं पर नहीं होता। शेर खान को पाकिस्तान ने मरणोपरांत 'निशान-ए-हैदर' दिया, जो पाकिस्तान का सबसे बड़ा वीरता पुरस्कार है और हमारे 'परमवीर चक्र' के बराबर है। बाद में शेर खान के बड़े भाई अजमल शेर ने कहा कि अल्लाह का शुक्र है, हमारा दुश्मन भी कोई बुजदिल दुश्मन नहीं है। अगर लोग कहें कि इंडिया बुजदिल है तो मैं कहूँगा कि नहीं, क्योंकि उसने ऐलानिया कह दिया कि कर्नल शेर हीरो है।

इस पुस्तक के आधार पर 'बी.बी.सी. न्यूज हिंदी सर्विस' ने इसे समाचार-फीचर के तौर पर जारी किया। शेर खान के प्रसंग से भारतीय और पाकिस्तानी सेना में तहजीब का अंतर स्पष्ट हो जाता है।

'न्यूयॉर्क टाइम्स' द्वारा भारतीय सेना की सराहना

'न्यूयॉर्क टाइम्स' (New York Times) के लिए कारगिल युद्ध के समाचार कवर करनेवाले बैरी बिरक के अनुसार, "दो महीने तक चले युद्ध के दौरान सैकड़ों पाकिस्तानी फौजी मारे गए, जिन्हें पाकिस्तानी फौज ने पहचानने से इनकार कर दिया था, लेकिन भारतीय सेना अपने उसूलों से नहीं डिगी। युद्ध खत्म होने के बाद जहाँ-जहाँ भी पाकिस्तानी फौजियों के शव मिलते गए, भारतीय सेना उन्हें इसलामी रीति-रिवाज के मुताबिक सुपुर्द-ए-खाक करती गई। लड़ाई के आखिरी दौर में जब पाँच पाकिस्तानी फौजियों को सुपुर्द-ए-खाक किया गया तो मुझे चेतक हेलीकॉप्टर से उस चोटी पर जाने का अवसर मिला।"

बैरी बिरक ने कारगिल युद्ध के 20 साल पूरे होने पर 'दैनिक भास्कर' के संवाददाता को बताया—"मेरे जेहन में पाकिस्तानी सैनिकों की समारोहपूर्वक अंतिम विदाई की यादें आज भी जिंदा हैं। मैंने बेहद अचरज से देखा कि दुश्मन फौजियों की लाशों के साथ कोई सेना इतना अच्छा सलूक कैसे कर सकती है? भारतीय सेना के एक मुसलिम सैनिक ने 'कुरान' की आयतें पढ़ीं और 'अल्लाह-हो-अकबर' का घोष किया। उसके बाद वहाँ मौजूद हिंदू सैनिकों ने पूरी शिद्दत के साथ 'अल्लाह-हो-अकबर' कहा। फिर पाकिस्तानी झंडा शवों से हटाया गया। शव करीब 10 दिन पहले के थे। भारतीय सेना ने उन्हें दफनाते वक्त बहुत छोटी-छोटी मुसलिम रस्मों का भी खयाल रखा। शवों के सिर मक्का की ओर किए गए और बहुत धीरे-से उन्हें कब्र में उतारा गया। पाइंट 4875 की जिस चोटी पर यह रस्म अदा की गई, वहाँ से पाकिस्तानी घुसपैठियों ने कई दिनों तक ताबड़तोड़ गोलाबारी की थी। इस चोटी को वापस पाने के लिए जबरदस्त संघर्ष हुआ था। यहाँ 53 पाकिस्तानी फौजी मारे गए थे। ये फौजी पाकिस्तान की 12-नॉर्दर्न लाइट इंफैंट्री के थे, लेकिन पाकिस्तान ने उन्हें मुजाहिद्दीन करार दिया था। यह अभी तक पहेली है कि इस जंग में कितने पाकिस्तानी फौजी मारे गए? पूरी दुनिया ने पाकिस्तान के प्रपंच को सुना, जिसका कहना था कि कारगिल में मुजाहिद्दीन थे।

पाकिस्तानी मामलों के जानकार वरिष्ठ पत्रकार त्रिलोक दीप ने 'दैनिक हिंदुस्तान' (25 जुलाई, 1999) में लिखा—"कारगिल में अगर हमारे हथियार पुराने और दूसरे विश्वयुद्ध वाले थे, तो वे दिख रहे थे। पाकिस्तान के आधुनिक हथियार और सैनिक सुविधाएँ भी स्पष्ट थीं, लेकिन जीत हुई ऊँचे मनोबल की, कड़ी इच्छा शक्ति की और बुलंद हौसलों की। यह सेहरा बेशक भारतीय सेनाओं और जवानों के सिर पर ही बँधा। भारत ही नहीं, दूसरे देशों की सरकारों ने भी भारतीय सैनिकों की उच्च परंपराओं और मान्यताओं की तारीफ की। दुश्मन के मारे गए सिपाहियों को अपनी धरती में जिस आदर के साथ दफनाया गया, वह शायद अंतरराष्ट्रीय सामरिक क्षेत्र की संभवतः एकमात्र अद्वितीय घटना है।"

पाकी फौजी अफसरों द्वारा क्रिमिनल तत्त्वों को मुबारक

इसके साथ ही त्रिलोक दीप ने पाकिस्तान के साथ इतनी अधिक उदारता बरतने की आलोचना भी की। कुछ सैनिक और सामरिक रणनीति के विशेषज्ञों ने दुश्मनों के शवों को अपनी ही भूमि में

सँभालने और 'जगह' देने के तौर-तरीकों की कड़ी आलोचना की। उन्होंने कहा कि जिनके शवों को उनके अपने देशवासी उठाने से गुरेज करते रहे, उन्हें हमने उन्हीं के (पाकिस्तानी) ध्वज में लपेटा, दफनाया, फातिहा पढ़ा और सलामी दी। इससे हम क्या सिद्ध करना चाहते थे?

जहाँ तक पाकिस्तानी फौज की बात है, ऐसा प्रतीत होता है कि उसके अंदर मध्ययुगीन हैवानियत में चूर आक्रांताओं की जहनियत प्रवेश कर गई है। पाकिस्तानी फौज द्वारा जल्लादों की तरह भारतीय सैनिकों के सिर काटने की घिनौनी हरकतें करना कोई बहुत विरल बात नहीं। 30 जुलाई, 2011 को कश्मीर के कुपवाड़ा सेक्टर में फिर एक ऐसी घटना हुई। पाकिस्तानी सेना की बॉर्डर एक्शन टीम (बैट) ने दो भारतीय सैनिकों—कुमायूँ रेजिमेंट के हवलदार जयपाल सिंह अधिकारी और लांस नायक देवेंद्र सिंह के सिर काट दिए। इसके बाद पाकिस्तानी फौज ने 8 जनवरी, 2013 को एक और दुष्कांड किया। बलूच रेजिमेंट की एक टोली ने उड़ी सेक्टर में भयंकर गोलाबारी शुरू कर दी और फिर 30 मिनट की गोलाबारी के बाद भयंकर कोहरे में घने जंगल में नियंत्रण रेखा पार कर 600 मीटर अंदर घुस आए। उन्होंने भारतीय गश्ती दल से छिटक कर अलग हुए दो सैनिकों को देख लेने के बाद उन पर घात लगाकर हमला कर दिया। दोनों सैनिकों ने पलटवार की कोशिश की, जो निरर्थक साबित हुई। जब भारतीय पलटन कमांडर मौके का मुआयना करने निकला तो उसे वहाँ इन दो भारतीय सैनिकों के क्षत-विक्षत शव मिले। ये थे राजपूताना राइफल्स के लांस नायक हेमराज और लांस नायक सुधाकर सिंह के शव। पाकिस्तान के फौजी दरिंदे हेमराज का सिर काटकर ले गए। यह घटना उस समय घटी जब दोनों देशों के बीच वार्ता प्रगति पर थी, शायद इस कारण भारतीय कमांडरों की सावधानी में कुछ कमी आ गई होगी।

इस तरह का हमला पिछले 10 साल में पहली बार हुआ था। पाकिस्तानी फौजी अफसर फौज के इन क्रिमिनल तत्त्वों (या क्रिमिनल फौज के तत्त्वों?) की घिनौनी हरकत पर उनके विरुद्ध कोई काररवाई करने के बजाय उन्हें 'मुबारक-मुबारक' कह रहे थे। उनकी इस बात को भारतीय मिलिटरी इंटेलिजेंस ने फोन इंटरसेप्ट के जरिए पकड़ा।

इस क्रम में यह बता देना भी जरूरी है सेनाध्यक्ष रहते हुए जनरल मुशर्रफ ने एक भारतीय सैन्य अधिकारी का सिर काटकर पेश करनेवाले आतंकी इलियास कश्मीरी को एक लाख रुपए का इनाम दिया था। तब यह तसवीर पाकिस्तान के कुछ अखबारों में भी छपी थी। कश्मीरी के बारे में बताया गया कि वह एलीट स्पेशल सर्विस ग्रुप (पाकिस्तानी आर्मी का एक कमांडो यूनिट) में भी काम कर चुका था। जमीनी सुरंगें बनाने और विस्फोट कराने में माहिर एक आँख वाले इलियास कश्मीरी को पाकिस्तान की ओर से अफगानिस्तान में रूसी सेना के विरुद्ध लगाया गया था। एक रिपोर्ट में बताया गया कि 26 फरवरी, 2000 को नारयाल इलाके में जो गुरिल्ला ऑपरेशन चला था, उसी ऑपरेशन में लाइन ऑफ कंट्रोल पार कर 25 आंतकी भारत में घुस आए थे। इस ऑपरेशन के बाद जब कश्मीरी वापस पाकिस्तान लौटा, तब वह साथ में एक भारतीय सैन्य अधिकारी का कटा हुआ सिर भी लेकर गया था, जिसे उसने मुशर्रफ के सामने पेश किया था। जिस देश का सेनाध्यक्ष इतना क्रूर हो, उस देश के सिपाहियों और उसके भाड़े के टट्टुओं से अक्रूर होने की उम्मीद करना व्यर्थ है।

□

44

इंडियन एयरलाइंस विमान के अपहरण में पाकिस्तानी हाथ

दिसंबर 1999 में काठमांडु से दिल्ली आ रहे इंडियन एयरलाइंस के विमान को हाईजैक कर लिया गया। अपहरण पाँच सशस्त्र आतंकवादियों ने किया, जो पाकिस्तानी नागरिक थे। उन्होंने विमान के पायलट को पहले दुबई और फिर दक्षिण अफगानिस्तान के कंधार एयरपोर्ट पर ले जाने को मजबूर किया। आतंकियों ने फिरौती में 20 करोड़ डॉलर और भारत के विभिन्न जेलों में बंद 36 आतंकियों की रिहाई की माँग की। भारत ने इन दोनों माँगों को मानने से इनकार कर दिया। आतंकी माँगें नहीं माने जाने पर कुछ भी कर डालने पर आमादा प्रतीत हुए। 189 यात्रियों की प्राण रक्षा के लिए भारत तीन दुर्दांत पाकिस्तानी आतंकियों को रिहा करने पर राजी हुआ।

इस अपहरण प्रकरण में पाकिस्तान ने अपना बचाव करने के लिए उलटा भारत पर ही इलजाम मढ़ दिया कि उसने पाकिस्तान को बदनाम करने के लिए खुद अपने विमान का अपहरण कराया, जबकि विभिन्न सूत्रों से प्राप्त जानकारी से यह सिद्ध हो गया कि विमान अपहरण की शैतानी साजिश में पाकिस्तान का हाथ था। खुद पाकिस्तान के एक प्रख्यात पत्रकार जाहिद हुसैन ने अपनी पुस्तक में लिखा कि अपहरण में पाकिस्तानी खुफिया एजेंसी का हाथ था, जिसका मैं प्रत्यक्ष गवाह था। इस प्रकार यह एक नए प्रकार का छद्म युद्ध था।

24 दिसंबर, 1999 को क्रिसमस की पूर्व संध्या पर नेपाल से दिल्ली आ रहे इंडियन एयरलाइंस के विमान को हाईजैक कर लिए जाने की खबर से पूरे देश में चिंता की लहर दौड़ गई। इस विमान (उड़ान आई.सी.-814) पर 178 यात्री और चालक दल के 11 सदस्य सवार थे। पाँच सशस्त्र आतंकियों ने विमान का अपहरण कर लिया था। उन्होंने पायलट को विमान लाहौर ले जाने को कहा। जब लाहौर एयरपोर्ट के अधिकारियों ने विमान उतारने की इजाजत नहीं दी, तब विमान अमृतसर में उतारा गया। अपहृताओं ने ईंधन की माँग की। भारत सरकार ने विमान को अमृतसर में ही रोके रखने और देश के बाहर किसी और स्थान के लिए उड़ान भरना असंभव करने का निर्णय किया, लेकिन इस निर्णय के कार्यान्वयन में काफी विलंब हो गया।

अपहर्ताओं ने विमान के पायलट को विमान की उड़ान भरने को मजबूर किया। विमान का अगला गंतव्य लाहौर था, जहाँ पाकिस्तानी अधिकारियों ने विमान में ईंधन भरवाकर उसे लाहौर से रवाना हो जाने के लिए लाचार कर दिया। पाकिस्तान ने भारत सरकार के इस अनुरोध को ठुकरा दिया कि विमान को उड़ान भरने से रोका जाए। इसके बाद अपहर्ता विमान को काबुल होते हुए दुबई ले गए। उन्होंने पायलट को दुबई के आर्मी एयर बेस पर ले जाने के लिए बाध्य किया। वहाँ उन्होंने यात्रियों में खौफ पैदा करने और अपनी कारस्तानी की संजीदगी प्रदर्शित करने के लिए विमान के एक यात्री रूपिन कटयाल को मार दिया और शव को फेंक दिया। दुबई में अपहर्ताओं ने 28 महिला व बाल यात्रियों को रिहा कर दिया। फिर उन्होंने पायलट को दक्षिण अफगानिस्तान के प्रमुख नगर, कंधार ले जाने को कहा। अफगानिस्तान में उस समय तालिबान का शासन था, जिसे केवल तीन देशों—पाकिस्तान, सऊदी अरब और संयुक्त अरब अमीरात (यू.ए.आई.) ने मान्यता दे रखी थी।

कारगिल की विफलता की तिलमिलाहट

जैसे-जैसे समय बीतता गया, यह बात स्पष्ट होती गई कि भारतीय विमान के अपहरण में पाकिस्तान की प्रमुख भूमिका थी। कारगिल में अपनी विफलता और पराजय से तिलमिलाए पाकिस्तान के फौजी शासकों ने भारत से प्रतिशोध के लिए एक ऐसा षड्यंत्र रचा, जिससे भारत की किरकिरी हो और कश्मीर मुद्दे का अंतरराष्ट्रीयकरण होने के साथ भारत के विरुद्ध आतंकी गतिविधियों में इजाफा हो सके। परिस्थितियाँ कुछ ऐसी बनीं कि आतंकवादी अपहर्ता अपने मंसूबे में कामयाब हो गए।

अपहृत भारतीय विमान काबुल एयरपोर्ट पर

काठमांडू-दिल्ली उड़ान के अपहरण से संबंधित कुछ खास बातें ऐसी थीं, जिन पर ध्यान देने से ही इस हादसे को सही परिप्रेक्ष्य में देखा जा सकता है। अपहर्ता किसी भारतीय हवाई अड्डे से सवार नहीं हुए थे। शायद ऐसा प्रयास करने से वे उसमें इतनी आसानी से कामयाब भी नहीं होते। भारत का पड़ोसी देश नेपाल एक ढीले-ढाले प्रशासनवाला देश है, जहाँ की सुरक्षा जाँच की खामियों के कारण अपहर्ताओं को अपने नापाक इरादों में सफलता मिल गई। नेपाल के मामले में सबसे मुश्किल बात यह है कि भारत और नेपाल के बीच कोई पासपोर्ट व्यवस्था नहीं है। इसलिए किसी अपराधी गिरोह द्वारा किसी तरह नेपाल पहुँच जाना और वहाँ की काहिल व्यवस्था में इस अतिरिक्त सुविधा का नाजायज फायदा उठा लेना कोई बहुत मुश्किल कार्य नहीं है। भारत और पाकिस्तान के लोगों की शक्ल-सूरत व हुलिये में कोई फर्क नहीं होने से दोनों में कुछ भेद कर पाना संभव नहीं है। काठमांडू हवाई अड्डे पर सुरक्षा जाँच की लचर व्यवस्था के कारण हुए इस भीषण कांड के बावजूद नेपाल सरकार अपनी प्रभुसत्ता के नाम पर काठमांडू हवाई अड्डे पर इंडियन एयरलाइंस के विमान यात्रियों की

जाँच भारतीय अधिकारियों द्वारा स्वयं करने की छूट देने को तैयार नहीं थी जबकि 1977 में जर्मनी के एक 'लुफ्तहंसा बोइंग' विमान के अपहरण और विमान चालक की क्रूर हत्या के बाद कठोर सुरक्षा जाँच में समर्थ नहीं होने के कारण स्पेन ने स्पेनिश हवाई अड्डों पर पश्चिम जर्मनी के अधिकारियों को अपने विमान यात्रियों की जाँच खुद करने की छूट दे दी थी।

आतंकियों की रिहाई के साथ 20 करोड़ डॉलर की माँग

दूसरी ओर सबसे बड़ी बात यह थी कि यह अपहरण कोई मामूली अपहरण नहीं था। यह किसी सिरफिरे गिरोह की नादान हरकत नहीं थी, न आतंकवादियों के किसी इक्का-दुक्का या एकाकी गुट की कारस्तानी थी। यह एक राज्यसत्ता (पाकिस्तान) द्वारा छद्म रूप से समर्थित-संयोजित अपहरण था, जिसे बड़े सुनियोजित ढंग से अंजाम दिया गया था। इसकी गणना दुनिया के विरल से विरलतम विमान अपहरणों में की जा सकती है। इसके प्रमाण धीरे-धीरे सामने आते गए। अपहर्ताओं का किसी अदृश्य शक्ति से रेडियो संपर्क होना एक अजीबोगरीब एवं अत्यंत विलक्षण बात थी। भारत की विभिन्न जेलों में बंद 36 दुर्दांत एवं मुख्यतः पाकिस्तानी आतंकवादियों की फेहरिस्त से लैस इन सशस्त्र अपहर्ताओं ने उक्त आतंकवादियों की रिहाई के साथ 20 करोड़ डॉलर की नकद फिरौती की जो माँग की, उसकी गणना विमान अपहरणों के इतिहास में शायद सर्वाधिक वहशियाना फिरौती के रूप में की जाएगी। यदि इंडियन एयरलाइंस के विमान की उड़ान में तीन घंटे का विलंब नहीं होता और दिन की रोशनी का समय होता, तो हो सकता है यह विमान सीधे लाहौर या काबुल-कंधार में ही उतरने को बाध्य किया जाता। अपहर्ताओं का गंतव्य शायद अफगानिस्तान ही था। इस प्रसंग में तालिबान शासन की संदिग्ध भूमिका को भी नजरअंदाज नहीं किया जा सकता।

ऐसी स्थिति में विवशताओं से घिरी किसी भी सरकार के समक्ष बहुत सीमित विकल्प रह जाते हैं। उसे अच्छी और बद स्थिति के बजाय बद और बदतर स्थिति के बीच चुनाव करना होता है।

भारत सरकार ने फिरौती की रकम देने और भारतीय जेलों में बंद 36 आतंकियों को रिहा करने से इनकार कर दिया। विमान अपहरण की तैयारी कितने योजनाबद्ध ढंग से की गई थी, यह इससे जाहिर हुआ कि अपहर्ताओं के पास भारत के विभिन्न जेलों में बंद 36 आतंकियों की फेहरिस्त पहले से मौजूद थी। आठ दिन बाद इस अपहरण कांड का पटाक्षेप 31 दिसंबर को हो गया, जब भारत सरकार ने अंततः 36 में से 3 दुर्दांत आतंकियों—मौलाना अजहर मसूद, मुश्ताक अहमद जरगर और अहमद उमर सैयद शेख को रिहा करना मंजूर कर लिया। बंधकों की रिहाई को लेकर आखिरी क्षणों में कहीं कोई जिच उत्पन्न नहीं हो जाए इसलिए विदेश मंत्री जसवंत सिंह ने कंधार एयरपोर्ट पर कतिपय भारतीय उच्चाधिकारियों की मौजूदगी के बावजूद स्वयं भी उपस्थित रहने का निर्णय किया, ताकि आवश्यकता पड़ने पर मौके पर ही कोई उच्च स्तरीय निर्णय किया जा सके।

जसवंत सिंह को एविएशन रिसर्च सेंटर के विमान से कंधार जाना था, जबकि रिहा किए जानेवाले तीन आतंकियों को इंडियन एयरलाइंस के विमान से भेजा जाना था, लेकिन पाकिस्तान सरकार ने बिल्कुल आखिरी क्षणों में जसवंत सिंह के विमान को पाकिस्तान के वायुमार्ग का इस्तेमाल करने से मना कर दिया, जिसके परिणामस्वरूप जसवंत सिंह को उसी विमान से कंधार जाना पड़ा, जिसमें मुक्त किए गए आतंकियों को भेजा जाना था। इसको लेकर काफी विभ्रम की स्थिति उत्पन्न हो गई। भारत सरकार को काफी आलोचना का सामना करना पड़ा।

31 दिसंबर को जैसे ही तीनों आतंकियों को कंधार एयरपोर्ट पर इंडियन एयरलाइंस के विमान से उतारा गया, वे सीधे अपने असली मुकाम पाकिस्तान की ओर रवाना हो गए, जहाँ की बदनाम खुफिया एजेंसी आई.एस.आई. ने इस शैतानी काररवाई को प्रायोजित किया था। इसी प्रकार पाँचों अपहर्ताओं को भी सड़क मार्ग से पाकिस्तान बॉर्डर की ओर जाते हुए देखा गया। उनकी कोई धरपकड़ नहीं की गई। उन्हें सही-सलामत जाने दिया गया। बताया गया कि यह छूट बंधकों की रिहाई के सौदे का एक अंग थी।

आतंकियों का हीरो की तरह स्वागत

अपहत भारतीय विमान से बाहर निकलते हुए तालिबानी मिलिशिया के दो सशस्त्र रजाकार

विमान अपहरण में पाकिस्तान की संलिप्तता एक बार फिर जाहिर हो गई, जब पाकिस्तान में तीनों खूँखार आतंकियों का 'हीरो' की तरह सम्मान किया गया। मसूद अजहर ने दक्षिणी पंजाब में अपने गृहनगर बहावलपुर पहुँचते ही आग उगलने वाली एक तकरीर में अमेरिका और भारत पर निशाना साधा। बाद में उसने कराची में विजयी मुद्रा में वहाँ की एक मसजिद में एक उन्मादी भीड़ को संबोधित करते हुए अपनी जोशीली स्पीच में कहा, "मैं अपना फर्ज होने की वजह से यहाँ आपको यह बताने के लिए आया हूँ कि हमें अमेरिका और हिंदुस्तान के खिलाफ जिहाद छेड़ देना है और इन दोनों मुल्कों को पूरी तरह बरबाद करने तक मुसलमानों को चैन से नहीं बैठना चाहिए।" अमेरिका द्वारा पाकिस्तान से आपत्ति व्यक्त करने के साथ चेतावनी देने पर पाकिस्तानी हुक्मरानों ने अजहर को कुछ अरसा तक शांत रहने को कहा।

विमान अपहरण की साजिश में पाकिस्तान का हाथ होने के सबूत लगातार मिलते गए। 6 जनवरी, 2000 को केंद्रीय गृहमंत्री लालकृष्ण आडवाणी ने संसद् में विमान अपहरण के बारे में विस्तृत विवरण दिया। विवरण में भारतीय विमान के अपहर्ताओं की पहचान जाहिर करने के साथ पाकिस्तान को षड्यंत्र की योजना बनाने और योजना को कार्यान्वित करने का जिम्मेवार ठहराया गया। सभी पाँचों अपहर्ताओं की शिनाख्त कर ली गई। ये थे—इब्राहीम अख्तर (बहावलपुर), शाहिद अख्तर, सईद (गुलशन इकबाल कराची), सन्नी अहमद काजी (डिफेंस एरिया कराची), मिस्त्री जहूर इब्राहीम (अख्तर कॉलोनी, कराची) और शाकिर (सक्खर सिटी)। अपहृत विमान में इनके लिए जो नाम इस्तेमाल किए जा रहे थे, वे क्रमशः इस प्रकार थे—चीफ, डॉक्टर, बर्गर, भोला और शंकर। भारतीय खुफिया एजेंसियों ने इन अपहर्ताओं की शिनाख्त की पुनर्पुष्टि अपहृत

विमान के पायलट और विमान कर्मीदल के सदस्यों को इनके रंगीन फोटो दिखाकर की। सूत्रों से प्राप्त जानकारी से यह भी पता लगा कि विमान अपहरण की तैयारी दो महीने से की जा रही थी। यह निश्चित है कि अपहर्ता अपना 'होमवर्क' बढ़िया-से कर चुके थे और मनोवैज्ञानिक दबाव झेलने का प्रशिक्षण भी प्राप्त कर चुके थे।

एक बार फिर पाकिस्तान ने अपने दस्तूर के मुताबिक भारत पर ही खुद अपना विमान हाईजैक कराने की तोहमत मढ़ दी। पाकिस्तान में आमतौर पर कोई अप्रिय घटना होते ही उसका इलजाम भारत पर लगाने का मोर्चा वहाँ के मीडिया का दुराग्रही व भारत-विद्वेषी वर्ग और सस्ती लोकप्रियता प्राप्त करने के फेर में वहाँ के मजहबी कट्टरपंथी तत्त्व सँभालते रहे हैं, लेकिन इस बार सर्वोच्च सरकारी स्तर भी यह मोर्चा सँभाला गया।

पाकिस्तान पूरी तरह बेनकाब

पाकिस्तान के तानाशाह जनरल परवेज मुशर्रफ ने विमान अपहरण के चौथे दिन केबल न्यूज नेटवर्क (सी.एन.एन.) को एक इंटरव्यू में इस बात से एकदम इनकार कर दिया कि अपहर्ता पाकिस्तानी नागरिक हो सकते हैं, बल्कि कहा कि संभावना यह है कि पूरा ड्रामा भारत द्वारा यह किसी 'परवर्ती उद्देश्य' से किया-कराया गया होगा। मुशर्रफ के बयान से पहले ही पाकिस्तान के विदेश मंत्रालय के प्रवक्ता तारिक अली और स्वयं विदेश मंत्री अब्दुल सत्तार ने कह दिया था कि पूरा संकट भारत द्वारा 'गढ़ा' गया है। अब्दुल सत्तार ने तो इसमें भारतीय गुप्तचर एजेंसी रॉ (RAW) का नाम भी ले लिया, जबकि तथ्य यह है कि विदेश मंत्री रह चुके भारतीय प्रधानमंत्री इंद्र कुमार गुजराल ने अपने कार्यकाल (1997-98) में पाकिस्तान से संबंध सुधारने के कूटनीतिक प्रयास के अंतर्गत एकतरफा उदारता बरतते हुए पाकिस्तान में रॉ की गतिविधियों पर रोक लगा दी थी। हालाँकि इससे पाकिस्तान के अंदरूनी हालात की संवेदनशील जानकारियों से वंचित रह जाने के कारण भारत का काफी हर्जा हुआ। गुजराल ने इसी प्रकार पाकिस्तान के साथ आर्थिक और व्यापारिक संबंधों के विकास के लिए उसे 'सर्वाधिक वरीयता प्राप्त देश' (एम.एफ.एन.) का दर्जा दे दिया था, जिसका पाकिस्तान ने लाभ तो उठाया, लेकिन इसके उत्तर में भारत को यह दर्जा नहीं दिया।

भारत के विरुद्ध पाकिस्तान के किसी षड्यंत्र के बेनकाब हो जाने की आशंका होते ही पाकिस्तान की यह शातिर पॉलिसी रही है कि अपना बचाव करने के बजाय हमलवार रुख अपना लिया जाए, शाब्दिक गोलाबारी की जाए। इंडियन एयरलाइंस आई.सी.-814 विमान के अपहरण कांड में भी उसने इसी नीति को अपनाया।

प्रख्यात पाकिस्तानी पत्रकार जाहिद हुसैन ने अपनी पुस्तक 'धोखेबाजी : पाकिस्तान, संयुक्त राज्य अमेरिका एवं वैश्विक परमाणु अस्त्र षड्यंत्र' (Deception: Pakistan, The United States and The Global Nuclear Weapons Conspiracy)) में लिखा है—"1999 में भारतीय विमान के अपहरण की घटना के समय तालिबान-आई.एस.आई.-जिहादियों की मिली भगत स्पष्ट दिखाई देती थी, जिसका मैं प्रत्यक्ष गवाह था।" इस प्रकार भारत के विरुद्ध पाकिस्तान का यह एक नए प्रकार का छद्म युद्ध था।

□

45

आगरा वार्ता की विफलता : जनरल मुशर्रफ की कमांडो कलाबाजी

प्रधानमंत्री अटल बिहारी वाजपेयी ने जुलाई 2001 में पाकिस्तान के राष्ट्रपति जनरल परवेज मुशर्रफ को दोनों देशों में रिश्ते सुधारने के लिए मुहब्बत की जीती-जागती मिसाल ताजमहल की नगरी आगरा में शिखर वार्ता के लिए आमंत्रित किया। शिखर वार्ता का कोई एजेंडा तय नहीं किया गया था। जनरल मुशर्रफ की कमांडो स्टाइल हरकतों के कारण शिखर वार्ता का कोई परिणाम नहीं निकला। मुशर्रफ ने वार्ता में लगातार कश्मीर की रट लगाए रखी। वार्ता के अंत में कोई संयुक्त बयान भी जारी नहीं किया जा सका, क्योंकि मुशर्रफ चाहते थे कि इसमें सीमा पार आतंकवाद का कोई उल्लेख नहीं हो, न ही शिमला समझौते और लाहौर घोषणा-पत्र का कोई उल्लेख हो। दरअसल, भारत-पाक मामलों पर वह अपनी शर्तों के अनुसार चर्चा शुरू करना चाहते थे। यह कूटनीतिक अनाड़ीपन का ही द्योतक था।

भारत के प्रधानमंत्री अटल बिहारी वाजपेयी और पाकिस्तान के राष्ट्रपति जनरल परवेज मुशर्रफ के बीच 14-16 जुलाई, 2001 को होनेवाली बहुचर्चित आगरा शिखर वार्ता पाकिस्तान के अड़ियल रुख के कारण बिना किसी निर्णय के समाप्त हो गई। इसका आभास इस महत्त्वपूर्ण द्विपक्षीय शिखर वार्ता के शुरू होने के पहले ही हो गया था।

पिछले काफी अरसे से भारत का नजरिया यह था कि जब तक पाकिस्तान सीमा पार से उग्रवाद बंद नहीं करता, उससे बात नहीं की जाएगी। इसलिए 25 मई, 2001 को जब श्री वाजेपयी ने पाकिस्तान के तत्कालीन मुख्य कार्याधिकारी जनरल परवेज मुशर्रफ को भारत-पाक शिखर वार्ता के लिए आमंत्रित किया और इसके लिए मुहब्बत की जीती-जागती मिसाल विश्वविख्यात ताजमहल की नगरी आगरा का चयन किया तो लोग अचंमित रह गए।

कारगिल युद्ध के खलनायक

कारगिल युद्ध के सूत्रधार यह वही जनरल मुशर्रफ थे, जिन्होंने अक्तूबर 1999 में लोकतंत्र को रौंदते हुए नवाज शरीफ की जननिर्वाचित सरकार का तख्ता पलट दिया था और अपने सिर पर

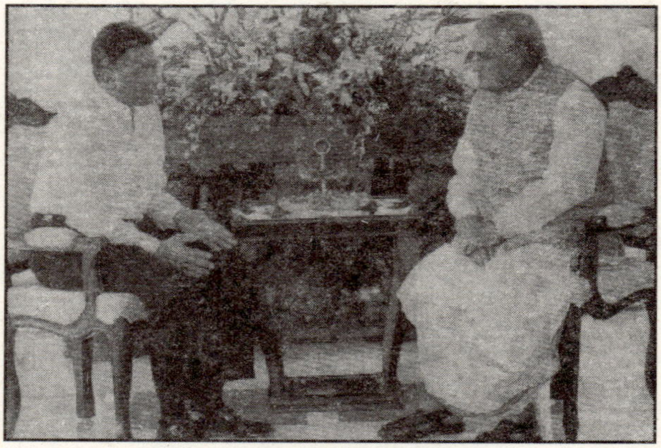

पाकिस्तानी राष्ट्रपति जनरल मुशर्रफ और भारतीय प्रधानमंत्री अटल बिहारी वाजपेयी आगरा में वार्ता के दौरान

ताज रख लिया था। इसके बाद मात्र 20 माह ही बीते थे। सभी लोकतांत्रिक देशों ने फौजी सत्ता पलट को सख्त नापसंद किया था और वे जनरल के प्रति एक प्रकार की रुखाई का इजहार कर रहे थे, लेकिन कठोर तथ्य यही था कि सैनिक शासनतंत्र के आदी पाकिस्तान में जनरल मुशर्रफ की सत्ता को चुनौती देनेवाला कोई नहीं था—न सेना में और न ही राजनीतिक खेमे में। पाकिस्तान में लोकतंत्र की पुनर्स्थापना की दूर-दूर तक कोई संभावना प्रतीत नहीं हो रही थी। ऐसी अवस्था में जनरल मुशर्रफ को ही पाकिस्तान का वास्तविक सत्ताधारी मानकर दोनों देशों के बीच रिश्तों को सुधारने के लिए वार्ता की वाजपेयी की पेशकश का भारत में आमतौर पर स्वागत ही किया गया, इस उत्सुकता के साथ कि देखें रिश्तों की बर्फ कितनी पिघलती है। वाजपेयी का कहना था कि कारगिल को नहीं भूला जा सकता, लेकिन हमें बेहतर भविष्य का खयाल रखना है। उन्होंने मुशर्रफ से भी सभी पुराने झगड़े बरतरफ कर विश्वास का नया रिश्ता बनाने के लिए खुले मन से भारत आने को कहा।

पाकिस्तान के सेनाध्यक्ष और मुख्य कार्यकारी के पद पर रहते हुए जनरल मुशर्रफ संवैधानिक तौर पर भारतीय राजनेताओं के समकक्ष नहीं थे और न ही 21 तोपों की सलामी के हकदार थे। जनरल मुशर्रफ ने इस समस्या से निपटने और हीनग्रंथि से मुक्त होने के लिए राष्ट्रपति की नकाब ओढ़ ली। भारत का आमंत्रण मिलने के कोई एक महीने बाद उन्होंने पाकिस्तान के राष्ट्रपति रफीक तराड़ को हटाकर उनकी जगह खुद ले ली, जबकि पाकिस्तान के संविधान के अनुसार कोई भी जनरल राष्ट्रपति नहीं बन सकता। मुशर्रफ के इस असंवैधानिक कार्य को कानूनी मान्यता इसलिए मिल गई, क्योंकि स्वयं सुप्रीम कोर्ट के चीफ जस्टिस ने उन्हें शपथ दिलाई थी। इसके साथ ही पाकिस्तान सरकार के प्रवक्ता ने यह भी घोषणा कर दी कि जनरल मुशर्रफ राष्ट्रपति के निरूपित कार्यकाल अनुसार पाँच वर्षों तक राष्ट्रपति बने रहेंगे।

सिविलियन लिबास में फौजी जनरल

अब मुशर्रफ ने सिविलियन लिबास पहन लिया। अकसर सूट पहने नजर आनेवाले जनरल मुशर्रफ ने सेना का प्रमुख होने के साथ-साथ देश का राष्ट्रपति होने की वजह से पाकिस्तान की राष्ट्रीय पोशाक पहन ली। दिल्ली के पालम हवाई अड्डे पर उतरते समय वह क्रीम रंग की शेरवानी और सफेद सलवार पहने हुए थे। राष्ट्रपति भवन के प्रांगण में 'गार्ड ऑफ ऑनर' का निरीक्षण करते समय उनकी शेरवानी का बायाँ छोर हवा में लगातार फड़फड़ा रहा था। इस पर टिप्पणी करते हुए पाकिस्तान की पूर्व प्रधानमंत्री बेनजीर भुट्टो ने कहा कि लगातार फड़फड़ाती शेरवानी का

भद्दापन जनरल मुशर्रफ के आगमन के भद्देपन का प्रतीक था।

इस अवसर पर एक दिलचस्प वाकया यह हुआ कि प्रोटोकॉल की परंपरा से अलग हटकर भारतीय वायुसेना प्रमुख एयर चीफ मार्शल ए.वाई. टिपनिस ने राष्ट्रपति के स्वागत समारोह में पाकिस्तान के फौजी राष्ट्रपति को सलामी नहीं दी और अभिनंदन स्वरूप सिर्फ हाथ मिलाया। टिपनिस ने कारगिल युद्ध के दौरान स्वयं मिग विमान की उड़ानें भरते हुए हमलावर घुसपैठियों पर निशाने साधे थे। ऐसा लगा कि कारगिल युद्ध की कड़वाहट के कारण टिपनिस ने इस युद्ध के मास्टर माइंड को सैल्यूट नहीं किया। मुशर्रफ ने यह अनुमान कर लिया होगा कि ऐसा क्यों किया गया। मुशर्रफ 1999 में प्रधानमंत्री अटल बिहारी वाजपेयी की लाहौर यात्रा के समय उन्हें सैल्यूट करने से दूर रहे थे।

आगरा वार्ता का जो भी नफा-नुकसान हुआ हो, इस वार्ता का सबसे बड़ा फायदा जनरल मुशर्रफ को ही हुआ। इससे एक अवैध या असंवैधानिक राष्ट्रपति की सत्ता पर अंतरराष्ट्रीय रंगमंच पर वैधानिकता की मुहर लग गई। आगरा वार्ता के बाद मुशर्रफ पाकिस्तान के वास्तविक राजनेता के रूप में उभरे। राष्ट्रपति के रूप में मुशर्रफ की यह पहली विदेश यात्रा थी।

हुर्रियत नेताओं को न्योते से विवाद

मुशर्रफ की भारत यात्रा शुरू होने के साथ ही कई क्षोभजनक बातें होने लगी थीं। पाकिस्तान द्वारा प्रोत्साहित कश्मीरी संगठन 'ऑल पार्टी हुर्रियत कॉन्फ्रेंस' ने मुशर्रफ के आगमन से पूर्व ही प्रधानमंत्री वाजपेयी से यह माँग कर दी थी कि भारत-पाक शिखर वार्ता में हुर्रियत को भी शामिल किया जाए। यह माँग नहीं माने जाने पर हुर्रियत ने जनरल मुशर्रफ से सिर्फ मुलाकात करने की माँग मान लेने को कहा, लेकिन भारत सरकार की ओर से कहा गया कि इस समय मुलाकात का कोई औचित्य नहीं है। तब हुर्रियत के नेताओं ने सीधे पाकिस्तानी राष्ट्रपति से आग्रह किया कि बातचीत में उन्हें भी शामिल किया जाए। जनरल मुशर्रफ ने हुर्रियत के नेताओं को गद्गद कर देनेवाली एक चिट्ठी लिखी, जो हुर्रियत नेता अब्दुल गनी बट को पाँच जुलाई को मिली। इसमें लिखा था कि पाकिस्तान हुर्रियत को नैतिक, राजनीतिक और कूटनीतिक समर्थन जारी रखेगा। मुशर्रफ ने लिखा—"मैं रहूँगा तो कश्मीरियों की जंगे आजादी का समर्थन करता रहूँगा और भारत यात्रा के दौरान हुर्रियत नेताओं से मिलने का इरादा भी रखता हूँ।" हुर्रियत के नेता इस चिट्ठी को पाकर आनंदविभोर हो गए। मुशर्रफ की चाय पार्टी के लिए सत्ताधारी दल—भारतीय जनता पार्टी, विपक्षी दल कांग्रेस और कई अन्य संगठनों को भी न्योता दिया गया था। इन सभी दलों ने चाय पार्टी का बहिष्कार किया। भारत सरकार हुर्रियत को कोई अहमियत देने के पक्ष में नहीं थी, क्योंकि भाँति-भाँति के 26 विभिन्न ज्ञात-अल्पज्ञात-अज्ञात घटक संगठनों की इस जमात की कश्मीर की जनता में कभी कोई खास पैठ नहीं रही। हुर्रियत कॉन्फ्रेंस ने कभी चुनाव लड़ने का साहस प्रदर्शित नहीं किया, फिर भी यह कश्मीर के लोगों की एकमात्र असली प्रतिनिधि होने का दम भरते रही। वैसे कभी इसकी उत्पात-क्षमता काफी थी। यह संगठन कश्मीर घाटी में होनेवाली हिंसा का हमेशा समर्थन करता आ रहा है।

मुशर्रफ के भारत आने के पूर्व हुर्रियत नेता ऐसा दरशाने लगे कि वे भारत-पाक के बीच मध्यस्थ की भूमिका निभा सकते हैं, जबकि भारत के लोगों को पूरी जानकारी रही है कि हुर्रियत की डोर पाकिस्तान के हाथों में है।

मुशर्रफ के दिल्ली पहुँचने पर उसी दिन शाम को पाकिस्तानी हाई कमिश्नर अशरफ जहाँगीर काजी द्वारा आयोजित चाय पार्टी में भारत सरकार की आपत्ति के बावजूद न केवल हुर्रियत कॉन्फ्रेंस के नेताओं को आमंत्रित किया गया, बल्कि जनरल मुशर्रफ ने हुर्रियत के नेताओं से करीब आधा घंटा अलग से बातचीत भी की। इस प्रकार पाकिस्तान ने एक मेहमान के तौर पर मेजबान देश की भावनाओं और अतिथि धर्म का निर्वाह नहीं करने के साथ सामान्य शिष्टाचार और राजनयिक परंपरा का भी उल्लंघन किया। तथ्य यह है कि पाकिस्तान ने इस तरह की कूटनीतिक बारीकियों या नैतिक आचरण की कभी परवाह नहीं की। फिर भी यदि पाकिस्तान का राष्ट्राध्यक्ष कोई राजनीतिज्ञ होता तो शायद कमांडो की ट्रेनिंग प्राप्त जनरल मुशर्रफ की तरह इस प्रकार की कमांडो स्टाइल हरकतें नहीं करता।

कूटनीतिक समझदारी का घोर अभाव

शिखर वार्ता का कोई एजेंडा तय नहीं किया गया था। इसके पक्षधरों का कहना था कि दोनों देशों के बीच वर्षों से चले आ रहे तनाव और अविश्वास का दायरा बहुत बड़ा होने के कारण वार्ता का कोई निश्चित एजेंडा न होना भी एक दृष्टिकोण से ठीक ही था। हालाँकि शिखर वार्ताओं की एक लंबी प्रक्रिया होती है, जो सीढ़ी-दर-सीढ़ी शिखर पर पहुँचती है। बुनियादी जरूरत होती है, आपसी समझदारी बनाने की।

लेकिन जनरल मुशर्रफ ने कूटनीतिक समझदारी का जरा भी परिचय नहीं दिया। उनके भारत पहुँचने से पहले ही माहौल में बिगाड़ नजर आने लगा था। शिखर वार्ता के लिए नई दिल्ली पहुँचने से सिर्फ एक दिन पहले मुशर्रफ ने दुबई से प्रकाशित अखबार 'गल्फ न्यूज' (Gulf News) को एक साक्षात्कार में कहा कि शिमला समझौता और लाहौर घोषणा-पत्र कारगर नहीं हैं। इसके साथ उन्होंने कहा कि कश्मीर में नियंत्रण रेखा को स्थायी सीमा मानने को वह तैयार नहीं हैं। मुशर्रफ ने कहा कि कश्मीर मुद्दे को बार-बार दरकिनार किए जाने के कारण शिमला समझौता और लाहौर घोषणा-पत्र कारगर साबित नहीं हुए।

आगरा में जनरल मुशर्रफ ने जिद पकड़ ली कि कश्मीर मुख्य मुद्दा रहेगा। वाजपेयी और मुशर्रफ के बीच पहले दिन अकेले में दो दौर में लगभग ढाई घंटों तक बातचीत चली।

लेकिन पाकिस्तान का एक ही राग था 'कश्मीर।' भारत का कहना था कि वह दोनों देशों के बीच आपसी सहमति से पहले तय किए गए आठ व्यापक मुद्दों पर चर्चा करेगा, जिसमें कश्मीर भी शामिल है। भारत ने इसी भावना को ध्यान में रखते हुए अपने शिष्टमंडल को व्यापक रूप दिया था, जिसमें गृहमंत्री लालकृष्ण आडवाणी, रक्षा मंत्री जसवंत सिंह, वित्त मंत्री यशवंत सिन्हा और वाणिज्य मंत्री मुरासोली मारन शामिल थे। पाकिस्तान के 19-सदस्यीय शिष्टमंडल में सिर्फ एक मंत्री (अब्दुल सत्तार) शामिल था।

भारत ने शिखर वार्ता के लिए अनुकूल माहौल बनाने की दृष्टि से तथा आपसी विश्वास बढ़ाने के लिए एकतरफा अनेक महत्त्वपूर्ण घोषणाएँ कर दी थीं। इनमें व्यापारिक तथा आर्थिक कदमों के अलावा सुरक्षा तथा न्यूक्लियर मसलों पर महत्त्वपूर्ण घोषणाओं सहित भारत आने के इच्छुक पाकिस्तानी नागरिकों को वीजा नियमों में भारी छूट देने, विशेषकर जम्मू-कश्मीर में अंतरराष्ट्रीय सीमा और नियंत्रण रेखा पर वीजा चौकियाँ स्थापित करने की घोषणा शामिल थी, ताकि पाकिस्तान

से बँटे जम्मू-कश्मीर तथा पाक-अधिकृत कश्मीर में रहनेवाले संयुक्त परिवारों की एक-दूसरे के यहाँ आसानी से आवाजाही हो सके।

लेकिन पाकिस्तान की अशिष्टता और हेकड़ी देखिए कि उसने इन घोषणाओं पर कोई प्रतिक्रिया व्यक्त नहीं की, कोई जवाब नहीं दिया तथा कश्मीर को शिखर वार्ता का मुख्य बिंदु करार देते हुए इन्हें सतही और फिजूल बताया।

समझौतों की संजीदगी का संज्ञान

प्रश्न है : क्या मुशर्रफ को इस बात का ज्ञान नहीं था कि कोई भी अंतरराष्ट्रीय संधि या समझौता, जैसे शिमला समझौता, जब चाहे तब बेकार बताकर रफा-दफा नहीं किया जा सकता? इस तरह के सब समझौतों की एक संजीदगी होती है, जब तक कि इनके स्थान पर कोई नया समझौता नहीं किया जाए। कोई भी द्विपक्षीय समझौता दोनों पक्षों की सहमति से ही रद्द किया जा सकता है, एकतरफा ऐसा नहीं किया सकता। बहरहाल, अगर पाकिस्तानी राष्ट्रपति की निगाह में इन समझौतों की कोई प्रासंगकिता नहीं रह गई थी, तो फिर इससे 50 वर्ष पूर्व राष्ट्रसंघ (यू.एन.) द्वारा पारित प्रस्तावों की क्या प्रासंगिकता रह गई थी, जिनके बारे में सेक्रेटरी जनरल का कहना था कि ये अब मान्य नहीं रहे। अब तो राष्ट्रसंघ ने कश्मीर मुद्दे को अनसुलझे विवादों की सूची से भी हटा दिया है, लेकिन पाकिस्तान अब भी इनकी रट लगाता जा रहा है।

वैसे भी जब शिमला समझौते में यह बात तय हो गई थी कि दोनों देश आपस में बैठकर कश्मीर के मामले में बातचीत करेंगे तो उसका अर्थ यही था कि अब जनमत संग्रह की बात नहीं उठेगी।

भारत और पाकिस्तान के बीच शिखर वार्ता या कहिए जनरल मुशर्रफ की जिद को इस प्रकार पेश किया जा सकता है—

भारत : दोनों देशों के बीच आर्थिक और व्यापारिक लेन-देन हो।

पाकिस्तान : पहले कश्मीर...

भारत : शैक्षिक और सांस्कृतिक आदान-प्रदान हो।

पाकिस्तान : पहले कश्मीर...

भारत : सीमा पार से कश्मीर में होनेवाला आतंकवाद रोका जाए।

पाकिस्तान : यह आतंकवाद नहीं कश्मीरी अवाम की जंगे आजादी है।

भारत : दोनों देशों के बीच वीजा सुविधाओं का विस्तार किया जाए।

पाकिस्तान : पहले कश्मीर...

भारत : समाचार-पत्रों और साहित्य का विनिमय हो।

पाकिस्तान : पहले कश्मीर...

यानी पाकिस्तान ने पूरी कवायद को मजाक बना दिया। पाकिस्तान ने पहले दिन ही देर रात स्पष्ट कर दिया था कि जब तक उसके अनुसार मुख्य मुद्दे कश्मीर पर कोई बात नहीं बन जाती, कोई निर्णय नहीं निकल पाता, तब तक दूसरे मुद्दों पर कोई भी वार्ता नहीं होगी।

ब्रेकफास्ट टेबल से मीडियागीरी का नाटक

जनरल मुशर्रफ ने अगले दिन यानी शिखर वार्ता के नाजुक दौर के बीच में ही एक और

विचित्र हरकत की। उन्होंने भारत के 35 प्रमुख पत्रकारों/संपादकों को एक अनौपचारिक जलपान बैठक (ब्रेकफास्ट मीटिंग) में शामिल होने का न्योता दिया। आमतौर पर इस तरह की जलपान गोष्ठी में कुछ हल्की-फुल्की बातें होती हैं या कोई भी बात होती है तो वह 'ऑफ द रिकार्ड' मानी जाती है। इस मीटिंग को भारतीय विदेश मंत्रालय ने पत्र संपादकों के साथ अनौपचारिक बातचीत ('ऑफ द रिकार्ड चैट') के तौर पर क्लीयरेंस दिया था, लेकिन अनौपचारिक बातचीत समझी जानेवाली यह ब्रेकफास्ट कॉन्फ्रेंस प्रेस कॉन्फ्रेंस में तब्दील हो गई। भारतीय संपादकों को इस 'शो' के आरंभ होने के कुछ देर बाद पता चला कि जो भी बातचीत हो रही थी, उसकी रिकार्डिंग हो रही थी। यह तब पता चला जब एक कोने में पाकिस्तान के सरकारी टी.वी. (पी.टी.वी.) का एक कैमरा लगा हुआ देखा गया। पूछने पर बताया गया कि यह सिर्फ रिकार्ड कर लेने के लिए है, लेकिन यह सरासर झूठ था। इसकी पोल तब खुली जब यह पता चला कि पाकिस्तान टी.वी. पर इसका सीधा प्रसारण हो रहा था यानी यह पूरा शो जनरल मुशर्रफ की कमांडो मानसिकता के अनुरूप था। पाकिस्तानी अधिकारियों ने एक भारतीय टी.वी. चैनल स्टार न्यूज (एन.डी. टी.वी.) को मीटिंग का रिकार्ड टेप टी.वी. पर प्रसारित करने के लिए दे दिया। यह भारतीय विदेश मंत्रालय के साथ हुई रजामंदी का उल्लंघन था, लेकिन जनरल मुशर्रफ जैसे शख्स के लिए इस तरह की राजनयिक आचार संहिता या उसकी सूक्ष्मताओं का कोई मतलब नहीं था। इस घटना पर कुछ लोगों का कहना था कि जब भारत सरकार ने जनरल मुशर्रफ को न्योता दिया था तो उसने यह उम्मीद कैसे कर ली थी कि कारगिल युद्ध का खलनायक और लोकतांत्रिक सरकार का तख्ता पलटने वाला एक कपटी फौजी तानाशाह, राजनीतिक शिष्टाचार और स्वस्थ लोकतांत्रिक परंपराओं का पालन करेगा?

भारतीय संपादकों को तो यह मालूम नहीं था कि जो कुछ वे बोल रहे थे, उसे हू-ब-हू पाकिस्तान टी.वी. पर दिखाया जा रहा था, लेकिन जनरल मुशर्रफ को तो मालूम था, इसलिए उधर पाकिस्तान में वहाँ की जनता को दिखाने-सुनाने यानी प्रभावित करने के लिए वह अपने उग्र रूप का प्रदर्शन कर रहे थे, यानी एक प्रकार की एक्टिंग कर रहे थे। ब्रेकफास्ट में जनरल मुशर्रफ और भारतीय संपादकों के बीच गरमागरम बहस हो गई। जब एक संपादक ने कहा कि भारत और पाकिस्तान के बीच अनेक समस्याएँ हैं, जिनमें कश्मीर भी एक है और शिमला समझौते के तहत और लाहौर घोषणा-पत्र के मुताबिक इन सारी समस्याओं का हल द्विपक्षीय बातचीत से ही हो सकता है तो इस पर जनरल मुशर्रफ तैश में आ गए। मुशर्रफ की यह हरकत भारतीय संपादकों को बहुत नागवार लगी। एक संपादक ने ताना कसा कि समझौता हो जाने पर भी इस बात की क्या गारंटी है कि आपके बाद जो दूसरी सरकार आएगी, वह समझौते का पालन करेगी? इस गरमाते माहौल में एक प्रमुख टी.वी. चैनल के संपादक ने तो बेझिझक कह दिया कि आप तो पाकिस्तान के कोई चुने हुए राष्ट्रपति हैं नहीं¨। पेशतर इसके कि संपादक महोदय अपनी बात पूरी करते, जनरल मुशर्रफ ने बीच में ही टोकते हुए आक्रोश में कहा कि मैं पाकिस्तान के अवाम का प्रेसिडेंट हूँ, इसलिए इस ओहदे पर हूँ। यही नहीं, मैं अगले साल पाकिस्तान में चुनाव कराऊँगा (यह झूठा वायदा था। जनरल ने 2008 में मजबूरी में लोकतांत्रिक चुनाव कराए, जिसके बाद उन्हें अपने पद से इस्तीफा देना पड़ा था।)

दरअसल, भारत-पाकिस्तान शिखर वार्ताओं का अनुभव या अंतिम परिणाम काफी अप्रिय रहा है। पाकिस्तान के हुक्मरान, वे सिविल हों या फौजी, यदि भारत के साथ शांति वार्ता या रिश्ते सुधारने की दिशा में उत्साह प्रदर्शित करते हैं तो इससे उनकी कुरसी डगमगाने लगती है। पाकिस्तान की सिविल सोसाइटी और फौजी खेमे में ऐसी शंक्तियाँ मौजूद हैं, जो नहीं चाहतीं कि भारत के साथ संबंध मधुर हों। पाकिस्तान में फौज का वर्तमान रुतबा भारत-विरोध पर ही टिका हुआ है।

मुशर्रफ ने रातोंरात बदला रंग

14 जुलाई को मुशर्रफ के भारत आगमन के बाद 15 जुलाई तक माहौल में कोई खास तल्खी नहीं लग रही थी, लेकिन बताया जाता है कि 15 जुलाई को जनरल मुशर्रफ ने रात को फोन करके पाकिस्तानी सेना के अपने सहयोगियों-कमांडरों से उनकी प्रतिक्रिया जाननी चाही, तब उन्हें पता लगा कि वे वार्ता में कश्मीर के मामले में सख्ती नहीं अपनाने से खुश नहीं हैं।

यह तो सर्वविदित है कि पाकिस्तान में उसी शासक की गद्दी सलामत रह सकती है, जो कश्मीर का मुद्दा जोर-शोर से उछाले और भारत के विरुद्ध कड़े तेवर अख्तियार करे। जनरल मुशर्रफ ने अगले दिन सवेरे ही रंग बदल दिया।

आगरा शिखर वार्ता के बारे में लालकृष्ण आडवाणी ने अपनी आत्मकथा 'मेरा देश, मेरा जीवन' में लिखा है कि शिखर वार्ता के अंत में संयुक्त बयान जारी करने के लिए जो मसौदा तैयार होनेवाला था, उसमें पाकिस्तान न तो सीमा पार आतंकवाद का कोई उल्लेख चाहता था और न ही शिमला समझौता (1972) और लाहौर घोषणा-पत्र (1999) का ही उल्लेख चाहता था। मुशर्रफ पाकिस्तान की जनता को यह संदेश देना चाहते थे कि वह भारत-पाक मामलों पर बिल्कुल नए सिरे से अपनी शर्तों पर चर्चा शुरू करना चाहते हैं। भारत ने अपनी ओर से स्पष्ट कर दिया कि शिमला समझौता और लाहौर घोषणा-पत्र को भारत-पाक वार्ता की कसौटी माना जाना चाहिए। भारत ने संयुक्त बयान के मसौदे को नामंजूर कर दिया।

आगरा शिखर वार्ता की विफलता पर प्रधानमंत्री अटल बिहारी वाजपेयी ने 24 जुलाई, 2001 को संसद् में दिए गए अपने बयान में कहा, "राष्ट्रपति मुशर्रफ की बात लगभग पूरी तरह जम्मू व कश्मीर मसले पर केंद्रित थी। आपसी मतभेदों के बावजूद हम संयुक्त घोषणा-पत्र के मसौदे में उन मतभेदों को दूर करने की दिशा में आगे बढ़ रहे थे। हम व्यापक वार्ता में जम्मू व कश्मीर सहित सभी मसलों को शामिल करना चाहते थे, परंतु पाकिस्तान का रवैया हठी था कि आपसी संबंध सामान्य बनाने के लिए जम्मू व कश्मीर मसले का हल एक पूर्व शर्त होना चाहिए। इस कारण हमें संयुक्त घोषणा की उम्मीद छोड़नी पड़ी। पाकिस्तान सीमा पर आतंकवाद को स्वीकार करने और उस पर चर्चा करने का भी इच्छुक नहीं था। मैं स्वयं और मंत्रिमंडल में मेरे अन्य सहयोगी एकमत थे कि एक संयुक्त दस्तावेज के लिए हम अपने मूल सिद्धांतों की बलि नहीं चढ़ा सकते।"

संयुक्त बयान संबंधी जनरल मुशर्रफ के मसौदे को ठुकराने से यह स्पष्ट हो गया कि भारतीय पक्ष मुशर्रफ के झाँसे में नहीं आया। संयुक्त बयान के लिए भारत के राजी नहीं होने पर मुशर्रफ भाग खड़े हुए। उन्होंने अजमेर शरीफ जाने का अपना प्रोग्राम रद्द कर दिया। मुशर्रफ ने आगरा शिखर वार्ता की विफलता के लिए गृह मंत्री लालकृष्ण आडवाणी को जिम्मेदार ठहराया। आडवाणी से अलग बातचीत में मुशर्रफ ने साफ शब्दों में इनकार कर दिया कि भारत में आतंकी घटनाओं के

जिम्मेदार कई अपराधी पाकिस्तान में रह रहे हैं। दाऊद इब्राहिम के बारे में मुशर्रफ ने तल्ख शब्दों में कहा, "जनाब आडवाणी, मैं आपको बता दूँ कि दाऊद इब्राहिम पाकिस्तान में नहीं है।" आडवाणी के अनुसार, इसके कई वर्षों बाद एक पाकिस्तानी अधिकारी ने, जो आगरा में उस दिन की बैठक में उपस्थित था, उन्हें बताया, "हमारे राष्ट्रपति ने दाऊद इब्राहिम के बारे में उस दिन जो कुछ कहा था, वह सरासर झूठ था।"

पाकी अखबारनवीस ने किया जनरल का घमंड चकनाचूर!

आगरा शिखर वार्ता का कोई परिणाम नहीं निकला और वार्ता विफल हो जाने से संबंधित एक प्रसंग काफी चर्चित हुआ। हुआ यह कि वार्ता के बाद इसलामाबाद में आयोजित जनरल मुशर्रफ की प्रेस कॉन्फ्रेंस में वहाँ के उर्दू दैनिक 'नवाए वक्त' के चीफ रिपोर्टर मसूद मलिक ने एक सवाल पूछा, जो उन्हें काफी महँगा पड़ा। मसूद ने पूछा कि अगर भारत से बातचीत करने के लिए किसी फौजी के बजाय कोई राजनीतिज्ञ गया होता तो क्या नतीजा कुछ और होता? यह सुनकर जनरल मुशर्रफ बिफर गए और बोले, "क्या आप मजाक कर रहे हैं?" (Are you joking?) फिर गुस्से में तमतमाते हुए जवाब दिया, "कोई राजनीतिज्ञ क्या करता? शिमला समझौता हुआ तो इसलिए कि 90,000 युद्धबंदी फँसे हुए थे।"

असल में पाकिस्तान के उक्त मीडियाकर्मी ने जनरल की एक ऐसी रग पर उँगली रख दी थी, जो सबसे अधिक मर्मभेदी थी। मसूद के एक सवाल ने जनरल का घमंड चूर कर दिया था। इसकी सजा मसूद को यह मिली कि उसे अखबार के प्रबंधन द्वारा यह कह दिया गया कि अब वह डेस्क पर बैठकर सब-एडीटर का काम करे। पाकिस्तान में किसी पत्रकार संगठन तक ने मसूद के पक्ष में कोई बयान नहीं दिया।

□

46

संसद् पर पाक प्रायोजित आतंकी हमला : दोनों सेनाएँ आमने-सामने

13 दिसंबर, 2001 को विश्व के सबसे बड़े लोकतंत्र भारत की संसद् पर पाकिस्तान प्रायोजित आतंकी हमला हुआ, जिसकी बड़ी खतरनाक मंशा थी—देश के समूचे राजनीतिक नेतृत्व का सफाया करना। हमलावरों के पास आधुनिक हथियार व भारी विस्फोटक थे। सुरक्षाकर्मियों की मुस्तैदी के कारण हमलावर अपने उद्देश्य में सफल नहीं हो सके। पाँचों आतंकी, जिनकी शिनाख्त हो गई, मारे गए। नौ सुरक्षाकर्मियों को अपनी शहादत देनी पड़ी।

भारतीय खुफिया एजेंसियों द्वारा जुटाए गए पुख्ता सबूतों के अनुसार हमले के तार सीधे पाकिस्तान से जुड़े हुए थे। इसके बाद एक बार फिर सरहद पर युद्ध के बादल मँडराने लगे। दोनों देशों की सेनाएँ आमने-सामने आ गईं। अमेरिका के दबाव पर पाकिस्तान ने आतंकी सरगनाओं पर कारrवाई की, जो बाद में दिखावटी सिद्ध हुई। युद्ध टल गया। हमले के मुख्य आरोपी पाकिस्तान से ट्रेनिंग-प्राप्त कश्मीरी आतंकी अफजल गुरु की फाँसी पर पाकिस्तान ने बड़ी हाय-तौबा मचाई। वहाँ की नेशनल असेंबली ने भारत के विरुद्ध निंदा प्रस्ताव पारित कर अपनी ही कलई खोल दी।

अमेरिका में 9/11 के भीषण आतंकी हमले के कोई तीन माह बाद 13 दिसंबर, 2001 को विश्व के सबसे बड़े लोकतंत्र भारत की संसद् पर किया गया हमला एक दृष्टिकोण से भारत पर किए गए आतंकी हमलों में सबसे खतरनाक हमला था। यह हमला मुंबई में मार्च 1993 में बम धमाकों, जुलाई 2006 में मुंबई की ही उपनगरीय लोकल ट्रेनों में सिलसिलेवार विस्फोटों और एक बार फिर मुंबई में 26/11 (2008) के बहुचर्चित आतंकी हमले से भी अधिक खतरनाक था, क्योंकि इसके नापाक मंसूबे अत्यंत भीषण थे। गनीमत यह रही कि संसद् पर हमले में हथियारों और विस्फोटकों से लैस रक्त-पिपासु फिदायीन अधिक क्षति नहीं पहुँचा सके। हालाँकि आत्मघाती दस्ते के पाँचों आतंकी सुरक्षाबलों की जवाबी कारrवाई में मारे गए, जबकि 9 सुरक्षाकर्मियों को भी अपनी जान से हाथ धोना पड़ा।

सर्वाधिक दुस्साहसी हमला

भारत में सबसे दुस्साहसिक आतंकी हमला करनेवाले इन हमलावरों का उद्देश्य संसद् के हॉल में घुसकर कुछ मंत्रियों व सांसदों को बंधक बना लेना, उन्हें मार देना और भारी विस्फोटकों से संसद् भवन को उड़ा देना था। यदि वे अपने इरादे में कामयाब हो जाते तो कितना बड़ा अनर्थ हो जाता, इसकी सहज कल्पना की जा सकती है। दुनिया भर से सहानुभूति के संदेश प्राप्त होते, साथ ही भारत की भद्द पिट जाती कि इतना बड़ा देश संभावित खतरे की आशंका के बावजूद अपने मंत्रियों, सांसदों व संसद् की रक्षा नहीं कर सका।

शीतकालीन सत्र के उस दिन आम दिनों की तरह सुबह 11 बजे संसद् की काररवाई शुरू हुई। किसी मुददे् को लेकर राज्यसभा और लोकसभा, दोनों में हंगामा हुआ और दोनों सदन स्थगित कर दिए गए। स्थगन के कुछ देर बाद 11 बजकर 25 मिनट पर सारे सुरक्षा इंतजामों को धता बताते हुए पाँच दुस्साहसी आतंकवादी गृह मंत्रालय और संसद् के स्टीकर वाली एक सफेद अंबसेडर कार में संसद् परिसर में घुस जाने में कामयाब हो गए। यह कार एक दिन पूर्व इंडिया हैबीटेट सेंटर से चुराई गई थी। इस कार पर संसद् भवन में प्रवेश के लिए एक जाली प्रवेश-पत्र लगा हुआ था। जब ये आत्मघाती आतंकवादी आगे बढ़े तो वहाँ तैनात एक महिला सुरक्षाकर्मी ने उन्हें रोकने की कोशिश की। आतंकवादियों ने उसे वहीं पर गोली से मार गिराया। वहाँ से वे बाईं ओर मुड़कर उपराष्ट्रपति, प्रधानमंत्री और गृहमंत्री के लिए निर्धारित गेट की ओर तेजी से आगे बढ़े, लेकिन उपराष्ट्रपति के गेट के ठीक पहले मौजूद सात फीट की दीवार ने उन्हें कार से उतर जाने पर मजबूर कर दिया। कार से बाहर निकलते ही उन्होंने अंधाधुंध गोलियाँ चलानी शुरू कर दीं। उस समय संसद् भवन में तत्कालीन उपराष्ट्रपति कृष्णकांत, उप-प्रधानमंत्री लालकृष्ण आडवाणी, लोकसभा अध्यक्ष जी.एम.सी. बालयोगी और राज्यसभा की उपसभापति नजमा हेपतुल्ला के अतिरिक्त कई अन्य मंत्री और विपक्ष के नेता मौजूद थे। प्रधानमंत्री अटल बिहारी बाजपेयी और विपक्ष की नेता सोनिया गांधी जा चुकी थीं। घटना के समय लगभग 300 सांसद संसद् भवन में मौजूद थे।

मरते वक्त चिल्लाया—'पाकिस्तान जिंदाबाद'

आतंकवादियों ने अलग-अलग बँटकर उपराष्ट्रपति, प्रधानमंत्री और गृहमंत्री के लिए निर्धारित गेट तक पहुँचने की कोशिश की। सुरक्षाकर्मियों और आतंकवादियों के बीच करीब 30 मिनट तक चली मुठभेड़ में पाँचों आतंकी मारे गए और 9 सुरक्षाकर्मी शहीद हो गए। इन आतंकवादियों में से एक ने तो सुरक्षाकर्मियों से घिर जाने के बाद मुख्य द्वार के पास खुद को विस्फोटक से उड़ा दिया और चिल्लाया—"पाकिस्तान जिंदाबाद।" आतंकवादियों की

भारतीय संसद् भवन (इनसेट में अफजल गुरु)

कार में भारी मात्रा में आर.डी.एक्स., हथगोले और देसी बम लदे थे। आतंकवादियों का इरादा विस्फोटकों से भरी कार को संसद् के मुख्य भवन तक ले जाकर उसमें विस्फोट करने का था, लेकिन सुरक्षाकर्मियों की मुस्तैदी के कारण उनके इरादे पूरे नहीं हो पाए। आतंकवादियों के पास इतने बड़े पैमाने पर विस्फोटक थे कि वे पूरे संसद् भवन को उड़ा सकते थे। यदि वे अपने मंसूबों में कामयाब हो जाते तो क्या होता, इसकी सहज कल्पना की जा सकती है। गनीमत यह रही कि संसद् भवन पर हमले और जवाबी काररवाई में किसी भी मंत्री या सांसद को कोई नुकसान नहीं हुआ। जाँच एजेंसियों के अनुसार, आतंकवादियों का इरादा संसद् भवन के भीतर कुछ अति विशिष्ट व्यक्तियों को मारने का था। गृहमंत्री लालकृष्ण आडवाणी के अनुसार, यह हमला पाकिस्तान की खुफिया एजेंसी आई.एस.आई. की मदद से देश के समूचे राजनीतिक नेतृत्व का खात्मा करने के लिए किया गया था। इस प्रकार पाकिस्तान प्रायोजित यह हमला अपनी मंशा में देश के किसी बड़े नेता या ट्रेड टॉवर पर किए गए हमले से भी अधिक वीभत्स था।

उस दिन दोपहर 3 बजे प्रधानमंत्री अटल बिहारी वाजपेयी ने राष्ट्र को संबोधित किया और कहा, "आतंकवाद के खिलाफ लड़ाई अब एक निर्णायक क्षण तक पहुँच गई है।"

संसद् पर हमले के बाद पाकिस्तान की पहली प्रतिक्रिया उसकी फितरत और पुरानी आदत के अनुरूप ही थी। जनरल मुशर्रफ के प्रवक्ता मेजर जनरल राशिद कुरैशी ने दावा किया कि यह हमला 'भारत-अधिकृत कश्मीर' में चल रही जंगे आजादी को बदनाम करने के लिए भारतीय खुफिया एजेंसियों द्वारा खेला गया एक ड्रामा है। इस हमले में लश्कर या कोई अन्य जिहादी संगठन शामिल नहीं है।

सभी पाकी आतंकियों की शिनाख्त

इस घटना के बाद भारतीय खुफिया एजेंसियों ने साजिश के विभिन्न पहलुओं पर गहराई से पड़ताल शरू कर दी। दिल्ली पुलिस ने जैश-ए-मुहम्मद के कश्मीरी आतंकी अफजल गुरु को जम्मू-कश्मीर से पकड़ा। दिल्ली के जाकिर हुसैन कॉलेज के एक लेक्चरर सईद अब्दुल रहमान गिलानी को पूछताछ के बाद गिरफ्तार कर लिया गया। हमले के आरोप में अफजल के एक अन्य साथी शौकत हुसैन गुरु और उसके बाद उसकी बीवी अफ्शां गुरु को भी गिरफ्तार कर लिया गया। इसके बाद 30 अगस्त, 2003 को हमले का मुख्य आरोपी जैश आतंकी गाजी बाबा कश्मीर में एक मुठभेड़ में मारा गया।

गाजी बाबा को जैश के संस्थापक मौलाना मसूद अजहर का मुख्य सहयोगी माना जाता था। मसूद अजहर को दिसंबर 1999 में इंडियन एयरलाइंस के अपहृत विमान आई.सी.-814 के यात्रियों को रिहा करने के एवज में भारत ने छोड़ा था। गाजी बाबा के खिलाफ बहुत-से सबूत कश्मीरी आतंकवादी अफजल गुरु से पूछताछ और उसके इकबालिया बयान से मिले। अफजल ने बताया कि संसद् पर हमले के बाद उसे 10 लाख रुपए देने और पाकिस्तान में बसा देने का वादा किया गया था।

संसद् पर हमले में 'जैश-ए-मुहम्मद' के साथ लश्कर-ए-तैयबा की लिप्तता भी पाई गई। खुफिया एजेंसियों को आतंकवादियों के लैपटॉप में पाकिस्तान की इंटरनेट सेवा प्रदाता कंपनी micro.net.pk का कनेक्शन मिला। मारे गए आतंकवादियों के थैलों से बरामद किए गए तीन

मोबाइल फोनों पर कराची के नंबर मिले, जहाँ बात की गई थी।

मारे गए पाँचों आतंकवादी—मुहम्मद, राजा, हमजा, हैदर और राणा, पाकिस्तानी थे, जिनकी पहचान अफ़जल गुरु ने की थी और इनकी पोस्टमार्टम रिपोर्ट में पहचानकर्ता के तौर पर दस्तखत किए थे। भारत सरकार ने हमलावरों के शव ले जाने के लिए पाकिस्तान सरकार को चिट्ठी लिखी। ये शव दिल्ली के राममनोहर लोहिया अस्पताल के डीप फ्रीजरों में रखे गए थे, लेकिन पाकिस्तान की ओर से चिट्ठी का कोई जवाब नहीं आया। जिस मुल्क की सरकार अपने फौजियों के शव लेने से इनकार कर देती हो, उससे अपने 'अच्छे आतंकियों' के शव लेने की उम्मीद कैसे की जा सकती है?

दोनों देशों की फौजें आमने-सामने

भारत ने संसद् पर हमले में 'लश्कर' और 'जैश' के शामिल होने के सबूत अमेरिका, ब्रिटेन, फ्रांस, रूस और अरब जगत् के प्रमुख देशों को मुहैया कराए। भारतीय खुफिया एजेंसियों ने जो सबूत जुगाड़ किए, उनमें यह खास सबूत भी शामिल था, जिसमें हमलावरों की कराची से टेलीफोन पर बातचीत की रिकार्डिंग और 'लश्कर' की वेबसाइट पर जारी एक ऐसा पैगाम भी शामिल था, जिसमें कहा गया था कि कोई भी गुट इस हमले की जिम्मेदारी नहीं ले।

भारत में इस हमले की बड़े व्यापक तौर पर तीखी प्रतिक्रिया हुई। भारत ने पहले तो इसलामाबाद से अपने हाई कमिश्नर विजय नांबियार को वापस बुला लिया और उसके 48 घंटे बाद तय किया कि दोनों देशों के हाई कमीशनों के कर्मचारियों की संख्या घटाकर आधी कर दी जाए। 1 जनवरी, 2002 से भारतीय वायुक्षेत्र को पाकिस्तान के विमानों और विमान सेवा कंपनी के लिए बंद कर दिया गया। उसी दिन से भारत में पाकिस्तानी राजनयिकों की दिल्ली नगर निगम क्षेत्र से बाहर आवाजाही पर रोक लगा दी गई। इसके साथ ही समझौता एक्सप्रेस और दिल्ली-लाहौर बस सेवा बंद करने की भी घोषणा कर दी गई।

पूरी स्थिति की नजाकत को देखते हुए अमेरिका ने पाकिस्तान पर दबाव डाला कि वह तत्काल लश्कर-ए-तैयबा और जैश-ए-मुहम्मद के सरगनाओं को गिरफ्तार करे। ऐसा नहीं करने से हालात बेकाबू हो सकते हैं और फिर भारत को कोई कठोर जवाबी काररवाई करने से रोकना मुश्किल हो जाएगा। पाकिस्तान द्वारा आतंकवादी संगठनों के खिलाफ कोई काररवाई नहीं करने पर भारत ने कश्मीर, पंजाब और राजस्थान सीमा पर सेना को तैनात करना आरंभ कर दिया। पाकिस्तानी फौज पहले ही इन मोर्चों पर तैनात होना शुरू हो गई थी। दोनों सेनाएँ लगभग आमने-सामने आ गई थीं। यह एक बड़ी खतरनाक स्थिति थी। दो अणु शक्तिसंपन्न शक्तियाँ आमने-सामने थीं। अब पाकिस्तान पर अमेरिका का दबाव बढ़ गया। पाकिस्तान ने 'लश्कर' और 'जैश' के खाते सील कर दिए। भारत ने कहा कि खाते सील करना ही पर्याप्त नहीं है। दिसंबर का अंतिम सप्ताह आते-आते सीमा पर तनाव बहुत बढ़ गया। भारतीय सेना की काररवाई में 20 पाकिस्तानी सैनिक मारे गए और पाकिस्तान के कई बंकर नष्ट हो गए। विश्व समुदाय के बढ़ते हुए दबाव को देखते हुए पाकिस्तान ने लश्कर-ए-तैयबा और जैश-ए-मुहम्मद के कई आतंकवादियों को गिरफ्तार कर लिया, लेकिन यह वास्तव में एक दिखावटी काररवाई थी।

भारत के 'ऑपरेशन पराक्रम' का असर

भारत ने अपने सैनिक अभियान को 'ऑपरेशन पराक्रम' की संज्ञा दी। यह भारत-पाक सीमा पर सबसे बड़ा और सबसे लंबी अवधि 11 महीने तक का सैनिक जमाव था। हालाँकि 'पराक्रम' का कोई तत्काल या प्रत्यक्ष नतीजा सामने नहीं आया, लेकिन युद्ध जैसे हालात बन जाने के कारण इसका इतना असर अवश्य हुआ कि पाकिस्तान को सीमा पर पूर्ण संघर्ष विराम के लिए राजी होना पड़ा। इसी के परिणामस्वरूप 26 नवंबर, 2003 से लागू संघर्ष विराम वर्ष 2007 में मुशर्रफ का कार्यकाल समाप्त होने तक कुल मिलाकर काफी ठीक तरह लागू रहा। इसके साथ ही जनवरी 2004 में इसलामाबाद में 'सार्क' देशों के शिखर सम्मेलन के अवसर पर राष्ट्रपति मुशर्रफ और प्रधानमंत्री वाजपेयी के बीच वार्ता के बाद एक संयुक्त बयान जारी हुआ, जिसमें यह उल्लेख किया गया कि राष्ट्रपति मुशर्रफ ने भारतीय प्रधानमंत्री को यह आश्वासन दिया है कि पाकिस्तान के नियंत्रण वाले किसी भी इलाके से भारत के खिलाफ किसी तरह की आतंकवादी गतिविधि नहीं होने दी जाएगी। इसके बाद दोनों देशों के बीच संबंध काफी हद तक पहले की तरह स्थापित होने शुरू हो गए। खेल-कूद गतिविधियाँ और सांस्कृतिक आदान-प्रदान भी होने लगे, लेकिन पाकिस्तान के साथ स्थायी शांति रेखा पर कायम रहने की उम्मीद करना निरर्थक ही था, हालाँकि एल.ओ.सी. पर काफी अरसा तक शांति रही।

अफजल की फाँसी पर सुप्रीम कोर्ट की मुहर

उधर संसद् पर हमले के दोषियों पर चले मुकदमे का अंतिम फैसला करीब पाँच साल बाद 26 सितंबर, 2006 को आया, जब सुप्रीम कोर्ट ने अफजल गुरु की फाँसी की सजा पर मुहर लगाई। कोर्ट ने शौकत हुसैन गुरु को 10 साल के कारावास की सजा सुनाई। इससे पहले निचली अदालत ने अफजल गुरु के अलावा शौकत हुसैन गुरु और गिलानी को मौत की सजा सुनाई थी। बाद में अफ्शां गुरु को बरी कर दिया गया, लेकिन अफजल गुरु की फाँसी कानूनी दाँवपेंच व राजनीतिक कारणों से बरसों टलती रही।

कतिपय मानवाधिकारवादियों ने अफजल मामले में न्यायिक प्रक्रिया में कई गलतियाँ होने का दावा किया। उसमें एक बड़ी दलील यह थी कि 12 लोगों के खिलाफ चार्जशीट दाखिल की गई थी, जिनमें तीन पाकिस्तानी नागरिकों—मसूद अजहर, तारिक अहमद और गाजी बाबा को संसद् पर हुए हमले का मास्टर माइंड माना गया, लेकिन इनमें से किसी को प्रत्यर्पित नहीं कराया जा सका। इन तीनों के अलावा पाँच फिदायीन पाकिस्तानी हमलावर संसद् में खून-खराबे के लिए जिम्मेदार थे, लेकिन अफजल गुरु कहीं भी किसी व्यक्ति को सीधे तौर पर मारने या घायल करने के पीछे नहीं रहा, लेकिन यह दलील सार्वजनिक बहस का विषय बन गई। इस दलील के विरोधियों का कहना था कि भले ही अफजल गुरु घटना के समय खुद संसद् परिसर में मौजूद नहीं था, लेकिन साजिश में उसका हाथ तो था। उसी वर्ष न्यूयॉर्क में वर्ल्ड ट्रेड सेंटर पर हमले के समय हमले का मुख्य षड्यंत्रकारी ओसामा बिन लादेन खुद वहाँ मौजूद नहीं था, लेकिन अमेरिका ने उसके सिर पर बड़ा इनाम घोषित किया और बाद में पाकिस्तान में ढूँढ़कर उसे मौत के घाट उतार दिया।

सुप्रीम कोर्ट ने अफजल गुरु की अपील खारिज करने के बाद उसके द्वारा दाखिल की गई

पुनरीक्षण याचिका और बाद में उपचार याचिका को भी खारिज कर दिया। कोर्ट ने अपने फैसले में कहा कि हमला करनेवाले आतंकवादियों में भले ही अफजल गुरु शामिल नहीं रहा हो, लेकिन उसने इसकी पुख्ता साजिश रची थी। कोर्ट ने कहा कि भारतीय दंड विधान की धारा 302 में मृत्युदंड या आजीवन कारावास की सजा का प्रावधान किया गया है, लेकिन इसमें कोई संदेह नहीं कि इस मामले में सबसे माकूल सजा मृत्युदंड है। न्यायाधीशों ने कहा कि एक सार्वभौमिक राष्ट्र के खिलाफ युद्ध छेड़ने, लोकतंत्र के मंदिर पर हमला करने और लोकतांत्रिक तरीके से निर्वाचित सरकार को अस्थिर करके देश की एकता और अखंडता को चुनौती देनेवाले जघन्य अपराध के लिए मौत की सजा ही सर्वथा उचित है। इस न्यायिक प्रक्रिया में ही पाँच साल बीत गए। इसके बाद अफजल गुरु ने राष्ट्रपति के समक्ष दया याचिका पेश की। यह अगले पाँच वर्षों तक लंबित रही।

अंततः अफजल गुरु को संसद् पर हमले के करीब 11 वर्ष बाद 9 फरवरी, 2013 को दिल्ली के तिहाड़ जेल में फाँसी दे दी गई और उसके शव को वहीं दफना भी दिया गया।

फाँसी पर पाकिस्तान में हाय-तौबा

अफजल गुरु को फाँसी देने पर पाकिस्तान ने काफी हाय-तौबा मचाई। दोनों आतंकी संगठनों—जैश व लश्कर ने धमकी दी कि वे अफजल गुरु की फाँसी का बदला लेंगे। हद तो तब हो गई, जब पाकिस्तान की नेशनल असेंबली ने, जिसका पाँच साल का कार्यकाल दो दिन बाद समाप्त होनेवाला था, भारतीय संसद् पर हमले के दोषी अफजल गुरु को फाँसी देने के मुद्दे पर निंदा प्रस्ताव पारित कर दिया और साथ ही अफजल का शव उसके परिजनों को सौंपने की माँग करते हुए कश्मीर की स्थिति पर चिंता व्यक्त की। निंदा का प्रस्ताव पेश तो किया कट्टरपंथी जमीयत उलेमा-ए-इसलाम पार्टी के प्रमुख मौलाना फजलुर रहमान ने, लेकिन इसे पूरे सदन का समर्थन मिल गया, शायद किसी सदस्य ने इसका विरोध नहीं किया। पता नहीं किसी सदस्य को क्यों यह महसूस नहीं हुआ कि वे क्या कर रहे हैं, कितना गलत पूर्वोदाहरण पेश कर रहे हैं। क्या पूरे पाकिस्तान का विवेकदीप बुझ गया था? पाकिस्तान कूटनीतिक ढंग से अफजल की फाँसी पर अपने विचार रख सकता था और दुनिया भर के मुसलमानों के स्वघोषित अलमबरदार के तौर पर कश्मीर की स्थिति पर अपनी चिंता व्यक्त कर सकता था, लेकिन नेशनल असेंबली में बाकायदा निंदा प्रस्ताव पारित करना अव्वल दर्जे की विवेकहीनता और उकसानेवाली काररवाई थी। इस तरह की दखलंदाजी कोई देश बरदाश्त नहीं कर सकता। भारत ने ठीक ही इसके जवाब में अपनी संसद् के दोनों सदनों में प्रस्ताव पारित कर पाकिस्तानी संसद् के निंदा प्रस्ताव की निंदा करते हुए उसे करारा जवाब दिया।

कोई भी सभ्य देश किसी पड़ोसी देश की संसद् पर भीषण हमला करने के दोषी व्यक्ति का खुला समर्थन और लंबी कानूनी प्रक्रिया के बाद सुप्रीम कोर्ट द्वारा दी गई सजा की निंदा कैसे कर सकता है? इस पर यही कहा जा सकता है कि पाकिस्तानी संसद् अपनी गलत हरकत द्वारा प्रकारांतर से भारतीय संसद् पर हमले का समर्थन कर रही थी, जबकि उसने अंतरराष्ट्रीय स्तर पर आतंकवाद के विरुद्ध अपनी प्रतिबद्धता जताई हुई थी।

यहाँ भारतीय मीडिया में पाकिस्तानी संसद् की हरकत पर प्रतिक्रिया की एक बानगी प्रस्तुत है। अंग्रेजी दैनिक 'द पायनियर' (The Pioneer) ने अपने 16 मार्च, 2013 के अंक के संपादकीय कॉलम में लिखा—

While the resolutions passed in Lok Sabha and Rajya Sabha on Friday, condemning Pakistan for its statement on Afzal Guru are whole-heartedly welcome they will have no meaning unless the Government follows them up reconsidering its engagement with Islamabad. The Pakistani Parliament's resolution, condemning the execution of the mastermind of the Parliament attack and demanding that his body (presently buried in Tihar Jail) be returned to his family, is a brazen attempt by Pakistan to interfere in the domestic affairs of India, especially given that Guru was not even a citizen of that Country.

(लोकसभा व राज्य सभा में शुक्रवार को पारित प्रस्तावों में अफजल गुरु पर पाकिस्तानी संसद् के प्रस्ताव की निंदा हार्दिक तौर पर स्वागत-योग्य है, लेकिन उनका तब तक कोई अर्थ नहीं जब तक सरकार इसके बाद की काररवाई के तौर पर पाकिस्तान के साथ अपने संबंधों पर पुनर्विचार नहीं करती। भारतीय संसद् पर हमले के मास्टर माइंड की फाँसी पर पाकिस्तानी संसद् का निंदा प्रस्ताव और फिर तिहाड़ जेल में दफना दिए गए उसके शव को उसके परिवारवालों को सौंपने की माँग भारत के अंदरूनी मामलों में दखल देने का निर्लज्ज प्रयास है, खासतौर पर इसलिए कि गुरु उस मुल्क का नागरिक भी नहीं था।)

घर में 'नजरबंद' मसूद अजहर सैर-सपाटे पर!

इस प्रकरण में 'पाकिस्तान : जिन्ना से जिहाद तक' (Pakistan : From Jinnah to Jihad) पुस्तक के लेखक-द्वय एस. के. दत्ता और राजीव शर्मा की टिप्पणी उल्लेखनीय है। उन्होंने लिखा—

The 13 December terrorist attack on Indian Parliament during US led war on terror in Afghanistan was again a typical commando tactic to find out the tolerance level of the Indians. It may be recalled that Gen. Musharraf gave a speech in Karachi in April 1999 where he had said that even after the settlement of Kashmir dispute, low-intensity war against India would continue... Enough evidence has ebeen collected that all the five suicide attackers were Pakistani nationals. Their task was to kill as many Indian leaders as possible inside the Parliament house, knowing fully well that there were no armed security personel inside the building.

(अफगानिस्तान में अमेरिका के नेतृत्व में आतंकवाद के विरुद्ध लड़ी जा रही लड़ाई के दौरान 13 दिसंबर को भारतीय संसद् पर हमला भारतीयों की सहनशीलता के स्तर का पता लगाने की एक ठेठ कमांडो युक्ति थी। यहाँ यह याद दिलाया जा सकता है कि जनरल मुशर्रफ ने अप्रैल 1999 में कराची में एक स्पीच में कहा था कि कश्मीर-विवाद हल हो जाने के बाद भी भारत के साथ कम शिद्दत की लड़ाई जारी रहेगी''इस बात के काफी सबूत मिल गए हैं कि सभी पाँचों आत्मघाती हमलावर पाकिस्तानी नागरिक थे। उनका काम था, यह अच्छी तरह जानते हुए कि संसद् भवन के अंदर कोई सुरक्षाकर्मी नहीं रहते, जितने भी भारतीय नेताओं की हत्या संभव हो, कर दी जाए।)

अंत में इस कांड पर पाकिस्तान के एक प्रमुख पत्रकार पाकिस्तानी पत्रिका 'न्यूज वीक' (News Week) के सलाहकार संपादक खालिद अहमद की वर्षों बाद की गई टिप्पणी का उल्लेख करना उपयुक्त होगा। उन्होंने लिखा (इंडियन एक्सप्रेस, 16 दिसंबर, 2019)—

Masood Azhar damaged General Musharraf more effectively after 9/11 when he attacked the Indian Parliament and caused a military stand –off between Pakistan and India that lasted almost a year. He was put under house arrest in his home town in Bahawalpr from where, he had a way of vanishing from time to time.

(अमेरिका पर 9/11 के आतंकी हमले के बाद मसूद अजहर ने ज्यादा असरदार ढंग से जनरल मुशर्रफ को नुकसान पहुँचाया, जब उसने भारतीय संसद् पर हमला किया और भारत व पाकिस्तान के बीच सैनिक जोर-आजमाइश की स्थिति उत्पन्न कर दी, जो करीब एक वर्ष तक बनी रही। उसे उसके गृहनगर बहावलपुर में घर में नजरबंद कर दिया गया, जहाँ से वह समय-समय पर गायब हो जाने की युक्ति जानता था।)

यह टिप्पणी अपने आप में काफी कुछ कह देती है। वैश्विक दबाव के बावजूद आतंक के सरगुरोह को जेल न भेजकर घर में 'नजरबंद' कर दिया गया, जहाँ से वह 'समय-समय पर' गायब हो जाता था!! यह केवल 'ममलकत-ए-खुदादाद' पाकिस्तान में ही संभव है। शायद इन्हीं कारणों से कुछ लोगों ने पाकिस्तान को 'आतंकिस्तान' की संज्ञा दे रखी है।

□

47

मुंबई की लोकल ट्रेनों में सीरियल धमाके, आई.एस.आई. का हाथ

पाकिस्तान-संपोषित आतंकियों ने भारत की वित्तीय राजधानी और उद्योग-व्यापार के प्रमुख केंद्र मुंबई को कई बार अपना निशाना बनाया। 11 जुलाई, 2006 को मुंबई में एक के बाद एक लगातार सात सीरियल बम धमाकों से मुंबई फिर दहल उठी। मुंबई की 'लाइफ लाइन' कही जानेवाली लोकल ट्रेनों में 11 मिनट के भीतर सात जगहों में बम ब्लास्ट में 188 लोग मारे गए और करीब 700 घायल हो गए।

इन बम विस्फोटों में पाकिस्तान की बदनाम खुफिया एजेंसी आई.एस.आई. का हाथ होने का एक बार फिर खुलासा हो गया। भारत ने पाकिस्तान को ठोस सबूत दिए, लेकिन इन सबूतों का वही हश्र हुआ, जो हमेशा होता आया है।

पाकिस्तान-संपोषित आतंकियों ने भारत पर जिहादी हमले के लिए देश की वित्तीय राजधानी मुंबई (जो 1996 तक बंबई कहलाती थी) को कई बार अपना निशाना बनाया। शायद ही कोई महानगर इतनी अधिक बार आतंकियों के हमलों का शिकार हुआ हो। मुंबई पर हमले करनेवाले आतंकियों का बड़ा उद्‌देश्य था—देश की आर्थिक व्यवस्था को क्षति पहुँचाना, औद्योगिक विकास के माहौल को बिगाड़ना, दुनिया भर के पूँजी-निवेशकों में खौफ पैदा करते हुए भारत की छवि धूमिल करना और उसके विकास में अवरोध उत्पन्न करना। मुंबई के अंतरराष्ट्रीय महत्त्व के कारण यहाँ किए गए किसी भी हमले को विश्वव्यापी मीडिया पब्लिसिटी आतंकियों के लिए ऑक्सीजन या प्राण वायु का काम करती है।

मार्च 1993 में मुंबई में क्रमवार हुए बम विस्फोटों के बाद कश्मीर समेत देश के कई स्थानों पर छोटे-बड़े आतंकी हमले हुए। केवल मार्च 1993 से नवंबर 2008 के बीच तीन बड़े आतंकी हमले हुए। नौ एकल या सीरियल बम धमाके हुए। 1993 के सीरियल बम धमाकों के दस वर्ष बाद मुंबई को एक बार फिर आतंकी हमले का सामना करना पड़ा। 25 अगस्त, 2003 को दक्षिण मुंबई में झवेरी बाजार और गेट-वे ऑफ इंडिया में बम धमाकों में 52 लोग मारे गए और 167 घायल हो गए। इससे पहले मार्च महीने में मुलुंड रेलवे स्टेशन पर एक लोकल ट्रेन में एक शक्तिशाली बम विस्फोट में 11 लोग मारे गए थे।

सात सीरियल धमाके, 188 मरे 700 घायल

इसके बाद 11 जुलाई, 2006 को मुंबई में एक के बाद एक लगातार सात सीरियल ब्लास्ट से देश की वाणिज्यिक राजधानी एक बार फिर दहल उठी। मुंबई की 'लाइफ लाइन' कही जानेवाली लेकल ट्रेनों में 11 मिनट के भीतर (सायंकाल 6:22 से 6:33 के बीच) सात जगहों—खार, भयंदर, जोगेश्वरी, माहिम, बोरविली, माटुंगा और बांद्रा में 188 लोग मारे गए और 700 से ज्यादा लोग घायल हुए। सैकड़ों लोगों ने ट्रेनों से कूदकर अपनी जान बचाई। इन बम धमाकों ने फिर से 1993 की याद ताजा कर दी।

एक रिपोर्ट के अनुसार, मुंबई में प्रतिदिन 200 से अधिक लोकल ट्रेनें चलती हैं। इन ट्रेनों ने मुंबई के विकास में महत्त्वपूर्ण भूमिका निभाई है। इन लोकल ट्रेनों के बिना मुंबई की कल्पना ही नहीं की जा सकती है। कुल 66 स्टेशनों के लिए प्रतिदिन कम-से-कम 60 लाख लोग यात्रा करते हैं। जिन सात स्टेशनों पर हमले हुए, वे सभी वेस्टर्न लाइन पर हैं। यहाँ प्रत्येक 90 सेकेंड पर एक ट्रेन है। लगभग 4,000 यात्री एक ट्रेन से यात्रा करते हैं।

मुंबई में हुए आतंकवादी हमलों में अलकायदा के तरीकों को अपनाया गया, जिसमें लगातार एक के बाद एक विस्फोट किए जाते हैं।

मुंबई को दहला देनेवाले इन धमाकों की उत्कृष्ट रिपोर्टों में आवरण कथा के रूप में 'इंडिया टुडे' के संवाददाताओं की टोली की रिपोर्ट (26 जुलाई, 2006) उल्लेखनीय रही। उसके कुछ चुनिंदा अंश इस प्रकार हैं—"भारत के व्यवसाय और मनोरंजन के क्षेत्र की राजधानी बेशक एक बेहद मजबूत शहर है, पर यह आखिर कब तक यह सब बर्दाश्त कर सकती है? यह महज 20 मिनट में ही उजागर हो गया कि यह शहर आतंकी हमलों के लिए कितना आसान निशाना है, जब ट्रेनों और प्लेटफॉर्मों में सामान के साथ छिपाकर रखे गए बमों में धमाके हुए और वह भी भारी भीड़-भाड़ वाले वक्त में।...ये सारे विस्फोट 25 किमी. के दायरे में प्रथम श्रेणी के डिब्बों में स्टेशनों के नजदीक किए गए। इन डिब्बों में भीड़ कम होती है, इसलिए यहाँ बैग ले जाना और फिर उसे सामान में रैक पर रखकर निकल जाना आसान होता है। समय भी ऐसा चुना गया कि लोग दफ्तर से घर लौट रहे होते हैं और फिर डिब्बों में क्षमता से ज्यादा भीड़ होती है। पुलिस सूत्रों के अनुसार इस बात की संभावना है कि विस्फोटों के लिए कुछ देर बाद सक्रिय होनेवाले टाइमरों का इस्तेमाल किया गया, ताकि आतंकी ट्रेनों से बाहर आ सकें।

स्वयंसेवी कार्यकर्ताओं द्वारा पीड़ितों की सेवा

"इस हिंसक दावानल में विस्फोटों के घंटों बाद तक रेलगाड़ियों के डिब्बों के मलबों से मोबाइल फोनों की घंटियाँ घनघना रही थीं, जो निश्चित ही हमलों के शिकार व्यक्तियों के प्रियजनों की ओर से थीं, लेकिन जवाब देनेवाला कोई नहीं था। रेल की पटरियों पर जली हुई हड्डियाँ बिखरी हुई थीं। इन हृदयविदारक दृश्यों को देखकर किसी पत्थर दिल इनसान का भी हृदय पसीज जाता। थोड़े-से सिरफिरे, गुमराह शैतानों की दरिंदगी से मची त्राहि-त्राहि के बीच पीड़ितों के दुःख से कातर सुहृदय लोगों की सक्रिय कर्मनिष्ठा को देखकर ऐसा लगा कि हमारे समाज में संवेदनशीलता के मानवीय सद्गुणों की कमी नहीं है। ये सात धमाके मुंबई के लोगों के जज्बे को तोड़ नहीं सके।

विस्फोटों के तुरंत बाद रेलवे ट्रैक के आसपास रहनेवाले लोगों ने रेलवे पुलिस की गैरमौजूदगी में स्टेशनों और घायलों के सामान की देख-रेख की। मानवता का यह चेहरा अस्पतालों में भी नजर आया, जहाँ घायलों को लोगों ने खाने-पीने की चीजें उपलब्ध कराईं। यह एक ऐसा दिन था, जब मुंबई को उसकी आत्मा फिर मिल गई। जब यातायात जाम हो जाने से लोग परेशान होने लगे, तब कई युवकों ने आगे बढ़कर गाड़ियों को आसान रास्ते बताने का काम किया। कुछ ने तो हाथों में तख्तियाँ लटका रखी थीं, जिन पर लिखा था—'रात बिताने के लिए कोई भी हमारे घर ठहर सकता है।' विस्फोटों वाले विभिन्न इलाकों के अस्पताल मृतकों के शवों और घायल लोगों को लानेवाले स्वयंसेवी कार्यकर्ताओं से अटे पड़े थे। घटनास्थलों पर पहुँचे स्वयंसेवी कार्यकर्ता न तो घबराए और न ही वहाँ से भागे। उन्हें जो भी वाहन मिला—ट्रक, टैंपो रिक्शा—उस पर लादकर घायलों व मृतकों को अस्पतालों में ला रहे थे, वह भी अपने खर्च पर। यहाँ धर्म रोड़ा नहीं बना। पुलिस तो विस्फोटों के आधा घंटा बाद पहुँची। तब तक अनेक शवों को और घायलों को अस्पताल पहुँचाया जा चुका था और उनके परिजनों को सूचित किया जा चुका था। इस 'अशिष्ट' वाणिज्यिक राजधानी के नागरिकों ने पूरी रात अपनी ओर से हर संभव मदद की, कुछ पाने के लिए नहीं, बल्कि मानवता को जिंदा रखने के लिए, एक ऐसे दिन जब कुछ भी संभव नहीं दिख रहा था।"

आई.एस.आई. का हाथ होने का खुलासा

इन बम विस्फोटों में पाकिस्तान की कुख्यात खुफिया एजेंसी आई.एस.आई. का हाथ होने का एक बार फिर खुलासा हो गया। भारत के विदेश सचिव शिवशंकर मेनन ने ठोस सबूत पाकिस्तान के सामने रख दिए। पाकिस्तानी हुक्मरानों ने पहले ठोस सबूतों की माँग की थी। उनका अनुमान था कि भारत ऐसे सबूत नहीं जुटा पाएगा, जिसमें पाकिस्तान के लोगों के फँसने की गुंजाइश हो, लेकिन सबूत पेश कर दिए जाने के बाद उसने बहाना बना दिया कि वह आरोपियों के विरुद्ध जो भी करना या नहीं करना होगा, इसलामी कानून के तहत अपने देश में ही करेगा। इस प्रकार पाकिस्तान को सबूत देने का वही हश्र हुआ, जो हमेशा होता रहा है।

मुंबई में जिन लोगों की धरपकड़ हुई, उनमें से पाँच दोषियों को मृत्युदंड और सात दोषियों को आजीवन कारावास की सजा दी गई। आतंकियों को बम बनाने, हथियार चलाने और अन्य ट्रेनिंग पाकिस्तान में ही दी गई थी। धमाकों की साजिश पाकिस्तान में लश्कर कमांडर आजम चीमा ने सिमी (स्टूडेंट इस्लामिक मूवमेंट ऑफ इंडिया) के साथ मिलकर रची। बहरहाल, धमाकों के बारह मुजरिमों को सजा सुना दी गई, लेकिन इन धमाकों के सूत्रधार पकड़ से बाहर रहे।

सिमी ने एक इसलामी चरमपंथी संगठन के रूप में भारत के खिलाफ जिहाद छेड़ रखा है। इसका मकसद भारत को धर्म परिवर्तन या आतंक द्वारा इसलामी राज्य में परिवर्तित करना है। प्रतिबंधित हो जाने के बाद अब यह दूसरे नाम से कार्यरत है।

हमारे नरमपंथी देश में किसी को फाँसी की सजा सुनाने के बाद यह जरूरी नहीं है कि अंततः उसे फाँसी पर लटका ही दिया जाएगा। मामले वर्षों लटकते रहते हैं। बहुत-से लोगों की याद्दाश्त से ही उतर जाते हैं। दिसंबर 2000 में पाकिस्तान-आधारित 'लश्कर' के आतंकियों द्वारा लाल किले पर हमले के बाद एक आरोपी आतंकी को फाँसी की सजा सुना दिए जाने के बाद भी वह पुलिसवालों से अंततः छूट जाने की बात कह रहा था। यू.पी.ए. सरकार द्वारा एक खास वर्ग को

खुश करने के असफल प्रयास में 'आतंकवाद निवारण अधिनियम' (पोटा) को समाप्त कर देने से आतंकियों के भीतर से भारतीय कानून के प्रति भय खत्म हो गया। इस कानून को समाप्त करने की निंदा विभिन्न राजनीतिक संगठनों ने की थी। इसे भारत की ढीली, दीर्घसूत्री, आवश्यकता से अधिक सूक्ष्मदर्शी, अत्यधिक एहतियाती और लिहाज-पसंद न्यायिक व्यवस्था का कमाल ही कहा जाएगा।

□

48

26/11 मुंबई हमले की खौफनाक साजिश फौजी-जिहादी गठजोड़ का नतीजा

26 नवंबर, 2008 को मुंबई में आतंकी हमला भारतीय गणतंत्र के इतिहास में सबसे दुस्साहसिक, खौफनाक और खूँखार हमला था। इस हमले की साजिश पाकिस्तान की सर्वशक्तिमान फौज ने जिहादी आतंकी गुटों के साथ मिलकर रची थी। समुद्र के रास्ते पहुँचे इन आतंकियों ने पौने दो करोड़ की आबादी के शहर को 60 घंटों तक न केवल भारी चिंता और क्लेश में डाले रखा, बल्कि 26 विदेशियों सहित 166 लोगों को मौत के घाट उतार दिया। इनसे निपटने में 17 सुरक्षाकर्मियों को अपनी शहादत देनी पड़ी। उन्होंने 9 आतंकियों को मार गिराया।

यदि कसाब नामक एक आतंकी जिंदा नहीं पकड़ लिया जाता तो पाकिस्तान किसी भी सूरत में नहीं मानता कि हमले की साजिश उसकी सरजमीं पर रची गई थी और उसमें पाकिस्तान के नागरिक शामिल थे। हमले में पाकिस्तानी हाथ होने के पुख्ता सबूत दिए जाने के बावजूद पाकिस्तान इन सबूतों को अपर्याप्त बता रहा है। दरअसल, उसकी नीयत में ही खोट है।

मुंबई में पहली बार हुए सीरियल बम धमाकों (मार्च 1993) के बाद भारत में पाकिस्तान प्रायोजित आतंकी हमले लगातार होते रहे। शायद ही कोई महीना बीता हो जब कोई आतंकी हमला नहीं हुआ हो। जम्मू-कश्मीर में तो यह सिलसिला कभी थमा ही नहीं। भारत में अकेले वर्ष 2008 में ही जयपुर, बंगलुरु, अहमदाबाद, दिल्ली और असम में बम धमाकों से अनेक लोगों की मृत्यु हुई। यह साल भारत में तबाही मचानेवाला साबित हुआ।

सबसे दुस्साहसिक और खूँखार हमला

26 नवंबर, 2008 को मुंबई में आतंकी हमला भारतीय गणतंत्र के इतिहास में सबसे दुस्साहसिक, खौफनाक और खूँखार हमला था। इस हमले ने भारत के मान-सम्मान को गहरी चोट पहुँचाई। दस हथियारबंद प्रशिक्षित आतंकियों का गिरोह पाकिस्तान के कराची से एक पॉवर (स्पीड) बोट पर सवार होकर समुद्र के रास्ते निकला और बड़े इत्मीनान से रबर की नावों पर

बैठकर कोलाबा के पार कफ परेड के मछली बाजार पर उतरा। वहाँ पहुँचकर यह गिरोह चार गुटों में बँटकर मुंबई की भीड़ में विलीन हो गया। उस समय रात के करीब आठ बजे थे।

जीन के पतलून पहने, पीठ पर बैग लटकाए सामान्य कद-काठी के इन युवा आततताइयों ने स्वयं को कॉलेज स्टूडेंट बताया। इस प्रकार समुद्र के रास्ते आनेवाले आतंकवाद का यह नया रूप था। महाराष्ट्र का समुद्र तट 720 किमी. लंबा है, जबकि अकेले मुंबई का समुद्र तट 114 किमी. लंबा है। नगर के दो और समुद्र है, जहाँ बड़ी संख्या में छोटी-बड़ी नौकाएँ, स्टीमर व समुद्री जहाज नजर आते हैं।

हमले के इस नए संस्करण में इन आतंकियों ने आला दर्जे की मिलिटरी स्टाइल में एके-47 राइफलों से अंधाधुंध गोली चलाते हुए कई लोगों को कब्जे में लेने के साथ बड़े पैमाने पर लोगों को बंधक बना लिया। कोई आतंकी फायरिंग कर रहा था तो कोई हथगोले फेंक रहा था। उन्होंने एक साथ शहर की कई सड़कों, देश के सर्वाधिक भीड़वाले छत्रपति शिवाजी रेलवे स्टेशन (जो पहले विक्टोरिया टर्मिनस नाम से विख्यात था।), दो लक्जरी होटलों (ताजमहल और ओबरॉय-ट्राइडेंट), लियोपोल्ड रेस्तराँ, नरीमन हाउस और यहाँ तक कि अस्पतालों पर भी कब्जा जमा लिया। ताजमहल होटल पर हमला करने का मुख्य कारण यह था कि यह विश्वविख्यात होटल है, जिसमें बड़ी संख्या में विदेशी नागरिक आकर ठहरते हैं। आतंकियों की योजना यह थी कि ताज, ओबरॉय, लियोपोल्ड और नरीमन हाउस के विदेशी सैलानियों और खासकर नरीमन हाउस में रहनेवाले यहूदियों को बंधक बना लेते हैं तो उनकी सरकारों को बड़े पैमाने पर ब्लैकमेल किया जा सकेगा। मुख्य निशाने पर भारत के अलावा अमेरिका, ब्रिटेन और इजराइल थे।

आग की लपटों में ताज होटल

भीड़ भरी सड़कों पर आतंकियों की ए.के.-47 राइफलों से की गई अंधाधुंध फायरिंग की लपेट में ए.टी. एस. प्रमुख की जीप भी आ गई, जिसमें मुंबई पुलिस के तीन अफसरों—आतंकवाद-विरोधी दस्ता (ए.टी.एस.) के प्रमुख हेमंत करकरे, जांबाज पुलिस अधिकारी विजय सालसकर और अतिरिक्त पुलिस कमिश्नर अशोक कामटे की मौत हो गई। यह एक अप्रत्याशित और भारी-भरकम सुनियोजित हमला था, जिसके लिए मुंबई पुलिस प्रशिक्षित व भलीभाँति लैस नहीं थी। फिर भी शुरुआती घंटों में उसने अपने दम पर ही स्थिति से निपटने में काफी साहस और सूझ-बूझ का परिचय दिया।

कमांडो व सेना को बुलाना पड़ा

सुरक्षा के स्तर पर भारी चूक हो चुकी थी। भारतीय सुरक्षा एजेंसियों का कहना था कि यह हमला अप्रत्याशित और चकित कर देनेवाला था। अमेरिका पर 9/11 के हमले के मामले में भी

वहाँ की सुरक्षा व इंटेलिजेंस एजेंसियाँ नाकाम साबित हुई थीं। इन एजेंसियों ने यह नहीं सोचा था कि यात्री विमानों को कोई मिसाइल की तरह इस्तेमाल करेगा। अमेरिका ने उसके बाद अपनी सुरक्षा व्यवस्था इतनी चुस्त-दुरुस्त और पुख्ता कर दी कि तब से लेकर आज तक वहाँ कोई बड़ा आतंकी हमला नहीं हुआ, लेकिन भारत अमेरिका की तरह कोई पुख्ता व्यवस्था नहीं कर सका। इन दुर्दांत आतंकियों ने पौने दो करोड़ की आबादी के शहर को 60 घंटों तक न केवल भारी चिंता और क्लेश में डाले रखा, बल्कि 26 विदेशियों सहित 166 लोगों की जान लेकर और सैकड़ों को बुरी तरह घायल कर देश की सुरक्षा व्यवस्था की पूरी चूलें हिलाकर रख दीं। हमलावरों से निपटने में 17 सुरक्षाकर्मियों को अपनी शहादत देनी पड़ी। आतंकवादियों का सफाया करने के लिए अगले दिन तड़के एन.एस.जी. के कमांडों के साथ सेना के जवानों को भी लगाना पड़ा।

यह हमला भारत में तब तक किए गए आतंकी हमलों से कुछ भिन्न प्रकार का था। इससे पहले हमलावरों ने जो तरीके अपना रखे थे, उनमें एक था—बड़ी संख्या में अंधाधुंध ढंग से लोगों की जान लेने के इरादे से भीड़ भरे स्थानों पर विस्फोटकों से भरी वस्तुएँ रख देना। एक और तरीका था किसी खास निशाने पर आत्मघाती फिदायीन हमला करना, लेकिन इस बार 'संगत पद्धति' अपनाई गई, जिसमें भिन्न-भिन्न प्रकार की आतंकी काररवाइयाँ एक साथ मिला दी गईं।

टी.वी. देखकर आतंकियों को कराची से निर्देश

तीन-चार दिन तक पसरा रहा यह आतंकी हमला अपने ढंग का सबसे लंबा आतंकी अभियान था, जिसे पूरी दुनिया ने टेलीविजन पर लाइव देखा। इससे पुलिस व अन्य सुरक्षा एजेंसियों को अपनी ड्यूटी निबाहने में भारी परेशानी का सामना करना पड़ा, क्योंकि कराची में बैठे आतंकियों के आका टी.वी. पर लाइव प्रसारण देखकर वहीं से अपने इन दरिंदे गुर्गों को उनके सेटेलाइट मोबाइल टेलीफोन सेटों पर लगातार निर्देश दे रहे थे। सारे आतंकी मोबाइल के जरिए एक-दूसरे के संपर्क में थे। भारतीय न्यूज चैनलों के रिपोर्टर और कैमरामैन हमले के हर एक लक्ष्य स्थल से 'लाइव' प्रसारण कर रहे थे। नरीमन हाउस की ऊपरी छत पर एन.एस.जी. के छाताधारी कमांडो को उतारने की 'लाइव' तसवीरें दिखाने से पहले ही उनके वहाँ पहुँच जाने का समाचार भी टी.वी. पर प्रसारित हो गया। आतंकियों की दहशतगर्दी के दौरान कोई भी सरकारी अधिकारी अपनी समझ के अनुसार मीडियाकर्मियों को कुछ-न-कुछ बता रहा था, जबकि यह काम किसी एकल विशिष्ट एजेंसी या अधिकारी के जिम्मे होना चाहिए था और सूचनाएँ सावधानीपूर्वक दी जानी चाहिए थीं। ऐसा नहीं होने से जो नुकसान हुआ, उससे सबक सीखते हुए बाद में यह तय हुआ कि इस तरह की किसी भी संकट स्थिति में कोई टेली प्रसारण तत्काल नहीं होगा, इसे आधा घंटा विलंब से दिखाया जाएगा। इससे आतंकियों और उनके आकाओं को पता नहीं चल पाएगा कि कहाँ क्या हो रहा है।

कई जानकार लोगों का कहना है कि मुंबई हमले में आतंकियों के साथ स्थानीय अंडरवर्ल्ड के कई लोग और तस्कर भी मिले हुए थे, लेकिन यू.पी.ए. सरकार ने राजनीतिक कारणों से इस मामले को दबा दिया।

यहूदी सेंटर को बनाया विशेष निशाना

इन हमलावरों के आकाओं का असली मकसद था—भारत की सरजमीं पर वैश्विक जिहाद

को जारी रखना। यही कारण था कि उन्होंने बंधकों में से अमेरिकी और ब्रिटिश नागरिकों को छाँटा और इसराइली या यहूदी नागरिकों को मुख्य रूप से अपनी हिंसा का शिकार बनाया। हमलावरों की गोलियों का शिकार होनेवाले विदेशियों में छह अमेरिकी थे। जिहाद की पट्टी पढ़ चुके हमलावर ईसाइयों और हिदुओं के अलावा यहूदियों से अथाह घृणा करते हैं। जिहादी आतंकवादी ही क्यों, दुनिया के कई देशों में बड़ी संख्या में मुसलिम कट्टरपंथी यहूदियों से सर्वाधिक घृणा करते हैं, शायद इसीलिए इन जिहादी आतंकियों ने मुंबई के कोलाबा में यहूदियों से संबद्ध नरीमन हाउस को भी अपना निशाना बनाया। नरीमन हाउस के यहूदी सेंटर छाबड़ हाउस पहुँचने के लिए मुख्य सड़क से दाहिनी ओर मुड़कर संकरी गली से होते हुए जाना होता है। किसी अजनबी को आसानी से वहाँ पहुँचने में कुछ दिक्कत हो सकती है। यहाँ तक कि कंट्रोल रूम के कर्मचारियों को छाबड़ हाउस का पता लगाने में कुछ घंटे निकल गए, लेकिन हमलावर जिस तेज रफ्तार से वहाँ पहुँच गए, उससे यह स्पष्ट हो गया कि उन्हें इसके बिल्कुल सही पते-ठिकाने की पूर्व जानकारी मिल चुकी थी। बाद में अमेरिकी जाँच एजेंसी एफ.बी.आई. द्वारा शिकागो में गिरफ्तार किए गए पाकिस्तानी मूल के अमेरिकी नागरिक डेविड कोलमैन हेडली उर्फ सैयद दाऊद गिलानी ने यह कबूल किया कि उसने हमले के लिए नरीमन हाउस की रेकी की थी। वह वास्तव में इस हमले की एक प्रमुख कड़ी था।

इन बर्बर दहशतगर्दों ने पाँच यहूदी बंधकों को मार डाला। इनमें एक रब्बी (धर्मगुरु) और उसकी पत्नी भी थी। उनके दो साल के बच्चे की प्राण रक्षा इसलिए हो गई, क्योंकि इस सेंटर की घरेलू नौकरानी उसे वहाँ से बचाकर ले जाने में कामयाब रही।

यहूदी धर्मगुरु की मौत पर खुशी का इजहार

इस प्रसंग में अफसोस की बात यह है कि आज भी इसलाम का एक वर्ग, जिसमें पढ़े-लिखे लोग भी शामिल हैं, इसलाम की गलत व्याख्या, मध्ययुगीन कट्टरता और तर्कहीन विचारों के प्रभाव में है। मुंबई पर जिहादी आतंकी हमले के बाद अरब जगत् के प्रमुख टेलीविजन न्यूज चैनल 'अल-जजीरा' (Al-Jazeera) के वेबसाइट पर जिहादी मानसिकता के 'खयालात के इजहार' की बाढ़ आ गई। कुछ टिप्पणियों के नमूने इस प्रकार हैं—

'Allah, grant victory to Muslims, Allah, grant victory to Jihad और The Killing of a Jewish Rabbi and his wife in the Jewish Centre in Mumbai is a heart-warming news.'

यानी अल्लाह से मुसलमानों और जिहाद को फतह दिलाने की विनती के साथ मुंबई के यहूदी मरकज में यहूदी धर्मगुरु और उसकी पत्नी को हलाक करने की खबर दिल को खुश कर देनेवाली है!

मनोविज्ञान में इसे कहते हैं sadistic pleasure, यानी दूसरे की पीड़ा में आनंदित होना। पाषाण युग से 21वीं सदी के वैज्ञानिक युग में पहुँच जाने के बाद भी कई लोग मानसिक तौर पर गुफाओं में ही रह रहे हैं।

मुंबई में सुरक्षाकर्मियों के साथ मुठभेड़ में 10 में से 9 आतंकी मारे गए। एक 21 वर्षीय आतंकी मुहम्मद अजमल आमिर कसाब जिंदा पकड़ लिया गया। उसने कबूल किया कि वह पाकिस्तानी नागरिक है और पाकिस्तान में रह रहे आतंकियों से उसके संबंध हैं और वह उनकी

हिदायतों पर इस घटना को अंजाम दे रहा था। उसने बताया कि उसके गिरोह के प्रत्येक सदस्य को पीठ पर लटकाने वाला एक-एक ऐसा झोला दिया गया, जिसके अंदर आठ हथगोले, एक ए.के.-47 राइफल, उसके 200 कारतूस, दो मैगजीनें और एक सेलफोन था। मारे गए आतंकियों से इसमें से कुछ सामान बरामद भी किया गया।

आतंकियों की लाशें लेने से इनकार

मुंबई में हमला करनेवाले लश्कर-ए-तैयबा के इन 10 आतंकियों में से 9 पाकिस्तान के पंजाब प्रांत से थे। इस गिरोह का लीडर और 'लश्कर' का पुराना कार्यकर्ता इसमाइल खान फ्रंटियर प्रांत के डेरा इसमाइल खान का था। बाकी आठ आतंकियों में ताज होटल के हमलावर थे—अब्दुल रहमान (मुलतान), अबू अली (ओकाड़ा), अबू शोएब (सियालकोट), अबू उमर (फैसलाबाद)। ट्राइडेंट होटल के हमलावर थे—अब्दुल रहमान (मुलतान) और फहद उल्लाह (ओकाड़ा)। नरीमन हाउस के हमलावर थे—अबू अक्शा (मुलतान) और अबू उमर (फैसलाबाद)।

पाकिस्तान ने किसी भी आतंकी की लाश लेने से साफ इनकार कर दिया। जिस मुल्क की हुकूमत अपने रेगुलर फौजियों की लाशें लेने से इनकार कर देती हो, जैसा कि उसने कारगिल युद्ध के समय किया, उससे अपने आतंकियों की लाशें लेने की उम्मीद कैसे की जा सकती है। भारतीय सुरक्षाकर्मियों की कारवाई में मारे गए नौ आतंकियों की लाशें एक वर्ष से अधिक समय तक मुर्दाघर में लावारिस लाशों के तौर पर पड़ी रहीं। अंत में उन्हें भारत की धरती में ही दफनाना पड़ा। इसी प्रकार जब मुंबई हमले में एकमात्र जिंदा पकड़े गए पाकिस्तानी आतंकी अजमल कसाब को फाँसी दिए जाने की सूचना का पत्र भारत सरकार ने पाकिस्तान सरकार को दिया तो उसने पत्र लेने से इनकार कर दिया। पाकिस्तान ने फाँसी के बाद कसाब की लाश लेने से भी मना कर दिया। अंततः उसका शव यरवदा जेल के अहाते में ही दफन कर दिया गया। इसकी भी आलोचना हुई। उसे किसी अज्ञात स्थान में भी दफना दिया जा सकता था। यह भारतीय प्रशासनिक और न्यायिक प्रक्रिया का कमाल था कि अजमल कसाब की उच्च स्तरीय सुरक्षा के कारण सरकारी खजाने के 36 करोड़ रुपए खर्च हो गए। कसाब के केस के ट्रायल में 17 महीने लगे। इस निमित्त 653 गवाहों के बयान लिये गए। तब जाकर उसे दंडित किया गया। इसे भारतीय न्यायिक इतिहास में सबसे तेजी से निपटाए गए मुकदमों में से एक माना गया। यही हमारी न्यायिक व्यवस्था की विडंबना है।

मुंबई हमले के कुछ दिन के भीतर ही भारत सरकार ने हमलों के पाकिस्तानी कनेक्शन के पुख्ता सबूत पाकिस्तान सरकार को उपलब्ध करा दिए थे। कुछ सबूत तो अमेरिकी खुफिया एजेंसियों से मिले थे, लेकिन पाकिस्तान सरकार ने अपनी पुरानी फितरत के अनुसार उन्हें अपर्याप्त बताया।

वायदा माफ गवाह बच निकला फाँसी से

इस हमले में छह अमेरिकी भी मारे गए थे। इस कारण तथा कतिपय अन्य कारणों से अमेरिकी एजेंसियाँ भी हमले की तह में जाने के लिए प्रयासरत थीं। अंततः एफ.बी.आई. ने 3 अक्तूबर, 2009 को डेविड कोलमैन हेडली को शिकागो में अपनी गिरफ्त में ले लिया। उसके साथ संलिप्त पाकिस्तानी मूल के कनाडाई कारोबारी तहव्वुर राणा को भी पकड़ लिया गया। अमेरिका के

सरकारी वकील के अनुसार वर्ष 2006 से नवंबर 2008 के बीच राणा ने हेडली के साथ मिलकर मुंबई हमलों की साजिश रची थी और पाकिस्तान स्थित आतंकी संगठन लश्कर-ए-तैयबा और हरकत-उल-जिहाद-ए-इसलामी को इसे अंजाम देने में मदद प्रदान की थी।

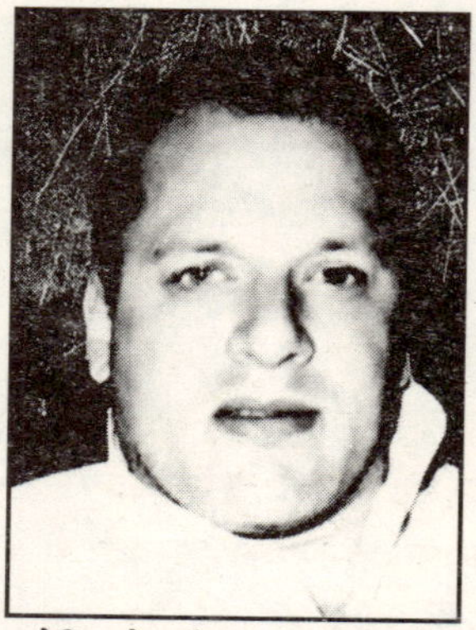

डेविड हेडली (दाऊद गिलानी)

भांडा फूट जाने पर फाँसी के डर से हेडली ने अमेरिकी अभियोजन पक्ष के साथ दोष स्वीकृति करार (plea bargain) की फरियाद की। इसके अंतर्गत छानबीन में सहयोग करने और सच्चाई उगल देने के एवज में मौत की सजा के बजाय केवल उम्र कैद की सजा दिए जाने की संभावना के कारण उसने मुंबई हमले के महाषड्यंत्र का पूरा खुलासा कर दिया। उसके विरुद्ध भी गंभीर आरोपों के सबूत मिल गए, जिनमें भारत में अमेरिकी नागरिकों का संहार करने के लिए मदद करने और इस कृत्य के लिए उकसाने के अन्य आरोप भी शामिल थे। इन आरोपों की दोषसिद्धि के कारण उसे मौत की सजा हो सकती थी, लेकिन उसके साथ हुए करार के कारण और भविष्य में अपेक्षित सहयोग के मद्देनजर अमेरिका के एटॉर्नी जनरल ने शिकागो के एटॉर्नी को हेडली के खिलाफ मौत की सजा की माँग नहीं करने के लिए अधिकृत किया।

मुंबई हमले की जो सच्चाई पहले आ चुकी थी, उसे हेडली की गवाही ने पुख्ता किया। यह इस बात का सबूत था कि 26 नवंबर, 2008 को मुंबई पर लश्कर-ए-तैयबा और आई.एस.आई. के निर्देश पर ही हमला किया गया। हेडली मुंबई पर हमले की साजिश से पहले लश्कर की उस खुफिया मीटिंग में भी शामिल था, जिसमें हाफिज सईद और लखवी मौजूद थे।

हेडली का असली नाम सैयद दाऊद गिलानी

हेडली ने आई.एस.आई. के प्रमुख रहे अहमद शुजा पाशा के लखवी से जेल में मिलने की भी जानकारी दी। यह जानकारी लीक होते ही अमेरिका के दौरे पर गए हुए शुजा पाशा ने अपना दौरा बीच में ही छोड़कर अपने देश की फ्लाइट पकड़ी और उलटे पाँव वापस हो लिए। हेडली ने यह भी बताया कि आई.एस.आई. का ब्रिगेडियर रियाज 'लश्कर' के प्रमुख लखवी के सीधे संपर्क में था। मेजर इकबाल और मेजर समीर अली उनकी ओर से 'लश्कर' की गतिविधियों में सहयोग करते थे। 'लश्कर' के कहने पर हेडली ने 2005-06 में अपने अमेरिकी पासपोर्ट पर अपना नाम सैयद दाऊद गिलानी से बदलकर डेविड कोलमैन हेडली करवा दिया था। पाकिस्तानी मूल के उसके पिता का नाम सैयद अख्तर गिलानी था, उसकी माँ का नाम एलिस शेरिल हेडली था, जो अमेरिका के मेरीलैंड की रहनेवाली थी। दाऊद गिलानी उर्फ हेडली का बचपन पाकिस्तान के अटक जिले में बीता। शुरुआती शिक्षा पाकिस्तान में हुई। जब उसके माता-पिता में तलाक हो गया, तब वह अमेरिका चला गया। हेडली अमेरिका में पाकिस्तानी दूतावास में भी काम कर चुका था। उसने अपना नाम इसलिए बदला, ताकि अमेरिकी नागरिक की हैसियत से भारत में आसानी से घूम-फिर सके।

हेडली 2006 से 2008 के बीच आठ बार भारत आया। सात बार वह मुंबई गया। वहाँ उसने उन स्थानों की पहचान की, जहाँ हमला किया जा सकता था। उसने उन स्थानों का वीडियो बनाया।

वह अपनी तीसरी पत्नी के साथ ताज होटल में भी ठहरा था। उसने नरीमन हाउस की भी रेकी की। अपना पाकिस्तानी मूल नाम बदल लेने और पाकिस्तान के बजाय अमेरिका का पासपोर्टधारी होने के आधार पर उसे वहाँ ठहरने का मौका मिल गया। उसने वहाँ की ब्योरेवार रिपोर्ट अपने आकाओं को भेजी।

नापाक मंसूबे की कामयाबी

शिकागो की अदालत ने हेडली को अंततः 35 साल कैद की सजा सुनाई। सजा के समय हेडली की उम्र 52 वर्ष थी, अब उसे 87 साल की उम्र तक जेल की सलाखों के पीछे रहना पड़ेगा। रिहाई के बाद भी उसे कड़ी निगरानी में रखा जाएगा। बताया जाता है कि सैकड़ों लोगों का घर उजाड़ देनेवाले और बड़ी संख्या में लोगों के अंग-भंग कर, कइयों को हमेशा के लिए अपाहिज कर देनेवाले इस जालिम साजिशकर्ता के चेहरे पर सजा सुनाए जाते समय किसी प्रकार की आत्मग्लानि की कोई शिकन तक नहीं देखी गई। अमेरिकी मीडिया के अनुसार, सजा सुनाए जाते वक्त उसे मुंबई में हुए 26/11 के आतंकी हमले को लेकर कोई अफसोस नहीं था। इस तरह स्पष्ट है कि वह भी उसी विकृत मानसिकता वाले वर्ग में शामिल था, जो अल्लाह के नाम पर जिहाद की फतह में हलाक होनेवालों की मौत की खबर पर खुशियाँ मना रहे थे।

यहाँ हम वापस आते हैं हेडली से संबंधित 26/11 के हमले के समय के एक प्रसंग पर। अमेरिकी वेबसाइट 'प्रोपब्लिका' (Propublica) के खोजी पत्रकार सेबेस्टियन रोटेला की रिपोर्ट के मुताबिक, मुंबई में 26 नवंबर को जब अजमल कसाब समेत 10 आतंकी निर्दोष लोगों को मौत के घाट उतार रहे थे, उस समय हेडली लाहौर में था। उसे अपने 'लश्कर' आका और हमलों के मास्टर माइंड में से एक साजिद मीर का मोबाइल पर संदेश मिला कि 'अपना टी.वी. ऑन करो।' उसने हमलों का कवरेज अपनी मोरक्कन मूल की पत्नी फैजा ओतल्हा के साथ टी.वी. पर देखा। इस घटना के दो दिन बाद हेडली की दूसरी पत्नी शाजिया ने नापाक मंसूबों को अंजाम देने के लिए इ-मेल के जरिए अपने पति को मुबारकबाद दी थी। उसने लिखा था—'शाबाश! मैंने सारे दिन टी.वी. पर इन हमलों को देखा।' शाजिया शिकागो में अपने बच्चों के साथ रह रही थी। उसे इस साजिश के बारे में पहले से पता था। शिकागो में गिरफ्तार किए जाने के बाद हेडली नहीं चाहता था कि उसकी पत्नी शाजिया से किसी तरह की पूछताछ की जाए।

फाँसी का पात्र और न्यायाधीश की मजबूरी

अमेरिकी अदालत के जज हैरी लीनेन वेबर ने जबरदस्त सुरक्षा व्यवस्था के बीच खचाखच भरे इजलास में न्यायिक निर्णय सुनाते हुए कहा—'Mr. Headley is a terrorist. I do not have any faith in him when he says that he is a changed person now.'

(मिस्टर हेडली एक आतंकवादी है। मुझे उसके इस कथन पर कोई यकीन नहीं कि वह अब एक बदला हुआ इनसान है।) न्यायाधीश का कहना था कि हेडली के जुर्म की गंभीरता को देखते हुए उसे मौत की सजा सुना दी जानी चाहिए थी, लेकिन यह अदालत की मजबूरी थी कि उसे यह सजा नहीं दी जा सकी।

एक अमेरिकी महिला लिंडा रैगसडेल ने, जिसकी जान हमले में बच गई थी और अदालत

द्वारा फैसला सुनाए जाते समय वहाँ मौजूद थी, कहा कि मैंने सैयद दाऊद गिलानी को देखा था, न कि डेविड कोलमैन हेडली को। फैसला सुनाए जाते समय अदालत में मौजूद एक अन्य अमेरिकी महिला किआ शेरेर, जिसका पति और किशोरी बेटी मुंबई हमले में मारे गए थे, ने कहा—

'The sentence dishonours the victims and the survivors whose lives changed forever. I don't understand why there isn't a greater value for the lives of the innocent. This Pakistani-American lost his right to live as a free man when he helped plan those attacks.'

(यह सजा हमले के शिकार और मौत से बच निकलनेवाले उन लोगों का अपमान है, जिनकी जिंदगी सदा-सर्वदा के लिए बदल गई। मुझे यह समझ में नहीं आता कि निर्दोष लोगों की जान की कीमत अधिक क्यों नहीं है? यह पाकिस्तानी-अमेरिकी जब इन हमलों की योजना बनाने में मददगार बना, उसी वक्त इसने एक आजाद शख्स के तौर पर जिंदा रहने का हक खो दिया था।)

ओबरॉय होटल में इस महिला के पति के सिर के पृष्ठ भाग में गोली मार दिए जाने से तत्क्षण उसकी मृत्यु हो गई थी, जबकि उसकी 13 वर्षीय बेटी पर कई बार गोली दागे जाने के कारण अत्यधिक खून बह जाने से उसकी मौत हो गई।

हेडली का जुर्म और अमेरिका के दोहरे मापदंड

भारत की धरती पर किए गए अपराधों के कारण अमेरिका को चाहिए था कि वह हेडली को भारत को सौंप देता। दोनों देशों के बीच 25 जून, 1957 को इस आशय की एक प्रत्यर्पण संधि भी हो चुकी थी। इसके अलावा राष्ट्रसंघ द्वारा 1997 में आतंकी बमबारी निरोध के लिए अंतरराष्ट्रीय सम्मेलन में स्वीकृत अनुच्छेद 7 के अंतर्गत जिस देश की धरती पर कथित अपराधकर्मी मौजूद हो, उस देश को मुकदमा चलाए जाने पर अपराधकर्मी की मौजूदगी या उसका प्रत्यर्पण सुनिश्चित करना होगा। इसी आधार पर वर्ष 2012 में सऊदी अरब ने दुर्दांत इसलामिक जिहादी जैबुद्दीन अंसारी उर्फ अबू जिंदाल को अमेरिका की सिफारिश पर भारत को सौंप दिया था। वह वहाँ पर पाकिस्तान के पासपोर्ट के आधार पर रह रहा था, लेकिन अमेरिका ने हेडली के मामले में खुद ऐसा कुछ नहीं किया। एक तो दोहरे मापदंड अपनाने की उसकी अक्खड़ राजनीति के कारण और दूसरे इस कारण भी कि हेडली कभी अमेरिका के लिए भी जासूसी किया करता था। उसकी गवाही से अमेरिका के कई भेद खुल सकते थे।

भारत की राष्ट्रीय जाँच एजेंसी (एन.आई.ए.) ने मुंबई पर आतंकी हमले समेत अन्य हमलों की साजिश रचने और भारत के विरुद्ध युद्ध छेड़ने के आरोप में डेविड कोलमैन हेडली समेत नौ आरोपियों के विरुद्ध चार्जशीट दाखिल की। चार्जशीट में हेडली के अलावा लश्कर-ए-तैयबा प्रमुख हाफिज सईद व ऑपरेशनल कमांडर जकी उर रहमान लखवी, तहुव्वर हुसैन राणा, 'अलकायदा' आतंकी इलियास कश्मीरी, आई.एस.आई. के दो अधिकारियों—मेजर इकबाल और मेजर समीर अली, हेडली के आका साजिद मलिक और पाक सेना के पूर्व अधिकारी अब्दुल रहमान हाशमी के नाम भी शमिल हैं। चार्जशीट दाखिल करते समय हेडली और राणा अमेरिका की जेल में बंद थे, जबकि पाकिस्तान जकी उर रहमान लखवी को जेल में बंद करने और रिहा करने का निरंतर नाटक करता रहा।

कौन-कौन मौजूद था कराची के कंट्रोल रूम में

अबू जुंदाल

महाराष्ट्र के बीड़ जिले का रहनेवाला जैबुद्दीन अंसारी उर्फ अबू जुंदाल हमले के दिन कराची के उस कंट्रोल रूम में था, जहाँ से 10 हमलावर आतंकियों को निर्देश दिए जा रहे थे।

हमला हो चुकने के बाद साजिशकर्ताओं ने उसे सऊदी अरब भेज दिया था, जिसके बारे में गुप्तचर एजेंसियों को बाद में पता चला। लंबी कोशिशों के बाद वह भारत के हाथ में आया।

जकी उर रहमान लखवी

हाफिज सईद

पूछताछ में उसने बताया कि हमले के दिन लखवी कंट्रोल रूम में मौजूद था और हाफिज सईद को पल-पल की खबर दी जा रही थी। उसने कंट्रोल रूम में मौजूद कई लोगों के नाम लिये। जुंदाल के अलावा सभी पाकिस्तानी थे। मुंबई पुलिस के हाथों आतंकी अजमल कसाब के पकड़े जाने की खबर मिलते ही इन सभी पाकिस्तानियों को पाक-अधिकृत कश्मीर के मुजफ्फराबाद भेज दिया गया था। जुंदाल से की गई पूछताछ का सारा ब्योरा पाकिस्तान को सबूत के तौर पर दे दिया गया, लेकिन वहाँ की अदालत इसे कोई तवज्जो नहीं दे रही।

हमले के निशाने तय करने के लिए टोहक यात्राएँ

हेडली ने अमेरिका की फेडरल जाँच एजेंसी और अदालत के सामने जो कुछ कहा था, लगभग वही उसने फरवरी 2016 में वीडियो कॉन्फ्रेंस के जरिए भारतीय जाँच एजेंसियों के 50 प्रश्नों के उत्तर में दोहरा दिया। उसने बताया कि सितंबर 2008 में भी मुंबई में हमला करने के दो प्रयास किए गए थे, जो विफल हो गए थे।

हेडली ने बताया कि वह आठ में से सात बार पाकिस्तान से सीधे भारत आया था और एक बार सऊदी अरब से। उसने अपना नाम सैयद दाऊद गिलानी तो बदल दिया था, लेकिन उसके पासपोर्ट पर उसके पिता का नाम सैयद अख्तर गिलानी बाकायदा अंकित था, लेकिन भारतीय इमिग्रेशन महकमे वालों ने कभी उसे शक की निगाह से नहीं देखा, जबकि पाकिस्तान एयरलाइंस या पाकिस्तान से आने-जानेवाली किसी भी फ्लाइट के यात्रियों की कड़ी छानबीन और जाँच-पड़ताल होती है। इन उड़ानों का समय-निर्धारण काफी कम आवाजाही वाली समयावधि अनुसार किया जाता है, ताकि इनका निरीक्षण पूरी सावधानी से किया जा सके।

तहव्वुर राणा

सितंबर 2006 और मार्च 2008 के बीच हेडली की 9 यात्राएँ और तहव्वुर राणा (नवंबर 2008) की एकल यात्रा मुंबई में हमले

आयोजित करने के दुष्ट इरादों से की गई थी। उनके द्वारा दिए गए रेफरेंस पते-ठिकाने व अन्य दर्ज सूचनाएँ बाद में गहन छानबीन पर जाली पाई गई। हेडली बार-बार होटल बदल देता था। कभी वह महँगे-से-महँगे होटल में ठहरता था और कभी गली-कूचों के सस्ते बसेरों में।

'इंडियन एक्सप्रेस' (Indian Express) की संवाददाता ऋतु सरीन का इंटेलिजेंस सूत्रों द्वारा हेडली की हवाई यात्राओं का विवरण (यहाँ दिया गया चार्ट) बहुत कुछ उद्घाटित करता है।

हेडली की भारत यात्रावली पार्ट-2

9 यात्राएँ 30 माह में		
दिनांक	**विमान सेवा**	**किन नगरों के बीच**
14 सितंबर, 2006	पी.आई.ए.-274	कराची-मुंबई
14 दिसंबर, 2006	पी.आई.ए.-275	मुंबई-कराची
22 फरवरी, 2007	इत्तिहाद-500	दुबई-मुंबई
15 मार्च, 2007	पी.आई.ए.-271	दिल्ली-लाहौर
26 मार्च, 2007	श्रीलंका-144	कोलंबो-मुंबई
मई 17, 2007	एयर इंडिया-727	मुंबई-दुबई
20 मई, 2007	एयर इंडिया-716	दुबई-मुंबई
7 जून, 2007	अमीरात-503	मुंबई-दुबई
4 सितंबर, 2007	अमीरात-500	दुबई-मुंबई
9 अक्तूबर, 2007	अमीरात-501	मुंबई-दुबई
15 अक्तूबर, 2007	पी.आई.ए.-270	लाहौर-दिल्ली
5 नवंबर, 2007	पी.आई.ए.-271	दिल्ली-लाहौर
9 अप्रैल, 2008	पी.आई.ए.-274	कराची-मुंबई
15 अप्रैल, 2008	पी.आई.ए.-275	मुंबई-कराची
1 जुलाई, 2008	अमीरात-506	दुबई-मुंबई
31 जुलाई, 2008	अमीरात-501	मुंबई-दुबई
7 मार्च, 2009	इत्तिहाद -218	अबू धाबी-दिल्ली
17 मार्च, 2009	इत्तिहाद-205	मुंबई-अबू धाबी

हमले को 'हिंदू आतंकवाद' साबित करने की कोशिश

मुंबई हमलों के महाषड्यंत्र का महा कपटपूर्ण पहलू यह था कि पूरी कारस्तानी को रहस्य के आवरण में समेट देने का बंदोबस्त किया गया था। झाँसाबाजी के गुरु घंटालों का अंदाजा यह था

कि कोई भी हमलावर पकड़ाई में नहीं आएगा। हमलावर या तो मारे जाएँगे या नजरों से ओझल हो जाएँगे। ट्रेनिंग के दौरान हमलावरों को बाकायदा ब्रेनवॉश किया गया था। उन्हें बताया गया था कि इसलाम की खिदमत में जिहाद करोगे तो गाजी कहलाओगे और फिर ऐशोइशरत की जिंदगी बिताओगे। मारे जाने पर यानी शहीद हो जाने पर सीधे जन्नत में जाओगे, जहाँ तुम्हारा दिल बहलाने के लिए खूबसूरत हूरें तुम्हारा इंतजार कर रही होंगी। गुरबत और जहालत की जिंदगी जी रहे नौजवानों के लिए इससे अधिक दिलकश बात और क्या हो सकती थी, यानी दोनों हाथों में लडडू!

146th Year

the pi

Ranchi | Friday | May 7 | 2010

RNI Regn. No. JH

Nation>5

World>12

KASAB TO HANG

Can't be reformed, menace to society, rules court

Death sentence to KASAB

Out of 86 charges against him, found guilty on more than 80 charges under various acts including "waging war against nation" and mass murders

Death sentence on four counts, life-term in five other cases

52nd person on death row in India

WHAT NOW

No immediate implementation of the death penalty

Appealing to higher courts an option

A mercy petition for the consideration of the President can also be filed

Pak guarded in response

the court DIARY

कसाब की फाँसी की सजा पर अखबारी सुर्खियाँ

'लश्कर' ने ज्यादा चतुराई प्रदर्शित करते हुए सभी आतंकियों के फर्जी पहचान-पत्र बनाए थे। उन पर भारत के विभिन्न शहरों के हिंदू नामधारी व्यक्तियों के मनगढ़ंत एड्रेस दिए गए थे। एक आतंकी अजमल आमिर कसाब, जिसे मुंबई के पुलिस कांस्टेबल तुकाराम ओंबले ने अपने प्राण देकर जिंदा पकड़ लिया था, ने बहुत से भेद खोल दिए। कसाब की खींची गई तसवीर में उसकी कलाई पर हिंदुओं का लाल रंग में रँगा मांगलिक डोरा (मौली) देखकर लोग चकित रह गए थे। असल में साजिशकर्ताओं ने इन आतंकियों को ऐसी योजना बनाकर भेजा था कि यह हमला एक हिंदू आतंकी साजिश लगे। इससे एक तीर से दो शिकार हो जाते। एक तो साजिश का अनुसंधान करनेवाले अधिकारी अंधी गली में भटक जाते और दूसरे 'हिंदू आतंकवाद' का ठप्पा लग जाने से भारत की खूब बदनामी होती। राजनीतिक प्रतिस्पर्धा के कारण खुद कांग्रेस पार्टी ही 'हिंदू आतंकवाद' का तराना छेड़ चुकी थी, जबकि इस तरह की शब्दावली का कोई औचित्य नहीं था।

आतंकी हमले के समय मुंबई के पुलिस कमिश्नर रह चुके राकेश मारिया की वर्ष 2020 में प्रकाशित पुस्तक 'अब मुझे कहने दिया जाए' (Let Me Say It Now) में मुंबई हमलों से संबंधित कुछ अतिरिक्त जानकारी दी गई है। मारिया के अनुसार, मुंबई पुलिस पूरा प्रयास कर रही थी कि कसाब की तसवीर सार्वजनिक न हो क्योंकि ऐसा होने पर भ्रम की स्थिति उत्पन्न हो सकती थी,

लेकिन केंद्रीय एजेंसियों ने इस तसवीर को जारी कर दिया।

'लश्कर' की योजना थी कि इस हमले में कसाब को बंगलुरु निवासी समीर दिनेश चौधरी ठहराया जाए। उसके पहचान-पत्र में उसका पता छात्र अंत्योदय डिग्री एवं पी.जी. कॉलेज दिलकुश नगर हैदराबाद-500 060 और निवासी 254, टीचर्स कॉलोनी नगर, भावी बंगलुरु दरशाया गया था। मुंबई हमले के तीन अनुसंधान अधिकारी—सीनियर पुलिस अफसर रमेश महाले, प्रशांत मर्दे और दिनेश कदम यदि इसे सही मानकर अधिक जानकारी प्राप्त करने के लिए हैदराबाद पहुँच जाते तो अखबारों में 'हिंदू आतंकवाद' के नाम पर बड़ी-बड़ी हेडलाइन छपतीं। न्यूज चैनलों पर 'हिंदू आतंक' के नाम से 'ब्रेकिंग न्यूज' चलतीं। कसाब उर्फ समीर दिनेश चौधरी (!) के घर पर और उसके पड़ोसियों से बात करने के लिए मीडियावालों की लाइन लगी होती।

यह कितनी गहरी और खतरनाक साजिश थी और साजिशकर्ताओं का नेटवर्क कितना फैला हुआ था, यह इस तथ्य से उजागर होता है। इस गैर हकीकी अफसाने की इबारत लिखनेवालों के शैतानी दिमाग की दाद देनी होगी। उनकी रणनीति थी—'मारो और भागो', 'कन्फ्यूजन पैदा करो।' लेकिन साजिशकर्ताओं की बदकिस्मती से कसाब 'जन्नतनशीं' होने से वंचित रह गया। जन्नत में आराम फरमाने के बजाय उसे जेल में आराम फरमाना पड़ा।

भारत में मुसलमानों पर जुल्म के झूठे किस्से

मारिया की पुस्तक में दावा किया गया है कि पाकिस्तान की बदनाम खुफिया एजेंसी आई.एस. आई. और 'लश्कर' नहीं चाहते थे कि कोई आतंकी जीवित पकड़ा जाए। इसलिए कसाब के पकड़े जाने की जानकारी मिलने पर वे उसे मुंबई जेल में ही खत्म करा देना चाहते थे, ताकि हमले के साथ उनका किसी प्रकार का कोई 'लिंक' साबित करने का मौका भारत को न मिले। उन्होंने यह काम भारत के भगोड़े आतंकी सरगना दाऊद इब्राहिम को सौंपा। आई.एस.आई. ने कसाब का काम तमाम करने के लिए दाऊद इब्राहिम गैंग को सुपारी भी दी थी, लेकिन उसका गैंग कुछ कर नहीं सका। कसाब की सुरक्षा इतनी सख्त और मजबूत कर दी गई थी कि कोई उसके नजदीक फटक भी नहीं सकता था।

पाकिस्तानी मदरसों में हिंदुओं और भारत के विरुद्ध विष-वमन की स्टाइल में मुंबई हमले के आतंकियों के सरपरस्तों ने उन्हें कत्लेआम मचाने के लिए जज्बाती तौर पर तैयार कर लिया था। उनका मिशन था—सैकड़ों लोगों को मार गिराना। मारिया ने लिखा कि कसाब के दिमाग में यह भर दिया गया था कि भारत में मुसलमानों को नमाज पढ़ने की भी इजाजत नहीं है और मसजिदों को बंद रखा जाता है। जेल में रहते उसने जब अजान की आवाज सुनी तो उसे यह यकीन नहीं हुआ। बाद में चुपचाप उसे मेट्रो सिनेमा के पास मसजिद में ले जाया गया। वहाँ लोगों को नमाज पढ़ते देखकर कसाब हैरान रह गया।

मारिया ने अपनी पुस्तक में लिखा है कि वे प्राय: प्रतिदिन कसाब से पूछताछ करते थे। उनके मुताबिक, कसाब लूटपाट करने के लिए लश्कर के गिरोह में शामिल हुआ था। भारत में आतंकी हमले के लिए भेजने से पहले 'लश्कर' ने उसे सवा लाख रुपए और हफ्ते के लिए घर जाने की छुट्टी दी थी। रुपए उसने अपनी बहन की शादी के लिए परिजनों को सौंप दिए थे।

मजेदार बात यह कि पाकिस्तान की फेडरल इन्वेस्टिगेशन एजेंसी (एफ.आई.ए.) के

डाइरेक्टर जनरल तारिक खोसा ने अगस्त 2015 में अपने एक लेख में लिखा कि पाकिस्तान सरकार को इस कड़वी सच्चाई को मान लेना चाहिए कि मुंबई में 26/11 के हमले की साजिश पाकिस्तान की सरजमीं पर ही रची गई थी। इस मामले में जाँचकर्ता रहे तारिक खोसा ने लिखा कि यह हमला न सिर्फ पाकिस्तान से प्रायोजित था, बल्कि आतंकियों की ट्रेनिंग भी वहीं हुई थी। यह जाँच खुद पाकिस्तान सरकार ने ही खोसा की अगुवाई में कराई थी। पाकिस्तान के ही मशहूर अखबार 'डॉन' (DAWN) में प्रकाशित लेख में खोसा ने लिखा—"एक मुल्क के तौर पर अब हमें कड़वे सच का सामना करना चाहिए। पाकिस्तान ने अपनी जमीन से मुंबई हमले की साजिश रचने और उसे अंजाम देने में मदद की है। अब तक मिले सबूतों से पाकिस्तान की गलती का पता चलता है। अब पाकिस्तान को सच का सामना करना चाहिए और अपनी गलती माननी चाहिए।" खोसा ने लिखा कि जाँच से साफ है कि हमले की साजिश और उसे अंजाम देने के लिए लॉजिस्टिक सेंटर सिंध में बनाया गया था, जबकि मास्टरमाइंड कराची में बैठकर आतंकियों को निर्देश दे रहे थे। खोसा ने लिखा कि उनके पास सात फैक्ट्स हैं, जो उनके दावे की पुष्टि करते हैं। इसलिए पाकिस्तान को मुंबई हमले के ट्रायल में तेजी लानी चाहिए।

लेकिन पाकिस्तान की नीयत में खोट के कारण यह उम्मीद करना व्यर्थ है कि वह गुनहगारों के खिलाफ कोई काररवाई करेगा। वह न कोई काररवाई करेगा, न आग से खेलना बंद करेगा।

आतंकियों द्वारा किए गए हमलों का घटनाक्रम

बुधवार, 26 नवंबर, 2008	
रात्रि 9:20	ओबरॉय होटल के बाहर गोलीबारी
रात्रि 9:30	कुलाबा स्थित लियोपोर्ड कैफे पर हमला
रात्रि 9:40	ताज होटल के पिछले भाग पर गोलीबारी
रात्रि 9:45	छत्रपति शिवाजी टर्मिनस पर आधे घंटे तक गोलीबारी
रात्रि 10:30	महापालिका मुख्यालय के प्रवेश द्वार पर गोलीबारी
रात्रि 10:35	आजाद मैदान पुलिस स्टेशन पर गोलीबारी
रात्रि 10:40	आतंकवादियों का कामा अस्पताल की ओर पलायन
रात्रि 10:50	मेट्रो सिनेमा (वासुदेव वलवंत फड़के चौक) पर गोलीबारी
रात्रि 11:00	विलेपार्ले की टैक्सी में और डेंगरी पर बम विस्फोट
रात्रि 11:10	नेपियंसी रोड पर गोलीबारी।

गुरुवार, 27 नवंबर, 2008

- रात्रि 12:30 (A.M.) मेट्रो जंक्शन से पुलिस गाड़ी को लेकर आतंकवादी भागे। गिरगाँव चौपाटी पर उन्हें मार गिराया गया।

- ताज होटल, ओबरॉय होटल एवं नरीमन हाउस में आतंकवादियों ने निर्दोष नागरिकों को बंधक बनाकर उन पर गोलियाँ चलाईं और हैंडग्रेनेड से हमला किया।
- थलसेना, नौसेना एवं एन.एस.जी. तथा सहयोग के लिए बुलाए गए अन्य संगठनों की संयुक्त मुहिम प्रारंभ।
- ए.टी.एस. प्रमुख हेमंत करकरे, अशोक कामटे एवं विजय सालसकर की शहादत; 125 नागरिक मृत एवं 327 नागरिक घायल
- ताज, ओबरॉय एवं नरीमन हाउस के बंधक नागरिक सेना द्वारा मुक्त कराए गए।

शुक्रवार, 28 नवंबर, 2008

- नरीमन हाउस एवं होटल में हेलीकाप्टर से कमांडो उतरे। हेलीकॉप्टर उड़ते हुए स्थिर रहा। मेजर संदीप उन्नीकृष्णन वीरगति को प्राप्त। रात्रि को ओबरॉय होटल एवं नरीमन हाउस आतंकवादियों से मुक्त।

29 नवंबर शनिवार 2008

- आतंकवादियों से संपूर्ण ताज मुक्त। एक आतंकवादी को जीवित पकड़ कर बंदी बना लिया गया।
- आतंकवादी हमले के विरुद्ध एन.एस.जी., सेना के सभी अंगों एवं ए.टी.एस. द्वारा की गई संयुक्त मुहिम समाप्त।

□

49

वाजपेयी की तरह मोदी की लाहौर सद्भावना यात्रा में लगाया पलीता

भारत के दो प्रधानमंत्रियों—अटल बिहारी वाजपेयी और नरेंद्र मोदी ने अपने-अपने कार्यकाल में पाकिस्तानी प्रधानमंत्री के आमंत्रण पर लाहौर की सद्भावना यात्रा की। दोनों बार नवाज शरीफ पाकिस्तान के प्रधानमंत्री थे। वाजपेयी की यात्रा के बाद कारगिल में हमला हो गया और मोदी की यात्रा के बाद पठानकोट एयरबेस पर हमला हो गया। दरअसल, पाकिस्तान की फौज, जो वहाँ सर्वशक्तिमान है, नहीं चाहती कि भारत के साथ संबंध सामान्य हों। नवाज शरीफ ने दोनों बार फौज की जानकारी के बगैर यानी उसकी सहमति प्राप्त किए बिना, आमंत्रण दिया था। यह दोहरा अपराध हो गया, जिसके परिणामस्वरूप दोनों बार नवाज शरीफ को अपनी सत्ता गँवानी पड़ी।

प्रसिद्ध फ्रांसीसी लेखक विक्टर ह्यूगो ने एक बार कहा था कि इतिहास अपने आप को दोहराता है, पहली बार एक ट्रेजेडी के रूप में, उसके बाद एक विडंबना के रूप में।

इतिहास की पुनरावृत्ति

दो भारतीय प्रधानमंत्रियों—अटल बिहारी वाजपेयी और नरेंद्र मोदी की लाहौर की सद्भावना यात्राओं के मामले में तो यह उक्ति सही साबित होती है। दोनों का मिलता-जुलता रूप या इतिहास की पुनरावृत्ति दिलचस्प है।

1. वाजपेयी पाकिस्तानी प्रधानमंत्री नवाज शरीफ के दूसरे कार्यकाल में उनके आमंत्रण पर दिल्ली-लाहौर बस सर्विस के उद्घाटन के लिए लाहौर गए थे। उन्होंने आमंत्रण स्वीकार करते समय विदेश मंत्रालय के अधिकारियों से इस संबंध में कोई विचार-विमर्श नहीं किया था। स्वयं ही निर्णय लिया था। बिल्कुल कुछ ऐसा ही किया नरेंद्र मोदी ने, 16 वर्ष के अंतराल के बाद नवाज शरीफ के तीसरे कार्यकाल में। इस बार उनके एक पारिवारिक कार्यक्रम में शामिल होने के लिए अचानक दिए गए न्योते पर।
2. वाजपेयी की लाहौर यात्रा के बाद कारगिल पर हमला हो गया। मोदी की लाहौर यात्रा के बाद पठानकोट एयरबेस पर हमला हो गया।

3. वाजपेयी भाजपा के नेतृत्व की सरकार के प्रधानमंत्री थे और नरेंद्र मोदी भी, यानी दोनों प्रधानमंत्री भाजपाई थे।
4. भारत के केवल दो प्रधानमंत्री लाहौर गए, दोनों भाजपाई थे।
5. वाजपेयी की सद्भावना यात्रा से बननेवाले माहौल को बिगाड़ने के लिए कट्टरपंथी इसलामी संगठनों ने लाहौर में सड़कों पर खुलकर उग्र विरोध व्यक्त किया था। उन्हें पाकिस्तानी फौज के भारत-विरोधी तत्त्वों का अप्रत्यक्ष रूप से वरदहस्त प्राप्त था, यानी यह मुल्ला-मिलिटरी गठजोड़ था। नरेंद्र मोदी के मामले में इस गठजोड़ ने छद्म रूप धारण किया।
6. वाजपेयी की यात्रा के कुछ अरसा बाद फौज ने नवाज शरीफ का तख्ता पलट दिया था।
7. मोदी की यात्रा के कुछ ही अरसा बाद एक नए गुट ज्युडिशरी-मिलिटरी गठजोड़ ने कानूनी घेराबंदी कर नवाज शरीफ को हटा दिया और उन्हें आम चुनाव भी नहीं लड़ने दिया। (पाकिस्तानी सुप्रीम कोर्ट हर फौजी तख्तापलट को अनुमोदित करता रहा है।)

इस घटनाक्रम ने एक बार फिर विक्टर ह्यूगो के कथन को पुरजोर ढंग से सही साबित कर दिया।

नवाज शरीफ ने सबक नहीं सीखा

वाजपेयी और मोदी की यात्राओं के उपरांत के परिणाम में अंतर यह था कि मोदी की यात्रा के बाद फौज ने सीधे अपने वजीरे आजम का तख्ता नहीं पलटा। ऐसा प्रतीत होता है कि अब पाकिस्तानी फौज ने पुराने अनुभवों के कारण तख्ता पलटने का खेल बंद कर दिया है। उसके बदले कठपुतली सरकार बनाने की रणनीति अपनाई है। इस बार इमरान खान को आगे बढ़ाया गया, जिसका चुनावी नारा था—'जो मोदी का यार है, गद्दार है, गद्दार है।' पाकिस्तानी फौज की नजर में नवाज शरीफ 'मोदी का यार', 'गद्दार' और पाकिस्तान के लिए सुरक्षा जोखिम थे।

पाकिस्तान में विदेश नीति और रक्षा नीति पाकिस्तान की सर्वशक्तिमान फौज कंट्रोल करती है। नवाज शरीफ ने भारत से संबंध सुधारने के प्रयास में पहली बार वाजपेयी को आमंत्रित किया था और इस निमित्त फौज का क्लीयरेंस नहीं लिया। नवाज शरीफ को उसका नतीजा भुगतना पड़ा। उन्होंने इस अनुभव से सबक नहीं सीखा और फिर भारत से संबंध सुधारने के प्रयास में बिना फौज का क्लीयरेंस लिए मोदी को आमंत्रित कर दिया।

वस्तुस्थिति यह है कि पाकिस्तान की फौज नहीं चाहती कि भारत के साथ संबंध सामान्य हों। इससे पाकिस्तान की राजनीति पर उसका वर्चस्व खत्म हो जाएगा और इसके साथ ही फौज को दिया जा रहा अनावश्यक महत्त्व भी। पाकिस्तान में भारत को दुश्मन नंबर एक प्रचारित कर और स्वयं को 'इसलामी जम्हूरिया-ए-पाकिस्तान' के सबसे उम्दा संरक्षक के तौर पर पेश करके ही फौज अपनी अहमियत बनाए रख सकती है। पठानकोट एयरबेस पर हमले के बाद पाकिस्तान के प्रमुख दैनिक अखबार 'डॉन' (DAWN) ने लिखा, "जब-जब दोनों देशों के प्रधानमंत्री बातचीत का रास्ता अपनाने की कोशिश करते हैं, तब-तब पाकिस्तान में बैठे शरारती तत्त्व कोई ऐसा कारनामा कर देते हैं कि बातचीत के सभी रास्ते बंद हो जाते हैं।" यह बताने की आवश्यकता नहीं कि इन 'कारनामों' के पीछे फौज का हाथ रहता है, जिसके सबूत भी प्राप्त हो जाते रहे हैं।

मोदी ने लाहौर जाकर एक बड़ा राजनीतिक जोखिम लिया। उन्होंने कूटनीतिक परंपराओं को तोड़ते हुए पूरी दुनिया को चौंका दिया। भारत को इसका यह लाभ अवश्य हुआ कि दुनिया ने माना कि भारत पाकिस्तान के साथ आपसी समस्याओं को सुलझाने के लिए ईमानदारी से प्रयत्नशील है।

25 दिसंबर, 2015 को प्रधानमंत्री मोदी काबुल में थे। वे मॉस्को से लौटते समय काबुल में रुके थे, जहाँ उन्होंने भारत-अफगानिस्तान मैत्री के प्रतीक के रूप में भारत द्वारा निर्मित संसद् भवन की नई शानदार इमारत अफगानिस्तान को उपहार के रूप में प्रदान की।

उस दिन नवाज शरीफ का जन्म दिन था। मोदी ने शरीफ को टेलीफोन किया और जन्म दिन की बधाई दी। इस पर नवाज शरीफ ने शुक्रिया अदा करते हुए कहा, "सिर्फ सूखी बधाई ही क्यों? आप काबुल से दिल्ली लौटते वक्त लाहौर तशरीफ लाइए। मैं अभी लाहौर में हूँ। आज मेरी नातिन की शादी है, उसे आशीर्वाद दीजिए।" मोदी ने हामी भर दी। उन्होंने काबुल से ट्वीट कर दुनिया को हैरत में डाल दिया कि वह आज पाकिस्तान जा रहे हैं। मोदी ने लिखा—"नवाज शरीफ से मिलने को आशान्वित हूँ। दिल्ली लौटते हुए लाहौर जाऊँगा।"

मोदी भारतीय वायुसेना के विशेष विमान बोइंग 737 से सायंकाल लाहौर पहुँचे। विमान से उतरते ही उन्होंने नवाज शरीफ को गले लगा लिया। हवाई अड्डे पर उनका शानदार स्वागत किया गया। यह 11 साल बाद किसी भारतीय प्रधानमंत्री की पहली पाकिस्तान यात्रा थी। इससे पहले 2004 में तत्कालीन प्रधानमंत्री अटल बिहारी वाजपेयी इसलामाबाद में 'सार्क' देशों के शासनाध्यक्षों के शिखर सम्मेलन में भाग लेने के लिए गए थे।

नवाज शरीफ लाहौर एयरपोर्ट पर नरेंद्र मोदी का स्वागत करने पहुँचे

लाहौर हवाई अड्डे से मोदी नवाज शरीफ के साथ हेलीकॉप्टर में बैठकर लाहौर के निकट उनके घर जट्टी उमरा के लिए रवाना हो गए। वहाँ नवाज शरीफ की नातिन मेहरून्निसां की शादी की रस्में थीं। मोदी ने उसे असीस दी। इस गरमजोशी, निजी और कुतुहलजनक यात्रा की किसी ने कल्पना नहीं की थी।

पाकिस्तान के विदेश सचिव ऐजाज चौधरी ने दोनों प्रधानमंत्रियों के बीच हुई वार्ता की जानकारी दी। ऐजाज ने कहा कि वार्ता आगे बढ़ाने के साथ यह भी तय हुआ कि भारत-पाक विदेश सचिव 15 जनवरी के आसपास इसलामाबाद में बैठक करेंगे।

लेकिन इससे पहले ही सप्ताह भर में ही पठानकोट एयरबेस पर हुए आत्मघाती हमले ने पाकिस्तान के कलंकित इतिहास में एक पन्ना और जोड़ दिया।

□

50

सन् 1857 की 150वीं सालगिरह मनाने से क्यों किया इनकार?

प्रधानमंत्री अटल बिहारी वाजपेयी ने वर्ष 2004 में इसलामाबाद में 'सार्क' देशों के शिखर सम्मेलन में यह सुझाव दिया था कि पहली जंग-ए-आजादी की 150वीं सालगिरह (सन् 2007) भारत, पाकिस्तान और बांग्लादेश मिलकर मनाएँ, लेकिन पाकिस्तान ने इसमें कोई दिलचस्पी नहीं ली और बाद में इस सुझाव को खारिज कर दिया।

मजहब के आधार पर बना पाकिस्तान सन् 1857 की क्रांति की असफलता को मजहबी नजरिए से देखता है और इसे मुसलमानों की असफलता मानता है तो फिर असफलता की सालगिरह कैसे मनाई जा सकती है? असल में पाकिस्तान को डर है कि वह अगर भारत के नजदीक गया तो उसकी अपनी अलग पहचान खतरे में पड़ सकती है। अपने देश की नई पीढ़ी को विकृत इतिहास पढ़ानेवाले पाकिस्तान में सन् 1857 की 150वीं सालगिरह मनाने पर यह सवाल उठता ही कि पाकिस्तान क्यों बना और तकसीम के लिए कौन जिम्मेदार है?

प्रधानमंत्री अटल बिहारी वाजपेयी ने वर्ष 2004 में इसलामाबाद में 'सार्क' देशों के शिखर सम्मेलन में बोलते हुए सुझाव दिया था कि सन् 1857 के प्रथम स्वतंत्रता संग्राम की 150वीं वर्षगाँठ (सन् 2007) भारत, पाकिस्तान और बांग्लादेश मिलकर मनाएँ। भारत-पाकिस्तान रिश्तों में अचानक आए सुखद माहौल में यह सुझाव दिया गया था। जिन्ना कन्वेंशन सेंटर की प्रेस गैलरी में बैठे हम भारतीय पत्रकारों को लगा कि सभागार में बड़ी संख्या में मौजूद पाकिस्तानी श्रोतागण इस सुझाव का तालियों की गड़गड़ाहट से स्वागत करेंगे, लेकिन ऐसा कुछ नहीं हुआ। पाकिस्तानी प्रधानमंत्री जफरुल्ला खान जमाली ने एक फीकी मुसकराहट के साथ इतना कहा कि इस सुझाव पर विचार करेंगे, लेकिन बाद में इस पर कोई विचार नहीं हुआ। इस सुझाव को वस्तुत: खारिज कर दिया गया। अटलजी को यह लगा था कि पाकिस्तान 1857 के ऐतिहासिक क्षणों को याद करेगा और इस सहृदयता का जवाब गरमजोशी से देगा।

पाकिस्तानी सोच का विचित्र ढंग

इसके अगले वर्ष लोकसभा में विपक्ष के नेता भाजपा के लालकृष्ण आडवाणी ने अपनी पाकिस्तान यात्रा में आजादी की पहली लड़ाई की 150वीं सालगिरह संयुक्त रूप से मनाने की पेशकश दोहराई, लेकिन उसका कोई लाभ नहीं हुआ। इससे किसी को कोई ताज्जुब भी नहीं हुआ।

वस्तुत: पाकिस्तान भारत के किसी भी प्रस्ताव को शंका की नजरों से देखता है। उसे हर वक्त यह डर सताता रहता है कि अगर वह भारत के नजदीक गया तो उसकी अलग पहचान खतरे में पड़ सकती है। 1857 के महासंग्राम की असफलता को वह यह मानकर चलता है कि यह मुसलमानों की असफलता थी, पराजय थी। क्या कोई पराजय की भी सालगिरह मनाता है ? पाकिस्तान का ऐसा सोचने का ढंग बिल्कुल गलत है।

धर्म के नाम पर नहीं, राष्ट्र के नाम पर

1857 में हिंदू-मुसलमान एक साथ लड़े थे और उन्होंने बहादुरशाह जफर, जिनकी हुकूमत लाल किले तक ही सीमित रह गई थी, को अपना नेता मान लिया था। इस आंदोलन ने एक राष्ट्रीय आंदोलन का रूप धारण कर लिया था, जैसा कि डिजराइली ने हाउस ऑफ कॉमंस (ब्रिटिश लोकसभा) में कहा था—यह आंदोलन एक राष्ट्रीय विद्रोह था, मात्र सैनिक विद्रोह नहीं। 1857 के विद्रोह के इतिहास लेखक चार्ल्स बाल ने लिखा—

This movement assumed a more important aspect, it became the rebellion of a whole people.

(इस आंदोलन ने अधिक महत्त्वपूर्ण आकार ग्रहण कर लिया, यह आंदोलन सारी जनता का विद्रोह बन गया।)

पाकिस्तान के साथ दिक्कत यह है कि वह अपने देश की नई पीढ़ी को विकृत इतिहास पढ़ाता रहा है। 150वीं वर्षगाँठ मनाए जाने पर यह सवाल तो उठता ही कि पाकिस्तान क्यों बना और इसे बनाने के लिए कौन जिम्मेदार है ? पाकिस्तानी नेताओं और मीडिया ने वाजपेयी के प्रस्ताव को नकारात्मक रूप से ग्रहण किया और उसे विकृत करके इस तरह से पेश किया, मानो वाजपेयी तीनों देशों की सरहदें समाप्त कर फिर से उन्हें 1857 के भारत की भौगोलिक सीमाओं में ले जाना चाहते हों और इसमें अखंड भारत की भावना छिपी हुई है। क्या पाकिस्तान के कर्णधार यह नहीं जानते कि 1857 की क्रांति धर्म के नाम पर नहीं, बल्कि राष्ट्र के नाम पर थी। उद्देश्य था—संपूर्ण भारत को स्वतंत्र कराना। इसलिए भारत के सभी राजा-रजवाड़े बहादुरशाह जफर के नेतृत्व में संगठित हो गए थे।

असल में कट्टरपंथी मुसलमानों ने इस बगावत को मुसलिम राज्य की पुर्नस्थापना के ख्वाब के रूप में देखा था। पाकिस्तान के विश्वविद्यालयों में जो इतिहास पढ़ाया जाता है, उसमें 1857 के विद्रोह में असफलता को मुसलिम राष्ट्रवाद का आरंभ बिंदु माना जाता है। इसके बाद ही कट्टरपंथी मुसलिम नेतृत्व ने हिंदुओं के हावी हो जाने के डर से ब्रिटिश शासकों के साथ गठबंधन की नीति अपना ली थी। सर सैयद अहमद ने इसमें अग्रणी भूमिका निभाई थी।

1857 में भारत के हिंदुओं और मुसलमानों ने जिस प्रकार एकजुटता और जुझारूपन का परिचय दिया था, वह इतिहास के पन्नों में अंकित है। इतिहास को मरम्मत करके या तोड़-मरोड़कर

पेश करने का कोई औचित्य नहीं है। 1857 की भावना को पुन: जगाना पाकिस्तान के हुक्मरानों और राजनीतिक नेताओं की सेहत के लिए शायद ठीक नहीं है।

कराची वालों ने याद किया 1857 के शहीदों को

पाकिस्तान में 1857 की क्रांति और उसके शहीदों को भुला देने की चर्चा करते हुए पाकिस्तानी कलमकार जाहिदा हिना ने (वर्ष 2008 में) अपने कॉलम 'पाकिस्तान की डायरी' में लिखा—"हमारे यहाँ स्कूलों में इतिहास नहीं पढ़ाया जाता। पहले यह काम अंग्रेज करते थे। उनका मकसद यह था कि हमें जंगे आजादी में लड़नेवालों के नाम और उनके कारनामे पता न चल पाएँ। आजादी के कुछ ही दिनों बाद हमारे हुक्मरानों को भी इतिहास से तकलीफ होने लगी। इसकी बुनियादी वजह यह थी कि आजादी के कुछ ही दिनों बाद हमारे यहाँ से लोकतंत्र रुखसत हो गया था और इसकी जगह तानाशाही ने ली थी। ऐसे में नौजवान जहनों का सच्चाई से नावाकिफ रहना ही तानाशाह के लिए बेहतर है। 2008 से जब लोकतंत्र ने अपनी जड़ें पकड़ी हैं तो बहुत-से लोगों ने इसे अपना फर्ज समझा कि वो अपनी नई नस्ल को अपने इतिहास के बारे में सच बताएँ। इसे ध्यान में रखते हुए कराची की इंप्रैस मार्केट के सामने पहली बार कुछ अदीबों और कुछ नौजवानों ने फूल रखे और शमाएँ जलाईं। ये वही इंप्रैस मार्केट है, जिसे बरतानवी राज के अफसरों ने 1889 में बनवाया था और यहाँ फूलों-फलों और अनाज की एक बहुत बड़ी मार्केट बनी थी। इससे पहले यह जगह खुला मैदान थी, लेकिन 1857 में जब सारे हिंदुस्तान में आजादी की आग भड़की तो सिंध और उसका सबसे बड़ा शहर कराची कैसे पीछे रहता? यहाँ भी 13 सितंबर, 1857 को रामदीन पांडे और उसके साथ 21 सिपाहियों ने बरतानवी अफसरों के खिलाफ बगावत की। मुखबिरी की वजह से ये लोग फौरन ही गिरफ्तार हो गए, कराची में कर्फ्यू लगा। इन बागियों में से कुछ को फाँसी पर लटका दिया गया और कुछ को तो तोपदम पर कर दिया गया।

"ये सिंध और कराची के इतिहास का एक बड़ा वाकया था, लेकिन इसे बरतानवी हुकूमत ने छिपा दिया। ये सूलियाँ जहाँ गड़ी थीं और जहाँ ये जांनिसार तोप से उड़ाए गए, वो दरहकीकत एक मैदान था। बरतानवी अफसरों ने जब यह देखा कि हिंदुस्तानियों ने इस जगह को एक पवित्र स्थान की हैसियत दे दी है और यहाँ फूल चढ़ाए जाने लगे हैं तो उनके लिए यह खतरनाक बात थी। आखिरकार यह फैसला किया गया कि यहाँ एक शानदार इमारत बनवाई जाए, जहाँ की दुकानों के लिए लोगों को जगह दिलवाई जाए। लोग यहाँ सुबह-शाम आएँ, लेकिन उनके आने का मकसद आजादी के शहीदों को याद करना नहीं हो, बल्कि आटा, चावल, तेल, दाल, फल, सब्जी, वगैरह खरीदना हो। आज इंप्रैस मार्केट कराची शहर का व्यस्ततम बाजार है और यहाँ से गुजरने वाले यह सोच भी नहीं सकते कि कभी यहाँ पर तोपें गरजी होंगी और आजादी के परवाने अपनी जान से गए होंगे। ऐसा पहली बार हुआ कि कराचीवालों ने उन शहीदों की याद में शमें जलाईं।"

वर्ष 2007 में पाकिस्तान ने 1857 की क्रांति की 150वीं सालगिरह को पूरी तरह नजरअंदाज किया और इस पर खामोशी अख्तियार कर ली। दूसरी ओर भारत में स्वतंत्रता संघर्ष का 150वाँ स्मरणोत्सव धूमधाम से मनाया गया। इस अवसर पर संसद् का ऐतिहासिक सेंट्रल हॉल एकदम जीवंत और भाव-विभोर हो उठा।

□

51

पठानकोट एयरबेस पर आतंकी हमला, जाँच के नाम पर पाकी नाटक

प्रधानमंत्री नरेंद्र मोदी की सद्‌भावना कूटनीति के अंतर्गत लाहौर की सद्‌भावना यात्रा के सप्ताह भर बाद ही पठानकोट एयरबेस पर फिदायीन हमले की जाँच में सहयोग देने के नाम पर पाकिस्तान ने आतंकवाद पर फिर दोरंगी चाल चली। पाकिस्तानी आतंकियों के विरुद्ध पुख्ता सबूत दिए जाने के बावजूद पाकिस्तान ने अपने कदम पीछे हटा लिए।

पाकिस्तान और भारत के बीच रिश्ते सुधारने की कोई प्रक्रिया जैसे ही थोड़ी आगे बढ़ती है, भारत में आतंक से जुड़ी कोई-न-कोई घटना घट जाती है। प्रधानमंत्री नरेंद्र मोदी की भावनात्मक कूटनीति के अंतर्गत लाहौर की सद्‌भावना यात्रा के सप्ताह भर बाद ही पठानकोट एयरबेस पर फिदायीन हमला हो गया। हमलावरों ने अंधाधुंध गोलीबारी की, जिसमें 7 जवान शहीद हो गए। हालाँकि 6 आतंकी भी मारे गए।

कसूरवारों के खिलाफ कड़ी काररवाई का भरोसा

2 जनवरी, 2016 को पठानकोट के वायुसेना ठिकाने पर हमला करनेवाले आत्मघाती आतंकियों के दो साफ मकसद थे—पहला, भारतीय सैनिकों की हत्या और दूसरा, सामरिक महत्त्व के इस एयरबेस पर खड़े लड़ाकू विमानों और हेलीकॉप्टरों को तबाह करना। इसमें वे नाकाम रहे। यह स्पष्ट था कि इस हमले का राजनीतिक उद्‌देश्य प्रधानमंत्री नवाज शरीफ के हाथ कमजोर करना और शांति प्रक्रिया में बाधा डालना था।

पाकिस्तानी स्तंभकार जाहिद हुसैन ने 'इंडिया टुडे' (20 जनवरी, 2016) में 'अमन की बातचीत को एक मौका दें' शीर्षक अपने स्तंभ लेख में लिखा—"शायद संदेह रखनेवालों को यह एक नियम लग सकता है कि जब भी हिंदुस्तान और पाकिस्तान के रिश्तों में कोई कूटनीतिक कामयाबी हाथ लगती है, तभी आतंकवादी हमला उसे अपनी छाया से ढक लेता है। एक बार फिर ठीक यही हुआ, जब हिंदुस्तानी प्रधानमंत्री द्वारा अपनाई गई जन्म दिन कूटनीति के फौरन बाद हिंदुस्तान के सबसे बड़े एयरबेस पर धृष्ट और दुस्साहसी धावा बोल दिया गया।"

संभवत: यह पहली बार था कि पाकिस्तान के किसी प्रधानमंत्री ने बिना देर किए भारत को

यह भरोसा दिलाया कि पठानकोट के कसूरवारों के खिलाफ कड़ी काररवाई की जाएगी। नवाज शरीफ ने एक पाकिस्तानी टी.वी. चैनल को दिए इंटरव्यू में कहा, "हिंदुस्तानी अधिकारियों द्वारा दी गई जानकारी पर हमने पहले ही काम शुरू कर दिया है।" नवाज शरीफ ने कहा, "मैं मानता हूँ कि यह हमला उन लोगों ने किया है, जो हिंदुस्तान के साथ रिश्तों को नॉर्मल होने देने के खिलाफ हैं।"

पाकी जाँच टीम को इजाजत

इस बार लगा कि पाकिस्तान शायद कुछ करेगा। दरअसल, अमेरिका द्वारा पाकिस्तान को दी जानेवाली सामरिक तथा आर्थिक सहायता पर उस समय लगाई जा चुकी रोक के बाद पाकिस्तानी हुकूमत के समक्ष भारत में हमला करनेवाले आतंकियों के खिलाफ काररवाई करने या उसका कुछ दिखावा करने के अलावा कोई चारा नहीं था, लेकिन पाकिस्तान ने अपनी फितरत के अनुसार फिर छल किया। पाकिस्तान सरकार ने यह झूठी खबर भी फैला दी कि पठानकोट हमले के सिलसिले में जैश-ए-मुहम्मद के प्रमुख मौलाना मसूद अजहर समेत 12 लोगों को हिरासत में ले लिया गया है, किंतु वास्तविकता यह थी कि मौलाना मसूद अजहर पाकिस्तान में खुलेआम घूमता हुआ देखा गया।

मसूद अजहर

इस बीच भारत ने पठानकोट एयरबेस पर आतंकी हमले में पाकिस्तानी आतंकियों की अंतर्लिप्तता के सबूत पाकिस्तान को सौंप दिए, लेकिन जैसा कि आशंका थी, पाकिस्तान ने इसे नकार दिया और जाँच के लिए अपनी संयुक्त जाँच टीम को घटना-स्थल पर जाने की इजाजत देने की माँग की। भारतीय विदेश मंत्रालय ने 26 मार्च को पाकिस्तानी जाँच टीम को भारत आकर जाँच-पड़ताल करने की इजाजत दे दी, जबकि भारत में इसका काफी विरोध हुआ, क्योंकि आम लोगों को यह पक्का यकीन था कि यह पाकिस्तानी तत्त्वों की ही कारस्तानी थी।

पाकिस्तान ने फिर किया छलावा

भारत ने पाकिस्तान द्वारा जाँच कराए गए जाने की बात पर इस कदर भरोसा किया कि पाकिस्तानी फौज और उसकी खुफिया एजेंसी आई.एस.आई. की टीम को पठानकोट एयरबेस के भीतर तक जाने की छूट दे दी। पाकिस्तान की जाँच टीम 30 मार्च को भारत आई और उसने भारत की राष्ट्रीय जाँच एजेंसी (एन.आई.ए.) के साथ पठानकोट में घटना-स्थल का मुआयना किया। इस जाँच टीम को एन.आई.ए. ने सबूत भी दिए और कई लोगों से बात भी कराई।

इस प्रकरण में अजब बात यह कि वापसी के बाद जाँच रिपोर्ट सौंपे जाने से पहले ही पाकिस्तानी मीडिया में खबर आई कि जाँच टीम को कोई सबूत नहीं मिला, हालाँकि भारत ने पठानकोट में मारे गए आतंकवादियों के डी.एन.ए. सैंपल, पाकिस्तान को किए गए फोन कॉल्स के विवरण, वायस डेटा, टेलीफोन पर पकड़ी गई बातचीत के सबूत, जी.पी.एस. सिस्टम,

आतंकवादियों को बहावलपुर से निर्देश देनेवालों के फोन नंबर और अन्य जानकारी दे दी। इसके बावजूद पाकिस्तान के लिए यह 'नाकाफी' था। पाकिस्तान ने पठानकोट हमले में अपनी भूमिका को स्वीकार नहीं किया। मुंबई पर 26/11 के हमले के ठोस प्रमाण दिए जाने के बाद भी उसने यही कहा था।

समय बीतने के साथ मोहाली (पंजाब) में एन.आई.ए. की विशेष अदालत ने उपलब्ध पुख्ता सबूतों के आधार पर पठानकोट हमले में पाकिस्तानी आतंकी सरगना मसूद अजहर और तीन अन्य आतंकियों—अब्दुल रऊफ, काशिफ जान और शाहिद लतीफ की गिरफ्तारी के वारंट जारी किए, लेकिन इनके खिलाफ कोई काररवाई करना संभव नहीं हुआ, क्योंकि मसूद अजहर और हाफिज सईद जैसे दूसरे आतंकियों को अपनी ताकत बढ़ाने की सारी सुविधाएँ पाकिस्तानी फौज और खुफिया एजेंसी आई.एस.आई. से ही मिलती हैं।

आतंकी हमले की जाँच के नाम पर पाकिस्तान ने फिर जो नाटक किया और पुख्ता सबूत दिए जाने के बावजूद अपने कदम पीछे खींच लिये, उससे उसका असली चेहरा एक बार फिर सामने आ गया।

बाद में भारतीय खुफिया एजेंसियों को पता लगा कि पठानकोट एयरबेस पर हमला करनेवाले छह आतंकियों ने पाकिस्तान के रावलपिंडी में नूर खान एयरफोर्स बेस पर अटैक की ट्रेनिंग ली थी। इसके अलावा पंजाब के बहावलपुर में भी इनकी ट्रेनिंग हुई थी।

□

52

'अच्छे आतंकी' सरगनाओं की नजरबंदी का ड्रामा व मैच फिक्सिंग?

पाकिस्तान एक ऐसा देश है, जो संगीन जुर्म के कई आरोपियों और आतंकियों को अपने यहाँ पनाह देकर उन्हें भरपूर सुविधाएँ और संरक्षण प्रदान कर रहा है। इनमें आतंकी सरगना दाऊद इब्राहिम और उसके गिरोह के कई सदस्य भी शामिल हैं।

तीन वी.वी.आई.पी. सुविधाभोगी और यू.एन. द्वारा घोषित आतंकी सरगनाओं में हाफिज सईद, जकी उर रहमान लखवी और मसूद अजहर को 'अच्छे आतंकियों' का सरगना माना जाता है। इन्हें दिखावे के लिए बार-बार कभी जेल में बंद किया जाता है और फिर छोड़ दिया जाता है। 'जेल' में सुविधाओं का यह हाल है कि लखवी को वहाँ संतानोत्पति की सुविधा भी प्रदान की गई थी। हाफिज सईद और मसूद अजहर को अधिकांश समय घर में नजरबंद बताया गया, लेकिन यह भी एक दिखावा था। अदालत में जान-बूझकर पुख्ता सबूत पेश नहीं करना और इन आतंकी सरगनाओं को रिहा करा देने का ड्रामा बार-बार खेला जाता रहा है।

क्या आपने कभी सुना है कि किसी संगीन जुर्म के आरोपियों या आतंकियों को कोई देश अपने यहाँ पनाह देकर फाइव स्टार होटल जैसी सुविधाएँ दे रहा हो? यदि नहीं सुना तो अब सुन लीजिए। यह देश है—पाकिस्तान, जिसने वर्ष 1993 में भारत की व्यावसायिक राजधानी मुंबई को बम धमाकों से दहलाने वाले गुनहगारों को अपने यहाँ सिर्फ पनाह ही नहीं दी, बल्कि वर्षों से उन्हें भरपूर सुविधाएँ व संरक्षण भी प्रदान करता रहा है। इनमें घोषित अंतरराष्ट्रीय आतंकी सरगना दाऊद इब्राहिम और उसके गिरोह के कई सदस्य भी शामिल हैं। संयुक्त राष्ट्र सुरक्षा परिषद् का अस्थायी सदस्य बनने के बाद भारत के विदेश मंत्री एस. जयशंकर ने 12 फरवरी, 2021 को अपने पहले भाषण में इशारों में बड़े विश्वासोत्पादक ढंग से यह तथ्य पेश किया।

जेल या फाइव स्टार होटल

पाकिस्तान में दिखावे के लिए कभी जेल के अंदर और फिर बाहर किए जानेवाले तीन अन्य वी.वी.आई.पी. सुविधाभोगी और यू.एन. द्वारा घोषित अंतरराष्ट्रीय आतंकी सरगना हैं—हाफिज

सईद, जकी-उर-रहमान लखवी और मसूद अजहर। पाकिस्तान में अनेक लोग और कट्टरवादी फौजी इन्हें अपना 'हीरो' मानते हैं, क्योंकि ये भारत के हितों को चोट पहुँचाते रहे हैं।

आतंकियों के संरक्षण पर हिंदुस्तान टाइम्स का व्यंग्य चित्र

पहले आतंकियों के चाचा लखवी की चर्चा की जाए, क्योंकि 'अच्छे आतंकियों' के इस सरगना को पाकिस्तानी हुकूमत बड़े कुटिल ढंग से कुछ ज्यादा ही सुविधाएँ प्रदान करती आ रही है। मुंबई में हुए 26/11 (2008) के आतंकी हमले के मास्टरमाइंड लश्कर-ए-तैयबा के इस कमांडर के विरुद्ध भारत सरकार ने पूरे सुबूत एक बार नहीं कई बार पाकिस्तान को सौंपे हैं, लेकिन उसका कोई लाभ नहीं हुआ। लखवी को जेल में डाल देने और फिर छोड़ देने का खेल लगातार चलता रहा है। अब भी चल रहा है।

लखवी को जेल में कोई कष्ट न हो और उसके रोजमर्रा के काम-काज में कोई बाधा न पड़े, इसका पूरा ध्यान रखा जाता रहा है। लखवी को जब पहली बार रावलपिंडी के हाई सिक्योरिटी अदियाला जेल में अपना जीवन आम दिनों की तरह बिताने का पूरा अवसर दिया गया था, तब वहाँ वह पूरे ऐशो-आराम से रहा। 26/11 के मुंबई हमले के बाद दिसंबर 2008 में गिरफ्तारी के बाद से उसके साथ एक आतंकवादी के बजाय सरकारी मेहमान की तरह बरताव किया गया। वर्ष 2015 की बात है। बी.बी.सी. के संवाददाताओं ने जेल के अधिकारियों के हवाले से बताया कि जेलर की मंजूरी से लखवी को मोबाइल फोन, इंटरनेट और टेलीविजन का इस्तेमाल करने तथा हर रोज बीसियों लोगों से मिलने दिया जा रहा है। उन्होंने बताया कि लखवी हर रोज औसतन एक सौ लोगों से मिलता है। जेल में उससे मिलनेवालों का मजमा लगा रहता है। न तो मुलाकातियों की संख्या पर कोई पाबंदी है और न ही उन्हें नाम-पता बताने या कोई विशेष अनुमति लेने की आवश्यकता है। जेल के एक अधिकारी के अनुसार, लखवी से मिलनेवालों को जेल में उसके निजी क्वार्टर में ले जाया जाता है, जहाँ जेल के अधिकारियों की कोई निगाह नहीं रहती।

जेल में संतानोत्पति की भी सुविधा

लखवी को जेल या तथाकथित जेल में दी जानेवाली सुविधाओं के बारे में आपको यह जानकर ताज्जुब होगा कि उसे जेल में संतानोत्पति की सुविधा भी प्रदान की गई थी। लखवी की सबसे नौजवान बीवी को जेल में आते-जाते रहने की छूट थी। इस दौरान उसने एक बच्चे को जन्म दिया। यह बात छिपी नहीं रह सकी। पाकिस्तान के कतिपय अखबारों में भी यह खबर छप गई। लखवी के खिलाफ अभियोजन पक्ष यानी सरकार द्वारा केस को अगर कमजोर बनाकर पेश किया जाएगा तो वह अदालत से जमानत पर छूटता ही

लखवी

रहेगा। इसलिए जेल में उसका आना-जाना लगा ही रहा है।

पाकिस्तान के अंग्रेजी दैनिक 'द नेशन' (The Nation) ने अपने 15 मार्च, 2015 के अंक में लिखा—"जिस तरह से जकी-उर-रहमान लखवी की जमानत पर रिहाई का फरमान जारी हुआ और उसकी गिरफ्तारी को गैर-कानूनी करार दिया गया, उससे एक चीज तो जाहिर होती है कि पाकिस्तान सरकार लखवी को गुनहगार साबित करने का कोई इरादा नहीं रखती। इसके बजाय मामले को अधर में लटकाया जा रहा है। मामला अदालत में है, मगर लखवी को स्थायी तौर पर जेल की सलाखों के पीछे कभी नहीं डाला गया। हुकूमत एक गंदा खेल खेल रही है, जो अदालती प्रक्रियाओं के पीछे छिप जाता है और इंसाफ को बाधित करने के लिए वह हर तरकीब अपना रही है। दूसरी तरफ, वह लोगों को यकीन दिलाती है कि मामले में तेजी आई है और अदालत को अपना काम करने दीजिए। छानबीन करने, सुबूत जुटाने और उसकी बुनियाद पर केस बनाने की जिम्मेदारी सरकार के गृहमंत्री की है, न कि अदालत और वकील की। जज तो यह जाँचने के लिए होते हैं कि उनके सामने जो सुबूत पेश किए गए या जो दलीलें पेश की गई हैं, वे सही हैं या नहीं? वकील का काम यह है कि वह अपनी दलीलें अदालत में पेश करे और जुटाए गए सुबूतों को जज के सामने रखे। लखवी की रिहाई का फरमान इसलिए जारी हुआ, क्योंकि हुकूमत पर्याप्त सुबूत जुटा नहीं पाई और वह मोहलत पाने की अर्जी देती रही।"

अखबार ने आगे लिखा—"जेल के अंदर-बाहर का खेल लखवी के साथ चलता रहा। अपहरण के मामले में भी हुकूमत कई बार लखवी को अदालत में नहीं ला पाई। तब 'सुरक्षा चिंता' का हवाला दिया गया। जाहिर है, हुकूमत की तरफ से ढेर सारी गलतियाँ हुई हैं। ऐसे काफी सुबूत हैं, जिनकी बुनियाद पर अरेस्ट वारंट जारी हो जाए। वैसे ये इतने भी नहीं कि पूरी सुनवाई के दौरान लखवी को हिरासत में रखा जा सके। तो फिर जुर्म कैसे साबित होगा? 26/11 के मुंबई हमले के मामले में हम भले ही लखवी के खिलाफ पर्याप्त सुबूत न होने के दावे करें, तब भी उसके खिलाफ आतंकी करतूतों को अंजाम देने के काफी सुबूत हैं। आखिरकार उसकी गिरफ्तारी एक प्रतिबंधित आतंकी संगठन के ट्रेनिंग कैंप से हुई थी।"

यहाँ यह बात ध्यान दिलाने की है कि यह टीका-टिप्पणी किसी भारतीय अखबार की नहीं है, बल्कि एक ऐसे पाकिस्तानी अखबार की है, जो आमतौर पर भारत की नुक्ताचीनी करता ही रहता है।

पाकिस्तान के लिए भारी शर्मिंदगी

पाकिस्तान सरकार कई वर्षों तक लखवी को संरक्षण प्रदान करने की हरचंद कोशिश करती रही। हद तो तब हो गई, जब जुलाई 2015 में पाकिस्तान सरकार ने भारत सरकार को लखवी की आवाज के नमूने देने से साफ इनकार कर दिया और इसका कारण यह बताया कि लखवी इसके लिए तैयार नहीं है। अब इस पर इसी पाकिस्तानी दैनिक 'द नेशन' (The Nation) की टिप्पणी पढ़िए—"लखवी की ओर से आवाज के नमूने देने का विरोध करने की उम्मीद तो थी ही, मगर सरकारी वकील चौधरी अजहर का यह बयान अधिक नुक्सानदेह है कि आवाज का नमूना लेना नामुमकिन है, क्योंकि ऐसा कोई कानूनी प्रावधान नहीं है।" अखबार ने पाकिस्तान सरकार के रवैये पर भारत में होनेवाली तीखी प्रतिक्रिया का उल्लेख करते हुए लिखा—"सरकार के इस 'यू-टर्न' से सरहद के उस पार नाराजगी के बवंडर उठने लगे हैं और जो भी सुकून का माहौल बना था,

वह अब जमींदोज होता दिख रहा है। लखवी को सलाखों के पीछे रखने में जो नाकामी मिली, वह पहले ही हमें रक्षात्मक स्थिति में डाल चुकी है। अब मुल्क के वजीर-ए-आजम नवाज शरीफ ने अंतरराष्ट्रीय मंच पर जो वादा किया है, उससे हमारा बँधे नहीं रह पाना तो वाकई भारी शर्मिंदगी का सबब बनेगा। पुरानी नाकामियाँ भी शर्मनाक हैं। कमजोर अदालती व्यवस्था व कट्टरपंथियों से डरे अफसरान इसकी वजह रहे हैं। पाकिस्तानी अफसरों ने पहले यह वादा किया था कि लखवी के खिलाफ मुकदमा तेज चलाया जाएगा, लेकिन यह भी नहीं हो पाया। ऐसे में, वजीर-ए-आजम का ताजा बयान शीशे की तरह साफ है और इस बार वादा निभाने में नाकामी मिली, तो यह सरासर भेदभाव भरा रवैया कहलाएगा। लखवी का ट्रायल बताता है कि उसके दोस्त ताकतवर जगहों पर हैं, अगर उसके दोस्त आला हुक्मरानों को नीचा दिखाने में कामयाब होते हैं, तो मुल्क में आतंकवाद-विरोधी नई सोच को करारा झटका लगेगा।"

यह एक सर्वविदित तथ्य है कि पाकिस्तान में सत्ता का एक केंद्र नहीं है। वहाँ के शासनतंत्र और सैन्यतंत्र में भारत-विरोधी कट्टरपंथी तत्त्व भरे हुए हैं। 'द नेशन' ने जिस आतंकवादी नई सोच को करारा झटका लगने की आशंका व्यक्त की थी, वह सही साबित हुई।

इस पर अपनी तीखी प्रतिक्रिया व्यक्त करते हुए संयुक्त राष्ट्र सुरक्षा परिषद् की कमेटी ने आपत्ति जताई! सुरक्षा परिषद् की अलकायदा प्रतिबंध समिति के अध्यक्ष जिम मैकले ने कहा कि लखवी की जमानत पर रिहाई अंतरराष्ट्रीय नियमों का उल्लंघन हैं।

लखवी की रिहाई के जश्न में सरकारी अफसर

बताया गया कि लखवी के रिहा होने पर जश्न मनाने के लिए जो लोग उसके घर पहुँचे उनमें पाकिस्तान सरकार, पाकिस्तानी फौज और खुफिया एजेंसी आई.एस.आई. के बड़े अफसर भी शामिल थे। वे शामिल हों भी क्यों नहीं ? क्योंकि उनका हीरो घर लौटकर आया था। इस स्थिति को बेशर्मी की हद कहा जा सकता है। दुनिया के अनेक देशों ने मुंबई में कत्लेआम मचानेवाले इस कसाई की रिहाई पर पाकिस्तान सरकार की तीखी आलोचना की, विश्व मीडिया ने लानत-मलानत की, लेकिन इससे पाकिस्तान की सेहत पर कोई फर्क नहीं पड़ा। वह तो इसका आदी हो गया है।

यहाँ इस बात का भी उल्लेख किया जा सकता है कि पाकिस्तान के पंजाब सूबे के गवर्नर सलमान तासीर की सरेआम हत्या करनेवाला उनका पुलिस बॉडीगार्ड मुमताज हुसैन कादरी रावलपिंडी के अदियाला सेंट्रल जेल में एक हीरो की मानिंद जिंदगी बिताता रहा। तासीर का कसूर यह था कि उन्होंने पाकिस्तान के कठोर ईशनिंदा कानून की खामियों को सुधारने का सुझाव दिया था। तासीर हत्याकांड की विश्वव्यापी निंदा होने पर पाकिस्तान सरकार को मजबूरन हत्यारे को फाँसी देनी पड़ी थी।

'लखवी की गिरफ्तारी', एक चतुर सियासी चाल

जकी-उर-रहमान लखवी 2008 में मुंबई में हुए आतंकी हमले के मामले में 2015 से जमानत पर चल रहा था। छह वर्ष तक लगातार खुली छूट के बाद लखवी के बारे में जब 8 जनवरी, 2021 को लोगों ने सुना कि उसे लाहौर की आतंकवाद निरोधक अदालत ने 15 साल कैद की सजा सुनाई है तो उन्हें काफी हैरत हुई। हैरत इस बात की कि आखिर लखवी को अपनी

करतूतों की सजा मिल ही गई, लेकिन यह सजा मुंबई में हुए भीषण आतंकी हमले से संबंधित नहीं थी, बल्कि टेरर फंडिंग (वित्त पोषण) के एक मामले में सुनाई गई थी। लखवी और उसके साथियों पर आरोप था कि उन्होंने दवाखाने के लिए जुटाए गए धन का इस्तेमाल आतंकवाद के वित्तपोषण में किया था, यानी यह सजा 2008 के मुंबई हमले से संबंधित नहीं थी।

वैसे इस बात की कोई संभावना नहीं है कि लखवी 15 साल तक जेल में रहेगा। ऐसा समझा जाता है कि लखवी को जेल में भेजने के पीछे एक चतुर सियासी चाल है। लखवी की रिहाई पर यह माना गया कि पाकिस्तानी एजेंसियाँ 'फाइनेंशल एक्शन टास्क फोर्स' (एफ.ए.टी.एफ.) की पेरिस में होनेवाली अगली बैठक को देखते हुए यह तेजी दिखा रही थीं। अंतरराष्ट्रीय आतंकी फंडिंग पर निगरानी रखनेवाली यह संस्था पाकिस्तान को आतंकवादी गतिविधियों को रोकने के लिए कई कदम उठाने के लिए कहती रही है। एफ.ए.टी.एफ. के मानकों को पूरा नहीं कर पाने के कारण पाकिस्तान को ब्लैक लिस्ट भी किया जा सकता था। इसलिए लखवी को जेल भेजकर उसकी खातिरदारी की जा रही थी।

पाकिस्तान की 'सर्वशक्तिमान' फौज जब सुप्रीम कोर्ट को प्रभावित कर सकती है तो निचली अदालतों का क्या कहना या फिर यह पूछा जा सकता है कि क्या पाकिस्तान की सरकार ने अदालत को लखवी के आतंकी फंडिंग के ठोस सबूत पेश किए?

लखवी से पहले दुनिया के 'मोस्ट वांटेड' आतंकवादी और मुंबई हमले के सूत्रधार हाफिज सईद को भी 2019 में आतंकी फंडिंग के आरोप में गिरफ्तार कर जेल भेज दिया गया था। अदालत ने उसे 15 साल की कैद की सजा सुनाई थी।

हाफिज सईद ने अमेरिका को ललकारा

भारत की अपील पर संयुक्त राष्ट्र ने आतंकी संगठन लश्कर-ए-तैयबा के चीफ और 26/11 (2008) के मुंबई धमाकों के मुख्य गुनाहगार हाफिज सईद को ग्लोबल आतंकी घोषित कर दिया। वर्ष 2012 में अमेरिका ने हाफिज सईद पर एक करोड़ डॉलर का भारी-भरकम इनाम भी घोषित किया, लेकिन यह भी सईद के सामान्य जीवन जीने में कोई बाधा नहीं बन सका।

जकी-उर-रहमान लखवी की तरह हाफिज सईद की गिरफ्तारी और रिहाई का नाटक भी पाकिस्तान में चलता रहा। हाफिज सईद को बीच-बीच में कुछ अवधि के लिए बंदी बनाया गया, लेकिन उसमें से उसका अधिकांश समय घर में नजरबंदी में बीता। ज्यादातर समय वह पाकिस्तान में न केवल छुट्टा घूमता रहा, बल्कि भारत को सार्वजनिक तौर पर धमकाता भी रहा। टी.वी. चैनलों पर भी नजर आता रहा।

हाफिज सईद

हाफिज सईद ने, जिसे पाकिस्तानी सेना का संरक्षण प्राप्त है, अपने ऊपर इनाम की राशि की घोषणा होते ही अमेरिका को ललकारते हुए कहा कि यदि अमेरिका में हिम्मत है तो वह ओसामा बिन लादेन की तरह उसके खिलाफ सैन्य कारवाई करे। सईद ने रावलपिंडी में एक संवाददाता सम्मेलन में कहा कि मैं किसी गुफा में नहीं छिपा हुआ हूँ। मैं अमेरिकियों को खुद अपना पता

बताने को तैयार हूँ। ऐसे में उन्हें इनाम की वह रकम मुझे दे देनी चाहिए। सईद द्वारा अमेरिकी घोषणा की खिल्ली उड़ाए जाने के बाद अमेरिका ने घोषित किया कि हाफिज सईद की गिरफ्तारी और उसे दोषी साबित करने के लिए सूचना देने पर एक करोड़ डॉलर इनाम दिया जाएगा, न कि उसका सिर्फ ठिकाना बताने पर। अमेरिकी विदेश विभाग के प्रवक्ता मार्क टोनर ने यह स्पष्ट किया, "हाफिज से संबंधित सूचना ऐसी हो, जो न्यायालय में सुनवाई के दौरान उपयोगी सिद्ध हो। मैं समझता हूँ कि हमें इस व्यक्ति के ठिकानों के विषय में जानकारी नहीं चाहिए। हम सभी जानते हैं कि वह कहाँ है।"

नजरबंदी और जिहाद का कॉमेडी सीरियल

26/11 मुंबई आत्मघाती हमले के सूत्रधार और मुख्य आरोपी हाफिज सईद के विरुद्ध भारत सरकार ने प्रत्यक्ष और अप्रत्यक्ष, दोनों तरह की भूमिका के ढेर सारे सबूत पेश किए, लेकिन पाकिस्तान सरकार ने हाफिज सईद के विरुद्ध लाहौर कोर्ट में ऐसे सबूत पेश नहीं किए, जिससे उसकी रिहाई रुक जाती। यह पाकिस्तान सरकार की एक सोची-समझी रणनीति के अंतर्गत किया गया। हाफिज सईद को बार-बार कानूनी सुरंगों और तकनीकी कारणों की आड़ में छोड़ दिया जाता रहा। मिसाल के तौर पर, दिसंबर 2008 में जब राष्ट्र संघ सुरक्षा परिषद् ने जमात-उद-दावा को प्रतिबंधित लश्कर-ए-तैयबा का मुखौटा संगठन और गैर-कानूनी घोषित किया, तब पाकिस्तान सरकार ने सईद को उसके घर में नजरबंद कर दिया, लेकिन जून 2009 में लाहौर हाई कोर्ट ने उसे इस बेतुके आधार पर रिहा कर दिया कि राष्ट्र संघ के प्रस्ताव में सईद को नजरबंद करने का कोई जिक्र नहीं था।

लाहौर हाई कोर्ट ने पाकिस्तान के अटॉर्नी जनरल से पूछा कि मुंबई हमले के आरोपी हाफिज सईद की नजरबंदी के मामले में संयुक्त राष्ट्र के प्रस्ताव को क्यों स्वीकार किया गया, जबकि भारत सरकार ने कश्मीर पर सुंयक्त राष्ट्र के प्रस्तावों को क्रियान्वित नहीं किया है। यह विचित्र बात है कि कोर्ट ने असली मुद्दे पर क्यों ध्यान नहीं दिया ? दोनों प्रस्तावों की तुलना का कोई औचित्य नहीं बनता। इनमें एक अंतरराष्ट्रीय मसला है और दूसरा एक ऐसे क्रिमिनल व्यक्ति का है, जिसे कानून की लपेट में नहीं लिया जा रहा है।

हाफिज सईद कब नजरबंद हुआ और कब आजाद हुआ, यह एक अफसाना बन चुका है। उसकी नजरबंदी भी कागजी ही रही है। यह पाकिस्तान ही है, जहाँ वैश्विक तौर पर घोषित एक आतंकवादी केवल घर में नजरबंद होता है और उसे ज्युडिशल रिव्यू बोर्ड की सिफारिश पर रिहा कर दिया जाता है। सईद की नजरबंदी चार बार बढ़ाई गई। 24 नवंबर, 2017 को करीब 11 महीने की नजरबंदी से आजाद होने के बाद नजरबंदी का यह प्रहसन बिल्कुल वैसे ही समाप्त हुआ, जैसा कि सोचा जा रहा था। सरकार की लचर और जगह-जगह पैबंद लगी बेतुकी दलीलों वाली अर्जी खारिज होनी ही थी। अगर पाकिस्तान की पंजाब सरकार हाफिज सईद के आतंकवादी होने के सबूत ठीक ढंग से अदालत में पेश करती तो उसे नजरबंद रखने के बजाय सीधे जेल भेजा जाता। किसी को अनिश्चित काल तक नजरबंद नहीं रखा जा सकता। नजरबंदी से आजाद होते ही सईद के तेवर वही हो गए, जो नजरबंद होने के पहले थे। लाहौर में जौहर टाउन स्थित उसके घर के बाहर बड़ी संख्या में उसके हिमायती जुटे और रिहाई का जश्न मनाया। उसकी कार पर गुलाब की

पंखुड़ियाँ बरसाई गईं। सईद ने फिर भारत-विरोधी तकरीरें देना शुरू कर दिया और कहा कि कश्मीर की आजादी का उसका मिशन और भारत के खिलाफ जिहाद जारी रहेगा।

ड्रामाबाजी और मैच फिक्सिंग

हाफिज सईद जम्मू-कश्मीर समेत भारत में कई आतंकी वारदातों का गुनाहगार रहा है। उसकी गिरफ्तारी और रिहाई का ड्रामा 10 बार हो चुका है। ऐसा लगता है, जैसे यह कोई मैच-फिक्सिंग हो। पाकिस्तान दुनिया को यह दिखाता है कि उसने तो सईद को पकड़कर नजरबंद कर दिया था, लेकिन सबूत ही नहीं मिला, तो छोड़ना पड़ा।

आतंकवाद को वित्तीय सहायता उपलब्ध करानेवाले संगठनों पर लगाम लगाने वाली अंतरराष्ट्रीय संस्था 'फाइनेंशनल एक्शन टास्क फोर्स' (एफ.ए.टी.एफ.) की ग्रे लिस्ट से बाहर आने के लिए वर्षों से तड़प रहे पाकिस्तान ने दिसंबर 2020 में एक बार फिर हाफिज सईद को जेल में डाल दिया। हाफिद सईद को उससे कोई साल भर पहले जुलाई 2019 में आतंकी संगठनों की वित्तीय मदद के मामले में गिरफ्तार किया गया था। अदालत ने उसे 15 साल जेल की सजा सुनाई। हाफिज सईद को दो बार कैद की सजा मिली, लेकिन वह कभी जेल में नहीं रहा। रिकार्ड में बताया गया कि आतंक के वित्तपोषण के जुर्म में वह लाहौर के कोट लखपत जेल में सजा काट रहा है, लेकिन पाकिस्तान के एक पत्रकार ने खुलासा किया कि 'हाफिज साहब' लाहौर में जौहर टाउन स्थित अपने आवास से आतंकी गतिविधियों को अंजाम दे रहे हैं। इस खुलासे से पाकिस्तान सरकार को कोई फर्क नहीं पड़ा, कोई शर्मिंदगी महसूस नहीं हुई। अब इस बात को दोहराने की कोई जरूरत नहीं है कि आतंकवाद के विरुद्ध पाकिस्तान की सोच ही नहीं कार्य-नीति भी दोगली है। उसकी कथनी और करनी एक नहीं है। आतंकवाद के विरुद्ध उसकी तमाम घोषित नीतियाँ दुनिया को छलने के लिए महज नाटक हैं।

मसूद के लिए पाकी-चीनी गठजोड़

पाकिस्तान के एक और वैश्विक आतंकी घोषित मौलाना मसूद अजहर का संगठन जैश-ए-मुहम्मद विश्व के घातक जिहादी संगठनों में से एक है। वर्ष 2019 में उस पर प्रतिबंध लगाने के लिए सुरक्षा परिषद् को 10 साल में चौथी बार प्रस्ताव लाना पड़ा। सुरक्षा परिषद् के चार स्थायी सदस्य—अमेरिका, ब्रिटेन, फ्रांस और रूस इसके लिए दवाब डाल रहे थे, लेकिन सुरक्षा परिषद् का पाँचवाँ स्थायी सदस्य और पाकिस्तान का स्थायी दोस्त चीन उसमें लगातार अड़ँगा डाल रहा था। चीन 10 वर्ष में चार बार (2009, 2016, 2017 और 2019 में) मसूद को बचाने के लिए वीटो का इस्तेमाल कर चुका था जबकि चीन को छोड़कर सुरक्षा परिषद् के बाकी सभी 14 सदस्य मसूद को वैश्विक आतंकी घोषित करने की भारत की माँग के समर्थन में थे। किसी को वैश्विक आतंकवादी घोषित करने के लिए सभी स्थायी सदस्यों की सहमति जरूरी होती है। चीन को भी आखिर वैश्विक जनमत के दबाव और आतंकवाद के विरुद्ध व्याप्त नफरत

मसूद अजहर

के कारण अपना रुख बदलना पड़ा। सुरक्षा परिषद् ने मसूद अजहर को अंतत: वैश्विक आतंकवादी मान लिया। करीब एक दशक तक मसूद अजहर पाकिस्तान-चीन दोस्ती की कसौटी और भारत के विरुद्ध छद्म युद्ध का झंडाबरदार बना रहा। पाकिस्तान और चीन किस कदर अलग-थलग पड़ गए थे, यह इससे जाहिर होता है कि बाकी सब 191 देशों ने उनका साथ नहीं दिया। इन देशों में कई ऐसे देश भी थे, जो अन्य मामलों में, तुम्हारा आतंकी हमारा 'फ्रीडम फाइटर' पालिसी अपनाते हुए अजहर के मामले में पहले पाकिस्तान व चीन का साथ दे रहे थे। चीन अपने कूटनीतिक, आर्थिक व रणनीतिक स्वार्थों के कारण पाकिस्तान का साथ दे रहा था।

प्रश्न है : मसूद पर प्रतिबंध लगाने का क्या असर हुआ? यह असर बिल्कुल वैसा ही हुआ, जैसा आतंक के एक और खूँखार सरगना हाफिज सईद पर हुआ। संयुक्त राष्ट्र की 1267 प्रतिबंध परिषद् की ओर से ब्लैक लिस्ट किए जाने के परिणाम के बारे में बताया गया कि मसूद अजहर की संपत्ति जब्त हो सकेगी और उस पर विदेश यात्रा तथा हथियार संबंधी प्रतिबंध लग सकेगा। संयुक्त राष्ट्र के सभी सदस्य देश उसके बैंक खातों और संपत्ति को फ्रीज कर देंगे। इसके अलावा पाकिस्तान को भी मसूद अजहर के खिलाफ आर्थिक प्रतिबंध लगाने पड़ेंगे, साथ ही उसके टेरर ट्रेनिंग कैंपों और मदरसों को भी बंद करना पड़ेगा।

मौलाना को पाकी फौज का वरदहस्त

लेकिन ये प्रतिबंध कागजी और हवाई सिद्ध हुए। 'मौलाना साहब' को जब तक पाकिस्तानी फौज का वरद हस्त प्राप्त है, तब तक किसी प्रकार के 'प्रतिबंध' से कोई फर्क पड़नेवाला नहीं है। क्या मसूद अजहर के ट्रेनिंग कैंप और इन कैंपों को 'फीड' करनेवाले मदरसे बंद हुए? क्या मसूद अजहर पर अब तक कोई फंदा कसा जा सका है?

मसूद को 'ग्लोबल टेररिस्ट' माने जाने पर पाकिस्तान के प्रमुख अंग्रेजी दैनिक 'डॉन' (Dawn) ने काफी संतुलित और दिलचस्प संपादकीय टिप्पणी की। उसके कुछ अंश इस प्रकार हैं—"मसूद अजहर को संयुक्त राष्ट्र सुरक्षा परिषद् ने वैश्विक आतंकी मान लिया है। कुछ हलकों में इसे भारत की जीत के रूप में देखा जा रहा है, लेकिन वास्तव में मसूद अजहर ने इस देश को भी समस्या के सिवा कुछ नहीं दिया है। जैश-ए-मुहम्मद ने भले ही अपना फोकस कश्मीर पर रखा है, पर इसके गुर्गों ने पाकिस्तान में भी पर्याप्त तबाहियों को अंजाम दिया है। उदाहरण के लिए, इसके आतंकवादी एक ऐसा केंद्र बनाते हैं, जिसे पंजाबी तालिबान के रूप में जाना जाता है। यह जिहादियों का खुला संघ है। हालाँकि पाकिस्तान में वर्ष 2002 में ही जैश-ए-मुहम्मद पर प्रतिबंध लगा दिया गया था, पर उसकी गतिविधियाँ जारी रहीं और मसूद अजहर भी आजाद रहा। अब संयुक्त राष्ट्र के प्रतिबंध के बाद उम्मीद है कि यह गुट हमेशा के लिए खत्म हो जाएगा। भारत एक दशक से मसूद को ब्लैकलिस्ट करने के प्रयास में लगा था। हर बार चीन तकनीकी आधार पर ऐसे प्रयासों को रोकता आ रहा था। हमारी सरकार को यह एहसास करना चाहिए कि ऐसे गुटों को झेलना पाकिस्तान पर बोझ है। रणनीतिक लाभ देने के बजाय ऐसे गुट वैश्विक स्तर पर पाकिस्तान को अलग-थलग ही करते रहे हैं। अगर हम अपने घर को सँभाल पाते, तो भारत हालात का फायदा न उठा पाता, पाकिस्तान को जिहादी गुटों से जोड़कर नहीं दिखा पाता।"

इस संपादकीय टिप्पणी में पूरी स्थिति का काफी सटीक विवेचन किया गया है, लेकिन

पाकिस्तान के मौजूदा हालात में यह कैसे माना जाए कि संयुक्त राष्ट्र के प्रतिबंध के बाद उम्मीद है कि यह गुट हमेशा के लिए खत्म हो जाएगा।

दुनिया की आँखों में धूल झोंकने की कोशिश

ज्ञातव्य है कि दिसंबर 1999 में इंडियन एयरलाइंस के आई.सी.-814 विमान के अपहरण, दिसंबर 2001 में भारतीय संसद् पर हमले की खौफनाक साजिश और फरवरी 2019 में पुलवामा हमले को अंजाम देने में मसूद अजहर का हाथ था। माना जाता है कि 2008 में मुंबई में हुए आतंकी हमले में भी उसकी अहम भूमिका था। 2016 के पठानकोट आतंकी हमले में भी उसकी संदिग्ध भूमिका मानी जाती है।

पाकिस्तान में लश्कर-ए-तैयबा और जैश-ए-मुहम्मद जैसे आतंकी संगठनों पर साल 2001 में भारतीय संसद् पर हुए हमले के बाद पहली बार प्रतिबंध लगाया गया था। इसके बाद पाकिस्तान ने कई बार ऐसी काररवाइयाँ की, लेकिन नतीजा सिफर रहा। लश्कर-ए-तैयबा के सरगना हाफिज सईद की तरह जैश-ए-मुहम्मद के सरगना मसूद अजहर के मामले में भी पाकिस्तान दुनिया की आँखों में धूल झोंकता रहा है। जैश-ए-मुहम्मद पर वैश्विक प्रतिबंध पर पाकिस्तान ने कहा कि यह संगठन पहले से प्रतिबंधित है। यदि पहले से ही इस संगठन को ब्लैक लिस्ट किया जा चुका था तो वह किस हैसियत से अपना वजूद बनाए हुए था, खुलेआम भड़काऊ तकरीरें कर रहा था, आतंकियों की भरती के लिए ट्रेनिंग कैंप चला रहा था? जनवरी 2016 में पठानकोट एयर बेस पर जैश-ए-मुहम्मद के फिदायीनी हमले के बाद मसूद अजहर को 'प्रोटेक्टिव कस्टडी' में ले लिया गया और 'जैश' के कई कार्यालयों को भी सील कर दिया गया, लेकिन बाद के घटना-विकास से यह जाहिर हुआ कि यह मात्र दिखावे की काररवाई थी।

वर्ष 2021 में भारतीय एजेंसियों ने इस बात की पुष्टि की कि भारतीय संसद् पर हमले से लेकर पुलवामा हमले समेत कई आतंकी हमलों का साजिशकर्ता मसूद अजहर अपने पुश्तैनी नगर बहावलपुर में एक आलीशान कॉलोनी में रह रहा है। अगस्त 2021 में टाइम्स ग्रुप के हिंदी न्यूज चैनल 'टाइम्स नाऊ नवभारत' के मुताबिक, उसके पास ऐसे अकाट्य वीडियो फुटेज हैं जो इस बात की पुष्टि करते हैं कि पाकिस्तान अब भी मसूद अजहर को सुरक्षित पनाहगाह मुहैया करा रहा है। चैनल ने दावा किया कि बहावलपुर में मसूद के दो ठिकाने हैं, जिनमें से एक घर उस्मान-ओ-अली मसजिद और नेशनल ऑर्थोपेडिक एंड जनरल हॉस्पिटल के बिल्कुल पास में स्थित है। उसके घर के बाहर पाकिस्तानी फौज के जवान तैनात रहते हैं। मसूद का दूसरा ठिकाना भी बहावलपुर में ही है, जो उसके पहले घर से करीब चार किमी. की दूरी पर स्थित है। यह जामिया मसजिद सुभान अल्लाह में है। उसके घर के आस-पास बैरिकेडिंग की गई है। उसे सुरक्षा के मद्देनजर घनी आबादी वाले इलाके में रखा गया है, ताकि अलकायदा आतंकी सरगना ओसामा बिन लादेन की तरह उसके खिलाफ कोई कमांडो टाइप का हमला न हो पाए।

इस प्रकार इन तीनों बड़े आतंकी सरगनाओं के मामले पाकिस्तान की सरकार के पाखंड को उजागर करते है और यह भी बताते हैं कि पाकिस्तान में सारी ताकत फौज के हाथ में है, जो भारत के विरुद्ध आतंकवाद को प्रायोजित और संरक्षित करती है।

□

53

हाफिज-यासीन टेलीवार्ता–आतंकी षड्यंत्र का खुलासा

जम्मू-कश्मीर लिबरेशन फ्रंट के नेता यासीन मलिक के पाकिस्तान के साथ तार जुड़े रहे हैं। वह रहता भारत में था, लेकिन काम पाकिस्तान का करता था। उस पर हत्या व अपहरण के षड्यंत्र के कई गंभीर आरोप थे। किसी सरकार के कार्यकाल में कानून के लंबे हाथ उस तक नहीं पहुँचे, लेकिन मोदी सरकार ने उसे जेल में डाल दिया। मई 2022 में दिल्ली की एक अदालत ने उसे उम्रकैद की सजा सुना दी। पाकिस्तान के आतंकी सरगना हाफिज सईद के साथ यासीन मलिक की टेलीफोन पर पकड़ ली गई एक बातचीत का ट्रांसक्रिप्शन यहाँ प्रस्तुत है।

अलगाववादी संगठन जम्मू-कश्मीर लिबरेशन फ्रंट का नेता रहा है यासीन मलिक। वह रहता भारत में था, लेकिन काम पाकिस्तान का करता था। उसने जम्मू-कश्मीर लिबरेशन फ्रंट नाम की पार्टी बनाकर राजनीतिक चोला ओढ़ रखा था। उस पर आरोप था कि वह पाकिस्तान से भारत आकर तबाही मचानेवाले आतंकियों का दोस्त था और उन्हें संवेदनशील सूचनाएँ प्रदान करता था। उस पर हत्या व अपहरण के भी गंभीर आरोप थे। वह कश्मीर में सुरक्षाबलों पर पत्थरबाजी के लिए पैसा भी उपलब्ध कराता था।

हाफिज-यासीन जुगलबंदी

उसके बारे में बताया गया है कि 1991 में भारतीय वायुसेना के चार अधिकारियों की हत्या का षड्यंत्र उसी ने रचा था। 1989 में विश्वनाथ प्रताप सिंह की सरकार में देश के पहले मुसलिम गृहमंत्री बने मुहम्मद सईद की बेटी रुबिया सईद का अपहरण भी यासीन मलिक ने ही करवाया था। उसको छुड़ाने के लिए जम्मू-कश्मीर की फारुक अब्दुल्ला सरकार ने मलिक की पार्टी की माँग को मानते हुए पाँच आतंकियों को रिहा कर दिया था।

यासीन मलिक के प्रति भारत की विभिन्न सरकारों की ढुलमुल नीति के कारण उसका हौसला बढ़ता गया। मोदी सरकार ने उसे पकड़कर जेल में डाल दिया। उसके विरुद्ध वायुसेना के अधिकारियों की हत्या और रुबिया के अपहरण का केस भी चलाया गया। मई 2022 में दिल्ली की

एक अदालत ने उसे उम्रकैद की सजा सुना दी।

यासीन मलिक के पाकिस्तान के साथ बड़े गहरे तार जुड़े हुए थे। वर्ष 2013 में वह इसलामाबाद में जाकर भारतीय संसद् पर हमले के मुख्य आरोपी अफजल गुरु की फाँसी के खिलाफ धरने पर बैठ गया था। दिलचस्प बात यह कि मुंबई हमले के मास्टरमाइंड और लश्कर-ए-तैयबा के सरगना हाफिज सईद ने भी उसका साथ दिया और वह भी कुछ देर धरने पर बैठा था। जब एक भारतीय टी.वी. चैनल ने फोन पर यासीन मलिक से पूछा कि वह इसलामाबाद में ऐसा क्यों कर रहा है, वह श्रीनगर में ऐसा कर सकता था, तो उसने जवाब दिया कि वह इसलामाबाद में एक पारिवारिक काम से आया हुआ है। साथ ही, कहा कि मेरे समर्थन में अनेक लोग धरने पर बैठे हैं। हाफिज सईद भी कुछ देर आकर बैठा तो इसमें मैं क्या कर सकता हूँ? यह बयान सरसरी तौर पर देखने में निर्दोष व निरीह प्रकार का लग सकता है, लेकिन क्या वास्तव में स्थिति ऐसी थी?

प्रश्न है : क्या कोई भारतीय नागरिक, भारतीय पासपोर्टधारक व्यक्ति भारत के सुप्रीम कोर्ट के किसी फैसले के खिलाफ पाकिस्तान की राजधानी में ऐलान करके किसी सार्वजनिक स्थल पर बाकायदा बैनर लगाकर 24 घंटे तक धरने पर बैठ सकता है? क्या पाकिस्तान सरकार ने उसे ऐसा करने की इजाजत दी थी? यदि नहीं दी थी तो उसके खिलाफ कोई काररवाई क्यों नहीं की गई? यदि इजाजत दी थी तो क्यों दी थी? स्पष्ट है कि इस धरने को पाकिस्तान सरकार का मौन समर्थन प्राप्त था। पाकिस्तान जम्मू-कश्मीर में अलगाववादियों, उग्रवादियों और आतंकवादियों को पैसा व हथियार देकर खुला समर्थन प्रदान करता रहा है और इसके लिए उसने अपनी सरजमीं पर ट्रेनिंग कैंप भी खोल रखे हैं।

दिल्ली तक हिल जाए

पाकिस्तान का आतंकवादी सरगना हाफिज सईद फोन के जरिए भारत के अलगाववादी तत्त्वों से बात करता रहा है। पाकिस्तान सरकार उसकी इन हरकतों से इनकार करती रही है। पाकिस्तानी प्रधानमंत्री नवाज शरीफ के तीसरे कार्यकाल में भारतीय खुफिया एजेंसी ने हाफिज सईद और यासीन मलिक के बीच एक फोन कॉल को रिकॉर्ड कर लिया था। इस कॉल से कई बड़े खुलासे हुए, जिनमें सबसे बड़ा जम्मू-कश्मीर में होनेवाले चुनाव में बाधा डालना था।

18 नवंबर, 2014 को हाफिज सईद और यासीन मलिक के बीच फोन पर जो बात हुई, उसे इंटेलिजेंस ब्यूरो ने ट्रेस कर लिया। उसमें जो कुछ भी बातें हुईं। वे इस प्रकार थी—

हाफिज : हेलो, यासीन भाई, सलाम अलैकुम।

यासीन : वालैकुम अस्सलाम।

हाफिज : भाईजान, कैसे हैं आप?

यासीन : अल्ला के फजल से सब खैरियत है। आप बताइए, वहाँ सब कैसा चल रहा है? कैसे कॉल किया?

हाफिज : कुछ नहीं, बस कश्मीर में नई हुकूमत बनने जा रही है, जो हम नहीं चाहते हैं।

यासीन : तो बताइए, हमें क्या करना है?

हाफिज : बस, मैं चाहता था कि पी.ओ.के. में रह रहे हमारे साथी वादी में रहनेवाले कश्मीरियों से कांटेक्ट में रहें।

यासीन : हाँ मैं जानता हूँ, लेकिन इलेक्शन में क्या करना होगा, यह बताइए।

हाफिज : मैं चाहता हूँ कि इस इलेक्शन में ऐसा खलल डाला जाए कि दिल्ली तक हिल जाए।

यासीन : पर बच्चों (जवान दहशतगर्दों) को क्या फायदा होगा?

हाफिज : जो कहो, वो फायदा करा दूँ। पैसे चाहिए? दे दूँगा। कहो तो तनख्वाह बढ़ा दूँ?

यासीन : हाँ, तनख्वाह तो अब बढ़नी चाहिए, क्योंकि काम करना अब बेहद मुश्किल हो गया है।

हाफिज : हाँ तो ठीक है, पक्का। आप इलेक्शन में खलल डालने की तैयारी करो, मैं वादा करता हूँ कि सबकी सैलरी बढ़ा दूँगा।

यासीन : हूँ...सोचकर बताता हूँ आगे क्या करना है।

(कुछ सेकंड बातचीत थमी, दोनों लोग सोचने लगे)

यासीन : हाँ, भाईजान, कुछ बोल नहीं रहे? खैर, आपका काम हो जाएगा। खैर, आप आजकल हैं कहाँ?

हाफिज : बस, तुम्हारे पड़ोस में बैठा हूँ (पी.ओ.के.)।

यासीन : तब तो बहुत अच्छा है, सारे कांटेक्ट जल्दी और आसानी से हो जाएँगे।

हाफिज : नहीं, सब कुछ इतना आसान नहीं होगा।

यासीन : हाँ, यह तो है।

हाफिज : खैर कुछ भी हो, इस बार भारतीय जनता पार्टी को हुकूमत में आने से रोकना होगा, किसी भी कीमत पर! यह तभी हो पाएगा, जब कम-से-कम वोटिंग होगी।

यासीन : हाँ, लेकिन कम वोट पड़ेंगे कैसे? हाल के इलेक्शनों में तो जबरदस्त वोटिंग हुई है।

हाफिज : नहीं, हमें सिर्फ खौफ फैलाना होगा। लोगों को एहसास दिलाना होगा कि अगर वो वोट देंगे तो उनकी जिंदगी खतरे में पड़ जाएगी।

यासीन : ठीक है।

हाफिज : और हाँ, नौजवानों को यह यकीन दिलाओ कि इंडिया गवर्नमेंट उनके लिए कुछ नहीं करनेवाली है और न ही कुछ कर सकती है। यहाँ पर सिर्फ हिंदुस्तानी फौज का राज चलेगा और वो कश्मीरियों के खिलाफ होगा। सिर्फ पाकिस्तान ही है, जो उनके दर्द को समझ सकता है, इंडिया नहीं। नौजवानों के लिए यह जरूरी है कि वो वोट नहीं करें। यहाँ जम्हूरियत नहीं आनी चाहिए।

यासीन : भाईजान, यूथ भी तो वोट नहीं देने के बदले में कुछ चाहेगा।

हाफिज : आप अपने सभी वसीले (साधन) खोल दो। उनसे बोल दो कि वोट नहीं देने पर उन्हें बड़ा रिवार्ड दिया जाएगा। हमें इलेक्शन नहीं होने देने हैं।

यासीन : ठीक है, मैं अपना काम करता हूँ। आप अपना काम करिए।

हाफिज : फिक्र मत करो, हमारे आदमी तैयार हैं। भले ही घुसपैठ अब आसान नहीं रही है, लेकिन फिर भी हम 300 आदमियों को कश्मीर भेजने की कोशिश करेंगे, जो तुम्हारा सपोर्ट करेंगे।

□

54

पाकिस्तान ने कबूला पुलवामा हमला और भारत का पलटवार

पाकिस्तान में आतंकवाद की फैक्टरियाँ होने की जानकारी सारी दुनिया को है, लेकिन यह पहला मौका था, जब पाकिस्तान के एक मंत्री ने ताव में आकर नेशनल असेंबली में यह उगल दिया कि पुलवामा में आतंकी हमला पाकिस्तान ने ही कराया था। बड़बोले मंत्री फवाद चौधरी ने बड़ी बेशर्मी और फख्र के साथ यह भी कहा, "हमने हिंदुस्तान को उसके घर में घुसकर मारा।" इसके साथ ही यह भी कहा, "पुलवामा में हमारी कामयाबी इमरान खान की रहनुमाई में सारी कौम की कामयाबी है।"

पाकिस्तान को उसकी इस कारस्तानी का जवाब देने के लिए 1971 के युद्ध के बाद पहली बार भारतीय वायुसेना के लड़ाकू विमानों ने पाकिस्तान की वायु सीमा के अंदर घुसकर खैबर पख्तूनख्वा प्रांत के बालाकोट में जैश-ए-मुहम्मद के आतंकी ट्रेनिंग सेंटर पर बम गिराए, जिसमें करीब 300 आतंकी मारे गए।

भारत को छद्म युद्ध द्वारा एक हजार जख्मों से लहूलुहान करने की अपनी कुटिल रणनीति के अनुसरण में पाकिस्तान ने 14 फरवरी, 2019 को जम्मू-कश्मीर के पुलवामा में सी.आर.पी.एफ. के काफिले पर हमले की साजिश रची। एक फिदायीन आतंकी ने 350 किलो विस्फोटकों से भरी एस.यू.वी. को जवानों की बस से टकरा दिया, जिससे 40 जवान शहीद हो गए। भारतीय अन्वेषण एजेंसी एन.आई.ए. ने पुलवामा हमले की योजना बनाने और हमलावर को ट्रेनिंग देने के पीछे इसलामाबाद का हाथ बताया। एजेंसी ने चार्जशीट में कहा कि पाकिस्तान की खुफिया एजेंसी आई.एस.आई. ने आतंकी संगठन जैश-ए-मुहम्मद के ट्रेनिंग-प्राप्त आतंकियों को भारत भेजा था। एजेंसी के सूत्रों ने बताया कि मजबूत तकनीक तंत्र, दस्तावेजों और भौतिक साक्ष्य विशेषज्ञों की रिपोर्टों के अलावा विदेशी एजेंसी से साझा किए गए सबूतों से साफ पता चलता है कि इस हमले में सीधे तौर पर पाकिस्तान सरकार शामिल थी।

पूर्व पाकिस्तानी राजदूत ने खोली कलई

पुलवामा में सी.आर.पी.एफ. के एक काफिले पर आत्मघाती बम विस्फोट में 40 जवान शहीद हो गए

पुलवामा में आतंकी हमले के बाद पाकिस्तान की अंतरराष्ट्रीय स्तर पर हो रही किरकिरी के बीच अमेरिका में पाकिस्तान के एक पूर्व राजदूत एवं जाने-माने लेखक हुसैन हक्कानी ने 'वॉशिंगटन पोस्ट' (Washington Post) में लिखा कि जम्मू-कश्मीर में आतंकवाद की फैक्टरी को समर्थन देने की पाकिस्तान की तीन दशक पुरानी रणनीति असफल हो गई है। हक्कानी ने लिखा—"कुछ पाकिस्तानियों को निगलने में यह कड़वा लग सकता है, लेकिन यह सच है कि जम्मू-कश्मीर में कश्मीरी मुसलमानों को समर्थन देने का दावा करनेवाले पाकिस्तान की नीति ने कश्मीरी मुसलमानों की जिंदगी को और कठिन कर दिया है।"

पुलवामा हमले के बाद जैश-ए-मुहम्मद ने खुद भी कबूल किया कि इस हमले में उसका हाथ था। पाकिस्तान के तत्कालीन प्रधानमंत्री इमरान खान, जिन्हें पाकिस्तान में अनेक लोग 'तालिबान खान' कहते हैं (क्योंकि किसी समय तालिबान के साथ उनके गहरे संबंध थे) ने घटना के बाद कहा कि भारत आरोप लगाने के बजाय सबूत दे कि इसमें किन्हीं पाकिस्तानी तत्त्वों का हाथ है, तो उनके खिलाफ काररवाई की गारंटी देते हैं। साथ ही यह भी कहा कि 'अभी भारत में लोकसभा चुनाव का मौसम है। इसलिए हमें दोषी ठहराया जा रहा है।' लेकिन पाँच महीने तक खामोश रहने के बाद इमरान खान ने अपनी अमेरिका यात्रा में एक इंटरव्यू में माना कि पुलवामा हमले के पीछे जैश-ए-मुहम्मद ही था। साथ ही उन्होंने इसके साथ यह भी जोड़ दिया कि जैश-ए-मुहम्मद पाकिस्तान में तो मौजूद है ही, उसकी मौजूदगी कश्मीर में भी है। उन्होंने यह भी स्वीकार कर लिया कि पुलवामा आतंकी हमले के बाद भारतीय वायुसेना ने खैबर पख्तूनख्वा प्रांत के बालाकोट पर बमबारी की थी।

जनरल बाजवा की टाँगें काँप रही थीं!

इस प्रकरण में कोई 20 माह बाद 29 अक्तूबर, 2020 को एक विचित्र बात यह हुई कि पाकिस्तान के तत्कालीन बड़बोले विज्ञान व तकनीकी मंत्री फवाद चौधरी ने पाकिस्तान की नेशनल असेंबली में ताव में आकर यह उगल दिया कि पुलवामा में आत्मघाती हमला पाकिस्तान ने अंजाम दिया था और साथ ही कहा कि यह पाकिस्तान सरकार की बड़ी कामयाबी थी। सच्चाई उगल देने का कारण यह था कि विपक्षी पाकिस्तान मुसलिम लीग (नवाज) के सांसद अयाज सादिक ने भारतीय वायुसेना के विंग कमांडर अभिनंदन की तत्काल रिहाई से पहले हुई एक राजनीतिक बैठक

the pioneer

RANCHI | FRIDAY | OCTOBER 30, 2020

Pak leaders trembled lest India attack it

Foreign Minister pleaded to release Abhinandan

Islamabad: Legs were shaking and forehead perspiring at a meeting of Pakistan's top leaders, including Army chief General Qamar Javed Bajwa, wherein Foreign Minister Shah Mahmood Qureshi pleaded to release Indian Air Force Wing Commander Abhinandan Varthaman, saying if he was not released, India would attack Pakistan, a top Pakistani opposition leader has said.

Recalling the tension in Islamabad after India bombed a terror training camp in Pakistan's Balakot on February 26, 2019, Pakistan Muslim League-Nawaz (PML-N) leader Sardar Ayaz Sadiq criticised the

camps in Balakot in Khyber Pakhtunkhwa of Pakistan and avenged the Pulwama terrorist attack that claimed the lives of 40 CRPF personnel.

Before his jet was hit, Varthaman downed an F-16 fighter of Pakistan. He was released on the night of March 1 by Pakistan.

In a speech in the National Assembly, Sadiq said that Prime Minister Imran Khan skipped the high-level meeting, which was attended by top leadership, including Army chief Gen Bajwa and Foreign Minister Qureshi.

No constitutional, Sharia constraints on construction of temple: Pak religious body

भारत के हमले की अफवाह से पाकिस्तानी नेताओं में थरथराहट की खबर

का जिक्र करते हुए बताया था कि पाक सेना प्रमुख जनरल कमर जावेद बाजवा उस बैठक में आए तो उनकी टाँगें काँप रही थीं और वे पसीने से तरबतर थे। बैठक में विदेश मंत्री शाह महमूद कुरैशी ने गुजारिश की कि अभिनंदन को फौरन रिहा नहीं किया गया तो रात 9 बजे भारत पाकिस्तान पर हमला कर देगा। इसी से आवेश में आकर फवाद चौधरी ने अपनी सरकार के कारनामे का बखान किया और कहा कि 'हमने हिंदुस्तान को घुसकर मारा है। पुलवामा में हमारी जो कामयाबी है, वह इमरान खान की रहनुमाई में पूरी कौम की कामयाबी है।' अपनी पार्टी का बचाव करने के फेर में पाकिस्तानी मंत्री ने अपनी ही सरकार की नकाब उतार दी।

एक दृष्टिकोण से इसे पाकिस्तान सरकार की कलई खुलना कहा जा सकता है, लेकिन तथ्य तो यह है कि पाकिस्तान सरकार का भेद तो पहले ही खुल चुका था। पाकिस्तान में चौधरी के बयान से विवाद छिड़ जाने पर उन्होंने अपने बयान को सुधारने का प्रयास किया और कहा कि उनके बयान को गलत ढंग से समझा गया है, लेकिन तीर तो कमान से निकल चुका था।

पाकिस्तान प्रत्यक्ष या अप्रत्यक्ष रूप से पहले भी आतंकी घटनाओं में अपनी अंतर्लिप्तता कबूल कर चुका है।

पाकी संसद् में 'इमरान खान शेम-शेम' के नारे

पुलवामा में सी.आर.पी.एफ. के 40 जवानों के शहीद होने की खबर मिलते ही पूरे देश में रोष की लहर फैल गई। प्रधानमंत्री को सार्वजनिक तौर पर पाकिस्तान को स्पष्ट चेतावनी देते हुए यह कहना पड़ा कि भारत को अस्थिर और बदहाल करने का उसका ख्वाब कभी पूरा नहीं होगा, आतंकवादी संगठनों को उनके किए की सजा मिलेगी तथा शहीदों के खून की एक-एक बूँद की कीमत वसूली जाएगी।

पाकिस्तान की एटमी ब्लैकमेल को धता बताते हुए भारत ने पाकिस्तान को करारा जवाब देने के लिए परम गोपनीय योजना बनाई। इसके अंतर्गत 26 फरवरी को तड़के 3.30 बजे भारतीय वायुसेना के 12 मिराज-2000 युद्धक विमानों ने कश्मीर में नियंत्रण रेखा को पार कर खैबर पख्तूनख्वा के बालाकोट में आतंकी संगठन जैश-ए-मुहम्मद के ठिकानों पर बमबारी की। इस

बालाकोट में भारतीय वायुसेना द्वारा आतंकी ठिकानों पर बम गिराने की काररवाई पर पाकिस्तानी संसद् में बयान देते हुए इमरान खान

बमबारी में कई आतंकी कैंप नष्ट हो गए और बड़ी संख्या में आतंकी मारे गए। इनकी संख्या 300 के करीब बताई गई। 'नेशनल टेक्नीकल रिसर्च ऑर्गेनाइजेशन' के मुताबिक, हमले की रात बालाकोट की पहाड़ी पर तीन सौ मोबाइल फोन चालू थे। इससे भी अनुमान लगाया जा सकता है कि बालाकोट पर हुए हवाई हमले में करीब तीन सौ जिहादी मारे गए। भारत इस कारवाई को करते समय पाकिस्तान को चकमा देने में समर्थ रहा। पाकिस्तान की वायु सीमा की चौकसी करनेवाले भौचक रह गए। 1971 के युद्ध के बाद ऐसा पहली बार हुआ कि वायुसेना के विमानों ने पाकिस्तान में लक्ष्य पर बमबारी की।

भारत की कारवाई के बाद पाकिस्तान सरकार अपने ही घर में घिर गई। वहाँ की संसद् में 'इमरान खान शेम-शेम' और 'इमरान खान मुर्दाबाद' के नारे लगे। इमरान खान का इस्तीफा भी माँगा गया। पाकिस्तान ने भारत के दावे को झूठ बताने का प्रयास किया और कहा कि भारतीय विमान नाकाम कारवाई के बाद हड़बड़ी में बम गिरा कर भाग गए। पाकिस्तान ने बौखलाहट में भारत की एयर स्ट्राइक के एक दिन बाद नियंत्रण रेखा को पार कर जवाबी कारवाई की। उसके दस एफ-16 लड़ाकू विमानों ने जम्मू-कश्मीर में तीन स्थानों पर बम गिराए, लेकिन इससे कोई नुकसान नहीं हुआ। भारतीय वायुसेना के विमानों ने पाकिस्तानी विमानों को खदेड़ दिया, बल्कि उनका पीछा किया।

'जैश' सरगना के भाई ने दुखड़ा रोया

भारत ने पाकिस्तान के एक एफ-16 लड़ाकू विमान को मार गिराया, लेकिन इस ऑपरेशन में भारत का एक मिग-21 विमान क्रैश होकर कश्मीर के पाकिस्तान-अधिकृत क्षेत्र में जा गिरा। इस विमान का पायलट विंग कमांडर अभिनंदन वर्धमान पाकिस्तान की गिरफ्त में आ गया। पाकिस्तान ने उसके साथ अच्छा सलूक नहीं किया और उसे मानसिक प्रताड़ना भी दी। यह जिनेवा कन्वेंशन के विरुद्ध था। भारत ने पाकिस्तान को चेतावनी दी कि भारतीय पायलट को बिना शर्त वापस लौटाए, नहीं तो इसके नतीजे कुछ भी हो सकते हैं। पाकिस्तान ने भारतीय पायलट अभिनंदन को 60 घंटे बाद छोड़ दिया। इससे भारत और पाकिस्तान के बीच तनाव घट गया। मजेदार बात यह हुई कि पाकिस्तान की संसद् में एक प्रस्ताव लाया गया, जिसमें कहा गया कि दोनों देशों के बीच तनाव कम कर शांति की पहल करने के लिए वजीरे आजम इमरान खान को शांति का 'नोबेल पुरस्कार' प्रदान किया जाना चाहिए!

अंतरराष्ट्रीय रक्षा विशेषज्ञों ने और सेटेलाइट से प्राप्त चित्रों ने भारत के हवाई हमले और

बालाकोट में आतंकी शिविर पर बमबारी करनेवाले भारतीय वायुसेना के लडाकू विमान

आतंकी ट्रेनिंग कैंप तबाह होने की पुष्टि की। 'जैश' सरगना मसूद अजहर के छोटे भाई मौलाना अम्मार ने, जो बालाकोट में जिहाद की फैक्टरी की देख-रेख करता रहा, बमबारी के दो दिन बाद पेशावर में एक जलसे में अपना दुखड़ा रोया। यह जलसा पाकिस्तान की फौजी एजेंसियों की पनाह में किया गया था। इसका मकसद भारत की तरफ से हुए हमले के बाद 'जैश' के आतंकियों के बीच भरोसा कायम करना था। उस जलसे में उपस्थित कुछ बलूच लोगों ने अम्मार के भाषण का ऑडियो भारतीय खुफिया एजेंसियों को उपलब्ध कराया था।

भारत की राष्ट्रीय अन्वेषण एजेंसी (एन.आई.ए.) ने पुलवामा हमले के चार्जशीट में कहा कि हमले की योजना बनाने और हमलावर को ट्रेनिंग देने के पीछे इसलामाबाद का हाथ था। पाकिस्तान की खुफिया एजेंसी आई.एस.आई. और आतंकी गुट जैश-ए-मुहम्मद ने ट्रेनिंग-प्राप्त आतंकियों को भारत भेजा था। एजेंसी के सूत्रों ने बताया कि मजबूत तकनीकी, दस्तावेजों और भौतिक साक्ष्य विशेषज्ञों की रिपोर्ट और विदेशी एजेंसी द्वारा साझा किए गए सबूतों से साफ पता चलता है कि इस हमले में सीधे तौर पर पाकिस्तान शामिल था, जिसका उद्देश्य भारत में अशांति उत्पन्न करना था। इसके साथ ही भारत ने पुलवामा हमले में जैश-ए-मुहम्मद का हाथ होने के ठोस सबूत पाकिस्तान को दे दिए।

किसी देश ने पाकिस्तान का साथ नहीं दिया

पाकिस्तान के एक पूर्व राजनयिक आगा हिलाली ने, जो पाकिस्तानी टी.वी. चैनलों पर डिबेट में पाकिस्तानी सेना का पक्ष रखते रहे हैं, यह बात कबूल कर ली कि बालाकोट एयर स्ट्राइक में कम-से-कम 300 लोग मारे गए। एक पाकिस्तानी उर्दू चैनल पर बहस के दैरान उन्होंने कहा कि भारत ने इंटरनेशनल बॉर्डर पार कर जंग जैसा काम किया, जो उसे नहीं करना चाहिए था। हमारा निशाना उनसे अलग था और पूरी तरह से कानूनी था। अब हमने उनसे कह दिया है कि वे जो भी करेंगे, हम सिर्फ उसका जवाब देंगे।

पाकिस्तान ने संभवतः खौफ, रंज और प्रतिशोध की मिली-जुली भावना के वशीभूत बालाकोट के अगले दिन ही भारतीय विमानों के लिए पाकिस्तान के आकाशमार्ग के उपयोग पर प्रतिबंध लगा दिया जो 16 जुलाई, यानी 138 दिन तक जारी रहा। वैश्विक स्तर पर किसी भी देश ने पाकिस्तान का साथ नहीं दिया। यू.एन. में भी पाकिस्तान की दाल नहीं गली। पाकिस्तान सरकार ने चंद दिनों

में ही जमात-उद-दावा और जैश-ए-मुहम्मद पर प्रतिबंध लगाने की घोषणा की, मसूद अजहर के भाई व बेटे को हिरासत में ले लिया, लेकिन यह काररवाई अंततः दिखावटी सिद्ध हुई।

पाकिस्तान में बालाकोट पर भारत की एयर स्ट्राइक का इतना खौफ छा गया कि 14 अगस्त को तत्कालीन वजीरे आजम इमरान खान ने पाक-अधिकृत कश्मीर (पी.ओ.के.) की विधानसभा को संबोधित करते हुए कहा, "भारत के इरादे खतरनाक हैं। पुलवामा हमले के बाद ये लोग (भारत) बालाकोट में पहुँच गए थे। अब ये 'आजाद कश्मीर' (पी.ओ.के.) में बड़े एक्शन की तैयारी में हैं। फिर युद्ध होगा और इसका जिम्मेदार यू.एन. होगा।" वैसे, इस सीमित 'असैन्य काररवाई' के अलावा भारत का और कोई इरादा नहीं था, फिर भी भारत ने किसी भी स्थिति का सामना करने के लिए जल, थल, नभ सेना को हाई अलर्ट कर दिया था।

पुलवामा आतंकी हमले के विरुद्ध भारतीय वायुसेना द्वारा बालाकोट में आतंकी ट्रेनिंग सेंटर पर बमबारी—पाकिस्तानी प्रतिक्रिया पर बी.बी.सी. हिंदी का कार्टून

बालाकोट के बाद भारत पर कोई बड़ा आतंकी हमला नहीं हुआ।

□

55

सरहद पार से भारत पर पाकिस्तान-पोषित आतंकी हमले

पाकिस्तानी सत्तातंत्र और आतंकवादी संगठनों की प्रेम-कथा के पन्ने जगजाहिर हैं। सारी दुनिया यह जान चुकी है कि पाकिस्तान विश्वव्यापी आतंकवाद का सूत्रधार है और आतंकवाद के विरुद्ध वैश्विक अभियान में वह हमेशा दोहरा खेल खेलता रहा है।

पाकिस्तान कई वर्षों तक पंजाब में खालिस्तानी आतंकियों और जम्मू-कश्मीर में जिहादी आतंकियों को हथियार और धन मुहैया करता रहा। भारत ने भारी कीमत चुकाकर पंजाब में आतंकवाद पर काबू पा लिया, लेकिन जम्मू-कश्मीर में पाकिस्तान की चुनौती अब भी कायम है। भारत में करीब 85,000 नागरिक पाकिस्तान की ओर से चलाए गए छद्म युद्ध का शिकार हो चुके हैं।

पाकिस्तानी सत्तातंत्र और आतंकवादी संगठनों की जगजाहिर प्रेम-कथा के पन्ने सार्वजनिक हो गए हैं। सारी दुनिया यह जान चुकी है कि पाकिस्तान विश्वव्यापी आतंकवाद का सूत्रधार है। दुनिया यह भी जान चुकी है कि आतंकवाद के विरुद्ध वैश्विक स्तर पर अभियान के मामले में पाकिस्तान हमेशा दोहरा खेल खेलता रहा है, जिसका दंड अब उसे खुद भी भोगना पड़ रहा है।

भारत पिछले चार दशक से अधिक समय से पाकिस्तान-पोषित आतंकवाद को झेल रहा है। पंजाब और जम्मू-कश्मीर में वह अलगाववादी ताकतों को प्रश्रय देता रहा है, उन्हें हथियारों की सप्लाई करता रहा है, धन मुहैया करता रहा है, यहाँ तक कि उन्हें भारत में उत्पात मचाने के लिए अपने यहाँ आतंकवाद की ट्रेनिंग भी देता रहा है।

पंजाब और जम्मू-कश्मीर में आतंकवाद को प्रोत्साहन

पंजाब के मामले में पाकिस्तान के हस्तक्षेप के अनेक प्रमाण मिलते रहे हैं। पाकिस्तान की मदद से खालिस्तानी अलगाववादियों/आतंकवादियों द्वारा भारत की अखंडता पर प्रहार की चुनौती का भारत ने प्रभावशाली ढंग से सामना किया, हालाँकि भारत को इसकी काफी गहरी कीमत चुकानी पड़ी। यह सिलसिला तब शुरू हुआ, जब 1980 के दशक में पंजाब में आतंकवाद के चलते 21,000 भारतीय नागरिकों और सुरक्षाकर्मियों को अपनी जान गँवानी पड़ी। रक्षा विशेषज्ञ मेजर जनरल जी.डी. बख्शी ने अपने एक लेख (18 जनवरी, 2018) में लिखा है कि पंजाब में

आतंकवाद की पूरी समस्या में बहुत बड़ी भूमिका पाकिस्तान की थी। उसने उन आतंकियों को न सिर्फ प्रशिक्षण दिया, बल्कि संरक्षण भी दिया।

1990 तक जब भारत ने लगातार कोशिशों और भारी कीमत चुकाकर इस उत्पात पर पूरी तरह काबू पा लिया, तब पाकिस्तान जम्मू-कश्मीर की ओर मुखातिब हुआ और उसने वहाँ जोरदार हस्तक्षेप शुरू कर दिया। जम्मू-कश्मीर में सुरक्षाकर्मियों समेत कोई 45,000 से ज्यादा लोग अपने प्राण गँवा चुके हैं। इसके अलावा पाकिस्तान की बदनाम खुफिया एजेंसी आई.एस.आई. ने इस अवधि में समूचे भारत में अपना तांडव शुरू कर दिया, जिसमें करीब 15,000 भारतीय नागरिकों को अपने प्राण गँवाने पड़े। इन सबको जोड़कर देखें तो तकरीबन 85,000 भारतीय नागरिक पाकिस्तान की ओर से चलाए जा रहे छद्म युद्ध में मारे जा चुके हैं। पाकिस्तान में भी बड़ी संख्या में लोग आतंकवाद का शिकार हुए। इमरान खान ने अपने प्रधानमंत्रित्व काल में कहा था कि 70,000 पाकिस्तानी दहशतगर्दी का शिकार हो चुके हैं।

प्रश्न है : आखिर ऐसा क्यों हुआ? दरअसल, पाकिस्तान ने जिहाद के नाम पर दहशतगर्द पैदा करनेवाली जो फैक्टरियाँ खोल रखी हैं, यह उसी का नतीजा है। पाकिस्तान ने जिहाद के लिए आग तो लगा दी, लेकिन अब खुद उस आग में झुलस रहा है। तहरीक-ए-तालिबान पाकिस्तान ने हुकूमते इलाही की माँग करते हुए पाकिस्तानी हुकूमत और फौज के खिलाफ ही जंग छेड़ दी है।

सरकारी, अर्धसरकारी व प्राइवेट सेक्टर के ट्रेनिंग सेंटर

पब्लिक सेक्टर यानी सरकारी सेक्टर के ट्रेनिंग सेंटर वे हैं, जिन्हें पाकिस्तान या उसकी फौज के तहत बदनाम खुफिया एजेंसी आई.एस.आई. सीधे खुद चलाती है। ज्वाइंट सेक्टर के ट्रेनिंग सेक्टर वे हैं, जिन्हें पाकिस्तानी फौज और आतंकी सरगना मिलकर चलाते हैं। प्राइवेट सेक्टर के ट्रेनिंग सेंटर अलग-अलग वर्ग के हैं। कुछ को तो पाकिस्तान सरकार, यानी उसकी फौज 'आउटसोर्सिंग' पद्धति से सहयोग प्रदान करती है। कई ऐसे ट्रेनिंग सेंटर हैं, जो आत्मनिर्भर या 'खुदमुख्तार' हैं, विभिन्न स्रोतों से मदद जुगाड़ करते हैं। इनमें कई चुनिंदा ट्रेनिंग सेंटर ऐसे भी हैं, जिन पर पाकिस्तान सरकार की नजरे इनायत रहती है, लेकिन चंद ऐसे ट्रेनिंग सेंटर भी बन गए हैं, जो अब पाकिस्तान पर ही वार कर रहे हैं हालाँकि इन्हें कभी पाकिस्तान सरकार ने ही पालना-पोसना शुरू किया था।

इसी प्रसंग में तत्कालीन अमेरिकी विदेश मंत्री हिलेरी क्लिंटन ने टिप्पणी करते हुए कहा था कि पाकिस्तान अपने पिछवाड़े में साँप पाल रहा है। पाकिस्तानी फौज सपेरे की तरह इन साँपों को नचाती है और इन्हें दूध पिलाती है, लेकिन पाकिस्तानी सुरक्षा बलों के लिए इनमें से कुछ साँप परेशानी की वजह बन चुके हैं। वे दुश्मन भारत को काटने के बदले पाकिस्तानी फौज और सरकार को ही डसने लगे हैं। सारी दुनिया यह जान चुकी है कि दुनिया में सबसे ज्यादा आतंकी पाकिस्तान में पाए जाते हैं।

पाकिस्तान के तत्कालीन प्रधानमंत्री इमरान खान ने वर्ष 2020 में अमेरिका की अपनी तीन दिवसीय यात्रा में स्वीकार किया कि उनके देश में 30-40 आतंकी संगठन हैं और 30-40 हजार आतंकवादी मौजूद हैं। उन्होंने पाकिस्तान की पिछली सरकारों पर भी आरोप लगाया कि वे स्थिति पर नियंत्रण रखने में नाकाम रहीं। इमरान ने कहा कि उन सरकारों ने अमेरिका को जमीनी हकीकत नहीं बताई। यह टिप्पणी उन्होंने किसी मीडिया इंटरव्यू में नहीं की, बल्कि 'यूनाइटेड स्टेट्स इंस्टीटयूट ऑफ पीस' के कार्यक्रम में मौजूद श्रोताओं के समक्ष की। यह संस्था वाशिंगटन स्थित

विशेषज्ञों का विचारक मंडल है, जिसे वहाँ 'थिंक टैंक' (Think Tank) कहते हैं। शायद इमरान खान श्रोताओं को इस बात का कायल करना चाह रहे थे कि वे एक 'नया पाकिस्तान' देख रहे हैं। 'नया पाकिस्तान' सत्ताधारी पार्टी पाकिस्तान 'तहरीक-ए-इंसाफ पार्टी' का नारा भी था।

यहाँ प्रस्तुत है 1990 के दशक से लेकर अब तक जम्मू-कश्मीर और भारत के अन्य इलाकों में पाकिस्तान-प्रायोजित प्रमुख हमलों का कालक्रमानुसार विवरण।

12 मार्च, 1993 : मुंबई में 13 सीरियल बम ब्लास्ट, 257 लोगों की मौत, 700 घायल।

5 जनवरी-17 जून, 1996 : जम्मू-कश्मीर के डोडा जिले में इस अवधि में अलग-अलग घटनाओं में 16, 7, 17, 9 लोगों की मौत।

25 जनवरी-24 सितंबर 1997 : जम्मू-कश्मीर में इस अवधि में अलग-अलग घटनाओं में क्रमश: 17, 25 (26 जनवरी, श्रीनगर बंधामा, सभी कश्मीरी पंडित) 7, 8, 7 लोगों की मौत।

26 जनवरी, 1998 : कश्मीर घाटी के बंधामा में 23 लोगों की मौत।

14 फरवरी 1998 : कोयंबटूर में 13 बम विस्फोटों में 46 लोगों की मौत, 200 घायल।

17 अप्रैल-8 अगस्त, 1998 : जम्मू-कश्मीर में इस अवधि में अलग-अलग घटनाओं में क्रमश: 29, 27, 5, 25, 20, 35 लोगों की मौत।

13 जनवरी-19 जुलाई, 1999 : जम्मू-कश्मीर में इस अवधि में अलग-अलग घटनाओं में क्रमश: 5, 19, 4, 12, 9, 15, 15 लोगों की मौत।

24-31 दिसंबर, 1999 : काठमांडु से नई दिल्ली आ रहे इंडियन एयरलाइंस के 189 यात्रियों वाले विमान का अपहरण, एक यात्री की हत्या। अजहर मसूद और अन्य 2 खूँखार आतंकियों की भारतीय जेल से रिहाई के बाद सभी विमान यात्री कंधार (अफगानिस्तान) में मुक्त।

28 फरवरी-24 नवंबर, 2000 : जम्मू-कश्मीर में इस अवधि में अलग-अलग घटनाओं में क्रमश: 5, 5, 35 (20 मार्च, चित्तिसिंहपुर, सभी सिख) 31 (1 अगस्त, अनंतनाग, अमरनाथ यात्री), 27, 7, 12, 8, 5 लोगों की मौत।

22 दिसंबर, 2000 : दिल्ली के लाल किले में बम विस्फोट, सेना के 2 जवानों और एक नागरिक की मौत।

3 फरवरी-13 अक्तूबर, 2001 : जम्मू-कश्मीर में इस अवधि में अलग-अलग घटनाओं में क्रमश: 8, 15, 8, 8, 13, 20, 15, 36 (1 अक्तूबर विधानसभा पर हमला) लोगों की मौत।

13 दिसंबर, 2001 : संसद् पर आतंकी हमला, पाँचों आतंकी मारे गए। 8 सुरक्षाकर्मियों और एक कर्मचारी को अपनी जान गँवानी पड़ी।

1 जनवरी-24 नवंबर, 2002 : जम्मू-कश्मीर में इस अवधि में अलग-अलग घटनाओं में क्रमश: 6, 17, 7, 33, 30 (14 मई, जम्मू, सभी सैनिक) 28, 9, 10, 14 लोगों की मौत।

24 सितंबर, 2002 : गुजरात की राजधानी गांधीनगर के अक्षरधाम मंदिर पर हमले में 35 लोगों की मौत।

13 मार्च, 2003 : मुंबई के मुलुंड रेलवे स्टेशन पर लोकल ट्रेन की बोगी में बम विस्फोट, 11 की मौत, 65 घायल।

24 मार्च, 2003 : पुलवामा जिले में महिलाओं व बच्चों समेत 24 कश्मीरी पंडितों की हत्या।

25 अगस्त, 2003 : मुंबई के झवेरी बाजार और गेटवे ऑफ इंडिया में बम धमाकों में 52 लोगों की मौत, 160 से ज्यादा घायल।

5 अप्रैल-12 जून, 2004 : जम्मू-कश्मीर में इस अवधि में दो अलग-अलग घटनाओं में क्रमश: 7 व 5 लोगों की मौत।

15 अगस्त, 2004 : असम में बम विस्फोट में महिलाओं व बच्चों समेत 16 लोगों की मौत।

5 जुलाई, 2005 : अयोध्या में रामजन्मभूमि पर जैश-ए-मुहम्मद के आतंकी हमले में सभी पाँचों आतंकी सुरक्षा बलों द्वारा मार गिराए गए।

29 अक्तूबर, 2005 : दिवाली से ठीक पहले दिल्ली के दो बड़े बाजारों में बम विस्फोट में 59 लोगों की मौत, 200 से अधिक घायल।

30 अप्रैल-11 जुलाई, 2006 : जम्मू-कश्मीर में इस अवधि में अलग-अलग घटनाओं में क्रमश: 19, 13, 7, 3, 8, 5, 8 लोगों की हत्या।

7 मार्च, 2006 : वाराणसी में संकटमोचन मंदिर में बम विस्फोटों में 28 लोगों की मौत, 101 घायल।

1 जून, 2006 : नागपुर में राष्ट्रीय स्वयंसेवक संघ कार्यालय के पास 3 हमलावर आतंकी मारे गए, 2 पुलिसकर्मी घायल।

11 जुलाई, 2006 : मुंबई की लोकल ट्रेनों में 11 मिनट के भीतर सात जगहों में बम ब्लास्ट में 188 लोग मारे गए और 700 से अधिक घायल हुए।

8 सितंबर, 2006 : महाराष्ट्र के मालेगाँव की एक मसजिद के पास बम विस्फोट में 37 लोगों की मौत, 101 घायल।

18 फरवरी, 2007 : दिल्ली से अटारी जा रही समझौता एक्सप्रेस में बम धमाकों में 66 लोगों की मौत।

18 मई, 2007 : हैदराबाद की मक्का मसजिद में बम विस्फोट 11 लोगों की मौत।

26 मई, 2007 : गुवाहाटी में बम धमाके, 6 लोगों की मौत, 30 घायल।

25 अगस्त, 2007 : हैदराबाद में बम विस्फोट में 42 लोगों की मौत, 100 घायल।

23 नवंबर, 2007 : उत्तर प्रदेश में लखनऊ, फैजाबाद और वाराणसी की कचहरियों में बम विस्फोट,13 लोगों की मौत, 75 घायल।

1 जनवरी, 2008 : उत्तर प्रदेश के रामपुर में सी.आर.पी.एफ. के कैंप पर हमला, 7 सुरक्षाकर्मियों सहित 8 लोगों की मौत।

13 मई, 2008 : जयपुर में पहला आतंकी हमला, 7 बम विस्फोटों में 63 लोगों की मौत, कई घायल।

26 जुलाई, 2008 : अहमदाबाद में एक के बाद एक हुए 17 बम धमाकों में 56 लोगों की मौत, 150 से अधिक घायल।

13 सितंबर, 2008 : दिल्ली के करोलबाग, कनॉट प्लेस और ग्रेटर कैलाश के बाजारों में सिलसिलेवार बम धमाकों में 26 लोगों की मौत, 100 से ज्यादा घायल।

30 अक्तूबर, 2008 : असम में एक साथ 13 बम धमाकों में 70 लोगों की मौत, करीब 300 घायल।

26 नवंबर, 2008 : 'लश्कर-ए-तैयबा' के 10 आतंकियों ने 60 घंटे तक पूरी मुंबई में कोहराम मचाए रखा। इन आतंकियों द्वारा किए गए बम विस्फोटों और गोलीबारी में 26 विदेशियों सहित 166 लोग मारे गए। 250 से ज्यादा लोग घायल हुए। सुरक्षाबलों ने 9 आतंकियों को मार गिराया, एक जिंदा पकड़ा गया। सुरक्षाबलों के 17 जवान शहीद हो गए।

13 फरवरी, 2010 : पुणे की मशहूर जर्मन बेकरी में ब्लास्ट, 17 लोगों की मौत, 60 घायल।

13 जुलाई, 2011 : मुंबई के ओपेरा हाउस, झवेरी बाजार और दादर में सिलसिलेवार बम धमाकों में 26 लोगों की मौत, 130 घायल।

21 फरवरी, 2013 : हैदराबाद में सिलसिलेवार बम धमाकों में 16 लोगों की मौत, 100 से ज्यादा घायल।

18 सितंबर, 2016 : जम्मू-कश्मीर में उड़ी क्षेत्र में सैन्य शिविर पर दुस्साहसिक फिदायीन हमला। सभी 6 आतंकी मारे गए। भारतीय सेना के डेढ़ दर्जन जवान शहीद। (इसके जवाब में भारत द्वारा 30 सितंबर को रात में नियंत्रण रेखा पार कर की गई सर्जिकल स्ट्राइक में 7 आतंकी शिविर ध्वस्त किए गए और 38 आतंकियों को मार गिराया गया।

2 जनवरी, 2016 : पठानकोट एयरबेस पर फिदायीन हमला, 6 आतंकी मारे गए। सेना के 7 जवान शहीद।

14 फरवरी, 2019 : जम्मू-कश्मीर में पुलवामा जिले में सी.आर.पी.एफ. के काफिले पर जैश-ए-मुहम्मद के फिदायीन हमले में 40 जवान शहीद।

(26 फरवरी को भारतीय वायुसेना की जवाबी काररवाई में पाकिस्तान में खैबर पख्तूनख्वा प्रांत के बालाकोट में आतंकी ट्रेनिंग सेंटर पर बमबारी में करीब 300 आतंकी मारे गए।)

जैसा बोया, वैसा काट रहे

कश्मीर में पाकिस्तान-प्रायोजित आतंकवाद को दुनिया कई वर्षों से देख रही है। पाकिस्तान इस बात को भुला देना चाहता है कि वह कश्मीर में हमलावर था। उसे कश्मीर चाहिए, हर हालत में। उसे यह अच्छी तरह मालूम हो चुका है कि आमने-सामने की लड़ाई में वह भारत के सामने टिक नहीं सकता। इसलिए वह छिपकर अप्रत्याशित वार करने की रणनीति अपना रहा है और अपनी कारस्तानियों का ठीकरा दूसरों पर फोड़ते रहना चाहता है। गृह मंत्रालय के अनुसार, 2014 से लेकर 2019 के जुलाई माह तक पाँच साल की अवधि में भारतीय सेना ने 838 आतंकियों को ढेर किया। इसके बाद फिर नए आतंकी आ गए और सप्लाई लाइन चालू रही।

अब तो पाकिस्तान के लोग भी 'अच्छे-बुरे' दोनों आतंकियों से तंग आ चुके हैं, क्योंकि ये आतंकी पाकिस्तान के लिए भस्मासुर बन गए हैं और पाकिस्तान की फौज के वश में भी नहीं हैं। इसीलिए पाकिस्तान के अनेक लोग इस तथ्य को स्वीकार करते हुए कहने लगे हैं कि 'हमने जैसा बोया वैसा काट रहे हैं।'

□

खंड-2

56

'जाग उठा है मुसलमान, कश्मीर बनेगा पाकिस्तान'

पाकिस्तान पिछले कई वर्षों से हर वर्ष 5 फरवरी को 'कश्मीर एकजुटता दिवस' मनाता आ रहा है। उस दिन पाकिस्तान का 'कश्मीर राग' पूरे कोरस के साथ उठान पर रहता है। कभी-कभी यह युद्धोन्माद के स्तर पर पहुँच जाता है और जिहादी जुनून पैदा करने के लिए 'जाग उठा है मुसलमान, कश्मीर बनेगा पाकिस्तान' के युद्धनाद के रूप में प्रकट होता है।

पाकिस्तान के सर्वांगीण विकास में सबसे बड़ी बाधा कश्मीर का मियादी बुखार है। पाकिस्तान की अर्थव्यवस्था तबाह होने का एक बड़ा कारण भी कश्मीर है। 'एफ.ए.टी.एफ.' ने पाकिस्तान को आतंकी फंडिंग के कारण चार वर्ष तक 'ग्रे लिस्ट' में डाले रखा, लेकिन पाकिस्तान सुधरने का नाम नहीं ले रहा। अब पाकिस्तान के मीडिया के शब्दों में पाकिस्तान का बड़ा शिकवा यह है कि 'आलमे इसलाम' समेत 'हमारा कश्मीर' राग कोई नहीं सुनना चाहता।'

खूने मुसलिम बह रहा है हिंद में
दर्द का अहसास है खोया हुआ
बेहिसी की एक चादर ओढ़कर
आलमे इसलाम है सोया हुआ।
(बेहिसी=चेतनाशून्यता, गफलत)

ये पंक्तियाँ हैं पाकिस्तान की एक मशहूर शायरा की। उन्हें अफसोस है कि कश्मीर पर इतना स्यापा करने के बावजूद पाकिस्तान आलमी राय आम (विश्व जनमत) को जगा नहीं पाया, यहाँ तक कि इसलामी मुल्क भी जड़ीभूत होकर सोए हुए हैं।

पाकिस्तान का कहना है कि कश्मीर पर उसका पैदाइशी हक है, क्योंकि वह एक बड़ी मुसलिम आबादीवाला क्षेत्र है। पाकिस्तानी लीडरों के अनुसार, कश्मीर भारत विभाजन का अधूरा एजेंडा है, जबकि तथ्य यह है कि अंग्रेज शासकों ने विभाजन ब्रिटिश भारत का किया था, देशी रियासतों का नहीं। ये रियासतें भारत में शामिल हों या पाकिस्तान में अथवा स्वतंत्र रहना चाहें,

यह उनके शासकों के विवेक पर छोड़ दिया गया था। इंडियन इंडिपेंडेंस एक्ट 1947 में ऐसा कोई प्रावधान नहीं था कि किसी रियासत के शासक द्वारा अधिमिलन संधि करते समय जनता की राय लेनी होगी।

मुसलमानों को भी नहीं बख्शा

पाकिस्तान इस बात से इनकार नहीं कर सकता कि उसने कश्मीर के महाराजा की सरकार को मान्यता प्रदान की थी। महाराजा कश्मीर के अनिर्णय की स्थिति में पाकिस्तान ने एक यथास्थिति समझौता (Standstill Agreement) भी कर लिया था। उस समय पाकिस्तान ने यह सवाल नहीं उठाया था कि क्या महाराजा की सरकार को कश्मीर के लोगों की राय जाने बगैर कोई करार करने का अधिकार है? पाकिस्तान ने समझौते की वैधता पर कोई संदेह व्यक्त नहीं किया था। इस प्रकार संवैधानिक तौर पर और अंतरराष्ट्रीय कानून के हिसाब से कश्मीर पर पाकिस्तान का कोई अधिकार नहीं बनता।

लेकिन पाकिस्तान ने राष्ट्रीय-अंतरराष्ट्रीय नियम-कायदों और परंपराओं की धज्जियाँ उड़ाते हुए जम्मू-कश्मीर की आर्थिक नाकेबंदी कर दी और फिर फ्रंटियर प्रांत के खूँखार और जरायमपेशा कबीलों के सरदारों को धन और आधुनिक हथियार देकर कश्मीर पर हमले के लिए भेज दिया। उन्होंने अंधाधुँध लूटपाट, मारकाट और महिलाओं का शीलहरण करते समय मुसलमानों को भी नहीं बख्शा। बाद में पाकिस्तानी फौजें भी पहुँच गईं, जो उन्हें पीछे से गाइड कर रही थी।

पाकिस्तान बार-बार कश्मीर में जनमत-संग्रह की बात करता है। यह पेशकश तो स्वयं भारत ने की थी। भारत राष्ट्रसंघ में एक फरियादी के तौर पर गया था, लेकिन पाकिस्तान की पृष्ठ-पोषक साम्राज्यवादी शक्तियों ने उसे मुजरिम बना दिया। फिर भी राष्ट्रसंघ के प्रस्ताव में कहा गया था कि पाकिस्तान को अपनी पूरी फौजें कश्मीर से हटानी होंगी। क्या पाकिस्तान इसके लिए तैयार हुआ या आज भी तैयार है? प्रस्ताव में यह भी कहा गया था कि पूरे जम्मू-कश्मीर की सुरक्षा का दायित्व भारत को सौंप दिया जाएगा। वस्तुस्थिति यह है कि जम्मू-कश्मीर में पाकिस्तान की हैसियत एक हमलावर और लुटेरे के रूप में है। उसे कोई वैधानिक अधिकार या मान्यता प्राप्त नहीं है। इसके बावजूद उसने अपने कब्जे का एक बड़ा क्षेत्र चीन को सौंप दिया है। इसे कहते हैं—'माल-ए-मुफ्त, दिल-ए-बेरहम।' पाकिस्तान-अधिकृत कश्मीर में पाकिस्तानी फौज के जुल्म के खिलाफ मुजाहरे होते रहते हैं। मुजाहरे तो बलूचिस्तान में भी होते रहते हैं, जहाँ पाकिस्तानी फौज ने जो कहर ढहाया है, वह बेपरदा हो चुका है। विचित्र बात यह है कि पाकिस्तान अपने देश में लोकतंत्र स्थापित नहीं कर पाया, पर वह कश्मीर के मामले में भारत को लोकतंत्र सिखा रहा है।

भारत के विरुद्ध जिहादी युद्ध के नगाड़े

1965 में पाकिस्तान द्वारा कश्मीर को लेकर छेड़ी गई जंग के दौरान 16 सितंबर को प्रधानमंत्री लालबहादुर शास्त्री ने अमेरिका के राष्ट्रपति लिंडन जॉनसन को अपने पत्र में स्पष्ट शब्दों में लिखा था कि कश्मीर के संबंध में राष्ट्रसंघ का प्रस्ताव अब मान्य नहीं है। भारत 1948 में जनमत-संग्रह के लिए राजी हुआ था। वर्ष 1947 में जब हम पाकिस्तानी हमले के विरुद्ध सुरक्षा परिषद् में शिकायत करने गए थे, उस समय हमने जनता की राय जानने का एकतरफा वादा किया

था, क्योंकि ब्रिटिश शासनकाल में कोई लोकतांत्रिक व्यवस्था नहीं थी और यह राज्य एक युवराज के अधीन था। भारत के साथ कश्मीर के अधिमिलन के बाद से हम वहाँ लोकतांत्रिक संस्थानों का निर्माण कर रहे हैं और वहाँ आम चुनावों के माध्यम से लोग अपने प्रतिनिधि चुन रहे हैं। चुनाव परिणाम यह प्रदर्शित करते हैं कि कश्मीर की जनता ने भारतीय संघ के अंतर्गत अपना स्थान स्वीकार कर लिया है। पत्र में शास्त्रीजी ने सुस्पष्ट रूप से यह बता दिया था कि जम्मू-कश्मीर के लोगों की राय जानने के लिए अब किसी प्रकार के जमनत-संग्रह का कोई प्रश्न ही नहीं उठता।

1965 के भारत-पाक युद्ध के समय पाकिस्तान में भारत के विरुद्ध युद्धोन्माद अपने चरम पर था। कश्मीर को लेकर भारत के विरुद्ध जिहादी युद्ध के नगाड़े 1971 तक बजते रहे। उस युद्ध में अपने देश का आधा हिस्सा गँवा देने के बाद युद्ध के ढोल कुछ धीमे पड़े, लेकिन कुछ अरसा बाद वे फिर बजने शुरू हो गए। कश्मीर पर पाकिस्तान को होनेवाले मियादी बुखार से भारत और दुनिया के अन्य देश भलीभाँति परिचित हो चुके हैं, बल्कि दुनिया इससे तंग आ चुकी है। यहाँ तक कि इसलामी देशों का वैश्विक संगठन भी इसमें दिलचस्पी नहीं ले रहा। तभी तो पाकिस्तान में इस बात का स्यापा किया जा रहा है कि आलमे इसलाम सोया हुआ है, जबकि खुद पाकिस्तान ही जम्मू-कश्मीर में अपनी छद्म गतिविधियों द्वारा हिंदुओं का ही नहीं मुसलमानों का भी खून बहाता आ रहा है। पाकिस्तान में मुसलिम फिरकों की आपसी लड़ाई और आतंकियों की कारस्तानी के अलावा पाकिस्तानी फौज ने बांग्लादेश और बलूचिस्तान में नरसंहार में बड़ी संख्या में 'खूने मुसलिम' ही बहाया। पाकिस्तान के पड़ोस में चीन के शिनजियांग प्रांत में मुसलमानों का भयंकर उत्पीड़न हो रहा है, लेकिन पाकिस्तान समेत आलमे इसलाम 'बेहिसी की एक चादर ओढ़कर सोया हुआ है।'

दूसरी तरफ पाकिस्तान के आतंकी 'हीरो' हाफिज सईद ने कश्मीर में जिहाद का आह्वान करते हुए कहा है कि कश्मीर के लोगों से पाकिस्तान का खून का रिश्ता है।

प्रश्न है : कश्मीर की सीमा के आर-पार के कश्मीरी मूल के बाशिंदों को छोड़कर पाकिस्तान के किस प्रांत की किस कौम—पंजाबी, सिंधी, बलूच और पख्तून का कश्मीरियों से खून का रिश्ता है? यदि इस बिल्कुल भ्रामक दलील को सही भी मान लिया जाए तो प्रश्न है किस अंतरराष्ट्रीय कानून के तहत खून के रिश्ते के आधार पर किसी दूसरे के इलाके या मुल्क पर चोरी-छिपे या सीधे हथियारबंद हमला कर दिया जा सकता है?

कश्मीर घाटी का 'पाकिस्तानीकरण'

पाकिस्तान के आम लोग भले ही भारत के साथ युद्ध न चाहते हों, लेकिन पाकिस्तान का यह दुर्भाग्य है कि उसके नेता लोगों के धार्मिक जुनून को भड़काकर अपना उल्लू सीधा करते रहे हैं। 1990 के दशक के आरंभ में पाकिस्तान में राजनीतिक अस्थिरता की स्थिति में फिर यह नारा लगने लगा—'जाग उठा है मुसलमान, कश्मीर बनेगा पाकिस्तान।' आतंकवादियों को ट्रेनिंग और हथियार देनेवाली पाकिस्तानी फौज तो वैसे ही कश्मीर के मुद्दे को गरमाए रखना चाहती है। वस्तुत: पाकिस्तान का अस्तित्व बनाए रखने के लिए उसे भारत के विरुद्ध एक अहम मुद्दा चाहिए। इसके लिए कश्मीर से बढ़िया मुद्दा क्या हो सकता है? भारत हमेशा पाकिस्तान की विदेश नीति का केंद्र-बिंदु रहा है।

भारत सरकार के पूर्व केंद्रीय मंत्री और वर्तमान में केरल के राज्यपाल आरिफ मुहम्मद

खान ने एक इंटरव्यू में कहा था, "आप कश्मीर पाकिस्तान को दे दीजिए। उसके बाद आप की गलतफहमी दूर हो जाएगी कि भारत से आतंकवाद खत्म हो जाएगा, क्योंकि पाकिस्तान का मकसद कश्मीर नहीं है। वह भारत के टुकड़े-टुकड़े करना चाहता है।"

'कश्मीर बनेगा पाकिस्तान' नारे का अर्थ सही ढंग से समझने की जरूरत है। 'असली पाकिस्तान' वह है, जहाँ काफिरों के लिए कोई जगह नहीं है। पाकिस्तान ने जिस प्रकार वजूद में आते ही पाकिस्तान के प्रमुख प्रांत पंजाब से हिंदू-सिखों का नस्ली सफाया कर दिया, वैसा ही 'ऑपरेशन' कश्मीर घाटी में अपने एजेंटों की मार्फत करने में उसे पर्याप्त सफलता प्राप्त हो गई। कश्मीर घाटी में पहले सभी हिंदू नेताओं को चुन-चुनकर मारा गया और उसके बाद खौफ के साए में जी रहे हिंदुओं को विस्थापित कर पलायन करने के लिए मजबूर किया गया। कश्मीरी पंडित समुदाय के नेताओं की बेरहमी से हत्या के बाद इस समुदाय को कश्मीर घाटी छोड़ने के लिए मजबूर किया गया।

उस अवधि में केंद्र व राज्य में कमजोर व किंकर्तव्यविमूढ़ सरकारों के कारण कश्मीर में पाकिस्तान-प्रेरित आतंकवाद व अलगावाद को नई ताकत मिली। कश्मीर में पाकिस्तानी जिहादियों और अलगाववाद में विश्वास रखनेवालों की मदद और हिमायत से चलाई गई हिंसक मुहिम के कारण 3,50,000 से अधिक हिंदुओं और सिखों को अपने घर-बार त्यागने पड़े। गैर-सरकारी सूत्रों के अनुसार, कुल संख्या 4 से 5 लाख हो सकती है।

बार-बार उभरनेवाला मियादी बुखार

पाकिस्तान में कश्मीर को लेकर जो मियादी बुखार चढ़ता रहता है, उसमें हर वर्ष 5 फरवरी को यह सन्निपात का रूप ले लेता है। इस दिन को कश्मीर 'एकजुटता दिवस' की रूप में मनाते हुए कश्मीरी जनता के आत्मनिर्णय के समर्थन के लिए संकल्प व्यक्त किया जाता है। इसे बाकायदा पाकिस्तान सरकार का समर्थन प्राप्त रहता है। वर्ष 2021 में भी यही हुआ। पाकिस्तान की हिमाकत देखिए कि ढाका स्थित पाकिस्तानी हाई कमीशन में भी 'कश्मीर एकता दिवस' मनाया गया। इस पर पाकिस्तानी हाई कमीशन को बांग्लादेश की ओर से फटकार लगाई गई। साथ ही, लोगों ने कश्मीर में आतंकवादियों को नहीं भेजने की माँग की।

अब सुनिए हमारा क्लासिक नंबर बन सीरियल
'कश्मीर हफ्ता-दर-हफ्ता', पॉयनियर का व्यंग्य चित्र

पाकिस्तान पिछले कई वर्षों से 'कश्मीर दिवस' मनाकर कश्मीरी जनता के प्रति अपनी बिन माँगी प्रतिबद्धता प्रदर्शित करता आ रहा है। बेनजीर भुट्टो जब पहली बार प्रधानमंत्री बनीं, तब उन्होंने पाकिस्तान के पिछले हुक्मरानों की तरह कश्मीर को भारत के बँटवारे के अधूरे एजेंडे में शामिल बताने के साथ भारत से

1,000 साल तक जंग लड़ने की अपने अब्बा की बात को भी दोहरा दिया था। 24 जनवरी, 1994 की रात पाकिस्तान टेलीविजन से राष्ट्र के नाम अपने संबोधन में प्रधानमंत्री के रूप में बेनजीर भुट्टो ने मरहूम जुल्फिकार अली भुट्टो के शब्दों में तो नहीं, लेकिन लगभग उसी अंदाज में 'कौम के नाम पैगाम' में कश्मीर को पाकिस्तान में मिलाने की बात करते हुए कहा, "वह दिन दूर नहीं, जब सारे का सारा कश्मीर पाकिस्तान का होगा।" साथ ही, उन्होंने कश्मीरी मुसलमानों को यकीन दिलाया कि अब वे जल्द ही पाकिस्तान का अंग बनकर आजाद जिंदगी बिताएंगे।

कश्मीर में ईद मनाने का हसीन सपना

उसी दिन विपक्ष के दबाव में आकर पाकिस्तान की नेशनल असेंबली की विशेष बैठक बुलाई गई, जिसमें जम्मू-कश्मीर क्षेत्र को हथियाने के लिए रणनीति तय की गई। बैठक में यह फैसला किया गया कि 5 फरवरी को पाकिस्तान-अधिकृत कश्मीर समेत सारे पाकिस्तान में आम हड़ताल की जाए। पाकिस्तान में उस दिन विशेष छुट्टी घोषित कर दी गई। इसे एक अजब देश की गजब हरकत ही कहा जाएगा। उस समय भारत के विदेश मंत्री दिनेश सिंह थे, जिन्होंने बेनजीर भुट्टो के प्रलाप पर टिप्पणी करते हुए कहा था कि विपक्ष के दबाव में आकर ही बेनजीर भुट्टो ने ऐसा मूर्खतापूर्ण बयान दिया है, जिस पर कोई मुश्किल से ही यकीन करेगा कि ऐसा बयान एक जिम्मेदार प्रधानमंत्री दे सकता है।

बेनजीर भुट्टो ही क्यों, पाकिस्तान के सभी आकाओं की यह दिली तमन्ना रही है कि कश्मीर पाकिस्तान में मिल जाए और अगली बार ईद श्रीनगर में मनाई जाए। सबसे पहले मुहम्मद अली जिन्ना ने 1947 में ही कश्मीर पर कबाइली हमले के साथ श्रीनगर में ईद मनाने की ख्वाहिश जाहिर की थी। इसके बाद जनरल अयूब, जुल्फिकार अली भुट्टो, जनरल जिया, बेनजीर भुट्टो, नवाज शरीफ आदि ने जिन्ना की तरह खुलेआम श्रीनगर में ईद मनाने के हसीन सपने का उल्लेख किया था।

पाकिस्तान में अब स्थिति यह है कि वहाँ की गद्दी पर जमे रहने के लिए यह जरूरी है कि सत्ताधारी नेता भारत के खिलाफ तल्ख बयानबाजी करें और कश्मीर का राग अलापते रहे। ऐसे बयानों से वहाँ के अवाम को भी खुश रखा जा सकता है और विपक्ष का अच्छा-खासा समर्थन भी मुफ्त में मिल जाता है। हर साल 5 फरवरी को 'स्यापा-ए-कश्मीर' अपने जज्बे और वतनपरस्ती का इजहार करने का मौका बन जाता है।

पाकिस्तान के किसी दूतावास द्वारा किसी अन्य देश में इस तरह का कोई प्रोग्राम करना, जो किसी तीसरे देश के विरुद्ध लक्षित हो, राजनयिक परंपरा और शिष्टाचार के विरुद्ध माना जाएगा, लेकिन पाकिस्तान को राजनयिक स्तर पर सही तौर-तरीके अपनाने से कोई वास्ता नहीं। दुराग्रही फितरत के कारण बांग्लादेश की फटकार से पाकिस्तान की सेहत पर कोई असर पड़नेवाला नहीं है। इसे पाकिस्तान की बेशर्मी की हद कहा जाएगा कि एक तरफ जहाँ वह कश्मीर के मुसलमानों के मानवाधिकारों की बात करता है, वहीं दूसरी तरफ वह उस देश (बांग्लादेश) में, जहाँ उसकी फौज ने कत्लेआम मचाकर और हर तरह के जुल्मो-सितम ढहाकर मानवता को शर्मसार कर दिया और उसके लिए आज तक माफी भी नहीं माँगी, मानवाधिकारों की रक्षा की बात करता है। बलूचियों की आवाज को कुचलने के लिए आज वहाँ पाकिस्तान की फौज जो कहर ढहा रही है, वह किसी से छिपा हुआ नहीं है।

पाकिस्तान तो इन आतंकियों को इसलाम के मुजाहिद (विधर्मियों से युद्ध करनेवाले) और 'फ्रीडम फाइटर' की संज्ञा देता है, लेकिन अब इन मुजाहिदों ने पाकिस्तान की 'फ्रीडम' को ही खतरे में डाल दिया है। अब ये पाकिस्तान पर ही भारी पड़ने लगे हैं। पाकिस्तान के एक पूर्व राजनयिक हुसैन हक्कानी ने, जो अब अमेरिका में बस गए हैं, कुछ अरसा पूर्व वॉशिंगटन में कहा था कि कश्मीर में जिहादियों को समर्थन देना ही अब पाकिस्तान को भारी पड़ रहा है। उन्होंने अपने ही देश पर निशाना साधते हुए कहा कि हमारी अपनी नीति हम पर ही उलटी पड़ रही है। उन्होंने कहा कि जिहादियों का समर्थन करना पाकिस्तान की नीति रही है, जिसका उद्देश्य भारत के जम्मू-कश्मीर और अफगानिस्तान में अपना अधिकार जमाना है, लेकिन अब पाकिस्तान को उसकी यही नीति महँगी पड़ रही है। अब जिहादी लोग शियाओं, अहमदियों और ईसाइयों को भी अपना निशाना बना रहे हैं। पाकिस्तान की चुनी हुई सरकार और फौज भारत और पाकिस्तान में जिहादियों को संरक्षण दे रही है, जो अब पाकिस्तान के लिए ही खतरा बन गए हैं।

राष्ट्रसंघ की सूची से बाहर

अगस्त 2019 में जम्मू-कश्मीर को अनुच्छेद 370 से मिलनेवाले स्पेशल स्टेटस को वापस लेने और लद्दाख को केंद्र शासित प्रदेश बनाने के साथ जम्मू-कश्मीर को भी केंद्र शासित प्रदेश बना दिया गया। इससे पाकिस्तान भौचक रह गया। यह फैसला तब हुआ, जब इस राज्य को बड़े बदलाव की जरूरत थी। पाकिस्तान ने भारत सरकार के ऐतिहासिक फैसले पर काफी हाय-तौबा मचाई, लेकिन उसका कोई खास असर नहीं हुआ। 'आलमे इसलाम' ने भी उसमें कोई दिलचस्पी नहीं दिखाई। पाकिस्तानी मीडिया को यह कहना पड़ा कि 'हमारा कश्मीर राग कोई नहीं सुनना चाहता।' पुराने राष्ट्रसंघ प्रस्ताव के आधार पर भारत के साथ कश्मीर विवाद का समाधान कराने की पाकिस्तान की अपील को दुनिया ने सुनना ही बंद कर दिया है।

विचित्र बात यह है कि पाकिस्तान आज भी राष्ट्रसंघ प्रस्तावों पर उम्मीद टिकाए हुए है, यह जानते हुए भी कि राष्ट्रसंघ सुरक्षा परिषद् की अंतरराष्ट्रीय विवादों की सूची से जम्मू-कश्मीर मामले को बाहर कर दिया गया है। राष्ट्रसंघ की अनसुलझे विवादों (Unresolved disputes) की सूची से भी हटा दिया है।

'कश्मीर की आजादी तक, भारत की बरबादी तक…'

कश्मीर पाकिस्तान के दिल में चुभा हुआ एक ऐसा काँटा है, जिससे वह मुक्ति प्राप्त करना नहीं चाहता। जब भी भारत-पाकिस्तान में किसी फलप्रद बात की चर्चा चलती है, पाकिस्तान कश्मीर का राग अलापने लगता है। पाकिस्तान को हमेशा-हमेशा के लिए यह समझ लेना चाहिए कि न तो वह टेबल पर बैठकर कश्मीर हासिल कर सकता है और न ही जिहादी घुसपैठियों को भेजकर। आमने-सामने की सीधी लड़ाई लड़ने की तो उसमें हिम्मत ही नहीं है। दुनिया की कोई तीसरी शक्ति भी उसे कश्मीर नहीं दिला सकती। फिर क्यों नहीं वह 'हाय कश्मीर, हाय कश्मीर' की रट छोड़कर यथास्थिति को स्वीकार करते हुए अमन-चैन से स्वयं भी रहने और भारत को भी रहने देने की समझदारी बरतने को तैयार होता है ? आत्मघाती जिहादी मानसिकता उसे ले डूबेगी। यह बड़ी अजीब बात है कि पाकिस्तान में आज भी ऐसे लोग मौजूद हैं, जो यह समझते हैं कि

उनका मुल्क येन-केन-प्रकारेण कश्मीर को भारत से छीन सकता है। अजीब बात यह है कि ऐसी सोच रखनेवालों में पाकिस्तान के एक पूर्व फौजी तानाशाह जनरल मुशर्रफ भी शामिल हैं। वह भी अपने अनेक हमवतनों की तरह कश्मीर का राग अलापते रहते हैं। मुशर्रफ ने अक्तूबर 2014 में एक पाकिस्तानी टी.वी. चैनल को इंटरव्यू में कहा था—"पाकिस्तान को कश्मीर में जद्दोजहद कर रहे लोगों को उकसाने की जरूरत है। पाकिस्तानी फौज के अलावा हमारे पास कश्मीर के अंदर कई जरिए हैं। हमें बस वहाँ के लोगों को उकसाने की जरूरत है। एक बार ऐसा हो जाता है तो पाकिस्तान से लाखों वालंटियर्स कश्मीर की हिमायत में सरहद पार करने को तैयार हैं। बस, कश्मीर के लोगों को उकसाने की जरूरत है।" पाकिस्तान वर्षों से यही कर रहा है। 1965 में जनरल अयूब ने भी यही किया था, लेकिन पाकिस्तान की दिक्कत यह है कि कश्मीर के लोग उसकी उकसाहट में आ नहीं रहे। पाकिस्तान में आज भी ऐसे लोग मौजूद हैं, जो यह नारा लगाते हैं—'कश्मीर की आजादी तक भारत की बरबादी तक जंग रहेगी जारी।'

इसे एक विचित्र स्थिति कहा जाएगा कि कोई देश अपने से कई गुना बड़े और शक्तिशाली देश, जिसका वह कल तक एक अंग था, की बरबादी के लिए लगातार जंग की मन:स्थिति में बना रहे और अपनी ही बरबादी को आमंत्रित करता रहे, जबकि उसकी आर्थिक हालत जंग बर्दाश्त करने की स्थिति में कतई नहीं है।

तब भारत के मुसलमानों का क्या होगा

यहाँ कश्मीर से संबंधित एक दिलचस्प किस्से का उल्लेख करना उपयुक्त होगा। किस्सा इस प्रकार है—एक बार प्रसिद्ध साहित्यकार खुशवंत सिंह को पाकिस्तान में कश्मीर समस्या पर एक सेमिनार में अपने विचार व्यक्त करने थे। पूर्व वक्ताओं के विचार सुनने के बाद खुशवंत सिंह ने, जब उनकी बारी आई, कहा, "ठीक है आप कश्मीर ले लीजिए, कश्मीर ले लीजिए।" सुनकर सब हैरान रह गए, लेकिन जब खुशवंत सिंह ने अपना वाक्य पूरा करते हुए कहा, "तब उस हालत में आपको हिंदुस्तान के सारे मुसलमानों को भी ले लेना होगा।" यह सुनकर पूरे हॉल में खामोशी छा गई। सब लोग खुशवंत सिंह के कहने का आशय समझ गए।

दरअसल, पाकिस्तान कश्मीर को विभाजन का अधूरा एजेंडा मानता है और अगर काफी बड़ी मुसलिम आबादी वाले जम्मू-कश्मीर में सबकुछ ठीक-ठाक रहता है और सब काम नॉर्मल ढंग से चलता रहता है तो पाकिस्तान के लोगों पर इसका यह असर पड़ेगा कि धर्मनिरपेक्षता में, अनेकता में एकता सिद्धांत में, कोई हर्जा नहीं है, बल्कि यह बेहतर है। तब पाकिस्तान के मूलाधार 'टू नेशन थ्योरी' का क्या होगा ? पाकिस्तान के वजूद की बुनियाद कमजोर पड़ जाएगी। पाकिस्तान को अपनी अस्तित्व-रक्षा के लिए निरंतर इसलाम और कश्मीर का राग अलापते रहना जरूरी है। पाकिस्तान चाहता है कि कश्मीर को पाकिस्तान में मिलाकर भारत की धर्मनिरपेक्षता समाप्त कर दी जाए।

अगर भारत के बहुसंख्यक हिंदुओं को यह संदेश जाएगा कि भारत का अभिन्न अंग होने के बावजूद केवल मजहब के कारण कश्मीर के मुसलमानों के लिए हिंदुस्तान के बजाय पाकिस्तान उनका ज्यादा पसंदीदा है तो फिर हिंदुओं में निश्चित तौर पर यह प्रतिक्रिया होगी कि हिंदुस्तान में रह रहे बाकी मुसलमान भी क्यों नहीं पाकिस्तान चले जाते या क्यों नहीं उन्हें वहाँ भेज दिया जाता ?

क्या पाकिस्तान के हुक्मरानों को जमीनी हकीकत नजर नहीं आती?

वरिष्ठ पत्रकार कुलदीप नैयर ने इस विषय पर अपने एक लेख में लिखा था—"पाकिस्तान सरकार यह समझ ही नहीं पाती है कि कोई भी देश अपने किसी भी इलाके को अलग होने की और वह भी धर्म के आधार पर अलग होने की, इजाजत दे ही नहीं सकता। भारत में कोई भी सरकार इस आधार पर बात करे भी तो वह टिक नहीं सकती और आंशिक जनमत-संग्रह से भी हिंदू-मुसलिम मतभेदों का लावा फूट पड़ेगा। भारत ने कश्मीर पर तीन युद्ध लड़े हैं। इसलामाबाद को यह समझ लेना होगा कि वह ताकत के बल पर कश्मीर नहीं ले सकता।"

कश्मीर को लेकर पाकिस्तान अपनी मंसूबेबाजी की जिस आग से खेल रहा है, वह आग 1947 की आग से भी ज्यादा खतरनाक सिद्ध हो सकती है, जिसमें स्वयं उसके झुलस जाने की भी नौबत आ सकती है। 'कश्मीर बनेगा पाकिस्तान' के फेर में कहीं ऐसा नहीं हो कि खुद पाकिस्तान ही बना नहीं रह पाए।

□

57

वे मुसलमान से मुहाजिर हो गए, 'हिंदुस्तादे' हो गए!

यह एक ऐतिहासिक विडंबना है कि जिस पाकिस्तान की स्थापना इसलामी कौमीयत की अवधारणा पर की गई थी, उसमें आज पाँच कौमें एक-दूसरे की प्रतिस्पर्धी और विरोधी बनी हुई हैं। पाकिस्तान की चार मूल या आदिम कौमें—पंजाबी, सिंधी, बलूच और पठान के अलावा पाँचवीं कौम है—मुहाजिर। मजहब के आधार पर बने इस मुल्क में कौमीयत का आधार मजहबी नहीं नस्ली है। मुहाजिर वे लाखों उर्दूभाषी मुसलमान हैं, जो देश विभाजन के समय भारत से जाकर पाकिस्तान में बस गए थे, लेकिन पाकिस्तान की स्थापना के 75 वर्ष बाद भी वे वहाँ आत्मसात् नहीं हो पाए। इस स्थिति के लिए दोनों पक्ष एक-दूसरे पर आरोप-प्रत्यारोप लगाते हैं।

मुहाजिरों को पाकिस्तान में बेगाने मानते हुए हिकारत की निगाह से देखा जाता है और बोली-ठोली में उन्हें 'हिंदुस्तादे' कहकर तानाकशी की जाती है।

सिंध के कराची और अन्य नगरों में बसनेवाले मुहाजिर वहाँ की नस्ली राजनीति का शिकार होते रहे हैं। मुहाजिरों और सिंधियों-पठानों के बीच वर्षों चली हिंसक झड़पों में करीब 10,000 लोगों के मारे जाने का अनुमान है, जबकि मुहाजिर सूत्रों का कहना है कि हिंसक वारदातों और पुलिस-मिलिटरी की नृशंसताओं में 25,000 मुहाजिर अपनी जान से हाथ धो चुके हैं। इसे एक ऐतिहासिक विडंबना ही कहा जाएगा कि जिस पाकिस्तान का निर्माण एक मुसलिम कौम की अवधारणा के आधार पर किया गया था, उसमें आज पाँच कौमें एक-दूसरे की प्रतिस्पर्धी और विरोधी बनी हुई हैं। पाकिस्तान की चार मूल या आदिम कौमों—पंजाबी, सिंधी, बलूच और पठान—के अलावा पाँचवीं कौम है—मुहाजिर। '*कौमीयत*' का यह आधार मजहबी नहीं नस्ली है। मुहाजिर वे मुसलिम धर्मावलंबी हैं, जो देश के विभाजन के बाद बिहार, उत्तर प्रदेश आदि प्रांतों से पाकिस्तान में जाकर बस गए। मुहाजिर मूलत: अरबी भाषा का शब्द है, जिसका अर्थ है—'घर-बार त्यागकर परदेश में रहनेवाला, शरणार्थी।' पाकिस्तान की स्थापना के 75 साल बाद भी ये वहाँ सही ढंग से आत्मसात् नहीं हो पाए हैं। इस स्थिति के लिए दोनों पक्ष एक-दूसरे पर आरोप लगाते हैं।

हिंदुस्तान से आए 'हिंदुस्तादे'

सन् 1947 में देश के बँटवारे के समय और फिर उसके बाद भी कुछ वर्षों तक लाखों भारतीय मुसलमानों ने उत्तर प्रदेश, बिहार, मध्य भारत और दिल्ली आदि से पाकिस्तान को रुखसत की। उनमें से अधिकतर लोग उस समय के पश्चिमी पाकिस्तान में सिंध के कराची, सक्खर और हैदराबाद आदि नगरों तथा पूर्वी पाकिस्तान (अब बांग्लादेश) के विभिन्न नगरों में बस गए। पूर्वी पंजाब के मुसलमानों ने पश्चिमी पंजाब के लाहौर, मुलतान, रावलपिंडी आदि जिलों को अपने रहने का स्थान बनाया। सिंध और पूर्वी पाकिस्तान में भारत से जाकर बसनेवाले मुहाजिरीन अधिकतर उर्दूभाषी थे। शुरू में उनकी काफी आवभगत की गई। पाकिस्तानी हुकूमत ने उन्हें बसाने का बड़े पैमाने पर इंतजाम किया। मुहाजिरों की बड़ी-बड़ी कॉलोनियाँ बनीं, उन्हें रोजगार और कारोबार के भरपूर मौके दिए गए।

मुहाजिरों का उत्पीडन बंद करो : एम.क्यू.एम. का प्रदर्शन पट्ट

लेकिन समय बीतने के साथ हालात बदलने लगे। वर्ष 1947 में कराची की आबादी 3,57,000 थी। अब यह आबादी दो करोड़ से अधिक हो गई है। इसमें बड़ी संख्या मुहाजिरों और अन्य गैर-सिंधियों की है। इसलामाबाद बसाने के पहले 1959 तक कराची सिंध प्रांत के अलावा पाकिस्तान की राष्ट्रीय राजधानी थी। अब भी यह पाकिस्तान की आर्थिक राजधानी है। शहर में आकर बस जानेवाले मुहाजिरों और सिंधियों के बीच एक लंबे समय से अदावत चली आ रही है। सिंधी लोग इन बिन बुलाए मेहमानों (मुहाजिरों) को अपनी तमाम राजनीतिक व आर्थिक विसंगतियों का कारण मानते हैं। गाँवों में रहनेवाले पढ़े-लिखे सिंधी युवकों में भी बढ़ती बेरोजगारी के कारण मुहाजिरों के खिलाफ भावनाएँ भड़कने लगी हैं। सिंधी इस बात से भी खफा हैं कि जनरल जिया-उल-हक की फौजी सत्ता ने उनके इलाकों में पंजाबियों, पठानों और मुहाजिरों को भूखंड दे दिए। अफगानिस्तान में युद्ध के कारण दस लाख से अधिक अफगान शरणार्थियों ने भी इस शहर को अपना गढ़ बना लिया है।

सिंध के कराची और अन्य नगरों में बसनेवाले मुहाजिर वहाँ की नस्ली राजनीति और हिंसा का शिकार हो रहे हैं। मुहाजिरों और सिंधियों-पठानों के बीच वर्षों चली हिंसक झड़पों में लगातार लोग मारे जाते रहे हैं। मुहाजिरों को वहाँ हिकारत की निगाह से देखा जाता है। उन्हें मुहाजिर के अलावा बोलचाल में 'हिंदुस्तादे' और 'खतना किए हुए हिंदू' तक कहा जाता है।

ओए हिंदुस्तादे, तुम क्या लड़ोगे

मुहाजिर नेता अल्ताफ हुसैन ने, जो लंदन में आत्म-निर्वासन का जीवन बिता रहे हैं, 'एशियन एज' (Asian Age) के तत्कालीन संपादक एम.जे. अकबर को लंदन में दिए गए एक इंटरव्यू (14 जुलाई, 1995 के अंक में प्रकाशित) में मुहाजिर के तौर पर अपनी आपबीती सुनाई थी। अल्ताफ ने बताया कि जब वह युवा था, उसे आर्मी में भरती होने का शौक था। भरती हो जाने के बाद उसने पाया कि मुहाजिर होने के कारण ट्रेनिंग के समय भी उससे भेदभाव किया जाता है। यदि वह किसी दूसरे कैडेट से बेहतर परफारमेंस करके दिखाता था तो उसका ट्रेनर और कैडेट, दोनों खीझते थे। उसे जान-बूझकर कठिन और भारी-भरकम करतब का प्रदर्शन करने को कह दिया जाता था। ऐसा कर दिखाने के बावजूद उसकी कद्र नहीं होती थी। एक बार उसने झुँझलाकर कह दिया, "हमने कोई गुनाह नहीं किया भाई।" यह कहना भी गुनाह हो गया। उसे उसकी सजा भुगतनी पड़ी। अल्ताफ के अनुसार, उसे उस दिन महसूस हुआ कि पाकिस्तानी होने के लिए कुछ अन्य बातों की भी जरूरत है—पंजाबी, पख्तून या बलूच होना। इस बात का कुछ एहसास तो पहले से था, लेकिन ऐसा नहीं सोचा था कि नस्ली आधार पर इतनी नफरत हो सकती है। हवलदार ने उसे कहा, "ओए, तुम हिंदुस्तादे कैसे यह कर सकते हो?" मुझे उस वक्त 'हिंदुस्तादे' शब्द के बारे में कोई जानकारी नहीं थी। मैंने पूछा, "यह आप क्या कह रहे हैं? इस शब्द का मतलब क्या है?" उसने कहा, "ओए, तुम लोग जो हिंदुस्तान से आए हो, तुम लोग किधर इनसे लड़ोगे? तुम लोगों को किधर फौज में ले लिया? तुम लोगों को किधर पता कि जंग क्या होती है।" अल्ताफ के लिए यह एक स्तब्धकारी अनुभव था। बाद में उन्होंने फौज में अपना कॅरियर आजमाने और किसी जंग में लड़ने के बजाय मुहाजिरों के हक-हुकूक की लड़ाई लड़ने का निर्णय किया।

इस मसले का एक विचारणीय पहलू यह भी है कि उत्तर भारत से जाकर पाकिस्तान में बस जानेवाले मुसलमानों की मातृभाषा उर्दू है। वे उर्दू में ही बात करते हैं, यहाँ तक कि मुहाजिर परिवारों के युवक भी, जो तीसरी पीढ़ी के हैं, उर्दू में ही बात करना पसंद करते हैं। रावलपिंडी और इसलामाबाद में कई मुहाजिर युवकों से बातचीत करने पर पता चला कि वे पंजाबी समझ तो लेते हैं, लेकिन आमतौर पर वे पंजाबी बोलते नहीं। इससे पंजाबी मुसलमान अंदर-ही-अंदर काफी भुनभुनाते हैं। वे मुहाजिरों को 'हिंदुस्तादे' कहते हैं, क्योंकि वे हिंदुस्तानी (यानी सरल हिंदी या सरल उर्दू का बोलचाल वाला रूप) बोलते हैं। रावलपिंडी बाजार में मैंने स्वयं यह देखा कि दो-तीन मुहाजिरों को अपनी ओर आते देखकर एक पंजाबी मुसलमान ने दूसरे से कहा, "ओए, देख आ रहे हिंदुस्तादे।" यह विनोद भावना से भी कहा गया हो सकता है, लेकिन इसमें हिकारत की गंध आती है, क्योंकि यह कोई मान्यता प्राप्त शिष्ट शब्द तो है नहीं।

मुहाजिर, याने दूसरे दर्जे का नागरिक

अफसोस की बात यह है कि मुहाजिरों को 'हिंदुस्तादे' कहने तक ही बात सीमित नहीं है, उनकी नीयत और वफादारी पर भी शक किया जाता है। उनका मजाक उड़ाया जाता है, जबकि कभी उन्हें पाकिस्तान में इसलाम का सबसे बड़ा अनुयायी समझा जाता था। इन मुहाजिरों का भी यह दावा था कि उन्होंने इसलाम की खातिर अपना घर-बार और सदियों पुराने रिश्तों-नातों की

कुरबानी देकर पाकिस्तान बनवाया और बेघर होकर यहाँ आए। इसके बावजूद उनके साथ भेदभाव किया जाता है। उनका कहना है कि नौकरियों में निरपवाद रूप से उनके साथ भेदभाव किया जाता है। नौकरी के लिए पूछताछ के समय हमसे हमारे जन्म स्थान का नाम पूछा जाता है। यदि हम जन्म स्थान कराची बताएँ तो अगला सवाल यह दागा जाता है कि आपके बाप-दादों का जन्म स्थान क्या है ? हमें मजबूरन भारत के स्थानों के नाम लेने पड़ते हैं। उसके बाद पक्षपात का घिनौना नाटक शुरू हो जाता है। मुहाजिरों में इसकी प्रतिक्रिया होना स्वाभाविक है।

मुहाजिर कौमी मूवमेंट (मुहाज) ने मुहाजिरों को एक पहचान दी है। इस लड़ाकू संगठन के माध्यम से उन्होंने पाकिस्तान निर्माण के बाद पहली बार यह साबित कर दिया कि वे भी एक ताकत है, उनकी भी एक कूवत है। अब राजनीति में भी उनका अच्छा-खासा दखल हो गया है। मुहाजिरों और गैर मुहाजिरों के बीच फर्क आमतौर पर आसानी से पता लग जाता है। उनकी तहजीब, जुबान, पहनावा अलग हैं। अलीगढ़ी पायजामा-कुरता और उर्दू जुबान से उन्हें आसानी से पहचाना जा सकता है। उनके मुहल्ले तक अलग हैं। कराची में मुहाजिरों के मुहल्लों, शिक्षण संस्थानों और संगठनों आदि के नाम भारत के उन स्थानों और व्यक्तियों के नामों पर हैं, जिन्हें वे छोड़कर गए हैं। मसलन, कराची में एक बड़ी कॉलोनी का नाम है शरफाबाद, जो बिहार के सुविख्यात सूफी संत शर्फुद्दीन याह्या मनेरी के नाम पर है। इसी तरह एक गली का नाम 'गया लेन' है।

अल्ताफ हुसैन

मुहाजिरों के नेता अल्ताफ हुसैन कहते हैं कि मुहाजिरों के साथ दूसरे दर्जे के नागरिक का सलूक किया जा रहा है। हम अपने को पाकिस्तानी कहते हैं और सही कहते हैं, क्योंकि बँटवारे के वक्त पाकिस्तान के निर्माण के लिए मुहाजिरों ने सबसे अधिक कीमत चुकाई। हजारों लोग मारे गए, जबकि पंजाबियों, सिंधियों और बलूचों को पाकिस्तान तश्तरी पर परोसकर मिला। इसके बावजूद हमारे प्रति भेदनीति अपनाई जाती है।

केंद्र सरकार और सिंध सरकार की नौकरियों में उनकी भागीदारी तेजी से घटती जा रही है। उनके लिए सरकारी नौकरियाँ नाममात्र की रह गई हैं। कराची में जहाँ मुहाजिर बहुमत में हैं, पुलिस सेवा में मात्र 5 प्रतिशत मुहाजिर हैं। कराची के जमशेद टाउन के पूर्व मेयर आरिफ आजकिया ने, जो आत्मनिर्वासन का जीवन बिता रहे हैं, टाइम्स ऑफ इंडिया (Times of India) के अमीन अली को 24 जनवरी, 2020 के अंक में प्रकाशित एक इंटरव्यू में कहा कि कराची में वर्ष 1992 से पाकिस्तानी फौज मुहाजिरों के विरुद्ध अभियान चला रही है। उन्होंने दावा किया कि अब तक 25,000 से अधिक मुहाजिर मारे जा चुके हैं। इनमें बहुत बड़ी संख्या में मिलिटरी व पुलिस द्वारा नकली एनकाउंटर में मार गिराए गए, हजारों लापता हैं, क्योंकि सुरक्षा बल किसी को भी, किसी भी समय अगवा कर लेते हैं।

खून का बदला खून से

मुहाजिरों के प्रसंग में राँची के अख्तर पयामी की चर्चा करना उपयुक्त होगा। वे राँची से जाकर कराची में बस गए थे। शायद पत्रकार होने के कारण उन्हें अधिक कटु अनुभवों का सामना नहीं करना पड़ा। राची में जन्मे अख्तर पयामी पटना विश्वविद्यालय की पढ़ाई अधूरी छोड़कर सन् 1951 में पूर्वी पाकिस्तान चले गए थे। वे ढाका रेडियो स्टेशन में कुछ अरसा तक उर्दू बुलेटिन के समाचार वाचक का काम करते रहे। फिर बांग्लादेश बनने पर कराची लौटकर पहले अंग्रेजी दैनिक 'मार्निंग न्यूज' (Morning News) और फिर पाकिस्तान के प्रमुख अंग्रेजी दैनिक 'डॉन' (DAWN) से जुड़ गए। उन्होंने सैकड़ों कविताएँ भी लिखीं। 90 के दशक में वह जब राँची आए थे, तो भेंटवार्ता में उन्होंने कहा कि देश के बँटवारे के समय जो लोग सरहद के उस पार से इस पार आए, वे तो यहाँ बिल्कुल खप गए, पर पाकिस्तान में कई कारणों से ऐसा नहीं हो सका। हालाँकि पाकिस्तान इसलाम के नाम पर बना था, लेकिन बांग्लादेश में बिहारी मुसलमानों के साथ जो हुआ, उसने यह साबित कर दिया कि मजहब कोई बाँधनेवाली ताकत नहीं है। ईरान-इराक में इतनी बड़ी जंग हुई, अफगानिस्तान के सारे लोग आपस में भिड़ गए हैं। उन्होंने कहा कि पाकिस्तान में शिया-सुन्नी और अहमदियों के बीच जोरदार झगड़े हुए। अहमदियों को गैर-मुसलिम करार दिए जाने से उनके लिए मुश्किल हो रही है। कुछ तो दूसरे मुल्कों की तरफ चले गए।

मुहाजिर कौमी मूवमेंट का चुनाव चिह्न पतंग है। सिंधी लोग मुहाजिरों को मजाक में 'कटी पतंग' कहते हैं। उनका कहना है कि पतंग पहले पूर्वी पाकिस्तान (बांग्लादेश) में गिरी, तब वहाँ से उड़कर कराची में आ गई। हम इसे अधिक दिनों तक यहाँ नहीं रहने देंगे। सिंध में खून-खराबे के माहौल के संदर्भ में वहाँ बसे अनेक मुहाजिरों का यह कहना है कि इससे कई गुना अधिक सुरक्षित तो वे भारत में थे। कराची के मुहाजिर मोहल्लों में जिस प्रकार हजारों हथियारबंद लोगों ने खुलेआम मुहाजिरों का कत्लेआम किया, वह पाकिस्तान के इतिहास का एक अत्यंत कलंकित अध्याय है। आरोप यह है कि इसमें पाकिस्तान की खुफिया एजेंसी आई.एस.आई. का हाथ था। जवाबी काररवाई में मुहाजिर भी हथियारबंद हो गए और वे भी खून का बदला खून से लेनेवाली संस्कृति में डूबते गए हैं। इस अफरा-तफरी में मुहाजिरों के तीन गुट हो गए हैं, जो अपने ही लोगों का सिर कलम कर रहे हैं।

मजहबी कौमीयत बनाम नस्ली कौमीयत

दूसरी ओर सिंधियों में मुहाजिरों के प्रति बहुत कड़वाहट है। सिंधी यह मानते हैं कि मुहाजिरों ने कराची और अन्य स्थानों में उनकी जमीन, जायदाद और कुदरत की अन्य नियामतों को उनसे छीन लिया है। एक सिंधी कवि कुमार भट्टी ने बहुत मुखर होकर मुहाजिरों की आलोचना की है और उनके खिलाफ आधा दर्जन पुस्तकें प्रकाशित की हैं। भट्टी को जनरल जिया के शासनकाल में 30 कोड़ों की सजा भी भुगतनी पड़ी थी। अपनी एक पुस्तक में भट्टी ने मुहाजिरों को सिंध से उखाड़ फेंकने का आह्वान किया है। वह लिखते हैं—"हर बात की कोई हद होनी चाहिए। दादा अपने को मुहाजिर कहता था, बाप भी अपने को मुहाजिर कहता था और अब बेटा भी चाहता है कि उसे मुहाजिर के तौर पर ही जाना जाए। यदि यही सिलसिला जारी रहा, तो बेहतर होगा कि पाकिस्तान का नाम

स्थानीय पठानों और मुहाजिरों के बीच खूनी झड़प के बाद कराची के एक गली-मौहल्ले का दृश्य

बदलकर 'मुहाजिरिस्तान' कर दिया जाए।" अपनी पुस्तक में वह लिखते हैं—"सिंध के अंदर सिंधी को उसके घर में ही ऐसा महसूस होता है, जैसे वह कोई अजनबी हो। कराची यूनिवर्सिटी के छात्रों में सिंधी छात्रों की संख्या बहुत कम है। सिंधी भाषा विभाग को छोड़कर अन्य विभाग सिंधियों को दाखिला ही नहीं देते।" अपनी आलोचना को अत्यंत कटु और विषाक्त स्तर तक पहुँचाते हुए वे बिहारी मुसलमानों को 'बेशर्म, एहसान फरामोश और साजिशी' कहते हैं। उन्होंने सिंधियों का आह्वान किया कि वे बिहारी मुसलमानों को सिंध में घुसने नहीं दें। यदि उन्हें बांग्लादेश से लाकर यहाँ बुलाकर बसाया जाए तो बदले की काररवाई करें।

पख्तून नेता खान वली खान ने बिहारी मुसलमानों की दुर्दशा के लिए उन्हीं को दोषी ठहराया था। पाकिस्तान में बस चुके मुहाजिरों के बारे में भी उन्होंने अपनी भारत यात्रा के दौरान ऐसे ही विचार व्यक्त किए थे। उन्होंने कहा, "आखिर मुहाजिर पाकिस्तान समाज में अब तक क्यों नहीं घुलमिल गए? जब आप किसी सूबें में जाते हैं, तो उस सूबे की जुबान को अपनाइए। हमने उनसे कहा कि अगर आप सरहद में आते हैं, तो हमारे मिट्टी के घरों में रहिए, सूखी रोटी खाइए। फिर जो हमारे बच्चों के हकूक (अधिकार) हैं, वही आपके हैं, मगर बदबख्ती यह है कि इतने साल बीत जाने के बाद भी वे अपने आप को मुहाजिर समझते हैं। यह एक खतरनाक बात है। अगर आप अब तक अपने आप को मुहाजिर समझते हैं, तो लाजिमी है कि लोग कहेंगे कि आप अपने मुल्क तशरीफ ले जाएँ।"

मुहाजिर नेता अल्ताफ हुसैन, जिनके माता-पिता विभाजन के समय आगरा से जाकर कराची में बस गए थे, ने वर्ष 2004 में दिल्ली की अपनी एकमात्र यात्रा में एक मीडिया गोष्ठी में कहा था कि भारत में उन्हें जैसा लगा, वैसा और कहीं नहीं लगा। उन्होंने शीला भट्ट को एक इंटरव्यू में कहा, "शायद पाकिस्तान का आइडिया उसकी स्थापना के समय ही बेदम हो चुका था, जब अधिसंख्यक मुसलमानों ने विभाजन के समय भारत में ही रह जाना पसंद किया। यह ऐसी स्वयंसिद्ध बात थी, जिसे 1971 में बांग्लादेश ने दोहरा दिया।"

कोई दर्जन-भर वर्ष बाद अल्ताफ हुसैन ने प्रधानमंत्री नरेंद्र मोदी से यह कहते हुए भारत में शरण की अपील की कि क्योंकि "मेरे दादा यहीं भारत की धरती में दफन हैं, मेरी दादी यही दफन हैं, मेरे हजारों रिश्तेदार यही दफन हैं, मैं उनकी कब्रगाहों में जाकर दुआ करना चाहता हूँ।"

न खुदा ही मिला, न विसाल-ए-सनम

पाकिस्तान में मुहाजिरों के मानवाधिकारों के घोर उल्लंघन के विरुद्ध आवाज उठानेवाले अमेरिका-आधारित ग्रुप 'कराची की आवाज' (Voice of Karachi) ने मुहाजिरों को उनके

योजनाबद्ध उत्पीड़न से बचाने के लिए राष्ट्रसंघ के हस्तेक्षप की अपील की है। राष्ट्रसंघ जनरल असेंबली में 27 सितंबर, 2019 को जब पाकिस्तान के प्रधानमंत्री इमरान खान का संबोधन हुआ, इस ग्रुप के चेयरमैन नदीम नुसरत ने यूएन सेक्रेटरी जनरल एंतोनियो गुतेरेस के नाम एक पत्र में लिखा—

Pakistan has miserably failed to protect the human rights of Mohajirs and provide Justice to this ethnic group living in urban Sindh. On behalf of millions of Mohajirs, I urge the United Nations to Intervence and save millions of Mohajirs from the systematic persecution of Pakistan and hold those officials accountable who are involved in the crimes against humanity.

(पाकिस्तान सिंध के शहरी इलाकों में रहनेवाले मुहाजिरों के मानवाधिकारों की रक्षा करने और इस नस्ली समुदाय को इंसाफ दिलाने में बुरी तरह विफल हुआ है। मैं लाखों मुहाजिरों की ओर से राष्ट्रसंघ से यह गुजारिश करता हूँ कि वह इसमें हस्तक्षेप करे और लाखों मुहाजिरों को पाकिस्तान के योजनाबद्ध उत्पीड़न से बचाए और उन अधिकारियों को जिम्मेवार ठहराए जो मानवता के विरुद्ध अपराधकर्मों में लिप्त हैं।)

इमरान खान के भाषण से तुरंत पहले इस ग्रुप ने एक अभियान आरंभ किया, जिसमें न्यूयॉर्क की व्यस्त सड़कों पर सैकड़ों टैक्सियाँ व छोटे ट्रक नजर आए, जिनकी छतों के ऊपर पाकिस्तान में अल्पसंख्यकों पर होनेवाले अत्याचारों को प्रदर्शित किया गया था।

मुहाजिर नेता अल्ताफ हुसैन से जब 'इंडिया टुडे' (15 जुलाई, 1995) ने यह सवाल किया कि बँटवारे से उपमहाद्वीप के मुसलमानों ने क्या खोया और पाया, तो उन्होंने जवाब दिया, "अगर आप दुनियावी तौर पर देखें तो हम सबकुछ खो चुके हैं, मगर आध्यत्मिक तौर पर देखें तो हमने मुसलमानों के लिए एक देश बनाया है। इसलिए रूहानी कामयाबी तो है और इस बात का संतोष भी है, मगर दुनियावी तौर पर तो यही है कि—

'न तो खुदा ही मिला
न विसाल-ए-सनम
न इधर के रहे
न उधर के रहे।"

□

58

भारत के विरुद्ध 'इसलामी बम' बनाने के लिए आणविक तस्करी

पाकिस्तानी वैज्ञानिक डॉ. अब्दुल कादिर खान ने अंतरराष्ट्रीय परमाणु तस्करी का नेटवर्क बनाकर पाकिस्तान को परमाणु शक्ति संपन्न देश तो बना ही दिया, उसने परमाणु तकनीक के चोरी-छिपे निर्यात द्वारा विश्व शांति को भी खतरे में डाल दिया। उसने लीबिया, ईरान और उत्तर कोरिया को परमाणु तकनीक संबंधी जानकारियाँ दीं। इसका रहस्योद्घाटन होने पर पाकिस्तान ने इस मामले को रफा-दफा करने की कोशिश की। पाकिस्तानी सत्ता-तंत्र ने अपनी खाल बचाने के लिए कादिर खान से कबूलवा लिया कि परमाणु तकनीक के गुप-चुप हस्तांतरण में पाकिस्तान सरकार का कोई हाथ नहीं था।

कादिर खान को आपसी सहमति से नजरबंद कर दिया गया और पाँच वर्ष बाद रिहा कर दिया गया। भारत के विरुद्ध परमाणु हथियार इस्तेमाल करने की धमकी देनेवाले पाकिस्तान में एक बड़ा खतरा यह है कि ये हथियार कहीं जिहादियों के हाथ नहीं लग जाएँ। इस प्रकार पाकिस्तान एक अंतरराष्ट्रीय सिरदर्द बन गया है। पाकिस्तान के शासकों और वैज्ञानिकों ने अपने परमाणु बम को जिस तरह 'इसलामी बम' की संज्ञा दी है, उससे उनकी धर्मांधता स्पष्ट होती है।

'हम घास खा लेंगे, लेकिन जैसे भी हो बम बनाएँगे।'

वर्ष 1974 में इंदिरा गांधी के शासनकाल में भारत द्वारा राजस्थान के पोखरण में किए गए भूमिगत परमाणु परीक्षण पर पाकिस्तान के तत्कालीन प्रधानमंत्री जुल्फिकार अली भुट्टो ने अपनी प्रतिक्रिया में यह बात कही थी।

दो पड़ोसी हमलावर देशों का सामना

भारत प्रथम गुटनिरपेक्ष राष्ट्र और प्रथम एशियाई लोकतंत्र था, जिसने संयुक्त राज्य अमेरिका, सोवियत संघ, ब्रिटेन, फ्रांस और चीन के आणविक क्लब के एकाधिकार को तोड़ते हुए आणविक राष्ट्रों की श्रेणी में प्रवेश किया। दरअसल यह परमाणु परीक्षण ऊर्जा के शांतिपूर्ण उपयोग के

अध्ययन का एक हिस्सा था। भारत के परमाणु परीक्षण की खबर मिलते ही पाकिस्तान के प्रधानमंत्री भुट्टो ने अपने मंत्रिमंडल की संकटकालीन बैठक बुलाई और पत्र संवाददाता सम्मेलन में अपनी बौखलाहट व्यक्त करते हुए भारत पर पाकिस्तान के प्रति धौंस जमाने का आरोप लगाया और कहा कि 'भारत के नाभकीय ब्लैकमेल' का सामना करने के लिए हम अपना राजनीतिक प्रयास नहीं छोड़ेंगे।

यहाँ प्रश्न यह उठता है कि परमाणु परीक्षण द्वारा ब्लैकमेल करने के आरोप का आशय क्या था? यदि पाकिस्तान की निगाह में उसके दो बड़े संरक्षक देश—संयुक्त राज्य अमेरिका और कम्युनिस्ट चीन समेत परमाणु क्लब के 'पंज प्यारे' देश परमाणु बम बनाकर किसी को ब्लैकमेल नहीं कर रहे थे तो फिर भारत पर इस तरह का आरोप लगाने का क्या तात्पर्य? यदि परमाणु परीक्षण करना वास्तव में ब्लैकमेल था तो पाकिस्तान ने इन पाँच देशों द्वारा किए गए अनेकानेक परमाणु परीक्षणों पर उन पर यह आरोप क्यों नहीं लगाया?

नीदरलैंड की प्रयोगशाला से डिजाइनों की चोरी

भारत को पाकिस्तान से भी बड़े पड़ोसी दुश्मन देश चीन के तेवरों को देखते हुए आत्मरक्षा के लिए और आत्मविश्वास बढ़ाने के लिए कुछ-न-कुछ करना आवश्यक हो गया था। वस्तुतः वैज्ञानिक प्रतिभा और साधनों के कारण भारत यह कार्य बहुत पहले भी कर सकता था। इससे कुछ ही वर्ष पूर्व संयुक्त राज्य अमेरिका के रक्षा मंत्री रॉबर्ट मैकनमारा ने पेरिस में उत्तर अतलांतिक सिंध (नाटो) की मंत्रिपरिषद् की बैठक में वस्तुस्थिति का सही आकलन करते हुए कहा था कि चीन द्वारा आणविक अस्त्रों की सिलसिलेवार उपलब्धि से भारत की सुरक्षा को सीधा खतरा उत्पन्न हो गया है। हो सकता है, भारत को जल्द ही चीन के आणविक खतरे का सामना करना पड़े। वस्तुतः भारत को एक नहीं, दो पड़ोसी हमलावर देशों का सामना करने के लिए तैयार रहने की आवश्यकता निरंतर बनी रही है।

कादिर खान

बताया जाता है कि पोखरण में भारत के प्रथम परमाणु परीक्षण के बाद पाकिस्तानी वैज्ञानिक अब्दुल कादिर खान ने भुट्टो को यह पेशकश की थी, वह भारत के प्रयासों से बराबरी ही नहीं, बल्कि आगे बढ़कर उन्हें मात भी दे सकते हैं, बशर्ते उन्हें धन उपलब्ध कराया जाए और सरकार उन्हें भरपूर समर्थन दे।

डॉ. कादिर खान वस्तुतः भौतिक विज्ञानी व धातु विज्ञानी थे, न कि परमाणु वैज्ञानिक, लेकिन उन्हें पाकिस्तानी परमाणु बम बनाने का श्रेय मिल गया। डॉ. कादिर खान ने 1972 में हालैंड (नीदरलैंड) की फिजिकल डायनामिक्स लेबोरेटरी में बतौर वैज्ञानिक नौकरी करना शुरू किया था। बाद में वहीं से उन्होंने यूरेनियम एनरिचमेंट (संवर्धन) प्लांट की तकनीक की चोरी की, जिसमें उनकी अफ्रीकी मूल की डच (नीदरलैंडवासी) होने का भ्रम पैदा करनेवाली पत्नी हेनी उर्फ हेंद्रीना खान ने भी बड़ी भूमिका निभाई। इस प्रयोगशाला से टेक्नॉलोजी चुराकर वे पाकिस्तान पहुँचे और बीमारी का बहाना बनाकर कभी वापस नहीं लौटे।

पाकिस्तान को उसी समय से मालूम था कि अमेरिकी और यूरोपीय खुफिया एजेंसियों के

अलावा अंतरराष्ट्रीय परमाणु निरीक्षक भी डॉ. कादिर खान पर नजर रखे हुए थे। कादिर खान पर आरोप था कि उन्होंने यूरोपीय परमाणु संयंत्रों के गुप्त डिजाइनों की चोरी की थी।

अमेरिका ने जानकारी को किया नजरअंदाज

अमेरिका को पाकिस्तान के आणविक इरादों और इस दिशा में उसकी सक्रियता की जानकारी समय रहते ही हो चुकी थी। भारतीय खुफिया एजेंसियाँ भी जानकारी प्राप्त करने में लगी हुई थीं। भारतीय प्रधानमंत्री मोरारजी देसाई ने 1979 में पाकिस्तान के तत्कालीन फौजी राष्ट्रपति जनरल जिया-उल-हक को एक पत्र लिखकर पाकिस्तान के आणविक इरादों के संबंध में अपना संदेह व्यक्त किया था। इस पर जनरल जिया ने इस बात का खंडन किया कि पाकिस्तान अपने आणविक संयंत्रों में बम बनाने की तैयारी कर रहा है। पता नहीं प्रधानमंत्री ने जनरल जिया के कथन पर विश्वास किया या नहीं, लेकिन भारतीय जनता ने उन्हीं दिनों इस पर संदेह व्यक्त किया था, इसलिए कि तख्ता पलटकर सत्ता हथियाने वाले जनरल जिया ने पाकिस्तानी जनता के साथ किए गए एक के बाद एक वायदे तोड़ने शुरू कर दिए थे। भुट्टो की ही तरह जिया की कथनी और करनी में कभी समानता नहीं रही।

इसी दौर में अमेरिकी प्रशासन ने पाकिस्तान को आर्थिक सहायता देने पर यह कहते हुए प्रतिबंध लगा दिया कि वह सारे अंतरराष्ट्रीय नियम-कायदों और सहमतियों का उल्लंघन करते हुए एक ऐसा आणविक संयंत्र स्थापित कर रहा है, जिसका उद्देश्य आणविक अस्त्र स्तर की सामग्री का उत्पादन करना है। यह आणविक संयंत्र इसलामाबाद से 24 मील दूर कहूटा में स्थापित है।

अमेरिका 50 के दशक से ही पाकिस्तान का एक जोरदार पृष्ठ-पोषक तथा सैनिक-आर्थिक मददगार था। सैनिक व असैनिक गुप्तचर्या में अमेरिका का कोई सानी नहीं, इसलिए यह बिल्कुल निश्चित था कि अमेरिका को इस तथ्य को सिद्ध करने के लिए स्पष्ट प्रमाण मिल चुके थे कि पाकिस्तान आणविक क्षेत्र में क्या कर रहा है। अमेरिका ने बाद में अपने भू-राजनीतिक स्वार्थों की पूर्ति के लिए पाकिस्तान के आणविक कार्यक्रम को सब कुछ जानते-बूझते नजरअंदाज करना शुरू कर दिया, बल्कि अफगानिस्तान में सोवियत हस्तक्षेप के बाद अमेरिका ने पाकिस्तान को शस्त्रास्त्रों की भारी सहायता देने के नए अध्याय का सूत्रपात किया।

जनवरी 1986 में 'वॉशिंगटन पोस्ट' (Washington Post) ने गुप्तचर सूत्रों और अमेरिकी कांग्रेस के अधिकारियों से हुई बातचीत के आधार पर बताया कि पाकिस्तान कहूटा परमाणु केंद्र में परमाणु बम बनाने के लिए चीनी वैज्ञानिकों का सहयोग ले रहा है।

कुलदीप नैयर ने किया भंडाफोड़

पाकिस्तान के पास परमाणु बम होने का रहस्योद्घाटन विख्यात भारतीय पत्रकार कुलदीप नैयर ने किया था। 27 जनवरी, 1987 को कुलदीप नैयर ने पाकिस्तान के अंग्रेजी दैनिक 'द मुसलिम' (The Muslim) के संपादक मुशाहिद हुसैन के साथ इसलामाबाद में अब्दुल कादिर खान के निवास स्थान पर उनसे अनौपचारिक भेंट की थी। बातचीत में उत्तेजित हो जाने पर कादिर खान ने सच उगल दिया। कुलदीप नैयर ने इसका उल्लेख अपनी पुस्तक 'स्कूप' (Scoop) और एक-दो बार अपने साप्ताहिक कॉलम में भी किया।

कुलदीप नैयर ने लिखा कि भेंटवार्ता के दौरान एक ऐसा भी अवसर आया, जब मैं किसी निष्कर्ष पर नहीं पहुँच सका था। डॉ. कादिर खान मेरे इस सीधे सवाल का जवाब नहीं दे रहे थे कि पाकिस्तान के पास परमाणु बम है या नहीं? मैंने सोचा कि उन्हें उकसाया जाए। जिस तरह के वे अहंकारी थे, इस बात की संभावना थी कि वे मेरे जाल में फँस जाएँ और ऐसा ही हुआ। मैंने एक मनगढ़ंत कहानी बनाई और उनसे कहा कि जब मैं पाकिस्तान आ रहा था तो मेरी मुलाकात भारत में परमाणु बम के जनक माने जानेवाले डॉ. एच. सेठना से हो गई। डॉ. सेठना ने मुझे समझाया कि पाकिस्तान जाकर तुम अपना समय क्यों बरबाद कर रहे हो, क्योंकि पाकिस्तान के पास न तो बम बनाने के लिए आवश्यक संसाधन हैं और न ही वैसे सामर्थ्यवान आदमी ही हैं।

एक ऐसा शख्स, जो नितांत अहंकारी था, अपने को काबू में नहीं रख पाया। कादिर खान ने मेज पर मुक्का मारते हुए बुलंद आवाज में कहा, "उन्हें बता दीजिए, हमारे पास बम है। हाँ है।" उन्होंने पाकिस्तान की क्षमता के बारे में कोई भी संदेह नहीं करने दिया। जब खान ने यह दावा किया, तब मुशाहिद का चेहरा मुरझा गया, क्योंकि उन्होंने ही इस भेंटवार्ता की व्यवस्था की थी। वह इसकी परिणतियों का आसानी से आकलन कर सकते थे। बेचारे मुशाहिद को अपने पद से हाथ धोना पड़ा और साथ ही उन्हें राजद्रोह का आरोप भी झेलना पड़ा, जो मजहबी लोगों ने उन पर जड़ दिया था। जनरल जिया ने हालात को सँभाला, किंतु मुशाहिद को वस्तुत: अंगारे पर चलने जैसी स्थिति से गुजरना पड़ा। 'द मुसलिम' के प्रबंधन पर दबाव डालकर मुशाहिद को हटा दिया गया। कुलदीप नैयर का इंटरव्यू बाद में लंदन के साप्ताहिक अखबार 'द ऑब्जर्वर' (The Observer) में छपा तो एक कोहराम-सा मच गया।

लेकिन इसके साथ ही कुछ लोगों ने पाकिस्तानी वैज्ञानिक के दावे पर संदेह व्यक्त किया और इसे मात्र डींग हाँकना और एक छद्म राजनीतिक संदेश देना बताया। इस मामले में तब नया मोड़ आ गया, जब मई 1998 में पोखरण में भारत ने पाँच भूमिगत परमाणु परीक्षण किए, जिसके जवाब में पाकिस्तान ने बलूचिस्तान के चगई में छह परमाणु परीक्षण किए। इससे यह भलीभाँति प्रमाणित हो गया कि पाकिस्तान बम का निर्माण काफी पहले ही कर चुका था, क्योंकि परमाणु बम कोई पटाखा या फुलझड़ी नहीं है, जिसका निर्माण दो-चार दिन में कर लिया जाए। पाकिस्तान ने बम बनाकर रखे हुए थे।

चोरी छिपे टेक्नॉलोजी का निर्यात

बात पाकिस्तान द्वारा येन-केन-प्रकारेण परमाणु बम बना लेने तक सीमित नहीं थी। उससे भी ज्यादा गंभीर बात यह थी कि पाकिस्तान ने चोरी-छिपे लीबिया, ईरान और उत्तर कोरिया को भी परमाणु टेक्नॉलोजी हस्तांतरित करना शुरू कर दिया। गनीमत यह रही कि अमेरिका और ब्रिटेन के दबाव पर लीबियाई नेता मुअम्मर गद्दाफी ने चोरी और तस्करी के माध्यम से बम निर्माण कार्यक्रम को तिलांजलि दे दी और यह आश्वासन भी दिया कि वह अपनी सभी गतिविधियों के बारे में अंतरराष्ट्रीय आणविक ऊर्जा एजेंसी को सूचित कर देगा।

वस्तुत: परमाणु टेक्नॉलोजी का गुप-चुप ढंग से हस्तांतरण पाकिस्तान का कोई अंदरूनी मामला नहीं था।

जाहिरी कारणों से अमेरिका ने संवेदनशील परमाणु जानकारी के हस्तांतरण को बहुत

गंभीरता से लिया। इसका भेद तब खुला, जब ओसामा बिन लादेन के अफगानिस्तान स्थित घर के अंदर परमाणु बम बनाने के नक्शे मिले। यह भी पता चला कि डॉ. कादिर खान ओसामा बिन लादेन से भी संपर्क बनाए हुए थे।

नवभारत टाइम्स में इरफान का व्यंग्य चित्र

पाकिस्तान के परमाणु कार्यक्रम में वहाँ की सेना अच्छा-खासा दखल रखती है, इसलिए यह मानने का कोई कारण नहीं कि अब्दुल कादिर खान ने विश्व शांति को खतरे में डालने का जो काम किया, उसकी जानकारी पाकिस्तान के फौजी तानाशाह जनरल परवेज मुशर्रफ को नहीं रही हो। ज्ञातव्य है कि बेनजीर भुट्टो और नवाज शरीफ जैसे पूर्व प्रधानमंत्रियों ने यह स्पष्ट किया था कि तमाम तरह के संकट जब चरम पर थे, तब भी पाकिस्तान की फौज ने परमाणु हथियारों के इस्तेमाल के निर्णय करने के दायरे से सिविलियन नेतृत्व को बाहर ही रखा।

दक्षिण एशिया मामलों के एक अमेरिकी विशेषज्ञ और भारत के परमाणु बम पर एक महत्त्वपूर्ण पुस्तक लिखनेवाले जार्ज पेर्कोविच ने एक अमेरिकी पत्रिका को इंटरव्यू में कहा था—"पाकिस्तान का परमाणु वैज्ञानिक डॉ. कादिर खान एक सिरफिरा व्यक्ति है।" उन्होंने कादिर खान को भारत के शालीन परमाणु वैज्ञानिकों के मुकाबले बेलगाम करार दिया। पाकिस्तान के शासकों और वैज्ञानिकों ने परमाणु बम को जिस तरह 'इसलामी बम' की संज्ञा दी, उससे उनकी धर्मांधता स्पष्ट होती है। कादिर खान का अब देहांत हो चुका है। वह जिहादी मानसिकता का व्यक्ति था। उसकी सोच मजहबी कट्टरपंथियों जैसी थी। उसने समय-समय पर भारत के महानगरों पर निशाना साधने और देश को तबाह कर देने की धमकियाँ देने की भी हिमाकत की थी।

कादिर के भाई के घर डच पुलिस का धावा

पाकिस्तानी सेना की आंतरिक गतिविधियों से कई वर्ष तक जुड़े रहनेवाले और एक समय आणविक समूह के रणनीतिक योजना प्रभाग के डाइरेक्टर रहे रिटायर्ड ब्रिगेडियर फीरोज हसन खान ने अपनी पुस्तक 'घास का भोजन, पाकिस्तानी बम का निर्माण' (Eating Grass, Making of Pakistani Bomb) में लिखा है कि डॉ. खान को परमाणु बम बनाने का श्रेय देना सफेद झूठ है। उन्हें अंतरराष्ट्रीय आणविक उपकरणों की स्मगलिंग के नेटवर्क के सरगना के रूप में पहचाना जाता रहा है।

लंदन के 'संडे टाइम्स' (Sunday Times) के वरिष्ठ पत्रकार साइमन हैंडरसन ने अखबार के 20 सितंबर, 2009 के अंक में लिखा—"2004 की एक ठंडी रात में एमस्टर्डम में बड़ी संख्या में डच पुलिस और खुफिया अधिकारी एक फ्लैट के पास जमा हो गए। उन्होंने दनादन दरवाजे की घंटी बजाई। जब दरवाजा नहीं खुला, तब वे उसे तोड़ने पर आमादा हो गए। उस फ्लैट में कादिर

खान के भाई अपनी पत्नी और बेटी के साथ रह रहे थे। वह पाकिस्तानी इंटरनेशनल एयरलाइंस से रिटायर होकर अपने दिन चुपचाप शांति से बिता रहे थे। बूढ़ा होने के कारण उन्हें दरवाजा खोलने में समय लगा गया, लेकिन जैसे ही दरवाजा खुला, पुलिस अफसरों ने उनके परिवार के सदस्यों को घेर लिया और उनकी बेटी से कहा कि वह पत्र कहाँ है, जो उसे विदेश से आया है। कादिर खान की भतीजी कौसर खान पहली मंजिल पर गई और अपनी दराज से वह पत्र निकाला, जो उसे उसके चाचा ने पाकिस्तान से भेजा था। लिफाफा बंद था और खोला तक नहीं गया था।

कौसर खान से कड़ी पूछताछ हुई। पुलिस अफसरों ने बार-बार उनसे पूछा कि उन्होंने यह लिफाफा खोला क्यों नहीं? जवाब था कि उससे फोन पर कहा गया था कि वह इस पत्र को सुरक्षित स्थान पर रख दे। समय आने पर उसे बता दिया जाएगा कि यह पत्र किसे देना है।"

कादिर खान को अपनी हत्या की आशंका

अब्दुल कादिर खान को वर्ष 2003 में यह डर सताने लगा था कि पाकिस्तान के हुक्मरान सच को छिपाने के लिए उनकी हत्या करा सकते हैं। तब उन्होंने एक पत्र अपनी डच पत्नी को लिखा, जिसमें विस्तार से यह बताया कि पाकिस्तानी सरकार और फौज के आला अफसरों के निर्देश पर ही पाकिस्तान का परमाणु बम तैयार किया गया था और फिर उन्हीं के इशारों पर परमाणु बम की टेक्नोलॉजी उत्तर कोरिया, ईरान और लीबिया को दी गई।

अब्दुल कादिर खान से हेंडरसन की जान-पहचान काफी पुरानी थी। हेंडरसन ने लिखा कि जब उन्हें अब्दुल कादिर खान की हेंड्रीना के नाम लिखी चिट्ठी मिली तो वह यह देखकर हैरान रह गए कि उसमें इस वैज्ञानिक ने अपनी पत्नी और बेटी को यह आदेश दिया था कि यदि मेरे साथ कोई दुर्घटना हो जाए तो किसी तरह इस पत्र की कॉपी साइमन हेंडरसन तक पहुँचा दी जाए। इस पत्र में हेंडरसन के टेलीफोन नंबर, फैक्स नंबर, मोबाइल नंबर और इ-मेल का पता दिया हुआ था। हेंडरसन को इस पत्र की कॉपी 2002 में मिली।

अमेरिका को जब कादिर खान की हरकतों का पता चला, उस समय परवेज मुशर्रफ पाकिस्तान के राष्ट्रपति थे। मुशर्रफ ने कादिर खान को कहा कि उनके बचकर निकलने का एक ही रास्ता है कि वह यह कबूल कर लें कि उन्होंने उत्तर कोरिया, ईरान और लीबिया को परमाणु बम की टेक्नोलॉजी अपनी इच्छा से दी। उसमें पाकिस्तान सरकार या पाकिस्तान के किसी फौजी अफसर का कोई हाथ नहीं था। केवल दिखावे के लिए उन्हें उनके घर में नजरबंद कर दिया जाएगा। उस हालात में उन्हें न तो अमेरिका को सौंपा जाएगा और न ही अंतरराष्ट्रीय परमाणु ऊर्जा एजेंसी (आई.ए.ई.ए.) को। कादिर खान ने इसे मान लिया और जब मुशर्रफ पर अमेरिका का दबाव बहुत अधिक बढ़ गया, तब कादिर खान को ऐसा लगने लगा कि कहीं अमेरिका और पश्चिमी देशों को असलियत का पता नहीं लग जाए, इसलिए हो सकता है कि पाकिस्तान सरकार उनकी हत्या करा दे। इसी कारण उन्होंने अपनी पत्नी और बेटी को अलग-अलग पत्र लिखे।

कादिर खान की नजरबंदी और रिहाई का नाटक

डॉ. कादिर खान के निकटवर्ती सूत्रों का कहना था कि परमाणु उपकरणों की खरीद-फरोख्त के मामले में पाकिस्तान सरकार उन्हें बलि का बकरा बना रही थी। असल में पाकिस्तान सरकार

के लिए यह जरूरी हो गया था कि अंतरराष्ट्रीय स्तर पर बदनाम होने और जलील होने से बचने के लिए इसका ठीकरा डॉ. कादिर खान के माथे पर फोड़ा जाए। जनरल मुशर्रफ डॉ. कादिर खान को जाँच के लिए अमेरिका के हवाले करने या उन पर मुकदमा चलाने की स्थिति में नहीं थे। कादिर खान भले ही परमाणु वैज्ञानिक के भेष में डाकू माने गए, पर वे पाकिस्तानियों की निगाह में महानायक थे—वतनपरस्ती के जीते-जागते प्रतीक। वह पाकिस्तान के सर्वोच्च नागरिक सम्मान 'निशान-ए-इम्तियाज' से नवाजे गए थे। यह सबको मालूम है कि पाकिस्तान ने जितने भी बम बनाए हैं, वे भारत को ध्यान में रखकर। पाकिस्तान का एक ही दुश्मन है और वह है भारत।

जनवरी 2004 में इसलामाबाद में 'सार्क' देशों के शिखर सम्मेलन के अवसर पर देखा गया कि जिन्ना कन्वेंशन हॉल में डॉ. अब्दुल कादिर खान एक अति सम्मानित अतिथि के तौर पर पहुँचे। उन्हें मंत्रियों और सलाहकारों के लिए विशेष तौर पर आरक्षित स्थान पर बैठाया गया। इस प्रकार एक संदेश दिया गया। स्पष्टतः यह काररवाई पाकिस्तान के परमाणु वैज्ञानिकों की भूमिका संदेह के घेरे में आ जाने के बावजूद विश्वव्यापी अटकलों पर विराम देने के लिए की गई थी। हालाँकि कुछ ही दिन के भीतर स्थिति बदल गई। पहले उन्हें प्रधानमंत्री के वैज्ञानिक सलाहकार के पद से हटाया गया, फिर उन्हें घर में नजरबंद कर दिया गया, फिर वर्ष 2009 में अदालत के माध्यम से उन्हें बिना शर्त रिहा कर दिया गया। इस पर भी कई सवाल उठे, लेकिन अमेरिका ने अपने भू-राजनीतिक हितों के कारण फिर पाकिस्तान की मिजाजपुर्सी शुरू कर दी। अमेरिका ने मुशर्रफ को क्लीनचिट दे दी। भले ही बीच-बीच में इस बात की चिंता व्यक्त की कि कहीं ये हथियार आतंकियों के हाथ न आ जाएँ।

पाकी बम शब-ए-बारात के लिए नहीं

पाकिस्तान के सैनिक व असैनिक नेता पाकिस्तान के पास परमाणु बम होने पर इतना इतराते रहे हैं कि वे हर कुछ दिन बाद इस बात की चेतावनी देते हैं कि पाकिस्तान के पास परमाणु बम है। डॉ. कादिर खान ने तो कुलदीप नैयर को इंटरव्यू देते समय असंदिग्ध रूप से बता दिया था कि बांग्लादेश युद्ध के समय जो स्थिति बनी थी, यदि वैसी ही स्थिति कभी फिर बनी तो पाकिस्तान परमाणु बम का उपयोग भारत के विरुद्ध जरूर करेगा।

भारत ने पहले ही अपनी नीतिगत घोषणा कर रखी है कि वह किसी भी देश के खिलाफ अपने परमाणु हथियार का तब तक इस्तेमाल नहीं करेगा, जब तक कोई देश उस पर पहले परमाणु हमला नहीं करता, लेकिन पाकिस्तान इस तरह की नीतिगत घोषणा के लिए तैयार नहीं। उसका कहना है कि वह परमाणु हथियारों का विकल्प खुला रखेगा और भारत के साथ पहले परमाणु हथियार इस्तेमाल नहीं करने की संधि नहीं करेगा।

विचित्र बात यह है कि पाकिस्तान भारत को यदा-कदा परमाणु हथियार इस्तेमाल करने की धमकी भी देता रहा है। कादिर खान ने कुलदीप नैयर को दिए गए इंटरव्यू में भी धमकी दी थी, "अगर आपने हमें मजबूर किया, जैसा पूर्वी पाकिस्तान को अलग करने के समय हुआ, तो हम सीधे बम का इस्तेमाल करेंगे।" नैयर ने खान को दलील दी कि आप उत्तर भारत को बरबाद कर सकते हैं, लेकिन इसके साथ पाकिस्तान का भी खात्मा हो जाएगा। भारत इसके बाद भी दक्षिण के संसाधनों से देश का फिर निर्माण कर लेगा।

कारगिल युद्ध के समय भी पाकिस्तान ने भारत पर परमाणु युद्ध के हमले की धमकी दी थी। प्रधानमंत्री अटल बिहारी वाजपेयी ने 13 सितंबर, 2002 को संयुक्त राष्ट्र संघ के 57वें महाधिवेशन को संबोधित करते हुए पाकिस्तान को चेताया था कि वह परमाणु युद्ध की धमकी न दे। वर्ष 2019 में जम्मू-कश्मीर में संविधान के अनुच्छेद 370 को निष्क्रिय करने और लद्दाख को अलग राज्य का दर्जा देने का पुरजोर विरोध करते हुए पाकिस्तान ने एक बार फिर उसके पास परमाणु बम होने की शेखी बघारी। कादिर खान का कहना था कि उनके देश के पास नई दिल्ली को चंद मिनटों में निशाना बनाने की ताकत है। पाकिस्तान के पूर्व राष्ट्रपति और शासक जनरल मुशर्रफ तो कई-एक बार कह चुके हैं कि पाकिस्तान ने परमाणु बम शब-ए-बारात जैसे मौकों के लिए नहीं बनाए हैं। भारत इस तरह के बयानों को गैर-जिम्मेदाराना बताते हुए खारिज कर चुका है।

आतंकियों के हाथ आ जाने का खतरा

पाकिस्तान के परमाणु हथियार कितने सुरक्षित हैं, इसे लेकर फेडरेशन ऑफ अमेरिकन साइंटिस्ट ने वर्ष 2018 में चेतावनी जारी की थी। रिपोर्ट के मुताबिक, पाकिस्तान ने नौ विभिन्न स्थानों पर अपने परमाणु हथियारों को रखा हुआ है। अमेरिकी विशेषज्ञों के मुताबिक, पाकिस्तान ने जिन ठिकानों पर परमाणु हथियार रखे हैं, उन सभी से परमाणु हथियार लॉन्च किए जा सकते हैं। इसका मतलब यह हुआ कि पाकिस्तान जब चाहे अपने ठिकानों से परमाणु हमला कर सकता है, लेकिन बस दिक्कत एक ही बात की है और वह है कि ये ठिकाने सुरक्षित नहीं हैं। अमेरिका का मानना है कि इन हथियारों तक आतंकियों की पहुँच है और वे इन हथियारों को चुराने में सक्षम हैं। पाकिस्तान के कामरा एयरबेस पर आतंकी आधा दर्जन बार हमला कर चुके हैं। यह स्थान पुंछ से 54 किमी. की दूरी पर है। इस एयरबेस पर पाकिस्तानी सैनिकों का अड्डा, कई लड़ाकू विमान और कई महत्त्वपूर्ण हथियार तो हैं ही, बताया जाता है कि पाकिस्तान के कुछ परमाणु बम भी वहीं रखे हुए हैं। इसमें शक नहीं कि वहाँ सुरक्षा व्यवस्था कड़ी है, लेकिन आतंकी बार-बार इस पर हमला कर क्या हासिल करना चाहते हैं?

अमेरिका के एक प्रमुख अखबार 'न्यूयार्क टाइम्स' (New York Times) ने 'दक्षिण एशिया में परमाणु का खतरा' शीर्षक अपने एक संपादकीय में लिखा है—"भारत एक ओजस्वी लोकतंत्र के रूप में एक क्षेत्रीय आर्थिक और राजनीतिक शक्ति बनने की ओर अग्रसर है। पाकिस्तान अरबों डॉलर अपनी सैनिक शक्ति बढ़ाने पर खर्च कर रहा है, जबकि उसे यह राशि अपनी स्वास्थ्य और शिक्षा सेवाओं को सुधारने और अपने लोगों के लिए रोजगार के नए अवसर सुलभ कराने में लगानी चाहिए। पाकिस्तान आर्थिक विफलता के खतरे के कारण तेजी से अराजकता की ओर बढ़ रहा है। उसकी राजनीतिक संस्थाएँ कमजोर हो रही हैं। तालिबान द्वारा सरकार को गिराने का प्रयास हो रहा है। ऐसी अवस्था में पाकिस्तान को आधुनिक सैनिक हथियारों से सज्जित करना बिल्कुल निरर्थक है।"

□

59

खालिस्तान के नाम पर खून-खराबे में पाकिस्तानी संलिप्तता

भारत को हजार घावों से लहूलुहान कर उसे विघटित करने की जनरल जिया-उल-हक की दुष्ट रणनीति पर उनके उत्तराधिकारी भी अमल करते रहे हैं। करीब एक दशक तक चले हिंसक खालिस्तान आंदोलन में हजारों लोगों के खून के बाद इस मुहिम की पूरी तरह हार होने के बावजूद खालिस्तान के लिए पाकिस्तान की खूनी प्यास आज भी नहीं बुझी है। पाकिस्तान की बदनाम खुफिया एजेंसी आई.एस.आई. के पाले-पोसे हथियारबंद आतंकी खालिस्तान के टूटे सपने को जिलाने में आज भी जुटे हैं।

करतारपुर कॉरिडोर को लेकर भी पाकिस्तान से सचेत रहने की जरूरत है। पाकिस्तान इस बहाने मृतप्राय: खालिस्तान आंदोलन को फिर सुलगाने का प्रयास कर रहा है। पाकिस्तान अवस्थित ननकाना साहब और करतारपुर में खालिस्तान समर्थक झंडे लहराने जैसी कई घटनाओं को हलके में नहीं लिया जा सकता।

भारत को हजार घावों से लहूलुहान करने और उसे विघटित करने की अपनी दुष्ट रणनीति के अंतर्गत जनरल जिया-उल-हक ने 1980 के दशक में कश्मीर के साथ पंजाब में अलगाववाद और उग्रवाद को बढ़ावा देने की हरचंद कोशिश की। जनरल जिया की तो अगस्त 1988 में एक रहस्यमय विमान दुर्घटना में मौत हो गई, लेकिन इस कट्टरपंथी भारत-विद्वेषी फौजी डिक्टेटर की मौत के बाद उसके उत्तराधिकारी मजहबी जुनून के साथ उसके नक्शे कदम पर चलते हुए भारत को तोड़कर खालिस्तान बनाने की मुहिम को हवा देते रहे हैं।

आई.एस.आई. की षड्यंत्रकारी भूमिका

जून 1984 में अमृतसर के स्वर्ण मंदिर पर हुई सैनिक काररवाई (ऑपरेशन ब्लू स्टार) और नवंबर 1984 के सिख-विरोधी दंगों का बदला लेने की संभावनाओं के लालच में बड़ी संख्या में युवा सिख आतंकवाद की ओर आकर्षित हुए, जिससे खालिस्तानी आंदोलन ने जोर पकड़ा। इस आंदोलन को पकिस्तान की ओर से हर प्रकार की सहायता और समर्थन, प्रशिक्षण और हथियार सुलभ कराए गए। इसमें पाकिस्तान की षड्यंत्रकारी खुफिया एजेंसी आई.एस.आई. की मुख्य

भूमिका रही। इसने खालिस्तानी और इसलामिक आतंकी गुटों के बीच तालमेल बैठाने में कोई कोर-कसर बाकी नहीं रखी।

करीब एक दशक तक चले इस हिंसक आंदोलन में एक आकलन के अनुसार, 45,000 से अधिक लोगों की जानें गईं। भारत ने अंततः काफी गहरी कीमत चुका कर इस विघटनकारी हिंसक आंदोलन पर काबू पा लिया।

लेकिन खालिस्तान के लिए पाकिस्तान की खूनी प्यास अभी तक बुझी नहीं है। पाकिस्तान ने पिछले तीन दशक से खालिस्तानी आतंकवाद को किसी तरह जीवित बनाए रखा हुआ है, लेकिन उसे पंजाब में प्रतिबद्ध गुर्गों को भरती करने में मुश्किलें पेश आ रही है। इस प्रसंग में विचित्र बात यह है कि विदेशों में विशेषकर कनाडा, अमेरिका और ब्रिटेन आदि देशों में जाकर बस गए। खालिस्तानी मानसिकता के कुछ लोग खालिस्तान की बासी कढ़ी में फिर उबाल लाना चाहते हैं।

पश्चिम पंजाब की कृषि क्रांति में सिखों का योगदान

खालिस्तान आंदोलन के प्रकरण में उसके इतिहास-भूगोल को समझना आवश्यक है। ज्ञातव्य है कि अविभाजित पंजाब में ब्रिटिश शासनकाल में सतलुज, व्यास, रावी, चिनाब और झेलम नदियों से नहरें निकाली गई थीं। उसके अंतर्गत पंजाब के लायलपुर और मिंटगुमरी क्षेत्र (जो अब पाकिस्तान में हैं) में स्थानीय किसानों के अलावा बड़ी संख्या में बाहर से सिख किसानों को लाकर बसाया गया, जिन्होंने अपनी हाड़-तोड़ मेहनत से इस क्षेत्र की हजारों-हजार एकड़ बंजर भूमि को हरा-भरा बनाने में महान योगदान किया। देश विभाजन के समय यहाँ के लाखों सिखों को, जिनमें बड़ी संख्या में किसान थे, मार भगाया गया। मार्च 1947 के भयानक दंगों में मुसलिम लीग के गुंडों ने अकाली दल के सर्वप्रमुख नेता मास्टर तारा सिंह की माँ को उनके रावलपिंडी जिलांतर्गत हरियाल गाँव में कत्ल कर दिया था। मास्टर तारा सिंह उस दिन लाहौर में थे, नहीं तो शायद उनकी भी वह गत होती।

मास्टर तारा सिंह

मास्टर तारा सिंह ने देश विभाजन की माँग के समय स्पष्ट शब्दों में कह दिया था कि वह मुहम्मद अली जिन्ना के प्रलोभन या झाँसे में आनेवाले नहीं हैं। मास्टर तारा सिंह उन नेताओं में थे, जिन्हें आरंभ में ही इस बात का अहसास हो गया था कि पाकिस्तान बनने पर वहाँ सिखों का रह पाना बिल्कुल नामुमकिन हो जाएगा।

खालिस्तान के छद्मवेशी पैरोकारों को कौन-सा खालिस्तान चाहिए? तीन तरफ भारत से और एक तरफ पाकिस्तान से घिरा हुआ छोटा-सा 'स्तान?' इसकी क्या आत्मनिर्भरता और संप्रभुता होगी? क्या इसे पाकिस्तान के रहमोकरम पर नहीं रहना पड़ेगा?

लाहौर होनी चाहिए खालिस्तान की राजधानी

खालिस्तान की माँग में पाकिस्तान का वह क्षेत्र, जहाँ विभाजन से पहले बड़ी संख्या में सिख आबाद थे और जहाँ सिखों के धर्मस्थल ननकाना साहब और करतारपुर साहब अवस्थित

हैं, समाहित किया जाना चाहिए। इसकी राजधानी लाहौर होनी चाहिए, जो रेडक्लिफ अवार्ड के अंतर्गत भारत के हिस्से में आने की संभावना थी और सिखों के राज के समय महाराजा रणजीत सिंह की राजधानी तो थी ही। यहीं पर गुरु अर्जुन देव और महाराजा रणजीत सिंह की समाधि भी है। पाकिस्तान की शह प्राप्त खालिस्तानी जरा इस बारे में पाकिस्तान से बात करके तो देखें।

खालिस्तान आंदोलन का पाकिस्तान से संबंध कभी छुपा नहीं रहा। इसका ताजा और पुख्ता सबूत कनाडा के मैकडोनाल्ड लॉरियर इंस्टीटयूट (MLI) द्वारा सितंबर 2020 में प्रकाशित रिपोर्ट में दिया गया है, जिसमें पाकिस्तान और खालिस्तान समर्थकों के बीच संबंधों पर विस्तार से चर्चा की गई है। रिपोर्ट का शीर्षक है—Khalistan : A Project of Pakistan (खालिस्तान : पाकिस्तान का एक प्रोजेक्ट)। वैश्विक स्तर पर इस रिपोर्ट की गहन चर्चा हुई है।

खालिस्तान समर्थक नारेबाजी

इस रिपोर्ट पर चर्चा के लिए 18 सितंबर, 2020 को दिल्ली के 'थिंक टैंक' लॉ एंड सोसाइटी अलाइंस (Law and Society Alliance) ने एक वेबीनार का आयोजन किया था। इसमें शामिल होनेवालों में इस रिपोर्ट के लेखक टेरी मिलेव्सकी, लॉर्ड रमी मेंजर, सुखी चहल और मेजर गौरव आर्य थे। वेबीनार का विषय था—Khalistani Terrorism and Canada (खालिस्तानी आतंकवाद और कनाडा)।

रिपोर्ट में खालिस्तानी आंदोलन में पाकिस्तानी हाथ का पर्दाफाश किया गया है। इसके साथ ही इस बात पर आश्चर्य व्यक्त किया गया है कि खालिस्तानी आंदोलन के सूत्रधार एक ऐसे देश के साथ जुड़ गए हैं, जहाँ सिख धर्मावलंबियों को बलात् धर्म परिवर्तन के लिए मजबूर किया जाता है, उनके गुरुद्वारों पर हमले किए जाते हैं, अपहरण किए जाते हैं और जान से मार डाला भी जाता है।

पाकिस्तान : सिखों का सबसे बड़ा दुश्मन

रिपोर्ट में 1985 में कनाडा से भारत की उड़ान भरनेवाले एयर इंडिया के 'कनिष्क' विमान में षड्यंत्रकारी बम विस्फोट में सभी 329 यात्रियों की मृत्यु के हादसे का उल्लेख करते हुए इस बात पर अफसोस जाहिर किया गया है कि आज तक इस मामले में कोई मुकम्मल इंसाफ नहीं हुआ है। रिपोर्ट में प्रस्तावित खालिस्तान के नक्शे की भी चर्चा की गई है, जिसमें भारतीय भू-भाग के अंतर्गत राजस्थान का एक बड़ा क्षेत्र, भारतीय हिस्से का पूरा पंजाब, हिमाचल प्रदेश और दिल्ली को दरशाया गया है।

इस मानचित्र के बारे में रिपोर्ट में बताया गया है—

But this map, put up by Sikhs for Justice as part of the voter enlisting exercise in Canada, did not claim a single inch of Pakistani territory as part of Khalistan.It should have included Lahore where Maharaja Ranjit Singh ran an empire, and Nankana Sahib where Guru Nanak Dev Ji was born.

Why are these parts of land, with Sikh history being left out? The answer is that the people who are organizing the movement can not afford to run the campaign without Pakistan's monetary and other kinds of support. They do not want to annoy their masters.

(लेकिन यह मानचित्र, जिसे 'सिख्स फॉर जस्टिस' संगठन ने कनाडा में वोट जुगाड़ करने की कवायद के तहत प्रदर्शित किया है, पाकिस्तान की एक इंच भूमि पर भी खालिस्तान का भाग होने का दावा नहीं करता। इसमें लाहौर को भी शामिल किया जाना चाहिए था, जहाँ से महाराजा रणजीत सिंह अपने साम्राज्य का संचालन करते थे और ननकाना साहब को भी, जहाँ गुरुनानक देवजी का जन्म हुआ था। इस भू-भाग को, जिसका संबंध सिखों के इतिहास से रहा है, क्यों छोड़ दिया गया है ? इसका जवाब यह है कि जो लोग खालिस्तान आंदोलन को चला रहे हैं, वे पाकिस्तान की आर्थिक और अन्य प्रकार की सहायता के बिना इसे चलाने की स्थिति में नहीं हैं। वे अपने मालिकान को नाराज नहीं कर सकते।)

यह रिपोर्ट खालिस्तान आंदोलन के साजिशकर्ताओं का बहुत ही सुस्पष्ट ढंग से भंडाफोड़ करती है। सच यह है कि भारत कनाडा के खालिस्तान समर्थकों पर काररवाई नहीं कर सकता। पहला कारण तो यह है कि वे अब कनाडा के नागरिक हैं। दूसरा यह कि वे लोग आतंकवाद का समर्थन करते हैं, आतंकवादी गतिविधियों में शामिल नहीं हैं। इस वेबीनार में 'खालसा टुडे' के संस्थापक सुखी चहल ने कहा कि खालिस्तान-समर्थक आतंकवादियों की तसवीरें सिखों के धर्मगुरुओं के साथ लगाते हैं। यह उन महान धर्मगुरुओं का अपमान है, जो देश-धर्म की रक्षा के लिए प्राणोत्सर्ग की चरम भावना से उद्वेलित थे।

सिखों को यह समझना चाहिए कि पंजाब का सबसे ज्यादा नुकसान पाकिस्तान ने किया है और खालिस्तानी सिख उसके ही समर्थन के फेर में हैं। हाल ही में पाकिस्तान में एक ग्रंथी (गुरुग्रंथ साहब का पाठ करनेवाला) की बेटी का अपहरण किया गया था। इसके बाद उससे जबरन इसलाम कबूल कराया गया और उसका निकाह भी कर दिया गया। हैरानी की बात यह थी कि किसी भी खालिस्तानी समर्थक ने इस घटना का विरोध नहीं किया। खालिस्तानियों को अगर अपना क्षेत्र चाहिए तो इसकी शुरुआत पाकिस्तान से ही करनी चाहिए।

ग्रंथ साहब में 'पंजाब' नहीं 'हिंदुस्तान' का उल्लेख

गोवा के पूर्व उपराज्यपाल डॉ. गोपाल सिंह ने खालिस्तान आंदोलन के विरुद्ध एक लेख लिखा था, जो 'द टाइम्स ऑफ इंडिया' (The Times of India) के 15 जुलाई, 1986 के अंक में प्रकाशित हुआ था। इसका शीर्षक था—'हिंदू-सिख भाईचारा, पाँच सौ वर्षों के इतिहास की अवहेलना न करे।' इसमें अन्य बातों के अतिरिक्त उन्होंने लिखा—"समस्त भारत हमारी मातृभूमि और पुण्यभूमि रही है। गुरु गोविंद सिंह ने सिखों के दो तख्तों (आध्यात्मिक स्थलों) की स्थापना पंजाब से बाहर बिहार व महाराष्ट्र में की थी। उनके पाँच प्यारे भारत के विभिन्न स्थानों—मुख्यत: हिंदू तीर्थ स्थलों—जगन्नाथपुरी, द्वारका, बीदर आदि से ही आए थे। वस्तुत: 'पंजाब' शब्द का पूरे ग्रंथ साहब में कहीं उल्लेख नहीं है, बल्कि 'हिंदुस्तान' का उल्लेख है।"

पंजाब की विघटन योजना के सूत्रधार पाकिस्तान के फौजी डिक्टेटर जनरल जिया-उल-हक

के निकटवर्ती लेफ्टि. जनरल ए.आई. अकरम थे। उन्होंने कहा था—"भारत द्वारा पाकिस्तान को खंडित करने का हिसाब चुकाने का पंजाब ने हमें अंतिम अवसर दिया है तथा इस एक ही तीर के दूसरे शिकार के रूप में हम सिखों से मुसलमानों पर किए उन अत्याचारों का बदला ले सकेंगे, जो उन्होंने हरि सिंह नलवा के समय से लेकर भारत-पाक विभाजन तक किए थे।"

इससे साफ जाहिर है कि पाकिस्तान खालिस्तान के संबंध में क्या राजनीतिक चाल चल रहा है। ज्ञातव्य है कि हरि सिंह नलवा महाराजा रणजीत सिंह (1760-1839) के सिपहसालार थे, जिन्होंने पेशावर सीमांत प्रदेश में सैयद अहमद के सिख-विरोधी वहाबी जिहाद को दबा दिया था और 1831 में सैयद अहमद और जिहाद के अन्य नेता बालाकोट में खेत रहे थे। पेशावर पंजाब के अंग्रेजी राज्य में सम्मिलित किए जाने (1849) तक सिखों के साथ रहा। महाराजा रणजीत सिंह का राज्य तिब्बत के पश्चिम सिंध के उत्तर और खैबर दर्रे से लेकर यमुना नदी के पश्चिमी तट तक विस्तारित था और इसमें जम्मू-कश्मीर भी शामिल थे।

महाराजा रणजीत सिंह

महाराजा रणजीत सिंह ने अफगानिस्तान के पदच्युत शाह शुजा के परिवार को न केवल शरण दी थी, बल्कि उन्हें जेल से मुक्त कराया था। इस पर शाह शुजा ने रणजीत सिंह को कोहिनूर हीरा भेंट किया था। रणजीत सिंह के राज्य में ऊँचे पदों पर हिंदू और मुसलमान समान रूप से नियुक्त किए जाते थे। उनके शासनकाल में पूर्ण सांप्रदायिक सौहार्द था।

पाकिस्तान के जनरल अकरम और उनके टोले की जहनियत में हरिसिंह नलवा द्वारा वहाबी जिहादियों को भगा देना और दबा देना मौजूद है, लेकिन हिंदू-मुसलिम दोस्ताना ताल्लुकात का इतिहास उनके जहन से नदारद है। प्रसिद्ध इतिहासकार जे.डी. कनिंघम के अनुसार रणजीत सिंह का राज्य जनभावना पर आधारित था। डॉ. डब्ल्यू एल.एम. ग्रेगर ने 'सिखों का इतिहास' (History of the Sikhs) में लिखा है—'रणजीत सिंह संपूर्ण पूर्व और पश्चिम संसार में दुर्लभ मानसिक शक्तियों के स्वामी थे।'

पाकिस्तान का 'हिंदू-सिख सफाया अभियान'

जनरल अकरम ने महाराजा रणजीत सिंह के सेनापति हरि सिंह नलवा के समय से लेकर भारत-पाक विभाजन तक मुसलमानों पर सिखों के कथित अत्याचारों का भी उल्लेख किया है। जनरल अकरम और उनके खेमे के जिहादी मानसिकता वाले पाकिस्तानियों का यह भ्रम है, जिसे सत्य का उपहास कहा जाएगा। वस्तुस्थिति यह है कि 1947 में जब मुसलिम लीग के गुंडों ने पश्चिमी पाकिस्तान से 'हिंदू-सिख सफाया अभियान' शुरू किया, तब सरहद के इस पार सिख पट्टी के क्षेत्रों के सिखों ने बदले में पुरजोर काररवाई आरंभ कर दी, जिसके बाद पश्चिमी पंजाब में हिंदुओं और सिखों का कत्लेआम रुक गया। विभाजन के समय कितने लाख सिख मारे गए, यह जिहादियों के किसी खाते में नहीं है।

खालिस्तान आंदोलन को सहयोग-समर्थन देने के पीछे पाकिस्तान का बड़ा शिकवा यह है कि भारत ने पूर्वी पाकिस्तान को पाकिस्तान से काटकर बांग्लादेश बना दिया। पाकिस्तान को अपनी

करतूतें याद नहीं रहतीं। जिस प्रकार 1971 का जनादेश रौंदते हुए पश्चिमी पाकिस्तान ने हर तरह से पूर्वी पाकिस्तान (अब बांग्लादेश) पर हावी होने की कोशिश की और वहाँ कत्लेआम मचा दिया, उसकी तीखी प्रतिक्रिया होनी ही थी।

वरिष्ठ भारतीय पत्रकार कुलदीप नैयर ने पाकिस्तानियों से वार्तालाप का उल्लेख करते हुए अपने एक लेख (17 नवंबर, 1991) में लिखा था कि कुछ पाकिस्तानियों ने कश्मीर और पंजाब में उग्रवादियों को प्रशिक्षण और हथियार देने की बात का खंडन नहीं किया। कुछ ने तो यह दलील भी दी कि वे तो वही कुछ कर रहे हैं, जो भारत ने बांग्लादेश में किया था। एक पाकिस्तानी ने तो यह भी कहने में संकोच नहीं किया कि जब तक कश्मीर के मामले का निपटारा नहीं हो जाता, पंजाब में दखलअंदाजी जारी रहेगी।

करतारपुर : पाकिस्तान का आतंकी मंसूबा

इससे यह भी जाहिर होता है कि पाकिस्तान के कट्टरपंथियों के सोचने का ढंग कितना गलत और विकृत है। वस्तुस्थिति यह है कि पाकिस्तान ने पिछले कई वर्षों से खालिस्तान आंदोलन को हवा देने का सिलसिला जारी रखा हुआ है, लेकिन '80 के दशक की तरह उसकी दाल अब गल नहीं रही है, फिर भी वह निरंतर प्रयासरत है। कुछ अर्सा पूर्व पंजाब पुलिस ने पंजाब में खालिस्तान समर्थक आतंकी मॉड्यूल का भंडाफोड़ किया था।

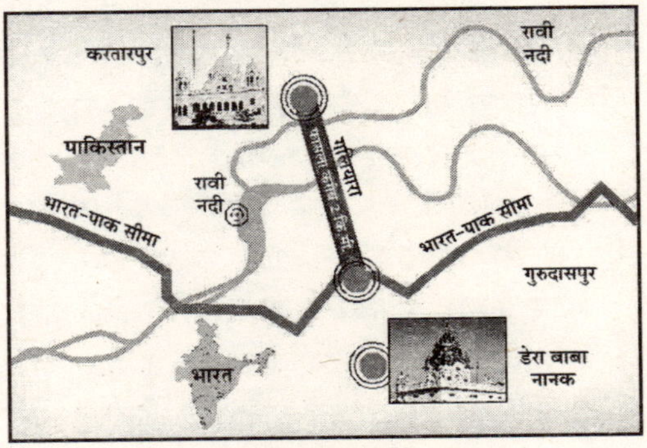

करतारपुर कॉरिडोर

करतारपुर कॉरिडोर को लेकर भी पाकिस्तान से सचेत रहने की जरूरत है। पाकिस्तान इस बहाने खालिस्तान आंदोलन को फिर सुलगा सकता है। पाकिस्तान अवस्थित ननकाना साहब और करतापुर में खालिस्तान समर्थक झंडे लहराने जैसी कई घटनाओं को हल्के में नहीं लिया जा सकता। पाकिस्तान के तत्कालीन रेलमंत्री शेख रशीद तो यह उगल ही चुके हैं कि करतारपुर कॉरिडोर खोलना पाक सेनाध्यक्ष जनरल बाजवा के दिमाग की उपज है। इसके जरिए जनरल बाजवा भारत को जो जख्म देंगे, वह भारत याद रखेगा।

राज्यसभा सदस्य व भाजपा नेता सुब्रह्मण्यम स्वामी ने करतारपुर कॉरिडोर के खुलते समय यह आशंका व्यक्त की थी कि पाकिस्तान इस गलियारे के जरिए अपने आतंकी मंसूबों को भी आगे कर सकता है।

पश्चिमी देशों में आधारित कई भारतीय व गैर भारतीय समूहों द्वारा वैचारिक और वित्तीय रूप से आज भी खालिस्तान आंदोलन को समर्थन जारी है। भारत को खालिस्तान की आड़ में किसी प्रकार के छद्म राजनीतिक खेल या बेजा फायदा उठाने की कोशिश को नाकाम करना होगा। पूरी स्थिति को देखते हुए भारत को बहुत सतर्क रहने की जरूरत है।

□

60

'इंडिया को नहीं बनने देंगे सुपर पॉवर : बराबरी करके रहेंगे'

पाकिस्तान एक ऐसा देश है, जिसके आकाओं का ध्यान अपने देश की प्रगति और विकास की ओर कम और भारत को परेशान करने और उसे नीचा दिखाने की ओर अधिक रहता है। वह हर क्षेत्र में भारत के साथ न केवल बराबरी करना चाहता है, बल्कि भारत के एक बड़ी शक्ति बनने की राह में रोड़े भी अटकाना चाहता है।

विश्व की साम्राज्यवादी शक्तियाँ इस उपमहाद्वीप में 'शक्ति संतुलन' या बेलेंस ऑफ पॉवर बनाए रखने के लिए हद से बाहर जाकर पाकिस्तान की हर प्रकार से मदद करती रही हैं। हालाँकि अंततः यह उनके लिए नुकसानदेह साबित हुआ है। वर्षों बाद उन्हें इसका बोध हो रहा है।

पाकिस्तान की राजनीति असली मुद्दों से मुँह चुराती नजर आती है। उसने अपना अलग वजूद साबित करने के लिए भारत के प्रति अपनी दुश्मनी को इतिहास व दर्शन का छद्म बाना पहना रखा है।

अब पाकिस्तान के विवेकशील वर्गों में यह सवाल उठने लगा है कि कैसे ठीक राह पकड़कर भारत पाकिस्तान से काफी आगे निकल गया है। विदेशों में भी उसका सम्मान व रुतबा बढ़ा है।

प्रश्न है : क्या पाकिस्तान के कर्णधारों में सद्बुद्धि का उदय होगा?

पाकिस्तान एक ऐसा देश है, जिसके आकाओं का ध्यान अपने देश की प्रगति और विकास की ओर कम और भारत को परेशान करने और उसे नीचा दिखाने की ओर अधिक रहता है। इसके कर्णधार एक विचित्र प्रकार की मनोग्रंथि का शिकार हैं। एक तरफ तो वे भारत के प्रति झूठे वहम और डर पाले हुए हैं, दूसरी तरफ वे यह समझते हैं कि वे भारत को येन-केन-प्रकारेण पछाड़ सकते हैं। इसलाम के नाम पर वजूद में आए इस मुल्क को लगता है कि उसकी सब समस्याओं का समाधान इसलाम में है। मुकाबला 'हिंदू भारत' और 'मुसलिम पाकिस्तान' के बीच है। इस नजरिए की सबसे बड़ी हिमायती वहाँ की 'सर्वशक्तिमान' फौज है, जिसका 'धंधा' इसी नजरिए की शह पर फल-फूल रहा है।

भारत-दुश्मनी का माहौल

भारत-पाकिस्तान संबंधों में विगत में जो भी नरमी-गरमी आती रही हो, ताजातरीन स्थिति एक जनमत सर्वेक्षण के अनुसार यह है कि आज पाकिस्तान के ज्यादातर लोग भारत को अपना दुश्मन समझते हैं। इस स्थिति को लाने के लिए वहाँ के मुल्ला-मिलिटरी गठजोड़ ने वर्षों तक मेहनत की है। भारत के विरुद्ध माहौल बनाने के लिए अवाम के जेहन में जहरीला खाद-पानी भरने का यह नतीजा है।

ब्रिटिश शासनकाल में अंग्रेजों ने भारतीय समाज को मुसलिम और गैर-मुसलिम—दो वर्गों में बाँटते हुए समता या बराबरी की आड़ में मुसलमानों को उनकी आबादी के अनुपात से हर क्षेत्र में कुछ ज्यादा ही आवंटित किया था—सरकारी नौकरियों और राजनीतिक प्रतिनिधित्व में भी। यूपी में मुसलमानों की आबादी मात्र 15 प्रतिशत होने के बावजूद 1857 में उन्हें 64 प्रतिशत नौकरियाँ दी गईं। वर्ष 1900 में यूपी में उर्दू के साथ हिंदी को बराबर का दर्जा दे दिए जाने पर मुसलिम कर्मचारियों की संख्या घट गई, लेकिन 1913 में भी 35 प्रतिशत नौकरियों पर मुसलिमों का कब्जा था, जो कि उनकी आबादी से दुगुना था। इसके बावजूद अलगाववाद के पक्षधर सर सैयद अहमद खान के शागिर्दों को लगा कि मुसलिम समाज का अस्तित्व खतरे में पड़ जाएगा। समता या बराबरी की माँग मुहम्मद अली जिन्ना की माँगों का मूल तत्त्व था। जिन्ना के लिए हिंदुओं और मुसलमानों के बीच समानता और इसके फलित के रूप में कांग्रेस और मुसलिम लीग के बीच समानता अत्यावश्यक थी। इसी के तहत अल्पसंख्यक मुसलिम आबादी और बहुसंख्यक हिंदू आबादी के बीच चुनावी प्रभाव क्षमता में समानता जिन्ना की माँग थी। जिन्ना के अनुसार, इस अतिरिक्त क्षमता के बगैर मुसलमानों को उनके वाजिब राजनीतिक अधिकार नहीं मिल सकते थे।

अल्पसंख्यक वर्ग का विशेषाधिकार

मुहम्मद अली जिन्ना ने गांधीजी के इस बयान पर कि हिंदू और मुसलमान भाई-भाई हैं और एक-दूसरे के बराबर हैं, कहा था, "भइया गांधी के तीन वोट हैं और मेरा सिर्फ एक।" जिन्ना ने यह बात वर्ष 1940 में लाहौर में मुसलिम लीग के अधिवेशन में मुसलमानों के लिए अलग 'होमलैंड' की माँग करते समय कही थी। इसका उल्लेख सैयद शरीफुद्दीन पीरजादा ने अपनी पुस्तक 'पाकिस्तान की स्थापनाएँ' (Foundations of Pakistan) में किया है।

मुहम्मद अली जिन्ना ने वायसरॉय की एग्जिक्यूटिव कौंसिल में भी हिंदू और मुसलिम सदस्यों की संख्या बराब.-बराबर करने की माँग की थी, जबकि देश में मुसलमानों की आबादी कुल जनसंख्या का करीब 25 प्रतिशत थी। आजादी से पूर्व हैदराबाद जैसी बड़ी रियासत के मजहबी कट्टरपंथी निजाम द्वारा मजबूरन बनाई गई 132-सदस्यीय विधानसभा में मुसलिम सदस्यों की संख्या हिंदुओं से 10 अधिक थी, जबकि रियासत की 85 प्रतिशत आबादी हिंदू थी। इस प्रकार अपनी बिल्कुल अनुचित माँग या काररवाई को उचित बताना हर किसी के वश की बात नहीं है। ऐसा खुद को मुसलमानों का एकमात्र नेता माननेवाले मुहम्मद अली जिन्ना ही कर सकते थे।

अल्पसंख्यक होते हुए भी मुसलमानों के बारे में अंग्रेजों और कांग्रेस नेताओं की तुष्टीकरण और समझौतावादी नीति के कारण जिन्ना किस प्रकार अधिकतम हिस्सा झाँस लेने में कामयाब हो

जाते थे, यह सब कोई देख रहा था। 1945 में शिमला सम्मेलन की विफलता के बारे में एच.वी. हॉडसन ने अपनी पुस्तक 'महा विभाजन : ब्रिटेन-भारत-पाकिस्तान' (The Great Divide: Britain-India-Pakistan) में लिखा है—

A minority party with unstpportable claim had been allowed to veto the whole project for advancing India's self-government.

(एक अल्पमत राजनीतिक दल को, जिसका दावा समर्थन के काबिल नहीं था, भारत की स्वराज्य प्राप्ति की प्रायोजना पर बंदिश लगाने की इजाजत दे दी गई।) बराबरी का कोई वैज्ञानिक या तार्किक आधार नहीं होते हुए भी अपने दुराग्रह से बराबरी का अधिकार प्राप्त करने से जिन्ना का हौसला बढ़ गया। आजादी से पहले 'हिंदू पार्टी कांग्रेस' के साथ बराबरी करने की 'मुसलिम पार्टी मुसलिम लीग' की जेहनियत की खुमारी देश विभाजन के बाद भी कई रूप-रंग में जारी रही। साम्राज्यवादी ताकतों ने जिस उद्देश्य की पूर्ति के लिए पाकिस्तान निर्माण की माँग को हवा दी थी, उसकी आवश्यकता उनके लिए आज भी बनी हुई है। यह बात अलग है कि वैश्विक राजनीति में काफी उथल-पुथल के कारण अब उनकी आवश्यकता और दिलचस्पी पहले से कम हो गई है, फिर भी भू-रणनीतिक कारणों से यह समाप्त नहीं हुई है।

साम्राज्यवादी ताकतों की भारत-विरोधी हरकतें

साम्राज्यवादी ताकतों ने पाकिस्तान बन जाने के बाद भारत और पाकिस्तान के बीच संबंधों में पाकिस्तान को भारत के साथ बराबरी पर रखने की हरचंद कोशिश की। इसमें अग्रणी भूमिका ब्रिटेन के बजाय अमेरिका ने निभाई। पाकिस्तान को अरबों-खरबों डॉलर की आर्थिक मदद और बड़ी संख्या में आधुनिक शस्त्रास्त्रों की आपूर्ति का सिलसिला जारी रखा। स्वयं को डेमोक्रेसी का चैंपियन माननेवाला अमेरिका पाकिस्तान की हिमायत में इस हद तक पहुँच गया कि 1971 में उसने पूर्वी पाकिस्तान (अब बांग्लादेश) मुक्ति संग्राम के समय पाकिस्तानी फौज के कत्लोगारद को नजरअंदाज किया और युद्ध के दौरान भारत के विरुद्ध पाकिस्तान की मदद के लिए अपनी नौसेना का सातवाँ बेड़ा अपने विमानवाहक जलपोत 'इंटरप्राइज' तथा अन्य युद्ध पोतों को बंगाल की खाड़ी की ओर रवाना कर दिया। इस काररवाई पर 'न्यूयार्क टाइम्स' (New York Times) ने लिखा—"पूर्वी बंगाल में पाकिस्तानी फौजी पराजय के साथ ही अमेरिका की कूटनीतिक पराजय भी है।" लंदन के 'डेली टेलीग्राफ' (Daily Telegraph) ने लिखा—"यह कूटनीति का ऐसा मूर्खतापूर्ण प्रदर्शन है, जिसकी बहुत कम मिसालें मिलेंगी।"

अमेरिका ने भारत के विरुद्ध पाकिस्तान को 'लिफ्ट' देने के लिए अपनी मूर्खतापूर्ण कूटनीति जारी रखी, यह जानते हुए भी कि पाकिस्तान को दिए जानेवाले शस्त्रास्त्रों का उपयोग कम्युनिज्म के विरुद्ध नहीं, बल्कि डेमोक्रेटिक भारत के विरुद्ध ही होगा और होता भी रहा। वर्ष 1983 में इंदिरा गांधी ने ब्रिटेन की प्रधानमंत्री मारग्रेट थैचर को कहा था—"आप मुझे बताइए कि कभी पाकिस्तान की एक भी गोली भारत को छोड़कर किसी अन्य देश की दिशा में चली?" साम्राज्यवादी शक्तियाँ पाकिस्तान को भारत के बराबर रखने के इस विचित्र सिद्धांत को इस उपमहाद्वीप में शक्ति संतुलन (Balance of Power) कहती हैं, लेकिन वस्तुस्थिति यह है कि पाकिस्तान को कितना भी दूध पिलाया जाए, वह भारत का मुकाबला कभी नहीं कर सकेगा। पाकिस्तान खुद या अपने बलबूते

भारत से आगे बढ़ने की स्थिति में नहीं है, लेकिन वह समझता है कि वह भारत को आगे बढ़ने से रोक सकता है—कम-से-कम भारत के विरुद्ध देश-विदेश में नफरत तो फैला ही सकता है।

वहीं अमेरिका, जो किसी समय किसी भी कीमत पर भारत और पाकिस्तान के बीच शक्ति संतुलन बनाए रखने पर अडिग था, अब पाकिस्तान को एक समस्या, बल्कि एक दुष्ट राष्ट्र मानने लगा है!

मीडिया ने दिखाया आईना

पाकिस्तान निर्माण के समय पाकिस्तान के पास जो साधन-स्रोत थे, जो मानव संपदा थी, उसकी भौगोलिक अवस्थिति के कारण उसकी जो सामरिक अहमियत थी, उससे वह बहुत आगे बढ़ सकता था, बल्कि कई मामलों में भारत से भी आगे बढ़ सकता था, लेकिन उसने जो गलत राह पकड़ी, वह आज भी उसी पर चल रहा है। पाकिस्तान की गणना विश्व के 20 बड़े देशों में होनी चाहिए थी, लेकिन आज उसकी गणना दुनिया के 10 सबसे विफल देशों में होती है।

पाकिस्तान की राजनीति असली मुद्दों से मुँह चुराती नजर आती है। उसने अपना अलग वजूद साबित करने के लिए भारत के प्रति अपनी दुश्मनी को इतिहास व दर्शन का बाना पहना रखा है। उसको लगता है कि अगर पाकिस्तान व भारत में दुश्मनी न हो तो इन दोनों के अलग अस्तित्व पर ही सवालिया निशान लग जाएगा।

आज से कोई दो दशक पूर्व पाकिस्तान के राजनीतिक स्तंभकार एम.एच. अस्करी ने दैनिक 'डॉन' (DAWN) में प्रकाशित लेख में भारत से मुकाबलेबाजी की पाकिस्तानी मनोग्रंथि पर टिप्पणी करते हुए जो लिखा था, उसे भारतीय समाचारपत्र 'एशियन एज' (Asian Age) ने अपने 28 सितंबर, 1998 के अंक में प्रकाशित किया। अस्करी ने लिखा—

Pakistan simply refuses to recognize that India is many times bigger, more endowed with much greater resources, more attractive to world powers as a possible partner in any kind of economic or strategic venture.

(पाकिस्तान यह मानने से बिल्कुल इनकार करता है कि वैश्विक शक्तियों की नजर में भारत किसी भी प्रकार के व्यापार-उद्योग और संपदा संबंधी आकर्षक उद्यम में संभावित भागीदारी के लिए पाकिस्तान की बनिस्बत कई गुना बड़ा तथा अधिक साधन-स्रोतों से संपन्न देश है।)

कहते हैं, किसी भी देश की सरकार को वहाँ का मीडिया आईना दिखाता है, लेकिन पाकिस्तान में ऐसा हो नहीं पाता। वहाँ यह बहुत जोखिम का काम है। उर्दू अखबारों से तो यह अपेक्षा भी नहीं की जाती, फिर भी मार्च 2013 में पाकिस्तान के प्रसिद्ध उर्दू दैनिक 'नवाए वक्त' में इफ्तिकार अली मलिक का एक लेख छपा, जिसने पाकिस्तान के अकूत प्राकृतिक साधन-स्रोतों और आर्थिक विकास की कई अंत:क्षमताओं का उल्लेख करते हुए उदाहरणस्वरूप लिखा गया कि पाकिस्तान में ऊर्जा उत्पादन की अच्छी-खासी संभावनाओं के बावजूद ऊर्जा संकट व्याप्त है, जिस कारण पाकिस्तान का टेक्सटाइल उद्योग अब वहाँ से हटकर बाहरी देशों में चला जा रहा है। चीन इसका सबसे ज्यादा लाभ उठा रहा है, लेकिन अपनी सिक्युरिटी के बहाने पाकिस्तान की हर सरकार चीन का इस तरह स्वागत करती है, मानो वही पाकिस्तान का माई-बाप है। पाकिस्तान में राष्ट्रीयता को कोई महत्त्व नहीं दिया जाता। राष्ट्रीयता को धरती से निकालकर जब मजहब से

जोड़ने की कोशिश होती है तो वह और भी जोखिमपूर्ण बन जाती है, लेकिन इफ्तिकार अली मलिक द्वारा दिखाए गए आईने को देखनेवाला पाकिस्तान में कौन है ? हाल के वर्षों में विश्व के अनेक राजनीतिज्ञ और रक्षा विशेषज्ञ पाकिस्तान का ध्यान इस ओर दिला चुके हैं कि भारत अब पाकिस्तान के लिए सबसे बड़ा खतरा नहीं है। असल खतरा जिहादी हैं, लेकिन पाकिस्तान के सत्ताधीशों पर इसका कोई असर नहीं हो रहा है।

आखिरी दम तक जंग

फरवरी 2000 में जनरल मुशर्रफ के शासनकाल में पाकिस्तान के तत्कालीन गृहमंत्री लेफ्टिनेंट जनरल (रिटा.) मोइनुद्दीन हैदर ने लाहौर में एक मीटिंग को संबोधित करते हुए कहा कि मुझे इस आशय की रिपोर्ट मिली है कि भारत मिसाइलें बनाकर अपनी रक्षा-क्षमता का विस्तार कर रहा है। भारत इस उपमहाद्वीप और दक्षिण एशिया क्षेत्र में महाशक्ति (Super Power) की भूमिका अदा करना चाहता है, लेकिन पाकिस्तान ऐसा कभी नहीं होने देगा। इससे मिलती-जुलती बातें इससे पहले और बाद में भी कई पाकिस्तानी नेता कह चुके हैं और इस दिशा में निरंतर कार्यरत भी हैं। भारत को घेरना पाकिस्तान की विदेश नीति और रक्षा नीति, जिसका संचालन वहाँ की फौज करती है, का मुख्य ध्येय है। आतंकवाद के माध्यम से भारत के विरुद्ध छद्म युद्ध छेड़े रहना और बात-बेबात अपने परमाणु हथियारों का रौब दिखाना उसकी फितरत में समा गया है। फिर भी पाकिस्तान की सिविल सोसाइटी में ऐसे विवेकशील लोगों की कमी नहीं है, जो यह समझते हैं कि पाकिस्तान द्वारा धौंस-पट्टी दिखाना बेकार है और उसी तरह भारत से झगड़ते रहना भी बेकार है, बल्कि आत्मघाती है।

वर्ष 2014 में बाजार में आई क्रिसटिन फेयर की पुस्तक 'आखिरी दम तक मुकाबला, पाकिस्तानी फौज की जंग का तरीका' (Fighting To The End, The Pakistan Army's Way of War) में मशहूर लेखक टी.बी. पॉल ने लिखा—पाकिस्तान की अपनी असुरक्षा की भावना और विचारधारा के स्तर पर बड़े इरादों के चलते वह अपने लिए, इस क्षेत्र के लिए और पूरी दुनिया के लिए मुश्किलें खड़ी कर रहा है।...कश्मीर हासिल करने में पाकिस्तान की नाकामयाबी और भारत के साथ बराबरी करने की अभिलाषा पूरी करने के लिए वह हर तरीका अपनाने को मजबूर है। इसके लिए उसे जिहादियों से हिंसा फैलाने से भी गुरेज नहीं है। पाकिस्तान में सेना की भूमिका सबसे अहम होती है, लेकिन पाक सेना की

The Indian EXPRESS
www.indianexpress.com

Can't match India militarily, says Pak Defence Minister

REZAUL H LASKAR
ISLAMABAD, JUNE 28

PAKISTAN cannot afford to match the induction of modern weaponry by India, which possibly has a greater capacity to sustain a war, Pakistan Defence Minister Chaudhry Ahmad Mukhtar has said.

"If we only try to match them (India) militarily and buy the sort of armament which they have, we will probably not be able to afford it," Mukhtar said.

Fenlainine his con-

"The capacity of India and Pakistan to fight was for 20 to 22 days. Now India has inducted a lot of armaments, may be they can last for 45 days, we will not be able to do so"
CHAUDHRY AHMAD MUKHTAR, Defence Minister, Pakistan

in an interview to BBC Urdu. He was responding to a question on whether the

could walk suitcase in hand to Amritsar via Wagah but that is the reality now and it is happening," he said. This was happening, he said, "in spite of the fact that wars were fought, there were problems on the border and the Mumbai incident".

Asked why an incident like the Mumbai attacks occurred whenever relations improved between the two countries, Mukhtar said: "It is very unfortunate that such incidents happen and they should not happen. But there are players who are

सैन्य मोर्चे पर भारत का मुकाबला नहीं कर सकते पाकिस्तानी रक्षा मंत्री की स्वीकारोक्ति

अहमियत उसके भारत-विरोध की बुनियाद पर ही टिकी है।

पाकिस्तान सरकार के धौंस-पट्टी वाले बयान पिछले कई वर्षों से आते रहे हैं, आगे-पीछे आते ही रहते हैं और अब भी आ रहे हैं, लेकिन कुछ राहत की बात यह है कि पाकिस्तान की सिविल सोसाइटी में ऐसे विवेकशील व्यक्ति हैं, जो यह समझते हैं कि पाकिस्तान ने गलत राह पकड़ ली है, जो उसके लिए आत्मघाती सिद्ध होगी। पाकिस्तान भारत से आमने-सामने की लड़ाई से तो कतराएगा, लेकिन क्या वह छद्म युद्ध से भी किनारा करेगा?

बी.बी.सी. के साथ जून 2011 में बातचीत में पाकिस्तान के तत्कालीन रक्षा मंत्री चौधरी अहमद मुख्तार ने स्वीकार किया कि पाकिस्तान भारत की सैन्य शक्ति के आगे 22 दिनों से ज्यादा नहीं टिक पाएगा (याद रहे, 1965 में पाकिस्तान द्वारा छेड़ा गया युद्ध 22 दिन चला था।)। भारत का मुकाबला और उसके बराबर आधुनिक हथियार खरीदने की कोशिश करना पाकिस्तान के लिए संभव नहीं है।

पाकिस्तानियों से क्यों आगे हैं भारतीय?

वरिष्ठ पाकिस्तानी पत्रकार डॉ. फारुख सलेम ने वर्ष 2008 में एक पाकिस्तानी अखबार में लेख लिखा था, जो भारत में भी इंटरनेट के जरिए काफी पढ़ा गया। इसमें उन्होंने देश-दुनिया में भारतीयों की उपलब्धियों से संबंधित तथ्य व आँकड़े प्रस्तुत करते हुए बताया था कि क्यों पाकिस्तानियों से काफी आगे हैं भारतीय? लेख के अंत में उन्होंने लिखा—"भारत और पाकिस्तान के लोग एक ही पूर्वजों के वंशज हैं। दोनों में जीन की संरचना और डी.एन.ए. भी समान है। संस्कृति, परंपरा और खान-पान सब एक समान हैं। हम एक जैसी फिल्में देखते हैं और एक जैसे गीत गाते हैं। तो फिर ऐसा क्या है, जिसके बूते भारतीय बुलंदियों पर पहुँच रहे हैं और पाकिस्तानी पीछे छूट रहे हैं? वह है, भारतीय अपना नेता चुनते हैं, वे अपने देश के विकास के बारे में सोचते हैं, जबकि बहुत-से देश अपने विकास से ज्यादा दूसरों के विनाश पर ध्यान देते हैं।"

स्पष्ट है कि इशारा खुद पाकिस्तान की ओर है, जो उन देशों में है, जो दूसरों (यहाँ आशय भारत से है) के विनाश पर ध्यान देता है।

इस लंबे लेख में कुछ तथ्य व आँकड़े दिए गए थे, जिनमें कई अब पुराने पड़ गए हैं, फिर भी उस समय की जमीनी हकीकत और डॉ. सलेम द्वारा की गई टिप्पणियों के कुछ अंशों का उल्लेख करना उपयुक्त होगा, जो उस प्रकार हैं—

"भारत में कई दर्जन लोग अरब डॉलर की संपत्ति के मालिक हैं, पाकिस्तान में एक भी नहीं। भारत में अमीरों की संपत्ति जिस तेजी से बढ़ रही है, वह हैरत में डालनेवाली है। मुकेश और अनिल अंबानी के पिता धीरूभाई अंबानी 2002 में अपने दोनों बेटों के लिए 2.8 अरब डॉलर की संपत्ति छोड़ गए थे। 2007 में दोनों की कुल संपत्ति 95 अरब डॉलर की हो गई। धरती पर के सबसे अमीर मुसलिम उद्योगपति अजीम प्रेमजी का जन्म मुंबई में हुआ था और अब वे बंगलुरु में रहते हैं। भारत 2004 में ही विदेशी निवेशकों का तीसरा सबसे पसंदीदा देश था। पाकिस्तान इस मामले में 25 सबसे पसंदीदा देशों की सूची में भी कभी शामिल नहीं हुआ। 2004 में ही 192 देशों की प्रतिनिधि संस्था संयुक्त राष्ट्र ने भारत के चुनाव आयोग से इराक और अफगानिस्तान में चुनाव संपन्न कराने में संयुक्त राष्ट्र की मदद करने का अनुरोध किया था। जरा सोचिए, यह अनुरोध पाकिस्तान के

चुनाव आयोग से क्यों नहीं किया गया, जबकि इसलामाबाद, दिल्ली की बनिस्बत काबुल से ज्यादा नजदीक है। अब जरा प्रतिभा के बारे में कल्पना कीजिए। 12 फीसदी अमेरिकी वैज्ञानिक भारतीय मूल के हैं। 'नासा' में तो 36 फीसदी भारतीय वैज्ञानिक हैं। अमेरिका के 38 फीसदी डॉक्टर भारतीय हैं। माइक्रोसॉफ्ट के 34 और आई.बी.एम. के 28 फीसदी कर्मचारी भी भारतीय हैं। केवल कर्मचारी ही क्यों, आगे भी देखिए। सुबीर भाटिया ने 'हॉटमेल' और विनोद खोसला ने 'सन माइक्रोसिस्टम्स' की स्थापना की। दुनिया के 90 फीसदी कंप्यूटरों को चलानेवाले 'इंटेल पेंटियम' प्रोसेसर के जनक विनोद धाम हैं। एच.पी. के इ-स्पीक प्रोजेक्ट के शोधकर्ताओं में राजीव गुप्ता का नाम शामिल है। बॉलीवुड में हर साल 800 फिल्मों का निर्माण हो रहा हैं। पिछले दस साल में छह भारतीय महिलाएँ मिस वर्ल्ड या मिस यूनिवर्स का खिताब जीत चुकी हैं।"

दूसरे मुल्कों से भीख माँगने की नौबत

भारतीयों या भारतवंशियों की उपलब्धियाँ अब नई बुलंदियाँ छूने लगी हैं। वरिष्ठ पाकिस्तानी पत्रकार डॉ. सलेम के उक्त लेख के कोई दस वर्ष बाद 2018 में पाकिस्तानी मीडिया में ये सवाल उठे कि पड़ोसी देश भारत में शिक्षा, स्वास्थ्य, अंतरिक्ष कार्यक्रम आदि में जितनी तरक्की हो रही है तो पाकिस्तान क्यों पीछे है ? पाक मीडिया का कहना था कि हम लोग राजनीति, बिजली और पानी की बहस से बाहर नहीं निकल पाते, वहीं भारत चंद्रयान और मंगलयान मिशन में सफलता हासिल कर रहा है। पाक मीडिया के मुताबिक, भारत ने मंगल मिशन पर 4.5 अरब डॉलर खर्च किए, जबकि हम 27 किमी. मेट्रो बस रूट बनाने में 30 अरब रुपए से ज्यादा खर्च कर देते हैं। भारत के सामने अपनी विशाल आबादी के बावजूद भ्रष्टाचार के साथ विकास करना सबसे बड़ी चुनौती रही है, इसे हमें भी स्वीकार करना चाहिए। पाकिस्तान में किसी भी सरकार पर चुनावों में भारी धाँधली के आरोप लगाए जाते रहे हैं, जबकि भारत में चुनाव आयोग सरकार से ज्यादा ताकतवर है। कोई भी पार्टी चुनाव के नतीजों पर सवाल नहीं उठाती। सरकारें अपने फायदे के लिए चुनाव नतीजों में हेर-फेर नहीं कर सकतीं।

पाक मीडिया के अनुसार, पाकिस्तान में दुनिया के मुकाबले सबसे कम टैक्स इकट्ठा होता है। खराब टैक्स सिस्टम के कारण सबसे ज्यादा टैक्स चोरी होती है। इमरान खान ने एक प्रोग्राम में कहा था कि टैक्स की चोरी न होती तो हमें दूसरे मुल्कों से भीख नहीं माँगनी पड़ती। पाकिस्तानी नौकरशाही ही नहीं, ज्यूडिशरी की हालत भी ठीक नहीं है। पाकिस्तानी एजुकेशन सिस्टम सड़ रहा है। वहीं भारत के एजुकेशन की सब जगह तारीफ होती है। भारत की आई.आई.टी.ए., आई.आई.एम. दुनिया की टॉप यूनिवर्सिटियों में शुमार होती हैं। वहीं पाक एजुकेशन सिस्टम 'ए' लेवल 'ओ' लेवल में फँसा हुआ है। पाक स्कूलों में बच्चों को नफरत का पाठ पढ़ाया जाता है। उनकी पुस्तकों में हिस्ट्री को तोड़-मरोड़कर पेश किया जाता है। पाक मीडिया का मानना है कि भारत की कूटनीति बहुत बेहतर है।

वर्षों पूर्व के पाक मीडिया के इस विश्लेषण के बाद वैश्विक स्तर पर भारत की प्रतिष्ठा में और इजाफा हुआ है। वैसे तो भारत के राष्ट्र-जीवन में भी कई खामियाँ हैं। यह देश आर्थिक व कई अन्य समस्याओं से भी जूझ रहा है, उसके बावजूद इसने जो तरक्की की है, पाकिस्तान को उसका संज्ञान लेना चाहिए। पाकिस्तान को इस मामले में भारत से दुश्मनी के बजाय स्वस्थ प्रतिस्पर्धा करनी चाहिए। यदि उसने ऐसा किया होता तो इसका लाभ दोनों देशों को होता।

विदेशों में भारतवंशियों की धूम

कुछ अरसा पहले एक पाकिस्तानी टी.वी. चैनल इस बात का उल्लेख कर रहा था कि किस प्रकार भारतीय या भारतवंशी लोग विदेशों में, खासकर अमेरिका में, अपनी उपलब्धियों के झंडे गाड़ रहे हैं?

प्रश्न है : पाकिस्तान को किसने रोका है भारत का अनुसरण करने में? पाकिस्तान क्यों नहीं इस पर आत्ममंथन करता है? आज स्थिति यह है कि दुनिया के कई देशों में प्रवासी भारतीय अपना सिक्का जमा रहे हैं। भारतीय विदेश मंत्रालय के मुताबिक, दुनिया में 3.2 करोड़ से ज्यादा भारतीय प्रवासी हैं। इनमें से 2 करोड़ से ज्यादा तो अमेरिका, यूनाइटेड अरब अमीरात, सऊदी अरब, मलेशिया, मयांमार, ब्रिटेन, कनाडा और श्रीलंका में हैं। सबसे ज्यादा 44.5 लाख भारतीय अमेरिका में है। प्रवासियों का धन प्राप्त करनेवाले दुनिया के विभिन्न देशों की फेहरिस्त में भारत वर्ष 2008, यानी 14 वर्ष से नंबर 1 बना हुआ है। कोरोना महामारी के बावजूद वर्ष 2021 में प्रवासी भारतीयों ने भारत में 87 अरब डॉलर भेजे। यह राशि वर्ष 2020 से 4.6 प्रतिशत अधिक है। इसमें 20 प्रतिशत राशि तो अमेरिका के प्रवासी भारतीयों ने भेजी है। पिछले कुछ वर्षों से सभी क्षेत्रों में भारतीयों की ताकत बढ़ती जा रही है। अब राजनीति में भी उनकी भागीदारी बढ़ रही है। दो भारतवंशी—बॉबी जिंदल और निक्की रंधावा (हेली) चुनाव जीतकर गवर्नर बन चुके हैं।

अमेरिका के पिछले चुनाव (2020) में भारतीय मतदाताओं की कुल संख्या काफी कम होते हुए भी डेमोक्रेटिक पार्टी ने अपने उम्मीदवार जो बाइडेन के लिए भारतीयों का वोट हासिल करने का पुरजोर प्रयास इसलिए किया, क्योंकि कई राज्यों में उनके वोटों की निर्णायक भूमिका थी। बाइडेन की टीम ने 14 भारतीय भाषाओं में रेडियो व टी.वी. पर 'हिंदू वोट्स फॉर बाइडेन' कैंपेन शुरू किया और 75 प्रतिशत भारतीयों के वोट प्राप्त करने में कामयाब रहे। दोनों प्रमुख पार्टियों ने भारतीय अमेरिकी समुदाय को लुभाने का प्रयास किया। अमेरिका के राष्ट्रपति बाइडेन ने कुछ अर्सा पूर्व कहा था कि अमेरिका में भारतीय मूल के लोगों का दबदबा बढ़ता जा रहा है। वे धूम मचाए हुए हैं। बाइडेन ने राष्ट्रपति का पद ग्रहण करने के 50 से भी कम दिनों में 55 भारतवंशियों को नेतृत्ववाले पदों पर नियुक्त किया। अमेरिकी अंतरिक्ष एजेंसी 'नासा' के मंगल ग्रह मिशन की सफलता में प्रमुख भूमिका निभानेवाली भारतीय मूल की वैज्ञानिक डॉ. स्वाति मोहन को बाइडेन ने कहा कि आपसे लेकर मेरी वाइस प्रेसिडेंट कमला हैरिस और मेरे लिए भाषण लिखनेवाले विनय रेड्डी तक सर्वत्र भारतीय छाए हुए हैं।

राजनीति में नई-नई सफलताएँ

राष्ट्रपति बाइडेन प्रशासन में 80 से अधिक भारतवंशी महत्त्वपूर्ण पदों पर तैनात हैं। ज्ञातव्य है कि 'नासा' में आज भी 36 प्रतिशत वैज्ञानिक भारतीय हैं। सबसे इनोवेटिव कंपनी 'एपल' में 35 प्रतिशत, 'माइक्रोसॉफ्ट' में 34 प्रतिशत, 'आई.बी.एम.' में 28 प्रतिशत और 'इंटेल' में 17 प्रतिशत भारतीय हैं। 'माइक्रोसॉफ्ट' के सी.ई.ओ. सत्या नडेला और गूगल के सी.ई.ओ. सुंदर पिचई को वर्ष 2022 में भारत ने 'पद्म भूषण' से सम्मानित किया। भारत इस समय दुनिया का दूसरा सबसे बड़ा स्मार्टफोन निर्माता है।

कई अन्य देशों में भी भारतवंशी प्रोफेशनल क्षेत्रों और राजनीति में नई-नई सफलताएँ प्राप्त कर रहे हैं। कई-एक देशों में वे सांसद व मंत्रिपद पर भी हैं। इक्का-दुक्का मामलों में प्रधानमंत्री व राष्ट्रपति पद पर भी पहुँच चुके हैं। भारतवंशी एस. रामनाथन दो बार सिंगापुर के राष्ट्रपति रह चुके हैं। कनाडा में 2021 के संसदीय चुनाव में भारतीय मूल के 17 उम्मीदवारों ने बड़ी जीत हासिल की। कनाडा में भारतीय मूल के कई लोग मंत्रिपद पर भी हैं।

अमेरिकी राष्ट्रपति से फोन वार्ता की गुजारिश

दूसरी ओर भारत के अंधविरोध के कारण पाकिस्तान का पूरा ताना-बाना खस्ता होता जा रहा है। आर्थिक व सामाजिक विकास में विकृतियाँ आ गई हैं। धार्मिक कट्टरता तथा कश्मीर का उन्माद और सेना पर असहनीय खर्च पाकिस्तान को कहाँ ले जाएँगे, कहना कठिन है। पाकिस्तान की कुख्यात खुफिया एजेंसी आई.एस.आई. के मंसूबे के कारण जब तक आतंकवाद पाकिस्तान की रक्षा एवं विदेश नीति का अंग बना रहेगा तब तक पाकिस्तान संकट से उभर नहीं सकेगा।

क्या कारण है कि जो अमेरिका वर्षों आँख मूँदकर पाकिस्तान को करोड़ों-अरबों डॉलर की सैन्य व आर्थिक सहायता देता रहा, आज उसके साथ पाकिस्तान के संबंधों में इतनी खटास आ गई है कि जनवरी 2021 में अमेरिका का राष्ट्रपति बनने के बाद से जो बाइडेन ने अप्रैल 2022 तक पाकिस्तानी प्रधानमंत्री इमरान खान के हटने तक उन से टेलीफोन पर भी बातचीत नहीं की जबकि बाइडेन भारत समेत कई अन्य देशों के राष्ट्रध्यक्षों/शासनाध्यक्षों से बातचीत कर चुके हैं। पाकिस्तान के विदेश मंत्री ने अमेरिका को धमकी दी कि अगर वह बात नहीं करेगा तो पाकिस्तान के पास और भी रास्ते हैं!

पाकिस्तान के पास और रास्ते अब क्या रह गए हैं—चीन की ओर पहले से अधिक झुकने के अलावा पाकिस्तान की आर्थिक स्थिति दिन-ब-दिन बिगड़ती जा रही है। अंतरराष्ट्रीय वित्तीय संस्थानों से उसे तगड़ा झटका लग चुका है। चाइनीज डेवलपमेंट बैंक से कर्ज लेकर अब वह चीन के चँगुल में ऐसा फँस चुका है कि दिसंबर 2018 में आई.एम.एफ. ने चीन का कर्ज उतारने के लिए पाकिस्तान को कर्ज देने से इनकार कर दिया। भारत-विद्वेष के कारण पाकिस्तान चीन के जाल में ऐसा उलझ गया है कि अब उसकी खुदमुख्तारी तेजी से घट रही है।

दूसरी ओर कोरोना के विश्वव्यापी झटकों के बावजूद भारत की इकॉनॉमी या अर्थव्यवस्था फिर तेज ग्रोथ वाली अर्थव्यवस्था बनने की ओर अग्रसर है। भारत तीन ट्रिलियन डॉलर से अधिक की जी.डी.पी. के साथ इस समय दुनिया की पाँचवीं सबसे बड़ी अर्थव्यस्था है। हालाँकि यदि खरीद क्षमता, यानी परचेजिंग पॉवर प्रिऑरिटी (टी.पी.पी.) आधार पर देखें तो भारत तीसरी सबसे बड़ी अर्थव्यवस्था है। हाल में अमेरिका को पीछे छोड़कर भारत दुनिया का दूसरा सबसे आकर्षक मैन्युफैक्चरिंग डेस्टिनशन बन गया है।

वैर भाव प्रगति में बाधा

दुनिया भारत की सॉफ्टपॉवर की कायल है। दुनिया की अनेक बहुउद्देशीय कंपनियों का नेतृत्व भारतीय हाथों में है। कई वैश्विक रैंकिंग्स में भारत काफी आगे बढ़ चुका है। आज भारत

विश्व का सबसे बड़ा दुग्ध उत्पादक देश है। आबादी में दुनिया का दूसरा सबसे बड़े देश भारत आज कृषि उत्पादों के मामले में आत्मनिर्भर ही नहीं है, बल्कि कई जिंसों का निर्यात भी करता है। योग, प्राच्य विद्या और आयुर्वेद आदि के प्रति बढ़ती वैश्विक दिलचस्पी भारतीय संस्कृति की देन की मान्यता का प्रतीक बन चुकी हैं।

भारतीय सेना इस समय दुनिया में दूसरी सबसे बड़ी सेना है। भारत आज 42 देशों को हथियार व रक्षा सामग्री बेच रहा है। यू.ए.ई. ने सर्वाधिक खरीद की है। भारत अब उन देशों में शुमार है, जो दूसरे देशों के सेटेलाइट का प्रक्षेपण करते हैं। भारत पहले ही प्रयास में मंगल पर पहुँचनेवाला देश बन गया। इससे पहले सोवियत रूस, अमेरिका व यूरोप मंगल पर पहुँच चुके थे, लेकिन उन्हें यह सफलता पहली बार नहीं मिली थी। भारत में चार लेन से शुरू कर छह लेन और आठ लेन के हाईवे, एक्सप्रेस हाईवे और ग्रीन सुपर एक्सप्रेस हाईवे का जिस तेज गति से निर्माण हो रहा है, उससे आशा है कि अति निकट भविष्य में भारत की सड़कें अमेरिका और यूरोप जैसी हो जाएँगी। गोल्डमैन सैच्स ने भविष्यवाणी की है कि सन् 2050 में विश्व की तीन बड़ी अर्थव्यवस्थाएँ—चीन, भारत और अमेरिका होंगी।

पाकिस्तान के कर्णधारों को यह समझ लेना होगा कि भारत से वैर भाव रखकर उसकी प्रगति में रोड़े अटकाकर उसे एक बड़ी शक्ति या महाशक्ति बनने से वो रोक नहीं सकते, उसमें कुछ विघ्न जरूर डाल सकते हैं, लेकिन इससे उनको या उनके देश को क्या मिलनेवाला है? बेहतर हो, वे भारत के बढ़ते रुतबे से परेशान होने के बजाय एक महाशक्ति के रूप में भारत के उभार को बेहिचक स्वीकार करें और इसमें अपना भी योगदान करें। इससे वे स्वयं अपने सपनों को भी साकार कर सकते हैं।

□

61

नाम : आई.एस.आई., काम : साजिश, खून-खराबा, तख्तापलट!

भारत में 1993 में मुंबई में भीषण बम विस्फोटों से लेकर 2019 में पुलवामा हमले तक प्रायः सभी वारदातों में किसी-न-किसी रूप में आई.एस. आई. की अंतर्लिप्तता पाई गई है। इसकी लंबी दास्तान है। इस बदनाम खुफिया एजेंसी ने खुद अपने मुल्क के कई 'असुविधाजनक पत्रकारों' का काम तमाम करने या कराने में कोई संकोच नहीं किया।

आई.एस.आई. इतनी शक्तिशाली है कि इसने इसलामाबाद हाईकोर्ट के जज शौकत अजीज सिद्दीकी को आई.एस.आई. के खिलाफ टिप्पणी करने के कारण बरखास्त करा दिया। सिद्दीकी पर आरोप यह था कि उन्होंने रावलपिंडी जिला बार एसोसिएशन के कार्यक्रम में आई.एस.आई. पर न्यायिक प्रक्रियाओं में तिकड़मबाजी करने की बात कहीं थी।

हर देश की एक गुप्तचर या खुफिया एजेंसी होती है, जो गुप्त रूप से राज्यसत्ता के लिए कई आवश्यक जानकारियाँ प्राप्त करती है। गुप्तचर्या को अति प्राचीनकाल से शासन की एक महत्त्वपूर्ण आवश्यकता माना जाता रहा है। चाणक्य ने अपने ग्रंथ 'अर्थशास्त्र' में लिखा है कि राजा के पास विश्वासपात्र गुप्तचरों का समुदाय होना चाहिए और इन गुप्तचरों को योग्य एवं विश्वस्त मंत्रियों के निर्देशन में काम करना चाहिए।

वर्तमान समय में राजनीतिक प्रयोजनों के लिए देश के भीतर और बाहर गुप्तचरों के प्रयोग ने एक सर्वमान्य राजनीतिक धारणा का रूप ले लिया है। इस मामले में कई देशों की गुप्तचर एजेंसियों ने अपने कार्यक्षेत्र का विस्तार करते हुए भाँति-भाँति के कारनामे करना भी शुरू कर दिया है। इनमें पाकिस्तान की खुफिया एजेंसी इंटर सर्विसेस इंटेलिजेंस (आई.एस.आई.) पहली कतार में है। मजेदार बात यह है कि यह एजेंसी परदे के पीछे से सरकार के संचालन का भी काम करती है।

सरकार द्वारा खुली छूट

आई.एस.आई. की स्थापना 1948 में एक अंग्रेज फौजी अफसर मेजर जनरल आर काथ्रोन ने की थी। भारत विभाजन के समय इस ब्रिटिश अधिकारी ने पाकिस्तानी सेना में शामिल होने

का विकल्प पसंद किया था। उस समय वह डिप्टी चीफ ऑफ आर्मी स्टाफ के पद पर था। प्रारंभ में आई.एस.आई. का कार्यक्षेत्र केवल सेना संबंधी गुप्त सूचनाएँ एकत्र करने तक सीमित था, लेकिन समय बीतने के साथ-साथ पाकिस्तान के शासन-तंत्र पर सेना के अधिकारियों की पकड़ ज्यों-ज्यों मजबूत होती गई, त्यों-त्यों आई.एस.आई. के खुफिया कार्यकलापों का दायरा भी बढ़ता गया।

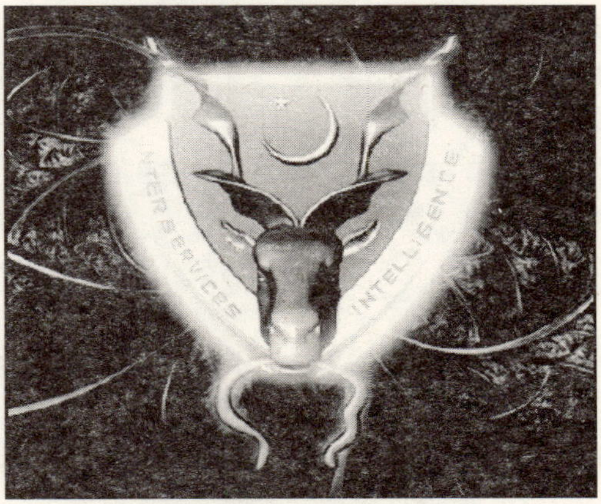

आई.एस.आई. का प्रतीक चिह्न

आई.एस.आई. का पाकिस्तान में वही स्थान है, जो अमेरिका में सी.आई.ए. (सेंट्रल इंटेलिजेंस एजेंसी), इसराइल में मोसाद, ब्रिटेन में एस.आई.एस. (सीक्रेट इंटेलिजेंस सर्विस) और भारत में रॉ (रिसर्च एंड एनैलिसिस विंग) का है, किंतु जहाँ अन्य देशों की खुफिया एजेंसियाँ अपनी सरकार के प्रति जवाबदेह हैं, वहीं आई.एस.आई. पाकिस्तानी सरकार पर अपना दबदबा रखती है। वह अपने आप में एक कानून है। इसके एजेंटों को पाकिस्तान के अंदर और बाहर, यानी अन्य देशों में जासूसी करने और पाकिस्तान के हितों की आड़ में बहुत कुछ करने की खुली छूट मिली हुई है। पाकिस्तान के रक्षा बजट का एक बड़ा भाग इस संस्था के लिए सुरक्षित रखा जाता है। इसे अपने खर्च का कोई ब्यौरा नहीं देना पड़ता। आई.एस.आई. अपनी उस कमाई को, जो नशीली दवाओं (ड्रग्स) के व्यापार से उसे प्राप्त होती है, कश्मीर के अतिरिक्त भारत के कई अन्य प्रांतों के अलगाववादी आंदोलनों को हवा देने के लिए इस्तेमाल करती है। भारत की दिक्कत यह है कि वह पारंपरिक रूप से अफीम उत्पादन क्षेत्रों के 'गोल्डन ट्राइएंगल' (सुनहरे त्रिकोण) की परिधि में आता है। इस पूरे त्रिकोण में म्यांमार (बर्मा), थाइलैंड और लाओस आते हैं। इसके अलावा वह 'गोल्डन क्रीसंट' (सुनहरे अर्धचंद्र) क्षेत्र—अफगानिस्तान, ईरान व पाकिस्तान से भी जुड़ा हुआ है। इसलिए भारत के लिए नशीली दवाओं की तस्करी को रोकना अत्यंत दुष्कर कार्य है।

आई.एस.आई. में कुल कितने लोग काम कर रहे हैं, इसकी कोई सही जानकारी उपलब्ध नहीं है। यह संख्या 10 हजार से 25 हजार तक हो सकती है, लेकिन यह तय है कि इसके करीब दो तिहाई लोग सेना से लिए गए है। पाकिस्तान की राजनीति में सेना का रौब-दाब होने के कारण ही आई.एस.आई. के सभी चोटी के अधिकारी कभी न कभी वर्दीधारी सैन्यबल के सदस्य रह चुके हैं। इनमें अधिकतम संख्या पंजाबियों की है। कुछ वर्ष पूर्व भारतीय गुप्तचर ब्यूरो ने बताया था कि आई.एस.आई. भारत में कई हजार एजेंटों को भरती करने में कामयाब रही। इनमें ज्यादातर गुमराह युवक थे, जिन्हें पाकिस्तान ले जाकर प्रशिक्षण देने के बाद भारत भेज दिया गया। इस प्रकरण में ताजातरीन स्थिति की जानकारी नहीं है।

खुफिया ही नहीं, खुराफाती भी

पाकिस्तानी मामलों के एक विशेषज्ञ जमनादास अख्तर ने अपने एक लेख में बताया था कि आई.एस.आई. और पाकिस्तान की अन्य इंटेलिजेंस सेवाएँ अपने अन्य कार्यों के अतिरिक्त पाकिस्तानी हुक्मरानों के राजनीतिक हितों की रक्षा के लिए उनके विरोधियों को परेशान करती आ रही हैं और भारत को पाकिस्तान का खतरनाक दुश्मन साबित करने के लिए पाकिस्तान में और अन्यत्र गपबाजी पर आधारित झूठी खबरें और अफवाहें उड़ाने के धंधे में भी लगी हुई हैं। वस्तुतः आई.एस.आई. एक बहुधंधी एजेंसी है, जो खुफिया ही नहीं, खुराफाती भी है।

मामला यहीं पर खत्म नहीं होता। इससे पहले मुहाजिर नेता अल्ताफ हुसैन ने, जो पिछले कई वर्षों से लंदन में देशनिकाला भोग रहे हैं, कहा था कि इस इंटेलिजेंस एजेंसी ने उनकी हत्या की साजिश रची थी और इसके लिए मेरी ही संस्था में घुसपैठ की।

पाकिस्तान के अखबारों में इंटेलिजेंस एजेंसियों की कारस्तानियों पर बहस होती रही है। कराची से प्रकाशित होनेवाले 'डेली न्यूज' (Daily News) में हमदान अमजद अली ने कई सनसनीखेज रहस्योद्घाटन किए थे। उन्होंने लिखा कि जनरल अयूब खान ने अपनी इंटेलिजेंस की मदद से पूर्व प्रधानमंत्री हसन शाहिद सुहरावर्दी को लेबनान की राजधानी बेरूत में मौत के घाट उतार दिया था। इंटेलिजेंस के एजेंट उनका पीछा करते हुए वहाँ पहुँचे। रात के समय उनके कमरे में जहरीली गैस छोड़ दी गई थी।

'डेली न्यूज' में इस लेख के प्रकाशन से बरसों पूर्व 1971 में ही सुहरावर्दी की बेटी बेगम सुलेमान अख्तर ने अपना संदेह व्यक्त करते हुए कहा था कि अयूब खान द्वारा खासतौर पर भेजे गए लोगों ने उनके पिता की हत्या की। पाकिस्तान सरकार ने आनन-फानन में सुहरावर्दी के शव को वहाँ से हटा दिया था और पाकिस्तानी राजदूत ने सुहरावर्दी के सभी कागजात अपने कब्जे में ले लिए थे। सुहरावर्दी, जो शेख मुजीब के परामर्शदाता थे, ने पूर्वी पाकिस्तान (अब बांग्लादेश) की स्वायतत्ता की माँग मुजीब से भी पहले बुलंद कर दी थी और अयूब खान के अनुरोध को ठुकराते हुए इस विषय पर खामोश रहने से इनकार कर दिया था।

जनरल जिया की रहस्यमय मृत्यु

इसी तरह एक केंद्रीय बंगाली मंत्री फजलुर रहमान को कार की फर्जी दुर्घटना का शिकार बना दिया गया था, क्योंकि उसने दावा किया था कि पाकिस्तान के प्रथम प्रधानमंत्री लियाकत अली खान की हत्या की साजिश का पता लग गया है। जिस पुलिस अधिकारी ने कहा था कि उसे इस साजिश के तमाम सबूत मिल गए हैं, उसे विमान की दुर्घटना कराकर मौत के घाट उतार दिया गया और कह दिया गया कि तमाम जरूरी कागजात नष्ट हो गए हैं। अमजद अली ने अपने लेख में लिखा कि कई लोगों की ओर से कहा जाता है कि पाकिस्तान के संस्थापक मुहम्मद अली जिन्ना की बहन कुमारी फातिमा जिन्ना की हत्या उनका गला दबाकर की गई थी। जिन लोगों ने उनका शव देखा था, उनका कहना था कि उनकी गरदन पर घाव थे। फातिमा ने राष्ट्रपति पद के चुनाव में जनरल अयूब का मुकाबला किया था। अमजद अली ने लिखा है कि 1969 में जब जनरल अयूब खान के खिलाफ आंदोलन यौवन पर था और जनरल महोदय ने विपक्ष से समझौते के लिए गोलमेज सम्मेलन बुलाया, तो सेनाध्यक्ष जनरल याह्या खान के निर्देश पर इंटेलिजेंस ने इसे विफल कर दिया।

भारत पर हमलों में योगदान

अमजद अली का कहना है कि जनरल जिया ने इंटेलिजेंस की कला को मुकम्मल किया। उनके शासनकाल में आई.एस.आई. ने महत्त्वपूर्ण स्थान प्राप्त कर लिया। इसके वरिष्ठ अधिकारियों ने विभिन्न राजनीतिक दलों के नेताओं से संपर्क बना रखा था। इससे जनरल जिया को बहुत कुछ मालूम हो जाता था। अमजद अली ने लिखा कि इस एजेंसी ने अफग़ास्तिान में जो कुछ किया, उसके बारे में इस समय जितना कम कहा जाए, उतना ही बेहतर होगा। उचित समय पर ही बताया जा सकता है। इस सिलसिले में यह बात उल्लेखनीय है कि अफगानिस्तान में युद्ध इसी एजेंसी की मदद से किया जा रहा था। उसने यह भी लिखा कि अमेरिका की ओर से जो हथियार आ रहे थे, उनका एक हिस्सा इस एजेंसी के अधिकारी अपने पास रख लेते थे। इस एजेंसी के महानिदेशक जनरल अख्तर-उल-रहमान जनरल जिया के साथ ही विमान दुर्घटना में मारे गए थे। तब कई पत्रकारों ने लिखा था कि हत्या की साजिश सेनाध्यक्ष जनरल बेग ने रची थी।

एक और वरिष्ठ पत्रकार वाजिद शमसुल हसन ने लिखा कि इंटेलिजेंस एजेंसियाँ डाकुओं, तोड़-फोड़ करनेवालों और समाजविरोधी तत्त्वों पर प्रहार करने के बजाए राजनेताओं को आपस में लड़ाने में व्यस्त रहती हैं। जनरल अयूब ने इन्हें अपने फायदे के लिए इस्तेमाल किया। जब 1965 के भारत-पाक युद्ध के बाद जनरल अयूब ने इंटेलिजेंस के अधिकारियों से पूछा कि आपने मुझे यह क्यों नहीं बताया कि भारत अपनी सेना पाकिस्तान की सीमा के निकट ले आया है, तो एक अधिकारी ने जवाब दिया कि हम क्या करते? हम तो आपके विरोधी राजनेताओं के खिलाफ जासूसी कर रहे थे।

वर्ष 2001 में न्यूयार्क पर अलकायदा के 9/11 हमले के बाद आई.एस.आई. पर यह आरोप लगता रहा कि उसके कुछ अधिकारी अलकायदा और अफगान तालिबान के प्रति हमदर्दी रखते हैं और उन्हें संरक्षण प्रदान करते हैं। अमेरिका ने आखिर 2011 में यह पता लगा लिया कि अफगानिस्तान में व अन्यत्र आतंकवाद समाप्त करने के लिए अमेरिका से करोड़ों-अरबों डॉलर झाँसनेवाले पाकिस्तान ने आतंकी सरगना ओसामा बिन लादेन को बड़े ही गुप्त ढंग से अपना मेहमान बना रखा था। पाकिस्तान ने इसलामाबाद से मात्र 40 मील दूर एबटाबाद के छावनी नगर में मिलिटरी अकादमी से महज 800 मीटर दूरी पर आई.एस.आई. द्वारा ऊँची-ऊँची दीवारों से घेरकर बनाई गई किलानुमा रिहायशगाह में शरण दे रखी थी, जहाँ वह पिछले कई माह से आराम फरमा रहा था। अमेरिका ने कमांडो काररवाई में लादेन को मारकर और उसकी लाश को अपने साथ ले जाकर पाकिस्तान के मुँह पर जो थप्पड़ मारा, उससे भी पाकिस्तान को कोई आत्मग्लानि महसूस नहीं हुई।

आई.एस.आई का मेहमान : लादेन

भारतीय पंजाब में जहाँ आज उग्रवाद को समाप्त कर दिया गया है, आई.एस.आई. ने अपने एजेंटों के माध्यम से लंबे समय तक उत्पात मचाए रखा। आई.एस.आई. ने बड़े पैमाने पर तोड़-फोड़ की योजना बना रखी थी। हिजबुल मुजाहिदीन के उपप्रधान शकील अहमद ने अपनी गिरफ्तारी के बाद यह रहस्योद्घाटन किया था कि जम्मू-कश्मीर के तत्कालीन राज्यपाल जनरल

के.वी. कृष्णराव समेत कई अधिकारियों व राजनेताओं की हत्या की साजिश बनाई गई थी। बाद में आई.एस.आई. भारत के पूर्वोत्तर राज्यों की ओर मुखातिब हुई, लेकिन अब वहाँ उसकी दाल नहीं गल रही।

भारत में 1993 में मुंबई में भीषण बम विस्फोटों से लेकर 2019 में पुलवामा हमले तक प्रायः सभी आतंकी वारदातों में किसी-न-किसी रूप में आई.एस.आई. की अंतर्लिप्तता पाई गई है। इसकी लंबी दास्तान है।

इस बदनाम खुफिया एजेंसी ने खुद अपने मुल्क के कई 'असुविधाजनक पत्रकारों' का काम तमाम करने या कराने में भी कोई संकोच नहीं किया। पाकिस्तानी फौज के मातहत चलनेवाली आई.एस.आई. की काली करतूतों की जानकारी कोई छिपी हुई बात नहीं है।

आई.एस.आई. अफगानिस्तान के खिलाफ तालिबानी दहशतगर्दों की मदद करने में भी अग्रणी रही, लेकिन बाद में इन तालिबानियों की हिम्मत इतनी बढ़ गई कि उन्होंने कराची एयरपोर्ट पर ही हमला कर दिया यानी 'अच्छे दहशतगर्द' बाद में पाकिस्तान के लिए 'बुरे दहशतगर्द' और सिरदर्द बन गए। दिसंबर 2014 में पेशावर में आर्मी स्कूल पर तालिबानी हमले में 132 बच्चों समेत 141 लोग मारे गए। इस प्रकार पाकिस्तान ने जैसा बोया, उसे वैसा ही काटना पड़ रहा है। फिर भी वह दुष्ट हरकतों से बाज नहीं आ रहा।

जजों को बर्खास्त कराया

आई.एस.आई. इतनी शक्तिशाली है कि इमरान खान के कार्यकाल में इसने इसलामाबाद हाईकोर्ट के जज शौकत अजीज सिद्दीकी को आई.एस.आई. के खिलाफ टिप्पणी करने के कारण बरखास्त करा दिया! सिद्दीकी पर आरोप यह था कि उन्होंने रावलपिंडी जिला बार एसोसिएशन के कार्यक्रम में आई.एस.आई. पर न्यायिक प्रक्रियाओं में तिकड़मबाजी करने की बात कही थी।

जाहिर है कि पाकिस्तानी फौज के मातहत काम करनेवाली यह खुफिया एजेंसी पाकिस्तान में 'महाबली' है और अपने उद्देश्य की पूर्ति के लिए किसी भी स्तर पर बेखौफ उतर सकती है।

□

62

आजाद होने के लिए छटपटा रहा 'आजाद कश्मीर'

भारतीय कश्मीर के मुसलमानों के अधिकारों का स्वघोषित अलमबरदार बनकर उनके लिए आत्मनिर्णय की माँग करनेवाली पाकिस्तान सरकार ने पाक-अधिकृत कश्मीर को अपने कंट्रोल में लाकर एक कॉलोनी बना दिया है। वहाँ के लोगों के मानवाधिकारों और लोकतांत्रिक अधिकारों को बुरी तरह कुचल दिया है। चालीस वर्षों में पाकिस्तानी अधिकारियों द्वारा बरखास्त किए जानेवाले आजाद कश्मीर के दसवें प्रधानमंत्री मुमताज हुसैन राठौर को सेनाधिकारियों ने न केवल बंदी बना लिया था, बल्कि रावलपिंडी के निकट सिहाला छावनी में ले जाकर खूब पीटा भी था। पाक-अधिकृत कश्मीर के एक पूर्व 'राष्ट्रपति' अब्दुल कयूम खान ने लाहौर के दैनिक 'जंग' में एक लेख में कहा था कि पाकिस्तान में पाक-अधिकृत कश्मीर की हैसियत एक थर्ड क्लास म्युनिसिपैलिटी के समान है।

पाकिस्तान बार-बार कश्मीर के लिए भारत के साथ खतरनाक टकराव के लिए स्वयं को तैयार बता रहा है। कश्मीर पाकिस्तान के दिल में चुभा हुआ एक ऐसा काँटा है, जो निकल नहीं पा रहा है। भारत के साथ तीन लड़ाइयाँ लड़ने के बाद भी उसका युद्धोन्माद समाप्त नहीं हो पा रहा है। सीधे युद्ध में पाकिस्तान जो कुछ हासिल नहीं कर पाया, वह छद्म युद्ध से हासिल करने का प्रयास करता रहा है।

हमलावर व लुटेरों द्वारा मानवाधिकारों की दुहाई

पाकिस्तान को फिर कश्मीर के मुसलमानों के मानवाधिकारों की चिंता सता रही है, लेकिन कश्मीर के जिस हिस्से पर वह कब्जा जमा कर बैठ गया है, वहाँ के मुसलमानों के मानवाधिकारों की वह कितनी परवाह कर रहा है, यह किसी से छिपा नहीं है। अब तो हालात लगातार बिगड़ते जा रहे हैं। पाकिस्तान-अधिकृत कश्मीर (पी.ओ.के.) में आतंकवादियों के प्रशिक्षण के कई अड्डे हैं और भारत में घुसपैठ के लिए कई 'लांचिंग पैड' बने हुए हैं। इस कारण जहाँ भारतीय क्षेत्र के कश्मीरी आतंकियों की घुसपैठ और उत्पात से परेशान हैं, वहीं पाकिस्तान-अधिकृत कश्मीर के

लोग वहाँ मानवाधिकारों के हनन और पाकिस्तानी हुकूमत व फौज के जुल्मो-सितम से परेशान हैं। उनका भयानक शोषण हो रहा है।

यह बड़ी विचित्र स्थिति है कि पाकिस्तान कश्मीर के जिस हिस्से पर कब्जा जमाकर बैठा हुआ है, उस पर उसका कोई कानूनी या नैतिक अधिकार नहीं है। वहाँ वह एक हमलावर और लुटेरे के रूप में मौजूद है। पहले पाकिस्तान दुनिया को यह बताए कि कश्मीर के जिस क्षेत्र पर वह काबिज है, उसका आधार क्या है? उसका कब्जा वाजिब कैसे है? क्या महाराजा हरि सिंह ने अक्तूबर 1947 में कश्मीर का विलय भारत में करते समय कथित पी.ओ.के. क्षेत्र का विलय पाकिस्तान में कर दिया था? क्या कश्मीर के लोगों ने राज्य का अधिग्रहण करने के लिए, बल्कि कहना चाहिए लूटमार करने के लिए, पाकिस्तान को बुलाया था?

आज पाकिस्तान फिर जनमत-संग्रह की रट लगा रहा है। राष्ट्रसंघ के प्रस्ताव की बात कर रहा है। क्या उसने कभी पी.ओ.के. के लोगों को लोकतांत्रिक अधिकार दिए है? संयुक्त राष्ट्र के प्रस्ताव के अनुसार, उसे जनमत-संग्रह के लिए इस सारे क्षेत्र को खाली करना था, लेकिन इस प्रस्ताव को मानना तो दरकिनार, उसने 5,180 वर्ग किमी. क्षेत्र चीन को तोहफे में दे दिया है। उत्तर में गिलगित-बाल्टिस्तान क्षेत्र को अपनी कॉलोनी बना दिया है। पाकिस्तान अपने कब्जे के क्षेत्र में बाहरी लोगों को बसाकर वहाँ की जनसांख्यिकी को बदल रहा है।

पी.ओ.के.-'एक थर्ड क्लास म्युनिसिपैलिटी'

जम्मू-कश्मीर के भारतीय क्षेत्र में मानवाधिकारों के हनन का रोना रोनेवाले पाकिस्तान ने पी.ओ.के. में मानवाधिकारों को पूरी तरह कुचलकर रख दिया है। पी.ओ.के. न तो कोई प्रांत है और न कोई राष्ट्र है। वहाँ एक कठपुतली सरकार है, जिसके तथाकथित प्रधानमंत्री और राष्ट्रपति भी हैं, जिनकी नियुक्ति इसलामाबाद से की जाती है।

पी.ओ.के. में जो चुनाव होते हैं, उन्हें एक मजाक ही कहा जाएगा। हर उम्मीदवार को परचा भरते समय एक हलफनामे पर दस्तखत करने पड़ते हैं। जिसमें लिखा होता है—"मुझे पाकिस्तान की अधीनता मंजूर है और पाकिस्तानी हुकूमत के खिलाफ एक भी लफ्ज नहीं बोलने का मैं वायदा करता हूँ।" ऐसा नहीं करने पर परचा रद्द कर दिया जाता है!

पाक-अधिकृत कश्मीर के एक पूर्व राष्ट्रपति अब्दुल कयूम खान (1985-91) ने लाहौर के उर्दू दैनिक 'जंग' के एक अंक (6 जून, 1989) में प्रकाशित एक लेख में पाक-अधिकृत कश्मीर की शिनाख्त का उल्लेख करते हुए उसे एक 'थर्ड क्लास म्युनिसिपैलिटी' की संज्ञा दी थी। उन्होंने पाकिस्तानी हुक्मरानों पर आरोप लगाया था कि वे कश्मीर के इस क्षेत्र को पाकिस्तान में मिला लेना चाहते हैं।

23 साल बाद तथाकथित चुनाव

'आजाद कश्मीर' में बालिग मताधिकार के रूप में 1947 के 23 साल बाद 1970 में पहली बार चुनाव कराए गए। ये चुनाव पाकिस्तान के राष्ट्रपति पद से जनरल अयूब खान के हटने के बाद जनरल याह्या खान द्वारा पूरे पाकिस्तान में कराए गए चुनाव के क्रम में कराए गए थे। पाकिस्तान के इन्हीं चुनावों में पूर्वी बंगाल में शेख मुजीब की पार्टी अवामी लीग ने प्रचंड बहुमत से विजय हासिल

की थी। पाकिस्तानी सेना और पाकिस्तान पीपुल्स पार्टी के नेता जुल्फिकार अली भुट्टो द्वारा शेख मुजीब को सत्तासीन होने से रोकने के कारण ही पूर्वी बंगाल की जनता ने मुक्ति संग्राम छेड़ दिया था और अगले वर्ष पाकिस्तान से कटकर एक नए स्वतंत्र देश बांग्लादेश का उदय हुआ था। उधर पाकिस्तानी चँगुल से आजाद होने के लिए अधिकृत कश्मीर के मुसलमानों ने भी पाकिस्तान सरकार के खिलाफ आंदोलन छेड़ दिया था, जो बंदूक की नोक पर दबा दिया गया था, लेकिन यह आज फिर जोर पकड़ रहा है।

1974 में पाकिस्तान के तत्कालीन प्रधानमंत्री जुल्फिकार अली भुट्टो ने इस क्षेत्र के लिए नया संविधान बनाया, जिसमें 'राष्ट्रपति' को मात्र एक संवैधानिक प्रमुख का दर्जा दिया गया और संसदीय प्रणाली का स्वरूप रखा गया। इसके अंतर्गत भी इस क्षेत्र के लोगों के लोकतांत्रिक अधिकार नाममात्र ही थे। दिलचस्प बात यह है कि नए संविधान में इस बात का प्रावधान रखा गया कि एक कश्मीर कौंसिल होगी, जिसकी अध्यक्षता पाकिस्तान का प्रधानमंत्री करेगा और कौंसिल का उपाध्यक्ष 'आजाद कश्मीर' का राष्ट्रपति होगा।

इस संविधान के अंतर्गत पहला चुनाव मई 1975 में हुआ और पी.पी.पी. द्वारा समर्थित सरदार इब्राहिम खान को चुना गया। वह मुसलिम कॉन्फ्रेंस का विद्रोही उम्मीदवार था। इन चुनावों से पूर्व अब्दुल कयूम खान को अविश्वास मत के द्वारा राष्ट्रपति पद से हटा दिया गया था, जिसके विरोध में मुसलिम कॉन्फ्रेंस ने इन चुनावों का बहिष्कार किया था। जनरल जिया-उल-हक ने जब पाकिस्तान में मार्शल लॉ लागू किया था, उस समय इस क्षेत्र में पी.पी.पी. शासन कर रही थी। जनरल जिया ने पाकिस्तान सरकार का तख्ता उलटाने के साथ-साथ इस सरकार को भी हटा दिया था। जनरल जिया ने सरदार इब्राहिम को अधिकृत कश्मीर का राष्ट्रपति बनाया। कश्मीरियों ने इसका कड़ा विरोध किया और कहा कि पाकिस्तान की जनता के साथ उन्हें भी मार्शल लॉ के अंतर्गत क्यों लाया जा रहा है? जनरल जिया ने ब्रिगेडियर मुहम्मद हयात खान को पाक-अधिकृत कश्मीर का राष्ट्रपति बना दिया, जिसके विरोध में जोरदार आंदोलन छिड़ गया।

'आजाद कश्मीर' के वासियों को चाहिए पाकिस्तान से आजादी

जम्मू व कश्मीर लिबरेशन फ्रंट के नेता अमानउल्ला खान ने लंदन में जारी एक बयान में पाक-अधिकृत कश्मीर में जनरल जिया की हरकतों की तीव्र निंदा की। ब्रिगेडियर को बरखास्त करने की माँग करनेवाले चार दलों के मोर्चे का आंदोलन उस समय तेज हो गया, जब जनरल जिया ने पाकिस्तान सलाहकार कौंसिल में उत्तरी क्षेत्र के कुछ प्रतिनिधियों को भी शामिल कर लिया। मुसलिम कॉन्फ्रेंस के अध्यक्ष अब्दुल कयूम खान ने एक बयान में कहा कि यह उत्तरी क्षेत्र संवैधानिक, कानूनी और नैतिक व भौगोलिक आधार पर कश्मीर का हिस्सा है। उन्होंने माँग की कि पाकिस्तान की सेना कोई नई समस्या खड़ी न करे और उत्तरी क्षेत्र के लोगों को पाक-अधिकृत कश्मीर की असेंबली में प्रतिनिधित्व दिया जाए। इस क्षेत्र का प्रशासन पाकिस्तान सरकार द्वारा कमिश्नर के ओहदे का एक अधिकारी सँभाल रहा था।

भूख हड़ताल और भारत से सहायता की अपील

अधिकृत कश्मीर के सैनिक राष्ट्रपति को हटाने की माँग को देखते हुए पाकिस्तान सरकार ने सितंबर 1982 में अब्दुल कयूम खान और इब्राहिम खान समेत कई शीर्ष नेताओं को गिरफ्तार कर लिया। बंदी नेताओं ने मुजफ्फराबाद जेल में भूख हड़ताल कर दी। ब्रिटेन में कश्मीरी कामगार संघ ने लंदन में भारतीय उच्चायोग को एक पत्र दिया, जिसमें कश्मीरी नेताओं की बड़ी संख्या में गिरफ्तारी पर चिंता जाहिर की गई। पत्र में कहा गया—'पाक-अधिकृत कश्मीर में पाकिस्तानी अधिकारियों द्वारा की जा रही ज्यादतियों पर आपकी चुप्पी पर हम विरोध प्रकट करते हैं।' पत्र के अनुसार उस वर्ष (1982) पाक-अधिकृत कश्मीर में हर तीन में से एक परिवार का सदस्य जेल में था। छात्रों और वकीलों के भी इस आंदोलन में शामिल होने से आई तेजी को देखकर पाकिस्तान सरकार ने ब्रिगेडियर मुहम्मद हयात खान को राष्ट्रपति पद से हटा दिया और उसके स्थान पर एक रिटायर्ड मेजर जनरल अब्दुल रहीम खान को नया राष्ट्रपति नियुक्त किया, लेकिन इससे आंदोलनकारियों पर कोई प्रभाव नहीं पड़ा और उन्होंने कहा कि वे जम्हूरियत की बहाली तक अपना आंदोलन जारी रखेंगे। हालाँकि उन्होंने ब्रिगेडियर हयात को हटाए जाने का स्वागत किया।

फौज ने की 'प्रधानमंत्री' की पिटाई!

मेजर जनरल अब्दुल रहीम खान के राष्ट्रपति बनने के दिन ही कयूम खान और अन्य कश्मीरी नेता रिहा कर दिए गए। पाक-अधिकृत कश्मीर में इन आंदोलनकारियों ने 01 दिसंबर को इसलामाबाद तक पदयात्रा करने का कार्यक्रम बनाया। पुलिस ने कुछ नेताओं को गिरफ्तार कर इसमें बाधा खड़ी करने का प्रयास किया। 01 दिसंबर को रावलकोट में हजारों कश्मीरी इसलामाबाद तक सात दिन की पैदल यात्रा के लिए एकत्र हुए। यू.एन.आई. के अनुसार पुलिस ने उन्हें रोकने के लिए गोलियाँ चलाईं और आँसू गैस के गोले छोड़े, लेकिन मार्च जारी रहा।

1990 के चुनावों में अधिकृत कश्मीर के 'प्रधानमंत्री' मुमताज हुसैन राठौर (जिनके पूर्वज राजपूताना से आकर कश्मीर घाटी में बस गए थे) को बहुत ही नाटकीय ढंग से बंदी बना लिया गया। उन्होंने धाँधली के आरोप में चुनाव रद्द कर दिए थे। चालीस वर्ष में पाकिस्तानी अधिकारियों द्वारा बरखास्त किए जानेवाले वे दसवें शासनाध्यक्ष थे। उन्हें न केवल गिरफ्तार किया गया, बल्कि रावलपिंडी के निकट सिहाला छावनी में ले जाकर सैनिक अधिकारियों द्वारा पीटा भी गया।

'आजाद कश्मीर' की लोकतांत्रिक राज की संदिग्ध प्रणाली की थोड़ी क्या, बिल्कुल ही कोई विश्वसनीयता नहीं है, क्योंकि ज्यादातर चुनाव हरसंभव हद तक धाँधलियों का शिकार होते हैं और अधिकांश सरकारें पाकिस्तान की सत्तारूढ़ पार्टी द्वारा नामजद बाहरी राजनीतिज्ञों या जिताए गए प्रशासनाधिकारियों के हाथों में रहती हैं। पाक-अधिकृत कश्मीर में हालात इतने संगीन हो चुके हैं कि वहाँ के लोग पाकिस्तान से अपने आपको आजाद कराने के लिए राष्ट्र संघ मानवाधिकार आयोग के साथ भारत सरकार से भी अपील कर रहे हैं। बार-बार प्रदर्शन कर रहे हैं, लेकिन पाकिस्तान सरकार पर इसका कोई असर नहीं हो रहा है। आनेवाले दिनों में हालात संगीन रूप ले सकते हैं। □

63

गिलगित-बाल्टिस्तान में भारत-विरोधी पाकी-चीनी साँठ-गाँठ

पाकिस्तान ने जम्मू-कश्मीर के गिलगित-बाल्टिस्तान क्षेत्र पर नाजायज कब्जा किया हुआ है। अक्तूबर 1947 में ही क्षेत्र को छलयोजन द्वारा पाकिस्तान के आधिपत्य में ला देने की काररवाई को अंजाम दिया था एक कुटिल ब्रिटिश अफसर ने। पाकिस्तान गिलगित-बाल्टिस्तान के अवाम का शोषण करने के साथ वहाँ के समृद्ध प्राकृतिक संसाधनों का अंधाधुँध विदोहन भी कर रहा है।

पाकिस्तान ने गिलगित-बाल्टिस्तान क्षेत्र को खुदमुख्तार इलाका घोषित कर जम्हूरियत का एक नया नाटक रचा है। पाकिस्तान और चीन मिलकर सामरिक महत्त्व के इस क्षेत्र के उपयोग द्वारा भारत के लिए परेशानियाँ खड़ी करने का प्रयास कर रहे हैं। अब तो वहाँ बड़ी संख्या में चीनी सैनिक भी देखे जा रहे हैं।

गिलगित-बाल्टिस्तान क्षेत्र आजादी के पूर्व जम्मू-कश्मीर रियासत का अंग था। अक्तूबर 1947 में जम्मू-कश्मीर रियासत का भारत में विलय होने पर यह क्षेत्र भी स्वत: भारत में शामिल हो गया, लेकिन मीरपुर-मुजफ्फराबाद क्षेत्र, जिसे पाकिस्तान-अधिकृत कश्मीर कहा जाता है, पर अवैध कब्जे की तरह गिलगित-बाल्टिस्तान क्षेत्र पर भी पाकिस्तान ने अवैध कब्जा कर लिया, जिसे अक्तूबर 1947 में ही अपने छलयोजन द्वारा अंजाम दिया एक कुटिल ब्रिटिश अफसर ने।

पिछले कई वर्षों से पाकिस्तान इस क्षेत्र का शोषण करता आ रहा है। अब उसने गिलगित-बाल्टिस्तान क्षेत्र को खुदमुख्तार इलाका घोषित कर जम्हूरियत का एक नया नाटक रचा है। यहाँ चुनाव का स्वांग रचते हुए एक नई असेंबली बना दी गई है और मुख्यमंत्री के नेतृत्व में एक 12-संसदीय मंत्रिमंडल भी बना दिया गया है। यह पूरी प्रक्रिया असंवैधानिक और कपटपूर्ण है।

पाकिस्तान चीन को गिलगित-बाल्टिस्तान में नई-नई सुविधाएँ देता जा रहा है। ज्ञातव्य है कि राष्ट्रसंघ संघ ने पाकिस्तान को कभी गिलगित-बाल्टिस्तान पर नियंत्रण कायम करने का अधिकार नहीं दिया।

भारतीय मौसम विभाग ने बिगाड़ा पाकिस्तान का मिजाज

मानचित्र में गिलगित–बाल्टिस्तान

वर्ष 2020 में भारत द्वारा पाकिस्तान की हरकतों पर कड़ी प्रतिक्रिया व्यक्त करने के साथ ही भारतीय मौसम विज्ञान विभाग ने गिलगित-बाल्टिस्तान क्षेत्र और मुजफ्फराबाद को भारतीय भू-भाग में मानकर उनके मौसम संबंधी आँकड़े जारी करने शुरू कर दिए हैं, जो प्रसारित भी होने लगे हैं। इससे पाकिस्तान को मिर्ची लगनी ही थी। उसने बदले में कश्मीर के भारतीय भू-भाग के मौसम का हाल प्रसारित करना शुरू कर दिया, लेकिन पहले ही दिन रेडियो पाकिस्तान ने एक बड़ा गड़बड़झाला कर दिया। उसने लद्दाख के मौसम के बारे में बताया कि अधिकतम तापमान माइनस चार डिग्री (–4) सेंटीग्रेड है और न्यूनतम तापमान माइनस एक डिग्री (–1) है!

यह समाचार हास्यास्पद हो गया। शून्य से 4 डिग्री कम को न्यूनतम और शून्य से मात्र 1 डिग्री कम को अधिकतम कहा जाना चाहिए था। कोई अंक शून्य से जितना डिग्री नीचे जाएगा, तापमान उतना डिग्री न्यून होता जाएगा। शून्य से ऊपर होने पर ही संख्या जितनी बढ़ती जाएगी, तापमान उतना अधिक (तम) माना जाएगा। यह सरल अंकगणित है।

इस पर सोशल मीडिया में पाकिस्तान की काफी खिल्ली उड़ गई। एक यूजर ने टिप्पणी की कि ऐसा इसलिए हुआ, क्योंकि पाकिस्तान में गणित के टीचर पार्टटाइम आत्मघाती बमबाज और आतंकवादी हैं। एक अन्य की टिप्पणी थी—"भारत ने 1970 में बांग्लादेश के मौसम के आँकड़े व पूर्वानुमान देना शुरू किया था और एक साल के भीतर पूर्वी पाकिस्तान इतिहास बन गया और बांग्लादेश का उदय हुआ। इतिहास पाकिस्तान-अधिकृत कश्मीर (पी.ओ.के.) और गिलगित-बाल्टिस्तान में अपने को दोहरा सकता है।"

पाकिस्तान और चीन की मिलीभगत

अब गिलगित-बाल्टिस्तान मामले के गंभीर पहलू पर विचार किया जाए। अफगानिस्तान, चीन, भारत तथा पाकिस्तान से घिरा यह क्षेत्र रणनीतिक दृष्टि से अति महत्त्वपूर्ण है। गिलगित तथा लेह प्राचीन सिल्क रूट पर स्थित हैं और हिमाचल प्रदेश, तिब्बत, शिनजियांग तथा रूस को आपस में जोड़ते हैं। 73,000 वर्ग किमी. क्षेत्र में फैले इस क्षेत्र की आबादी लगभग 10 लाख है।

ब्रिटिश शासनकाल में गिलगित-बाल्टिस्तान जम्मू-कश्मीर रियासत का एक भाग था, जिसका शासन महाराजा हरि सिंह के अधीन था। अंग्रेजों के जाने के बाद पाकिस्तानी हमले के परिणामस्वरूप कश्मीर अस्थायी तौर पर एक सीजफायर लाइन या नियंत्रण रेखा (एल.ओ.सी.) से भारत और पाकिस्तान के बीच विभाजित है। भारत पूरे जम्मू-कश्मीर क्षेत्र को इसलिए अपना एक अविभाज्य अंग मानता है, क्योंकि महाराजा कश्मीर ने एक संधि द्वारा इसका अधिमिलन भारत के साथ कर दिया था।

अब्दुल हमीद खान

बाल्टिस्तान नेशनल फ्रंट के चेयरमैन अब्दुल हमीद खान के अनुसार गिलगित-बाल्टिस्तान में बड़ी संख्या में चीनी मौजूद हैं। जाहिरी तौर पर वे वहाँ बड़ी-बड़ी परियोजनाओं के निर्माण कार्य में लगे हैं, लेकिन वहाँ चीनी सेना की उपस्थिति चिंताजनक है, क्योंकि उनका इरादा इस क्षेत्र को अपने नियंत्रण में लाना है। वे वहाँ करोड़ों डॉलर खर्च करके न केवल बैंक खोल रहे हैं और इन्फ्रास्ट्रक्चर बना रहे हैं, बल्कि गुप-चुप ढंग से इस क्षेत्र का नियंत्रण अपने हाथ में लेते जा रहे हैं।

हमीद खान ने कहा, "करीब 15,000 चीनी, जिनमें जनमुक्ति सेना (पी.एल.ए.) के लोग भी शामिल हैं और खुफिया एजेंसी के लोग कश्मीर तक बिखरे हुए हैं।" गिलगित-बाल्टिस्तान चीन और मध्य एशिया का प्रवेशद्वार (गेटवे) है। पाकिस्तान ने वहाँ 2011 में एक कठपुतली असेंबली बना दी थी। उससे पहले वहाँ नौकरशाहों का राज चलता था। इस असेंबली को भी नाममात्र के अधिकार प्राप्त थे। सब कुछ इसलामाबाद से ही तय होता रहा। इस असेंबली का गठन भी इस क्षेत्र को चीन और पाकिस्तान की सेना व सिविल अधिकारियों को पट्टे पर देने के लिए रबड़ की मोहर की तरह इस्तेमाल करने के उद्देश्य से किया गया है। पाक-अधिकृत कश्मीर और गिलगित-बाल्टिस्तान का कोई प्रतिनिधित्व पाकिस्तानी नेशनल असेंबली में नहीं है।

चीन पहले से ही कराकोरम हाईवे के विस्तार कार्य पर लगा हुआ है। पाकिस्तान को इन परियोजनाओं से अरबों डॉलर की कमाई होती है, लेकिन वहाँ के लोगों के सामाजिक-आर्थिक उत्थान में कुछ नहीं लगाया जाता। चीन जानता है कि गिलगित-बाल्टिस्तान राजनीतिक व कूटनीतिक तौर पर विवादित क्षेत्र हैं और पाकिस्तान की प्रभुसत्ता का वहाँ तक विस्तार नहीं है। जो भी विवाद है, वह भारत और पाकिस्तान के बीच है। इसमें चीन या कोई अन्य देश तीसरा पक्ष नहीं है। इसके बावजूद चीन वहाँ ईरान और मध्य पूर्व के लिए व्यापार मार्ग की योजना को आगे बढ़ा रहा है।

पाकिस्तान चीन को पहले ही कश्मीर के अक्साई चिन का एक बड़ा भू-भाग गिफ्ट में दे चुका है, जिसका उसे कोई अधिकार ही नहीं है, लेकिन यहाँ तो 'माले मुफ्त, दिले बेरहम' वाली बात है। पाकिस्तान ने चोरी के माल में से एक हिस्सा चीन को दे दिया है। दोनों में गहरी छनती है। इस प्रकार यह 'चोर-चोर मौसेरे भाई' जैसी स्थिति है। चिंताजनक बात यह है कि गिलगित-बाल्टिस्तान के हुंजा और अन्य इलाकों में चीनी और पाकिस्तानी फौजों की रहस्यपूर्ण गतिविधियों से इस क्षेत्र का प्राकृतिक संतुलन बिगड़ गया है और आनेवाले दिनों में इससे कुदरती माहौल और पर्यावरण तबाह हो सकते हैं। चीन जो आर्थिक गलियारा बना रहा है, वह गिलगित-बाल्टिस्तान से होकर ही गुजरेगा।

क्या है संवैधानिक स्थिति

अमेरिका गिलगित-बाल्टिस्तान क्षेत्र को आतंकवाद के खिलाफ युद्ध का बेस कैंप बनाना चाह रहा था, लेकिन पाकिस्तान नहीं चाहता कि अमेरिका वहाँ रहे। इसलिए उसने चीन को इस

क्षेत्र में आने का न्योता दे दिया है और चीन ने इसे तुरंत स्वीकार कर लिया है। अमेरिकी सामरिक विशेषज्ञों का कहना है कि पाकिस्तान एक तीर से दो निशाने साधना चाहता है। एक तो वह अमेरिका से रिश्तों में तल्खी के कारण चीन के और नजदीक आना चाहता है। दूसरे, पड़ोसी भारत को दबाव में लाना चाहता है, क्योंकि गिलगित में चीन की मौजूदगी से भारत को कश्मीर सीमा पर अतिरिक्त निगरानी रखनी होगी। भारतीय सेना के अधिकारियों का कहना है कि पाक-अधिकृत कश्मीर में भी बड़ी संख्या में चीनी सैनिक मौजूद हैं।

पाक-अधिकृत कश्मीर की तरह गिलगित-बाल्टिस्तान पाकिस्तानी संविधान के तहत पाकिस्तान का हिस्सा नहीं है।

जम्मू-कश्मीर के संविधान में राज्य विधानसभा की 111 सीटें निर्धारित हैं। राज्य में केवल 87 सीटों पर ही चुनाव होता है। बाकी 24 विधानसभा क्षेत्र पाक-अधिकृत कश्मीर और गिलगित-बाल्टिस्तान में चले गए हैं। इन सीटों को फिलहाल खाली छोड़ दिया गया है।

पाकिस्तान ने 2018 में गिलगित-बाल्टिस्तान ऑर्डर 2018 जारी कर सभी शक्तियाँ पाकिस्तानी प्रधानमंत्री और नेशनल असेंबली में निहित कर दी। वहाँ पाकिस्तान द्वारा स्वशासन की जो बात की गई, वह लोगों की आँख में धूल झोंकने के समान थी।

अंग्रेजों ने कराया था हमला

जम्मू-कश्मीर राज्य के उत्तरी हिस्से में बसी गिलगित एजेंसी को अंग्रेजों ने भारत की स्वतंत्रता से कुछ समय पहले महाराजा को वापस कर दिया था। अंग्रेजों ने लीज पर गिलगित क्षेत्र का प्रशासन किया था। यह लीज महाराजा की ओर से दी गई थी। महाराजा की गिलगित स्काउट्स टुकड़ी के अंग्रेज कमांडर मेजर विलियम ब्राउन द्वारा रचे गए षड्यंत्र के कारण गिलगित पर पाकिस्तान का कब्जा हो गया।

महाराजा हरि सिंह ने घनसारा सिंह को गिलगित का गवर्नर नियुक्त किया था। बाद में घनसारा सिंह ने रहस्योद्घाटन किया कि गिलगित में जो विद्रोह हुआ था, उसे अंग्रेज सैनिक अधिकारियों ने भड़काया था। घनसारा सिंह ने बताया कि श्रीनगर से गिलगित के लिए रवाना होते समय मुझे बता दिया गया था कि गिलगित के सब अंग्रेज अफसर पाकिस्तान की नौकरी में जानेवाले हैं। गिलगित पहुँचने के दो-तीन दिन के अंदर मैंने देखा कि अंग्रेज अफसरों के भड़काने के फलस्वरूप गिलगित के सब सैनिक और गैर-सैनिक कर्मचारी मेरे साथ असहयोग कर रहे है। 31 अक्तूबर, 1947 की रात को मेजर ब्राउन के नेतृत्व में गिलगित सेना के लगभग 100 सैनिकों ने मेरे घर पर हमला कर मुझे गिरफ्तार कर लिया। अंत में 3 नवंबर, 1947 को सैनिक लाइन पर मेजर ब्राउन ने पाकिस्तानी झंडा फहरा दिया और सिविल अधिकारियों को मजबूर किया कि वे पाकिस्तानी झंडे को सलामी दें। वर्ष 1948 में ब्रिटिश सरकार ने उसे आफिस ऑफ द ऑर्डर ऑफ द ब्रिटिश एंपायर (OBE) के खिताब से सम्मानित किया।

मेजर ब्राउन

गिलगित-बाल्टिस्तान का एक मनोरम प्राकृतिक दृश्य

बाद में कैप्टन सईद ने, जो चिलान में ड्यूटी पर था, घनसारा सिंह को बताया कि अंग्रेज अफसर कैप्टन हैमिल्टन वहाँ खुलेआम यह प्रचार कर रहा था कि जनता को परेशान नहीं होना चाहिए, क्योंकि छह महीने के अंदर गिलगित में पाकिस्तानी फौजें आ जाएँगी। घनसारा सिंह ने यह भी बताया कि गिलगित में अस्थायी सरकार की नियुक्ति के बाद अंग्रेज अफसर कैप्टन मैथेसन ने धूजी पर हमला किया और वहाँ तैनात सैनिकों की हत्या कर दी।

इस प्रकार यह सहज समझा जा सकता है कि किस तरह ब्रिटिश साम्राज्य के अंग्रेज अफसरों ने कश्मीर के मामले को उलझाने और इस देशी रियासत के सामरिक महत्त्व को समझते हुए महाराजा हरि सिंह से विश्वासघात किया और पाकिस्तान का साथ दिया।

मानवाधिकारों की घोर उपेक्षा

पाकिस्तान में मानवाधिकारों की रक्षा के लिए कायम सरकारी कमीशन ने वर्ष 2006 में अपनी रिपोर्ट में यह स्वीकार किया था कि पाकिस्तान के उत्तरी इलाकों, गिलगित और बाल्टिस्तान के लोगों को कई मानव अधिकार नहीं दिए गए हैं। कराची के अंग्रेजी दैनिक 'डॉन' में प्रकाशित समाचार के अनुसार, कमीशन के महासचिव इकबाल हैदर ने इस बात पर जोर दिया कि इस इलाके के लोगों को बुनियादी मानव अधिकारों की गारंटी दी जाए और इनकी सामाजिक व आर्थिक कठिनाइयाँ दूर करने के लिए कारगर कदम उठाए जाएँ यानी छह दशक में पहली बार पाकिस्तान सरकार ने स्वीकार किया कि गिलगित और बाल्टिस्तान को अधिकृत कश्मीर से अलग करके जबरदस्ती पाकिस्तान में शमिल कर लेने के बावजूद इन लोगों को तमाम मानव अधिकारों से वंचित रखा जा रहा था। यूरोपियन संसद् ने भी यहाँ मानव अधिकारों के हनन और उग्रवादियों के शिविरों की मौजूदगी पर गहरी आपत्ति व्यक्त की थी।

स्थिति में आज भी कोई खास सुधार नहीं हुआ है। यहाँ उच्चतर शिक्षा की कोई व्यवस्था नहीं है। बाहर से लोगों को लाकर बसाया जा रहा है। इन इलाकों के लोगों को सेना और पुलिस में भरती नहीं किया जाता, सिर्फ पंजाबी भरती किए जाते हैं। आबादी अधिकतर शिया मुसलमानों की है, जिन पर आए दिन हमले होते रहते हैं। इनकी मसजिदें भी महफूज नहीं हैं। पाकिस्तान की दमनकारी नीतियों के कारण यहाँ अकसर जन-प्रदर्शन होते रहते हैं।

पाकिस्तान को यह समझ लेना चाहिए कि गैर-कानूनी तरीके से कोई जमीन हथिया लेने से उसकी कानूनी स्थिति बदल नहीं जाती। एक तरफ वह कश्मीर में जनमत-संग्रह की माँग करता है, दूसरी तरफ वह राष्ट्रसंघ के प्रस्ताव की अवहेलना करता है। यदि जनमत-संग्रह का प्रस्ताव

मान लिया जाए तो उसे सबसे पहले अपनी फौजें हटानी होंगी और अपने कब्जे के इलाकों से बेदखल होना होगा, भारत को नहीं। जिस इलाके के (गिलगित-बाल्टिस्तान) को पाकिस्तान ने अर्धप्रांतीय (सेमी प्रोविंशियल) दर्जा दे रखा है, अगर उसे वहाँ से बेदखल होना पड़े, तो उसकी क्या स्थिति होगी? लेकिन पाकिस्तान जैसे लोभी और सिद्धांतहीन देश को, जिसका कोई राजनीतिक आदर्श या सिद्धांत नहीं है, इससे कोई फर्क नहीं पड़ता। वह सीधी तरह से रास्ते पर आनेवाला नहीं है। पूरी स्थिति को देखते हुए भारत को पाकिस्तान की चाल पर पूरा ध्यान रखना होगा और उसी अनुरूप अपनी व्यूह-नीति तैयार करनी होगी।

□

64

बहादुरशाह जफर की कब्र को हथियाने का पाकिस्तानी मंसूबा नाकाम

पाकिस्तान 1857 के स्वतंत्रता संग्राम को याद नहीं रखना चाहता, लेकिन अंतिम मुगल बादशाह, जिसके नेतृत्व में यह संग्राम लड़ा गया, को अपना बताने में चूकता भी नहीं। स्वतंत्रता संग्राम विफल हो जाने पर अंग्रेजों ने बहादुरशाह को कैद कर लिया था और उन्हें बर्मा (अब म्यांमार) की राजधानी रंगून में नजरबंद कर दिया, जहाँ 1862 में उनकी मृत्यु हो गई।

देश की आजादी के बाद पाकिस्तान ने बहादुरशाह की कब्र को पाकिस्तान की विरासत घोषित कर उसे हथियाने, पाकिस्तान में ले आने का प्रयास किया। म्यांमार सरकार ने पाकिस्तान के दावे को खारिज करते हुए दस्तावेजों और सील-सिक्कों के साथ इस संपत्ति को भारत को सौंप दिया।

दिल्ली के अंतिम सम्राट् बहादुरशाह जफर 1837 में सिंहासन पर बैठे, लेकिन वे नाममात्र के ही शासक थे। वास्तविक राज्याधिकार अंग्रेजों के हाथ में आ चुका था और दक्षिण में मराठों की शक्ति बढ़ती जा रही थी। सन् 1857 के स्वतंत्रता संग्राम में बहादुरशाह ने नेतृत्व ग्रहण किया था। स्वतंत्रता संग्राम विफल हो जाने के बाद अंग्रेजों ने इन्हें कैद कर लिया था और समुद्री जहाज में बिठाकर परिवार सहित बर्मा की राजधानी रंगून भेज दिया था। बर्मा (वर्तमान म्यांमार) उस कालखंड में ब्रिटिश भारतीय शासनांतर्गत था। 1862 में अंग्रेजों की नजरबंदी में ही इनका देहांत हो गया।

कितना बदनसीब है जफर

बहादुरशाह जफर फारसी के अच्छे विद्वान थे और उर्दू में प्रभावशाली शे'रो-शायरी भी करते थे, बल्कि कविता की ओर अधिक झुकाव होने के कारण राजकाज की और उपयुक्त ध्यान नहीं दे पाते थे। अपनी मृत्यु के पहले बहादुरशाह के अंदर के शायर '*जफर*' ने अपने वतन में दफन न होने के शक पर शे'र लिखा था—*'कितना बदनसीब है जफर, दफन के लिए दो गज जमीं न मिली कुए-यार में'*।

पाकिस्तान का दावा खारिज

पाकिस्तान के अधिसंख्य लोग 1857 के स्वतंत्रता संग्राम को याद नहीं रखना चाहते, लेकिन उस संग्राम के अंतिम मुगल बादशाह को अपना बतलाने में चूकते भी नहीं। इसलिए नहीं कि वे बहादुरशाह जफर की वीरता और कुरबानी के प्रशंसक हैं, बल्कि इसलिए कि म्यांमार की राजधानी रंगून में जहाँ मुगल वंश के इस अंतिम सम्राट् को दफनाया गया था, वहाँ की संपत्ति को पाकिस्तानी विरासत घोषित करके उसे हथिया लिया जाए, लेकिन पाकिस्तान की दाल नहीं गली और उस संपूर्ण संपत्ति पर पाकिस्तान के दावे को खारिज कर उसे भारत सरकार को सौंप दिया गया। वर्ष 2004 में भारत के तत्कालीन उपराष्ट्रपति भैरों सिंह शेखावत ने जब म्यांमार की यात्रा की, उस समय वहाँ की सरकार ने सब दस्तावेज सील-सिक्के के साथ भारत को सौंप दिए।

कब्र को पाकिस्तान ले जाने का इरादा

बहादुरशाह जफर

पाकिस्तान ने न सिर्फ यह दावा पेश किया कि उक्त संपत्ति उसकी है, बल्कि यह भी कहा कि पाकिस्तान बहादुरशाह जफर की कब्र को पाकिस्तान ले जाना चाहता है। वह इस कब्र को किस प्रकार उठाकर ले जाता, यह तो वह ही जाने, लेकिन कई बार ऐसा हुआ है कि पुरानी कब्र की मिट्टी किसी दूसरी जगह ले जाकर उस व्यक्ति की नई कब्र बना ली गई। शायद पाकिस्तान इस अंतिम मुगल सम्राट् की कब्र के मामले में भी यही करना चाहता था, लेकिन भारत के सामने उसकी एक नहीं चली। म्यांमार सरकार ने पाकिस्तान सरकार की बात जब नहीं मानी, तब पाकिस्तान के तत्कालीन राष्ट्रपति जनरल परवेज मुशर्रफ ने यह ऐलान किया कि पाकिस्तान कब्र पर 50 हजार डॉलर की लागत से एक आलीशान मकबरा बनाना चाहता है, लेकिन म्यांमार सरकार ने मुशर्रफ की योजना को ठुकरा दिया। अंत में पाकिस्तान ने यह प्रस्ताव रखा कि वह वहाँ पर एक शिलालेख लगाकर अपने इस नायक के प्रति अपना सम्मान व्यक्त करना चाहता है। म्यांमार की सरकार इसके लिए भी तैयार नहीं हुई।

रंगून में बहादुरशाह जफर की दरगाह की देखभाल भारतीय दूतावास प्रारंभ से ही करता आ रहा है। गणतंत्र दिवस और स्वतंत्रता दिवस पर भारतीय दूतावास के अधिकारी यहाँ आकर अपनी श्रद्धांजलि अर्पित करते हैं। बहादुरशाह के निधन वाले दिन यहाँ उर्स भरता है और हिंदुस्तानी कल्चरल रिलेशंस कौंसिल की सहायता से कव्वाली का आयोजन किया जाता है।

रंगून के लोगों को उस समय आश्चर्य हुआ, जब पाकिस्तान की दिलचस्पी अचानक बहादुरशाह जफर के प्रति पैदा हो गई। पाकिस्तानी शासकों ने सोचा, धर्म के नाम पर वे बहादुरशाह जफर स्मारक के मालिक बन जाएँगे, लेकिन उनका सपना पूरा नहीं हुआ। म्यांमार सरकार ने इस अंतिम मुगल सम्राट् को भारत की थाती शुरू से ही स्वीकार किया था। इसलिए उसके प्रबंधन और व्यवस्था को भारत के दूतावास को सौंप दिया। पाकिस्तान यह भी भूल गया कि बहादुरशाह जफर ने 1857 में जो क्रांति की थी, वह धर्म के नाम पर नहीं, बल्कि राष्ट्र के नाम पर की थी।

कब्र में डाली भारत की मिट्टी

यहाँ यह उल्लेख करना उपयुक्त होगा कि रंगून में इस अंतिम मुगल बादशाह ने बहुत बुरी हालत में चार वर्ष व्यतीत किए। उन्हें रंगून शहर के बाहर एक अंग्रेज अधिकारी के बँगले के पीछे बने गैरेज में रखा गया था। 7 नवंबर, 1862 को उनकी मृत्यु हो गई। कुछ ही समय बाद उन्हें चुपचाप अनजाने स्थान पर दफन कर दिया गया। इस मामले को इतना गुप्त रखा गया कि किसी को कानोंकान यह खबर न मिले कि बहादुरशाह जफर की कब्र कहाँ है। इसी कब्र के पास उनकी पत्नी जीनत महल और उनकी पोती रोनक जमानी बेगम को भी बाद में दफन कर दिया गया था। वे उनके साथ निर्वासित जीवन भोग रहीं थीं।

30 वर्ष तक किसी को पता नहीं लगा कि बहादुरशाह जफर की कब्र कहाँ है। अंग्रेजों को इस बात का भय था कि यदि भारतीयों को पता लग गया तो वे इस शहीद सम्राट् की कब्र पर एकत्रित होकर देश को स्वतंत्र करने की शपथ लेंगे। अंग्रेजों के विरुद्ध एक हंगामा खड़ा हो जाएगा। एक लंबे समय के बाद वहाँ लगे एक पत्थर से पता चला कि बहादुर शाह जफर की कब्र कहाँ है। इस पत्थर पर लिखा था 'यहाँ बहादुरशाह जफर को दफन किया गया है।'

1935 में कोर्ट के आदेश से वहाँ एक ट्रस्ट स्थापित किया गया, जिसके प्रबंध की जिम्मेदारी एक भारतीय वंशज के व्यक्ति सिकंदर बख्त (भाजपा नेता नहीं) को सौंप दी गई, लेकिन उस समय तक भी असली कब्र का पता नहीं था। 1991 में जब यहाँ एक मेमोरियल हॉल बनाने के लिए खुदाई शुरू हुई तो जमीन के 8 फीट नीचे एक कब्र मिली। लोगों का अनुमान है कि यही बहादुरशाह जफर की असली कब्र है। कहा जाता है जब उनके पार्थिव शरीर को कब्र में दफन किया गया तो जीनत महल ने एक थैली में से मिट्टी निकाली और बादशाह की कब्र में डाल दी। जीनत महल के अनुसार यह उनकी वसीयत थी कि मैं इतना खुशकिस्मत तो नहीं कि अपने देश की जमीन में दफन हो सकूँ, लेकिन बेगम मुझे जब भी और जहाँ भी दफन किया जाए, उस समय मेरी कब्र में मेरे देश की एक मुट्ठी माटी जरूर डाल दी जाए। स्वयं इस महान् कवि ने लिखा—*'जो किसी के काम न आ सका, मैं वोह मुश्ते गुबार (मुट्ठी भर माटी) हूँ।'*

पाकिस्तान के आका यह नहीं समझ सके कि वतनपरस्ती और राष्ट्र की माटी की अहमियत क्या होती है।

(मुजफ्फर हुसैन के इनपुट के साथ)

□

65

कुख्यात गैंगस्टर दाऊद इब्राहिम पाकिस्तान की शरण में

कुख्यात गैंगस्टर और 1993 के मुंबई बम विस्फोटों का मास्टरमाइंड दाऊद इब्राहिम न केवल पाकिस्तान में शरण लिये हुए है, बल्कि वहाँ से वह 'अंडरवर्ल्ड' को भारत-विरोधी गतिविधियों के लिए हिदायतें भी देता रहता है। वह अपनी आपराधिक गतिविधियाँ कराची से संचालित करता है और आर्थिक गतिविधियाँ दुबई से। उसने मुंबई के फिल्म जगत् में भी अच्छा-खासा पैसा लगा रखा है। पाकिस्तान में उसकी मौजूदगी से संबंधित पुख्ता सबूत दिए जाने के बावजूद पाकिस्तान इस तथ्य को मानने को तैयार नहीं।

दाऊद इब्राहिम पाकिस्तान में है, यह पुरानी बात है। वह भगोड़ा है। भारत का नागरिक है। उसका सदर मुकाम कराची है। उस पर वसूली, अपहरण और हत्या के कई मामले हैं। उस पर सबसे बड़ा मामला है मार्च 1993 में देश की व्यावसायिक राजधानी मुंबई में 12 सीरियल धमाके, जिनमें 257 लोग मारे गए और 713 घायल हुए। फिर मुंबई में ही 26 नवंबर, 2008 को आतंकी हमले में लश्कर-ए-तैयबा की मदद करने के अलावा 2002, 2006 और 2011 के हमलों में दाऊद के आतंकी नेटवर्क का हाथ होने का शक है। कश्मीर में आतंकी गतिविधियाँ बढ़ाने में भी दाऊद की सक्रियता मानी जाती है। मुंबई में हुए विभिन्न हमलों में करीब 600 लोग मारे गए थे। भारत ने 2006 में ही पाकिस्तान को 36 मोस्ट वांटेड आतंकियों की जो फेहरिस्त सौंपी थी, उसमें दाऊद भी शामिल था। दाऊद आज भी पाकिस्तान में रहकर भारत में अपनी नापाक हरकतों को अंजाम दे रहा है।

2011 में इंटरपोल ने रेड कॉर्नर नोटिस जारी करते हुए दाऊद के कराची के दो ठिकानों का जिक्र किया था—30 डिफेंस हाउसिंग अथॉरिटी में मकान नंबर 37 और शहर के क्लिफ्टन इलाके में सऊदी मसजिद के पास 'व्हाइट हाउस'। 'व्हाइट हाउस' एक पाँच मंजिली इमारतों का परिसर है। दाऊद कराची में पाकिस्तानी खुफिया एजेंसियों के संरक्षण में रहता है। पाकिस्तानी अखबार 'डॉन' समूह के एक साप्ताहिक ने कुछ वर्ष पहले लिखा था कि दाऊद कराची में है। अमेरिका ने, जो दाऊद को अंतरराष्ट्रीय आतंकवादी करार दे चुका है, दाऊद के पते और पासपोर्ट नंबर तक बता दिए थे। इसके बाद दाऊद के आदमियों ने साप्ताहिक के संपादक की हत्या की धमकियाँ देना शुरू कर दिया था।

मुंबई के फिल्म जगत् में पूँजी निवेश

दाऊद इब्राहिम

दाऊद के बारे में बताया जाता है कि वह अपनी आपराधिक गतिविधियाँ कराची से संचालित करता है और आर्थिक गतिविधियाँ दुबई (यूनाइटेड अरब अमीरात) से। दाऊद बहुधंधी व्यावसायिक साम्राज्य का संचालन कर रहा है। व्यावसायिक क्षेत्रों में वह दाऊद के बजाय 'सुलतान शाह' नाम से जाना जाता है। इंटेलिजेंस ब्यूरो के पूर्व प्रमुख अजीत डोभाल ने कुछ वर्ष पूर्व कहा था कि 'दाऊद हमेशा अवैध गतिविधियों से ही जुड़ा रहा है, लेकिन वह कई तरह के वैध कारोबार में भी कदम रख रहा है।'

दाऊद ने मुंबई के फिल्म जगत् में भी अच्छा-खासा पैसा लगा रखा है। बालीवुड कलाकारों के साथ दाऊद के काफी नजदीकी संबंध रहे हैं। वर्ष 1993 में मुंबई सीरियल धमाकों के अगले दिन सुबह उसने मुंबई की एक फिल्म हस्ती को खुद फोन कर कहा, "भाई साहब, हमारे धमाके कैसे लगे?"

यह तो सर्वविदित है कि पाकिस्तान जिस तरह बेशर्मी के साथ झूठ का सहारा लेकर दाऊद के पाकिस्तान में नहीं होने की बात कह रहा है, उससे वह एक तरह से अपने ही मुँह पर कालिख पोतने का काम कर रहा है। अमेरिका और भारत ने दाऊद इब्राहिम के पाकिस्तान में ठिकानों, उसके पासपोर्ट नंबर और फोन नंबर आदि का विवरण दिया है। उससे पाकिस्तान के चेहरे से नकाब उतर गई है।

पाकिस्तान अमेरिका पर 9/11 के हमले के मास्टर माइंड ओसामा बिन लादेन के मामले में भी पूरी दुनिया को मूर्ख बनाने का प्रयास करता रहा।

'ब्लैक लिस्ट' से बचने के लिए ढोंग

कराची के क्लिफटन क्षेत्र में भारी सुरक्षावाला दाऊद इब्राहिम का घर (व्हाइट हाउस)

पाकिस्तान ओसामा की तरह दाऊद इब्राहिम की पाकिस्तान में मौजूदगी से इनकार कर रहा है और भारत उसे सौंपने की माँग कर रहा है। कठोर वास्तविकता यह है कि पाकिस्तान किसी भी सूरत में दाऊद इब्राहिम को भारत के हवाले नहीं करेगा। भारत को चोट पहुँचाने और उसे हर तरह से कमजोर करने के पाकिस्तान के एक-सूत्री कार्यक्रम में इससे बाधा पड़ेगी, इसलिए वह ऐसा कभी नहीं करेगा।

दाऊद इब्राहिम को भारत को सौंपने की माँग फिर नए सिरे से हो रही है। प्रश्न

है—दाऊद को भारत लाकर आखिर हम करेंगे क्या? उसकी सुरक्षा पर कई करोड़ रुपए फूँकेंगे, जैसे 26/11 के मुंबई हमले के एक गुनहगार अजमल कसाब की सुरक्षा पर फूँके गए थे। दाऊद पर उससे कहीं अधिक खर्च होगा। मामला लंबे समय तक चलेगा, जिस पर देश का पैसा बरबाद होगा। यह भी हो सकता है कि दाऊद को छुड़ाने के नाम पर अपहरण की कुछ घटनाएँ हो जाएँ। देशवासी सदैव दबाव में रहेंगे।

भारत लाए जाने पर बोगस मानवाधिकारवादी, प्रपंची सेक्यूलरवादी और 'सबूत ब्रिगेड' के सदस्य सक्रिय हो जाएँगे। नैतिकता का मुखौटा पहने कई 'पाँच सितारा' वकील दाऊद के लिए खड़े हो जाएँगे और इतना तो कर ही डालेंगे कि तारीख-पर-तारीख पड़े और मुकदमा बरसों चले। इससे बेहतर है कि दाऊद पाकिस्तान में ही रहे और वहीं मरे।

असली बात यह है कि पाकिस्तान अंतरराष्ट्रीय स्तर पर आतंकी फंडिंग पर नजर रखनेवाली संस्था (एफ.ए.टी.एफ.) के कोप से बचने के लिए आतंकी संगठनों और उनके आकाओं पर काररवाई करने का ढोंग कर रहा है। एफ.ए.टी.एफ. ने 2018 में ही पाकिस्तान को 'ग्रे लिस्ट' (धुँधली छवि वाली अर्थव्यवस्था) में डाल दिया था। जून 2022 में इसे अस्थायी तौर पर 'ग्रे लिस्ट' से हटाया गया है।

□

खंड-3

66

क्या 400 बरबाद मंदिरों का पुनरुद्धार कभी हो पाएगा?

पाकिस्तान में बचे-खुचे अल्पसंख्यकों, विशेषकर हिंदुओं-सिखों के उत्पीड़न और जिहादी कठमुल्लाओं के उत्पात की खबरों से विश्व में धूमिल हो रही अपनी छवि को निखारने के लिए पाकिस्तान ने बंद पड़े अतिक्रमित और क्षतिग्रस्त मंदिरों व गुरुद्धारों के पुनरुद्धार की योजना तैयार की है, जिसकी सफलता संदिग्ध है।

पाकिस्तान में एक तरफ जहाँ किसी मंदिर या गुरुद्धारे की पुनर्स्थापना की खबर आती है तो दूसरी तरफ किसी मंदिर या गुरुद्धारे पर जबरन कब्जे, तोड़-फोड़ या हमले की खबर भी आती है।

एक तरफ जहाँ पाकिस्तान सरकार पूरी दुनिया में धूमिल हो रही अपनी छवि को निखारने का आधा-अधूरा प्रयास कर रही है, वहीं धार्मिक कट्टरपंथी या जिहादी इसलाम के अलमबरदार पाकिस्तान को 21वीं सदी से वापस 15वीं सदी में ढकेलने के लिए जी-जान से जुट गए हैं। इनकी संख्या अधिक नहीं है, लेकिन उत्पात मचाने की इनकी क्षमता जबरदस्त है, क्योंकि इन्हें कतिपय प्रभावशाली स्रोतों से बढ़ावा मिलता रहता है। 'इसलामी मुल्क में सिर्फ मुसलिम रह सकते हैं' इस कथन का अर्थ क्या है ? क्या पाकिस्तान के संस्थापक मुहम्मद अली जिन्ना ने ऐसा कहा था ? नहीं कहा था, लेकिन जिन्ना ने पाकिस्तान की माँग मनवाने के लिए जो धर्मोन्माद पैदा किया और कठमुल्लाओं की मदद प्राप्त की थी, उसका खमियाजा पाकिस्तान भुगत रहा है और पता नहीं कब तक भुगतता रहेगा। 'इसलामी मुल्क में सिर्फ मुसलिम रह सकते हैं', कहनेवाले कट्टरपंथियों का आशय अवश्य ही सुन्नी मुसलिमों से है, क्योंकि वे शियाओं को भी खालिस

उत्तर-पश्चिमी पाकिस्तान के स्वात जिले में 1300 साल पुराना भगवान् विष्णु का मंदिर

मुसलिम नहीं मानते। पाकिस्तान में सुन्नी-शिया हिंसक टकराव में अब तक कई हजार शिया अपनी जान से हाथ धो चुके हैं। हिंदुओं, सिखों और ईसाइयों की बात छोड़िए, बहुत से सुन्नी उलेमा तो शियाओं को 'काफिर' घोषित करने की माँग करते आ रहे हैं। पाकिस्तान की इस स्थिति पर मुहम्मद अली जिन्ना अपनी कब्र में करवटें बदल रहे होंगे। क्या ये उलेमा यह नहीं जानते कि मुहम्मद अली जिन्ना खुद शिया थे? अहमदियों को गैर मुसलिम और काफिर मानकर उनकी मसजिदें जलाने वाले यह भूल गए कि जिन्ना के निमंत्रण पर अहमदिया मुसलमान मुहम्मद जफरुल्ला खान को, जो वायसरॉय की एग्जिक्यूटिव कौंसिल के सदस्य रह चुके थे, पाकिस्तान का पहला विदेश मंत्री बनाया गया था और जिन्होंने यू.एन. में कश्मीर के मामले में पाकिस्तान की जोरदार वकालत की थी।

किरदार का गाजी बन न सका

जब पाकिस्तान नहीं बना था, तब मुहम्मद अली जिन्ना की शह पर कट्टरपंथी मुसलमान कहते थे कि अंग्रेज अगर हुकूमत की बागडोर बहुसंख्यक 'हिंदू पार्टी' कांग्रेस के हाथ में छोड़कर चले जाएँगे तो इसलाम खतरे में पड़ जाएगा। उनसे पूछा जाए कि पाकिस्तान बन जाने के बाद अब इसलाम खतरे में कैसे है? इसलाम को कहाँ से खतरा पैदा हो रहा है? 98 प्रतिशत आबादी को 2 प्रतिशत (अल्पसंख्यकों) से खतरा कैसे हो सकता है? खतरा इसलाम को नहीं है, खतरा इन लोगों की दुकानदारी को है। यदि इसलाम को वास्तव में कोई खतरा पैदा हो रहा है तो इन सिरफिरों से है जो इसलाम को बदनाम कर रहे हैं। कट्टरपंथी क्या चाहते हैं कि जो 2 प्रतिशत अल्पसंख्यक पाकिस्तान में बच गए हैं, वे भी पाकिस्तान छोड़कर चले जाएँ और वहाँ की सरजमीं पूरी तरह से 'पाक' हो जाए।

पाकिस्तान बनने के बाद वहाँ अल्पसंख्यकों के उपासना स्थलों की हालत बदहाल हो गई। उनकी जमीनों पर कब्जा कर लिया गया। उन्हें तोड़-फोड़ दिया गया, उन्हें उजाड़ अवस्था में छोड़ दिया गया। कहीं-कहीं कमर्शियल कांप्लेक्स या प्लाजा बन गए। प्रसिद्ध मंदिरों के केवल ढाँचे दिखाई देते हैं। पाकिस्तान बनने के बाद वहाँ मसजिदों की बाढ़ आ गई है। क्या हर तरह की काबिले-एतराज हरकतें करते हुए नई-नई मसजिदें बना लेना ही सब कुछ है? शायद इसी जेहनीयत पर इकबाल ने कहा था—

मसजिद तो बनादी शब भर में, ईमां की हरारत वालों ने
मन अपना पुराना पापी है, बरसों में नमाजी बन न सका।
'इकबाल' बड़ा उपदेशक है, मन बातों में मोह लेता है
गुफ्तार का यह गाजी तो बना, किरदार का गाजी बन न सका।
(गुफ्तार=बातों का, गाजी=योद्धा, किरदार=चरित्र)

पाकिस्तान में मंदिरों का क्या काम?

पाकिस्तान का निर्माण होते ही पंजाब, सिंध, बलूचिस्तान और फ्रंटियर प्रांत में हिंदुओं के मंदिर एक-एक करके तोड़ दिए गए या बंद करा दिए गए। तत्कालीन प्रधानमंत्री लियाकत अली खान से जब मंदिर तोड़ने के बारे में सवाल किया गया तो उन्होंने पाकिस्तान बनने के उत्साहा तिरेक

में जवाब दिया, "पाकिस्तान तो एक इसलामी मुल्क है, यहाँ मंदिरों का क्या काम ?" पाकिस्तान में वर्ष 2020 में पंजाब प्रांत के सियालकोट नगर में 1000 साल पुराना एक हिंदू मंदिर, जो भारत-पाकिस्तान बँटवारे के समय से बंद था, पूजा-अर्चना के लिए खोल दिया गया। पेशावर में भी एक शिवालय खोल दिया गया। यह भी मीडिया में चर्चा का विषय रहा। यदि पाकिस्तान सरकार में वास्तव में सद्‌बुद्धि का उदय हुआ है तो यह अच्छी बात है। यदि यह काररवाई कतिपय राजनीतिक या अन्य परवर्ती उद्‌देश्यों से भी की जा रही है, तब भी इस काररवाई को तो अच्छा ही कहा जाएगा, लेकिन कट्टरपंथियों के विरोध पर उनके सामने घुटने टेकते रहने से यह कार्य संभव नहीं हो पाएगा। बलूचिस्तान में गुरुद्वारे का समर्पण सहज ढंग से हो गया, जैसा कि खबर है, तो यह और भी अच्छी बात है, भले ही इसका कोई विशिष्ट कारण रहा हो। अंग्रेजी दैनिक 'डॉन' (DAWN) की खबरों के मुताबिक, शहर के बीच में मसजिद रोड पर स्थित श्री गुरु सिंह गुरुद्वारे में 1947 से गवर्नमेंट गर्ल्स हाई स्कूल चलाया जाता रहा।

करतारपुर गलियारा खुलने के कुछ ही दिन बाद फिरकापरस्त तत्त्वों द्वारा ननकाना साहब गुरुदारे के बाहर प्रदर्शन और पत्थरबाजी की घटना से यह जाहिर होता है कि पाकिस्तान के सुधरने की ज्यादा उम्मीद करना उचित नहीं होगा। पाकिस्तान में विस्थापित संपत्ति (Evacuee Property) ट्रस्ट बोर्ड के अधीन 1,130 मंदिर और 517 गुरुद्वारे हैं, जबकि मंदिरों व गुरुद्वारों की कुल संख्या इससे बहुत अधिक है। बोर्ड के अनुसार अब तक 30 मंदिर खोले जा सके हैं, बाकी 1,100 मंदिर अब भी बंद हैं। वहीं 517 गुरुद्वारों में से सिर्फ 17 गुरुद्वारे चल रहे हैं।

पाकिस्तान सरकार का कहना है कि वह 400 मंदिरों को फिर से स्थापित करना चाहती है और उन्हें हिंदू समुदाय को सौंपना चाहती है, लेकिन यदि हर साल एक-दो मंदिर ही खुलेंगे तो हिसाब लगाइए 400 मंदिर खुलने में कितना समय लगेगा ? जिहादियों के आशंकित विरोध के अलावा खुद पाकिस्तान सरकार की विश्वसनीयता का सूचकांक भी काफी गिरा हुआ है। ऐसा नहीं हो कि पूरी कवायद एक ड्रामाबाजी सिद्ध हो।

95 प्रतिशत मंदिर किए गए नष्ट

पाकिस्तानी अखबार 'एक्सप्रेस ट्रिब्यून' (Express Tribune) की एक रिपोर्ट के अनुसार, वर्ष 2014 में की गई एक पड़ताल में वह तथ्य सामने आया कि 95 प्रतिशत हिंदू मंदिरों को नष्ट किया जा चुका है। आँकड़ों के अनुसार, वर्ष 1990 के बाद से हिंदुओं के 428 पूजा स्थलों में से 408 को नष्ट कर वहाँ किसी का मजार, शौचालय, खिलौना दुकान, रेस्तराँ, सरकारी दफ्तर और बड़ा अहाता होने पर स्कूल आदि बना दिए गए। केवल 20 ही पूजा स्थल ऐसे थे, जहाँ पूजा की जा रही थी, अगर कहीं कोई मंदिर बचा भी तो उस तक पहुँचने के रास्ते इस तरह बंद कर दिए गए कि कोई वहाँ पूजा आदि के लिए जाने का विचार ही त्याग देगा।

'एक्सप्रेस ट्रिब्यून' रिपोर्ट के अनुसार खैबर पख्तूनख्वा प्रांत के डेरा इस्माइल खान में स्थित काली बाड़ी हिंदू मंदिर पर कब्जा करके एक मुसलिम ने उसे किसी को किराए पर दे दिया है। इस मंदिर की इमारत को एक होटल के रूप में इस्तेमाल किया जा रहा है। एबटाबाद में गुरुद्वारा गली, जो कभी सिखों के लिए तीर्थस्थल हुआ करती थी, अब वहाँ कपड़े की दुकानें खुल गई हैं। रावलपिंडी-इसलामाबाद के निकट राम कुंड को अब एक पिकनिक स्थल बना दिया गया है।

यहूदी प्रार्थना भवन का सफाया

एक पाकिस्तानी लेखिका और सामाजिक कार्यकर्ता फराहानाज इस्पाहानी ने अपनी पुस्तक 'पाक सरजमीं का शुद्धीकरण : पाकिस्तान के धार्मिक अल्पसंख्यक' (Purifying the Land of the Pure : Pakistan's Religions Minorities) में बहुत मर्माहत होकर लिखा है कि जनरल जिया ने अपने शासनकाल में जुलाई 1988 में एक शॉपिंग मॉल का रास्ता बनाने के लिए एक यहूदी प्रार्थना भवन को ध्वस्त करवा दिया था। वर्ष 2006 के बाद पाकिस्तान में अब कोई भी यहूदी नहीं रहा। पाकिस्तान की सरजमीं से यहूदियों का सफाया हो जाने से अब यह सरजमीं उनसे पूरी तरह 'पाक साफ' हो गई है। सिंध प्रांत को छोड़कर पाकिस्तान के अन्य प्रांतों पंजाब, बलूचिस्तान और खैबर पख्तूनख्वा में हिंदुओं-सिखों की आबादी इतनी कम रह गई है कि यदि सब मंदिर व गुरुद्वारे खोल भी दिए जाएँ तो उनकी देखभाल करना भी एक समस्या हो जाएगी। फिर इन मंदिरों व गुरुद्वारों के पुनरुद्धार या पुनर्स्थापना के लिए फंड की व्यवस्था करनी होगी। इन मंदिरों को जिहादियों के हमलों से बचाने के लिए सुरक्षा की भी व्यवस्था करनी होगी। जो जिहादी अहमदियों व शियाओं की मसजिदों पर जानलेवा हमले कर सकते हैं, वे हिंदुओं व सिखों के उपासना स्थलों को बख्श देंगे, ऐसा मानने का कोई आधार नहीं है। कहना का तात्पर्य यह है कि मामला उतना आसान नहीं है।

जब बुलडोजर मँगाकर मंदिर ढहाए गए

पाकिस्तान में हिंदुओं के उत्पीड़न के विरुद्ध प्रदर्शन

पाकिस्तान में हिंदू मंदिरों को नष्ट करके उनके स्थान पर कारोबारी और अन्य तरह की गतिविधियाँ ही नहीं बढ़ाई जा रहीं, बल्कि उन पर हमले भी होते रहते हैं। भारत में अगर कोई बड़ा सांप्रदायिक दंगा हो जाए तो पाकिस्तान के हिंदुओं की शामत आ जाती है और पहला हमला उनके मंदिरों पर होता है। वर्ष 1992 में भारत में बाबरी मसजिद विध्वंस के बाद पाकिस्तान में एक-दो नहीं, 30 हिंदू मंदिरों को ध्वस्त कर दिया गया। इस आशय का समाचार अमेरिकी अखबार 'न्यूयार्क टाइम्स' (New York Times) ने छापा था। इसमें बताया गया था कि भीड़ ने छह मंदिरों को आग के हवाले कर दिया था और एयर इंडिया के दफ्तर पर पत्थरबाजी की थी। हिंदू मंदिर के अलावा गुरुद्वारों और गिरजाघरों को भी नहीं बख्शा गया था। ध्वस्त किए गए उपासना स्थलों की वास्तविक संख्या करीब ढाई सौ बताई जाती है। यह भी पता चला कि यह काम वहाँ के कतिपय मंत्रियों और सरकारी महकमों की शह पर और उनकी देख-रेख में हुआ। पाकिस्तान के मंत्रियों ने मंदिरों को ध्वस्त करने के लिए नगरपालिकाओं से बुलडोजर उपलब्ध कराए। पाकिस्तान सरकार ने बाबरी विध्वंस के विरोध में एक दिन के लिए स्कूल और सरकारी दफ्तर बंद कर दिए थे। इसी क्रम में यह भी उल्लेखनीय है कि 1992 के बाद हर साल 6

दिसंबर (बाबरी विध्वंस दिवस) पर पूरे पाकिस्तान में और विशेषकर सिंध प्रांत में 4 से 7 दिसंबर तक कोई हिंदू अपने घर से बाहर नहीं निकलता था तथा तीन-चार दिन का राशन-सब्जी आदि अपने-अपने घरों में रखकर दरवाजा बंद कर देते थे। यह सिलसिला कई वर्षों तक चला।

कटासराज मंदिर और शारदापीठ

ऐतिहासिक कटासराज मंदिर

पाकिस्तान सरकार ने पंजाब प्रांत में स्थित कटासराज मंदिर और पाकिस्तान-अधिकृत कश्मीर में शारदा पीठ के पुनरुद्धार का वायदा किया है। कटासराज हिंदुओं का प्रसिद्ध मंदिर है, जो भगवान् शिव को अर्पित है। यह महाभारत काल में निर्मित हुआ बताया जाता है। इसके जीर्णोद्धार के लिए पाकिस्तान सरकार के अनुरोध पर भारतीय पुरातात्त्विक सर्वेक्षण विभाग ने विस्तृत परियोजना रिपोर्ट बनाई थी। वर्ष 2005 में जनरल मुशर्रफ के अनुरोध पर भाजपा नेता लालकृष्ण आडवाणी ने इसके जीर्णोद्धार की नींव शिला रखी थी। इसे विश्व ऐतिहासिक धरोहरों में शामिल करने की बत चल रही है। यहाँ महाशिवरात्रि का पर्व मनाया जाता रहा है।

ज्ञातव्य है कि कटासराज में एक ऐतिहासिक सरोवर है। 'महाभारत' की एक प्रसिद्ध कथा के अनुसार, वनवास काल में पांडव इस क्षेत्र में काफी अरसा तक रहे थे। एक बार जल की खोज में पहले नकुल गया। जब वह लौटकर नहीं आया तब सहदेव, अर्जुन और भीम एक-एक करके जल लेने गए। उसी समय आवाज आई—"मैं यक्ष हूँ, इस सरोवर का स्वामी हूँ, पहले मेरे प्रश्नों का उत्तर दो, तब तुम जल ले सकते हो।" चारों भाइयों ने यक्ष की बातों को अनसुना करके पानी पीने की कोशिश की और सरोवर में बेहोश होकर गिर पड़े। जब युधिष्ठर वहाँ खोजते हुए पहुँचे तो उन्होंने अपने भाइयों को बेहोश देखकर पूछा, "इन्हें जिसने भी बेहोश किया है, वह सामने आए।" यक्ष प्रकट हुए और कहा कि चारों भाइयों ने बिना प्रश्नों का उत्तर दिए जल लेने की कोशिश की और उनका यह हाल हुआ। यक्ष ने कहा कि यदि युधिष्ठर ने भी ऐसा किया तो उसका भी वही हाल होगा। इस पर युधिष्ठर यक्ष के प्रश्नों का उत्तर देने को राजी हुए। युधिष्ठर ने हर प्रश्न का सही उत्तर दिया और यक्ष ने प्रसन्न होकर चारों भाइयों को जीवित कर दिया। इसीलिए कठिन प्रश्न को 'यक्ष प्रश्न' कहते हैं। यहाँ पाकिस्तान सरकार से यक्ष प्रश्न यह है कि डेढ़ दशक में भी मंदिर का पुनरुद्धार कार्य पूरा क्यों नहीं हो सका? इस बीच कट्टरपंथियों ने कटासराज का नाम बदल कर कटास जदीद कर दिया है।

पाकिस्तान के कब्जे वाले कश्मीर में हिंदू, सिख और बौद्धों के करीब 600 तीर्थ-स्थल हैं। यहाँ नीलम नदी के किनारे प्राचीन हिंदू मंदिर और सांस्कृतिक स्थल शारदा पीठ है। इस मंदिर का महत्त्व सोमनाथ के शिवलिंगम मंदिर जितना ही माना जाता है। हिंदू धर्म की मान्यता के अनुसार, इसे देवी शक्ति के 18 महाशक्ति पीठों में से एक माना जाता है। 12वीं शताब्दी में कल्हण द्वारा रचित ग्रंथ 'राजतरंगिणी' में कश्मीर के राजवंशों के क्रमबद्ध इतिहास के साथ शारदा देवी के मंदिर

का काफी उल्लेख है। इसी दौर में इसलामी विद्वान् अलबरूनी ने भी शारदा देवी और इस केंद्र के बारे में अपनी पुस्तक में लिखा है। अब इसका भी जीर्णोद्धार हो रहा है। कब तक यह कार्य पूरा होगा, पता नहीं।

पाकिस्तान सरकार का कहना है कि वह 400 मंदिरों को फिर से स्थापित करना चाहती है, लेकिन 'वही रफ्तार बेढंगी, जो पहले थी सो अब भी है' की स्थिति में आनेवाली दो-तीन पीढ़ियाँ भी यह काम नहीं करा पाएँगी। प्रश्न यह भी है कि क्या तब तक पाकिस्तान बना रहेगा?

□

67

पाकिस्तान : कोई ऐतिहासिक पहचान या विरासत है या नहीं?

बादशाह खान जब भारत की अंतिम यात्रा पर थे, तब उन्होंने कहा था कि मैं हजारों साल से पठान, 1,500 साल से मुसलमान और चार दशक से पाकिस्तानी हूँ। एक धर्मपरायण मुसलमान होते हुए भी उन्हें अपनी प्राचीन आर्य व बौद्ध सांस्कृतिक विरासत पर गर्व था। अपने अस्तित्व के 75 वर्ष बाद भी पाकिस्तान अपनी सही ऐतिहासिक पहचान की खोज में भटक रहा है। रूढ़िवादी बुद्धिजीवी इस पहचान की खोज में 14 अगस्त, 1947 से आगे नहीं जाना चाहते थे। इस विचारधारा के विरोधियों का कहना था कि इस हालत में पाकिस्तान का इतिहास मात्र एक पोस्टकार्ड में ही समा जाएगा। अंत में कुछ अन्य बुद्धिजीवियों ने यह खोज निकाला कि पाकिस्तान का इतिहास सन् 711 से शुरू होता है, जब मुहम्मद बिन कासिम ने सिंध पर हमला किया था, लेकिन इस मान्यता के विरोधियों का, जिनकी संख्या कम नहीं है, कहना है कि क्या आठवीं सदी से पहले दुनिया या भारत महादेश का कोई अस्तित्व नहीं था?

अपने अस्तित्व के 75 वर्ष बाद भी पाकिस्तान अभी तक अपनी सही, ऐतिहासिक व भौगोलिक पहचान की खोज में भटक रहा है। किसी भी राष्ट्र की तरह पाकिस्तान को भी एक राष्ट्र के रूप में आरंभ से ही अपने लिए एक इतिहास या ऐतिहासिक पहचान की जरूरत रही है। पाकिस्तान बनने के बाद कई वर्षों तक रूढ़िवादी बुद्धिजीवियों की परेशानी यह रही कि वे इस पहचान की खोज में 14 अगस्त, 1947 से आगे नहीं जाना चाहते थे।

लंबे समय तक काफी उलझन की स्थिति रही। अंततः जो हुआ, उसके लिए यदि मुहावरे की भाषा इस्तेमाल की जाए तो यह भी नहीं कहा जा सकता कि कट्टरपंथियों की दाल नहीं गली। उनकी दाल काफी हद तक गल ही गई। उधर, कट्टरपंथियों की विचारधारा का विरोध करनेवालों का कहना था कि यदि पाकिस्तान का इतिहास 14 अगस्त, 1947 की तारीख से लिखा जानेवाला है तो यह एक पोस्टकार्ड में ही समा जाएगा। एक अन्य विचारधारा वालों का कहना था कि पाकिस्तान का इतिहास मार्च 1940 से शुरू होता है, जब मुसलिम लीग ने भारत महादेश के मुसलमानों के लिए

अलग 'होमलैंड' या पाकिस्तान की माँग की थी। ये लोग यह मानने को तैयार प्रतीत नहीं होते कि देश बँट जाने से इतिहास और परंपराएँ समाप्त नहीं हो जातीं।

हिंद महासागर नहीं, हिंद-पाक महासागर?

दरअसल, अपने अतीत की खोज में उतरने में पाकिस्तान का इसलामी नजरिया भी उसे रोकता रहा है। बहुत सोच-विचार के बाद इन बुद्धिजीवियों ने यह खोज निकाला कि पाकिस्तान का इतिहास ईसवी सन् 711 से शुरू होता है, जब मुहम्मद बिन कासिम की सेनाओं ने सिंध के देवल (कराची) बंदरगाह पर कब्जा कर लिया और सिंधुपति महाराजा दाहरसेन को पराजित कर दिया। पाकिस्तान के ये बुद्धिजीवी मुहम्मद बिन कासिम के बाद के मुसलिम इतिहास को अपनी विरासत मानते हैं। उनके अनुसार आठवीं सदी से पहले शायद दुनिया या भारत महादेश का कोई वजूद नहीं था! इस प्रसंग में दिलचस्प बात यह है कि 'जिए सिंध' या अलग 'सिंधु देश' आंदोलन के समर्थक सिंधी मुसलमान सिंध के अंतिम सम्राट् महाराजा दाहरसेन को सिंधी राष्ट्रीयता का प्रतीक मानते हैं। वस्तुत: सिंधी राष्ट्रवाद की जड़ें बहुत पुरानी हैं। सिंध की जनता ने मुगल बादशाहों की हुकूमत को भी नामंजूर कर दिया था। मुगलों के खिलाफ कम-से-कम तीन दर्जन कबीले उठ खड़े हुए थे। ये कबीले आमने-सामने या छापामार तरीके से तब तक लड़ाई करते रहे, जब तक मुगल बादशाहों से कलहोरो नामक सिंधी शासक ने खुदमुख्तारी हासिल नहीं कर ली। सिंध के नौमरी, समेजा, उनार और चाँदियो कबीलों ने मुगलों के छक्के छुड़ा दिए थे।

इतिहास के बारे में कट्टरपंथी पाकिस्तानी बुद्धिजीवियों की विभ्रांति पाकिस्तान की भौगोलिक हैसियत की परिभाषा के विभिन्न प्रयासों से भी जाहिर होती है। अति प्राचीन अथवा स्मरणातीत काल में भारत की एक सुस्पष्ट व सुनिश्चित भौगोलिक पहचान रही है। इसे एक उपमहाद्वीप या महादेश कहा जाता रहा है, लेकिन अपनी पृथकता प्रदर्शित करने के चक्कर में पाकिस्तान ने इस क्षेत्र को भारत-पाक उपमहाद्वीप की संज्ञा दे दी, लेकिन इस अनैतिहासिक प्रयास का विश्व के भारत-विद्याविदों पर कोई असर नहीं पड़ा। वे पुराने नाम को ही, विशेषतया प्राचीन संदर्भ में, तरजीह देते आ रहे हैं। एक पाकिस्तानी बुद्धिजीवी ने एक कदम आगे बढ़कर हिंद महासागर का नाम हिंद-पाक महासागर करने का सुझाव दिया। हिंद महासागर का नाम तो हिंद महासागर ही रहेगा, लेकिन इस तरह के सुझाव एक विचित्र मानसिकता को तो प्रदर्शित करते ही हैं।

अन्य मुसलिम देशों में स्थिति

भारतीय उपमहाद्वीप का अंश होकर भी जब कभी पाकिस्तान को यह एहसास होता है कि नया राष्ट्र होने के कारण विश्व के सांस्कृतिक जगत् में भारत के समान सांस्कृतिक मान्यता नहीं मिल रही है, तब वह कुछ खोजने की आवश्यकता महसूस करने लगता है। अगर उसने मिस्र, अफगानिस्तान, इराक और इंडोनेशिया, जैसे इसलामी राष्ट्रों की तरह अपनी प्राचीन विरासत को अपनाने की उदारता और समझदारी दिखाई होती, तो वह अपने इतिहास को भारत के इतिहास से भी अधिक अतीत के गहरे तल में ले जाने में सफल मनोरथ होता।

इस प्रकरण में यह कहना उपयुक्त होगा कि यह विश्व पर्यटन उद्योग का कमाल है कि उसने पाकिस्तान को अपने प्राचीन इतिहास व विरासत की खोज और उसे मान्यता प्रदान करने की ओर

उन्मुख किया। कई वर्ष पूर्व ही विश्व ट्रेवल एजेंसियों ने पाकिस्तान सरकार को यह कहना शुरू कर दिया था कि जब आपके देश की कोई प्राचीन सभ्यता-संस्कृति नहीं है, कोई पुरानी विरासत नहीं है, कोई ऐतिहासिक अवशेष नहीं हैं, तो हम पर्यटकों को क्या बताकर आपके देश की और मुखातिब करें ? आप संयुक्त राज्य अमेरिका तो हैं नहीं।

'पाकिस्तान की प्राचीन सभ्यता' पर प्रदर्शनी

विश्व के दो अति प्राचीन उत्खनन स्थलों—मोहन-जोदड़ो और हड़प्पा को भी हिंदू सभ्यता का प्रतीक मानकर उसे उदासीनता के साथ देखनेवाले पाकिस्तान ने अब इन अवशेषों को पाकिस्तान की प्राचीन सभ्यता के अंश के रूप में प्रदर्शित करना आरंभ किया है। यूरोप में पाकिस्तान सरकार द्वारा लगाई गई ऐसी एक अंतरराष्ट्रीय प्रदर्शनी देखने का अवसर मुझे मिला, जिसमें मोहन-जोदड़ो, हड़प्पा, तक्षशिला और अन्य कई स्थानों की खुदाइयों से प्राप्त अवशेषों को पाकिस्तान की प्राचीन सभ्यता और विरासत के रूप में प्रदर्शित किया गया था। यह प्रदर्शनी जर्मनी, फ्रांस, बेल्जियम, नीदरलैंड आदि कई यूरोपीय देशों में लंबे समय तक चलती रही, लेकिन ऐसा प्रतीत होता है कि यह कार्य कुछ दबे स्वर में ही किया जा रहा है। पाकिस्तान के भीतर ऐसा करने से परहेज किया जा रहा है। पाकिस्तान सरकार ने समुद्र की ओर से बहनेवाली नमकीन हवाओं की चपेट से मोहन-जोदड़ो व हड़प्पा के प्राचीन खंडहरों को बचाने के लिए और इनकी देखभाल करने के लिए 'यूनेस्को' से प्राप्त धनराशि का उपयोग करना आरंभ किया है, लेकिन पाकिस्तान को सिर्फ खंडहरों की छवि को ही दिखाकर संतोष नहीं करना होगा, बल्कि इन स्थानों से प्राप्त विभिन्न वस्तुओं और कलाकृतियों के प्रति एक समझदारी विकसित करनी होगी।

राष्ट्रीय पहचान की जटिल समस्या

अपनी एक राष्ट्रीय पहचान विकसित करने की समस्या पाकिस्तान के लिए काफी जटिल रूप धारण कर चुकी है, जबकि पाकिस्तान की भूमि, संस्कृति और विरासत पर आधारित पहचान विकसित करने में उसे बिल्कुल कोई कठिनाई नहीं है। पाकिस्तान इस बात पर गर्व कर सकता है कि विश्व के सबसे प्राचीन धर्मग्रंथ 'ऋग्वेद' की रचना उसी की भूमि पर की गई थी। मोहन-जोदड़ो व हड़प्पा की प्राचीन सभ्यताएँ, गांधार व तक्षशिला की बौद्ध विरासत, कुषाण साम्राज्य तथा हिंदू, बौद्ध, मध्य एशिया, अरबी, फारसी, यूनानी और तुर्क प्रभाव के ताने-बाने की मिली-जुली संस्कृति पर पाकिस्तान गर्व कर सकता है। इनका उल्लेख पाकिस्तान के लिए गौरव का विषय हो सकता है, लेकिन मुश्किल यह है कि पाकिस्तान अपनी मूल या देशी विरासत की कीमत पर विदेशी या परकीय विरासत पर अधिक जोर दे रहा है। पाकिस्तानी जिन उपलब्धियों को लेकर फख्र करते हैं, उनके वे हकदार नहीं है। एक इतिहासवेत्ता के अनुसार, पाकिस्तानी जब मुगल बादशाहों की चर्चा करते हैं, जिन्होंने भारत की राजधानी दिल्ली में राज किया और हैदरअली व टीपू सुल्तान की चर्चा करते हैं, तब वे भारत से अलगाव की अपनी पहचान कैसे बना सकते हैं ? पाकिस्तान आंदोलन के नेताओं और समर्थकों की मानसिकता की रचना में इस स्मृति ने बड़ा योगदान किया कि वे कभी इस देश के शासक रहे। इस पर टिप्पणी करते हुए एक मुसलिम इतिहासवेत्ता ने ही कहा है कि यह बात याद रखनी चाहिए कि हुकूमत, चाहे सलतनत काल के सुलतानों की हो या मुगलों की, वह

मुसलमानों की हुकूमत नहीं थी। वह विभिन्न कबीलों या गिरोहों की हुकूमत थी। यह बात अलग है कि उस गिरोह का मजहब इसलाम था पर उन मुसलिम हुकूमतों से मुसलमानों का उतना ही संबंध था, जितना कि देशवासी हिंदुओं का, लेकिन इन हुकूमतों ने भी भारत को दारुल इसलाम नहीं बनाया, कत्थक और अन्य भारतीय नृत्यों को प्रोत्साहित किया तथा भारत की अखंडता में विश्वास व्यक्त किया। मुसलिम सूफी संतों की भी एक परंपरा रही है। इन सूफी संतों ने प्यार-मुहब्बत व भाईचारे का पैगाम दिया।

अतीत की यादगार

बादशाह खान जब भारत की अंतिम यात्रा पर थे, तब उन्होंने एक बात इतनी ईमानदारी से कह दी, जो आज भी विरले व्यक्ति ही इतने साहस से कह सकते हैं। उन्होंने कहा, "मैं हजारों साल से पठान, 1,300 साल से मुसलमान और चार दशक से पाकिस्तानी हूँ।" एक धर्मपरायण मुसलमान होते हुए भी उन्हें अपनी प्राचीन सांस्कृतिक विरासत पर गर्व था। उनका कहना था कि इसलाम के प्रादुर्भाव से पहले पख्तून हिंदू थे। उत्तर-पश्चिम सीमांत प्रांत के जिस क्षेत्र में उनका जन्म हुआ था, वहाँ हिंदुओं के पवित्र वेदों की ऋचाओं ने जन्म लिया। एक समय यह इलाका आर्य सभ्यता की लीला भूमि था। रावलपिंडी के नजदीक स्थित तक्षशिला किसी समय इस गांधार देश की राजधानी था। यहाँ बौद्ध मत का युग आरंभ हुआ।

बादशाह खान के गाँव उतमन जई के निकट पुरातत्त्व विभाग द्वारा खुदाई करने से भूमि के नीचे से जिस विशाल नगर के भग्नावशेष मिले, वह नगर गांधार के राजकुल का केंद्र था। रावलपिंडी के निकट स्थित तक्षशिला किसी समय गांधार देश की राजधानी था। वहाँ महात्मा बुद्ध की प्रतिमाएँ जगह-जगह बिखरी हुई हैं। तक्षशिला के विशाल संग्रहालय में आप इन मूर्तियों के अलावा स्तूपों व विहारों के चिह्न देख सकते हैं। प्राचीन इतिहास एवं पुरातत्त्व के किसी भी तत्परक विद्यार्थी या अध्येयता के लिए संग्रहालय का परिदर्शन एक रोमांचक व दुर्लभ अनुभूति का अवसर प्रदान करता है। पाकिस्तान के विवेकशील इतिहासकार व बुद्धिजीवी प्राचीन सांस्कृतिक धरोहर के संरक्षण के पक्षधर होते जा रहे हैं।

तक्षशिला के विशाल म्यूजियम में भारत की प्राचीन सांस्कृतिक निधि, ऐतिहासिक कलाकृतियों और अन्य दुर्लभ वस्तुओं का अवलोकन करते समय आप थोड़ी देर के लिए यह भूल जाएँगे कि आप जिस स्थान पर खड़े हैं, वह अब पाकिस्तान में है। तक्षशिला म्यूजियम में गाइड के रूप में कार्यरत एक लड़की ने ऐतिहासिक सत्य की ओर संकेत करते हुए हम भारतीय पत्रकारों की टोली को एक बड़े मर्म की बात कही। उसने कहा, "ये जुदाइयाँ तो अभी हुई हैं, हम लोगों की जड़ें एक ही हैं।"

तक्षशिला संग्रहालय में उपवासी बुद्ध की मूर्ति

लुत्फ की बात यह है कि कठमुल्लेपन की हवा के बीच पाकिस्तान के कई कट्टरपंथी उर्दू अखबार भी प्रथम पृष्ठ पर सबसे ऊपर अखबार के नामपट्ट के साथ हिजरी व ईसवी सन्

के अलावा विक्रम संवत् की तिथि भी छापते हैं। पाकिस्तानी पंजाब के गाँवों में अभी भी लोग 'देसी तारीख', यानी विक्रमी संवत् के महीनों के अनुसार ही काल गणना करते हैं। इन महीनों के नाम संस्कृत/हिंदी से मिलते-जुलते या उनके अपभ्रंश रूप हैं, जो इस प्रकार हैं—

संस्कृत/हिंदी	पंजाबी	संस्कृत/हिंदी	पंजाबी
चैत्र	चैतर	आश्विन	असे
वैशाख	वसाख	कार्तिक	कत्ते
ज्येष्ठ	जेठ	मार्गशीर्ष	मग्घर
आषाढ़	हाढ़	पौष	पौ
श्रावण	सावण	माघ	माह
भाद्रपद	भादों	फाल्गुन	फग्गण

परंपरा के अलावा व्यावहारिक कारणों से भी विक्रम संवत् का प्रयोग होता है। भारतीय पंचांग की विशेषता यह है कि इससे सूर्य और चंद्र की सही-सही स्थिति की गणना संभव है तथा संवत् के महीने मौसम की भी जानकारी देते हैं, जो गाँव-देहात के लोगों के लिए बहुत जरूरी हैं।

भारत की तरह पाकिस्तान के गाँवों के लोग पौष-माघ, ज्येष्ठ-आषाढ़ और सावन-भादों महीनों के नाम से जाड़ा, गरमी और बरसात वगैरह की पहचान करते हैं। खेती-बाड़ी में भी इससे सहूलियत होती है। दिनों के नाम भी सोमवार, मंगलवार बुधवार आदि ही ज्यादा प्रचलित हैं।

पाकिस्तान के लोगों को यह समझना होगा कि कुछ संबंध ऐसे होते हैं, जो धर्म बदलने या धर्म भिन्न होने के बावजूद टूटते नहीं। कोई भी लोक समाज अपने देश के अतीत से अलग होकर नहीं रह सकता।

□

68

'लता मंगेशकर पाकिस्तान नहीं आए',
'नूरजहाँ हिंदुस्तान नहीं जाए'

पाकिस्तान में लता मंगेशकर की लोकप्रियता गजब रही है। पाकिस्तान के लोगों की चाहत रही कि लताजी पाकिस्तान में अपना एक सार्वजनिक कार्यक्रम करें, लेकिन पाकिस्तान की हर सरकार इसे टालती रही। एक बार जनरल जिया के शासनकाल में लताजी को आमंत्रित किया गया था, लेकिन सब कुछ तय हो जाने के बाद अंतिम क्षणों में आयोजकों ने शो की जिम्मेदारी लेने से इनकार कर दिया। जनरल जिया ने एक वरिष्ठ भारतीय पत्रकार इंद्रजीत को कहा कि पाकिस्तान में लता मंगेशकर का शो होने पर 'तहलका' मच जाएगा।

दूसरी तरफ पाकिस्तान की मलिका-ए-तरन्नुम नूरजहाँ, जो अविभाजित भारत में फिल्मी गीतों की सर्वाधिक लोकप्रिय गायिका थीं और विभाजन के बाद पाकिस्तान चली गई थीं, भारत आना चाहती थीं। 35 वर्ष बाद उन्हें इजाजत दी गई, लेकिन इससे पहले उन्हें कराची एयरपोर्ट पर विमान से जबरन उतार देने की अजीबोगरीब कोशिश की गई।

स्वर साम्राज्ञी लता मंगेशकर पाकिस्तान में बेहद लोकप्रिय थीं। पाकिस्तान में बेशुमार लोग उनके दीवाने थे। कई बार विभिन्न संस्थाओं ने उन्हें पाकिस्तान में आमंत्रित करना चाहा, लेकिन बार-बार उसमें कोई-न-कोई बाधा उपस्थित होती रही।

हुक्मरानों को गवारा नहीं लताजी की बेहद लोकप्रियता

भारत और पाकिस्तान दो ऐसे पड़ोसी देश हैं, जो कुछ वर्ष पहले तक एक थे। दोनों ऐसे दोस्त-दुश्मन देश हैं, जिनके रिश्ते कभी नरम, कभी गरम होते रहे हैं। दोनों के बीच क्रिकेट और अन्य खेल होते रहे हैं। सांस्कृतिक आदान-प्रदान भी होते रहे हैं, लेकिन पिछले कुछ वर्षों से दोनों के बीच संबंधो में जो तल्खी आई है, वैसी पहले कभी नहीं आई थी। जब दोनों देशों के बीच संबंध सामान्य थे या किसी परिस्थितिवश कुछ खुशगवार भी हो गए थे, तब भी अनगिनत पाकिस्तानियों की चाहत के बावजूद लताजी को पाकिस्तान में गाने का अवसर नहीं मिला, तो इसका कारण क्या था ?

जनरल जिया, जो हिंदी फिल्में और फिल्मकारों के मुरीद थे (हालाँकि सार्वजनिक तौर पर वह इसका इजहार नहीं करते थे) के शासनकाल में एक बार लगभग तय हो गया था कि लताजी का पाकिस्तान में सार्वजनिक कार्यक्रम होगा, लेकिन बाद में बहाना बनाकर उसे मुल्तवी कर दिया गया और लताजी के देहांत तक यह मुल्तवी (स्थगित) ही रहा। इसे कई वर्ष पहले ही भारत में लोगों ने रद्द मान लिया था, क्योंकि पाकिस्तान की हरकतों के कारण भारत-पाक रिश्ते सामान्य हो जाने की कोई संभावना नहीं हो रही थी।

स्वर कोकिला लता मंगेशकर

जनवरी 2004 में इसलामाबाद में 'सार्क' देशों के शिखर सम्मेलन के पूर्व दोनों देशों के बीच संबंध सामान्य हो जाने, बल्कि कुछ हद तक सौहार्दपूर्ण हो जाने, के कारण पाकिस्तान के अनुरोध पर प्रधानमंत्री अटल बिहारी वाजपेयी ने जब भारतीय क्रिकेट टीम के पाकिस्तान दौरे की इजाजत दे दी, तब पाकिस्तान में प्रसन्नता की लहर दौड़ गई। सौरभ गांगुली के नेतृत्व में भारतीय क्रिकेट टीम का पाकिस्तान दौरा बहुत कामयाब रहा। दुनिया भर के खेलप्रेमियो ने 14 साल बाद भारतीय क्रिकेट टीम के पाकिस्तान दौरे के मैचों के रोमांच का लुत्फ उठाया, जिसका उन्हें लंबे समय से इंतजार था।

नूरजहाँ

तहलका मच जाएगा

इसी माहौल में एक बार फिर पाकिस्तान में लता मंगेशकर के कार्यक्रम की बात चली। इसलामाबाद में 'सार्क' सम्मेलन के दौरान मैंने कुछ पाकिस्तानियों से पूछा कि अगर वहाँ लता मंगेशकर का कोई सार्वजनिक कार्यक्रम हो तो कैसा रहेगा? प्राय: सभी ने मिलते-जुलते शब्दों में एक ही बात कही कि प्रोग्राम को जबरदस्त कामयाबी मिलेगी। भीड़ को काबू करना मुश्किल हो जाएगा। प्रोग्राम स्थल के बाहर पुलिस को लाठियाँ चलानी पड़ेंगी। पूरा पाकिस्तान लता मंगेशकर का मुरीद है। बस, इसी से समझ आ गया कि पाकिस्तानी हुक्मरान क्यों नहीं चाहते कि पाकिस्तान में लताजी

इन्हें जम्हूरियत चाहिए, बेहतर है लता मंगेशकर को बुला लिया जाए ('इंडियन एक्सप्रेस' में अबू का व्यंग्य चित्र)

का कोई कार्यक्रम हो। पाकिस्तान में लताजी का बेहद लोकप्रिय होना उन्हें गवारा नहीं।

वर्ष 1981 में वरिष्ठ भारतीय पत्रकार इंद्रजीत ने पाकिस्तान की अपनी यात्रा के दौरान जनरल जिया का इंटरव्यू लिया था। इंटरव्यू के क्रम में जनरल ने कहा कि अगर लता मंगेशकर को पाकिस्तान बुलाया जाए तो उनकी लोकप्रियता के कारण तहलका मच जाएगा, इसलिए अभी ऐसा करना उचित नहीं है। इस 'अभी' का अर्थ समझ में नहीं आया।

अप्रैल 2008 में लता मंगेशकर ने एक पाकिस्तानी न्यूज चैनल 'डॉन' (DAWN) को इंटरव्यू में कहा था कि अगर उनके गाने से भारत-पाकिस्तान के बीच संबंध मधुर होते हैं, तो उन्हें इससे खुशी होगी। उन्होंने बताया कि जिया-उल-हक ने राष्ट्रपति रहते एक बार उन्हें आमंत्रित किया था, लेकिन अंतिम वक्त में शो कैंसिल कर दिया गया था। उस शो के लिए सबकुछ तय हो गया था, लेकिन अंतिम समय में आयोजकों ने इस शो की जिम्मेदारी लेने से इनकार कर दिया था, नतीजतन शो कैंसिल हो गया।

लताजी का इंटरव्यू लेनेवाले पत्रकार ने उन्हें एक पाकिस्तानी कवि की उस कविता के बारे में बताया, जिसका विषय यह था कि चाय की दुकान पर एक हिंदुस्तानी और एक पाकिस्तानी कश्मीर को लेकर बहस करते हैं, लेकिन जैसे ही दुकानदार लता का गीत चालू कर देता है, दोनों खामोश हो जाते हैं। जवाब में लता ने कहा कि अगर सचमुच में ऐसा हो, तो उन्हें बहुत खुशी होगी। इसी इंटरव्यू में लता ने मलिका-ए-तरन्नुम नूरजहाँ के साथ अपनी लंबी दोस्ती को याद करते हुए कहा कि उनके पाकिस्तान चले जाने के बाद वे लगभग हर दिन फोन पर उनसे हालचाल पूछती रहीं।

नूरजहाँ ने फैसला किया था वापस भारत लौटना

यह भी बड़ी विचित्र बात है कि पाकिस्तान में कोई भी सरकार रही हो, उसने कभी यह नहीं चाहा कि नूरजहाँ भारत में किसी भी मौके पर जाए। राजकुमार केसवानी ने 'दैनिक भास्कर' में फिल्मी हस्तियों के संबंध में प्रकाशित संस्मरणों में इस प्रसंग का कुछ विस्तार से उल्लेख किया, जो यहाँ प्रस्तुत है। इसमें बताया गया कि मुल्क बँट जाने के बाद नूरजहाँ पाकिस्तान चली गई, लेकिन उन्हें बार-बार बंबई की याद आती थी। न जाने कितनी बार उन्होंने बंबई आना चाहा, मगर यह हो न सका और जो हुआ तो जाकर 1982 में यानी बँटवारे के 35 वर्ष बाद। इससे पहले एक मौका आया था 1955 में। अंग्रेजी फिल्मी पत्रिका 'फिल्म फेयर' (Filmfare) की तरफ से उन्हें अवॉर्ड फंकशन में हिस्सा लेने के लिए अपने नुमाइंदे के जरिए खासतौर पर न्योता भेजा गया। नूरजहाँ ने खुशी-खुशी इसे कबूल भी कर लिया। दोनों तरफ तैयारियाँ शुरू हो गईं, लेकिन आखिरी मौके पर कुछ ऐसा हुआ कि प्रोग्राम रद्द हो गया।

1956 में जब नूरजहाँ अपने शौहर शौकत हुसैन रिजवी से संबंध बिगड़ जाने के कारण अलग रहने लगीं और रिजवी ने नूरजहाँ के खिलाफ जिस तरह का नागवार माहौल बना दिया, उससे घबराकर नूरजहाँ को बार-बार बंबई की याद आने लगी। उन्होंने अपनी व्यथा इस प्रकार व्यक्त की—"जब मैंने देखा कि यहाँ रहकर जिंदगी बसर करना तकरीबन नामुमकिन हो गया है तो मैंने इंडिया की फिल्म इंडस्ट्री में अपने हमदर्दों से बात की। उन्होंने मुझे बेशुमार खुतूत लिखे कि इंडिया चली आओ, किसी चीज की कमी नहीं होने देंगे। मैंने दिल पर पत्थर रखकर इंडिया जाने का फैसला कर लिया।" (नूरजहाँ-लाहौर का अखबार 'नक्क़ुश' 1984)।

रोको, रोको नूरजहाँ को इंडिया जाने से

नूरजहाँ का इरादा इस बार भी नाकाम हुआ। आखिर कोई भी मुल्क अपने सिर के ताज को उतारकर किसी और के हवाले कैसे कर सकता है? सो, हजार कसमों, लाखों दुहाइयों के बाद नूरजहाँ को अपना इरादा बदलना पड़ा। नूरजहाँ वापस आकर अपनी जिंदगी यहाँ गुजार नहीं सकीं।

लेकिन 35 साल बाद 9 फरवरी, 1982 के दिन अंतिम क्षणों में बाधा डाल दिए जाने के बावजूद वह बंबई पहुँच ही गईं। बंबई एयरपोर्ट पर सबको इंतजार था, पाकिस्तान इंटरनेशनल एयरलाइंस की फ्लाइट का, जिसमें सवार थीं नूरजहाँ। हर रोज सुबह साढ़े दस बजे आनेवाली फ्लाइट उस दिन डेढ़ घंटे की देरी से पहुँची। देरी का कारण क्या था?

जिस वक्त कराची से नूरजहाँ की फ्लाइट रवाना होने को थी, तब तक सब ठीक-ठाक था। जहाज अभी रन-वे पर दौड़ता हुआ उड़ान भरने ही वाला था कि कंट्रोल टॉवर से पायलट को हुक्म जारी हुआ कि फ्लाइट को वापस लौटा कर ले आएँ। हुक्म सरकारी था, सो जहाज वापस लौट आया। इसके बाद शुरू हुआ सरकारी तमाशा। न जाने कौन था, जो नूरजहाँ को हिंदुस्तान जाने से रोकना चाहता था, मगर नूरजहाँ को इस तरह रोक लेना कोई आसान काम तो था नहीं। सो, नूरजहाँ ने एयरपोर्ट से ही कुछ फोन नंबर घुमाए। उसके बाद एक बार फिर हवाई जहाज के पहिए रन-वे पर घूमना शुरू हो गए। जहाज ने उड़ान भरी और डेढ़ घंटा देर से ही सही, नूरजहाँ बंबई पहुँच ही गई।

एयरपोर्ट से नूरजहाँ का काफिला निकला तो सीधे ताजमहल होटल की तरफ रवाना हो गया, जहाँ उनके रहने का इंतजाम किया गया था। यह इंतजाम था हिंदुस्तान के म्युजिक डायरेक्टर्स एसोसिएशन की तरफ से, जिनके एक खास प्रोग्राम में हिस्सा लेने आई थीं नूरजहाँ। टॉकी (बोलपट) सिनेमा के 50 साल पूरे होने के मौके पर आयोजित इस प्रोग्राम का नाम था—मरणशील मनुष्य, अमर स्मृतियाँ (Mortal Man, Immortal Memories)। इस प्रोग्राम की मेजबान लताजी थीं।

दो दिन बाद 11 फरवरी को 2,763 सीट वाले षणमुखानंद हॉल में होनेवाले इस कार्यक्रम में हॉल खचाखच भरा था। कार्यक्रम शुरू हुआ। लता मंगेश्कर ने, जो पिछले दो दिन से लगातार अपनी सहेली, अपनी रहनुमा नूरजहाँ के साथ कमोबेश हर वक्त, हर जगह साफ दिखाई देती थीं, दीप प्रज्वलित कर प्रोग्राम के आगाज की लौ रोशन कर दी। मेहमानों की लंबी फेहरिस्त में संगीतकार अनिल विस्वास, नौशाद, शंकर, हेमंत कुमार, रवि, कल्याणजी भाई, गायक महेंद्र कुमार, नितिन मुकेश, राज कुमारी; अभिनेताओं में से दिलीप कुमार, प्राण, धर्मेंद्र, जीतेंद्र, जॉनी वाकर, नंदा, रेखा और न जाने कितने और लोग हाजिर थे।

यूँ तो लता मंगेशकर ने अपनी बारी में *'अल्ला तेरो नाम, ईश्वर तेरो नाम'* से माहौल में अजब-सा जादू कर दिया था, लेकिन यह शाम नूरजहाँ की शाम थी। दिलीप कुमार ने माइक सँभाला और अपनी जादूबयानी का परिचय दिया। नूरजहाँ ने पहला गीत अनमोल घड़ी का गाया—*'आवाज दे कहाँ है, दुनिया मेरी जवां है।'* वह शाम सुरों की इस मलिका की शाम थी। देश के बँटवारे के उथल-पुथल के दिनों में हिंदी फिल्म जगत् से जुड़ी चंद मुसलिम हस्तियाँ पाकिस्तान की ओर कूच कर गईं। पाकिस्तान सरकार ने उन्हें सब्जबाग भी दिखाए थे। इनमें से कई कलाकार

व फिल्म उद्योग से संबंधित अन्य व्यक्ति मूलतः उधर के ही थे। देश विभाजन से पहले फिल्म उद्योग में लाहौर का भी बड़ा नाम था। जो मुसलिम कलाकार प्रलोभन के बावजूद पाकिस्तान जाने को राजी नहीं हुए, उनमें लाहौर की पंजाबी मुसलिम होने के बावजूद सुरैया भी थी, जो वापस जाने को तैयार नहीं हुई। पाकिस्तान चले जानेवाले कई मुसलिम कलाकारों को बाद में पाकिस्तान चले आने का अफसोस हुआ।

भारत के लिए छटपटाती थी नूरजहाँ

नूरजहाँ का मूल नाम अल्लाह वसाई था। वह लाहौर के निकट कसूर की रहनेवाली थीं। उनका परिवार बहुत गरीब था और मेले-ठेलों और ब्याह-शादियों में नाच गाकर अपना गुजारा चलाता था। उनके बड़े भाई शफी अहमद को महसूस हुआ कि ज्यादा पैसा कमाने के लिए ज्यादा बड़ी जगह पर जाना चाहिए। उस जमाने में कलकत्ता महानगर थिएटर और सिनेमा का सबसे बड़ा केंद्र था। कलकत्ता में नया सिलसिला शुरू हुआ अल्ला वसाई के नए नाम—बेबी नूरजहाँ से। उस वक्त 'बेबी' की उम्र मात्र आठ बरस थी।

बरसों बाद इसी अल्ला वसाई को जमाने ने जाना, मलिका-ए-तरन्नुम नूरजहाँ के नाम से। बंबई में नूरजहाँ की पहली फिल्म थी 'दुहाई' (1943)। इसके बाद कई फिल्मों में उन्होंने एक्टिंग व प्ले बैक, दोनों किया। गुजरते दिनों के साथ नूरजहाँ की शोहरत का कारवाँ लगातार आगे बढ़ता गया। भारत में उन्हें जो शानदार मौका मिला, वह पाकिस्तान में नहीं मिला।

नूरजहाँ के बारे में संस्मरणों में राजुकमार केसवानी ने एक जगह बड़े जज्बाती अंदाज में लिखा है—"जिन लोगों ने 1947 का दौर देखा है। बँटवारे के नरक को भोगा है, उन लोगों के दर्द का एहसास कर पाना बेहद मुश्किल काम है। नूरजहाँ भी इस दर्द से उम्र भर जूझती ही रहीं। पाकिस्तान में रहते हुए भी उनका दिल बार-बार हिंदुस्तान के लिए धड़कता रहता। बार-बार वह यहाँ आने के लिए मचल उठतीं, लेकिन इन दो मुल्कों के बीच के सियासी हालात हमेशा ही किसी-न-किसी जहालत के चलते कशीदगी भरे रहते आए हैं। इन हालात में नफरत के कारोबारियों का कारोबार तो जोर-शोर से चल पड़ता है, लेकिन उसकी कीमत मुहब्बत करनेवालों को ही चुकानी पड़ती है। एक लंबा वक्त गुजर जाने के बाद आखिर 1982 में हिंदुस्तान आने से पहले कितने साल तक कितनी बार नूरजहाँ चाहकर भी हिंदुस्तान में नहीं आ सकीं। नूरजहाँ के लिए देश का बँटवारा एक बड़ी यातना थी, जिसके दर्द से वह अकसर छटपटाती थी। उन्हें बार-बार बंबई की याद आती थी। न जाने कितनी बार उन्होंने बंबई आना चाहा, मगर यह हो न सका।"

कमाल की थी लता-नूरजहाँ अंतरंगता

नूरजहाँ का खानदान बहुत बड़ा था। अनेक लोग उन पर मुनहसर थे। वे तमाम मुश्किलों से लगातार घिरी रहीं, इसलिए उन्होंने भारत लौट आने का विचार हमेशा के लिए त्याग दिया।

लता मंगेशकर ने हमेशा ही इस बात को स्वीकार किया कि उनकी गायिकी पर कुंदनलाल सहगल और नूरजहाँ के गहरे प्रभाव हैं। उनके शुरू के कुछ गीत तो बाकायदा नूरजहाँ की ही याद दिलाते हैं। बाद में लताजी ने खुद अपनी शैली विकसित की। यह उनके जीनियस का कमाल था कि उन्होंने अपने रोल मॉडल को पीछे छोड़ दिया और आगे बढ़ गईं। अखबारों में यह कहानी बड़ी

मशहूर हुई थी कि लता मंगेशकर और नूरजहाँ के बीच लगभग हर दिन फोन पर बातचीत होती है। दोनों एक-दूसरे को गीत भी सुना देती हैं।

लंदन दोनों फनकारों की पसंदीदा जगह रही। इसी जगह उनकी तीन-चार मुलाकातें हुईं। दोनों में ताल्लुकात की गहराई का हाल यह था कि वहाँ एक बार नूरजहाँ ने लताजी को खाने की दावत दी और नूरजहाँ ने अपने हाथों से खाना बनाया और खिलाया।

लता-नूरजहाँ और भारत-पाक संबंध

लता मंगेशकर के व्यक्तित्व की तेजस्विता और सुर की दुनिया में उनके अद्वितीय योगदान के बारे में पत्र-पत्रिकाओं में कुछ-न-कुछ छपता ही रहा। वर्ष 1974 में उन्होंने लंदन के प्रसिद्ध रॉयल अल्बर्ट हॉल में अपना कार्यक्रम पेश किया, जो कि किसी भी भारतीय गायक कलाकार के द्वारा अल्बर्ट हाल में किया गया प्रथम प्रोग्राम था। उस समय तक किसी भी भारतीय कलाकार द्वारा 5,500 दर्शकों की क्षमता वाले इस विशाल हाल में अपनी कला का प्रदर्शन करना एक सपना माना जाता था। लताजी के कार्यक्रम के टिकट के लिए अल्बर्ट हॉल के बाहर इतनी जबरदस्त भीड़ हो गई कि सर्पिल कुंडलियों की तरह लगी कतारों को सँभालना मुश्किल हो गया। आयोजकों को हॉल की सभी खिड़कियो को खोल देना पड़ा। रिकार्ड टाइम में सब टिकट बिक गए। हर्षोन्मत दर्शक-श्रोताओं ने पूरी खामोशी के साथ इस महान् गायिका को सुना और प्रत्येक गीत के बाद हॉल तालियों की गड़गड़ाहट से गूँज उठा।

इसी हॉल में बाद में नूरजहाँ का भी कार्यक्रम हुआ। इस कार्यक्रम में उपस्थित एक भारतीय पत्रकार सुरिंदर सिंह का रोचक विवरण अंग्रेजी दैनिक 'द पायनियर' (The Pioneer) के 1 जनवरी, 2000 के अंक में छपा था। सुरिंदर सिंह ने लिखा कि नूरजहाँ का गायन भी मोहक तो था, लेकिन लताजी के मुकाबले कुछ फीका ही लगा। मैं इंटरवल के समय उस तरफ चला गया, जहाँ बी.बी.सी. के कार्यक्रम प्रस्तुतकर्ता वसीम सिद्दीकी अपने दोस्तों के साथ बैठे थे। उस ग्रुप में लगभग सब लोग, जो ज्यादातर पाकिस्तानी थे, लताजी के कार्यक्रम को याद करते हुए कह रहे थे कि उनका कार्यक्रम बहुत बेहतरीन था। बातचीत के बीच में टपकते हुए एक शख्स ने पंजाबी में कहा—"जी⋯छड्डो (अजी छोड़िए)। लता एक ब्रह्मचारिणी है, जबकि हमारी बेगम⋯" इसके साथ ही वह मुसकराया। कुछ लोगों ने ठहाका लगाया। नूरजहाँ को पाकिस्तान में 'बेगम नूरजहाँ' कहा जाता था और 'मलिका-ए-तरन्नुम' के खिताब से नवाजा गया, जिसकी वह पात्र थीं, हालाँकि अनेक लोगों का यह भी कहना था कि इन दोनों अजीम फनकारों में किसको बेहतर माना जाए यह निर्णय करना कठिन है। मुकाबला ही बेमानी है। संगीतकार सी. रामचंद्रन का कहना था कि गायिका अवश्य लता मंगेशकर सबसे बड़ी हैं, पर जहाँ तक आवाज की बात है, नूरजहाँ से बेहतर कोई आवाज फिल्मों में नहीं आई।

सुरिंदर सिंह ने लिखा—

Lata is not a legend, she is a part of the world heritage. She is in fact one bridge that binds Indians and Pakistanis. It is only in the harmony of her music, that the people of the subcontinent mingle as one.

(लता मात्र एक किंवदंती हस्ती नहीं हैं, वह विश्व विरासत का एक अंग हैं। सचमुच वह

एक ऐसा सेतु हैं, जो भारतीयों और पाकिस्तानियों को जोड़ता है। यह केवल उनके संगीत की स्वर संगति है कि इस उपमहाद्वीप के लोग उसमें एक साथ भाग लेते हैं।)

नूरजहाँ की यह खासियत या खूबी थी कि वह बहुत शोख, साफगो व खुद्दार थीं। वर्ष 1982 में जब वे हिंदुस्तान आईं तो जाने-माने पत्रकार इंदर मल्होत्रा ने नूरजहाँ से सवाल किया—"आपने अब तक कितने गीत गाए होंगे?"

नूरजहाँ का जवाब था, "मैं अपने गानों और गुनाहों का कोई हिसाब नहीं रखती।"

सुनकर इंदर मल्होत्रा अवाक् रह गए।

नूरजहाँ और लता मंगेशकर में फर्क

किसी शायर का कलाम है—

बुलंदियों पर पहुँचना कोई कमाल नहीं है,
बुलंदियों पर ठहरना कमाल होता है।

लता मंगेशकर का फिल्मी गीतों का सात दशक का कॅरियर उतना ही पुराना है, जितना हिंदी फिल्मों में मधुर गानों का इतिहास है। लताजी को फिल्मी गीतों तक सीमित करना, उनके साथ नाइंसाफी होगी। उन्होंने गीत-संगीत की विभिन्न विधाओं में और देश की कई भाषाओं में अपनी सुरीली आवाज का परिचय दिया। उनके गाए भजन भी इतने मनमोहक हैं कि लोग उन्हें सुनकर भक्तिभाव में मग्न हो जाते हैं।

इस प्रकरण में लताजी की वैश्विक मान्यता के एक प्रसंग का उल्लेख किया जा सकता है। वह है—पेरिस में एक फ्रांसीसी कंपनी द्वारा अपने एक परफ्यूम का नाम 'लता ईव डी परफ्यूम' (Lata eve de perfume) रखना!

नूरज़हाँ और लता मंगेशकर में एक बड़ा फर्क यह है कि नूरजहाँ के लोकप्रिय गाने गिने-चुने हैं, जबकि लता मंगेशकर के लोकप्रिय गानों की भरमार है और विविधता का कोई अंत नहीं।

एक अनुमान के अनुसार, लताजी ने 1948 से 1974 के बीच कम-से-कम 25,000 एकल, युगल और समवेत गाने गाए हैं। गिनीज बुक ऑफ वर्ल्ड रिकॉर्ड्स में यही उल्लेख किया गया है। यह संख्या अब 30,000 से ऊपर बताई जाती है। लताजी का कहना था कि उन्हें मालूम नहीं कि उन्होंने कितने गाने गाए। वैसे यह आम जानकारी का विषय है कि नूरजहाँ के मुकाबले लताजी के गानों की संख्या काफी ज्यादा है। हृदय रोग और गुर्दे की बीमारी, बाइपास सर्जरी और डायलेसिस की आवश्यकता के कारण नूरजहाँ को वर्षों अस्पताल से नाता जोड़ना पड़ा। वर्ष 1996 में जब हालात बेकाबू हो गए तब लता मंगेशकर ने फोन लगाकर 'दीदी' (लता नूरजहाँ को 'दीदी' कहा करती थी) से हिंदुस्तान आने की जिद की, ताकि उनका बेहतर ढंग से इलाज कराया जा सके, लेकिन नूरजहाँ भारत नहीं आ सकीं। नूरजहाँ ने अपना आखिरी गीत 1996 में रिकार्ड कराया था फिल्म 'सखी बादशाह' के लिए। इस पंजाबी गीत के बोल थे—*'की दम दा भरोसा यार, दम आवे न आवे। छडड् भंगड़े ते करिए प्यार, दम आवे न आवे।'* 23 दिसंबर, 2000 को उन्होंने आखिरी साँस ली और बुदबुबाती-सी आवाज में कहा, "मैं जा रही हूँ…।"

'रावलपिंडी एक्सप्रेस' नाम से मशहूर पाकिस्तानी क्रिकेटर शोएब अख्तर ने 2 सितंबर, 2016 को दो ट्वीट किए। पहला, "आज बुलबुल-ए-मौसूकी लता मंगेशकरजी से बात का ऐजाज

हासिल हुआ। मैंने पूरे पाकिस्तान की तरफ से उनके लिए नेक ख्वाहिशात का इजहार किया। फोन पर भी किस कदर सुरीली आवाज!"

दूसरा, "असल रोंगटे खड़े कर देनेवाला लम्हा तब आया, जब लताजी ने मैडम नूरजहाँ से जुड़ी अपनी यादें साझा कीं। यूँ लगता था मानो एक बहिन दूसरी बहिन के बारे में बात कर रही हो।"

लताजी की मानवीय संवेदनशीलता की मिसाल है कि 2005 में एक आयोजन से प्राप्त 1,05,000 पौंड की धनराशि उन्होंने पाकिस्तान में आए भूकंप-पीड़ितों को सहायता राशि के रूप में दान कर दी।

भारतीयता की सबसे महत्त्वपूर्ण प्रतीक लताजी का 6 फरवरी, 2022 को 92 वर्ष की अवस्था में देहावसान हो गया। प्रधानमंत्री नरेंद्र मोदी की उपस्थिति में उन्हें राजकीय विदाई दी गई। इस पूरे उपमहाद्वीप के लोग गमजदा थे। भारतीय मीडिया के अलावा पाकिस्तानी मीडिया के एक बड़े वर्ग ने भी लताजी के संस्मरणों और यादगार गीतों के उल्लेख के साथ उन्हें भावभीनी श्रद्धांजलि अर्पित की। पाकिस्तान के अंग्रेजी दैनिक 'द न्यूज' (The News) ने लिखा—"बुलबुल अब कभी नहीं आएगी। इस उपमहाद्वीप और उसके बाहर दूर-दूर तक खामोशी उतर आई है। रोमांस से लेकर दिल चाक होने और जश्न से बेकरारी तक लता मंगेशकर के गीतों ने बीते सात दशकों के दौरान कई पीढ़ियों के लाखों-करोड़ों लोगों को 'साउंडट्रैक' मुहैया कराया।...वे बेशुमार अमर गीत छोड़ गई हैं।"

लता की लोकप्रियता से खौफजदा पाकी हुक्मरान

अंत में प्रश्न है कि ऐसा क्या कारण रहा कि पाकिस्तान की कोई भी हुकूमत इस बात के लिए तैयार नहीं हुई कि लता मंगेशकर पाकिस्तान में स्टेज शो करें। जानकार लोगों का कहना है कि तंग दिल-दिमाग के भारत-विद्वेषी पाकिस्तानी हुक्मरान नहीं चाहते थे कि किसी हिंदुस्तानी फनकार, तिस पर एक हिंदू फनकार, को सुनने के लिए पाकिस्तान में लोगों की भीड़ टूट पड़े और वह फनकार लोगों का मन मोह ले। सुरक्षा व्यवस्था की समस्या तो एक लँगड़ा बहाना था, जो आलोचना के भी काबिल नहीं है।

यह अपने आप में एक बड़ी अजीब बात है कि एक तरफ पाकिस्तान की सिविल सोसाइटी का एक बड़ा तबका लता मंगेशकर का दीवाना था, उनके गीत गुनगुनाता था, उनके गीतों के रिकार्ड सुनने का शौकीन था, वहीं दूसरी तरफ पाकिस्तान की कोई हुकूमत नहीं चाहती थी कि लता मंगेशकर पाकिस्तान में अपनी कला का प्रदर्शन करें—इसे जनरल जिया के शब्दों में कहा जा सकता है कि वहाँ तहलका मचा दें!

□

69

बसंत पंचमी और पतंगबाजी से इसलाम को खतरा!

आजादी से पहले अविभाजित पंजाब में हिंदू-मुसलमान दोनों बसंत पंचमी के मौके पर बड़े उल्लास के साथ पतंगें उड़ाया करते थे। आजादी के बाद भी कई वर्षों तक पाकिस्तानी पंजाब में यह रिवाज बना रहा, बल्कि हिंदुस्तानी पंजाब से भी बढ़कर बड़े जोश-खरोश के साथ कई-कई दिन तक इसे मनाया जाने लगा।

पाकिस्तान में इसलामीकरण के दौर में कठमुल्लाओं द्वारा इसे हिंदुओं का त्योहार घोषित कर देने के बावजूद कोई फर्क नहीं पड़ा, लेकिन धीरे-धीरे स्थिति बदलती गई। पाकिस्तानी पंजाब के अधिकतम लोग इस त्योहार को मनाते रहना चाहते हैं। त्योहार मनाने पर रोक व छूट के कई दौर के बाद यह त्योहार अब लगभग नहीं मनाए जाने की स्थिति में पहुँच गया है। कठमुल्लाओं का कहना है कि पतंग उड़ानेवाले जहन्नुम में जाएँगे!

आजादी से पहले अविभाजित पंजाब में बसंत पंचमी के त्योहार पर हिंदू-मुसलिम दोनों पतंग उड़ाते थे और जोश-खरोश से जश्न मनाते थे। आजादी के कई वर्ष बाद भी सरहद के दोनों ओर भारतीय पंजाब और पाकिस्तानी पंजाब में यह सिलसिला जारी रहा, लेकिन समय बीतने के साथ जब पाकिस्तानी हुक्मरानों ने इसलामीकरण की ओर कदम बढ़ाना आरंभ किया, तब मुल्ला-मौलवियों ने यह खोज निकाला कि बसंतोत्सव और पतंगबाजी गैर-इसलामी हैं। उन्होंने इसके विरुद्ध फतवे जारी करने भी शुरू कर दिए। सरकारी तौर पर भी बीच-बीच में इस पर पूरी या अधूरी रोक लगाई गई, लेकिन लोगों को यह पाबंदी कभी हजम नहीं हुई।

बसंत पंचमी का त्योहार बहुत जमाने से उस उप-महाद्वीप में मनाया जाता रहा है। यह माघ मास (फरवरी-मार्च) के शुक्ल पक्ष में पंचमी के दिन मनाया जाता है। बसंत ऋतु चैत्र मास से आरंभ मानी जाती है, लेकिन इसका उत्सव माघ शुक्ल पंचमी को मनाने के संबंध में एक पौराणिक कथा का उल्लेख किया जाता है। इसके अनुसार ऋतुराज बसंत के अभिनंदन में शेष पाँचों ऋतुओं (पतझड़, वर्षा ऋतु, बसंत, गरमी और सर्दी) ने अपनी अवधि के आठ-आठ दिन उसे भेंट कर दिए। इसी कारण बसंत पंचमी चैत्र बदी प्रतिपदा को न मनाकर चालीस दिन पहले माघ शुक्ल

पंचमी को मनाई जाती है। बसंत पंचमी के संबंध में अनेक ऐतिहासिक व पौराणिक कथाएँ हैं, जो इस अध्याय का विषय नहीं हैं। जहाँ तक पतंगबाजी की बात है, वह इस मौसम में कई दिन तक चलती है।

पाकिस्तान में एक जमाने में बसंत पंचमी पर खूब रौनक रहती थी। बसंत बुनियादी तौर पर एक ऋतु पर्व है। शिशिर की ठंडक से पीड़ित सारी प्रकृति को इस मौसम में नया जीवन मिलता है। इस अवसर पर प्रकृति के सौंदर्य में एक अनुपम व दुर्लभ छटा का प्रदर्शन होता है। पेड़ों के पुराने पत्ते शिशिर के कारण झड़ जाते हैं। बसंत में उनमें नई कोपल पत्तियाँ आने लगती हैं। पेड़-पौधों-फूलों की छटा निराली होती है। खेतों में सरसों की शोभा बिखरती दिखाई देती है। ऐसा लगता है मानो धरती ने वासंती पहनावा धारण कर लिया है। पंजाब और अन्य क्षेत्रो में हिंदू परिवारों में गेहूँ तथा जौ की सुनहरी बालियाँ अर्पित करने का आम रिवाज रहा है।

एक पंजाबी गीत है—

साडे बागां विच फुल पे महकदे
सारे पंछी खुशी दे नाल चहकदे

ये गीत कभी सरहद के दोनों ओर गाया जाता था। पंछी ही क्यों, सारे इनसान, हिंदू-मुसलमान, भी खुशी के साथ चहकते थे।

महाराजा रणजीत सिंह का योगदान

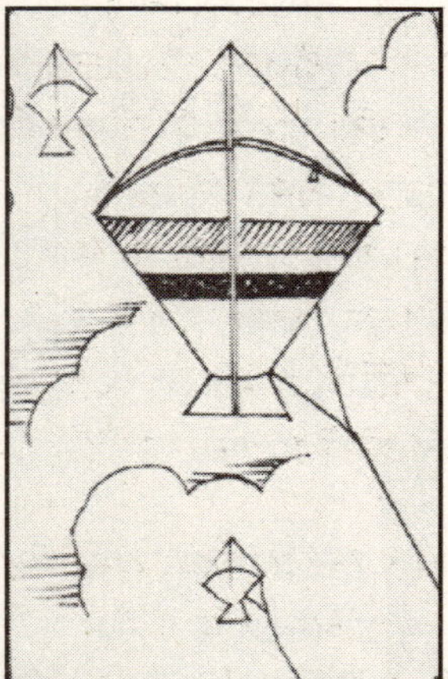

पंजाब में महाराजा रणजीत सिंह (1780-1839) के समय में लाहौर और कसूर पतंगबाजी उत्सव के परंपरागत केंद्र थे। महाराजा रणजीत सिंह सालाना बसंत मेले लगवाए करते थे। ये मेले सूफी दरगाहों में भी लगते थे। बसंत पंचमी का सूफी इसलाम से गहरा नाता भी माना जाता है। खुसरो, बुल्लेशाह और तमाम सूफी संतों के कलाम में रँग देने का जिक्र खूब आता है। महाराजा रणजीत सिंह और उनकी महारानी मौरां बसंत में पीले रंग के परिधान पहनकर पतंग उड़ाया करते थे। उसके बाद तो बसंत के मौके पर पतंग उड़ाना पूरे पंजाब की परंपरा बन गया। बसंत पर महाराजा रणजीत सिंह लाहौर में दरबार भी लगाया करते थे, जो दस दिन चलता था। इस दौरान पीले परिधान में राज के सिपाही अपनी सैन्य शक्ति के करतब दिखाया करते थे। अन्य परंपराओं में महिलाओं द्वारा झूले झूलने और गीत गाने की परंपरा उल्लेखनीय है। महाराजा रणजीत सिंह की खूबी यह थी कि उनके शासनकाल में हिंदुओं और मुसलमानों के बीच पूर्ण सौहार्द था। ऊँचे-ऊँचे पदों पर हिंदू और मुसलमान समान रूप से नियुक्त किए जाते थे। लाहौर में महाराजा रणजीत सिंह की समाधि मौजूद है।

पंजाब में बसंत का त्योहार लाहौर में अन्य स्थानों के मुकाबले कुछ ज्यादा ही जोश से मनाया जाता है। बसंत ऋतु के अपने गीत हैं, जो भाँगड़ा नृत्य करते समय गाए जाते हैं। 1947 में देश विभाजन के बाद भी पंजाब की बहुत-सी परंपराएँ नहीं बदलीं। भारत में बसंत पंचमी की उतनी धूम नहीं होती, जितनी पाकिस्तान में होने लगी।

मार्शल लॉ की घुटन में भी त्योहार जारी

जनरल जिया के समय में जब पाकिस्तान में इसलामीकरण के बोलबाले की शुरुआत हुई, तब फौज की ताकत पर इसे बंद करने का प्रयास किया गया।

पाकिस्तान में जनरल जिया के शासनकाल के आखिरी दौर में मार्शल-लॉ औपचारिक तौर पर तो समाप्त कर दिया गया था, लेकिन उसकी घुटन बनी रही। इसी दौर में एक भारतीय पत्रकार फीरोज अशरफ ने, जिनका पाकिस्तान जाना-आना होता रहा, अपने एक लेख (7 मार्च, 1986) में लिखा—"पाकिस्तानी पंजाब में बसंत पंचमी को विशेष महत्त्व हासिल है···बसंत का त्योहार लाहौर की फिल्मी दुनिया को एक नई जिंदगी प्रदान करता है। पिछले महीने लाहौर की फिल्मी दुनिया में बसंत पंचमी धूमधाम से मनाई गई। पाकिस्तानी बसंत पंचमी में पतंगबाजी का खेल बहुत अनूठा है। उस रोज यूँ तो सारे लाहौर में पतंगबाजी हुई, लेकिन फिल्मी दुनिया की पतंगबाजी का अंदाज निराला था। उसमें खेल भी था और एक घुटे हुए माहौल से निकलने की छटपटाहट भी।"

इस अवसर पर पंजाबी फिल्मों के प्रसिद्ध कलाकार मुस्तफा कुरैशी ने पतंगबाजी करते हुए कहा, "हालाँकि मार्शल-लॉ के उठाने का ऐलान हो चुका है और सियासी और सिविल आजादी को बहाल करने की बात की जा रही है। घुटन खत्म होने के चर्चे हैं, लेकिन जहाँ तक पाकिस्तानी फिल्मी दुनिया का सवाल है, फिल्म प्रोडयूसर, डाइरेक्टर और अदाकार मार्शल-लॉ के जमाने में लागू किए गए कड़े सेंसर के शिकंजे में अब तक जकड़े हुए हैं। यहाँ अब भी मार्शल-लॉ के जमाने की घुटन मौजूद है। फिल्मी दुनिया को अब भी कोई आजादी हासिल नहीं हुई है। पतंगें उड़ाकर हम अपनी जद्दोजहद और आजादी की उड़ान को तसल्ली दे रहे हैं।"

इसी दौर में वयोवृद्ध साहित्यकार अहमद नदीम कासिमी ने एक कॉलम में अपना तजुरबा लिखा—"बसंत की रात को नौ बजे मैं घर पहुँचा तो कुछ देर बाद पूरे महल्ले के शोर ने मुझे चौंका दिया। गली में आया तो देखा कि आसमान रोशन है। हर तरफ गोले फट रहे हैं। पता चला कि बसंत का त्योहार कल है, लेकिन लाहौर वाले रात से ही पतंगबाजी करके मना रहे हैं। पतंगबाजी के शौकीनों ने छतों पर फ्लड लाइट लगा रखी है। जिधर पतंग जाती है, उधर फ्लड लाइट जाती है। पतंग कटने पर गोले छोड़े जा रहे हैं और इस तरह बसंत की रात को जोश-खरोश से मनाया गया।"

बसंत को बताया 'एक बेहूदा रस्म'

पाकिस्तान के दैनिक 'नवाए वक्त' ने 'बसंत एक बेहूदा रस्म' शीर्षक के अंतर्गत एक लेख (8 फरवरी, 1991) छापा, जिसमें कहा गया—"इधर बसंत का त्योहार आता है उधर ठंड की शिद्दत में कमी आ जाती है। 'बसंत' संस्कृत शब्द है, जिसका अर्थ है 'बहार।' यह माघ के महीने में आता है, कई लोग इसका हिसाब चाँद से करते हैं। बसंत वास्तव में तो हिंदुओं का त्योहार है, किंतु भारतीय उपमहाद्वीप में हिंदू मुसलमान लंबे समय तक साथ रहे हैं, इसलिए बहुत सारे रस्मों-रिवाज मुसलमानों ने भी समय के साथ अपना लिए हैं। केवल बसंत जैसा बेहूदा त्योहार ही मुसलमान नहीं मनाते, बल्कि दहेज जैसी रस्म भी उन्होंने अपना ली है। यह केवल व्यर्थ ही नहीं, सामाजिक जीवन में जिस जोश से बसंत मनाया जाता है, उससे ऐसा लगता है कि हम सब हिंदू हैं और हिंदुस्तान में रहकर पुराने त्योहार मना रहे हैं। हर परिवार में बसंत के दिन पतंग और डोर इस

तरह से अनिवार्य रूप से लाई जाती हैं, जैसे ईद के त्योहार पर सेवइयाँ और खजूरें लाई जाती हैं। गली के कोने से लगाकर बड़े बाजारों तक में नीली-पीली पतंगें बिकती हैं।"

इस लेख के लेखक इमरान याकूब खान का कहना था कि "हम पाकिस्तान में हर क्षण हिंदुओं को कोसते हैं, लेकिन व्यवहार में उन्हीं का अनुसरण करते हैं। पाकिस्तान में अब तक हिंदू संस्कृति हावी है, जिसका सबूत बसंत का त्योहार है। पाकिस्तान सरकार ने कई बार इस त्योहार को बंद कराने के लिए धारा 144 लगाई, मगर लोगों ने उसका तनिक भी ध्यान नहीं रखा। रावलपिंडी में कभी एक करोड़ रुपए से अधिक की पतंगें नहीं उड़ाई गईं, किंतु पिछले साल जब सरकार ने सख्ती की तो उसका उलटा असर हुआ। एक रात में साढ़े तीन करोड़ रुपए की पतंगें आसमान में उड़ती दिखलाई दीं। लोग भी खुली छतों पर बड़े जेनरेटर लगाकर पतंगबाजी करते हैं। हर साल औसतन 15 लोग इस त्योहार में अपनी जना गँवा देते हैं। सरकार ने सब कुछ करके देख लिया, लेकिन पंजाबी इस हिंदू रस्म को छोड़ने के लिए बिल्कुल तैयार नहीं हैं।"

विरोध करनेवालों को लताड़

मजेदार बात यह कि इसी दौर में जब कट्टरपंथी इसलामी प्रेस अपने फतवे की मिसाइलें दाग रहा था, वहाँ पंजाब से प्रकाशित होनेवाले कई अखबार बसंत को पंजाब की धरती का अंग बताते हुए लिख रहे थे कि सदियों से मनाया जानेवाला बसंत यकायक हिंदू तैयार कैसे हो गया? त्योहार तो आदमी में खुशी बाँटने के लिए होते हैं। वे धर्म, जाति, संप्रदाय की सीमाओं में नहीं रहते।

लाहौर से प्रकाशित होनेवाले साप्ताहिक 'फैमिली' (Family) ने अपनी कवर स्टोरी में उन लोगों को खूब लताड़ा, जो इस रौनकदार और दिलकश त्योहार के विरुद्ध अनर्गल प्रचार कर रहे थे। इस पत्रिका का कहना था कि कुछ लोग जान-बूझकर पाकिस्तानी संस्कृति को मटियामेट करने पर तुले हुए हैं।

पत्रिका ने लिखा कि पंजाब में हर साल 15 जनवरी (मकर संक्रांति के अगले दिन) के बाद नए चाँद की 30 तारीख तक बसंत का मेला आयोजित किया जाता है। जिस दिन मेले का शुभारंभ होता है, उस दिन पूरा पंजाब जान जाता है कि बसंत आ गया।

पाकिस्तान में बसंत पंचमी किस दिन मनाई जाएगी, इसका निर्णय अखिल पाकिस्तान पतंग विक्रेता संघ (All Pakistan Kite Dealers Association) करता है। यह त्योहार लाहौर के अलावा रावलपिंडी, सियालकोट, गुजरांवाला, मुलतान और सिंध के कराची और बलूचिस्तान तक में मनाया जाता है।

हकीकत राय के किस्से की हकीकत

पाकिस्तान के अखबार 'नवाए-वक्त' ने बसंत पंचमी नहीं मनाने की दलील देते हुए यह मुद्दा खड़ा कर दिया कि हिंदुओं का यह त्योहार पंजाब के एक हिंदू किशोर हकीकत राय की याद में मनाया जाता है, जिसने पैगंबर की शान में गुस्ताखी की थी। लेकिन यह पूरे मामले को गलत दिशा में मोड़ने का एक निष्फल प्रयास था। मुख्य बात तो यह है कि बसंत पंचमी का त्योहार मुख्यत: एक ऋतुपर्व है, जो सदियों से, हकीकत राय प्रकरण से बहुत पहले से मनाया जाता रहा है।

इस पर पाकिस्तानी मामलों के जानकार भारतीय पत्रकार जमुनादास अख्तर ने एक बढ़िया

तथ्यात्मक लेख (3 फरवरी, 2006) लिखा। उन्होंने लिखा कि यह माना जाता है कि मुगलकाल में लाहौर के एक मदरसे के एक हिंदू छात्र को काजी के हुक्म पर सजा-ए-मौत दी गई। किसी मुसलिम छात्र की हिंदू देवी-देवताओं को दी गई गालियों से दुःखी होकर हकीकत राय ने पैगंबर साहब के लिए कुछ उसी तरह के शब्दों का इस्तेमाल किया था। इतिहासकारों का कहना है कि हकीकत राय को फाँसी दे दिए जाने पर हिंदुओं की अपील पर मुगल शासक शाहजहां के आदेश पर काजी को गिरफ्तार कर रावी नदी में एक नाव पर सवार कराके डुबो दिया गया। जब सिखों से मिलकर मराठा शासक बाजीराव ने पंजाब विजय के लिए सैनिक अभियान शुरू किया तो पेशवा का झंडा लहराकर दीपमाला बनाई गई और लाहौर में बसंत पंचमी का त्योहार सरकारी तौर पर मनाया गया। सिख राज में यह त्योहार लगातार मनाया जाता रहा।

पाकिस्तान बनने पर लाहौर में हकीकत राय की समाधि गिरा दी गई, लेकिन बसंत पंचमी के त्योहार पर कोई पाबंदी नहीं लगाई गई। सच्चाई यह है कि बसंत पंचमी का त्योहार तमाम फतवों के बावजूद मुसलमान धूमधाम से मनाते रहे। लाहौर के अलावा अन्य शहरों में भी त्योहार मनाया जाता रहा। लुत्फ की बात यह है कि फतवेबाजी का विरोध करते हुए पाकिस्तान के तत्कालीन फौजी शासक जनरल मुशर्रफ की पत्नी ने बसंती रंग के लिबास में लाहौर आकर सैनिकों और नेताओं की बेगमों के साथ पतंग उड़ाई। तब कराची से स्पेशल ट्रेनें लाहौर तक चलाई गईं। हजारों मुहाजिर और सिंधी बसंत पंचमी मनाने के लिए लाहौर पहुँचे। गुजरांवाला, रावलपिंडी, गुजरात आदि शहरों में भी उत्सव धूमधाम से मनाया गया।

उस वर्ष बसंत पंचमी से पूर्व 'नवाए वक्त' में एक लेखक ने बसंत पंचमी को कुफ्र करार दे दिया था और जमायते उलेमा ने फतवा जारी किया था कि यह त्योहार इसलाम के खिलाफ साजिश है। कुछ सरकारी जलसों में बसंत की जगह 'बहारां' शब्द इस्तेमाल किया गया, लेकिन यह चल नहीं पाया।

सरकारी बैंड-बाजे के साथ रंगारंग उत्सव

इस बीच एक लंबा समय बीत गया। हिंदी के सुप्रसिद्ध लेखक कमलेश्वर ने, जो वर्ष 2006 में पाकिस्तान गए थे। 'पाकिस्तान में विद्रोही बसंत' शीर्षक से एक बड़ा रोचक व सूचनाप्रद लेख लिखा था। बसंत पंचमी के दिन वे लाहौर में थे। उन्होंने लिखा—"उस दिन अमेरिकी राष्ट्रपति जार्ज बुश के पाकिस्तान आगमन के विरोध में मुकम्मल हड़ताल थी। तभी देखा कि लाहौर की उस चौड़ी सड़क पर झंडियों की रंगीन झालरें लगाई जा रही हैं। आश्चर्य हुआ कि एक तरफ तो हड़ताल और दूसरी तरफ जार्ज बुश के स्वागत में यह रंगबिरंगी वंदनवार। पूछा तो उत्तर मिला, "नहीं जी यह तो जश्ने बहार का मौका है। कल से शुरू हो रहा है हमारा बसंत का त्योहार।" दूसरे दिन पाकिस्तान के सभी अखबारों की सुर्खियों ने बताया कि बसंत का जश्न शुरू हो गया है। राज्य सरकार के हवाले से खबर मिली कि यह त्योहार 5 मार्च से 23 मार्च तक चलेगा। इसका उद्घाटन लाहौर के जिलानी पार्क, मीनार-ए-पाकिस्तान और गुलशन-ए-इकबाल में साथ-साथ होगा, जिसमें सोलह फौजी बैंडों के अलावा सैकड़ों प्राइवेट बैंड, हजारों लोक नर्तक-गायक शामिल रहेंगे। साथ ही, जिस्मानी करतब दिखानेवालों की टोलियाँ होंगी। हर दिन शानदार आतिशबाजी जारी रहेगी। ग्रामीण दस्तकारों की दुकानें और खाने की दुकानें रात भर खुली रहेंगी और फ्लड लाइट्स की रोशनी से

आसमान नहाता रहेगा, जिसमें लाखों तरह की रंगबिरंगी पतंगें, उड़ती और पेंच लड़ाती रहेंगी।"

कमलेश्वर ने अपने लेख में पाकिस्तानी अखबारों के हवाले से आगे बताया—"सरकारी बयान के मुताबिक, उन्नीस दिनों तक चलनेवाले इस रंगारंग उत्सव पर सिर्फ लाहौर महानगर में तीन करोड़ रुपए खर्च होनेवाले थे। 12 मार्च की तारीख खासतौर से बसंत का दिन मनाने के लिए तय थी और ऐसा नहीं कि इसमें सिर्फ सरकारी शिरकत थी। उत्साही आम पाकिस्तानियों ने बताया कि यह अवामी जश्न है, जो हर साल सर्दियों के बाद बदलने वाले मौसम के साथ आता है। इसकी तारीखें तो किसान ही तय करता है, क्योंकि उसके मौसम तो आज भी चैत, बैसाख, जेठ, आषाढ़, सावन, भादों, वगैरह के नाम से ही चलते हैं। पतंग उड़ाना शाहों का खेल नहीं, किसानों का शाही खेल है और यह लाहौर के अलावा कराची, रावलपिंडी जैसे शहरों में भी बड़े जोश के साथ मनाया जाता है। बसंत के दिनों में शहर के घरों की कोई छत खाली नहीं होती। बुजुर्गों को छोड़कर घर के सारे लोग रात-रात भर छतों पर टँगे रहते हैं, फ्लड लाइट या आधे अँधेरे में पतंगे उड़ाने के लिए पेंच लड़ाने के लिए। बड़ी जद्दोजहद करनी पड़ी है, हमें यह जश्न मनाने के लिए··· बगावत तक करनी पड़ी, साहब···गंदी सियासत करनेवालों से अपने इस बसंत के लिए हमें कानूनी पेंच तक लड़ाने पड़े। उन्होंने इस पर पाबंदी लगवा दी थी। बंद दिमाग लोग नहीं मानना और जानना चाहते कि यह मजहब या सियासत का मसला नहीं, यह हमारे लोक-विरसे का मामला है। यह बात सही थी। पाकिस्तान सुप्रीम कोर्ट की पूरी बेंच ने लंबी सुनवाई के बाद बसंत मनाने के साथ-साथ पतंग उड़ाने पर से पाबंदी हटाई थी। पाकिस्तान की फिल्म और म्यूजिक इंडस्ट्री ने आगे बढ़कर इसका स्वागत किया। बहुराष्ट्रीय कंपनियों ने सारे होटलों की छतें और हॉल बुक कर लिये। म्यूजिक कंसट्स के विज्ञापनों की धूम मची थी। डोर, माँझा, चरखी और थोक में पतंगें खरीदने की होड़ लगी थी, लेकिन खेद की बात यह है कि बसंत पंचमी का त्योहार अब वहाँ राजनीतिक और सांस्कृतिक वाद-विवाद और प्रतिवाद का विषय बन गया है।"

वर्ष 2007 में इस त्योहार पर रोक लगा दी गई। उसकी वजह यह बताई गई कि इस त्योहार पर बहुत-सी दुर्घटनाएँ हो जाती हैं, पतंग उड़ानेवाले कई लड़के छतों से गिर जाते हैं। इसके अलावा पतंग उड़ाए जानेवाली डोर की चपेट में आ जाने से गला कट जाने, बिजली के तारों के झटके से मौत हो जाने और जश्न मनाने के लिए बंदूक से फायर करने से मौत होने की घटनाएँ भी होती रही हैं। यह एक वास्तविकता थी कि इन दुर्घटनाओं में लोग जान गँवाते रहे और जख्मी होते रहे, लेकिन कुछ गाइड लाइंस जारी करते हुए, नियम-कायदों में कुछ कठोरता के साथ एहतियाती काररवाई की व्यवस्था करते हुए दुर्घटनाओं को कम किया जा सकता है। त्योहार पर मुकम्मल पाबंदी लगा देने का कोई औचित्य नहीं। वैसे, दुनिया के कई देशों में बच्चे व बड़ी उम्र के लोग भी पतंगबाजी करते हैं। इनमें जापान, चीन, कोरिया, मलेशिया, थाईलैंड, जर्मनी, ब्रिटेन आदि देश शामिल हैं। आज पतंग के अनेक म्यूजियम कायम हो गए हैं। एक जापानी सिगो मोदेकी ने 2,500 तरह की पतंगों का म्यूजियम बनाया है।

पतंग उड़ानेवाले जहन्नुम जाएँगे!

पाकिस्तान में बसंत पंचमी पर पतंगबाजी करना अपराध बना दिया गया है। इसका कारण दुर्घटनाओं की आशंका नहीं, कठमुल्लाओं की टेढ़ी नजर है। यह बात अलग है कि किसी-न-

किसी रूप में, किसी-न-किसी स्तर पर यह त्योहार आज भी मनाया जा रहा है। इस पर टिप्पणी करते हुए पाकिस्तानी कलमकार जाहिदा हिना ने अपने साप्ताहिक स्तंभ 'पाकिस्तान डायरी' में लिखा—'...आहिस्ता-आहिस्ता पतंग उड़ानेवाले कम होते गए। फिर वो लोग आगे आए, जिनकी नजर में पतंग उड़ाने और गिल्ली-डंडा खेलनेवाले सीधे जहन्नुम में जाएँगे। कराची में कुछ गरीब बस्तियाँ हैं। वहाँ कुछ कारीगर रह गए हैं, जो पतंगें बनाते हैं। गली-महल्ले के लड़के उन्हीं से पतंगें खरीदते हैं और अपना शौक पूरा करते हैं, लेकिन जब सरकार पतंगें बनाने, उन्हें खरीदने और उड़ाने पर ही पाबंदी लगा दे तो फिर कोई क्या कर सकता है?

'कई साल बाद 2018 में पंजाब हुकूमत ने यह फैसला किया कि इस साल लाहौर में बसंत उत्सव मनाया जाएगा। इस फैसले पर मिली-जुली प्रतिक्रियाँ हुई। काफी सारे लोगों ने यह कहते हुए इसका स्वागत किया कि इससे 'हमारी विरासत' का एक अहम हिस्सा फिर से जिंदा होगा, जैसा कि आशंका थी कई लोगों ने पतंग उड़ाने के खतरों के प्रति भी आगाह किया। 'द न्यूज' (The News) ने सरकार के हवाले से लिखा कि दुनिया में पाकिस्तान की नरमदिल छवि पेश करने की भी जरूरत है। अखबार ने लिखा कि बसंत मनाने और पतंग उड़ाने का रिवाज सदियों पुराना है और यह सचमुच दुःखद होगा कि लाहौर को उसके तहजीबी अतीत से काट दिया जाए, खासकर तब, जब मुल्क के कट्टरपंथी इसे मुसलमान हिंदू त्योहार के तौर पर पेश करते रहे हों।'

और अंततः इन कट्टरपंथियों की ही चली। पाकिस्तान में अब बसंत पंचमी पर पहले की तरह पतंगें नहीं उड़तीं। पाकिस्तान में कट्टरवाद की 'बहारों' से ऐसा प्रतीत होता है कि पतंग उड़ानेवालों को जहन्नुम रसीद करनेवालों का यदि वश चले तो वे पाकिस्तान में सिनेमा, क्रिकेट और म्यूजिक कंसर्ट पर भी पाबंदी लगा दें, जैसा कि तालिबान ने अफगानिस्तान में किया।

□

70

‘दुश्मन’ की भाषा हिंदी खुद बना रही अपनी राह!

दुनिया के नक्शे पर पाकिस्तान के आते ही हिंदी दुश्मन की भाषा हो गई। सभी जगह हिंदी में अंकित सूचना पट्ट हटा दिए गए। रेलवे स्टेशनों के प्लेटफॉर्मों पर नाम पट्ट अंग्रेजी, उर्दू व हिंदी में थे। हिंदी की लिखावट पर रंग पोत दिया गया। लगभग पूरी हिंदू आबादी के पलायन कर जाने के कारण पाकिस्तानी पंजाब में, जहाँ हिंदी का काफी प्रचलन था, हिंदी का कोई नामलेवा नहीं रहा।

मजबही जिहाद की तरह यह भाषाई जिहाद था, लेकिन धर्मोन्माद का पारा उतरने के बाद स्थिति में धीरे-धीरे सुधार हुआ। हिंदी फिल्मों व टी.वी. सीरियलों के कारण भी हिंदी की लोकप्रियता कुछ बढ़ी है। हाल के वर्षों में हिंदी का कुछ रचना कार्य भी हुआ है और हो रहा है, लेकिन फारसी लिपि में। कट्टरपंथियों के कारण देवनागरी लिपि में किसी तरह का साहित्य सृजन दूर की कौड़ी लगता है।

दुनिया के नक्शे पर पाकिस्तान के आते ही हिंदी दुश्मन की भाषा हो गई। पाकिस्तान ने देश विभाजन के समय हिंदुओं के साथ हिंदी को भी देशनिकाला दे दिया। बड़े पैमाने पर हिंदुओं की हत्याएँ हुईं। वे वहाँ से पलायन कर गए। हिंदुओं के साथ हिंदी की भी हत्या कर दी गई। मजहबी कट्टरपंथियों का धर्मोन्माद हिंदू-सिख दोनों समुदाय के विरुद्ध था। ऐसा लगता है कि उन दिनों समझदारी का फ्यूज उड़ गया था।

मजहबी जिहाद की तरह भाषाई जिहाद

पाकिस्तान में सभी जगह हिंदी के नाम पट्ट व सूचना पट्ट हटा दिए गए। हिंदी में अंकित सभी इबारतें मिटा दी गईं। पूरे पाकिस्तान में रेलवे स्टेशनों के नाम पट्टों पर हिंदी में अंकित नामों पर रंग पोत दिया गया और केवल अंग्रेजी व उर्दू में अंकित लिखावट रहने दी गई। हिंदी के लिए एक तरह का ‘शूट एट साइट’ ऑर्डर हो गया, जहाँ देखो हिंदी, उसे वहाँ से हटाओ-मिटाओ!

यह सब मजहब को भाषा से जोड़ने का परिणाम था। मुसलिम लीग के विपरीतदर्शी नेताओं

और मजहबी कट्टरपंथियों ने उर्दू को मुसलमानों की भाषा और हिंदी को हिंदुओं की भाषा पहले ही करार दे दिया था। इसलाम के नाम पर बने पाकिस्तान में काफिरों की भाषा को क्यों पहचान दी जाए, लेकिन इन लोगों के इस पैमाने को अगर माना जाए कि उर्दू मुसलमानों की भाषा है और हिंदी हिंदुओं की, तब यह भी मानना होगा कि अंग्रेजी, यानी इंग्लिश क्रिश्चियन लोगों की भाषा है। पाकिस्तान में कितने लोग अंग्रेजी जानते हैं या पाकिस्तान निर्माण के समय जानते थे? फिर पाकिस्तान के हुक्मरान अंग्रेजी पर इतने फिदा क्यों हैं? क्यों उसे सिर पर बिठाकर उर्दू से भी ज्यादा अहमियत दिए हुए है? 'काफिर' के शब्दार्थ के अनुसार अंग्रेजी भी 'काफिरों की भाषा' कहलाएगी, लेकिन पाकिस्तानी हुक्मरानों के अनुसार जिस तरह दो तरह के आतंकी होते हैं—अच्छे आतंकी और बुरे आतंकी, उसी तरह काफिर भी शायद दो तरह के होते हैं—अच्छे काफिर और बुरे काफिर! बुरे काफिरों की भाषा गवारा करने लायक नहीं थी।

भाषाई कट्टरवादियों का कहना था कि उर्दू इसलाम की भाषा है (हालाँकि यह पाकिस्तान के किसी प्रांत की मातृभाषा नहीं है) और इसी भाषा के माध्यम से पाकिस्तान बना, लेकिन इसकी प्रतिक्रिया में हिंदुस्तान में हिंदुओं ने तो उर्दू के साथ कोई बदसलूकी नहीं की, बल्कि उसे उचित सम्मान दिया और संवैधानिक मान्यता दी। इसमें कोई संदेह नहीं कि उर्दू एक खूबसूरत भाषा है। इसकी शायरी काबिले तारीफ है, लेकिन इसे इसलाम के साथ जोड़ देने और पाकिस्तान निर्माणा का श्रेय देने से उर्दू का बहुत बड़ा अहित हुआ है।

पाकिस्तान के मुहाजिर और हिंदी

पाकिस्तान में जब धीरे-धीरे काफिर-विरोध या मजहबी जुनून का पारा उतरने लगा तब पाकिस्तान के ही कुछ अक्लमंद और दानिशमंद लोगों ने जुनूनियों को समझाया कि हिंदी का पूरी तरह से सफाया करने या बॉयकाट करने से खुद पाकिस्तान का ही नुकसान होगा। पाकिस्तानी हुक्मरानों के गले में यह बात उतरी कि भारत को ठीक तरह से समझने के लिए हिंदी की जानकारी जरूरी है। उन्हें यह भी पता लगना चाहिए कि भारत की प्रमुख भाषा हिंदी के अखबारों में पाकिस्तान के बारे में क्या छप रहा है। लिटरेचर, यानी अदबी दुनिया में क्या हो रहा है, पाकिस्तान में इसे जानने-समझने के लिए हिंदी भाषा के कुछ जानकार लोग होने चाहिए।

इसी सिलसिले में जब लाहौर यूनिवर्सिटी के हिंदी विभाग को फिर से चालू करने का सुझाव दिया गया तो पहले तो पाकिस्तानी हुक्मरान राजी नहीं हुए, लेकिन कुछ अरसा बाद राजी हो गए। तब लाहौर यूनिवर्सिटी में हिंदी विभाग खोलने के लिए हरी झंडी दिखा दी गई। शुरू में उच्च अध्ययन के लिए छात्रों की संख्या मात्र चार थी, लेकिन धीरे-धीरे संख्या बढ़ती गई, जैसा कि ऐसे मामलों में अकसर होता है। इस विभाग की पहली अध्यक्ष कानपुर की एक महिला प्रोफेसर थी, जिसका परिवार विभाजन के समय पाकिस्तान में जाकर बस गया था। पाकिस्तान की शब्दावली में यह महिला प्रोफेसर मुहाजिर थी। भारत से जाकर पाकिस्तान में आबाद हो जानेवाले अनेक मुसलमान, जिन्हें 'मुहाजिर' कहा जाता है, अपनी जड़ों को नहीं भूले हैं और भूलना भी नहीं चाहते हैं। कट्टरपंथियों को छोड़कर बहुत-से मुहाजिर चाहते हैं कि दोनों देशों में सामाजिक-सांस्कृतिक तार जुड़े रहें। इसका बड़ा कारण यह है कि लाखों मुहाजिर परिवारों के भारत से संबंध बने हुए है। उनके बहुत-से रिश्तेदार भारत में हैं। उनमें ब्याह-शादियाँ भी होती रहती हैं।

पश्चिमी पंजाब का हिंदी में योगदान

कट्टरपंथियों के विरोध-प्रतिरोध और हिंदी को फलने-फूलने देने के रास्ते बंद कर देने के बावजूद हिंदी धीरे-धीरे खुद अपना स्थान बनाती गई। पाकिस्तान में भाषा को लेकर सरकारी नीति आरंभ से ही तर्कहीन रही, जिससे आगे चलकर पाकिस्तान को बड़ा नुकसान हुआ। उर्दू के फेर में पाकिस्तान की अपनी लोकभाषा पंजाबी की अनदेखी करनेवाले और प्रांतीय भाषाओं की अधिक परवाह नहीं करनेवाले हुक्मरानों से यह उम्मीद नहीं की जा सकती थी कि वे 'विदेशी' घोषित कर दी गई हिंदी भाषा को, भले ही व्यावहारिक कारणों से, कुछ अहमियत देंगे।

बाद के दिनों में पाकिस्तान में हिंदी की जो थोड़ी-बहुत पहचान बनी है, वह कतिपय निजी संस्थाओं या उत्साही व्यक्तियों के कारण, जिन्होंने हिंदी की उपयोगिता व गुणवत्ता को समझा।

पाकिस्तान में हिंदी का खात्मा करने के लिए चली मुहिम पर अभी तक गहराई से कोई अध्ययन नहीं किया गया है, जबकि किया जाना चाहिए, खासकर पश्चिमी पंजाब में, जहाँ पाकिस्तान के किसी अन्य प्रांत की बनिस्बत हिंदी का सर्वाधिक प्रचलन था, हिंदी का नामो-निशान मिटाने की मुहिम का अध्ययन करने की सबसे ज्यादा आवश्यकता है। यह पता लगाने की भी आवश्यकता है कि हिंदी की पाठशालाओं के अलावा हिंदू संस्थाओं द्वारा संचालित स्कूल-कॉलेजों की इमारतों का क्या हुआ, यानी उनका क्या उपयोग हुआ या हो रहा है? इन शिक्षण संस्थाओं की लाइब्रेरियों में मौजूद पुस्तकों, जिनमें कई दुर्लभ पुस्तकें थीं, का क्या हुआ? कुछ दिनों पहले एक खबर आई थी कि लाहौर में दयाल सिंह कॉलेज की लाइब्रेरी में हिंदी की हजारों पुस्तकें यूँ ही पड़ी हैं और धूल फाँक रही है। उन्हें पूछनेवाला कोई नहीं।

वस्तुस्थिति यह है कि विभाजन के पूर्व पश्चिमी पंजाब में हिंदी का अच्छा-खासा प्रचलन था। स्कूलों-कॉलेजों में, खासकर हिंदुओं द्वारा संचालित शिक्षण संस्थाओं, सनातन धर्म सभा के एस.डी. और आर्य समाज के डी.ए.वी. स्कूलों-कॉलेजों में हिंदी की पढ़ाई लगभग अनिवार्य थी। हिंदी प्रचारणी सभा स्कूलों-कॉलेजों में वाद-विवाद प्रतियोगिताएँ कराती थी। कई अन्य प्रतियोगिताएँ हिंदी-उर्दू दोनों में होती थीं। हिंदी साहित्य सम्मेलन के अधिवेशनों में बड़ी संख्या में लोग जुटते थे। लाहौर के गवर्नमेंट कॉलेज, फोरमैन क्रिश्चियन कॉलेज, डी.ए.वी. कॉलेज, खालसा कॉलेज और दयाल सिंह कॉलेज आदि में हिंदी की स्नातकोतर (पोस्ट ग्रेजुएट) स्तर की पढ़ाई होती थी। पश्चिमी पंजाब के दूसरे महत्त्वपूर्ण नगर रावलपिंडी में डी.ए.वी. कॉलेज, एस.डी. कॉलेज, गार्डन कॉलेज आदि में भी हिंदी की पढ़ाई होती थी। इसी प्रकार अन्य छोटे-बड़े नगरों में भी कई स्कूलों-कॉलेजों में हिंदी की पढ़ाई होती थी। इसके अलावा हिंदी में कई पत्र-पत्रिकाएँ भी प्रकाशित होती थीं। लाहौर से 'हिंदी मिलाप', 'अमर भारत' और 'विश्व बंधु' हिंदी दैनिक समाचार-पत्र प्रकाशित होते थे। हिंदी के कई प्रकाशन संस्थान थे, जिनमें सर्वाधिक उल्लेखनीय था—राजपाल एंड संस। यह और अन्य प्रकाशन संस्थान हिंदुओं द्वारा संचालित हिंदी, उर्दू व अंग्रेजी के समाचार-पत्र संस्थानों की तरह दिल्ली व भारत के अन्य नगरों में शिफ्ट हो गए। विभाजन से पूर्व पश्चिमी पंजाब में हिंदी की पत्रिकाओं साप्ताहिक 'नवयुग', मासिक 'सरिता', 'आजकल' आदि की भी अच्छी-खासी बिक्री होती थी।

यह प्रांत हिंदी के कई बड़े लेखकों-साहित्यकारों की जन्मभूमि रहा या यहीं से उन्होंने

अपना रचना कर्म शुरू किया। इनमें कुछ के नाम लिए जा सकते हैं, जैसे—भीष्म साहनी, कृष्णा सोबती, देवेंद्र सत्यार्थी, उपेंद्रनाथ अश्क, स्वामी सत्यदेव परिव्राजक, सुदर्शन, द्रोणवीर कोहली, नरेंद्र कोहली, यशपाल, कोशकार डॉ. हरदेव बाहरी, डॉ. रघुवीर, गीतकार गुलजार, शैलेंद्र, आनंद बख्शी आदि।

1947 और उसके बाद भारत के हिंदी प्रांतों के मुसलमान (मुहाजिर) पाकिस्तान गए, तब उन्हें हिंदी भाषा और देवनागरी लिपि का भी ज्ञान था। कई तो संस्कृत भी जानते थे। नई पीढ़ी को उस हिंदी की जानकारी नहीं है, जो इनके पूर्वज जानते थे या लिखते-पढ़ते थे।

उर्दू लिपि में हिंदी का साहित्य

रईस अमरोही

मजेदार बात यह है कि इसलामी कट्टरपंथियों के विरोध के बावजूद पाकिस्तानी शायरों की शायरी पर भारत और भारतीयता का रंग देखा जा सकता है, विशेषकर, जो शायर भारत से पाकिस्तान चले गए। मुहाजिरों की इस पहली पीढ़ी के लोग अपने वतन अजीज भारत को नहीं भूले। वे अपने आपको बौद्धिक तौर पर अतीत से अलग नहीं कर पाए। इनमें एक उल्लेखनीय हैं पाकिस्तान के जाने-माने शायर प्रसिद्ध भारतीय फिल्म निर्देशक कमाल अमरोही के छोटे भाई जान इलिया। इनका जन्म उत्तर प्रदेश के अमरोहा में हुआ था। वे बरसों अमरोहा को याद करते रहे, अमरोहा के नजदीक स्थित बान नदी के गीत गाते रहे, गंगोत्री और जमुनोत्री को याद करनेवाली शायरी करते रहे। सबसे अधिक हृदयस्पर्शी उद्गार हैं पाकिस्तान के ख्याति-प्राप्त शायर रईस अमरोही के, जिनकी कराची में हत्या कर दी गई थी। उनकी एक लंबी यादगार कविता है—'ओ हिंद जानेवाले मेरा सलाम ले जा।' पाकिस्तान में आपको हिंदी के जानकार व्यक्ति बहुत कम मिलेंगे, लेकिन अनुवादित हिंदी की साहित्यिक पुस्तकों या पत्रिकाओं से ली गई सामग्री का उर्दू में अनुवाद पढ़ने और उसमें रस लेनेवाले बहुत मिलेंगे। भारतीय कॉलम लेखिका हफीज चाचड़ के अनुसार 2018 में उन्हें कराची में साहित्य महोत्सव में भाग लेने का मौका मिला। उसमें हिंदी के साहित्यकारों और लेखकों की भी खूब चर्चा हुई। किसी ने प्रेमचंद की बात की तो कोई तुलसीदास को तारीफ के साथ याद कर रहा था। पाकिस्तान की जानी-मानी शायरा किशवर नाहीद का कहना है कि हिंदी साहित्य को पढ़नेवालों की कोई कमी नहीं है। हिंदी के उपन्यास, लघु कहानियाँ, कविताएँ, आत्मकथा आदि बड़े शौक से पढ़े जाते हैं। उर्दू भाषा के प्रसिद्ध लेखक मुहम्मद वसीम अंजुम ने कहा कि दोनों भाषाएँ एक ही हैं और बोलचाल में कोई अंतर नहीं है और अगर अंतर है तो वह है लिपि में—हिंदी में संस्कृत और प्राकृत शब्द हैं, जबकि उर्दू में अरबी और फारसी के शब्द शामिल हैं।

जनाब, यह तो उर्दू है

असली दिक्कत यह है कि कट्टरपंथियों के कारण उर्दू को अरबी-फारसी की कुछ ज्यादा ही खुराक पिला दी गई है, जिससे खुद पाकिस्तानियों को काफी दिक्कत होती है। उर्दू को कठिनतर

बनाने में एक प्रेरणा यह भी रही है कि उसे हिंदी से अलग दिखाया जाए। '60 के दशक में जब रेडियो पाकिस्तान ने मगरिबी पाकिस्तान और मशरिकी पाकिस्तान के बजाय पश्चिमी पाकिस्तान और पूर्वी पाकिस्तान शब्द इस्तेमाल करने का विचार किया, तब उसका भी विरोध किया गया। यह बताने की शायद आवश्यकता नहीं कि अब तो अंग्रेजी ने भी हिंदी के बहुत-से शब्द अपना लिए है।

पाकिस्तान में एक ही प्रांत है सिंध, जहाँ हिंदुओं की कुछ आबादी है। उनकी मातृभाषा हिंदी नहीं है, लेकिन भावनात्मक लगाव, विशेषकर धर्मग्रंथों को हिंदी में पढ़ने की लालसा के कारण वे हिंदी सीखना चाहते हैं। उन्हें हिंदी सीखने की सुविधा उपलब्ध नहीं है। वे सिंधी के माध्यम से प्राइवेट स्तर पर हिंदी सीख रहे हैं।

भारतीय पत्रकार सैयद फिरोज अशरफ ने एक दिलचस्प किस्से का वर्णन किया है। मार्च 2008 में विश्व सामाजिक संगठन (WSF) के जलसे में शिरकत के लिए वे कराची गए थे, तो वहाँ पंजाब व बलूचिस्तान के कुछ सामाजिक कार्यकर्ताओं के बीच उनकी फाइल से हिंदी में लिखे एक लेख की प्रति गिर गई। एक पंजाबी सज्जन ने उसे उठाया और पूछा कि यह कौन-सी जबान (भाषा) है? जब इन्होंने बताया कि यह भारत की राष्ट्रभाषा हिंदी है तो उन्होंने सुनने की ख्वाहिश जाहिर की कि उन्हें पढ़कर सुनाया जाए। जब फिरोज अशरफ ने पढ़ना शुरू किया तो वह और वहाँ मौजूद दूसरे सभी लोग एक साथ बोल उठे—"जनाब, यह तो उर्दू है।" अशरफ ने उन्हें बताया कि यह देवनागरी लिपि में लिखी हिंदी ही है और यही जबान हमारी फिल्मों, टी.वी. सीरियलों, बाजारों, रेलगड़ियों, हवाई अड्डों और सारे हिंदुस्तान में बोली, लिखी और पढ़ी जाती है। अशरफ ने उन्हें यह बताकर और भी ताज्जुब में डाल दिया कि हिंदी में गजलें भी लिखी जाती हैं और मिसाल के तौर पर स्व. दुष्यंत की गजल का एक शे'र सुना दिया—*'कैसे मंजर सामने¨ ।'*

इसे हिंदी नहीं पाकिस्तान का दुर्भाग्य ही कहा जाएगा कि वहाँ के अधिकतर पढ़े-लिखे लोगों को हिंदी स्क्रिप्ट की पहचान तक नहीं है, जबकि भारत में शायद ही कोई पढ़ा-लिखा व्यक्ति, भले ही वह उर्दू का 'अल्फ, बे, पे' नहीं जानता हो, यह पहचान नहीं कर पाए कि यह उर्दू की लिपि है—चीनी या हिब्रू भाषा की नहीं।

यह बड़ी विचित्र बात है कि पाकिस्तान, जो कल तक भारत का ही अंग था, भारत की राजभाषा, राष्ट्रभाषा व लोकभाषा हिंदी के प्रति इतना अनभिज्ञ है। इससे अगर कोई कुछ खोनेवाला है तो 'दुश्मन' देश भारत या हिंदी भाषा नहीं, खुद पाकिस्तान ही है। दुनिया की तीसरी सबसे बड़ी भाषा हिंदी से अलगाव-बिलगाव और बेरुखी के कारण पाकिस्तान क्या खो रहा है, किस नियामत से वंचित हो रहा है, उसे इसका भी एहसास नहीं है। उसे यह समझना होगा कि मजहबी जिहाद की तरह भाषाई जिहाद भी एक महँगा सौदा है।

हिंदी फिल्में और टी.वी. सीरियल

इस प्रकरण में अच्छी बात यह है कि पाकिस्तान में धीरे-धीरे ही सही, हिंदी का कुछ उद्धार हो रहा है। हालाँकि यह बिल्कुल संतोषप्रद नहीं है। वहाँ हिंदी प्रचलन में नहीं है, फिर भी खास बात यह है कि पाकिस्तान के कई नामी-गिरामी शायर हिंदी शब्दों का खुलकर प्रयोग कर रहे हैं और हिंदी के समृद्ध शब्द भंडार से शब्दों के कुछ नगीने ग्रहण कर रहे हैं। वे भारतीय इतिहास, संस्कृति और पौराणिक आख्यानों का भी प्रयोग कर रहे हैं। उर्दू को सरल बनाने के लिए हिंदी शब्दों का

प्रयोग भी बढ़ा है। हिंदी फिल्में तो वहाँ लोकप्रिय हैं ही, हिंदी फिल्मों के डायलॉग (संवाद) और गीत समझने में पाकिस्तानियों को कोई दिक्कत नहीं होती। भारतीय टी.वी. के मनोरंजन चैनलों के कारण भी लोग हिंदी शब्दों से वाकिफ हो रहे हैं।

हिंदी के कई शब्द जैसे प्रेम, शांति, धरती, हृदय, अभिलाषा, पति, पत्नी, आशीर्वाद, चर्चा, अटूट, विश्वास, भूमि, समय, सुंदर, अग्नि, जन्मतिथि, मंत्री, परिवार, राष्ट्र, प्रांत, संगीत, अभिनेता, दर्शन, राजनीति, लेखक, सैनिक, आतंकी आदि के अलावा और भी अनेक शब्द इस्तेमाल हो रहे हैं।

हिंदी शब्दों का प्रचलन बढ़ाने में भारतीय मनोरंजन टी.वी. चैनलों के सीरियलों का बहुत बड़ा योगदान रहा है। अब तो पाकिस्तान के बच्चे भी हिंदी शब्दों को इस्तेमाल करने लगे हैं। हिंदी के इन चैनलों के कार्यक्रमों का एक सांस्कृतिक पहलू भी है जिससे मजहबी कट्टरपंथी बहुत चिढ़ते हैं। एक पाकिस्तानी अखबारनवीस ने बताया कि स्कूल में पढ़नेवाले उसके बच्चे ने एक पाकिस्तानी सीरियल देखने के बाद पूछा—"अब्बा! इसमें दिखाया गया है कि शादी हो गई। शादी कैसे हो गई, जब दूल्हा-दुल्हन ने आग के गिर्द फेरे ही नहीं लगाए!"

मजहबी कट्टरपंथी इसी को सांस्कृतिक हमला करार देते हैं और इसी कारण भारतीय चैनलों के प्रोग्राम नहीं देखने या उन पर पाबंदी लगाने की बात करते हैं, लेकिन अक्लमंदी इसी में है कि इस तरह के मामलों में बच्चों को समझा दिया जाए कि हर देश, समाज या संप्रदाय के अपने-अपने रीति-रिवाज होते हैं। इससे बच्चों का दिमाग खुलेगा, उनका सामान्य ज्ञान बढ़ेगा। इससे इसलाम या पाकिस्तान के वजूद पर खतरे की बात कहाँ से आती है? गनीमत यह है कि जिस तरह पाकिस्तान में मजहबी जिहाद को नापसंद करनेवाले लोगों की कमी नहीं है, इसी तरह भाषाई जिहाद को नापसंद करनेवाले लोगों की भी कमी नहीं है।

पाकिस्तान की हिंदी शायरी

बहुत से लोगों को शायद यह जानकर आश्चर्य होगा कि कट्टरपंथी इसलामी देश पाकिस्तान में भी ऐसे शायर हैं, जो भारतीय पौराणिक आख्यानों से प्रेरणा लेते हैं, जिन्होंने अपनी रचनाओं में हिंदू धर्म और दर्शन, राम, सीता, कृष्ण, राधा, पनघट, तुलसी के बिरवे आदि पर लिखकर अपनी समन्वयवादिता और उदार हृदयता का परिचय दिया है।

भारत का महान इतिहास व संस्कृति

पाकिस्तान की एक प्रसिद्ध शायरा परवीन शाकिर ने कराची के एक उर्दू साप्ताहिक 'मेहवार' को एक इंटरव्यू में कहा था—"मैं किसी भारतीय से पूरे आत्मविश्वास के साथ बातें कर सकती हूँ। वह मेरी कविताओं में उन सभी संदर्भों और संकेतों को समझ सकता है, जो मोरक्को और सऊदी अरब के किसी व्यक्ति की पकड़ में नहीं आएँगे, क्योंकि किसी व्यक्ति की पैतृक भूमि और परंपराओं से जुड़े कतिपय ऐसे भावनात्मक संबंध होते हैं, जो कवियों और लेखकों की मूल प्रेरणाएँ होते हैं। इसलामी इतिहास, संदर्भों और प्रसंगों से ऐसे भावनात्मक अनुभव या वेगपूर्ण संवेदनाएँ पैदा नहीं होती। वे परकीय मालूम पड़ते हैं। इस उपमहाद्वीप की संपर्कभाषा हिंदुस्तानी सर्वप्रचलित और सहज बोधगम्य है, जबकि इसलामी मुल्कों के किसी व्यक्ति तक अपनी बात पहुँचाने में मुझे काफी

कठिनाई अनुभव होती है। इसके अलावा किसी महाकाव्य की रचना तब तक संभव नहीं जब तक कि उसकी पृष्ठभूमि में कोई महान् इतिहास, संस्कृति और पौराणिक आख्यान नहीं हों।"

परवीन शाकिर ने ललित कलाओं, विशेषकर नृत्य और संगीत को महज इस आधार पर कि उनमें कतिपय हिंदू धार्मिक कृत्य या अनुष्ठान निहित होते हैं, गैर-इसलामी घोषित करने के अभियान से असहमति व्यक्त की और कहा, "ये कलाएँ प्रत्येक महान् सभ्यता का अभिन्न अंग होती हैं और लगभग निरपवाद रूप से धार्मिक कृत्यों से अनुप्राणित होती हैं। पौराणिक आख्यान अभिव्यक्ति का सशक्त माध्यम होते हैं और इस मामले में हम पाकिस्तानी बदनसीब हैं, क्योंकि हमारा इतिहास कोई पुराना नहीं है।"

यहाँ भारत की सांस्कृतिक विरासत और हिंदी से संबंधित एक दिलचस्प प्रसंग का उल्लेख किया जा सकता है। इसलामाबाद में मैंने लोक बिरसा म्यूजियम में एक कारीगर को महात्मा बुद्ध की एक आकर्षक प्रस्तर प्रतिमा बनाते हुए देखा। वह मूर्ति लगभग आधी बन चुकी थी। उसी से यह अंदाजा लग गया कि अंतिम रूप देते-देते वह कितनी सुंदर लगेगी। यह मूर्ति रावलपिंडी के निकट पुरातात्त्विक स्थल तक्षशिला में प्राप्त 'उपवासी बुद्ध' की मूर्ति की हू-बू-हू प्रतिकृति थी। बुजुर्ग मूर्तिकार गुलाम मुस्तफा ने बताया कि विदशों की प्रदशनियों में भी उनकी मूर्तियों की नुमाइश हो चुकी है। उन्होंने बताया कि वह अमेरिका भी हो आए हैं। मुस्तफा ने कुछ और भी रोचक जानकारी दी। चलते समय मैंने मुस्तफा को कहा कि मैं अपने अखबार में लोक बिरसा संग्रहालय और यहाँ महात्मा बुद्ध की मूर्तियों के निर्माण आदि पर लिखूँगा, लेकिन प्रकाशित लेख यहाँ भेजने का क्या फायदा, क्योंकि यहाँ हिंदी कोई जानता नहीं। इस पर मुस्तफा ने फौरन कहा, "नहीं, आप अपने प्रकाशित लेख की कतरन जरूर भेजिए। यहाँ इसलामाबाद यूनिवर्सिटी में हिंदी डिपार्टमेंट है। मैं वहाँ पढ़वा लूँगा।" यह लेख दैनिक 'राँची एक्सप्रेस' के 2 अगस्त, 2004 के अंक में छपा, जिसे मैंने लोक विरसा के डाइरेक्टर को एक संलग्न-पत्र के साथ भेज दिया।

हिंदू पौराणिक कथाओं का उपयोग

पाकिस्तान के कई नामी-गिरामी शायर हिंदी शब्दों का खुलकर प्रयोग करते हैं। हिंदी में जो कविताएँ लिखी गई हैं, वे राम, कृष्ण, सीता, राधा, दुर्गा, होली और दीवाली के प्रसंगों से सराबोर हैं। सीता बनवास, कृष्ण की बाँसुरी और तुलसी की सुगंध पर भी कविताएँ लिखी गई है। पाकिस्तानी हिंदी (भले ही उसकी लिपि फारसी हो) की अपनी एक मिठास है।

जेहरा निगाह की एक मर्मस्पर्शी कविता है सीता पर। भारतीय सभ्यता में सीता एक पवित्र नाम ही नहीं, एक प्रतीक है—त्याग, तप और पवित्रता का। जेहरा ने सीता की अग्निपरीक्षा पर उनके अपमान और मिथ्यापवाद पर मर्माहत होकर एक बड़ी हृदयभेदी कविता लिखी है। कविता है—

सीता को देखे सारा गाँव,
आग में कैसे धरेगी पाँव।
बच जाए तो देवी माँ है,
जल जाए तो पापन।
जिसका रूप जगत की ठंडक,
अग्नि उसका दर्पण।

सब जो चाहे सोचें-समझें
लेकिन वो भगवान्,
वो तो खोट-कपट के बैरी।
वो कैसे नादान।

शबी फारूकी की कविता में हिंदू कालगणना अनुसार—

चार युगों में से चौथे युग, अर्थात् वर्तमान युग, कलियुग, के उल्लेख के साथ एक भावभीनी कविता—

माथे चाँद पूनम का चमके
ठोड़ी विच इक तारा
तेरा ध्यान करूँ तो रजनी
कलजुग भी उजियारा।

तुलसी की सुगंध के साथ निगार सहवाई की एक भावप्रधान कविता की प्रथम पंक्तियाँ हैं—

तुलसी के नीचे, पुरवा में सोती
पकड़ी गई है सुगंध—

उन्हीं की एक अन्य कविता की पंक्तियाँ हैं—

सुन री सखी मेरी पायल की छन
मैं चलूँ तो सितारे लुटाएँ गगन।

जमालुद्दीन 'आली' की एक हिंदी कविता की पंक्तियाँ हैं—

जनम-मरन का साथ था जिनका,
उन्हें भी हमसे बैर,
वापस ले चल अब तो 'आली'
हो गई जग की सैर

सरशार सिद्दीकी का एक गीत है—

एक ज्ञानी मुझसे पहले भी
इस ध्यान नगर में आया था,
जिस पर भगवान् का साया था…

जमालुद्दीन 'आली' की तरह और भी कई दिग्गज हैं, जैसे इब्ने इंशा, जिन्होंने हिंदी में पूरी की पूरी कविताएँ लिखी हैं। हिंदू पौराणिक कथाओं का प्रयोग अन्य अनेक कवियों जैसे कतील शिफाई ने अपनी उर्दू कविताओं में किया है।

इब्ने इंशा

कई अवरोधों के बावजूद पाकिस्तान में हिंदी अपनी राह बनाती जा रही है। जिस तरह भारत में उर्दू शे'रो-शायरी पाकिस्तानी शायरों के कलाम समेत हिंदी लिपि में पुस्तकाकार उपलब्ध होने लगी है, उसी तरह पाकिस्तान में वहाँ के कई कवियों और

कवयित्रियों द्वारा लिखी गई हिंदी की कविताएँ उर्दू लिपि में उपलब्ध होने लगी हैं। लोग इनका लुत्फ उठा रहे हैं। कुछ अरसा पूर्व कराची में मुंशी प्रेमचंद की दो पुस्तकों का उर्दू अनुवाद प्रकाशित हुआ। ये पुस्तके हैं—मुंशी प्रेमचंद की पत्नी शिवरानी देवी द्वारा लिखी 'प्रेमचंद घर में' और प्रेमचंद द्वारा लिखा अधूरा उपन्यास 'मंगल सूत्र।' इनका अनुवाद पाकिस्तान के एक बड़े अदीब हसन मंजर ने किया है। पाकिस्तानी साहित्यकार जाहिदा हिना ने इसे कमाल का अनुवाद बताया है। पाकिस्तान में कट्टरपंथियों के न चाहने के बावजूद हिंदी की लोकप्रियता धीरे-धीरे कुछ बढ़ सकती है, लेकिन हिंदी की अपनी लिपि देवनागरी में नहीं।

हिंदी का बढ़ता वैश्विक महत्त्व

हाल के वर्षों में हिंदी का महत्त्व अंतरराष्ट्रीय स्तर पर बढ़ रहा है। उदारीकरण के दौर में वैश्विक अर्थव्यवस्था में बाजार की भूमिका बहुत महत्त्वपूर्ण रूप में उभरी है। बाजार अब किसी देश की भौगोलिक सीमाओं तक सीमित नहीं रह गया है। भारत एक बहुत बड़ा बाजार है। सभी बहुराष्ट्रीय कंपनियों की भारतीय शाखाओं का कारोबार बहुत तेजी से बढ़ रहा है। बहुराष्ट्रीय कंपनियों को अपना माल बेचने के लिए भारत में सबसे अधिक बोली व समझी जानेवाली भाषा हिंदी को अपनाना पड़ा रहा है। अमेरिकी राष्ट्रपति जार्ज बुश ने 2006 में कहा था कि 'हिंदी 21वीं सदी की भाषा होने जा रही है।' उन्होंने अमेरिकी संसद् से 11 करोड़ 40 लाख डॉलर हिंदी के विकास के लिए स्वीकृत कराने की घोषणा भी की थी।

दुनिया के 137 देशों में रह रहे करीब साढ़े तीन करोड़ प्रवासी भारतीयों में से 50 प्रतिशत से अधिक लोग हिंदी से जुड़े हैं। खाड़ी देशों में लाखों भारतीय और पाकिस्तानी एक साथ काम कर रहे हैं। अबूधाबी, दुबई, शारजाह और रियाद जैसे शहरों में हजारों पाकिस्तानी भारतीय कारोबारियों की कंपनियों में काम कर रहे हैं। आपसी संपर्क के कारण वे हिंदी के अनेक शब्द सीख लेते हैं। हिंदी फिल्मों और टी.वी. सीरियलों के कारण भी दुनिया के कई देशों में लोग हिंदी से परिचित हो रहे हैं, इनमें इसलामी देश भी शामिल हैं—मसलन ताजिकिस्तान।

मुसलिम देशों में हिंदी

सूरीनाम में सातवें विश्व हिंदी सम्मेलन (2003) में ताजिकिस्तान नेशनल यूनिवर्सिटी के प्रो. हबीबुल्ला रजबोव ने बताया कि कोई 25 साल पहले ताजिकिस्तान नेशनल यूनिवर्सिटी में हिंदी विभाग खोला गया था। उसी वक्त से हमारी सरकार हिंदी सिखाने के लिए बहुत ध्यान दे रही है, क्योंकि ताजिक लोग हिंदी भाषा को बहुत पसंद करते हैं। हमारे देश में ऐसे लोग भी हैं, जो हिंदी नहीं जानते पर वे हिंदी भाषा से बहुत प्यार करते हैं। वे हिंदी शब्दों को भी खूब पहचानते हैं। ताजिकिस्तान के ही प्रो. उस्मान ने कहा कि ताजिकी और हिंदी भाषाएँ तो एक ही परिवार से निकली हुई हैं, इसलिए ताजिकी और हिंदी भाषा के संबंध बहुत ही नजदीकी हैं। हिंदी फिल्मों के नायक राजकपूर, गायक मुकेश, मुहम्मद रफी वगैरह के गाने हमारे ताजिकिस्तान के नौजवान भी गाते हैं।

कुछ इसी तरह के अनुभव कई अन्य मुसलिम देशों के भी हैं, जो इस अध्याय का विषय नहीं हैं। यहाँ यह उल्लेख करना आवश्यक प्रतीत होता है कि मध्य-पूर्व के मुसलिम देश संयुक्त अरब

अमीरात (यू.ए.ई.) की राजधानी अबू धाबी के न्यायालयों में 2019 से अंग्रेजी और अरबी भाषा के बाद हिंदी को तीसरी भाषा के रूप में मान्यता प्रदान कर दी गई है।

अबू धाबी को मिलाकर हिंदी भारत के अतिरिक्त आठ देशों में मान्यता प्राप्त भाषा बन चुकी हैं। अन्य देश हैं—सूरीनाम, फिजी, त्रिनिदाद, गुयाना, मॉरीशस, थाईलैंड और सिंगापुर। विश्व के 44 ऐसे देश हैं, जहाँ के 10 प्रतिशत या उससे अधिक लोग हिंदी बोलते एवं समझते हैं। विश्व के अनेक देशों में हिंदी भाषा के पत्र व पत्रिकाएँ प्रकाशित हो रही हैं।

हिंदी के बढ़ते महत्त्व के कारण पाकिस्तान में अनेक लोग, खासकर युवा लोग, इंटरनेट के माध्यम से हिंदी सीख रहे हैं। इन्हें कैसे रोक पाएँगे भाषाई जिहादी?

□

71

पाकिस्तान में धूल फाँकता भारतीय ज्ञान का दुर्लभ खजाना

लाहौर स्थित पंजाब विश्वविद्यालय के पुस्तकालय में पहली बार शोधकर्ताओं की नजर ताड़ के पत्तों पर संस्कृत में लिखी हुई कुछ दुर्लभ पांडुलिपियों पर पड़ी है। वर्ष 1947 के भयंकर सांप्रदायिक दंगों और अफरा-तफरी के दौर में जब विभिन्न विभागों के हिंदू शिक्षक व गैर-शिक्षक स्टाफ लाहौर से पलायन कर गए, तभी विश्वविद्यालय अधिकारियों को सारे रिकार्ड छान डालने चाहिए थे। शायद हिंदू व बौद्ध धर्म से संबंधित संस्कृत भाषा में लिखित सामग्री के कारण उसकी उपेक्षा कर दी गई। ज्ञान का यह दुर्लभ खजाना धूल फाँकता रह गया।

आप विश्वास करें अथवा न करें, लेकिन यह सच है। लाहौर स्थित पंजाब विश्वविद्यालय के पुस्तकालय में संस्कृत में लिखी हुई 9,075 दुर्लभ पांडुलिपियाँ रखी हुई हैं, जिनमें संस्कृत साहित्य से संबंधित अमूल्य जानकारी उपलब्ध है। इन पांडुलिपियों का वहाँ कोई उपयोग नहीं हो रहा है और विभाजन से लेकर अभी तक वे वहाँ पड़ी धूल फाँक रही हैं, हालाँकि उन्हें अभी तक सँभालकर रखे जाने की बात कही गई है, लेकिन अभी तक ऐसे किसी प्रयास की जानकारी नहीं है, जब किसी ने यह जानने का प्रयास किया हो कि उन पांडुलिपियों में आखिर लिखा हुआ क्या है? इसका कारण यह बताया गया है कि पाकिस्तान सरकार को इस बात में तनिक भी रुचि नहीं है कि वह भारत से संस्कृत के विद्वानों को बुलाकर यह जानने का प्रयास करे अथवा उनमें लिखी हुई किसी भी जानकारी को भारत के साथ साझा करे।

देश विभाजन की अफरा-तफरी

वर्ष 1947 के भयंकर सांप्रदायिक दंगों और अफरा-तफरी के दौर में जब विभिन्न विभागों के हिंदू शिक्षक व गैर-शिक्षक स्टाफ लाहौर से पलायन कर गए, तभी विश्वविद्यालय अधिकारियों को वहाँ मौजूद सभी रिकार्ड सामग्री एक बार भलीभाँति छान डालनी चाहिए थी, शायद हिंदू व बौद्ध धर्म से संबंधित संस्कृत भाषा में लिखित सामग्री के कारण उसकी उपेक्षा कर दी गई। ज्ञान का यह दुर्लभ खजाना धूल फाँकता रह गया।

इसी प्रकार देश व्रिभाजन के बाद लाहौर विश्वविद्यालय का हिंदी विभाग बंद हो गया, क्योंकि सभी हिंदू, शिक्षक व छात्र आदि भी, भारत चले आए। सांप्रदायिकता के उस उन्माद में हिंदी विभाग को फिर से चालू करने की किसी ने जरूरत नहीं समझी। अरसा बीतने के बाद यह जरूरत महसूस की गई कि पाकिस्तान में भारत की राजभाषा और राष्ट्रभाषा हिंदी के कुछ जानकार होना जरूरी है। भारत के हिंदी अखबारों में पाकिस्तान के विषय में क्या छप रहा है, हिंदी साहित्य में क्या कुछ आ रहा है, हिंदी में प्रकाशित पुस्तकों की विषय सामग्री क्या है आदि। हिंदी विभाग फिर से खुलने पर इस विभाग की पहली अध्यक्ष कानपुर से जाकर लाहौर में बस जानेवाली एक महिला प्रोफेसर को बनाया गया।

14वीं शताब्दी की पांडुलिपियाँ

अत्यधिक सुरक्षा में रखी गई इन पांडुलिपियों के बारें में जानकारी उस समय मिली, जब दक्षिण कोरिया के शोधकर्ताओं की एक टीम ने इन पांडुलिपियों का गहराई से अध्ययन करने के लिए फरवरी 2007 में पंजाब विश्वविद्यालय के साथ एक समझौते पर हस्ताक्षर किए। इस प्रकल्प के तहत दक्षिण कोरिया के गेउंगग विश्वविद्यालय और ऑस्ट्रिया के वियना विश्वविद्यालय के कुछ शोधकर्ता मिलकर उन पांडुलिपियों का अध्ययन करेंगे। गेउगंग विश्वविद्यालय एक बौद्ध विश्वविद्यालय है।

वास्तव में वियना विश्वविद्यालय के डॉ. कांग ने तीन विश्वविद्यालयों के विद्वानों को एक साथ लेकर इस प्रोजेक्ट पर काम करने की पहल की है। वर्ष 2013 में जब वे पंजाब विश्वविद्यालय गए तो उस ज्ञान के भंडार को देखकर भौचक्के रह गए। वियना वापस जाने के बाद उन्होंने अपने सभी संसाधनों एवं संपर्कों का इस्तेमाल करते हुए उन पांडुलिपियों में उपलब्ध जानकारी के सभी अधिकार अपने कब्जे में लेने के प्रयास किए। बताया गया है कि ये सभी संस्कृत पांडुलिपियों विभाजन के कुछ ही समय बाद पंजाब विश्वविद्यालय के प्रांगण में बोरियों में बंद पड़ी मिली थीं।

ये पांडुलिपियाँ मुख्य रूप से ताड़ के पत्तों तथा हस्तनिर्मित कागज पर लिखी हुई हैं और 14वीं शताब्दी की बताई जाती हैं। ये देवनागरी, द्रविड़, अंदा, सारदा, केरली और प्राकृत भाषाओ में लिखी हुई हैं। इस अमूल्य संग्रह को 'वूलर कलेक्शन' का नाम दिया गया है। डॉ. एसी वूलर दरअसल पंजाब विश्वविद्यालय में संस्कृत विभाग के प्रोफेसर थे और वर्ष 1903 से 1938 तक पंजाब विश्वविद्यालय के पुस्तकालय के भी मानद पुस्तकालय प्रमुख थे। वे 1928 में विश्वविद्यालय के उपकुलपति भी बने। इससे पूर्व 1903 में वे विश्वविद्यालय के प्रिंसिपल तथा रजिस्ट्रार भी चुने गए थे। उनकी मूर्ति आज ऐसे समय भी विश्वविद्यालय के फार्मेसी विभाग के सामने भी लगी हुई है, जब वहाँ किसी अन्य की मूर्ति नहीं है।

अंतरराष्ट्रीय मानक

पंजाब विश्वविद्यालय के पुस्तकालय में इन पांडुलिपियों के संरक्षक एवं पुस्तकालय प्रमुख हामिद अली का कहना है कि करीब आधा दर्जन पांडुलपियाँ वर्ष 1880 के आसपास उस समय मिली थीं, जब पं. कैलाशनाथ कांते ने विश्वविद्यालय की कुछ प्रसिद्ध पांडुलिपियों को लाहौर, गुजरांवाला तथा दिल्ली में सुव्यवस्थित किया। उसके बाद उन पांडुलिपियों को सुव्यवस्थित करने का कभी प्रयास नहीं हुआ।

हामिद अली कहते हैं कि हिंदी ऑरियंटल कॉलेज में हिंदी के प्रोफेसर बनारसी दास हिंदी में

एम.ए. कर रहे थे, तब उन्होंने उन पांडुलिपियों की तरफ वूलर का ध्यान आकृष्ट किया था और कहा कि कुछ मूल्य चुकाकर उन्हें खरीद लिया जाए, फिर उसी दिशा में कुछ प्रयास प्रारंभ हुए। उसके बाद वर्ष 1913 से 1936 के बीच इन पांडुलिपियों की संख्या में बेतहाशा बढ़ोत्तरी हुई और शीघ्र ही उनकी संख्या बढ़कर 9,075 हो गई, किंतु उसके बाद उसमें किसी प्रकार की वृद्धि नहीं हुई। इन पांडुलिपियों का वर्गीकरण तथा कैटलॉग बनाने का काम 1925 में संस्कृत जाननेवाले कुछ लोगों की मदद से शुरू हुआ था।

हामिद अली का कहना है कि हालाँकि उनकी सूची अंतरराष्ट्रीय मानकों के अनुरूप नहीं बनी है, लेकिन फिर भी उससे पांडुलिपियों के बारे में काफी जानकारी मिल जाती है। इन पांडुलिपियों के बारे में दो कैटलॉग पजांब विश्वविद्यालय में 1932 और 1941 में प्रकाशित हुए थे। उन कैटलॉग्स को कुछ अरसा पहले विश्वविद्यालय की वेबसाइट पर डाला गया है। उनमें जिन विषयों का उल्लेख है, उनमें शामिल हैं—न्याय, वैशेषिक, सांख्य, योग, वेदांत, सिख मत, (सिख पंथ से संबंधी), गीता, व्याकरण, चंदास (पवित्र कविताएँ), कोश, इतिहास, पुराण, महात्म्य, व्रत, भक्ति, स्तोत्र, अलंकार, शिल्प, कामशस्त्र, ज्योतिष, वैदिका, रत्नशास्त्र, काव्य, नीति, नाटक, बौद्ध व जैन मत आदि। हामिद अली का कहना है कि उन्हें सुरक्षित रखने के लिए उनकी हर तीन या चार साल बाद सफाई की जाती है।

कोरिया की दिलचस्पी

इन पांडुलिपियों की सुरक्षा को लेकर प्रशासन काफी चौकन्ना रहता है, ताकि प्राचीन कला के चोर उन्हें चुरा न लें। पुस्तकालय में रखे ताड़ के पत्तों का आकार 1.5 इंच चौड़ा तथा 3 से 24 इंच तक लंबा है। किसी विषय विशेष से संबंधी पत्तों को एक साथ रखने के लिए उन्हें एक धागे में पिरोकर रखा गया है। विश्वविद्यालय के मुख्य पुस्तकालय अधिकारी चौधरी मोहम्मद हनीफ का कहना है कि वर्ष 2004 में सभी कैटलॉग्स की जानकारी सार्वजनिक करने के बाद अंतरराष्ट्रीय विद्वानों के समूहों ने विश्वविद्यालय में आना शुरू किया है। कोरिया के विद्वानों ने इसमें अधिक रुचि ली है, क्योंकि वे बौद्ध हैं और संस्कृत भाषा के प्रति उनकी काफी श्रद्धा है।

हनीफ का कहना है कि उन्हें कोरिया से उच्च तकनीक वाले कैमरे तथा अन्य उपकरण मिल गए हैं, ताकि उन सभी पांडुलिपियों की डिजिटल प्रति तैयार कर ली जाए। उनका कहना है कि अभी तक किसी भी पांडुलिपि की मूल प्रति अथवा डुप्लीकेट प्रति किसी को उपलब्ध नहीं कराई गई है। हनीफ का यह भी कहना है कि उनकी डिजिटल प्रति तैयार होने के बाद कोरिया के विद्वानों को विश्वविद्यालय में पाकिस्तान के लोगों को संस्कृत पढ़ाने के लिए बुलाया जाएगा और पाकिस्तानी विद्वान् भी कोरिया जाएँगे। उनका कहना है कि जब पर्याप्त संख्या में संस्कृत के विद्वान् विश्वविद्यालय में उपलब्ध हो जाएँगे, तब उन पांडुलिपियों को पढ़ना तथा समझना आसान हो जाएगा। यह प्रक्रिया पूरी होने के बाद अनुवादित काम पर कोरिया का भी उतना अधिकार होगा, जितना पंजाब विश्वविद्यालय का।

प्रश्न है : 'पर्याप्त संख्या में संस्कृत के विद्वान् भारत के अतिरिक्त और कहाँ मिल सकते हैं? क्या यह भी पाकिस्तान को बताने की आवश्यकता है?

(संदर्भ स्रोत सामग्री : शहजादा इरफान अहमद)

□

72

स्कूली पुस्तकों में हिंदुओं और हिंदुस्तान के विरुद्ध नफरत के पाठ

पिछले कई वर्षों से पाकिस्तान में स्कूली बच्चों की पाठ्य पुस्तकों में भारत और हिंदू धर्म के विरुद्ध पढ़ाई जानेवाली झूठी-विषैली बातें वहाँ के बच्चों में भारत के प्रति नफरत फैलाने का मुख्य कारण है। पाकिस्तान में 'नेशनल कमीशन फॉर जस्टिस एंड पीस' के अध्यक्ष पीटर जैकब पाकिस्तानी सरकार को चेता चुके हैं कि यह पाकिस्तान के लिए खतरे की घंटी है और इसके परिणाम पाकिस्तान के लिए घातक होंगे।

पाकिस्तानी लेखिका रुबीना सैगल का कहना है कि ऐसा लगता है कि ये पुस्तकें इसलिए लिखी गई हैं, ताकि देश के विभाजन की विचारधारा को हमेशा के लिए सही ठहराया जा सके। इन पुस्तकों में नायक हमेशा मुसलिम होता है, जबकि हिंदू अनिवार्य रूप से खलनायक।

क्या आप किसी ऐसे देश को जानते हैं, जो अपने पड़ोसी देश और उसके बहुसंख्यक समुदाय के विरुद्ध अपने स्कूली बच्चों की पाठ्य पुस्तकों में पीढ़ी-दर-पीढ़ी झूठी-जहरीली बातें पढ़ाता आ रहा हो और अपनी प्राचीन संस्कृति और विरासत को पूरी तरह नकारते हुए प्रकारांतर से अपने पुरखों को ही अपमानित कर रहा हो? शायद देश का नाम बताना आपके लिए कोई पहेली नहीं हो। इस देश पाकिस्तान के स्कूलों में नफरत की पढ़ाई के बारे में आपने शायद कुछ तो सुना ही होगा। चलिए, आज हम आपको इस बारे में कुछ विस्तार से जानकारी देते हैं।

मजहबी कट्टरपंथियों की बढ़ती ताकत

पाकिस्तान में कट्टरता, जिहादी जुनून और अन्य धर्मालंबियों के विरुद्ध दुर्भावना की जड़ें वहाँ की पाठ्य पुस्तकों में हैं। आखिर क्या वजह है, जिससे पाकिस्तानी युवा आत्मघाती बम विस्फोट की घटनाओं को अंजाम देने के लिए प्रेरित होते हैं? 'मौत के बाद' जन्नत की गारंटी दी जाएगी तो वही होगा, जो अब पाकिस्तान में हो रहा है। खून-खराबे की लत पड़ जाने का यह नतीजा हुआ है कि अब पाकिस्तान में मुसलमानों के अलग-अलग फिरके आपस में ही लड़-मर रहे हैं। मार-काट के बाद अहमदियों को गैर-मुसलिम घोषित कर दिया गया। अब आए दिन शिया-सुन्नी आपस में

झगड़ रहे हैं। शियाओं की मसजिदों पर आत्मघाती बम विस्फोट और उन्हें हर तरह से उत्पीड़ित करने की घटनाएँ होती रहती हैं।

वस्तुतः नफरत फैलाना भस्मासुर की तरह होता है। दूसरों के लिए तैयार किया जानेवाला यह हथियार बाद में खुद अपने ऊपर ही आकर लगता है। यदा-कदा इस आशय की खबरें आती रहती हैं कि स्कूली सिलेबस से नफरत उत्पन्न करनेवाले और भेदभाव की खाई खोदनेवाले सबक हटाए जा रहे हैं, लेकिन इस काम को पर्याप्त संजीदगी के साथ नहीं किया जा रहा।

पाकिस्तानी मामलों के जानकार जानते हैं कि पाकिस्तान जैसे मुल्क में जहाँ सब जगह या सब समुदायों में पाकिस्तान सरकार का हुक्म नहीं चलता, वहाँ कलम की नोक से इस कार्य को कर पाना टेढ़ी खीर है। मदरसे चलानेवाले मजहबी कट्टरपंथी तो इतने ताकतवर हो गए हैं कि पाकिस्तान सरकार भी उनसे टकराने में घबराती है। दरअसल, मुल्लावाद के कारण पाकिस्तान में अब कोई भी अक्ल का काम करना कठिन है।

पाकिस्तान के निर्माण में कठमुल्लाओं की जड़ें

पाकिस्तान में कठमुल्लावाद की जड़ें उसके निर्माण में ही छिपी हुई हैं। जनरल जिया (1978-88) ने अपने शासनकाल में उसे खूब खाद-पानी दिया। उससे पहले जुल्फिकार अली भुट्टो ने भी मुल्क को इसलामीकरण की खुराक पिलाना शुरू कर दिया था, लेकिन जनरल जिया ने अपनी राजनीतिक समस्याओं का हल कठमुल्लाओं की छत्रच्छाया में खोजने का प्रयास करते हुए मुल्क को इसलामी कट्टरवाद और तालिबानीकरण की ओर धकेल दिया। स्कूली पुस्तकों में भारत और हिंदुओं के विरुद्ध विषवमन से पूरी एक पीढ़ी का दिमाग प्रदूषित हो जाने के बाद पाकिस्तान के प्रबुद्धजनों के होश में आया कि इसे बंद करना चाहिए, क्योंकि यह खुद उनके मुल्क के लिए नुकसानदेह साबित होगा। वर्ष 2000 में पाठ्य पुस्तकों में सुधार की दिशा में शुरुआत करने का कुछ प्रयास किया गया, लेकिन इसका कोई खास नतीजा नहीं निकला। इस बीच एक और पीढ़ी का दिमाग प्रदूषित हो चुका है। कुछ पुस्तकों में आपत्तिजनक पाठ्य सामग्री हटाई गई, लेकिन कुछ नई पुस्तकों में और अधिक आपत्तिजनक सामग्री जोड़ दी गई।

आज पाकिस्तान के अनेक बुद्धिजीवी यह महसूस कर रहे हैं कि स्कूली बच्चों में भारत और हिंदुओं समेत अन्य अल्पसंख्यकों के विरुद्ध जो उन्माद भड़काया गया है, उससे समाज में जो जहर फैला है, उससे इसलामी कट्टरवाद का वीभत्स रूप सामने नजर आ रहा है। विद्वेषपूर्ण बातों और काल्पनिक खतरों से बच्चों के कोमल मन-मस्तिष्क पर विपरीत प्रभाव पड़ता है। वे अपने आप को एक अज्ञात दुश्मन से युद्ध करते हुए पाते हैं। कभी-कभी तो ऐसा लगता है कि पाकिस्तान अपने ही कपाल पर गोली दागने को आमादा है।

पाकिस्तान के लिए खतरे की घंटी

'नेशनल कमीशन फॉर जस्टिस एंड पीस' के अध्यक्ष पीटर जैकब ने वर्ष 2013 में पाठ्य पुस्तकों संबंधी अपनी रिपोर्ट में बड़े साहस के साथ यह लिखा था कि भारत के प्रति जो नफरत सिखाई जाती है, वह पाकिस्तान के लिए खतरे की घंटी है, क्योंकि उसके उलटे नतीजे होंगे, जो

पाकिस्तान के लिए घातक होंगे। एक देश अपने पड़ोसी देश की सहायता से ही प्रगति कर सकता है। जब हम अपने पड़ोसी को ही अपना शत्रु मान लेंगे तो फिर जुनूनी मानसिकता से छुटकारा मिलनेवाला नहीं।

इन पाठ्य पुस्तकों में पाकिस्तान की नई पीढ़ियों के मन-मस्तिष्क में किस प्रकार भारत और हिंदुओं के विरुद्ध सरासर झूठी और भड़काऊ बातों के जरिए जहर भरा जा रहा है, इसके कुछ नमूने यहाँ प्रस्तुत हैं।

कक्षा-2

पं. नेहरू ने कहा कि आजादी के बाद हिंदुस्तान में हिंदुओं की सरकार होगी। कायदे आजम जिन्ना ने कहा कि यहाँ मुसलमान भी रहते हैं। मुसलमानों को अलग हुकूमत चाहिए।

कक्षा-4

पाकिस्तान के मुसलमानों ने उन हिंदुओं और सिखों को सभी तरह की सहूलियतें प्रदान कीं, जिन्होंने भारत जाना मंजूर किया, लेकिन भारत में हिंदुओं और सिखों ने मुसलमानों को दोनों हाथों से लूटा और उनके काफिलों, बसों और रेलगाड़ियों पर भी जबरदस्त हमले किए। नतीजतन, भारत से पाकिस्तान आनेवाले करीब 10 लाख मुसलमान शहादत को प्राप्त हुए।

कक्षा-5

1965 की जंग के बाद भारत ने पूर्वी पाकिस्तान में रहनेवाले हिंदुओं की मदद से पूर्वी पाकिस्तान के बाशिंदों को पश्चिमी पाकिस्तान के खिलाफ भड़काया। दिसंबर 1971 में भारत ने खुद पूर्वी पाकिस्तान पर फौजी हमला बोल दिया, इसके नतीजे में पूर्वी पाकिस्तान हमसे अलग हो गया। हम सभी को फौजी ट्रेनिंग लेनी चाहिए, जिससे हम आनेवाले वक्त में दुश्मन के नापाक इरादों को मिट्टी में मिला सकें।

कक्षा-6

1. हिंदू हमेशा मौकापरस्त रहे हैं और इसलिए उन्होंने अंग्रेजों की हिमायत की और उनका साथ दिया।
2. अपनी काली माँ को खुश करने के लिए हिंदू लोग दूसरे मजहब के माननेवालों की बलि चढ़ाते थे।

कक्षा-8

'खिलाफत मूवमेंट' के दौरान हिंदुओं और मुसलमानों में भाइयों की तरह पूरी तरह एकता कायम थी और वे आपस में सहयोग करते हुए बड़े अमन से साथ-साथ रह रहे थे, लेकिन इस मूवमेंट के खत्म होते ही हिंदुओं की नफरत फिर से उजागर हो गई।

कक्षा-9

ब्रिटिश सरकार से साँठ-गाँठ करके हिंदुओं ने फिरकावाराना फसाद भड़काए और भारी जानी

व माली नुकसान पहुँचाया। हमारी नमाज के वक्त हिंदू लोग मसजिद के सामने बाजा बजाकर और गाने गाकर मुसलमानों का दिल दुखाते रहे हैं।

जिहाद पर तकरीर तैयार करो

पाकिस्तानी पुस्तकों में बदलाव की कितनी जरूरत रही है, इसकी एक मिसाल कक्षा 5 की पुस्तक में देखी जा सकती है। पुस्तक में बच्चों को ये हिदायतें दी गई—

1. उन ताकतों को पहचानो और जानकारी इकट्‌ठा करो, जो पाकिस्तान के खिलाफ काम कर रही हैं।
2. शहादत और जिहाद पर तकरीर तैयार करो।
3. हिंदू-मुसलिम के बीच फर्क को समझते हुए पाकिस्तान की जरूरत के बारे में समझो।
4. पाकिस्तान के खिलाफ भारत की साजिश के बारे में जानो।
5. पुलिस स्टेशनों का चक्कर लगाओ और फौजियों, जवानों की तसवीरें इकट्‌ठा करो।

'दुष्ट हिंदू लोग' का कवर पेज

बच्चों को उनकी पुस्तकों में भाँति-भाँति के पढ़ाए जानेवाले पाठों में से कुछ का सारांश देखें—

1. हिंदुस्तान में इसलाम के आने से पहले यहाँ के बाशिंदे जाहिल और असभ्य थे।
2. हिंदू हमेशा मुसलमानों के दुश्मन रहे हैं।
3. मुसलमानों ने हिंदुओं और अंग्रेजों के जुल्म से तंग आकर पाकिस्तान की माँग की। हिंदू-मुसलमान में कुदरतन इतना टकराव था कि वे भारत में एक साथ रह ही नहीं सकते थे। इसलिए पाकिस्तान की स्थापना हुई।
4. भारत ने पाकिस्तान पर तीन बार हमला किया और पाकिस्तान के दो टुकड़े कर दिए।
5. कश्मीर में भारत मुसलमानों का कत्लेआम कर रहा है।
6. भारत की सरकार ने भारतीय मुसलमानों के लिए जीना हराम कर दिया।

पाकिस्तान के प्रमुख इतिहासकार के.के. अजीज ने पाकिस्तान के कथित इतिहासकारों की 60 पाठ्‌य पुस्तकों का अध्ययन-अनुशीलन कर एक रिसर्च में लिखा—'पाकिस्तान में इतिहास की हत्या' (Murder of History in Pakistan)। अजीज ने अपने निष्कर्ष में लिखा कि इन 'इतिहासकारों' ने इसलाम के उद्‌भव और विकास के अलावा भारत के स्वाधीनता आंदोलन और पाकिस्तान निर्माण के बारे में हद दर्जे का झूठ लिखा और मनगढ़ंत बातों का सहारा लिया।

गनीमत यह है कि इन कथित इतिहासकारों के झूठ के पुलिंदों में से कुछ को हटा दिया गया है, लेकिन इससे पूरी स्थिति में कुल मिलाकर कोई बहुत फर्क नहीं पड़ा है।

जिन्ना ने कैसे मात दी 'षड्यंत्रकारी' हिंदुओं को

पाकिस्तान में कक्षा सात और ऊपर की कक्षाओं के लिए अंग्रेजी में इतिहास की एक पाठ्य पुस्तक प्रकाशित हुई है, जिसका टाइटल है—EVIL HINDUS, यानी दुष्ट हिंदू। इसके उपशीर्षक हैं—THE EXPLOSIVE HISTORY OF PAKISTAN, यानी पाकिस्तान का विस्फोटक इतिहास। उसके बाद हैं—PLOTTING VILLAINS !!! यानी षड्यंत्रकारी खलनायक !!! AND HOW QAID-E-AZAM DEFEATED THEM !!! यानी किस प्रकार कायदा-ए-आजम ने उन्हें शिकस्त दी !!! पुस्तक के टाइटल के साथ सभी सब-टाइटलों के सभी अक्षर अंग्रेजी के कैपिटल लैटर्स में हैं। पुस्तक तैयार करनेवालों का पेट एक विस्मयादिबोधक चिह्न (!) से नहीं भरा, इसलिए उन्होंने एक के बजाय दो जगह एक साथ दो भी नहीं तीन-तीन (ट्रिपल पॉवर) विस्मयादिबोधक चिह्न दे दिए हैं। एक साथ तीन अलामत (चिह्न) शायद विस्मय, आश्चर्य और घृणा व्यक्त करने के लिए दिए गए हैं। पुस्तक के कवर पेज पर वेस्टर्न स्टाइल का सूट पहने रोबीली मुद्रा में मुहम्मद अली जिन्ना को सिगार पीते हुए दिखाया गया है। एक किनारे पं. जवाहरलाल नेहरू और महात्मा गांधी (दुष्ट हिंदू—षड्यंत्रकारी खलनायक) का आपस में वार्तालाप करते हुए एक सुपरिचित चित्र है।

पुस्तक के टाइटल के अक्षर EVIL HINDUS के अक्षरों से आग की लपटें उठती हुई दिखाई गई हैं। पुस्तक के अंदर क्या है, इसका निचोड़ उसके कवर पेज में ही दे दिया गया है। इसके साथ यह बता देना भी जरूरी है कि यह पुस्तक किसी मजहबी कट्टरपंथी मरकज ने जिहाद की शिक्षा देनेवाले मदरसों के छात्रों के लिए प्रकाशित नहीं की है, बल्कि यह अंग्रेजी मीडियम के छात्रों के लिए पाकिस्तान सरकार द्वारा निर्धारित पुस्तक है। कवर पेज पर सबसे ऊपर अंकित है—Prescribed by Pakistan Board of Education.

क्या आप भारत में स्कूली बच्चों को इतिहास पढ़ाने के लिए इस तरह के घोर आपत्तिजनक टाइटल की शैली पर मुसलिम समुदाय और उसके नेताओं के विरुद्ध जहरीली सामग्री वाली पुस्तक खुद भारत सरकार द्वारा ही पाठ्यक्रम में बाकायदा निर्धारित कर दिए जाने की कल्पना कर सकते हैं? नहीं न! यही है अंतर इसलामी जम्हूरिया-ए-पाकिस्तान और रिपब्लिक ऑफ इंडिया में।

गांधी मक्कार, धोखेबाज, षड्यंत्रकारी

'इंडिया टुडे' ने अपने 22 अगस्त, 2012 के अंक में इस पुस्तक के कवर पेज का फोटो देते हुए पाकिस्तानी लेखिका रुबीना सैगल का एक लेख छापा है, जिसका शीर्षक है—'बच्चों को नफरत सिखाती पुस्तकें।' रुबीना सैगल ने लिखा है—'पाकिस्तान की सरकारी पाठ्य पुस्तकों का सबसे प्रमुख लक्षण हिंदुओं और मुसलमानों पर केंद्रित दो राष्ट्रों की वह दास्तान है, जिसके अनुसार ये दोनों कौमें हमेशा से एक-दूसरे की विरोधी रही हैं, दुश्मन हैं और जिनका कभी मेल नहीं हो सकता। पाकिस्तान की स्थापना से जुड़े मिथकों पर आधारित यह कहानी यहाँ लिखी गई हर पुस्तक के पन्नों में सजाई गई है। आमतौर पर इसकी शुरुआत मुसलमानों के साथ हिंदुओं के दुर्व्यवहार से शुरू होती है और मुसलिम शासकों की उदारता और माफी तक जाती है। इसके बाद विश्वासघात, साजिश और छल करने की कथित स्थायी हिंदू प्रवृत्ति पर रोशनी डालते हुए आखिर में साहस, ईमानदारी और नैतिकता के रास्ते मुसलमानों की फतह पर खत्म होती है।

रुबीना सैगल ने अपने लेख में इन पाठ्य पुस्तकों की विषैली भाषा का उल्लेख करते हुए लिखा है—'खासकर उर्दू की पाठ्य पुस्तकों में इस्तेमाल की गई भाषा कठोर है और जज्बात को भड़काती है। मक्कार, अय्यार (षड्यंत्रकारी) गुंडा जैसे शब्द आमतौर पर उन हिंदुओं के लिए आते हैं, जिन्होंने भारत में मुसलमानों के वर्चस्व के खिलाफ लड़ाई छेड़ी। महात्मा गांधी को धोखेबाज, चालू, षड्यंत्रकारी और विश्वास के अयोग्य बताते हुए 'मैकियावेली' (धूर्त, कपटी) जैसी संज्ञा दी गई है।

इन पुस्तकों में मुसलिम आक्रामकता और हिंदू मंदिरों का विध्वंस गौरव का विषय है, जिसकी खूब सराहना की जाती है। दूसरी ओर बाबरी मसजिद विध्वंस की निंदा करते हुए इसके लिए हिंदुओं की क्रूरता को जिम्मेदार माना जाता है। इसलाम के अंतर्विरोधों पर कभी बात ही नहीं होती। लेखिका ने अंत में लिखा है—'ऐसा जान पड़ता है कि पाकिस्तानी स्कूली पुस्तकें बौद्धिक विकास और आलोचनात्मक चिंतन के शैक्षणिक उद्देश्यों को पूरा करने के लिए नहीं लिखी गई थीं, बल्कि उन्हें इसलिए लिखा गया था, ताकि विभाजनकारी विचारधारा को हमेशा के लिए सही ठहराया जा सके। राष्ट्रीय स्मृति में इस बात को लगातार दोहराया भी जाना था। लिहाजा, स्कूली पुस्तकों से बेहतर और क्या चीज हो सकती थी?'

पाकिस्तान के प्रमुख अंग्रेजी दैनिक 'डॉन' (DAWN) ने अपने संपादकीय (5 अक्तूबर, 2015) में अन्य बातों के अतिरिक्त लिखा—'ज्यादा सहिष्णु और समावेशी समाज बनाने के लिए यह जरूरी है कि स्कूली पुस्तकों में ऐसे सबक हों, जो भेदभाव की खाई खोदने और बँटवारे की चिनगारी भड़काने के बजाय एकता के जज्बे को बढ़ावा दें।...इन पुस्तकों के जरिए तंग और उन्मादी खयाल बढ़ाने के लिए काफी हद तक हुकूमतें कसूरवार रहीं। मसलन पाकिस्तान मूवमेंट के बारे में जानकारी देते वक्त पुस्तकें समस्याएँ खड़ी करती हैं। इन पुस्तकों में जहाँ भी बँटवारे की पृष्ठभूमि है, वहाँ हिंदुओं को नीचा दिखाया गया है।'

छलकपट व नफरत की बुनियाद पर

असलियत यह है कि पाकिस्तान में प्रांतीय सरकारों के शिक्षा विभागों में मौजूद मजहबी कट्टरपंथी ताकतें पिछले कई वर्षों से सिलेबस में किसी प्रकार के सुधार का विरोध-प्रतिरोध करती आ रही हैं। उनकी नजरों में हिंदुओं और गैर मुसलमानों के प्रति नफरत पैदा करना और जिहाद का आह्वान करना इसलाम की सबसे बड़ी खिदमत है। प्राइवेट स्कूलों और मदरसों, विशेषत: मदरसों की पुस्तकों में, कोई बड़ा रद्दोबदल निहायत मुश्किल काम है। पाकिस्तान में मदरसों की संख्या करीब 35,000 है, जिनमें 10 से 15 प्रतिशत मदरसों का संबंध सांप्रदायिक हिंसा और अंतरराष्ट्रीय आतंकवाद से होने की खबर है।

इतने वर्षों की विष-बेल का परिणाम यह हुआ है कि कट्टरपंथी अपने रुख-रवैये से टस-से-मस नहीं होना चाहते। उनका कहना है कि यदि हिंदू-मुसलिम दो कौमीयत होने के सिद्धांत को पुस्तकों से निकालना है तो पाकिस्तान बनाने की जरूरत ही क्या थी। क्या अब तक जो कुछ पढ़ाया जा रहा था, वह गलत था? अब देखना यह है कि पाकिस्तानी पाठ्य पुस्तकों में दी गई झूठी विषैली बातों की पढ़ाई कब तक और किस तरह बंद होती है? फिलहाल तो आसार अच्छे प्रतीत नहीं होते।

□

खंड-4

73

खुदा के वास्ते हमें फौज से निजात दिलाओ–मौदूदी

हैदर फारूक मौदूदी

पाकिस्तान के प्रसिद्ध इसलामी राजनीतिक नेता, विद्वान् और जमाते इसलामी (मौदूदी) के रहनुमा हैदर फारूक मौदूदी से साप्ताहिक 'पाँचजन्य' (नई दिल्ली) के संपादक तरुण विजय ने वर्ष 2005 में लाहौर में एक भेंटवार्ता की थी, जिसमें मौदूदी ने कहा कि देश के बँटवारे से मुसलमानों की तबाही हुई है और साथ ही यह भी कहा कि पाकिस्तान में अल्पसंख्यकों की कोई हैसियत नहीं है। यहाँ इस भेटवार्ता के (8 मई, 2005 अंक) के कुछ मुख्यांश दिए जा रहे हैं, जो इस प्रकार हैं—

- **क्या आपको लगता है कि बँटवारे से मुसलमानों को कुछ फायदा नहीं हुआ ?**

मुसलमान तकसीम हो गए। हिंदुस्तान और बांग्लादेश में मिलाकर पचास-पचपन करोड़ मुसलमान हैं। ये अक्लीयत (अल्पसंख्यक) तो नहीं होते। तो बँटवारे का नतीजा क्या हुआ ? सिवाय मुसलमानों की तबाही के कुछ नहीं।

- **यानी अगर एक रहते तो उनका बोलबाला ज्यादा रह सकता था ?**

बोलबाले की बात नहीं, पर तब हम एक अहम रोल अदा कर सकते थे हिंदुस्तान में।

- **जमाते इसलामी की इमेज मुसलिम कट्टरपंथी की है और माना जाता है कि इन जैसे संगठनों की वजह से हिंदू-मुसलिमों में दरार चौड़ी होती जा रही है, ऐसी इमेज क्यों है और आप भारत-पाकिस्तान रिश्तों के बारे में क्या सोचते हैं ?**

यह जो इमेज बनी है, असल में उस जमाते इसलामी का एक अलग धड़ा, जिससे अलग होकर मौदूदी ने अपनी पार्टी अलग बना ली है, जो बुनियादी तौर पर यह अयूब खान के जमाने से आई। उस जमाने से इंटेलिजेंस एजेंसियों के लिए सियासत करती है। वाजपेयीजी जब लाहौर आए तो जो मुजाहिरा हुआ, उनकी गाड़ी तोड़ी गई, वह सब आई.एस.आई. ने कराया था। नहीं तो किसी की जुर्रत हो सकती थी कि किसी विदेशी प्रधानमंत्री की गाड़ी तोड़ दी जाए। सबको पता है, कोई दबी-छिपी बात नहीं है। आई.एस.आई. ने पैसे दिए, उनके इशारे पर सारा हुआ।

- **आप इतनी बेबाकी से बातें कर रहे हैं, क्या इन बातों को आम पाकिस्तानी भी समझता है?**

यहाँ हर आदमी सब बातें समझता है, लेकिन हमारे यहाँ मसला यह है कि कुछ लीडर ऐसे हैं, जो गलत प्रौपेगेंडा करते हैं, नौजवानों के जज्बात को भड़काते हैं। मैंने पिछले दिनों मुशर्रफ साहब को कश्मीर के बारे में सलाह दी थी कि साहब, कश्मीर का हल जल्दी ढूँढ़ा जाए। मुझसे 'जंग' अखबारवालों ने पूछा था कि कश्मीर के मसले पर आपकी क्या राय है? मैंने कहा, "मुशर्रफ साहब फौज के कमांडर हैं। किसी से लड़ने के लिए अपनी ताकत व दूसरे की ताकत का अंदाजा होना बहुत जरूरी है, मुशर्रफ साहब बहुत अच्छी तरह जानते हैं, इंडिया से अब हम नहीं लड़ सकते। '65 की लड़ाई से आज तक आपने देख लिया, हम नहीं लड़ सकते। इसलिए उन्हें अंदाजा है। जहाँ तक एटम बम चलाने की बात है, वह सिर्फ धमकी ही है। इसको चलाने के बाद दुनिया में आपको जिंदा कौन रहने देगा? सवाल यह है कि अगर आप एटम बम चला भी देते हैं और इंडिया नहीं चलाता तो इंडिया कहेगा, ये देख लीजिए, पाकिस्तान लोगों को मार रहा है, इसके बाद क्या होगा? इसके बाद दुनिया में आपको जिंदा कहाँ रहने देंगे? यह मुशर्रफ साहब अच्छी तरह जानते हैं।"

- **अब कश्मीर के बारे में आप क्या सोचते हैं?**

अब कश्मीर के बारे में दो ही हल मुमकिन हैं। या तो आप जो मौजूदा कंट्रोल लाइन है उसे ठीक करें और उस कश्मीर को आजाद कर दिया जाए, जो हरि सिंह के वक्त था। उसमें पाकिस्तान का ज्यादा नुकसान है। पाकिस्तान की खैर इसी में है कि जो लाइन ऑफ कंट्रोल है, उसको तसलीम कर ले।

- **जनरल मुशर्रफ जो बात कर रहे हैं, क्या ये कन्फ्यूज करने के लिए है या अमेरिकी दबाव में है। आखिर वे चाहते क्या हैं?**

मुशर्रफ साहब असल में चाहते यह हैं कि किसी-न-किसी तरह कश्मीर में कुछ मनमाफिक हो जाए। उनका यकीन था कि शायद मनमोहन सिंह एक कमजोर वजीरे आजम हैं। उन्होंने यह मामला तय करने के लिए अजीज साहब को पहले भेजा भी था। वे भी जानते हैं असल में जिसे कहते हैं—'तसवीर देख के तमाशा देखनेवाली बात' है। देखें, क्या हल आता है।

- **आपको क्या लगता है कि हिंदुस्तान से रिश्ते कैसे सुधर सकते हैं? हिंदुस्तान से रिश्ते बिगड़ने या सुधरने के पीछे जो असली मसला है वह कश्मीर नहीं, बल्कि जेहनियत का है?**

जिन्ना साहब हिंदुस्तान से अलग इसलिए हुए थे कि हिंदुओं से अकसर हमारी जो दुश्मनी है, वह खत्म हो जाएगी, हम अलग हो जाएँगे, लेकिन 57 साला तारीख (इतिहास) ने यह बात गलत साबित की है। नफरत बढ़ी है, दुश्मनी बढ़ी है, कम नहीं हुई है। मसले का यह हल नहीं है, जो उन्होंने किया है। मसले का हल यह था कि हम वहीं रहते और दूसरी बड़ी शख्सियत होते। आपस में मिल-बैठकर बात करते। आखिर इससे पहले भी हम साथ रहते थे। जब कभी लड़ाई-झगड़ा होता था तो अंग्रेज कराते थे। गाय का सिर काटकर मंदिर के सामने और सूअर

काटकर मसजिद के सामने फेंक देते थे।

- **पर नफरत तो बढ़ी। ऐसा नहीं लगता कि पाकिस्तान में भारत से दुश्मनी की जड़ में हिंदुओं के प्रति नफरत है?**

मैं समझता हूँ कि आम आदमी दुश्मनी का हिस्सा नहीं है।

- **कुल मिलाकर आप क्या महसूस करते हैं?**

अब लोग यह बात कहते हैं कि भई, किसी तरह खुदा के लिए हिंदुस्तान से मामला तय करें, ताकि हम इस फौज से निजात हासिल करें। हमारी किसी से लड़ाई नहीं है। चीन से हमारी दोस्ती है। चीन हमारा भाई है, अफगानिस्तान से भी हमारी दोस्ती है, ईरान से भी हमारी दोस्ती है तो फिर लड़ाई किससे है? अगर हिंदुस्तान से हमारा मामला तय हो जाता है तो मैं समझता हूँ कि इतनी बड़ी फौज, जो हमने पाल रखी है, इससे तो निजात हासिल होगी।

- **पाकिस्तान में जो माइनॉरिटी हैं, उनके बारे में आपकी क्या पॉलिसी है? उनके बारे में आप क्या सोचते हैं कि फौजी हुकूमत ने उनके लिए क्या किया है, क्या नहीं किया?**

देखिए, पाकिस्तान में माइनारिटी की कोई हैसियत नहीं है, न उनकी कोई सुनवाई है।

- **लाहौर में हमको पूरे पाकिस्तान से एक भी हिंदू या ईसाई पत्रकार नहीं मिला?**

मैं आपसे अर्ज करूँ कि यहाँ जहाँ तक मैं जानता हूँ, लाहौर में एक ही परिवार है कपूर साहब का। उनकी जायदाद पर लोगों ने कब्जा कर रखा है। अदालतों में उनकी सुनवाई नहीं है। हाई कोर्ट में उनकी कोठी का एक मुकदमा था, जिसकी सुनवाई नहीं होती थी। बेचारे कपूर साहब ने मुझसे कहा, मैंने चीफ जस्टिस से कहा था। जस्टिस ने कहा कि आप क्यों उनकी मुखालफत कर रहे हैं? अच्छा है, मुसलमान का ही फायदा होगा। अपनी कौम की बात है।

- **यह पाकिस्तान में बड़ी आम बात मानी जाएगी?**

हाँ, लोग इसकी तारीफ करते हैं।

- **आप 'जमाते इसलामी' के होने के बावजूद इस तरह की बात करते हैं तो मुखालिफ होने की बात मानी जाएगी, कहा जाएगा कि शायद आप''' ?**

नहीं। देखिए, बात यह है कि दहशतगर्दों का किसी मजहब से कोई ताल्लुक नहीं है। मुसलमान के लिए सब इनसान बराबर हैं। जो मुजाहिद हैं, वे इनसान को एक अच्छा इनसान बनाने के काम करते हैं।

- **कश्मीर में जो दहशतपसंद लोग बंदूकें चला रहे हैं, उनको इसलाम के सरपरस्त लोग यह बात क्यों नहीं बताते?**

कश्मीर में हो क्या रहा है? कश्मीर में हमारी जो इंटेलिजेंस एजेंसियाँ हैं, उन्होंने यह काम शुरू कराया था। उसके जवाब में भारतीय सेना वहाँ आई और मार-धाड़ शुरू की। अब जिस परिवार के आप नौजवान कत्ल कर देते हैं और उसका एक भाई कत्ल हो जाता है तो दो भाई अपने आप दुश्मन हो जाते हैं। दुश्मनी बढ़ती चली जाती है। ये तो अपना काम करके एक तरफ हो जाते हैं, यह काम हो रहा है पाकिस्तान में। हमारे लिए मुश्किल यह है कि न हम उनको

रोक सकते हैं न उनको जाकर यह कहते हैं कि यह काम न करो तो वे कहते हैं—उन्होंने हमारे बाप-भाई का कत्ल कर दिया, हमारी माँ-बहनों की इज्जत लूट ली, बताइए हम कहाँ जाएँ? हमारे सारे नौजवान कत्ल हो जाएँगे। क्या हम औरतों के कंधों पर कब्रिस्तान जाएँगे?

• आप कभी हिंदुस्तान आते हैं?

मैं अकसर हिंदुस्तान जाता रहता हूँ। अभी तो मैं हिंदुस्तान गया था, दिल्ली तो हमारा शहर है। वहाँ बल्लीमारान में ही हम पैदा हुए।

□

74

पाकिस्तान : नफरत ही जिसकी पहचान हो गई

—**आतिश तासीर**
(पाकिस्तानी उपन्यासकार)

अपनी जड़ों को नकारने और भारत से नफरत पर टिकी पाकिस्तान की मनोग्रंथि ही उसके आगे बढ़ने का रास्ता रोकती है। पाकिस्तान के पास कोई सच्ची राष्ट्रीय पहचान नहीं है, इसलिए वह स्वयं को भारत के विरोध के रूप में परिभाषित करता है। पाकिस्तान ने अपनी स्थानीय संस्कृति को नकार कर अरबी इसलाम को अपनाने की कोशिश की और उस अतीत से मुँह मोड़ लिया, जो हिंदुस्तान और पाकिस्तान का साझा है।

जनवरी (2011) में मेरे पिता सलमान तासीर ने उनकी हत्या के दस दिन पहले, ट्विटर पर एक संदेश लिखा था। यह भारत के उस रॉकेट के बारे में था, जो बंगाल की खाड़ी में गिर गया था। यह संदेश था—'भारत स्पेस टेक्नोलॉजी में हाथ आजमाने की मूर्खता क्यों कर रहा है? मेरी सलाह है कि उसे बॉलीवुड पर ही ध्यान देना चाहिए।'

मेरे पिता पाकिस्तान के सबसे बड़े प्रांत पंजाब के गवर्नर थे और भारत पर कटाक्ष करनेवाला उनका यह ट्वीट उनके हजारों समर्थकों को जरूर भाया होगा। उस ट्वीट ने भारत को लेकर पाकिस्तान के मन में बनी ग्रंथि के लिए खुराक का काम किया होगा।

मेरे पिता की यह सोच पाकिस्तान में भले ही सराही जाती हो, लेकिन हम दोनों के बीच इसे लेकर काफी तनाव रहा है। मैं आधा भारतीय हूँ। मुझे मेरी माँ ने दिल्ली में पाला-पोसा है। मेरे लिए हिंदुस्तान ही वह देश है, जिसे मैं अपना कह सकता हूँ। पाकिस्तान में ईशनिंदा कानून का शिकार बनी ईसाई औरत का बचाव कर रहे मेरे पिता की हत्या जब उन्हीं के बॉडीगार्ड ने की, उस समय हमारी बातचीत बंद हुए लगभग तीन साल हो गए थे।

कोई सच्ची राष्ट्रीय पहचान नहीं

भारत के प्रति पाकिस्तान की मनोग्रंथि को, या यूँ कहें कि उसके पागलपन को समझना है, तो हमें पाकिस्तान के मूल विचार की उस केंद्रीय अवधारणा को देखना होगा, जो हर भारतीय चीज

को नकारती है, उसकी संस्कृति को, उसके इतिहास को। पाकिस्तान के विचार को पूरी गंभीरता से सबसे पहले किसी मजहबी नेता या राजनीतिज्ञ ने नहीं, बल्कि एक शायर ने पेश किया था। 1930 में 'ऑल इंडिया मुसलिम लीग' के एक जलसे की अपनी तकरीर में मुहम्मद इकबाल ने हिंदुस्तान के मुसलमानों के लिए एक अलग मुल्क की बात की थी, हालाँकि यह मुल्क कैसा होगा, इसके बारे में वह ज्यादा स्पष्ट नहीं थे, लेकिन इस मामले में वे बिल्कुल स्पष्ट थे कि यह कैसा नहीं होगा। वे इसे ऐसा बहुलतावादी समाज नहीं बनाना चाहते थे, जिसमें साझा संस्कृति हो।

इकबाल की इस सोच को अगस्त 1947 में आकार मिला। जब भारत का विभाजन हुआ, तो शुरू-शुरू में यही लगा कि आबादी का पलायन नहीं होगा, लेकिन इसके साथ हिंसा शुरू हो गई और जल्दी ही यह साफ हो गया कि मुसलमानों के इस नए मुल्क में गैर-मुसलिमों के लिए कोई जगह नहीं है। लाखों लोगों की मौत और इतिहास में आबादी के सबसे बड़े पलायन के बाद ही हिंदुस्तान और पाकिस्तान अस्तित्व में आए। नरसंहार और नुकसान का यह अनुभव दोनों देशों के आधुनिक रिश्तों की बुनियाद है, लेकिन पाकिस्तान में विभाजन का एक और गहरा अर्थ था। वहाँ संस्कृति और सभ्यता का एक बड़ा सवाल खड़ा हुआ। भारत से अलग होने का उसके लिए क्या अर्थ है?

पाकिस्तान के पास कोई सच्ची राष्ट्रीय पहचान नहीं है, इसलिए वह खुद को भारत के विरोध के रूप में परिभाषित करता है। आजादी से पहले मुसलमानों और गैर-मुसलमानों के बीच जो साझा चीजें थीं, वह उन सबसे मुँह मोड़ लेता है। पहनावे से लेकर तीज-त्योहार, शादियों के रीति-रिवाज और साहित्य तक हर चीज शक के दायरे में है। पाकिस्तान इस उपमहाद्वीप से जुड़ाव की अपनी सारी निशानियाँ मिटाने के काम में लगा है, क्योंकि कई लोगों को लगता है कि यह जुड़ाव ही जहर है।

अगर अपनी राष्ट्रीय पहचान को पुख्ता करने के लिए अपनी घरेलू पहचान को अपनाने और विदेशी असर को बाहर करने की कोशिश होती, तो इसका कुछ अच्छा असर होता, लेकिन पाकिस्तान ने अपनी स्थानीय संस्कृति को नकारकर अरबी इसलाम को अपनाने की कोशिश की और उस अतीत से मुँह मोड़ लिया, जो हिंदुस्तान और पाकिस्तान का साझा है, लेकिन इसमें एक दिक्कत यह है कि हिंदुस्तान बस थोड़ी ही दूर सरहद पार है। जहाँ अभी भी साझा संस्कृति है, जो बहुलतावादी है, जहाँ तकरीबन उतने ही मुसलमान रहते हैं, जितने के पाकिस्तान में हैं। पाकिस्तान के अस्तित्व की यह उलझन विभाजन के दशकों बाद भी वहाँ जारी राजनीतिक उथल-पुथल में दिखती है, लेकिन 1980 के दशक तक मेरे पिता यही मानते थे कि विभाजन कोई गलती नहीं थी, क्योंकि लोकतंत्र और बहुलतावादी होने के बावजूद भारत आर्थिक रूप से असफल रहा।

पाकी फौज का दोहरा खेल

लेकिन 1990 के दशक से यह सिलसिला उलटने लगा। 1947 के बाद पाकिस्तान को जो फायदा मिलने लग गया था, वह काफूर होने लगा। हिंदुस्तान की पहचान से मुक्त होने की उसे कीमत चुकानी पड़ी, एक नई खतरनाक इसलामी विचारधारा के रूप में। आर्थिक उदारीकरण के चलते जब भारत आगे बढ़ने लगा, तो पाकिस्तान बिखरना शुरू हो गया। एक शायर के यूटोपिया से बना यह मुल्क किसी खंडहर या किसी दिवालिये की तरह दिखने लगा।

पाकिस्तान के इस पतन की सबसे बड़ी वजह बनी फौज। अमेरिकी मदद का सबसे ज्यादा फायदा उसी फौज को मिला और इसका इस्तेमाल उसने भारत के खिलाफ खुद को हथियारबंद करने में किया। अफगानिस्तान में उसे न तो सुरक्षा चाहिए, न स्थिरता। उसे तो बस एक ऐसा पिछवाड़ा चाहिए, जिसका इस्तेमाल भारत के खिलाफ हो सके।

और इस मकसद के लिए पाकिस्तानी फौज ने अमेरिका को भी खूब नाच नचाया। देखने में लगे कि वह आतंक के खिलाफ लड़ रही है, पर ऐसे भी न लड़े कि जीत जाए या यह लड़ाई चलती रहे, ताकि अमेरिकी पैसा आता रहे। वह दोहरा खेल आज भी जारी है—कुछ आतंकी हैं, जिनसे वह लड़ती है और कुछ ऐसे हैं, जिन्हें खुलकर समर्थन दिया जाता है, जैसे 2008 का मुंबई हमला। फौज का यह दोहरा चरित्र मई 2011 में दिखा, जब ओसामा बिन लादेन को एबटाबाद में मारा गया। यह वह फौज है, जिसकी कारगुजारियों को हमेशा भारत के काल्पनिक खतरे के लिहाज से जायज ठहराया जाता रहा है, लेकिन किसी भी दूसरी ताकत के मुकाबले यह खुद पाकिस्तान के लिए सबसे ज्यादा खतरनाक है। यह पाकिस्तान की दौलत का ज्यादातर हिस्सा निगल जाती है और नागरिक सरकार को कोई अहमियत नहीं देती।

भारत जब समृद्ध हो रहा है और सांस्कृतिक ताकत बन रहा है, तब मुहम्मद इकबाल के यूटोपिया की खामियाँ भी जगजाहिर होने लगी है। हत्या से कुछ दिन पहले मेरे पिता ने जो ट्वीट किया था, उससे भी यही जाहिर होता है। इसमें उस संस्कृति को नकारने का झक भरा तैश दिखाई देता है, जिसका आप हिस्सा हैं। एक ऐसी संस्कृति, जिसे पूरा पाकिस्तान बॉलीवुड के जरिए अपने घरों में महसूस करता है। जब तक यह तैश है, पाकिस्तान की भारत-ग्रंथि को कम करना मुमकिन नहीं है। यह तभी होगा, जब 1947 के घावों पर मरहम लगेगी, लेकिन इस सबसे भारत में भी कोई विजय भाव नहीं आना चाहिए। इस गर्जना और गुस्से के पीछे एक दर्द और गम छिपा है।

□

75

पाकिस्तान के धार्मिक अल्पसंख्यकों का दर्द

—समीरा शैकेल
(पाकिस्तानी मूल की ब्रिटिश पत्रकार)

22 सितंबर, 2013 को उत्तर-पश्चिमी पाकिस्तान के पेशावर शहर के ऑल सेंट्स चर्च में तकरीबन 500 श्रद्धालु प्रार्थना के लिए जमा थे। इतवार को होनेवाली इस विशेष सर्विस के बाद चर्च के बाहर लंगर का इंतजाम था। वे लंगर की तरफ बढ़ ही रहे थे कि उस भीड़ में दो भयानक विस्फोट हुए। यह दोहरा आत्मघाती हमला था। इन विस्फोटों में 80 से ज्यादा लोगों की जान चली गई, सौ से ज्यादा लोग घायल हो गए। पाकिस्तान के पूरे इतिहास में वहाँ की ईसाई आबादी पर यह अब तक का सबसे बड़ा हमला था।

इस हमले से पूरा पाकिस्तान दहल उठा। वह मुल्क, जहाँ छोटे-मोटे बम धमाके और चुन-चुनकर लोगों को मारने की घटनाएँ तकरीबन हर रोज होना एक आम बात हो गई है, यहाँ तक कि ऐसी घटनाएँ अब अखबारों की सुर्खियाँ तक नहीं बनतीं, ऐसे मुल्क को दहला पाना भी आसान नहीं है और ऐसा भी नहीं है कि पाकिस्तान में धार्मिक अल्पसंख्यकों पर हमले नहीं होते। इस साल के शुरू में पाकिस्तान के दक्षिणी प्रांत क्वेटा में शिया मुसलमानों के इलाके में भारी हमला हुआ था। इस हमले में 80 से ज्यादा लोग मारे गए थे। इसके अलावा, सुन्नी उग्रवादियों ने सजा देने की शैली में कई शियाओं की हत्या की।

अल्पसंख्यकों के खिलाफ इस तरह की जघन्य हिंसा को मुल्क के कई और तरह-तरह के उग्रवादी संगठनों ने अंजाम दिया है। पेशावर के चर्च में हुए हमले की जिम्मेदारी जिस संगठन ने ली है, वह तहरीक-ए-तालिबान पाकिस्तान से जुड़ा है। उसका कहना है कि ये विस्फोट ड्रोन हमलों का बदला लेने के लिए किए गए हैं, लेकिन यह समस्या सिर्फ कुछ उग्रवादी तत्त्वों तक सीमित नहीं है, यह काफी गहरी है। इन उग्रवादी संगठनों को एक के बाद एक आनेवाली तकरीबन सभी सरकारों ने काम करते रहने दिया है। परेशान करनेवाली बात यह है कि इन आतंकवादी तत्त्वों का असर राष्ट्रीय विमर्श पर है। इससे पूरे समाज में असहिष्णुता लगातार बढ़ रही है।

मई महीने में लाहौर की ईसाई बस्ती जोसेफ कॉलोनी को तबाह कर दिया गया। यह काम किसी आतंकवादी ने नहीं किया। यह काम आम लोगों की गुस्साई भीड़ ने किया। इसका कारण सिर्फ इतना था कि वहाँ एक निवासी पर ईशनिंदा कानून के उल्लंघन का आरोप था। यह ऐसा कानून है, जो पैगंबर मुहम्मद या 'कुरान' की निंदा और बेअदबी करनेवालों पर लागू होता है और इस कानून के तहत किसी को सजा-ए-मौत तक दी जा सकती है। इस कानून का इस्तेमाल अकसर धार्मिक अल्पसंख्यकों के खिलाफ किया जाता है। कट्टरपंथियों के हाथों में यह सबसे बड़ा कानूनी हथियार है, जिसमें संशोधन करने से पाकिस्तान के राजनीतिज्ञ तक डरते हैं। कई साल पहले दो मंत्रियों ने इसके खिलाफ बोला था और बाद में वे दोनों ही मार दिए गए।

ऐसी कुछ बड़ी घटनाएँ अंतरराष्ट्रीय सुर्खियाँ बनती रही हैं, लेकिन पाकिस्तान के धार्मिक अल्पसंख्यकों के लिए इस तरह का भेदभाव उनकी रोजाना की जिंदगी का एक सच है। पाकिस्तान की ईसाई आबादी तकरीबन 28 लाख है, यानी मुल्क की कुल आबादी का 1.6 फीसदी हिस्सा। कई पीढ़ियों पहले जब भारत का विभाजन नहीं हुआ था, तो दलित या अछूत कहलाने वाली हिंदू जातियों के लोग धर्म-परिवर्तन करके ईसाई बन गए थे। अब पाकिस्तान एक मुसलिम मुल्क है और इस लिहाज से वहाँ जातियों को मान्यता नहीं मिलती, लेकिन हकीकत में इन ईसाइयों के साथ अछूत जातियों जैसा ही व्यवहार होता है। मैंने कई ईसाइयों से बात की। उन्होंने बताया कि लोग उन्हें पानी तक पिलाना पसंद नहीं करते। अनपढ़ मुसलमान तो उनके साथ घुलना-मिलना भी पसंद नहीं करते और उन्हें गंदा बताते हैं। जहाँ कहीं भी ये ईसाई काम करते हैं, उनमें से कुछ जगहों पर तो उनके लिए अलग बरतन रखे जाते हैं। कुछ परंपरागत कामों और मजदूरी के अलावा उनके लिए रोजगार का कोई भी अवसर मौजूद नहीं है।

इसलामी मुल्क पाकिस्तान में रहनेवाले ईसाई नागरिकों पर थियोडोर गैबरियल जब शोध कर रहे थे, तो उनका ध्यान पाकिस्तान की पाठ्य पुस्तकों की ओर गया। इन पुस्तकों में बताया गया है कि ईसाई लोग तीन देवों की आराधना करते हैं और पाकिस्तान के नागरिक का अर्थ है—मुसलमान।

बेशक, हर किसी का नजरिया ऐसा नहीं है। इतवार को पेशावर में हुए इस हमले के बाद पूरे पाकिस्तान में जगह-जगह विरोध-प्रदर्शन हुए हैं। बड़ी संख्या में मुसलमानों और गैर-मुसलमानों ने इन प्रदर्शनों में हिस्सा लिया। वे सब ऐसे मामलों में पाकिस्तान सरकार के चुप रहने का जोरदार विरोध कर रहे थे, लेकिन इसी के साथ लोगों का ध्यान इस बात की तरफ भी गया कि पाकिस्तान के किसी भी टेलीविजन नेटवर्क ने इस हमले में मारे जानेवालों को शहीद नहीं कहा, वरना पाकिस्तान में आतंकवादी वारदात में मरनेवालों को टी.वी. चैनलों द्वारा आमतौर पर शहीद कहा जाता है।

पाकिस्तान जब बना था, तब उसके पीछे की सोच यही बताई गई थी कि यह एक ऐसा धर्मनिरपेक्ष मुल्क होगा, जिसमें मुख्य धर्म इसलाम है। मेरी दादी ने तकरीबन 40 साल पहले पाकिस्तान छोड़ दिया था। टेलीविजन स्क्रीन पर इतवार की वारदात की खबर देखकर वह दहल गई। उनका कहना है कि जब यह मुल्क बना, तब वह जवान थीं और उस समय इस मुल्क में सहिष्णुता होती थी, सब लोग एक साथ रहते थे। वैसे पाकिस्तान के संस्थापक मुहम्मद

अली जिन्ना के एक ऐतिहासिक भाषण का जिक्र अकसर होता है, अपने इस भाषण में उन्होंने कहा था, "हमारे देश में कई सारे गैर-मुसलिम हैं, हिंदू हैं, ईसाई हैं, पारसी हैं, लेकिन वे सब पाकिस्तानी हैं।" दुर्भाग्य से पिछले कुछ बरसों में यह सिद्धांत अब पूरी तरह खत्म हो चुका है, खासकर जनरल जिया-उल-हक के इसलामीकरण के दौर के बाद से।

—'द गार्जियन' से साभार

□

76

पाकिस्तान को चाहिए भारत जैसी जम्हूरियत

—जाहिदा हिना

(पाकिस्तानी साहित्यकार)

हिंदुस्तान ने पहले दिन से लोकतंत्र का जो रास्ता अपनाया, वह आज भी उसी पर चल रहा है, जबकि पाकिस्तान में शुरू से ही लोकतंत्र जड़ न पकड़ सका। अगर पाकिस्तान हिंदुस्तानी लोकतंत्र का इतिहास गौर से पढ़े तो उसके लिए अपनी गलतियों को समझना और उन्हें सुधारना बहुत आसान हो जाएगा।

ये पंक्तियाँ मैं तब से लिख रही हूँ, जब पेशावर आर्मी पब्लिक स्कूल में बेदर्दी और बेरहमी से कत्ल कर दिए जानेवाले बच्चों का चालीसवाँ मनाया जा रहा है। पूरे मुल्क में इस समय शोक की फिजाँ छाई हुई है। इधर, हमारे घरों में आनेवाले भारतीय चैनल सुबह-शाम याद दिला रहे हैं कि 26 जनवरी को हिंदुस्तान का गणतंत्र दिवस है। एक-दूसरे को मुबारकबाद दी जा रही है।

मैं अकसर सोचती हूँ कि पाकिस्तान और हिंदुस्तान, दोनों एक साथ ही ब्रिटिश राज से आजाद हुए थे। दोनों गरीबी, भुखमरी, अशिक्षा और अंधविश्वास से परेशान थे। दोनों मुल्कों को लुटे-पिटे लाखों लोगों का नए सिरे से पुनर्वास करना था, जो बहुत ही मुश्किल काम था। दोनों ने बँटवारे के दौरान खूँरेजी को झेला था तो फिर ये क्यों और कैसे हुआ कि हम उस तरह आगे न बढ़ सके, जिस तरह हिंदुस्तान ने तरक्की की?

हिंदुस्तान इस वक्त दुनिया के अहमतरीन मुल्कों में से एक है। अमेरिकी राष्ट्रपति बराक ओबामा उनके गणतंत्र दिवस समारोह में शरीक होने जा रहे हैं। रूस और चीन से भी उसके अच्छे संबंध हैं। हम जानते हैं कि चीन से भी उसके कुछ सरहदी विवाद हैं, बावजूद इसके किसी समझदार मुल्क की तरह हिंदुस्तान ने चीन से अपने झगड़ों को पीछे छोड़ दिया है और दोनों के बीच बड़े पैमाने पर व्यापार हो रहा है। इसका फायदा दोनों ही मुल्कों को हो रहा है और भविष्य में भी होता रहेगा। दूसरी तरफ अमेरिका, जिससे भारत के संबंध कुछ सालों तक ठंडे थे, हाल के सालों में दोनों की साझेदारी बढ़ी है। दोनों व्यापारिक पार्टनर बन गए हैं, जिसका फायदा हिंदुस्तान को ज्यादा पहुँच रहा है।

मैं सोचती हूँ कि हमसे आखिर कहाँ गलती हुई कि हम पीछे रह गए और हिंदुस्तान इतना आगे निकल गया। इस बारे में सोचा जाए तो यही नतीजा निकलता है कि हिंदुस्तान ने पहले दिन से लोकतंत्र का जो रास्ता अपनाया था, वो आज भी उसी पर चल रहा है, जबकि हमारे यहा शुरू से ही लोकतंत्र जड़ न पकड़ सका। हिंदुस्तानियों को सरदार वल्लभभाई पटेल का शुक्रगुजार होना चाहिए, जिन्होंने आजादी के फौरन बाद तमाम छोटे-छोटे राज्यों और जमींदारी प्रथा को खत्म कर दिया। इसके उलट हम आज तक अपने फ्यूडल लाइर्स से निजात न हासिल कर सके। यही वजह है कि हमारे हुक्मरानों ने अवाम के फायदे के लिए कानून नहीं बनने दिए।

सबसे बढ़कर ये कि 68 साल में हमारे यहाँ 4 डिक्टेटर आए और उन्होंने लोकतंत्र को पनपने नहीं दिया और अब जब हमारे यहाँ लोकतंत्र व्यवस्था शुरू हुई है, तब भी हमारे यहाँ लोकतंत्र का पौधा बहुत ही नाजुक है। हिंदुस्तान ने अपना संविधान बनाने के लिए आजादी से बहुत पहले ही एक कमेटी बना दी थी। हिंदुस्तानियों को बाबा साहेब आंबेडकर का शुक्रगुजार होना चाहिए, जिन्होंने अपने मुल्क के लिए एक बेहतरीन संविधान का निर्माण किया और इसी वजह से हिंदुस्तान 1950 में लोकतांत्रिक देश बन सका। हमने इसके 6 साल बाद मुल्क को संविधान दिया और वो एक लोकतंत्र कहलाया, लेकिन इसके फौरन बाद ही 1958 में हमारा संविधान जनरल अयूब खान ने खत्म कर दिया और मुल्क से लोकतंत्र रुखसत हो गया।

पाकिस्तानी अवाम ने अपने मुल्क के लोकतांत्रिक संघर्ष में बड़ी कुर्बानियाँ दी हैं और यह उन्हीं के संघर्ष का नतीजा है कि अब 2008 से हमारे यहा भी लोकतंत्र रफ्ता-रफ्ता आगे बढ़ रहा है, लेकिन अब भी उसे बहुत से खतरे नजर आ रहे हैं। ऐसे में हिंदुस्तान का रिपब्लिक डे हमारे लिए खुशी का सबब बनता है। ज्यादा पुरानी बात नहीं है, जब हम एक थे और बहुत-से झगड़ों के बावजूद हमारे दुःख-सुख आज भी साझे हैं। हमें उससे सबक सीखने का मौका मिलता है। हिंदुस्तानी लोकतंत्र का इतिहास गौर से पढ़ें तो हमारे लिए अपनी गलतियों को समझना और उन्हें सुधारना बहुत आसान हो जाएगा। आप सब लोगों को गणतंत्र दिवस बहुत मुबारक हो और आप अपने लोकतंत्र को ज्यादा से ज्यादा बढ़ावा दे सकें।

(26 जनवरी, 2015 को प्रकाशित 'दैनिक भास्कर')

□

77

मुहम्मद शमी के नाम पर पाकिस्तान की नापाक साजिश

—**रजत शर्मा**, वरिष्ठ पत्रकार

आज मैं टी-20 वर्ल्ड कप मैच के समय पाकिस्तान की एक घटिया साजिश के बारे में कुछ कहना चाहता हूँ। पाकिस्तान हमारे देश में सिर्फ आतंकवादी नहीं भेजता, सिर्फ मासूम लोगों का खून नहीं बहाता, बल्कि हमारे देश में हिंदुओं और मुसलमानों के बीच नफरत के बीज बोने की कोशिश भी करता है, मजहब की खाई खोदने की साजिश रचता है। पिछले रविवार (24 अक्तूबर, 2021) को टी-20 वर्ल्ड कप मैच में भारत की हार के बाद हमारे खिलाड़ी मुहम्मद शमी को सोशल मीडिया पर निशाना बनाया गया, उन्हें गालियाँ दी गईं और टीम की हार के लिए जिम्मेदार ठहराने की कोशिश की गई। आपको जानकर हैरानी होगी कि यह काम पाकिस्तान की तरफ से एक सोची-समझी साजिश के तहत हुआ।

जाँच करने पर भेद खुला

यह दुनिया भर में भारत को बदनाम करने की साजिश थी, हमारे देश में भाईचारे को चोट पहुँचाने की कोशिश थी। रविवार को पाकिस्तान ने दस विकेट से मैच जीत लिया था। पाकिस्तानी बल्लेबाजों ने शमी के ओवर में विनिंग रंस स्कोर किए थे। पाकिस्तान के हाथों वर्ल्डकप में 29 साल के बाद पहली बार मैच हारने पर पूरे देश में गम था। खिलाड़ियों के प्रति निराशा थी, गुस्सा भी था, लोग अपनी नाराजगी का इजहार भी कर रहे थे। विराट् कोहली से लेकर रोहित शर्मा, के.एल. राहुल जैसे सभी प्लेयर्स को बुरा-भला कहा जा रहा था, लेकिन अचानक कुछ देर बाद ट्रेंड चेंज हो गया। अचानक सोशल मीडिया पर मुहम्मद शमी को गालियाँ दी जाने लगीं। ऐसा लगा, जैसे अकेले शमी को मैच का मुजरिम बताने की कोशिश की गई। क्रिकेट में धर्म का एंगल खोजा जाने लगा, यानी ऐसा संकेत दिया गया कि चूँकि शमी मुसलमान हैं, सामने पाकिस्तान की टीम थी, इसलिए जान-बूझकर टीम को हरवा दिया। इस तरह के कॉमेंट्स देखकर लगा कि हमारे देश में क्या हो रहा

है ? हार के लिए अकेले शमी को जिम्मेदार कैसे ठहराया जा सकता है ? क्रिकेट प्रशंसक यह क्या कर रहे हैं ? लेकिन जब शमी को लेकर किए जा रहे ट्वीट्स को ध्यान से देखा गया तो साफ हो गया कि उन्हें गालियाँ देनेवाले हिंदुस्तानी नहीं, पाकिस्तानी हैं। यह सब पाकिस्तान की साजिश थी। कैसे, यह समझने की जरूरत है।

मेरे पास इस बात के सबूत हैं कि मैच में भारत की हार के बाद मुहम्मद शमी को भला-बुरा कहने का काम पाकिस्तान से शुरू हुआ। कराची, लाहौर, इसलामाबाद में रहनेवाले पाकिस्तानियों ने पहले शमी को गालियाँ दीं, आई.एस.आई. का एजेंट तक बता दिया। ये सारे ट्वीट कुछ ही सेकंड में किए गए और फिर इन्हें लगातार एंप्लीफाई किया गया। एक तरह से पाकिस्तान की पूरी मशीनरी एक्टिव हो गई।

आखिरकार शमी को ट्रोल करनेवाले ट्वीट्स शुरू कैसे हुए, इनके पीछे सोशल मीडिया के कितने ग्रुप एक्टिव थे, यह सबकुछ सबूतों के साथ जानने की जरूरत है। भारत-पाकिस्तान मैच के दौरान और मैच के बाद शमी के खिलाफ कॉमेंट्स पोस्ट किए गए, कुछ लोगों ने शमी को भद्दी गालियाँ दीं और फिर शमी के नाम पर हैशटैग चलाने लगे। किसी ने शमी को 'गद्दार' कहा, तो किसी ने कह दिया कि शमी को पाकिस्तान चले जाना चाहिए, कुछ लोगों ने यह लिखना शुरू कर दिया कि शमी पाकिस्तान के एजेंट हैं, आई.एस.आई. के लिए काम करते हैं। इस तरह के कॉमेंट्स पर दुनिया भर में हैरानी जताई गई, लेकिन जब जाँच की तो पता लगा कि ये सारे कॉमेंट्स पाकिस्तान से हुए। पाकिस्तान ने पूरी योजना के साथ इस तरह के ट्वीट्स को पोस्ट किया। जिन प्रोफाइल से इस तरह के कमेंट्स किए गए, वे सबके सब पाकिस्तानी थे।

एक पाकिस्तानी आदिल तय्यब ने मैच के दौरान एक लाइन का ट्वीट करते हुए लिखा—'मुहम्मद शमी तो पाकिस्तान की तरफ से खेल रहे हैं।' यह ट्वीट उस समय किया गया, जब विराट् कोहली ने शमी को गेंदबाजी के लिए बुलाया था। आदिल तय्यब पाकिस्तान के सूमा टी.वी. में काम करता है। उसने अपने प्रोफाइल में यह जानकारी दी है। यह भी बताया कि वो कराची में रहता है यानी कराची से बैठकर ट्वीट किया गया, जिसके बाद इसे काफी तेजी से सर्कुलेट किया गया।

इसी तरह एक और ट्विटर प्रोफाइल देखें। यूजर का नाम अली ताजा है। इस शख्स ने भारत की हार के बाद मुहम्मद शमी के खिलाफ बेहद आपत्तिजनक ट्वीट लिखे, गालियाँ लिखीं। फिर लगातार एक के बाद 26 ट्वीट्स कर दिए। सारे ट्वीट्स में मुहम्मद शमी का नाम लिया गया। एक ट्वीट में शमी को पाकिस्तानी तक बताया और फिर मैच हारने का पूरा ठीकरा शमी के सिर पर ही फोड़ने की कोशिश की। पहली नजर में इन ट्वीटस को देखने में लग सकता है कि जैसे ये ट्वीट मैच में हार के बाद नाराज फैंस की तरफ से किए गए हों, ऐसे फैंस, जो टीम इंडिया की जीत की दुआ माँग रहे थे, लेकिन जब नतीजा पक्ष में नहीं आया तो फिर खिलाड़ियों पर खीज उतारने लगे, लेकिन जब इस प्रोफाइल को क्लोजली वॉच किया गया, उन लोगों की लिस्ट देखी गई, जिन्हें यह शख्स फॉलो करता है तो सारा मामला शीशे की तरह साफ हो गया।

इसी तरह का एक और ट्वीट 'पाकिस्तान स्ट्रैटेजिक फोरम' नाम के ट्वीट अकाउंट से किया गया। एक लाइन में लिखा गया—'told you···agent shami' इस ट्वीट को कई लोगों ने रिट्वीट किया और फिर इसे लगातार दूसरे ट्विटर हैंडल्स पर एंप्लीफाई किया गया।

भारत को बदनाम करने का षड्यंत्र

इस तरह एक और सोशल मीडिया यूजर ने ट्विटर और इंस्टाग्राम पर मुहम्मद शमी के खिलाफ हेट कैंपेन चलाया। इस यूजर का नाम फैजीग्राम है। इसने लिखा कि मुहम्मद शमी तो पाकिस्तान के आई.एस.आई. के लिए काम करते हैं। हालाँकि इस यूजर को तुरंत कई लोगों ने जवाब दिया, क्योंकि लोग समझ गए थे कि मुहम्मद शमी के लिए हिंदुस्तान के लोग इस तरह की बातें नहीं लिख सकते। जब इसके प्रोफाइल पेज की डिटेल देखी गई तो पता चला कि इस शख्स का नाम फैज रसूल सियाल है और अपने प्रोफाइल में इसने खुद लिखा है कि वो पाकिस्तानी है।

अब तो इसमें शक की कोई गुंजाइश नहीं है कि शमी को गालियाँ देने का काम पाकिस्तान से हुआ और ये भारत को बदनाम करने की साजिश थी। सोशल मीाडिया पर मुहम्मद शमी को लेकर कितनी बड़ी साजिश हुई, इसका अंदाजा इस बात से भी लगाया जा सकता है कि सिर्फ पुराने अकाउंट्स से नहीं, बल्कि नई-नई सोशल मीडिया अकाउंट वाली प्रोफ़इल बनाकर भी प्रौपेगैंडा चलाया गया। यह दिखाने की कोशिश की गई कि भारत के लोग कितने असहिष्णु हैं और फिर जब इनका काम हो गया, ट्वीट सर्कुलेट हो गए तो फिर इनकी प्रोफाइल भी डिएक्टिवेट कर दी गई, यानी सिर्फ शमी के नाम पर भारत को बदनाम करने के लिए सोशल मीडिया अकाउंट्स खोले गए थे। यह सब इसलिए किया गया, ताकि शमी के नाम पर भारत के मुसलमानों की सहानुभूति जुटाई जा सके, क्रिकेट के नाम पर अपना खेल खेला जा सके, लेकिन हैरानी इस बात की है कि पाकिस्तानी क्रिकेटर्स भी इस प्रोपेगेंडा को आगे बढ़ाते नजर आए। पाकिस्तानी टीम के सलामी बल्लेबाज मुहम्मद रिजवान ने कह दिया कि मुहम्मद शमी के साथ जो कुछ हुआ, वो सही नहीं था। इसी तरह वसीम अकरम, शोएब अख्तर, शाहिद अफरीदी जैसे खिलाड़ी भी शमी को लेकर बयान देने लगे। दुःख की बात यह है कि पाकिस्तान की साजिश में, पाकिस्तान के इस ट्रैप में हमारे देश के भी कई लोग फँस गए, कुछ अनजाने में तो कुछ जान-बूझकर। कुछ लोगों ने बिना इन ट्वीट्स की जाँच किए पाकिस्तान की तरफ से चलाए जा रहे हैशटैग को ही आगे बढ़ाना शुरू कर दिया।

इसमें कोई दो राय नहीं है कि जब पाकिस्तान के खिलाफ मैच होता है तो माहौल जंग जैसा हो जाता है। यह पाकिस्तान की हरकतों से पनपे गुस्से के कारण होता है, लेकिन ऐसा कभी नहीं हुआ कि पाकिस्तान के खिलाफ हार के कारण भारतीय टीम में शामिल किसी मुसलिम खिलाड़ी को निशाना बनाया गया हो। यह न तो हमारी संस्कृति है और न हमारे संस्कार, इसीलिए हमारे कप्तान विराट् कोहली ने तो मैच के तुरंत बाद दिल खोलकर पाकिस्तान टीम की तारिफ की, जीते हुए खिलाड़ियों को गले लगाकर जीत की बधाई दी।

मैंने आपको ये सारी बातें विस्तार से इसलिए बताईं, ताकि सच को सामने लाया जा सके और भविष्य में ऐसी घटनाओं से सबक लिया जा सके। हमारे देश में इस साजिश का हिस्सा बननेवालों को भी पहचाना जा सके।

(इंडिया टी.वी. पर प्रसारित)

□

खंड-5

78

पाकिस्तान के सियासी लतीफे

किसी देश को समझने के लिए उसके राजनीतिक चुटकुले या लतीफे भी काफी मददगार साबित होते हैं। हर देश-समाज के लोगों की कुछ खूबियाँ व खामियाँ होती हैं। पाकिस्तान के लोगों में विनोद भावना की खूबी है। कभी-कभी तो ऐसा लगता है कि पाकिस्तानी जनज़ीवन में विनोदशीलता भारत से शायद कुछ ज्यादा ही है, क्योंकि उन्होंने पाकिस्तान की अनेक राजनीतिक विसंगतियों के दौर में अपने आक्रोश को चुटकुलों में व्यक्त कर अपना मनोविनोद करना सीख लिया है। इस अध्याय के कतिपय चुटकुले मेरी पुस्तक 'सफरनामा पाकिस्तान' से लिए गए है। यहाँ प्रस्तुत हैं कुछ चुटकुले।

पाकिस्तान दा असली मतलब

पाकिस्तान बनते ही एक मौलवी और हलवाहे के बीच गुफ्तगू लतीफे के रूप में सामने आई। यह लतीफा पश्चिम पंजाब की सरल पोठोहारी पंजाबी बोली में है। लतीफा इस प्रकार है—

"ओए कल्लू, पाकस्तान बण गिआ"

"ओ कद बणैया ?"

"ओए कल ही बण गिआ।"

"मैंनूँ तां पता ही नइ लगेआ।"

"हुण (अब) ते पता लग गिआ न ?"

"हाँ, लग गिआ। ते फिर हुण की होसी ?"

"हुण मुसलमाणां दा राज शुरू हो जासी।"

"ओ जनाब, मुसलमाणां दा राज ते पहले वी सी, सिक्खां दा राज वी सी, ते नवीं गल (बात) की होई ?"

"ओए, नवीं गल ऐ होई के इस मुल्क दा नां हो गिआ पाकस्तान, यानी पाक जगा।"

"तां की (तो क्या) ? पहले ऐ जगा पाक नईं सी ? सदियाँ तों साडे वडे-वडेरे इत्थे रहदें आएन।"

"ओए, फालतू बहस नईं कर। लै गुड़ दी डली, ते मुँह मिठा कर। बोल पाकस्तान पाइंदाबाद"

"पाइंदाबाद ? जनाब ऐ किस शहर दा नां है ? हैदराबाद, जकोबाबाद, एबटाबाद, जलालाबाद नां ते सुणे होएन, ऐ पाइंदाबाद कोई नवां शहर है ?"

"ओए, कोई नवां शहर या नौशहरा नईं। नौशहरा ते सरहदी सूबे विच है। मतलब है कि ऐ वी

इक नारा है, जिवें (जैसे) पाकस्तान जिंदाबाद।"

"हच्छा, ऐ दस्सो (बताओ) के पाकस्तान दा असल मतलब की है?"

"ला इल्लाह, इल्लिल्लाह, मुहम्मद रसूल लिल्लाह"

कहते हुए मौलवी साहब चल दिए।

पाकिस्तान जो बन गया!

यह चुटकुला पाकिस्तान बनने से पहले शुरू होता है और पाकिस्तान बन जाने के बाद इसका 'दि एंड' होता है। कुछ मुसलिम लीगी छुटभैये नेता पाकिस्तान का प्रचार करने और पाकिस्तान के सब्जबाग दिखाने के लिए पंजाब के एक गाँव में गए। गाँव के लोगों ने पाकिस्तान की माँग पर विचार करने के बजाय अपने मसले इन लीडरों के सामने पेश करने शुरू कर दिए। मसलों की सुनवाई करने के बजाय गाँव के लोगों को कहा गया कि वे पहले पाकिस्तान की माँग का समर्थन करें। पाकिस्तान बन जाने पर मसले हल हो जाएँगे। वहीं एक ने कहा—

"मेरी लड़की कँवारी है, इसकी शादी नहीं हो पा रही है।

"पाकिस्तान बन जाने दो।"

"मेरी तनख्वाह बहुत कम है।"

"पाकिस्तान बन जाने दो।"

"मेरा बेटा बेरोजगार है।"

"पाकिस्तान बन जाने दो।"

"मगर आप करेंगे क्या··· ?"

"अरे यार, पहले पाकिस्तान तो बन जाने दो।"

और फिर बन गया पाकिस्तान! लेकिन सरहद पर मौजूद पंजाब का वह गाँव हिंदुस्तान के हिस्से में आया। उस गाँव के मुसलमान रिफ्यूजी बनकर सरहद के पार पाकिस्तान में जाकर एक गाँव में बस गए।

इत्तफाक से वही मुसलिम लीगी नेता वहाँ नजर आया। ख्वाब पूरे न होने की वजह से पाकिस्तान बनने की बाट जोहनेवाला शख्स बड़ा परेशान था। उसने नेता को पकड़कर कहा, 'सुनो, मेरी बात का जवाब दो"

"पूछो!"

"पाकिस्तान बन जाने पर भी मेरी लड़की कँवारी क्यों है?"

"पाकिस्तान जो बन गया।"

"मेरी तनख्वाह बहुत कम है, ऐसा क्यों?"

"पाकिस्तान जो बन गया।"

"मेरे बेटे को कोई रोजगार नहीं मिला।"

"पाकिस्तान जो बन गया।"

पाकिस्तान जिंदाबाद, जिंदाबाद!

सआदत हसन मंटो एक जाने-माने व्यंग्यकार और साहित्यकार थे। उन्होंने भारत-विभाजन

से कुछ पहले लिखी अपनी मशहूर कहानी 'टोबा टेक सिंह' में विभाजन की जड़ पर करारा प्रहार किया और पाकिस्तान निर्माण की प्रक्रिया पर तीखे कटाक्ष करते हुए इसे अंतार्किक बताया। मंटो ने, बकौल उनके एक बड़ी गलती की कि पाकिस्तान चले गए, जहाँ पाकिस्तान सरकार ने उन पर मुकदमा चलाया। उनका आखिरी वक्त बड़े दर्दनाक माहौल में कटा। उन्होंने अपने एक व्यंग्य लेख में पाकिस्तान के लिए उठने वाले जुनून का भांडा फोड़ा। लेख के कुछ अंश इस प्रकार हैं—

पाकिस्तान तो पहले का ही देखा-भाला था, लेकिन जब से 'जिंदाबाद' हुआ, वह कल देखा, बिजली के खंभे पर देखा, परनाले में देखा, छज्जे पर देखा, हर जगह देखा और जहाँ न देखा, वहाँ देखने की हसरत लिये घर लौटा।

'पाकिस्तान जिंदाबाद' यह लकड़ियों का टाल है। यहाँ ताले मरम्मत किए जाते हैं—'पाकिस्तान जिंदाबाद।' अल-हमद-उल-इल्ला की यह दुकान सैयद अनवर हुसैन मुहाजिर जालंधरी के नाम एलॉट हो गई है—'पाकिस्तान जिंदाबाद।' एक मकान के बाहर यह भी लिखा देखा—'पाकिस्तान जिंदाबाद।' यह घर एक पारसी भाई का है। कोई साहब इसे एलॉट न करा लीजिएगा। 'पाकिस्तान जिंदाबाद।' सुबह का वक्त था और अजब बहार थी। करीब-करीब सारी दुकानें बंद थीं, केवल एक हलवाई की दुकान को छोड़कर। मैंने सोचा, चलो लस्सी ही पी लें। दुकान की तरफ बढ़ा, तो क्या देखता हूँ कि बिजली का पंखा तो चल रहा है, लेकिन उसका मुँह दूसरी तरफ है। मैंने हलवाई से कहा, "यह उलटे रुख में पंखा चलाने का क्या मतलब है ?" उसने घूर कर मुझे देखा और कहा, "देखते नहीं हो ?" मैने देखा, पंखे का रुख कायदे आजम मुहम्मद अली जिन्ना की रंगीन तसवीर की तरफ था, जो दीवार पर लगी हुई थी। मैंने जोर का नारा लगाया, 'पाकिस्तान जिंदाबाद' और लस्सी पिए बगैर आगे चल दिया।

जहन्नुम का टेलीफोन कॉल!

पाकिस्तानी अवाम ने जनरल जिया के शासनकाल में दमनकारी नीतियों से तंग आकर अपनी भड़ास निकालने के लिए कई दिलचस्प चुटकुले बनाते हुए अपनी व्यंग्य-चेतना का प्रदर्शन किया। जनरल जिया ने जुल्फिकार अली भुट्टो का तख्ता पलटने के बाद उन पर कत्ल का मुकदमा चलाकर उन्हें फाँसी पर लटका दिया था। इसलिए कुछ चुटकुलों के पात्र जिया व भुट्टो, दोनों थे। ऐसा एक दिलचस्प चुटकुला इस प्रकार है।

जनरल जिया ने अपनी भारत यात्रा के दौरान यह जानने के लिए भुट्टो से टेलीफोन संपर्क करने का निर्णय किया कि वह जहाँ कहीं भी है, कैसा है ? उन्होंने भारतीय टेलीफोन विभाग को लंबी दूरी का फोन लगाने को कहा। विभाग ने बिना किसी दिक्कत के दूसरी दुनिया में भुट्टो से संपर्क साध लिया। जिया ने भुट्टो के साथ संक्षेप में तीन मिनट बात की। भुट्टो ने जिया को बताया कि वहाँ उसकी देखभाल रावलपिंडी जेल की बनिस्बत काफी बेहतर ढंग से की जा रही है। जनरल जिया को लंबी दूरी की इस टेलीफोन वार्ता का 300 रुपए का बिल दिया गया। यह स्वाभाविक था, क्योंकि जहन्नुम हिंदुस्तान से काफी दूरी पर है।

जनरल जिया ने पाकिस्तान लौटकर फैसला किया कि मरहूम भुट्टो से एक गुफ्तगू और कर ली जाए। पाकिस्तान के टेलीफोन विभाग ने भारतीय टेलीफोन विभाग से गुर सीख लिया था। विभाग ने फौरन भुट्टो का नंबर मिला दिया। जिया ने इस बार कोई आधे घंटे तक भुट्टो से बात

की। बात करने के बाद उन्होंने पाकिस्तानी टेलीफोन विभाग से बिल माँगा। बिल केवल 30 रुपए था। जनरल जिया इससे बहुत प्रभावित हुए, लेकिन उन्होंने अपने टेलीफोन महकमे से यह जानना चाहा कि हिंदुस्तान से की गई तीन मिनट की बात के 300 रुपए लगे, तब पाकिस्तान से आधे घंटे की बात के सिर्फ 30 रुपए ही क्यों लगे? पाकिस्तानी महकमे के अफसर ने जवाब दिया, "सर, पाकिस्तान में जहन्नुम के लिए लोकल रेट चार्ज होता है।"

अल्लाह मियाँ भी पंजाबियों का!

बेनजीर के पहले शासनकाल में पाकिस्तान से लौटकर वरिष्ठ पत्रकार खुशवंत सिंह ने एक दिलचस्प चुटकुला सुनाया, जिसे बाद में उन्होंने 'संडे मेल' में प्रकाशित कराया।

राष्ट्रपति गुलाम इसहाक खान और प्रधानमंत्री बेनजीर भुट्टो के बीच सत्ताधिकार जताने के लिए रस्साकशी चल रही थी। सेना के अधिकारी बड़े गौर से इसे देख रहे थे। पाकिस्तान का सबसे अधिक आबादीवाला प्रांत पंजाब मुख्यमंत्री नवाज शरीफ के नेतृत्व में सिंधी प्रधानमंत्री की खुली अवज्ञा कर रहा था। पाकिस्तान के इतिहास में पहली बार सत्ता के केंद्र पंजाब से खिसकने की नौबत आई थी। जुल्फिकार अली भुट्टो के कार्यकाल में भी सत्ता का केंद्र पंजाब ही था। पंजाबियों को यह कभी रास नहीं आया कि सत्ता की बागडोर गैर-पंजाबियों के हाथ में चली जाए। उन दिनों जो एक चुटकुला बहुत लोकप्रिय हुआ, वह इस प्रकार था—

एक मुहाजिर (देश विभाजन के समय भारत से जाकर पाकिस्तान में बस जानेवाले मुसलमान) किसी तरह जन्नत में पहुँच गया। उसने फौरन अल्लाह मियाँ का ध्यान अपनी खस्ता हालत की ओर खींचने की कोशिश की और इंसाफ के लिए फरियाद की। उसने कहा कि पाकिस्तान में मेरे साथ निहायत बुरा सलूक किया गया। पहले पंजाबियों ने हम गरीब मुहाजिरों पर धौंस जमाई, फिर सिंधियों ने हमें यह एहसास कराया कि पाकिस्तान में हमारी कोई जरूरत नहीं है। अब पठान मुजाहिद्दीन हमें हमारे कारोबार से ढकेल रहे हैं। एक बार फिर ये पंजाबी हमारे खून के प्यासे हो रहे हैं। ये निहायत बदतमीज हैं। ये सभी रोजगार अपने पास रखना चाहते हैं। हम जब प्रोटेस्ट करते हैं, तो वे हमें गोली से उड़ा देते हैं। हम जाएँ तो जाएँ कहाँ? मैं आपके पास एक शहीद के रूप में आया हूँ। मुझे जन्नत में जगह मिलनी चाहिए। मैं चाहता हूँ कि आप इन जालिम, नास्तिक पंजाबियों को सजा दें।'

अल्लाह मियां ने मुहाजिर की गुजारिश पर गौर किया और फिर अपने फरिश्ता-सेक्रेटरी को ठेठ पंजाबी में कहा, 'ओए, इस बंदे दीयां फाइलां तां ल्याईं' (अरे, इस आदमी की फाइलें तो ले आओ)।

अमर रहे कश्मीर मसला

कश्मीर पाकिस्तान की एक सनक बन चुका है। पाकिस्तान की स्थापना के समय से यह उसकी राजनीति का केंद्र-बिंदु बना हुआ है। अनेक विवेकशील पाकिस्तानी भी यह महसूस करते हैं कि पाकिस्तान को कश्मीर नहीं चाहिए, कश्मीर का मुद्दा चाहिए। यह चुटकुला खुद पाकिस्तान के एक अखबारनवीस ने सुनाया था। उसने बड़े विनोदपूर्वक कहा था, "पाकिस्तान को कश्मीर मिलना ही चाहिए।"

"क्यों ?"

"इसकी वजह यह है कि कश्मीर पाकिस्तानी लीडरों के जज्बात का सवाल है।"

"क्या वे कश्मीर से कोई लगाव रखते हैं ?"

"हाँ, उनके जज्बात कश्मीर में सिमटे हुए हैं।"

"मगर क्यों ?"

"इसलिए कि वे कश्मीर के बारे में कोई फैसला नहीं चाहते।"

"यह क्या बात है ?"

"पाकिस्तान के अवाम को उनकी हुकूमत से महरूम रखने के लिए, उनके अख्तियार छीनने के लिए यह जरूरी है कि कश्मीर का मसला अड़ा रहे और वे उसका नारा बुलंद करते रहें।"

"लेकिन…"

"जब-जब उनसे कहा जाएगा कि कश्मीर के बारे में कोई फैसला करके उसे निपटा दें, तो वे कोई नई बात कह देंगे, कर देंगे, क्योंकि कश्मीर का मसला, हिंदुस्तान का खौफ, वे ऐसी एक मिसाल के तौर पर रखना चाहते हैं कि पाकिस्तान के अवाम को उसमें उलझाए रखा जा सके।"

□

79

...ताकि सनद रहे

काश! मैं मुस्तफा कमाल होता तो भारत की समस्या बड़ी आसानी से सुलझा देता। अफसोस मैं वह नहीं हूँ।

—मुहम्मद अली जिन्ना

(मुसलिम लीग की एक कॉन्फ्रेंस में, 27 अक्तूबर, 1937)

जिहादी दीन-धर्म के प्रचारक या मिशनरी नहीं हैं, वे अल्लाह के जांबाज सिपाही हैं।

—मौलाना सैयद अबुल अल मदूदी

(संस्थापक जमात-ए-इसलामी, 1941)

पाकिस्तान एक इसलामिक स्टेट होगा और पाकिस्तान की पहचान और संविधान बनाने में कुरान और शरीयत प्रामाणिक स्रोत होंगे।

—मुहम्मद अली जिन्ना

(विभिन्न मौकों पर भाषण, 1945-46)

आपको पाकिस्तान चाहिए या नहीं? (अल्लाह-हो-अकबर का शोर) ठीक है, अगर आपको पाकिस्तान चाहिए तो मुसलिम लीग के उम्मीदवारों को वोट दो। अगर आज हम अपना फर्ज अदा करने से चूक गए तो आपकी हैसियत घटकर शूद्रों के बराबर हो जाएगी और हिंदुस्तान से इसलाम का खात्मा हो जाएगा। मैं मुसलमानों को हिंदुओं का गुलाम नहीं होने दूँगा (अल्लाह-हो-अकबर का शोर)।

—मुहम्मद अली जिन्ना

(1945-46 के संविधान सभा चुनाव में मुसलिम-बहुल इलाकों में तकरीरें)

अगर मुसलमानों की अलग राज्य की माँग को मंजूर नहीं किया गया तो खून की ऐसी नदियाँ बहेंगी कि हलाकू के जुल्मी कारनामे भी उसके सामने फीके पड़ जाएँगे।

—फिरोज खान नून

(मुसलिम लीग नेता, 10 अप्रैल, 1946)

अब हम संवैधानिक उपायों को विदा कहते हैं, हम सब दलीलें चूक गए हैं। आज हमने एक पिस्तौल बना डाली है और उसे इस्तेमाल करने की स्थिति में हैं।

—मुहम्मद अली जिन्ना

(मुसलिम लीग की कार्यसमिति की बैठक में घोषणा, 27 जुलाई, 1946)

खून-खराबे और फसाद का सहारा अगर किसी अच्छे मकसद के लिए लिया जाए तो यह अपने आप में कोई गैर जरूरी बुराई नहीं है।

—हसन शाहिद सुहरावर्दी

('द स्टेट्समैन' में छद्म नाम से लेख, जुलाई 1947)

यह देश इसलाम की प्रैक्टिकल प्रयोगशाला के तौर पर काम करेगा।

—लियाकत अली खान

(अगस्त 1947)

कश्मीर एक पके हुए फल की तरह हमारी झोली में आ गिरेगा।

—मुहम्मद अली जिन्ना

(अगस्त 1947)

जिन्ना, तेरा बेड़ा गर्क हो। हाय, हम लुट गए, पिट गए।

—पूर्वी पंजाब की मुसलिम शरणार्थी औरतों का प्रोटेस्ट

(वाल्टन रिफ्यूजी कैंप, लाहौर में, 6 नवंबर, 1947)

पाकिस्तान इसलामिक स्टेट नहीं, मुसलिम स्टेट है। इसलामिक स्टेट का अर्थ है—कुरान के नियम-कायदों के मुताबिक शासन, जबकि मुसलिम स्टेट का अर्थ है—ऐसा राज्य, जिसमें मुसलमानों का बहुमत है और उन पर हुकूमत की जिम्मेवारी है।

—मुहम्मद अली जिन्ना

(कराची में भारत के प्रथम हाई कमिश्नर श्रीप्रकाश से वार्तालाप, 1947)

पाकिस्तान कायम हो गया है और अब दुनिया की कोई ताकत इसके टुकड़े नहीं कर सकती।

—मुहम्मद अली जिन्ना, *(1948 में)*

हम पाकिस्तान को मिटाना नहीं चाहते। अगर मिटाना होता तो हम बनने ही नहीं देते, किंतु सवाल यह है कि देश का बँटवारा होने के बाद खंडित भारत में रहने का फैसला लेनेवाले भारतीय मुसलमानों के मन में एक पराए देश पाकिस्तान के भविष्य के लिए चिंता क्यों है ?

—जवाहरलाल नेहरू

(24 जनवरी, 1948 को अलीगढ़ मुसलिम यूनिवर्सिटी में दीक्षांत भाषण)

पाकिस्तान अंग्रेजों ने इसलिए बनाया कि जिंदगी भर के लिए हिंदू-मुसलमानों में दंगे होते रहें।

—खान अब्दुल गफ्फार खान *(आत्मकथा में)*

लड़ाई के वक्त पाकिस्तान अकेला नहीं रहेगा। एशिया का सबसे ताकतवर मुल्क हमारी मदद करेगा।

—जुल्फिकार अली भुट्टो

(पाकी विदेश मंत्री, नेशनल असेंबली में भाषण, 17 जुलाई, 1963)

हमारा झगड़ा पाकिस्तान की जनता के साथ नहीं है। हम चाहते हैं कि पाकिस्तान की जनता सुखी-समृद्ध रहे, इसलिए पाकिस्तान की जनता के साथ हम शांति और मैत्रीपूर्ण संबंध रखना चाहते हैं। हम सिर्फ इस हुकूमत या सरकार के खिलाफ हैं, जो स्वतंत्रता, जनतंत्र और शांति में विश्वास नहीं करती।

—प्रधानमंत्री लालबहादुर शास्त्री

(राष्ट्र के नाम संबोधन, 3 सितंबर, 1965)

पाकिस्तानी फौजें टहलते हुए दिल्ली पहुँच जाएँगी।

—जनरल अयूब खान, *(सितंबर 1965)*

हमने सोचा कि चलो, हम लाहौर की ओर थोड़ा टहल आएँ।

—लालबहादुर शास्त्री, *(सितंबर 1965)*

मेरा मुल्क भारत के खुल्लमखुला हमले के खिलाफ, अगर जरूरत पड़ी तो 1,000 साल की जंग लड़ेगा।

—जुल्फिकार अली भुट्टो

(यू.एन. सुरक्षा परिषद् में, सितंबर 1965)

अगर भारत ने बम बनाया, तो हम घास खा लेंगे, भूखे रह जाएँगे, लेकिन अपना बम बनाकर रहेंगे।

—जुल्फिकार अली भुट्टो

('मैनचेस्टर गार्डियन' का समाचार 1965)

आजादी किसे मिली? हिंदुस्तान के लोगों को और पंजाब के मुसलमानों को। पठान और दूसरे लोगों को तो गुलामी ही मिली।

—खान अब्दुल गफ्फार खान

(काबुल में इंटरव्यू 1969)

अगर मेरी पार्टी चुनाव जीत गई तो हम 24 घंटे में कश्मीर को हिंदुस्तान से आजाद करा लेंगे।

—जुल्फिकार अली भुट्टो

(1970 के आम चुनाव में वायदा)

भारत का विभाजन जितना अस्वाभाविक था, पाकिस्तान का विभाजन उतना ही स्वाभाविक है।

—अटल बिहारी वाजपेयी

(जनसंघ अधिवेशन, उदयपुर, 4 जुलाई, 1971)

यदि भारत ने पूर्वी पाकिस्तान की धरती पर पैर रखने की जुर्रत की तो हम दिल्ली को रौंद डालेंगे।

—जुल्फिकार अली भुट्टो *(1971)*

मैं हिंदुस्तानी फौज का डटकर मुकाबला करूँगा या तो आप मेरी लाश देखेंगे या जिंदा हालत में आगे बढ़ते हुए।

—लेफ्टिनेंट जनरल नियाजी

(12 दिसंबर, 1971 ढाका में विदेशी पत्रकारों से वार्ता)

पिंडीवाले हरामजादे ने मरवा दिया।

—लेफ्टिनेंट जनरल नियाजी

(पूर्वी पाकिस्तान में सरेंडर से तुरंत पहले 16 दिसंबर, 1971)

इंशा अल्लाह, हम भारत से बदला लेंगे। हम एशिया की सबसे बेहतरीन फौज खड़ी करेंगे। हम बदला लेकर ही रहेंगे। हमने एक मोर्चा हारा है, पूरी जंग नहीं।

—जनरल याह्या खान

(पाकिस्तान की पराजय के बाद रेडियो पर भाषण दिसंबर 1971)

तुम मुहाजिर लोग हिंदुस्तान छोड़ चुके हो। आपको अब सिर्फ एक ही जगह पनाह मिल सकती है—वह है अरब सागर।

—गुलाम मुहम्मद सैयद, *(सिंधी नेता, 1972)*

पाकिस्तान इजराइल की तरह है। इजराइल से यहूदियत को हटा दीजिए तो वह ताश के पत्तों की तरह धराशायी हो जाएगा। पाकिस्तान से इसलाम को हटा दीजिए और इसे एक सेक्यूलर राज्य बना दीजिए, तो यह धराशायी हो जाएगा।

—जनरल जिया *(1978)*

1971 में बांग्लादेश की मुक्ति के बाद भारत यदि न रुकता तो, पाकिस्तान सिकुड़कर उसका 'दास राज्य' बन गया होता।

—हेनरी किसिंगर, पूर्व विदेश मंत्री, अमेरिका

(अपनी पुस्तक 'व्हाइट हाउस इयर्स' में)

भुट्टो परले दर्जे का ठग और बेईमान था।

—जनरल जिया *(अप्रैल 1975)*

इंदिरा गांधी ने ब्रिटेन की प्रधानमंत्री मारग्रेट थैचर को कहा था—"आप मुझे बताइए कि कभी पाकिस्तान की एक भी गोली भारत को छोड़कर किसी अन्य दिशा में चली ?"

—प्रणब मुखर्जी

(विदेश मंत्री, भारतीय संसद् में भाषण, 1983)

पाकिस्तान पंजाबी मुसलिम सरमायादारों और फौजी जनरलों की कॉलोनी है।

—खान अब्दुल गफ्फार खान

(काबुल में वक्तव्य, फरवरी 1986)

पाकिस्तान का इसलाम कुरान का इसलाम नहीं है। यह मुकम्मल तौर पर सियासी है। यह उपनिवेशवादी और साम्राज्यवादी छाप का इसलाम है, जिसे अंग्रेजों ने सोवियत रूस के हमले के खौफ का मुकाबला करने के लिए गढ़ा।

—खान वली खान

('फैक्टस आर फैक्टस' पुस्तक में, 1987)

हमारा और मुहाजिरों का खून अलग है।

—बेनजीर भुट्टो

(कराची में मुहाजिरों के आंदोलन के दौरान बयान)

पाकिस्तान प्रकृति की विडंबना है। यह दुनिया के नक्शे पर उभरा हुआ एक बोगस देश है।

—गुलाम मुर्तजा सैय्यद

('जिए सिंध' आंदोलन के प्रवर्तक, नई दिल्ली में बयान (17 जुलाई, 1987)

मैं हजारों वर्ष से पख्तून रहा, 1,300 साल से मुसलमान हूँ और सिर्फ 40 साल से पाकिस्तानी हूँ।

—खान वली खान

(पख्तून नेता, 1987 में)

पाकिस्तान में फौज की वजह से ही जम्हूरियत कायम है।

—इसहाक खान

(राष्ट्रपति पाकिस्तान, 1990 में)

मैं कहता हूँ कि अमन के लिए एकाध तख्ता उलट भी जाए तो कोई बात नहीं।

—नवाज शरीफ

(प्रधानमंत्री पद के पहले कार्यकाल में भारतीय पत्रकारों से वार्तालाप)

बेनजीर भुट्टो अगर अपनी ही माँ (नुसरत) पर गोली चलवा सकती है तो कोई उनसे मेरे अब्बा या किसी की भी इज्जत करने की उम्मीद कैसे करेगा?

—नवाज शरीफ

(नेता विपक्ष, 'इंडिया टुडे' के शेखर गुप्ता को इंटरव्यू, 30 नवंबर, 1994)

कश्मीर समस्या हल होने के बावजूद भारत के साथ छिटपुट लड़ाई जारी रहेगी।

—जनरल परवेज मुशर्रफ

(सेना प्रमुख, अप्रैल 1999)

भारतीय उपमहाद्वीप का विभाजन एक गंभीर गलती थी।

—अल्ताफ हुसैन

(आत्मनिर्वासित मुहाजिर नेता, लंदन में, वर्ष 2000)

हमारा पहला निशाना है अमेरिका, इसके बाद भारत और इजराइल को निशाना बनाएँगे।

—ओसामा-बिन-लादेन

(अमेरिका पर 9/11 के हमले के बाद 'अल जजीरा' चैनल से 9 नवंबर, 2001 को प्रसारित वीडियो टेप)

जिहाद आतंकवाद नहीं है।

—जनरल परवेज मुशर्रफ

(सेना प्रमुख व राष्ट्रपति, मार्च 2003)

बंदूक से कोई मसला हल नहीं हो सकता, लेकिन भाईचारे से हो सकता है।

—प्रधानमंत्री अटल बिहारी वाजपेयी

(श्रीनगर में भाषण, 18 अप्रैल, 2003)

कश्मीर हर पाकिस्तानी के दिल में बसता है।

—जनरल मुशर्रफ

(राष्ट्र के नाम संबोधन, 27 मई, 2002)

कश्मीर में लड़ने के लिए ट्रेनिंग देकर तैयार किए गए प्रत्येक 10 लड़ाकों में से एक कश्मीर चला जाता है, बाकी पाकिस्तान में रह कर परेशानी पैदा करते हैं।

—सरताज अजीज

(पाकी प्रधानमंत्री के विदेशी मामलों के सलाहकार 2006)

पाकिस्तान के कुछ फौजी ऐसे भी हैं, जो संविधान और कानून के प्रति समर्पित हैं। बाकी को तो मैं फौजी ही नहीं मानता। ये तो बदमाश और गुंडागर्दी करनेवाले लोग हैं।

—नवाज शरीफ

(पूर्व प्रधानमंत्री, पाकिस्तानी पत्रकार सुहैल बड़ाएच को इंटरव्यू,
'गद्दार कौन' पुस्तक में प्रकाशित, 2006)

राष्ट्रपति रहते मैंने भारत को मजबूर करने के इरादे से लश्कर जैसे आतंकवादी संगठनों का इस्तेमाल किया। कश्मीर में आतंकवाद को बढ़ावा दिया।

—जनरल मुशर्रफ, *(वर्ष 2007)*

मेरा मानना है कि पाकिस्तान के लिए भारत कभी खतरा नहीं रहा। मेरे मुल्क की मौजूदा लोकतांत्रिक सरकार भारत के बढ़ते अंतरराष्ट्रीय रसूख से बिल्कुल भी विचलित नहीं है।

—आसिफ अली जरदारी

(राष्ट्रपति पाकिस्तान, 'वाल स्ट्रीट जर्नल' को इंटरव्यू, अक्तूबर 2008)

इसलाम अभिव्यक्ति की स्वतंत्रता में भरपूर विश्वास करता है। मैं इस संदर्भ में कहना चाहूँगा कि भारत का सेक्यूलर कानून पाकिस्तान के तथाकथित इसलामी कानून के मुकाबले ज्यादा 'इसलामी' है।

—वहीदुद्दीन खान

(इसलामी आध्यात्मिक भारतीय विद्वान् 'इंडिया टुडे', 26 जनवरी, 2011)

पाकिस्तान पीपुल्स पार्टी भारत से पूरा-का-पूरा कश्मीर हासिल करेगी। वह उसका एक इंच भी नहीं छोड़ेगी।

—बिलावल भुट्टो, *(पी.पी.पी. प्रमुख, सितंबर 2014)*

पाकिस्तान को कश्मीर में जद्दोजहद कर रहे लोगों को उकसाने की जरूरत है। पाकिस्तानी फौज के अलावा हमारे पास कश्मीर के अंदर कई जरिए हैं। हमें बस वहाँ के लोगों को उकसाने की जरूरत है। एक बार ऐसा हो जाता है तो पाकिस्तान के लाखों वालंटियर्स कश्मीर के समर्थन में सरहद पार करने को तैयार हैं।

—जनरल मुशर्रफ

(पूर्व राष्ट्रपति, एक पाकिस्तानी टी.वी. चैनल को इंटरव्यू, अक्तूबर 2014)

हमने परमाणु बम शब-ए-बारात के लिए नहीं बनाए हैं। भारत पाकिस्तान को दबाने के कोशिश नहीं करे। पाकिस्तान ने चूड़ियाँ नहीं पहन रखी हैं।

—जनरल मुशर्रफ

(पूर्व राष्ट्रपति सैनिक शासक, 11 जून, 2015)

मैं मानता हूँ कि 1999 का पूरा कारगिल हमला भारत की पीठ में खंजर घोंपने जैसा था, जैसाकि वाजपेयी ने मुझे कहा था। उन्होंने बिल्कुल ठीक कहा था। उनकी जगह मैं होता तो यही कहता। बेशक उन्हें धोखा दिया गया था।

—नवाज शरीफ

(प्रधानमंत्री मुजफ्फराबाद (पी.ओ.के.) में
एक रैली को संबोधित करते हुए, 17 फरवरी, 2016)

हमारे देश ने मूर्खतावश पाकिस्तान को 15 वर्षों में 330 अरब डॉलर की सहायता की, लेकिन बदले में अमेरिका को कुछ नहीं मिला। अमेरिका को झूठ और मक्कारी के अलावा कुछ नहीं मिला।

—अमेरिकी राष्ट्रपति डोनाल्ड ट्रंप

(जनवरी 2018)

अमेरिका का पाकिस्तान से व्यवहार हमेशा एक दगाबाज दोस्त का रहा है।

—ख्वाजा आसिफ

(विदेश मंत्री पाकिस्तान, 6 जनवरी, 2018, सैन्य सहायता रोके जाने पर।

26/11 हमले की साजिश पाकिस्तान में रची गई और इसे 'नॉन स्टेट एक्टरों' ने अंजाम दिया। आखिर पाकिस्तान किसी को कैसे इजाजत दे सकता है कि उसकी जमीन का इस्तेमाल करके मुंबई में 166 लोगों की जान ले ले?

—नवाज शरीफ, पूर्व प्रधानमंत्री

(अंग्रेजी दैनिक 'डॉन' को दिया गया इंटरव्यू, मई 2018)

पाकिस्तानी फौज को जूता पॉलिश करनेवाला वजीरे आजम चाहिए और ठीक इस वक्त इमरान खान से बेहतर जूता पॉलिश करनेवाला और कोई नहीं है।

—रेहम खान

(इमरान खान की पूर्व पत्नी 'टाइम्स ऑफ इंडिया' को इंटरव्यू 29 जुलाई, 2018)

नरेंद्र मोदी—एक बड़े ओहदे पर बैठा एक छोटा आदमी।

—इमरान खान

(पाक प्रधानमंत्री, सितंबर 2018)

बीजेपी नाजी पार्टी की तरह है और इसका लीडर हिटलर की तरह है।

—इमरान खान

(पाक प्रधानमंत्री, सितंबर 2018)

अगर भारत ने पाकिस्तान पर हमला किया तो पाकिस्तान को भारत पर परमाणु बम गिराने में देर नहीं लगेगी। हम मंदिरों की घंटियाँ बंद करवा देंगे।

—शेख अहमद राशिद

(पाक रेलवे मंत्री, मार्च 2019)

भारत को पाकिस्तान से नहीं, पर 'टेररिस्तान' से बात करने में समस्या है। पाकिस्तान ने कश्मीर मुद्दे से निपटने के लिए एक पूरे के पूरे आतंकी उद्योग का निर्माण किया हुआ है।

—एस. जयशंकर

विदेश मंत्री, भारत (न्यूयार्क में एशिया सोसाइटी को संबोधन, 25 सितंबर, 2019)

अमेरिका के नेतृत्व में आतंकवाद के खिलाफ लड़ाई में शामिल होना पाकिस्तान के इतिहास की सबसे बड़ी गलती थी।

—इमरान खान

(पाकी प्रधानमंत्री न्यूयार्क में, 24 सितंबर, 2019)

कश्मीर के लिए पाकिस्तानी फौज किसी भी हद तक जा सकती है।

—जनरल कमर जावेद बाजवा

(पाकिस्तानी सेना प्रमुख, मार्च 2020)

सुरक्षा परिषद् से मेरी अपील है कि वह जम्मू-कश्मीर में संयुक्त राष्ट्र की सेना भेजकर वहाँ हस्तक्षेप करे।

—इमरान खान

(पाकिस्तानी प्रधानमंत्री, संयुक्त राष्ट्र महासभा में भाषण, 21 सितंबर, 2020)

पाकिस्तान वही देश है, जो खूँखार और घोषित आतंकियों को सरकारी खजाने से पेंशन दे रहा है। जिस नेता को आज आपने सुना, यह वही हैं, जिन्होंने आतंकी सरगना ओसामा बिन लादेन को जुलाई में पाकिस्तानी संसद् में 'शहीद' कहा था।

—मिजितो विनितो

(यू.एन. में भारत के स्थायी मिशन के सचिव, 21 सितंबर, 2020)

परेशानी यह है कि पाकिस्तान के वसीलों पर रसूखदारों ने कब्जा कर लिया है। मुल्क की तरक्की नहीं होने की बड़ी वजह है—कानून के राज की गैर मौजूदगी। इसीलिए पाकिस्तान उस

ऊँचाई पर नहीं पहुँच पाया है, जहाँ उसे होना चाहिए।

—इमरान खान

(प्रधानमंत्री, अमेरिकी मुसलिम स्कॉलर शेख हमजा यूसुफ को इंटरव्यू 30 नवंबर, 2021)

पाकिस्तान हाथ में भीख का कटोरा लेकर एक बार फिर बड़े मुश्किल दौर से गुजर रहा है।... पाकिस्तान का वजीरे आजम बनने के बाद इमरान खान ने पैसा जुटाने के हुनर का बहुत बढ़िया इस्तेमाल किया है और इसलिए वह कभी भी भीख का कटोरा वापस खाली लेकर नहीं लौटे हैं।

—शब्बीर चौधरी

(पाकिस्तानी राजनीतिक विशेषज्ञ, 2 सितंबर, 2022)

पाकिस्तान के रोचक प्रसंग, विचित्र प्रसंग

पाकिस्तानी फिल्म अभिनेत्री के हसीन सपने

1965 के भारत-पाक युद्ध में संघर्ष-विराम के महीनों बाद भी पाकिस्तान में भारत के विरुद्ध जिहाद का जुनून जारी रहा। जुलाई 1966 में पाकिस्तान की एक नौजवान फिल्म अभिनेत्री शम्मी ने, जिसे पाकिस्तान में 'मलिका-ए-हुसन' कहा जाता था, ऐलान किया कि "मैं उस फौजी जवान से शादी करूँगी, जो सबसे पहले कश्मीर में पाकिस्तान का झंडा गाड़ेगा।"

इस पर टिप्पणी करते हुए एक भारतीय समाचार-पत्र ने अपने व्यंग्य कॉलम में लिखा—"हमारे खयाल से इस ऐलान का मतलब यह है कि शम्मी ने जिंदगी भर ब्रह्मचारी रहने की कसम खाई है, यानी कम-से-कम वह सरकारी तौर पर कोई शादी नहीं करेगी। गैर-सरकारी शादियों की बात दूसरी है, क्योंकि न कोई पाकिस्तानी फौजी जवान कश्मीर में पाकिस्तान का झंडा गाड़ सकेगा और न उससे शादी करने का पुण्य कमा सकेगा। न नौ मन तेल होगा न राधा नाचेगी।"

रेडियो पाकिस्तान का कमाल

दिलचस्प बात यह है कि कश्मीर में सबसे पहले पाकिस्तानी झंडा गाड़ने वाले फौजी जवान से शादी करने का पाकिस्तानी अभिनेत्री का ऐलान रेडियो पाकिस्तान के लाहौर स्टूडियो से प्रसारित किया गया। भारत में लोग हैरान थे कि कोई रेडियो स्टेशन, जिस पर सरकार का कंट्रोल हो, इस प्रकार का मूर्खतापूर्ण और बेहूदा प्रौपेगैंडा भी कर सकता है। 'लक्स' और 'रेक्सोना' साबुन के विज्ञापनों पर फिल्म अभिनेत्रियों के ये संदेश लोग जरूर पढ़ते-सुनते रहते हैं कि मेरे रूप के निखार का रहस्य 'लक्स' की झाग में है। सौंदर्य प्रसाधन की वस्तुओं की इश्तहारबाजी के लिए अभिनेत्रियों का प्रयोग अवश्य किया जाता रहा है, परंतु यह गौरव शायद पहली बार रेडियो पाकिस्तान को प्राप्त हुआ कि उसने कश्मीर प्राप्त करने के लिए शम्मी के सौंदर्य को एक साधन बनाया।

'पहले भी गुलाम थे, आज भी हैं'

पाकिस्तान के अंदरूनी हालात के बारे में एक चर्चित किस्सा है, जो अपने आप में बहुत कुछ बयान कर देता है। किस्सा पाकिस्तान बनने के 40 साल बाद का है, लेकिन इसकी प्रासंगिकता आज भी कम नहीं हुई है।

बात नवंबर 1987 की है। पाकिस्तान के एक सीनेटर शाहजादा बुरहानुद्दीन की एक अन्य सीनेटर हसन ए. शेख से संसद् की लॉबी में झड़प हो गई। शाहजादा बुरहानुद्दीन ने कहा, "पाकिस्तान मुसलिम लीग की जद्दोजहद की वजह से वजूद में नहीं आया। अंग्रेजों ने इस मुल्क को अपने मकसद के लिए कायम किया है।" पाकिस्तान के प्रमुख उर्दू दैनिक 'जंग' के अनुसार शाहजादा बुरहानुद्दीन ने यह भी कहा कि भारतीय उपमहाद्वीप की आजादी के लिए सुभाषचंद्र बोस ने बहुत संघर्ष किया था। इस मुल्क (पाकिस्तान) के लिए मुसलिम लीग ने कोई संघर्ष नहीं किया था। 'मुसलिम लीग का एक भी लीडर पाकिस्तान के लिए जेल नहीं गया।'

दैनिक 'जंग' के अनुसार, इस झड़प के दौरान हसन ए. शेख ने शाहजादा बुरहानुद्दीन से कहा कि आपने सीनेट की कारवाई मुल्तवी किए जाने की बहस के दौरान कायदे आजम (मुहम्मद अली जिन्ना) के बारे में जो बातें कहीं हैं, वे सही नहीं हैं। कायदे आजम के बारे में गलत बातें बरदाश्त नहीं की जाएँगी। इस पर शाहजादा बुरहानुद्दीन ने कहा, "कायदे आजम उर्दू नहीं जानते थे। इसलिए उनके फरमान टेलीविजन से उसी जुबान में ब्रॉडकास्ट होने चाहिए, जिस जुबान में कायदे आजम ने कहे थे और साथ ही यह भी कहा कि मैं अपनी बात पर कायम हूँ।"

झड़प के दौरान शाहजादा बुरहानुद्दीन की टिप्पणियों पर हसन ए. शेख ने और अधिक गुस्से में आकर कहा, "आप सुभाषचंद्र बोस की जद्दोजहद को जानते हैं तो फिर उधर (हिंदुस्तान) क्यों नहीं चले जाते? इस आजाद मुल्क में क्यों रह रहे हैं?"

उनकी इस टिप्पणी के जवाब में शाहजादा ने पलटकर कहा, "आप को किसने कहा है कि हम आजाद हैं? हम पहले भी गुलाम थे और आज भी गुलाम हैं।"

पाक टी.वी. : महिलाओं की मुसकराहट पर पाबंदी

'मर्दे मोमिन' जनरल जिया के शासनकाल में शरीयत संबंधी एक अध्यादेश जारी किया गया, जिसके तहत पाकिस्तान टी.वी. पर महिलाओं के मुसकराने पर पाबंदी लगा दी गई। पहली जुलाई 1988 से लागू इस अध्यादेश में कहा गया कि अनाउंसर और न्यूज रीडर का रोल अदा करनेवाली औरतों को प्रसारण के दौरान दुपट्टे से अपना सिर ढकना होगा तथा ऐसे कपड़े पहनने होंगे, जिनसे उनके चेहरे और हाथों के अलावा पूरा शरीर ढका रहे।

पाकिस्तान की महिलाओं को यह आदेश नागवार गुजरा। कई महिला संगठनों ने इसके खिलाफ सड़कों पर प्रदर्शन किया, मगर उन्हें पुलिस की लाठियाँ खानी पड़ीं। इस आदेश से पाकिस्तान टी.वी. के अधिकारी भी नाराज थे। उनका कहना था कि इस आदेश ने विज्ञापनों से होनेवाली 60 करोड़ रुपए की आमदनी पर पानी फेर दिया है।

जनरल जिया तो इस आदेश के कोई डेढ़ माह बाद इंतिकाल फरमा गए, लेकिन यह आदेश वर्षों लागू रहा। यहाँ तक कि 1992 में प्रधानमंत्री नवाज शरीफ ने महिलाओं व अल्पसंख्यकों के प्रति भेदभाव-मूलक कानूनों को जारी रखने का ऐलान किया।

सितंबर 1992 में महिलाओं ने हाथों में तख्तियाँ लिये हुए प्रदर्शन किए, जिन पर लिखा था, 'हमें मुल्लाओं से बचाओ' और 'इसलाम अपनी ख्वाहिश से, जबरदस्ती नहीं।' धीरे-धीरे यह आदेश घिसता गया और पाक टी.वी. बुरके से बाहर हो गया।

जब दिलीप कुमार ने नवाज शरीफ को खरी-खोटी सुनाई

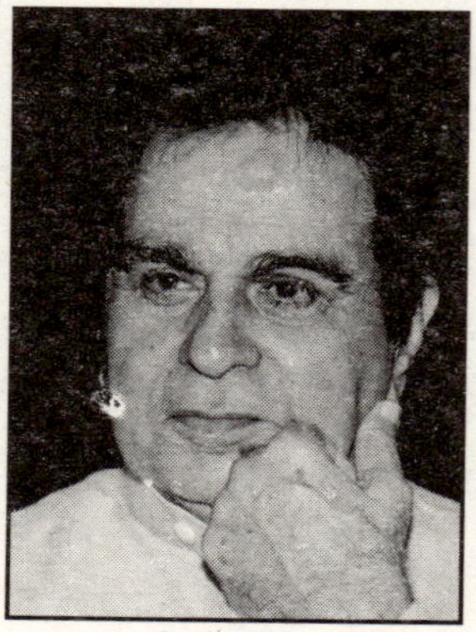

दिलीप कुमार

कारगिल युद्ध के बारे में पाकिस्तान के पूर्व विदेश मंत्री खुर्शीद कसूरी ने अपनी पुस्तक 'न गरमपंथी न नरमपंथी' (Neither A Hawk Nor A Dove) में एक दिलचस्प अंतरंग प्रसंग का उल्लेख किया है। दरअसल, अटल बिहारी वाजपेयी और एक्टर दिलीप कुमार के बीच गहरा संबंध था। उस दिन दिलीप कुमार और अटल बिहारी वाजपेयी एक साथ ही बैठे हुए थे। पुस्तक के मुताबिक, नवाज शरीफ के लिए भारत से फोन आया। दूसरी ओर अटल बिहारी वाजपेयी थे।

वाजपेयी ने नवाज शरीफ से कहा, "यह आपने क्या कर दिया?"

नवाज शरीफ ने कहा, "क्या हो गया?"

वाजपेयी ने कहा, "आपको मालूम नहीं है? मैं लाहौर गया था दोस्ती के लिए, इधर हमला कर दिया आपकी फौज ने।"

नवाज शरीफ को जवाब नहीं सूझा तो उन्होंने कहा, "आप किस बारे में बात कर रहे हैं? मैं आपकी बात आर्मी चीफ से करवाता हूँ।"

नवाज शरीफ फोन काटनेवाले थे कि तभी अटल बिहारी वाजपेयी ने उनसे कहा, "मुझे आपसे किसी की बात करवानी है।" अटल बिहारी वाजपेयी ने फोन दिलीप कुमार को पकड़ा दिया। दिलीप कुमार की बातें सुनकर नवाज शरीफ भी हैरान रह गए।

ज्ञातव्य है कि दिलीप कुमार (यूसुफ खान) मूलत: पेशावर के थे। देश विभाजन के बाद वे बंबई की फिल्मी दुनिया में ही रह गए। दिलीप कुमार ने नवाज शरीफ को खूब खरी-खोटी सुनाते हुए कहा, "साहब, आप हमेशा भारत-पाकिस्तान के बीच अमन के मुद्दे पर अडिग रहे हैं। आप ऐसा करेंगे, ऐसी उम्मीद नहीं थी। दोनों देशों के बीच तनाव के चलते भारत में मुसलमान अपने आप को असुरक्षित महसूस कर रहा है। ऐसे हालात से निपटने के लिए कुछ कीजिए।"

तीसरी बार प्रधानमंत्री बनने पर नवाज शरीफ ने पाक-अधिकृत कश्मीर के मुजफ्फराबाद में एक रैली को संबोधित करते समय 1999 के कारगिल युद्ध का उल्लेख किया और कहा, "वाजपेयी ने मुझसे कहा था कि कारगिल पर पाकिस्तान के सैनिकों ने कब्जा करने की कोशिश कर उनकी पीठ में खंजर घोंपा है। उन्होंने ठीक कहा था। उनकी जगह मैं होता तो यही कहता। यकीनी तौर पर उन्हें धोखा दिया गया था। यह हरकत एक ऐसे वक्त की गई जब मेरी कोशिश से दोनों मुल्कों के बीच रिश्तों में सुधार हो रहा था।"

पाकिस्तानी गोलाबारी से बाल-बाल बचे वाजपेयी

भारत और पाकिस्तान के बीच कारगिल संघर्ष के दौरान 13 जून, 1999 को वहाँ दौरे पर गए भारतीय प्रधानमंत्री अटल बिहारी वाजपेयी सीमा पार की गोलाबारी से बाल-बाल बच गए। कारगिल दौरे पर गए श्री वाजपेयी को पूर्व निर्धारित कार्यक्रम के अनुसार कारगिल के बारो क्षेत्र

में स्थित डिवीजनल कमिश्नर के कार्यालय में स्थानीय लोगों के प्रतिनिधियों से मिलना था। ठीक उनकी बैठक के समय पाकिस्तानी गोलाबारी ने कमिश्नर के कार्यालय को ध्वस्त कर दिया। उस समय श्री वाजपेयी मुश्किल से एक किमी. दूर हेलीपैड पर लोगों को संबोधित करते हुए कमिश्नर कार्यालय पर एक के बाद एक गिरते हुए पाँच गोलों के विस्फोट का धुआँ देख रहे थे।

श्री वाजपेयी ने कारगिल कस्बे को गोलाबारी से हुए नुकसान का स्वयं निरीक्षण करने का प्रस्ताव मानकर कमिश्नर कार्यालय जाना स्वीकार कर लिया था, लेकिन सुरक्षा सेनाओं और गुप्तचर एजेंसियों के लगातार दबाव में अंतिम क्षण बैठक स्थल बदल कर हेलीपैड के नजदीक एक तंबू में कर दिया गया।

उससे पिछली रात को कारगिल पर लगातार गोले बरसते रहे थे। श्री वाजपेयी के पहुँचने से पहले तीन और गोले कारगिल पर गिरे और 12–30 बजे दोपहर ठीक बैठक के समय पाकिस्तानी गोलाबारी ने बैठक स्थल को नेस्तनाबूद कर दिया। वहाँ मौजूद अधिकारियों ने बताया कि बारो में स्थानीय लोगों के प्रतिनिधियों को संबोधित करने का प्रधानमंत्री का जो समय नियत था, ठीक उसी समय वहाँ बम गिरे। आधिकारिक सूत्रों ने बताया कि राज्य के मुख्यमंत्री फारुक अब्दुल्ला चाहते थे कि प्रधानमंत्री इस इलाके में पाकिस्तानी बमबारी से हुए नुकसान का स्वयं जायजा लें। श्री वाजपेयी ने इसे स्वीकार भी कर लिया था, लेकिन सुरक्षा एजेंसियों के लगातार जोर देने पर इस कार्यक्रम का स्थल बदल दिया गया। पाकिस्तान की बदनीयती गोलाबारी के निशाने और उसके लिए समय-निर्धारण से उजागर हो गई।

इसके बाद तीन और विस्फोट हुए। एक विस्फोट तब हुआ, जब श्री वाजपेयी जवानों को संबोधित कर रहे थे। दूसरा विस्फोट जब वे स्थानीय लोगों से मिल रहे थे, तब हुआ और तीसरा गोला गाँव में आकर गिरा जब श्री वाजपेयी हेलीकॉप्टर की ओर बढ़ रहे थे।

राष्ट्रपति के.आर. नारायणन ने प्रधानमंत्री को हैदराबाद से भेजे संदेश में ऐन मौके पर की गई इस गोलाबारी को कायरतापूर्ण कृत्य करार देते हुए उनके निकटवर्ती क्षेत्र में दुश्मन के गोले गिरने पर गहरी चिंता व्यक्त की।

काफिर खातून लता का सम्मान : इसलाम खतरे में!

पाकिस्तान के कठमुल्ला भारतीय संस्कृति के हौवे से निरंतर भयभीत होते रहे हैं। एक किस्सा है वर्ष 1998 का। पाकिस्तान के अखबारों में भारतीय फिल्मी जगत् की महान् हस्ती प्रख्यात पार्श्व गायिका लता मंगेशकर के सामने विनम्रतापूर्वक झुकने के चित्र को लेकर लाहौर के फिल्मी तथी टी.वी. गायक सफदर जावेद चीमा के खिलाफ जहर उगलते हुए बवाल मचा दिया गया था। चीमा भारत की यात्रा पर आए थे और लता मंगेशकर के यहाँ उनसे भेंट करने पहुँचे थे। चीमा ने लता मंगेशकर के प्रति श्रद्धाभाव रखने के कारण उनके समक्ष विनम्रता से झुकते हुए उनका सम्मान किया। यह चित्र किसी भारतीय पत्रिका में छपा। बस, इसको देखते ही पाकिस्तान के कट्टरपंथी तत्त्व भड़क उठे। उन्होंने इसे पाकिस्तान के कई अखबारों-रिसालों में छपवा दिया और आरोप लगाया कि 'एक पाकिस्तानी फनकार ने एक काफिर (हिंदू) खातून (महिला) के आगे सिजदा करके उसे अल्लाहताला का दर्जा देने का गुनाह किया है।' कुछ मुल्ला-मौलवियों ने लिखा कि 'लता मंगेशकर ने भले ही हजारों गाने गाए हों, वह एक फनकार के तौर पर पाकिस्तान में हरदिल

अजीज हो, लेकिन है तो वह एक गैर-मुसलिम (काफिर) ही। अगर चीमा को औरत जात के किसी फनकार की ताजीम (सम्मान, प्रणाम) करनी ही थी, तो वह अपने वतन व कौम की तरानासाज नूरजहाँ का भी कर सकता था।' सफदर जावेद चीमा की फिल्मों के बायकॉट तक का फतवा जारी किया गया। आखिर में बेचारे चीमा को इन तत्त्वों के समक्ष यह स्पष्टीकरण देना पड़ा कि वह मुंबई में नमाज अदा कर रहे थे कि अचानक लता मंगेशकर सामने आ गईं। फोटोग्राफर ने उसी समय फोटो ले लिया। उन्होंने सिजदा नहीं किया था।

फर्जी फोन कॉल से छिड़ सकती थी जंग

मुंबई पर 26/11 (2008) के आतंकी हमले के दो दिन बाद पाकिस्तान के तत्कालीन राष्ट्रपति आसिफ अली जरदारी को किसी व्यक्ति ने भारतीय विदेश मंत्री प्रणब मुखर्जी के नाम से फोन किया और धमकी दी कि अगर उसने मुंबई हमलों के जिम्मेदार आतंकी समूहों पर लगाम नहीं लगाई तो उसके खिलाफ फौजी काररवाई की जाएगी। इससे पाकिस्तान के सत्ता के गलियारों में खलबली मच गई। जरदारी ने पाकिस्तानी फौज और खासतौर पर वायुसेना को चौकस रहने को कहा।

प्रणब मुखर्जी

समाचार एजेंसी डी.पी.ए. के अनुसार इसके बाद इसलामाबाद में गहन कूटनीतिक और सैन्य हलचल शुरू हो गई। पाकिस्तानी फौज के अचानक सक्रिय हो जाने पर भारत चकित रह गया।

पाकिस्तान ने अमेरिका की विदेश मंत्री कोंडोलीजा राइस समेत अन्य सीनियर अधिकारियों को हालात की जानकारी दी। 28 नवंबर को आधी रात के समय जब राइस ने मुखर्जी से संपर्क किया तो उन्होंने जरदारी को ऐसा कोई फोन करने से इनकार किया। अंतरराष्ट्रीय प्रयासों की बदौलत अगले दिन हालात सामान्य हो सके।

पाकिस्तान का दावा था कि जरदारी को भारत से जो कॉल मिला, उसमें कहा गया था कि विदेश मंत्री प्रणब मुखर्जी उनसे तुरंत बात करना चाहते हैं।

प्रश्न है : क्या इस तरह के कॉल की जाँच-पड़ताल की औपचारिकता निभाई गई या नहीं, लेकिन 'मुखर्जी' से जरदारी की बात तुरंत करा दी गई। पाकिस्तान प्रशासन का कहना था कि यह फोन नई दिल्ली के नंबर से आया था और शायद विदेश मंत्रालय से जुड़े किसी व्यक्ति ने फोन किया था, लेकिन भारत ने इस दावे को पूरी तरह खारिज किया। पूरी घटना से खीझे हुए मुखर्जी ने कहा, "यह चिंता की बात है कि इस तरह के फर्जी फोन कॉल के आधार पर पड़ोसी देश काररवाई करने के बारे में सोच सकता है।"

जानकार सूत्रों का कहना था कि पाकिस्तान ने अपनी झेंप मिटाने के लिए यह किस्सा गढ़ लिया कि 'यह फर्जी कॉल नहीं था। कॉलर की पहचान होने पर उसे राष्ट्रपति से फोन पर मिलवाया गया। फोन भारतीय विदेश मंत्रालय से ही आया था।'

वस्तुतः फर्जी फोन कॉल पर पाकिस्तान की अनाड़ी प्रतिक्रिया से अंतरराष्ट्रीय स्तर पर उसका मजाक उड़ गया। इससे जरदारी और पाकिस्तान की साख पर भी बट्टा लग गया।

जापान में भारत के झंडे तले पाकिस्तानी कारोबार

दुनिया भर में इसलामिक कट्टरपंथ और आतंकवाद के कारण बदनाम हो रहे पाकिस्तान के प्रवासी नागरिक जापान में अपनी पहचान एक हिंदुस्तानी के रूप में कायम कर सुकून अनुभव कर रहे हैं। जापान की राजधानी टोक्यो में बड़ी संख्या में भारतीय भोजन परोसने वाले रेस्तराँ हैं, जिनमें से 80 फीसदी से ज्यादा के मालिक कराची, इसलामाबाद, रावलपिंडी, लाहौर या मुलतान के रहनेवाले हैं, लेकिन उनके रेस्तराओं के साइनबोर्डों पर भारतीय तिरंगे ध्वज बड़ी शान से उकेरे हुए दिखाई देते हैं। कुछ ही रेस्तराँ के साइनबोर्डों पर पाकिस्तानी झंडा दिखता है और वह भी छोटा और हाशिये पर। इतना ही नहीं, अंदर भी दीवारों पर भारतीय ब्राण्डों की बीयर, सॉफ्ट ड्रिंक्स एवं अन्य उत्पादों के विज्ञापन पोस्टर लगे देखे जा सकते हैं। एक पाकिस्तानी व्यवसायी ने तो अपने रेस्तराओं की शृंखला का नाम ही 'ग्रेट इंडिया' रखा हुआ है। सिद्दीक, खाना, पोठोहार, ओल्ड देहली आदि ऐसी ही रेस्तराँ शृंखलाओं में से कुछ हैं। इन रेस्तराओं में काम करनेवालों में ज्यादातर पाकिस्तानी, बांग्लादेशी और नेपाली नागरिक हैं।

इस प्रसंग में खोजबीन करके भारतीय न्यूज एजेंसी यू.एन.आई. ने अपने एक डिस्पैच (4 अक्तूबर, 2008) में बताया कि दिल्ली के साउथ एक्सटेंशन जैसे लगनेवाले टोक्यो के इलाके शिंजूकू में पोठोहार समूह के एक रेस्तराँ में काम करनेवाले इसलामाबाद के मुहम्मद सगीर और कोलकाता के शेख करीमुद्दीन भाइयों की तरह काम करते हैं और उनके रेस्तराँ में अगर कभी कोई हिंदुस्तानी या पाकिस्तानी पहुँच जाए तो वे खूब खुश होकर बड़ी खातिरदारी करते हैं। सगीर से पूछा गया कि रेस्तराँ का मालिक पाकिस्तानी है, उसके मैनेजर की हैसियत वाले सगीर भी पाकिस्तान के हैं तो फिर रेस्तराँ पर सिर्फ भारतीय झंडा और भारत का नाम क्यों? पाकिस्तान का नाम और पहचान क्यों नहीं? इस पर वे अचकचा गए, करीम का मुँह ताकने लगे, फिर कहा कि साहब, हिंदुस्तान को दुनिया जानती है, सलाम करती है। पाकिस्तान को कौन मानता है? वहाँ के हालात आप भी जानते ही होंगे। दो मिनट रुककर वे फिर बोले, "आखिर हम अलग हैं कहाँ? बॉर्डर बँट जाने से खान-पान, रहन-सहन और बोली थोड़े ही बदल जाती है?" सगीर से पूछा गया कि क्या ऐसी उनकी निजी राय है? टोक्यो में रह रहे बाकी पाकिस्तानियों की क्या राय है? उन्होंने कहा कि न सिर्फ टोक्यो, बल्कि ओसाका, नीगाई, नागासाकी आदि शहरों में भी रहनेवाले पाकिस्तानियों की भी ऐसी ही सोच है। जापान में पीपुल्स टू पीपुल्स डिप्लोमेसी में सायि इंडिया सेंटर फाउंडेशन के प्रमुख विभषकांत उपाध्याय कहते हैं कि इस तरह की विचारधारा एक देश की जनता के मन में दूसरे देश के लोगों की छवि और आपसी व्यावसायिक हितों के कारण उत्पन्न होती है। वैसे श्री उपाध्याय ने इसे एक-दूसरे नजरिए से भी देखा। उन्होंने कहा कि अगर प्रवासी पाकिस्तानी अपनी इसी सोच का प्रचार स्वदेश में भी करें तो पाकिस्तानियों को अपनी छवि सुधारने और पूर्वग्रहों से मुक्त होने की प्रेरणा मिलेगी, जिससे भारत की एक बड़ी समस्या के समाधान में भी मदद मिल सकेगी।

कश्मीरी आतंकियों के वेतन-भत्तों में बढ़ोत्तरी

अंतरराष्ट्रीय दबाव के कारण पाकिस्तान आतंकवादियों को सीधे धन मुहैया कराने से बचता

रहा है, फिर भी कभी-कभी मजबूरी में उसे सीधे फंडिंग करनी पड़ जाती है। अंतरराष्ट्रीय आतंकवाद के विश्लेषण की निगरानी करनेवाली संस्थाओं से पूरी तरह बच निकलना काफी मुश्किल काम है। आतंकियों को सीधे फंडिंग बंद रखने के बाद सन् 2008 में पाकिस्तान ने जम्मू-कश्मीर में होनेवाले विधानसभा चुनाव के मद्देनजर आतंकियों को फिर से सीधे धन देना शुरू कर दिया।

इस दौरान भारतीय रक्षा सूत्रों ने भी विभिन्न संदेशों के हवाले से बताया कि पाकिस्तान की दुर्दांत खुफिया एजेंसी इंटर सर्विसेज इंटेलिजेंस (आई.एस.आई.) ने पाकिस्तान-अधिकृत कश्मीर में विभिन्न ट्रेनिंग कैंपों में रह रहे आतंकियों को सीधे धन देना शुरू कर दिया है और इस बार बढ़ी हुई रकम मंजूर की गई है।

यह ठीक वैसे ही है जैसे कई केंद्रीय सरकारें या राज्य सरकारें बदली हुई परिस्थितियों, महँगाई बढ़ने आदि के कारण अपने कर्मचारियों-अधिकारियों के वेतनमान का पुनरीक्षण करती हैं, वैसे ही आई.एस.आई. ने कश्मीर में आतंकी गुटों की पगार और भत्तों का पुनरीक्षण करके उसे बढ़ा दिया। शादीशुदा आतंकियों को कुल मिलाकर 10,000 रुपए प्रतिमाह तय किए गए जबकि गैर-शादीशुदा आतंकियों के लिए 8,000 रुपए प्रतिमाह की राशि मंजूर की गई। पहले यह राशि क्रमशः 5,000 रुपए और 4,000 रुपए थी।

इस बढ़ी हुई रकम के अलावा जोखिम भत्ते के रूप में अलग राशि का प्रावधान और किसी बड़ी साजिश को अंजाम देने के लिए नकद पुरस्कार राशि का प्रावधान पहले से ही लागू था।

'अंकल' ओबामा आ रहे हैं, आतंकी चल जाएँ छुट्टी पर!

वर्ष 2015 में भारतीय गणतंत्र दिवस पर अमेरिकी राष्ट्रपति बराक ओबामा की भारत यात्रा के पहले अमेरिका ने पाकिस्तान को सख्त लहजे में चेतावनी दी कि इस यात्रा के दौरान सीमा पार से कोई आतंकी हमला नहीं होना चाहिए और न ही ऐसी कोशिश होनी चाहिए। इतना ही नहीं, इसमें आगे कहा गया कि अगर ऐसा हुआ तो पाकिस्तान अंजाम भुगतने को भी तैयार रहे।

ओबामा की भारत यात्रा से पाकिस्तान काफी कुड़कुड़ाया, क्योंकि पाकिस्तान की अस्थिर स्थिति के कारण ओबामा ने वहाँ की यात्रा करने से इनकार कर दिया था। पाकिस्तान की हिम्मत नहीं थी कि वह अमेरिका के हुक्मनामे के बाद 'सरकारी आतंकियों' या 'अच्छे आतंकियों' को भारत पर हमला करने की छूट देता।

इस प्रसंग से यह भी सिद्ध हो गया कि पाकिस्तान के आतंकियों का कंट्रोलर-जनरल कौन है।

पाकिस्तान में 'ब्लैक आउट' : भारत पर फोड़ा ठीकरा

पाकिस्तान में अचानक कोई बड़ी गड़बड़, हादसा या बवाल हो जाने पर उसका ठीकरा भारत पर फोड़ दिया जाता है, भले ही यह इलजाम कुछ मिनट या घंटों तक ही टिक पाए और फिर झूठ के बादल छँट जाएँ और आसमान साफ हो जाए। आमतौर पर इलजाम लगाते समय भारतीय खुफिया एजेंसी 'रॉ' को कसूरवार या मुजरिम ठहराया जाता है।

10 नवंबर, 2021 को पाकिस्तान में एक हैरान कर देनेवाला हादसा हुआ, जब देर रात अचानक ब्लैक आउट (बिजली गुल) हो जाने से 22 करोड़ आबादी वाला पूरा पाकिस्तान अँधेरे में डूब गया। हिंदुस्तान के खौफ का आलम यह था कि वहाँ के लोगों को लगा कि इंडिया उनके

मुल्क के फौजी ठिकानों पर हवाई हमले करनेवाला है, इसलिए सरकार ने एहतियात के तौर पर यह कदम उठाया है। पाकिस्तान का दुश्मन कौन है ?—हिंदुस्तान। पाकिस्तान पर हमला कौन कर सकता है ? हिंदुस्तान। इसलिए हो न हो, यह हिंदुस्तान की ही कारस्तानी है !

पाकिस्तान की राष्ट्रीय राजधानी इसलामाबाद समेत रावलपिंडी, कराची, लाहौर, मुलतान, फैसलाबाद, सब अँधेरे की चपेट में आ गए। अँधेरे में ही लोगों को ऊर्जा मंत्रालय को ट्विटर के जरिए सूचना मिली कि पॉवर ट्रांसमिशन सिस्टम की फ्रीक्वेंसी में अचानक 50 से 0 गिरावट आने से पूरे पाकिस्तान की बिजली गुल हो गई। उस शनिवार की रात 11:41 बजे से लगभग दो घंटे तक पाकिस्तान के लोगों को मुकम्मल अँधेरे में वक्त गुजारना पड़ा। अगले दिन रविवार को इसलामाबाद, रावलपिंडी, लाहौर, मुलतान, कराची और फैसलाबाद जैसे शहरों में बिजली सप्लाई आंशिक तौर पर बहाल कर दी गई। सरकार की ओर से बताया गया कि सिंध प्रांत स्थित गुड्डू पॉवर प्लांट में तकनीकी खराबी के चलते बिजली गुल हुई। जिस समय सप्लाई बंद हुई, उस समय 10,320 मेगावाट बिजली ग्रिड में दिखाई दे रही थी। इतनी बिजली सर्दी के दिनों के लिए काफी है। फिर भी ब्लैक आउट क्यों हुआ, इसकी जाँच की जा रही है।

जाँच की रिपोर्ट आने से पहले ही भारत के विरुद्ध अटपटे और भड़काऊ बयान देने में माहिर पाकिस्तान के आंतरिक मामलों के मंत्री शेख राशिद का रविवार को सवेरे बयान आ गया कि इस घटना के पीछे भारत का हाथ है ! शेख साहब ने फरमाया—'पाकिस्तान की बिजली भारत ने काटी थी।' शेख साहब ने इसका कारण भी बताया कि दिल्ली के पास हो रहे किसान आंदोलन से दुनिया का ध्यान हटाने के लिए ऐसा किया गया। वैसे तो यह बयान इतना बेतुका था कि आलोचना के भी काबिल नहीं, फिर भी यह कहा जा सकता है कि क्या दो घंटे पाकिस्तान की बिजली गुल रहने से दुनिया का ध्यान दिल्ली के पास हो रहे किसान आंदोलन से हट गया ?

भारत और पाकिस्तान के बीच आपसी समझौते से यदि बिजली की सप्लाई (ट्रांसमिशन) का कोई ग्रिड सिस्टम होता तब तो शेख साहब कुछ लोगों को भरमा सकते थे, लेकिन इसके अभाव में अँधेरे में तीर चला कर वह कौन-सा निशाना साधना चाह रहे थे ? क्या पाकिस्तान की बिजली 'ऑन-ऑफ' करने का स्विच भारत में है ?

जब कश्मीर ही नहीं, पूरा हिंदुस्तान बनेगा पाकिस्तान!

पाकिस्तान पहले सिर्फ अपने कब्जे वाले कश्मीर को अपना हिस्सा बताता था, लेकिन अगस्त 2019 में भारत द्वारा जम्मू-कश्मीर को पुनर्गठित करते हुए भारतीय संविधान के अनुच्छेद 370 व 35-ए को निरस्त करने से पाकिस्तान बौखला गया। उसने नया नक्शा जारी कर पूरे कश्मीर को पाकिस्तान में शामिल कर लिया। पाकिस्तान ने यह हरकत अनुच्छेद 370 हटाए जाने का एक साल पूरा हो जाने पर की। पाकिस्तान ने 5 अगस्त को 'शोषण दिवस' के रूप में मनाने की भी घोषणा की।

पाकिस्तान यहीं पर नहीं रुका। उसने नए नक्शे में लद्दाख, सियाचिन समेत गुजरात के जूनागढ़ तक पर अपना दावा ठोक दिया। उदद्दंडता की सभी हदें पार करते हुए पाकिस्तान के प्रधानमंत्री इमरान खान ने राष्ट्र के नाम संबोधन में (राष्ट्र के नाम संबोधन कोई महत्त्वपूर्ण घोषणा करने या कोई ऐतिहासिक घटना-विकास होने पर किया जाता है) विवादित नक्शा जारी करने की

कारखाई को 'देश के इतिहास का सबसे ऐतिहासिक दिन' बताते हुए कहा कि कैबिनेट की मंजूरी के बाद यह आधिकारिक नक्शा होगा और स्कूल-कॉलेजों में उपयोग किया जाएगा। इमरान खान ने कैबिनेट की बैठक के बाद इस नए राजनीतिक नक्शे को जारी कर दिया।

इससे एक तथ्य यह उजागर हुआ कि शेख चिल्ली कोई कल्पित मूर्ख व्यक्ति नहीं था। पाकिस्तान की हुकूमत में ऐसे 'शेख' भरे पड़े हैं। पाकिस्तान के विदेश मंत्री शाह महमूद कुरैशी ने फरमाया कि नया नक्शा यह दिखाता है कि कश्मीर की सरहद चीन से साफ मिलती है। ऐसा समझा जाता है कि नक्शेबाजी का यह गुर पाकिस्तान ने अपने गुरु चीन से सीखा है।

भारतीय विदेश मंत्रालय ने एक बयान में कहा कि पाकिस्तानी प्रधानमंत्री इमरान खान द्वारा जारी किया गया 'राजनीतिक मानचित्र' राजनीतिक बेहूदगी की एक कवायद है। पाकिस्तान के हास्यास्पद दावों की न तो कोई कानूनी वैधता है और न ही अंतरराष्ट्रीय विश्वसनीयता।

सरक्रीक और जूनागढ़ को पाकिस्तान के नक्शे में शामिल करने की बात तो पिछले कई दशकों से पाकिस्तान के एजेंडे में ही नहीं रही। जूनागढ़ का नवाब चाहता था कि जूनागढ़ पाकिस्तान से समुद्र के रास्ते मिल जाए, लेकिन जनमत-संग्रह में 99.95 फीसदी लोगों ने भारत के साथ ही रहने का फैसला किया था। इतिहास के मूलबोध से अनभिज्ञ पाकिस्तान के हुक्मरान बार-बार खुद को मूर्ख साबित करने पर आमादा हैं। उनकी मूर्खता का कोई इलाज नहीं।

...और अंत में

पेश है इससे भी दिलचस्प या सबसे दिलचस्प बात। चूँकि शेख चिल्ली जो पुलाव पकाता था, वे भौतिक न होकर काल्पनिक होते थे, इसलिए जब कल्पना के घोड़े दौड़ाकर ही पुलाव पकाना है तो क्यों न ज्यादा लजीज या स्वादिष्ट पुलाव पकाए जाएँ? कल्पना करने में क्या दरिद्रता? पाकिस्तान में एक डॉक्यूमेंटरी बना दी गई, जिसमें बच्चे इस बात की चर्चा करते हैं। जब पूरा हिंदुस्तान पाकिस्तान बन जाएगा!

□

अनुक्रमणिका

(ख)

(ग)

(घ)

(च)

(छ)

(ज)

□□□